SÉRGIO LUIZ CRUZ AGUILAR



# SEGURANÇA E DEFESA NO CONE SUL:

## da rivalidade da Guerra Fria à cooperação atual

Porto de Idéias
EDITORA

Segurança e Defesa no Cone Sul:
da rivalidade da Guerra Fria à cooperação atual
Sérgio Luiz Cruz Aguilar

**Conselho Editorial**
Barbara Heller
Carlota J. M. Cardozo dos Reis Boto
Célia Maria Benedicto Giglio
Daniel Revah
João Cardoso Palma Filho
Luiza Helena da Silva Christov

**Editor**
Sebastião Haroldo de Freitas Corrêa Porto

**Projeto Gráfico**
Caroline Silva

**Capa**
Juliana Signal

**Revisão**
Silvana Pereira de Oliveira

Dados Internacionais de Catalogação na Publicação (CIP)
(Câmara Brasileira do Livro, SP, Brasil)

---

Aguilar, Sérgio Luiz Cruz
Segurança e defesa no Cone Sul : da rivalidade da Guerra Fria à cooperação atual / Sérgio Luiz Cruz Aguilar. -- São Paulo : Porto de Idéias, 2010.

Bibliografia.
ISBN 978-85-60434-80-0

1. Ataque e defesa (Ciência militar) 2. Cone Sul - História 3. Cooperação 4. Forças Armadas 5. Guerra Fria - História 6. História militar 7. Política militar 8. Relações internacionais 9. Segurança internacional I. Título.

10-06490 CDD-980

---

Índices para catálogo sistemático:

1. Nações do Cone Sul : Segurança e defesa : Relações militares : História social 980


EDITORA PORTO DE IDÉIAS LTDA.
Rua Pirapora, 287 – Vila Mariana
São Paulo – SP – 04008.060
Tel. (11) 3884-3814 Fax (11) 3884-5426
www.portodeideias.com.br
twitter.com/portodeideias

# SUMÁRIO

# PREFÁCIO

Sérgio Aguilar, experiente em segurança internacional e com publicações nessa área, agora oferece-nos um livro denso, consistente e bem fundamentado, que dá ao leitor as dimensões da importância que adquiriu em nossos dias a cooperação regional no enfrentamento das chamadas novas ameaças, a cada dia mais presentes no rol das questões discutidas nos órgãos multilaterais, nomeadamente os do Cone Sul hemisférico. Originado de tese de doutorado defendida na Unesp em 2009 perante banca altamente qualificada, o presente texto tem como ponto alto o fato de estar apoiado em exaustiva consulta às fontes, brasileiras e estrangeiras, sobretudo arquivos diplomáticos e legislativos, documentos do serviço de inteligência e instrumentos de cooperação criados por instituições militares, em especial os da pós-Guerra Fria, além dos textos legais definidores das diretrizes brasileiras para encarar os problemas que se apresentam na área de segurança.

A definição do conceito de segurança e o debate em torno de sua subjetividade levaram o autor a acrescentar reforço no que diz respeito às funções complementares de diplomatas e militares, indispensáveis ao Estado na execução de suas decisões na frente internacional. Temas permanentemente discutidos no seio dos Estados nacionais em determinados momentos, como no dias atuais, tornam-se oportunos, pois envolvem função e papel do serviço diplomático e, em última instância, a concepção e modo de se fazer política externa por parte daqueles que, transitoriamente, exercem o poder. Para restringir-se ao período republicano basta recuar até ao barão do Rio Branco, ministro das relações exteriores do Brasil de 1902 a 1912, patrono e até há pouco tempo inspiração da diplomacia brasileira, em especial no que se refere às relações com os países da América do Sul. Geopolítico por excelência deu lição nesse sentido, fruto de sua leitura correta e pragmática das relações entre as nações, posto que calcada no conhecimento de comportamentos próprios e imutáveis da natureza humana. Ao discursar para jovens militares, tendo por pano de fundo o momento internacional agressivo que então se vivia, afirmou que diplomatas e soldados eram sócios, pois estes davam sequência a ação não exitosa da diplomacia. Isto envolve a conclusão de que a diplomacia não existe para conceder, isto é adotar a via fácil, em face das dificuldades que, independentemente da nossa vontade, surgem no horizonte internacional, mas é a arte de se obter o que é devido ao país com o menor custo possível, sem quebra da paz e preservando o brio e o amor próprio nacionais. O contexto internacional no qual a pesquisa de Aguilar navega não tem os contornos agressivos da época do barão, mas apresenta ameaças de outra natureza, nem por isso menos graves, pois têm ação continuada e deletéria sobre as sociedades nacionais. Há velhas conhecidas, como o subdesenvolvimento e suas decorrências; outras são novas, que exigem abordagem e tratamentos também novos, nos quais se inclui a cooperação regional, só possível quando há convergência de vistas entre os detentores dos sistemas políticos nacionais dos países envolvidos. Para se chegar a essa convergência há todo um labor diplomático necessário para superar antigos antagonismos e inúteis rivalidades. Certos problemas, como o tráfico de drogas, levam a diplomacia e forças militares a trabalharem não em sequência, mas em conjunto, única forma de superá-los ou, pelo menos, limitar seu raio de ação. O inimigo não é mais um estado especificamente, mas forças nem sempre visíveis na sua inteireza e que não levam em conta as fronteiras nacionais.

Sérgio Aguilar nos demonstra que na década de 1960, isto é, na vigência da Guerra Fria, a segurança internacional apoiou-se, mormente, nos mecanismos de segurança coletiva da ONU e na dissuasão nuclear das grandes potências. No hemisfério americano a ameaça era a guerra convencional contra o bloco comunista, hipótese em que a liderança da defesa continental recaía sobre os Estados Unidos. A eventualidade de uma agressão externa, combinada com a subversão da ordem interna, contribuiu para aproximar os governos militares do Cone Sul. Embora as relações militares fossem pautadas pela lógica da guerra fria, isto é, centrada no conflito leste-oeste, persistiam os fatores de dissociação herdados em grande medida de rivalidades históricas e dos embates na área do comércio, naturais na corrida em busca do desenvolvimento.

Nas relações entre as nações do Cone Sul, Brasil e Argentina, mereceram atenção especial do autor, que acentua, apropriadamente, terem sido elas historicamente marcadas pela alternância entre períodos de rivalidade e cooperação para registrar que a construção da confiança ganhou impulso quando do retorno do governo civil em ambos os países, coroada com a criação e implementação do Mercosul. Os cenários internos refletiam as transformações havidas em escala regional e as relativas à distribuição do poder mundial e ao triunfo liberal. A lógica da Guerra Fria foi substituída pela busca da segurança em face das novas ameaças surgidas na área de abrangência de cada estado nacional, pondo em risco o desenvolvimento e a estabilidade da democracia na sub-região. Atores e problemas novos, cujo enfrentamento exige esforço cooperativo e não convencional. O Estado e seus órgãos de segurança tiveram que se reciclar para tentar coibir o narcotráfico, contrabando de armas, crime organizado, terrorismo, corrupção, imigração ilegal e meio ambiente. Aguilar mostra que os regimes militares ao tempo da Guerra Fria criaram mecanismos que foram a base do processo de cooperação em andamento nos Estados da sub-região. Tais instrumentos, derivados de instituições militares, foram mantidos, ampliados e adaptados logo depois em razão do advento da nova configuração do quadro internacional após o fim da União Soviética (1991) e o pós-11 de Setembro (2001).

Clodoaldo Bueno

# Considerações Iniciais

Os estudiosos em questões de segurança internacional costumam se referir ao Cone Sul como uma das regiões mais pacíficas do planeta. No entanto, a história das relações entre Brasil, Argentina, Uruguai, Paraguai, Bolívia e Chile é repleta de tensões e, em alguns casos, de conflitos armados.

Desde a independência, o relacionamento entre os vizinhos foi marcado por altos e baixos de rivalidade e aproximação, conflito e cooperação. A ambivalência do relacionamento bilateral explica-se, em parte, pelo passado colonial, em parte pelas indefinições das fronteiras, no caso dos países de origem hispânica, ou pela rivalidade que fora estabelecida entre portugueses e espanhóis pelo controle da Bacia do Rio da Prata.

No início do século XX, as relações alternaram períodos de conflitos, como a Guerra do Chaco, entre o Paraguai e a Bolívia, com momentos de maior entendimento, como a assinatura do Pacto ABC (1915), entre Argentina, Brasil e Chile. Posteriormente, os regimes militares implantados no contexto de concepções geopolíticas e das percepções de ameaças condicionadas pela Guerra Fria resultaram em tensões no Cone Sul, como entre Argentina e Chile em torno do Canal de Beagle e entre Brasil e Argentina, decorrentes do aproveitamento hídrico do Rio Paraná na década de 1970. Mas, nesse período, a aplicação da chamada Doutrina de Segurança Nacional (DSN) conduziu a uma cooperação entre os Estados da sub-região, como a coordenação estabelecida na área da inteligência para combates aos grupos internos de oposição a esses regimes.

O fim da Guerra Fria resultou num período de reordenamento do sistema internacional enquanto internamente os países viviam o retorno da democracia. Ao mesmo tempo a "nova ordem econômica mundial" conduziu ao regionalismo como opção para uma maior inserção no sistema dando um novo impulso na dinâmica das experiências de integração e resultando em alterações de percepções entre os Estados vizinhos e, consequentemente, direcionando as relações de segurança entre os Estados para a cooperação. Nesse período, o conceito de segurança cooperativa foi aplicado com o desenvolvimento das medidas de confiança mútua (MCM).

No início do século XXI, os atentados terroristas de 11 de setembro nos Estados Unidos da América (EUA), seguidos de ações semelhantes na Espanha e no Reino Unido, foram fatores importantes para a aceitação da multidimensionalidade do conceito de segurança. Apesar do avanço do processo de cooperação, havia fraquezas e foi percebida a dificuldade dos Estados em protegerem suas fronteiras das chamadas novas ameaças (narcotráfico, terrorismo, proliferação de armas, desigualdade social, meioambiente, imigração, etc.). Assim, para que pudessem garantir a segurança de seus cidadãos e deles próprios, a cooperação regional ganhou importância.

Mas em todo o período houve a presença dos EUA e de seus interesses de segurança. As prioridades de defesa e as ações empreendidas pelas forças de segurança dos Estados, do combate aos movimentos de esquerda nos regimes militares ao mais recente combate ao terrorismo e às organizações criminosas transnacionais, estiveram relacionadas e foram determinadas e apoiadas pelos interesses norte-americanos. Em alguns momentos dentro do contexto de segurança continental e por conta do direcionamento das prioridades dos EUA para outras regiões, os Estados menores, incluindo os do Cone Sul, encontraram espaço para estabelecerem arranjos próprios de segurança, mas nunca diametralmente opostos aos interesses da potência.

Nesse quadro, essa obra, baseada na tese de doutorado em História, intitulada "Relações Militares no Cone Sul: da rivalidade à cooperação na área de segurança (1964-2007)", defendida na Faculdade de Ciências e Letras de Assis da Universidade Estadual Paulista Julio de Mesquita Filho (Unesp), analisará as questões de segurança e defesa, as relações militares estabelecidas no Cone Sul e como se deu a construção da cooperação nessas áreas. A análise foi balizada por alguns entendimentos. Primeiro, que essas relações foram (e serão sempre) ditadas pelo interesse supremo dos objetivos internos de cada Estado. Segundo, que a busca pela consecução desses objetivos sofreu a influência de fatores externos (mundial, regional e sub-regional) resultando em períodos de inimizade/amizade, cordialidade/rivalidade, conflito/cooperação. Terceiro, que o processo de segurança se dá por interações (públicas e privadas, civis e militares) que permitem alterações nas percepções de ameaças e, por conseguinte, nas práticas de segurança e defesa.

O tema trata de segurança, um conceito subjetivo que lida com diferentes percepções, riscos e probabilidades. Para Balázs, segurança internacional é determinada basicamente pela segurança interna e externa dos vários sistemas sociais. Para Lippman, uma nação é segura na medida em que não está em perigo de ter que sacrificar valores-chave se quiser evitar uma guerra, e é capaz, em caso de mudança, de mantê-los pela vitória nessa guerra. Para Waever, o Estado move um caso particular para uma área específica, alegando o direito especial de usar todos os meios necessários para construir seu desenvolvimento. Wolfers admite que, objetivamente, segurança mede a ausência de ameaças para a aquisição de valores e, subjetivamente, a ausência do medo de que esses valores possam ser atacados. [1]

1. BALÁZS, József. A note on interpretation of security. *Development and Peace*, n. 6, 1985, p. 143-150. WAEVER, Ole. *Security, the speech act: analyzing the politics of a world. Centre for Peace and Conflict Research.*

Hurrel entende que a segurança se refere à interação entre forças materiais e entendimentos intersubjetivos. Segurança e securitização são processos intersubjetivos que se constroem socialmente já que mudam ao longo do tempo. [2]

A ONU elaborou o conceito de segurança como sendo uma condição "na qual os Estados ou os indivíduos consideram que estão expostos em pequena medida ao perigo de um ataque militar, à pobreza econômica, à pressão política ou à injustiça social...". [3]

No Brasil, a Escola Superior de Guerra (ESG) definiu segurança como "o sentimento de garantia necessária e indispensável a uma sociedade e a cada um de seus integrantes contra ameaças de qualquer natureza"[4]. É uma das funções básicas e indelegáveis do Estado. Este, para ser um ator independente tem que ter como princípio intrínseco a capacidade de assegurar a autonomia de suas decisões. Alguns instrumentos cumprem essa função essencial do Estado, dentre eles o diplomata e o militar. Dessa forma, ambos são agentes do Estado capacitados a prestarem serviços e a cumprirem missões em prol do interesse do Estado de modo permanente e não apenas acionados quando se apresentam ameaças concretas.

A segurança é, portanto, questão substantiva em matéria de decisão política, e se pode qualificar de global, regional, sub-regional, nacional ou individual, segundo o marco de alcance que opera. É estruturada nesses diferentes níveis que interagem entre si.

Ainda segundo a ESG, a "sensação de se sentir seguro é função direta da ausência de fatores perturbadores que tenham a capacidade de alterar esse estado". Esses fatores perturbadores são as ameaças. [5]

---

Copenhagen, 1989 (draft). WOLFERS, Arnold. *Discord and collaboration.* Baltimore: John Hopkins University Press, 1962, p. 150. Apud BUZAN, Barry. *People, States and Fear: an Agenda for International Security Studies in the Post-Cold War Era.* 2. ed. Colorado: Lynne Rienner Publishers, 1991, p. 16-17.

2. A chamada Escola de Copenhague definiu três esferas distintas: a privada, a pública e a de segurança. Assuntos da esfera privada podem ser politizados, ou seja, passar à esfera política. Assuntos da esfera pública podem ser securitizados, ou seja, passar à esfera de segurança. Mas os assuntos considerados ameaças à sobrevivência nacional podem variar quanto ao tema, no tempo e no espaço. Ou seja, um mesmo assunto pode ser parte da esfera de segurança num país e não em outro, ou um mesmo assunto pode fazer parte da esfera de segurança num certo momento e deixar de fazer parte daquela esfera em um outro momento. A securitização não é específica a algumas áreas. Da mesma maneira que um problema pode ser securitizado, pode ser desecuritizado, ou seja, repolitizado. Por isso, securitização e desecuritização não são movimentos definitivos. WEAVER, Ole (Org.). *On Security.* Nova Iorque: Columbia University Press, 1995. WAEVER, Ole. BUZAN, Barry. WILDE, Jaap de. *Security: a New Framework for Analysis.* Londres: Lynne Rienner Publishers, 1998.

3. *"En la que los Estados o los individuos consideran que están expuestos en pequeña medida al peligro de un ataque militar, a las penurias económicas, a la presión política o a la injusticia social*". ONU. Documento A/40/553. *Estudios sobre los conceptos de seguridad.* Nova Iorque, 1985, p. 11, tradução nossa.

4. ESG. *Manual Básico. Elementos Doutrinários.* Rio de Janeiro: ESG, 2006, p. 51.

5. Ibidem, p. 52.

O dicionário Houaiss definiu ameaça como "prenúncio ou indício de acontecimento mais ou menos perigoso ou maléfico; constrangimento, intimidação, coação", e ameaçar como "promover, anunciar dano ou prejuízo, colocar em perigo". [6] O Handon House define como "declaração da intenção sobre a determinação de infringir dano, etc., sob a condição de alguma ação ou curso, uma indicação ou aviso de prováveis problemas".[7] Pode-se, então, entendê-la como algumas circunstâncias que constituem um fator potencial de dano, que pode concretizar-se em certas condições, ou a manifestação que formula um ator (ou atores) com o propósito de transmitir a outro (ou outros) que tem a intenção e/ou a capacidade de produzir um dano a seus bens ou interesses. Assim, o reconhecimento de uma ameaça pressupõe a percepção de intenções ou ações de um ator que podem concretizar-se, implicando riscos para os envolvidos. A contraposição a uma ameaça específica, dimensionada, implica em um ato também específico e dimensionado.

Esse trabalho trata também da defesa que, diferente da abstração da segurança, é um ato dirigido à determinada ameaça e pressupõe um eventual emprego de força, ou seja, o uso das Forças Armadas como elemento essencial. [8]

Por conseguinte, a segurança nacional envolve toda a sociedade na superação dos antagonismos à conquista de seus objetivos, utilizando uma estratégia nacional integrada por todos os elementos do poder nacional. As ações de toda ordem realizadas têm como essência principal a manutenção da independência e da soberania da nação. Com relação à defesa nacional, a ESG utilizou o conceito empregado na Política de Defesa Nacional, entendendo que ela compreende atitudes, medidas e ações do Estado, com ênfase na Expressão Militar, para a defesa do território, da soberania e dos interesses nacionais contra ameaças preponderantemente externas. [9]

A função de defesa ainda é uma atividade exclusiva do Estado. Ela está centrada numa política de defesa, utilizando, principalmente, seu poder militar. Por meio dessa política, são estruturadas as Forças Armadas, sua organização, efetivo, missão, preparação, material, etc.

Os Estados podem definir e construir uma variedade de formas de ameaças fazendo com que as preocupações em segurança sejam diferentes em cada um

6. Dicionário Houaiss da Língua Portuguesa. Rio de Janeiro: Objetiva, 2001.

7. "*declaration of an intention on determination to inflict injury, etc., conditionally upon some action or course; an indication or warning of probable trouble*" *Handon House Webster's Unabriged Dictionary*. 2. ed. Nova Iorque: Handon House, 1997, tradução nossa.

8. LEONEL, Benedito Onofre Bezerra. Segurança e Defesa no Século XXI. *Revista da Escola Superior de Guerra*, Rio de Janeiro, a. 12, n. 32, 1996, p. 7-26.

9. ESG, 2006, op. cit., p. 56.

deles. Os mais desenvolvidos têm menos preocupação com saúde, educação, moradia, questões que, no caso dos menos desenvolvidos, podem constituir ameaças à segurança.

A política de defesa brasileira definiu segurança como "condição que permite ao país a preservação da soberania e da integridade territorial, a realização dos seus interesses nacionais, livres de pressões e ameaças de qualquer natureza, e a garantia aos cidadãos do exercício dos direitos e dos deveres constitucionais". [10]

O Chile entendeu que segurança é "uma condição que se deseja estabelecer para que se realizem os fins do Estado e da nação, particularmente os de desenvolvimento social e econômico" e que segurança nacional "se obtém mediante funções estatais bem definidas: a segurança exterior é atingida, primordialmente, por meio das funções diplomática e de Defesa". [11]

Como há incertezas internas e externas, os Estados reexaminam constantemente o ambiente de segurança, seus objetivos, estratégias, capacidades e meios, e os diversos elementos político, econômico, diplomático, militar. Essa análise torna possível o estabelecimento da estratégia que deve levar em conta todas as variáveis que influenciam o ambiente de segurança e refletir a estrutura do sistema internacional, o senso de segurança do próprio Estado, suas capacidades e debilidades.

Mas, apesar da manutenção permanente do aparato militar, sua principal função é a dissuasão e não seu emprego primário em caso de conflito. Mas, caso seja empregado, o será em apoio a uma estratégia, fazendo uso apenas da violência necessária e de acordo com os diversos tratados internacionais que regem os conflitos armados, a partir de uma decisão política para a consecução de um objetivo político.

Apropriando-se da ideia de Buzan, admitimos que as percepções das ameaças sejam afetas a cada nação e estão intimamente ligadas à sua localização e à sua capacidade. Sendo as características de cada sub-região, em termos de segurança, diferentes das demais, as percepções de ameaça serão também diferentes. [12]

Na América Central, o Tratado Quadro de Segurança Democrática, de 1995, deu ênfase ao controle das forças armadas pelo poder civil, ao reconhecimento da soberania e autodeterminação, da solução pacífica de conflitos, da renúncia ao uso

10. BRASIL. Decreto n. 5484 Aprova a Política de Defesa Nacional e dá outras Providências. Brasília, 30 jun. 2005.

11. "*Una condición que se desea establecer para que se realicen los fines del Estado y de la nación, particularmente los del desarrollo social y económico*". "*Se obtiene mediante funciones estatales bien definidas: la seguridad exterior se logra, primordialmente, a través de la función diplomática y de la función de Defensa*". CHILE. Ministerio de Defensa. *Libro de la Defensa Nacional de Chile*. Santiago, 2002, p. 24, tradução nossa.

12. BUZAN, Barry, 1991, op. cit., p. 368-369.

da força, do balanço razoável de forças e de orçamentos de defesa, da segurança das pessoas e bens, erradicação da violência, impunidade, terrorismo, da atividade relacionada com a droga e do tráfico de armas. [13]

No ano seguinte, foi estabelecido o Sistema de Segurança Regional do Caribe, que deu prioridade à prevenção do tráfico ilícito de drogas, ao resgate em casos de emergência nacional, ao controle de imigrações, à proteção de recursos pesqueiros, ao controle aduaneiro e tarifário, ao policiamento marítimo, ao combate às ameaças à segurança nacional, à proteção de instalações marítimas e das zonas econômicas exclusivas, à contaminação e à prevenção ao contrabando. [14]

No Cone Sul, a Zona de Paz estabelecida em 1998 teve por objetivo constituir uma área livre de armas de destruição em massa e de minas terrestres antipessoais, fortalecer os mecanismos de cooperação em assuntos de segurança, em especial a implementação das medidas de fomento da confiança e da segurança, apoiar os foros internacionais para avançar no objetivo de desarmamento nuclear e estimular a cooperação dos membros para o uso exclusivamente pacífico e seguro da energia nuclear e da ciência e tecnologias espaciais. [15]

A Comunidade Andina das Nações, por meio do Compromisso de Lima – Carta Andina para a Paz e a Segurança, firmou o compromisso de formular uma política comunitária de segurança, instaurar uma zona de paz no território da Comunidade, limitar os gastos de defesa externa, controlar as armas convencionais, consolidar a proscrição de armas nucleares, químicas e biológicas, erradicar o tráfico ilegal de armas de fogo, munições, explosivos e minas antipessoais, assim como ampliar e reforçar as medidas de fomento da confiança e lutar contra o terrorismo. [16]

Esses instrumentos, por si só, demonstram a existência de diferentes prioridades em cada sub-região: fortalecimento do poder civil e o combate à violência na América Central; desastres naturais e os assuntos pesqueiros no Caribe; tráfico ilícito de armas e o terrorismo na Comunidade Andina, e eliminação de armas de

13. Assinado em 15 de dezembro de 1995 pelos governos da Costa Rica, Guatemala, Honduras, Nicarágua, El Salvador e Panamá. O tratado substituiu, inclusive, as normas relativas a segurança e defesa contidas na Carta da Organização dos Estados Centro-Americanos (ODECA). NICARAGUA. MRE. *Tratado Marco de Seguridad Democrática en Centroamérica*. Disponível em: http//www.cancilleria.gov.ni/docs/files/sica_segu95.pdf. Acesso em: 05 abr. 2007.

14. *Regional Security System*. Saint Georges. Granada, 5 mar. 1996. Disponível em: http://www.state.gov/t/ac/csbm/rd/ 4367.htm. Acesso em: 05 abr. 2007. São membros do sistema Antígua e Barbuda, Barbados, Dominica, Granada, São Cristóvão e Nevis, Santa Lúcia e São Vicente e Granadinas.

15. MERCOSUL. Declaração Política do Mercosul, Bolívia e Chile como Zona de Paz. Ushuaia, 24 jul. 1998.

16. Aprovado na Conferência de Ministros de Relações Exteriores e de Defesa, em 17 de junho de 2002. COMUNIDADE ANDINA das NAÇÕES. *Compromisso de Lima*. Disponível em: http://www.comunidadeandina.org/documentos/actas/ compromiso_lima.htm. Acesso em: 05 abr. 2007.

destruição em massa no Mercosul. Dessa forma, a segurança continental pode ser mais bem tratada em termos sub-regionais e, dentro da sub-regionalidade, pode-se tratar Cone Sul e Comunidade Andina de maneira específica dentro do mesmo complexo de segurança sul-americano.

Os arranjos sub-regionais de segurança são incentivados pelas organizações internacionais universais como a ONU ou regionais como a Organização dos Estados Americanos (OEA) sem diminuir a sua importância. Esses arranjos estão, também, de acordo com o previsto no capítulo VIII da Carta da ONU, assim como em relação ao exposto pelo então secretário-geral das Nações Unidas Boutros Gahli em sua Agenda Para a Paz.[17] Além disso, apesar de algumas preocupações em termos de segurança não serem compartilhadas, podem ser tratadas de maneira conjunta e os arranjos sub-regionais podem auxiliar na coordenação de ações.

No Cone Sul, enquanto a Guerra Fria conduziu às doutrinas de segurança nacional, seu fim resultou no alargamento do conceito de segurança, que passou a abranger, também, a segurança das sociedades e indivíduos e não apenas a manutenção da soberania do Estado. O caráter multidimensional da segurança foi reforçado pós-11 de setembro e priorizado o combate ao terrorismo e aos demais crimes transnacionais a ele relacionados.

Apesar da mudança do contexto, o estado de conflito no mundo continuou latente e, por isso, novas abordagens sobre suas causas, soluções e prospecções para o século XXI vieram à tona. Como possíveis causas foram analisadas as culturais [18], as grandes migrações populacionais, a explosão demográfica mundial e as questões relacionadas ao meio ambiente [19], sociais [20] e o ressurgimento de antagonismos e nacionalismos esquecidos ou mantidos enclausurados durante a Guerra Fria [21], dentre outros.

Mudanças de contexto, novas abordagens, novas ameaças, conduziram a estudos que apresentaram novas formas de segurança.

Em 1980, o Informe Brandt da Comissão Independente para o Desenvolvimento Internacional da ONU introduziu o termo "segurança econômica" referindo-se

17. ONU. Documento A/47/277 - S/24111. An Agenda for Peace. Preventive diplomacy, peacemaking and peace-keeping. Report of the Secretary-General pursuant to the statement adopted by the Summit Meeting of the Security Council on 31 January 1992. Nova Iorque, 17 jun. 1992.

18. HUNTINGTON, Samuel P. *O Choque de Civilizações e a Recomposição da Ordem Mundial.* Trad. M. H. C. Cortês. São Paulo: Objetiva, 1977.

19. KENNEDY, Paul. *Face ao século XXI.* Trad. Waltensir Dutra. 2. ed. Rio de Janeiro: Campus, 1995.

20. CHOMSKY, Noam. *Novas e velhas ordens internacionais.* São Paulo: Scritta, 1996.

21. TOFFLER, Alvin. TOFFLER, Heidi. *Guerra e Antiguerra: Sobrevivência na Aurora do Terceiro Milênio.* Trad. Luis Carlos do Nascimento Silva. Rio de Janeiro: Bibliex, 1995.

à ameaça representada pela falta de desenvolvimento nos países do sul. Os Estados estariam seguros ao se perceberem livres de agressões, discriminações ou segregações de natureza econômica e para seguirem sua busca pelo desenvolvimento e crescimento. [22]

Em 1982, a Comissão Independente para Assuntos de Segurança e Desarmamento da ONU (Comissão Palme) apresentou o conceito de segurança comum definido como um processo de longo prazo que envolve a tentativa de mudar o pensamento perpetuado pela corrida armamentista das grandes potências, principalmente no campo nuclear, com o controle preventivo de armas e desarmamento. A análise da Comissão apresentou a ideia da multidimensionalidade da ameaça que seria preponderantemente militar, mas também relacionada com o bem-estar econômico, saúde, princípios e ideais dos povos. [23]

Em 1987, a Comissão Brundtland introduziu o conceito de segurança do meioambiente. [24] Por sua vez, o Programa Mundial de Alimentos da ONU – *Food and Agriculture Organization* (FAO) já havia se manifestado quanto à segurança alimentar. Em 1993, surgiu o conceito de "segurança humana", através de comissões do Programa das Nações Unidas para o Desenvolvimento (PNUD), que faz referência a uma mudança no conceito de segurança, o qual daria uma ênfase maior à segurança da pessoa, ao desenvolvimento humano e à segurança alimentar, laboral e ambiental. [25] O relatório final da Comissão de Segurança Humana estabelecida pela ONU definiu segurança humana como

> proteger o núcleo vital de todas as vidas humanas de forma a aumentar as liberdades e realizações humanas. A segurança humana significa proteger as liberdades fundamentais – liberdades que são a essência da vida. Significa proteger as pessoas de ameaças e situações críticas (graves) e penetrantes (generalizadas). Isso significa criar processos que construam pontos fortes e aspirações das pessoas. Significa criar sistemas políticos, sociais, ambientais, econômicos, militares e culturais que juntos dêem às pessoas elementos básicos de sobrevivência, subsistência e dignidade. [26]

22. BRANDT, Willy. *North-South: a programme for survival.* Londres: Pan Books, 1980.

23. PALME, Olf. *Common Security: a blueprint for survival.* Nova Iorque: Simon and Schuster, 1982. SNYDER, Craig A. *Contemporary Security Strategy.* Londres: Macmillian Press, 1999, p. 111 e 112.

24. BRUNDTLAND, Gro Harlem. *Our common future.* Londres: Oxford University Press, 1987.

25. ONU. PNUD. *Relatório do PNUD.* Nuevas dimensiones de la seguridad humana. Nova Iorque, 1994.

26. "*to protect the vital core of all human lives in ways that enhance human freedoms and human fulfilment. Human security means protecting fundamental freedoms – freedoms that are the essence of life. It means protecting people from critical (severe) and pervasive (widespread) threats and situations. It means using processes that build on people's*

As novas visões sobre causas e soluções de conflitos e a presença de novos atores e novas ameaças conduziram ao entendimento da multidimensionalidade da segurança. No continente americano, tais estudos foram conduzidos principalmente pela Comissão de Segurança Hemisférica (CSH). [27]

Sendo as causas sistêmicas, ou seja, gerando efeitos recíprocos que perpassam as fronteiras e limitam a ação do Estado, o aumento do poder militar ou de forças policiais não seriam mais suficientes para garantir segurança frente a essas novas ameaças. A incorporação de atores não estatais, transnacionais, que só poderiam ser combatidos por esforços integrados de diversos países, fez com que ocorresse um deslocamento da segurança dos planos normalmente utilizados, unilateral do Estado ou bilateral, para o multilateral.

Em face da insuficiência do esforço unilateral do Estado, da inaplicabilidade da segurança coletiva nesses casos, os melhores mecanismos para o combate dessas ameaças transnacionais e não estatais estariam no campo da segurança cooperativa. Dessa forma, o sentido mais amplo de segurança, a presença de atores não estatais e a exigência de respostas multilaterais conduziram para a lógica da formação de redes de segurança. Para fazer frente aos problemas derivados do funcionamento do próprio sistema como deteorização ambiental, escassez de recursos, crescimento desordenado da população, migrações, assimetrias de desenvolvimento, havia a necessidade de se encontrar soluções sistêmicas.

Algumas das novas ameaças se relacionam com questões de defesa e, por conseguinte, podem ser combatidas com a utilização de meios militares. Outras fazem parte da agenda de segurança (global, regional, sub-regional ou nacional) e devem ser combatidas por meios não militares.

Sob esse prisma surgiu a importância da chamada segurança cooperativa, definida como um "sistema de relações interestatais que, ao coordenar políticas governamentais, previne e contém as ameaças aos interesses nacionais e evita que as percepções dos Estados sobre estas se transformem em confrontações ou em tensões abertas". [28] Esse sistema de relações deveria abranger diversos campos

*strengths and aspirations. It means creating political, social, environmental, economic, military and cultural systems that together give people the building blocks of survival, livelihood and dignity*". ONU. Commission on *Human Security*. Human Security Now. Nova Iorque: CHS, 2003, p. 4, tradução nossa.

27. Os norte-americanos e, como consequência, alguns círculos acadêmicos e políticos latino-americanos utilizam a expressão hemisfério para definir o que seria o continente americano. Neste trabalho utilizaremos ambos os termos: hemisfério quando publicações e documentos o utilizam e continente fruto da produção própria e acadêmica que utiliza tal palavra.

28. VILLANUEVA, Miriam. Narcotráfico y seguridad hemisférica: el proceso de negociación del proyecto del Centro Multilateral Antidrogas. México: Instituto Matías Romero, 1999 apud COQUI, Martha Bárcena. La reconceptualización de la seguridad: el debate contemporáneo. *Revista Mexicana de Política Exterior*, Tlatelolco, n. 59., fev. 2000, p. 9-31(18) (tradução nossa). A questão da segurança

relacionados com a segurança, mas foi no militar que alcançou progresso na medida em que os países entenderam que sua aplicação reduziria a possibilidade e o alcance das agressões internacionais através de uma associação preventiva dos Estados participantes, utilizando-se de diversos instrumentos com destaque para as chamadas medidas de confiança mútua.

A área física abrangida pelo trabalho corresponde aos Estados da Argentina, Bolívia, Brasil, Chile, Paraguai e Uruguai. Epistemologicamente, região deriva do latim *regio*, que significa determinada área geográfica ou administrativa. Assim, as interpretações de seu conceito podem adquirir conotações tanto geográficas quanto políticas.

A Organização das Nações Unidas (ONU) considera a América uma região. Em consequência, podemos nos referir ao Cone Sul como uma sub-região. A opção por essa delimitação física deve-se ao entendimento que a área pode ser considerada um subsistema (ou um sistema internacional subordinado) por conta da vizinhança geográfica, experiência histórica comum, interesses econômicos mútuos e de segurança comuns.[29] Sendo o sistema político internacional anárquico e a segurança um fenômeno relacional, a segurança de cada Estado se relaciona com o padrão internacional de interdependência na qual está inserido, dentro de um ambiente de competitividade e autodefesa[30], e a dimensão e força desse subsistema é que determinarão sua capacidade de influenciar no sistema global.

Nesse sistema, as ameaças políticas e militares podem ser percebidas com mais facilidade em curtas distâncias, ou seja, as ameaças são mais relacionadas com a proximidade geográfica. Assim, o Cone Sul pode ser denominado como um subsistema de segurança, em que as relações de segurança do grupo de Estados deram-se por aproximação geográfica, oscilando da amizade à inimizade, de expectativas de proteção e apoio à desconfiança e medo.

A delimitação temporal deu-se a partir da implantação dos regimes militares, no Paraguai, no final da década de 1950 e, principalmente, no Brasil em 1964, e se estendeu até os dias atuais.

Priorizou-se a pesquisa documental, realizada em diversos arquivos no Brasil e no exterior, e o uso de bibliografia secundária, que resultaram no acesso a grande quantidade de fontes como documentos das diplomacias (correspondência entre os ministérios de relações exteriores e embaixadas, tratados e acordos firmados),

cooperativa ganhou força após o final da Guerra Fria. Ver ARAUJO, Brás de. *Segurança Cooperativa em Novo Cenário Internacional.* Disponível em: http://www.usp.br/naippe/brz-seg-coop.html. Acesso em: 15 jan. 2001.

29. KAPLAN, Morton A. *System and Process in International Politics.* Nova Iorque: John Wiley & Sons, 1957.

30. BUZAN, Barry, 1991. op. cit.

de órgãos militares (relatórios, memórias, ofícios, boletins, almanaques, etc.), de serviços de inteligência, dos governos (comunicados conjuntos, declarações presidenciais, atas de reuniões conjuntas, discursos, mensagens, conferências, etc.) e dos legislativos (trabalhos parlamentares, relatórios, anais, diários, atas, tanto de sessões plenárias como de comissões especializadas); tratados, acordos, decisões e resoluções de organismos internacionais; obras diversas (livros, artigos, documentos de trabalho, monografias, dissertações e teses); jornais e revistas, especialmente as publicações militares, e a legislação em geral.

Pesquisar assuntos militares e diplomáticos contemporâneos pode inicialmente ser complicado, uma vez que há certa dificuldade no que diz respeito às fontes. Os documentos dessas áreas, na maioria das vezes, são classificados e, mesmo tendo se passado alguns anos, podem permanecer como tal sob a justificativa dos "interesses da segurança nacional", restringindo o acesso dos pesquisadores. Tal procedimento é normal e se aplica a todos os países, respeitando as legislações próprias de cada um a respeito. Além disso, documentos classificados podem ser destruídos a critério da autoridade que os elaborou. Mesmo com a obrigação de constar o registro ou de lavrar termo de destruição, no caso dos ultrassecretos e secretos, o teor destes perdem-se para pesquisas futuras. [31]

Há, ainda, a questão de que os assuntos diplomáticos ficaram durante boa parte da existência dos Estados afetos aos diplomatas, assim como, as questões de segurança e defesa estiveram restritas dos militares. Considerável parte da história contemporânea dos países do Cone Sul deu-se sob regimes militares, o que restringiu ainda mais o universo de pesquisadores, historiadores, cientistas políticos, etc., que se aventuraram a se especializar nesses temas.

A dificuldade se relaciona, também, com os domínios da chamada história imediata, pois há uma proximidade temporal de parte do trabalho com o tema tratado e "a evolução escrita prossegue no presente", ou seja, não há ainda o epílogo, o processo se encontra em andamento e pode modificar seu curso. [32]

A análise das fontes e da dinâmica de segurança no Cone Sul foi realizada de modo a estabelecer as prioridades que balizaram o comportamento dos Estados da sub-região e que permitiram a evolução para a cooperação.

Compilamos o resultado do estudo em duas partes. Na primeira, partimos da implantação dos regimes militares no Cone Sul e das concepções geopolíticas que

31. BRASIL. AHE. Decreto 60417 Regulamento para Salvaguarda de Assuntos Sigilosos de 11 mar. 1967. BE n. 15 de 4 abr. 1967, p. 10-23. O Regulamento previa e estabelecia regras para a destruição de documentos sigilosos.

32. LACOUTURE, Jean. A história imediata. In: LE GOFF, Jacques. CHARTIER, Roger. REVEL, Jacques. *A História Nova*. São Paulo: Martins Fontes, 1988, p. 215-240.

influenciaram o clima de confrontação entre os principais Estados da sub-região, Brasil e Argentina, para apresentarmos os principais focos de divergências, como o das fronteiras entre Argentina e Chile e entre Chile e Bolívia, os atritos entre Argentina e Brasil em torno da exploração dos recursos hídricos do Rio Paraná e os diferentes entendimentos sobre a exploração da Antártica. Com esse pano de fundo, apresentamos a estrutura de defesa do continente e dos Estados no período da Guerra Fria e, nesse contexto, a tentativa de desenvolver uma indústria de armamento própria como forma de diminuir a dependência estrangeira nesse setor.

Em seguida, tratamos do desenvolvimento da tecnologia espacial e nuclear, temas que apesar de parecerem divergentes, permitiram ações de cooperação, e a guerra das Falkland/Malvinas e a posição adotada pelo governo brasileiro como fator de peso para a criação de um clima de entendimento e cooperação entre os dois países. Encerrando, ressaltamos as relações militares que se estabeleceram durante os governos militares, dentro do contexto da Guerra Fria e das concepções de segurança continental, cujo expoente máximo foi o intercâmbio de informações e a realização de operações de combate à chamada "subversão" que interligou os serviços de inteligência do Cone Sul.

Na segunda parte, tratamos da construção da cooperação e do desenvolvimento das medidas de confiança mútua. Partimos da perspectiva centrada no Estado e da sub-região como plataforma geral, influenciada pelas percepções de segurança de seus membros e inserida em arranjos globais e regionais de segurança. As questões de segurança em cada nível e período foram usadas como ferramentas analíticas para mostrar como se deu o crescimento de processos cooperativos de segurança no Cone Sul. Partimos da influência das estratégias de segurança dos EUA e das organizações internacionais como a ONU e a OEA, chegando às iniciativas próprias dos países da sub-região que permitiram o estabelecimento de uma série de mecanismos de segurança, incluindo ligações diretas entre as instituições militares. Como parte da análise, foi necessário discutir a questão dos orçamentos militares e como ocorreu a superação dos dilemas em segurança na sub-região. Finalizando, apresentamos os mecanismos criados e desenvolvidos nos âmbitos regional, sub-regional e bilateral entre os Estados e entre suas instituições militares que permitiram a configuração de uma rede de cooperação em segurança no Cone Sul.

# PARTE 1

*Cone Sul – Divergências e Convergências no Período da Guerra Fria*

## I - As Origens da Rivalidade

A história das relações dos países do Cone Sul foi marcada, desde o final da colonização luso-espanhola, por momentos de cordialidade e de rivalidade, que dependeram de fatores relacionados com o sistema internacional, o continente americano e a própria sub-região, e, principalmente, com a postura do triângulo formado por Argentina, Brasil e Chile.

A rivalidade teve suas origens na formação dos Estados. No caso de Brasil e Argentina, a partir da incorporação da Banda Oriental, em 1820, que tolheu as Províncias Unidas do Rio da Prata de seu sonho de recriar o Vice-Reinado do Prata, e as demais intervenções brasileiras na região platina. As ações brasileiras eram vistas como uma extensão da política expansionista lusitana. Da mesma forma que essa se contrapôs aos interesses espanhóis no subcontinente, a política imperial brasileira se contrapunha aos objetivos do novo Estado argentino.

A Guerra do Paraguai, fruto de desconfianças e percepções geoestratégicas, uniu os dois principais atores da Bacia do Prata durante o conflito, mas colocou-os de lados opostos ao seu final. Também a partir do fim da Guerra, a Argentina experimentou um período de progresso que se prolongaria até a década de 1930 e que a colocou como uma das nações mais desenvolvidas do mundo.

As desavenças entre as novas nações também conduziram à Guerra do Pacífico entre 1879 e 1881. A disputa pelo controle de parte do deserto de Atacama, rico em guano e salitre, matérias que serviriam para fabricação de fertilizantes e explosivos, e as desavenças em torno dos limites herdados do império espanhol, levaram a Bolívia a declarar guerra ao Chile, em 1° de março de 1879, e invocar uma aliança secreta que mantinha com o Peru por conta do Tratado de Defesa de 1873.

Ao final do conflito, o Chile havia ocupado as províncias de Tacna e Arica. O Tratado de Ancón, firmado com o Peru em 1883, definiu que seria realizado um plebiscito no prazo de 10 anos que decidiria o *status* da região, o que acabou não acontecendo. Em 1929, sob mediação dos EUA, o Chile ficou definitivamente com Arica e o Peru readquiriu Tacna. Em 1884, Chile e Bolívia assinaram uma trégua que deu total controle da costa pacífica ao Chile. O Tratado de 1904 tornou este arranjo permanente.

As negociações sobre as fronteiras entre Argentina e Chile que permaneciam indefinidas desde a independência dos dois países resultaram na assinatura do Tratado de Limites, também chamado Irigoyen-Echeverría, em 23 de julho de 1881, ratificado no mesmo ano pelos dois congressos.[33] Pelo tratado, o Chile reconheceu a Patagônia como sendo Argentina, enquanto esta entregou o Estreito de Magalhães ao Chile, embora retivesse a sua boca oriental.[34]

As divergências prosseguiram quando a comissão demarcatória iniciou seus trabalhos, uma vez que a Argentina havia mantido alguns portos no Oceano Pacífico. O Chile apresentou diferente interpretação dos termos do acordo, resultando num protocolo complementar em 1893 pelo qual a Argentina se retirou de Porto Natales e outras áreas no Pacífico.[35]

Em 1902, num dos tratados que ficaram conhecidos como Pactos de Mayo[36], os dois países concordaram em submeter à arbitragem as controvérsias de qualquer natureza que não pudessem ser solucionadas por meio de negociações diretas.[37]

As divergências entre os dois países, que se estenderam até a década de 1980, basearam-se nesses três documentos e nas discussões acerca dos mecanismos para solucioná-las.

A possibilidade de haver petróleo na região do Chaco exacerbou a questão de limites entre o Paraguai e a Bolívia que vinha desde o fim do período colonial.[38] Além disso, com a perda de seu litoral, a busca por uma saída para o Rio Paraguai através do Chaco foi determinante na decisão, em 1932, de a Bolívia invadir o Paraguai. A Guerra do Chaco se desenrolou até 1935 e o Paraguai, apesar de rechaçar as tropas adversárias e entrar no território boliviano, foi incapaz de explorar a vantagem "por falta de apoio logístico e de capacidade econômica".[39] O tratado de paz foi assinado após três anos de negociações e permitiu a anexação de parte do Chaco pelo Paraguai, mas desorganizou as economias dos dois países. Na Bolívia, "a Guerra do Chaco demonstrou com evidências trágicas a absoluta inaptidão do

33. ASTRADA, Armando Amuchastegui. *Argentina-Chile controvérsia y mediación*. Buenos Aires: Ediciones Ghersi, 1980, p. 85.

34. Ibidem, p. 102.

35. Ibidem, p. 108 e 109.

36. Compreenderam uma Ata Preliminar pela qual a Argentina se comprometeu a não se envolver nas relações exteriores chilenas, um Convênio de Limitação de Armamentos Navais com o objetivo de deter a corrida armamentista entre os dois países, e um Tratado Geral de Arbitragem remetendo a solução das controvérsias a esse mecanismo, caso não se chegasse a um acordo por negociações diretas.

37. CHILE. Ley 4.092. Tratado General de Arbitraje de 28 de mayo de 1902. Santiago 22 set. 1902.

38. BANDEIRA, L. A. Moniz. A Guerra do Chaco. *RBPI*, Brasília, n. 41, v. 1, 1998, p. 161-199.

39. ROUQUIÉ, Alain. *O Estado militar na América Latina*. São Paulo: Alfa Ômega, 1984, p. 213.

Exército" desacreditando-o perante a opinião pública, com reflexos posteriores como a revolução de 1952. [40]

A Argentina vivenciou um período de enriquecimento a partir do final do século XIX o que permitiu que o país se armasse, levando o Chile a fazer o mesmo e incomodando o império e os primeiros governos republicanos brasileiros. [41]

Nos primeiros anos do século XX, que coincidiram com o início da gestão de Rio Branco no Ministério das Relações Exteriores, além de expressiva parceria comercial, as relações diplomáticas se mantiveram bastante cordiais. No entanto, logo após os Pactos de Mayo de 1902, o chanceler brasileiro decidiu levar adiante o plano naval com a previsão da construção de 39 navios por conta do entendimento que "uma boa diplomacia necessita de uma forte Marinha para apoiá-la". [42] A colocação em prática desse projeto [43] levou ao entendimento argentino que o mesmo representava a ruptura do equilíbrio naval na América do Sul. [44] O chanceler argentino Estanisláo Zeballos advertiu que a intenção brasileira era isolar a Argentina através da militarização e iniciou uma verdadeira "guerra diplomática" com Rio Branco que culminou com o famoso episódio do Telegrama n. 9, em junho de 1908. [45]

Se a questão naval afastou os dois países, o aumento do poder norte-americano e o corolário Roosevelt aproximaram os três maiores países do Cone Sul. [46] Em 25 de maio de 1915, após oito anos de discussão, foi assinado o Tratado para a Solução Pacífica de Controvérsias Internacionais entre Argentina, Brasil e Chile, chamado Pacto ABC, numa tentativa de formalizar uma aliança política no Cone Sul. O projeto inicial previa a criação de uma aliança defensiva, que se expressava

40. ESTENSSORO, Victor Paz. *La Revolución Boliviana*. La Paz: Dirección Nacional de Informaciones, 1964, p. 24. Em 1951, quando o Movimento Nacionalista Revolucionário (MNR), que tinha como base de sustentação os movimentos sindicais urbanos e rurais, venceu as eleições, foi impedido de assumir o poder resultando numa revolução social que derrotou o Exército mobilizado pelas oligarquias e conduziu Paz Estenssoro à presidência.

41. BUENO, Clodoaldo. *Passado e Presente nas Relações Brasil-Argentina*. São Paulo: Instituto de Estudos Avançados – USP. Coleção Documentos. Série Assuntos Internacionais, n. 51, set. 1997, p. 4.

42. ETCHEPAREBORDA, Roberto. *Zeballos y la Política Exterior Argentina*. Buenos Aires: Pleamar, 1982, p. 42.

43. Aprovado pelo Decreto n. 1.296, de 14 de setembro de 1904, e modificado, em 1906, pelo Decreto n. 1.567.

44. Zeballos chegou a sugerir a denúncia do Convênio de Limitação de Armamentos Navais e conseguiu a aprovação do Congresso argentino para a construção de navios. ETCHEPAREBORDA, Roberto. *História de las Relaciones Internacionales Argentina*. Buenos Aires: Pleamar, 1978, p. 39.

45. Sobre a questão do rearmamento naval e o Telegrama n. 9, ver BUENO, Clodoaldo. *Política Externa da Primeira República: os anos de apogeu (1902 a 1918)*. São Paulo: Paz e Terra, 2003, p. 169-270.

46. O corolário foi uma retomada pelo presidente Roosevelt em 1904 da Doutrina Monroe e propôs a cooperação para o desenvolvimento comum dos países americanos. No entanto, serviria para justificar intervenções militares em países cujos governos não promovessem a justiça interna, violassem direitos internacionais dos EUA ou favorecessem agressões em prejuízo das demais nações do continente.

pelo compromisso de apoio militar recíproco em caso de agressão externa. Não contemplava qualquer tipo de aliança militar, nem fazia referência à necessidade de coordenação política entre as partes para o acompanhamento da situação interna nos países vizinhos. Concentrava-se na busca de soluções negociadas para qualquer tipo de desentendimento entre os contratantes. [47]

Na década de 1930, em decorrência da Guerra do Chaco, aumentou o nível de entendimentos entre os países do Cone Sul, permitindo a assinatura, em 1933, do Tratado Antibélico de Não-Agressão e de Conciliação, conhecido como Pacto Saavedra-Lamas. [48]

No campo econômico, a Argentina manteve o modelo de vinculação externa e de parceira privilegiada da potência hegemônica da época, o Reino-Unido, e apostou na inesgotável fonte de riqueza da agricultura, sem adotar alternativa. [49]

Ao contrário, o Brasil aproximou-se dos Estados Unidos, principalmente no campo comercial. Aproveitou-se da recuperação econômica da Alemanha e da competição comercial que ela estabeleceu com os norte-americanos para dinamizar sua política exterior, visando a obter recursos materiais para o início da industrialização e a venda de seus produtos excedentes. [50] Com o EXIMBANK (*Export-Import Bank*) norte-americano, obteve o financiamento da siderúrgica de Volta Redonda e, em 1941, garantiu, através da assinatura de um acordo, o monopólio no fornecimento de minerais estratégicos aos Estados Unidos. [51]

47. A Câmara argentina não o aprovou, o Tratado do ABC não entrou em vigor. CONDURO, Guilherme Frazão. Uma tentativa de aproximação política no início do século: os projetos do Tratado ABC (1907-1915). In: BRANCATO, Sandra M. L. (Org). *III Simpósio Internacional: Estados Americanos: Relações Continentais e Intercontinentais – 500 anos de História*. Porto Alegre: EDIPUCRS, 2000, p. 243-254.

48. Assinado no Rio de Janeiro por Argentina, Brasil, Chile, México, Paraguai e Uruguai. FRAGA, Rosendo. Los Acuerdos Vargas-Justo, 1933-1935. In: Fundação Alexandre Gusmão. *A visão do outro: Seminário Brasil-Argentina*. Brasília: FUNAG, 2000, p. 446-458.

49. LAFER, Celso. PEÑA, Félix. *Argentina e Brasil no Sistema das Relações Internacionais*. São Paulo: Duas Cidades, 1973, p. 67 e 68. Quando os EUA assumiram a posição de maior potência mundial, diminuiu a importância da Europa como consumidor dos produtos argentinos. Além disso, a crise financeira de 1929 provocou a queda do preço de seus produtos.

50. O sistema mundial concebido por Washington baseava-se no livre comércio, apoiado pelo poderio econômico do país, enquanto a Alemanha lançava mão de acordos bilaterais de intercâmbio, sem o uso de moedas conversíveis, o sistema de "marcos compensados" – marcos "aski", de *Auslander Soderkonto fur Inlandszahlungen* (conta especial do estrangeiro para pagamentos internos). O comércio germano-brasileiro cresceu 4,35 vezes entre 1933 e 1937, inquietando Washington que, a partir de 1934, acelerou as negociações comerciais com o Rio de Janeiro através do que ficou conhecido como Programa Hull. SEITENFUS, Ricardo A. S. *O Brasil de Getúlio Vargas e a formação dos blocos: 1930 – 1942*. São Paulo: Companhia Editora Nacional, 1985, p. 76 a 86.

51. O acordo para a construção da siderúrgica foi firmado em setembro de 1940 e dele decorreu a solução de outros pontos na agenda entre os dois países como o pagamento de dívidas brasileiras junto a credores norte-americanos e um acordo sobre a comercialização do café. Ibidem, p. 338 a 342.

Com o fechamento das fontes tradicionais de importações na Europa, o intercâmbio comercial entre o Brasil e a Argentina tornou-se cada vez mais importante resultando, em 1941, na assinatura do Tratado sobre Livre Intercâmbio com o "propósito de conseguir estabelecer em forma progressiva um regime de intercâmbio livre, que permita chegar a uma união aduaneira". [52]

Durante a 2ª Guerra Mundial, a Argentina adotou a neutralidade, posição que, apesar de coerente com os princípios de sua política externa e com a proteção de seus interesses, trouxe consequências negativas ao país e sua relação com os Estados Unidos. O Brasil, que sempre teve receio de uma coligação antibrasileira na América do Sul, buscou, a partir daquele conflito, uma relação especial com os Estados Unidos. [53] O Chile, inicialmente, declarou-se neutro, mas as pressões para tomar parte oficialmente da guerra ao lado dos aliados levaram o governo a declarar guerra à Alemanha e ao Japão em 20 de janeiro de 1943.

A Argentina passou, então, a subordinar o bem-estar do cidadão à busca do poder regional, muitas vezes com a ilusão de poder competir em um jogo planetário maior. [54]

Na década de 1950, os governos de Perón, na Argentina, e de Vargas, no Brasil, permitiram a busca de políticas e mecanismos que incentivassem a cooperação recíproca. [55] Perón sugeriu a União Econômica das Américas. Em fevereiro de 1953, assinou com o Chile o chamado Ato de Santiago, que visava ao entrosamento das duas economias por meio de uma união aduaneira e, seguindo o mesmo modelo, em setembro daquele ano, firmou o Pacto da Fraternidade com o Paraguai.

---

52. BANDEIRA, Moniz. *Estado Nacional e Política Internacional na América Latina*. 2. ed. Brasília: UnB, 1995, p. 41.

53. Em pouco tempo, o Brasil percebeu que seu alinhamento com os EUA na guerra não renderia os frutos esperados. Retomou, então, o projeto nacionalista e desenvolvimentista. A Operação Pan-Americana (OPA) de Juscelino Kubitschek foi um ensaio de um movimento mais autônomo nas relações internacionais, que ganhou forma na chamada "Política Externa Independente" do início dos anos 60. SARAIVA, José Flavio Sombra (Org). *Relações Internacionais: dois séculos de história: entre a ordem bipolar e o policentrismo (de 1947 a nossos dias)*. Brasília: IBRI, 2001, p. 56. Na realidade, os EUA nunca ofereceram "recompensas" pelo apoio do Brasil na guerra e a ajuda de programas de assistência posteriores como a Aliança para o Progresso foi muito limitada.

54. ESCUDÉ, Carlos. FONTANA, Andrés. *Divergencias estratégicas en el Cono Sur: las políticas de seguridad de la Argentina frente a las del Chile y Brasil.* Working Paper n. 20. Buenos Aires: Universidade Torcuato di Tella, 1995, p. 2.

55. A cooperação estabelecida entre os governos da Argentina e do Brasil, devido à forte afinidade que havia entre Vargas e Perón, deixou os EUA receosos de que os dois viessem a formar um eixo político no Cone Sul, contrário aos interesses da política externa norte-americana. BANDEIRA, Moniz. O Brasil e o Continente. In: CERVO, Amado Luiz (Org). *O Desafio Internacional.* Brasília: UnB, 1994, p. 145-207 (182).

A ideia de integração econômica de Perón estava bem expressa em seu discurso, publicado na imprensa brasileira em 8 de abril de 1954, no qual dizia:

> se o Chile produz ferro em grande quantidade, nós não temos interesse em produzi-lo, enquanto o possamos comprar. Se o Brasil produz outro elemento, por exemplo, o manganês, tampouco nós teremos interesse em produzi-lo, ainda que o tenhamos em nosso próprio território. [56]

Os adversários de Vargas, também contrários a Perón, aproveitaram a veiculação na imprensa brasileira sobre a proposta de Perón para a formação do Pacto ABC (Argentina-Brasil-Chile), entendida como atentatória à segurança nacional para fomentar uma campanha contra o presidente, na tentativa de derrubá-lo do poder, culminando com seu suicídio, em 24 de agosto de 1954. Na Argentina, no ano seguinte, Perón teve que renunciar após uma rebelião conjunta do Exército e da Marinha. [57]

Uma nova aproximação aconteceu com os presidentes Frondizi, da Argentina, e Juscelino, do Brasil, prosseguindo quando Jânio Quadros assumiu o governo. [58] Em abril de 1961, os dois presidentes reuniram-se em Uruguaiana, onde assinaram uma declaração e um Convênio de Amizade e Consulta, instituindo um sistema permanente de consulta e informações como primeiro passo para uma integração bilateral econômica, política e cultural. [59] No entanto, a renúncia de Jânio, meses depois, e a deposição de Frondizi pelas Forças Armadas interromperam mais uma tentativa de entendimentos duradouros. [60]

56. A noite. Rio de Janeiro, 8 abr. 1954, p. 2 apud ALMEIDA, Paulo Renan de. *Perón – Vargas – Ibañez Pacto ABC Raízes do Mercosul.* Porto Alegre: EDIPUCRS, 1998.

57. A chamada Revolução Libertadora resultou em dois presidentes militares, os generais Lonardi e Aramburu, até a realização de novas eleições e a assunção de Frodizi em 1958. ROMERO, Luis Alberto. *História Contemporânea da Argentina.* Rio de Janeiro: Jorge Zahar, 2006, p. 123-132.

58. PARADISO, Jose. *Um lugar no mundo: a Argentina e a busca de identidade internacional.* Trad. Sergio Bath. Rio de Janeiro: Civilização Brasileira, 2005, p. 206-207.

59. BANDEIRA, Moniz. *O Brasil e o Continente.* In CERVO, Amado Luiz. 1994, op. cit., p. 186.

60. Segundo o diplomata Oscar Camilion, integrante da equipe de Frondizi, as relações entre a Argentina e o Brasil apresentavam também algumas tendências no campo militar como a substituição do conceito de fronteiras nacionais pelo de fronteiras ideológicas; a limitação das funções das Forças Armadas à manutenção da ordem interna; a integração de brigadas dos dois países em uma força de pronto emprego posta à disposição da OEA para prevenir automaticamente qualquer subversão; limitação da modernização das Forças Armadas e transferência da função de polícia regional à OEA. CAMILION, Oscar. As relações entre o Brasil e a Argentina no mundo atual. *RBPI*, Brasília, n. 45-46, mar./jun. 1969, p. 42-43.

## II - A Implantação dos Regimes Militares

No período da Guerra Fria, o interesse maior de segurança dos Estados Unidos foi o de conter a expansão comunista.[61] Para isso, qualquer tipo de violência seria justificada e a ação deveria se apoiar na inteligência e nas ações psicológicas.[62] A contenção se deu, então, através do binômio armamento, que deveria ser uma exclusividade norte-americana com o desenvolvimento de armas de destruição em massa e seus lançadores, e a repressão, compartilhada com os governos do continente. Os Estados Unidos realizaram operações contra os movimentos de esquerda, várias delas clandestinas, utilizando, ao máximo, em cada país os próprios locais como forma de diminuir a oposição ao histórico de intervenções norte-americanas.

Em alguns casos, como na República Dominicana, os norte-americanos entenderam ser necessária a intervenção direta. No caso brasileiro, chegaram a planejar a Operação *Brother Sam* para, caso fosse necessário, apoiar revoltosos contra o governo de João Goulart, em março de 1964.[63] A partir de 1965, o Plano Camelot, financiado pelo Departamento de Defesa norte-americano, pretendia estabelecer um modelo geral de sistemas sociais que permitissem prever e influenciar os aspectos políticos significativos das mudanças dos países em desenvolvimento e para isso deveria avaliar o potencial de guerra interna de cada país. Contou com "equipes de contra-insurgência [...] treinadas para esmagar qualquer foco guerrilheiro".[64]

Assim, a partir da década de 1950, por conta das diversas crises político-institucionais nos países do Cone Sul e das necessidades de segurança do continente americano, ocorreu a implantação dos regimes militares em todos os países da sub-região, que se prolongariam até o final da década de 1980.

No Paraguai, a instabilidade da década de 1940 resultou em nove presidentes num período de oito anos e uma guerra civil em 1947. A debilidade dos

61. A Dourina Truman, anunciada ao Congresso em 1947, elevou a segurança ao nível mais alto das prioridades norte-americanas e permitiu o nascimento da Doutrina de Segurança Nacional (DSN) propagada pelos EUA e assimilada pela maior parte dos países latino-americanos. COMBLIN, Joseph. *A Ideologia da Segurança Nacional: o poder militar na América Latina*. Rio de Janeiro: Civilização Brasileira, 1978.

62. Ibidem, p. 21-22 e 39-41.

63. A operação, que consistia na organização de uma força-tarefa para atuar em águas brasileiras, foi cancelada em 3 de abril de 1964 em razão da vitória dos militares no movimento de 31 de Março. CERVO, Luiz Amado. BUENO, Clodoaldo. *História da Política Exterior do Brasil*. 2. ed. Brasília: UnB, 2002, p. 362.

64. VERDUGO, P. *Chile, 1973: Como os EUA derrubaram Allende*. Rio de Janeiro: Revan, 2003, p. 20. A responsabilidade pela operação era do Escritório de Pesquisa de Operações Especiais da Universidade Americana em Washington.

sucessivos governos, especialmente de Frederico Chaves (1949-1954), contrastou com o progressivo aumento do prestígio e da aceitação popular dos militares a partir da vitória na Guerra do Chaco (1932-1935). Em 1954, um Golpe de Estado iniciou a ditadura do então comandante-em-chefe das Forças Armadas, general Alfredo Stroessner em 4 de agosto, que se prolongaria por 34 anos.

Instalado o governo, com o apoio de seus correligionários do Partido Colorado, Stroessner reprimiu o movimento sindical, cuja oposição ao regime se iniciou em 1958, o movimento estudantil, que entrou em cena a partir de 1959, e todos os outros grupos que se opuseram ao governo, até ser deposto em fevereiro de 1989 por um outro golpe liderado pelo general Andrés Rodríguez. [65]

Em 1964, os militares assumiram o governo no Brasil, num movimento que não encontrou resistência e que "representou uma trágica lição para os arautos do nacional-populismo e para os comunistas, que acreditavam na força de um dispositivo sindical desgarrado das bases e nas virtudes de um Exército democrático". [66]

Com a implantação do regime, os militares organizaram o país em torno de um projeto de desenvolvimento que só se daria a partir de um estado de segurança. O progresso que foi sendo alcançado, a postura adotada pelo Brasil nas relações bilaterais com os demais vizinhos, a disposição da utilização dos recursos hídricos do Rio Paraná e a expansão dos interesses brasileiros na Antártica, colocaram em evidência, para os geopolíticos argentinos, a hegemonia brasileira na região e aumentou as percepções de risco para a Argentina.

Após vinte anos e cinco presidentes, a transição conduzida pelos militares permitiu a eleição indireta de Tancredo Neves, cuja morte levou à presidência José Sarney em 1985, iniciando a redemocratização do país.

Na Bolívia, no início da década de 1960, o presidente Paz Estensoro tentou dar continuidade às mudanças iniciadas em seu primeiro governo quando nacionalizou a produção do estanho, prometeu reforma agrária e permitiu o exercício do direito de voto aos analfabetos. Mas não conseguiu avançar nas reformas. [67]

65. Stroessner se apoiou no serviço de informação paraguaio, que teve vários de seus integrantes formados no Brasil ou na Argentina, e que direcionavam os esforços das informações militares para o acompanhamento do campo político, como forma de manter o *status quo* do presidente. BRASIL. AN. EMA. Informe n. 0296 (Conf.) de 27 fev. 1984. O próprio general Rodriguez solicitou que o governo brasileiro concedesse asilo político a Stroessner, por conta do qual cumpriu um exílio de 17 anos até sua morte em 12 de agosto de 2006.

66. FAUSTO, Boris. DEVOTO, Fernando J. *Brasil e Argentina: um ensaio de história comparada (1850-2002)*. São Paulo: Editora 34, 2004, p. 383.

67. Vítor Paz Estensoro governou a Bolívia entre abril de 1952 e agosto de 1956 e de agosto de 1960 a novembro de 1964.

O mineral foi nacionalizado, mas seu processo produtivo continuou nas mãos da velha oligarquia. A reforma agrária só atingiu 10% da área agricultável do país e as jazidas de petróleo tiveram que ser cedidas a companhias estrangeiras porque o país não tinha como explorá-las. Na área econômica o custo de vida subiu 11.000%. Em consequência, Estensoro foi deposto por um golpe militar em 1964 e substituído pelo general René Barrientos [68], cujo governo abriu o país à penetração estrangeira e obteve sucesso no combate ao comunismo com a liquidação do foco guerrilheiro de Nancahuazú, onde foi morto Che Guevara. [69]

Após a morte acidental de Barrientos, outro golpe em setembro de 1969, através dos chamados militares nacional-reformistas, colocou o general Alfredo Ovando Candia no poder. Ovando estabeleceu o chamado "Mandato Revolucionário das Forças Armadas", que visava à recuperação da soberania do Estado e à nacionalização da economia. [70] A partir daí, o "nacionalismo boliviano" acabou sendo utilizado como motivo para uma série de golpes, contragolpes e crises que fizeram parte do dia a dia dos bolivianos. A redemocratização veio em 1982, mas não significou estabilidade política para o país.

Sobre os golpes militares, o próprio ex-presidente Estensoro declarou que "de um ponto de vista histórico, o impulso para uma revolução nacional, numa região subdesenvolvida ou semicolonial como ainda é a América Latina, pode partir de dois grupos apenas, os intelectuais e os oficiais de Estado-Maior." Isso porque "ambos conhecem a problemática do país". Salientou, ainda, que as revoluções nacionais seriam orientadas pelas necessidades de cada país. O nacionalismo seria a força revolucionária. "Quando alguém tenta promover algo contrário ao sentimento nacional, as forças interessadas na manutenção do *status quo* podem aproveitar o nacionalismo contra a revolução, a fim de parar um processo de mudança com tendência internacionalista". [71]

Em outubro de 1970, o general Juan José Torres Gonzáles assumiu o governo derrubando o presidente Ovando. No ano seguinte, os militares de direita utilizaram o pretexto da instabilidade política e a possível "vietnamização" ou "cubanização" do país para justificar um novo golpe que colocou Hugo Banzer no poder. [72]

68. Um tom vermelho nos Andes. *Veja*. São Paulo, 28 out. 1970, p. 29-35 (29).

69. ROUQUIÉ, Alain, op. cit., p. 378.

70. GIL, Aldo Duran. *Estado Militar e Instabilidade Política na Bolívia (1971-1978)*. Tese de Doutorado. Campinas: UNICAMP, 2003, p. 71. René Barrientos Ortuño governou entre novembro de 1964 e maio de 1965 e entre agosto de 1966 e abril de 1969. Alfredo Ovando Candia assumiu o poder entre maio de 1965 e agosto de 1966 e entre setembro de 1969 e outubro de 1970.

71. Um tom vermelho nos Andes. *Veja*. São Paulo, 28 out 1970, p. 29-35 (35).

72. BANZER, Hugo. Mensaje a la Nación. *Presencia*. La Paz, 13 out. 1971. Banzer governou a Bo-

Entre 1964 e 1982 foram dez governos militares intercalados por três civis que governaram sob a possibilidade de golpes. Só no período de 1978 e 1982 foram oito golpes de Estado, que resultaram em seis governos de *facto* e dois governos provisórios nomeados pelo parlamento.

Após 18 anos de governos militares, a democracia foi restaurada na Bolívia em 10 de outubro de 1982 quando Siles Zuazo foi eleito pelo congresso em votação de 2º turno.[73] Esse quadro interno turbulento foi extremamente desfavorável a uma política externa constante do país.

Na Argentina, em março de 1962, as Forças Armadas depuseram o presidente Frondizi e, em meio a indecisões dos militares sobre o destino do governo, permitiram a assunção do senador José Maria Guido, então vice-presidente do Senado, que conduziu novas eleições no ano seguinte. [74]

Vencedor do sufrágio, o presidente Arturo Illia governou de outubro de 1963 a junho de 1966, quando foi deposto pelos militares, passando a ocupar a presidência o general Juan Carlos Ongania. O autoritarismo de Ongania, promovendo expurgos ideológicos numa série de setores, e a desnacionalização da economia provocaram tensões sociais. O descontentamento com o governo fez com que, a partir de abril de 1969, os grupos de esquerda interrompessem dois anos e meio de trégua e reiniciassem uma série de ações subversivas que colaboraram para a queda do Presidente em junho do ano seguinte. [75]

O general Roberto M. Levingston, que se encontrava como representante argentino na Junta Interamericana de Defesa, em Washington, foi o escolhido pela Junta de comandantes-em-chefe das Forças Armadas para assumir o governo. Iniciou, então, uma guinada nacionalista negando o refinanciamento da dívida de multinacionais e estabelecendo a preferência a produtos nacionais em concorrências públicas, além de determinar a reserva da distribuição de combustíveis para a estatal argentina *Yacimientos Petrolíferos Fiscales* (YPF). No entanto, as

---

lívia ditatorialmente entre 1971 e 1978. Depois fundou um partido político de direita, a Aliança Democrática Nacionalista (ADN), pelo qual se candidatou à presidência diversas vezes. Retornou a Presidência em 1997, depois de obter 22% dos votos em uma eleição popular e ser designado pelo parlamento para governar até 2002. Renunciou um ano antes de concluir seu mandato por motivo de doença, tendo assumido o Vice-Presidente Jorge Quiroga. Faleceu em 5 maio de 2002.

73. Em 1980 já havia obtido 1,4 milhões de votos, mas deixara de tomar posse em razão de um Golpe de Estado que conduziu a três governos militares sucessivos de Luis Garcia Mejía Tejada, Celso Torrelio Villa e Guido Vildoso Calderón, entre julho de 1980 e outubro de 1982.

74. Guido pôde assumir depois de aceitar as exigências dos militares de anular as eleições que haviam sido realizadas em 19 de março, modificar a lei das associações e uma firme atitude contra os peronistas e os comunistas. LUNA, Félix. *Argentina: de Perón a Lanusse (1943-1973)*. Rio de Janeiro: Civilização Brasileira, 1974, p. 140.

75. A ineficiência do terror. *Veja*. São Paulo, 14 mai. 1969, p. 28.

ações da esquerda continuaram e o governo não conseguiu implementar reformas econômicas significativas. Em 26 de março de 1971, foi substituído pelo general Alejandro Lanusse, cuja missão principal seria conduzir as eleições gerais previstas para 1973 e encerrar o período que fora denominado pelos próprios militares como a "Revolução Argentina". [76]

Hector Cámpora, vencedor das eleições, assumiu em 25 de maio de 1973, recolocando os peronistas no poder. A promessa eleitoral de anistiar presos políticos sem levar em conta a natureza de seus crimes, colocou-o em colisão com os militares antes mesmo de assumir a presidência. A decisão apressada do Congresso de "revogar os decretos repressivos dos anos recentes e de dissolver a corte criminal especial criada para tratar de casos de terrorismo" deram ao presidente um pequeno alívio em relação à violência política, mas não agradou os militares. [77]

Apesar do carisma, logo seu governo enfrentou problemas com os militares, com extremistas de direita e de esquerda e até com militantes da própria juventude peronista. Ao falecer em 1° de julho de 1974, deixou o justicialismo inteiramente dividido e um saldo de inúmeras mortes, sequestros e violência de toda ordem. Sua viúva e vice-presidente, Maria Estela Perón, sem preparo adequado para o cargo e de saúde débil, assumiu a presidência e procurou impor sua autoridade, valendo-se do mito representado pelo marido. Mas a situação interna do país e os frequentes afastamentos do cargo a pretexto de tratamento de saúde fizeram com que, em 25 de março de 1976, uma junta militar integrada pelo general Jorge Videla, almirante Emilio Massera e brigadeiro Orlando Agosti, assumisse o governo argentino e nomeasse presidente o general Videla. [78]

O chamado Processo de Reorganização Nacional implementado pelos militares "supunha a coexistência de um Estado terrorista clandestino encarregado da repressão, e outro visível, sujeito a normas estabelecidas pelas próprias autoridades revolucionárias". Com a autoridade diluída e o poder fragmentado entre as três Forças, Videla teve que lidar com insubordinações de chefes militares, problemas

76. LUNA, Félix. op. cit., p. 198 a 204.

77. "*Revocar los decretos represivos de los años recientes y de disolver la corte criminal especial creada para tratar de casos de terrorismo*". POTASH, Robert. *El Ejército y la Política en la Argentina (1962-1973)*. Buenos Aires: Editorial Sudamericana, 1994, p. 443, tradução nossa. A assunção de Cámpora permitiu a volta de Perón após quase 18 anos de exílio. Quando de sua chegada no aeroporto de Ezeiza, em 23 de junho de 1973, estimava-se a presença de três milhões de pessoas. Uma ação de franco-atiradores contra a população causou uma gigantesca correria com a morte de pelo menos 26 pessoas e mais de 300 feridos. Era o segundo retorno do ex-presidente, pois, em dezembro de 1964, quando tentou retornar de Madri foi detido no Rio de Janeiro a pedido do governo de Illia e obrigado a retornar para a Espanha. A sangrenta chegada de Perón. *Veja*. São Paulo, 27 jun. 1973, p. 38-42.

78. ROMERO, Luis Alberto, op. cit., p. 194-196.

econômicos e ações dos grupos de esquerda. Em setembro de 1980, conseguiu impor a indicação do general Viola para a presidência, cuja posse se deu em março do ano seguinte. [79]

As dissidências que se manifestaram publicamente com a sua indicação e se agravaram quando tentou modificar os rumos da política econômica, conduziram a sua deposição em 11 de dezembro de 1981, e à assunção do general Leopoldo Galtieri à frente da Junta Militar composta pelos chefes da Força Aérea, brigadeiro Basilio Lami Dozo e da Marinha, almirante Jorge Anaya. A fracassada aventura empreendida nas Falkland/Malvinas em 1982 resultou na queda dos militares e na redemocratização do país com a posse de Raul Alfonsín em 10 de dezembro de 1983.

O Chile foi o país do Cone Sul que durante maior período esteve sob o poder de governos civis, com uma estabilidade democrática repousada "sobre um sistema de partidos complexa e moderna" onde o consenso majoritário no seio das Forças Armadas organizava-se "ao lado do apoio aos detentores do poder legal". [80]

Na década de 1960, o presidente Frei, nos seis anos de governo, construiu escolas e moradias, diminuiu o analfabetismo para 10% e distribuiu terras para vinte mil famílias. Mas, no caso do cobre, acabou ficando numa posição intermediária entre a nacionalização e o liberalismo. Essa postura acabou desagradando todos os seguimentos e foi o ponto principal dos ataques da esquerda a seu governo que levaram a eleição do socialista Salvador Allende em 1970. Mas a chamada "via chilena para o socialismo" foi tensa. Entre sua eleição, a confirmação pelo Congresso e sua posse em 4 de novembro, havia a possibilidade da execução de atentados pela extrema direita. [81]

Se havia o extremismo de direita, o radicalismo de esquerda se expressava principalmente no *Movimiento de Izquerda Revolucionária* (MIR), nascido nas universidades e transladado para o meio operário. Da mesma forma foi tenso o próprio governo Allende. Apesar das medidas para socializar a economia com base na nacionalização de indústrias e reforma agrária, a inflação de 1972 atingiu a cifra de 163,4% [82] e, no ano seguinte, 500%, além da alta no desemprego e desabastecimento. A situação resultou no golpe militar de 11 de setembro de 1973 que colocou o general Augusto Pinochet no poder.

79. Ibidem, p. 209-218.

80. ROUQUIÉ, Alain, op. cit., p. 267.

81. Um tom vermelho nos Andes. *Veja*. São Paulo, 28 out 1970, p. 29-35 (31 e 32). Temia-se atentados que pudessem ser praticados por militares de direita contra o navio escola argentino Liberdad que estava ancorado em Valparaíso, as embaixadas brasileira e argentina em Santiago ou a captura de estações de rádios e televisão.

82. Festas Impopulares. *Veja*. São Paulo, 17 jan. 1973, p. 38.

Empreendendo uma dura repressão aos movimentos de esquerda, Pinochet aprovou uma nova Constituição em 1980 (efetiva a partir de março de 1981) que confirmou sua manutenção no poder até 1989, quando um plebiscito decidiria o futuro e, em caso de rejeição a seu governo, uma eleição seria realizada no ano seguinte. O cumprimento desse dispositivo constitucional permitiu que, em 11 de março de 1990, fosse restaurada a democracia no país.

No Uruguai, Juan María Bordaberry foi eleito democraticamente em 1971 e substituiu, a partir de 1° de março de 1972, o presidente Pacheco Areco[83], de quem havia sido Ministro da Agricultura e do Gado. Continuou a política de austeridade econômica e de combate aos grupos de esquerda que atuavam no país. A intensificação das ações desses grupos levou o governo a decretar, em 15 de abril de 1972, o estado de guerra interna, iniciando uma ofensiva das forças armadas e policiais que resultou em centenas de prisões e no desbaratamento de várias redes de apoio a esses grupos. [84]

No ano seguinte, o presidente dissolveu o Congresso e baniu partidos políticos, permitindo que as Forças Armadas assumissem o controle do país. Mesmo mantendo o discurso de que o "marxismo não é uma oposição legítima, mas uma agressão a Nação e que, em consequência, o Estado atuará criteriosamente não arbitrariamente, ou seja, com a clara finalidade de defesa, ante a esse inimigo..."[85], suas relações com as Forças Armadas foram tensas[86] e sem os resultados esperados na área econômica.[87] Em 1976, Bordaberry foi deposto, iniciando o governo militar.

Em 1980, uma Constituição outorgada pelos militares foi rejeitada em plebiscito, servindo como incentivo para que as Forças Armadas negociassem o retorno

83. Era vice-presidente do general Oscar Gestido, tendo assumido a Presidência com seu falecimento em 1967.

84. Atos de desespero. *Veja*. São Paulo, 2 ago. 1972, p. 32.

85. "*Marxismo no es una oposición legítima sino una agresión a la Nación y que, en consecuencia, el Estado actuará discrecionalmente no arbitrariamente, o sea, con clara finalidad de defensa, ante ese enemigo*". URUGUAI. AHD. Declaración del Presidente Juan Maria Bordaberry. Montevidéu, 1° jun. 1976, tradução nossa.

86. Em junho de 1974, Bordaberry substituiu o Comandante do Exército para pôr fim a uma rebelião iniciada nas 2ª e 3ª Regiões Militares em razão dos problemas econômicos que o país enfrentava, provocados pela permanente queda das exportações de lã e carne, gastos elevados com petróleo e uma inflação que no ano anterior havia atingido 77%. A qualquer preço. *Veja*. São Paulo, 29 maio 1974, p. 44.

87. A exportação de carne uruguaia havia caído de 171 mil toneladas em 1970 para 108 mil em 1973 e o dólar saltou de 248 para 1004 pesos nos dois anos do governo. Os problemas econômicos vividos pelo país fizeram com que houvesse uma diminuição da população uruguaia de 2,6 milhões em 1967 para 2 milhões em 1972 em razão da migração em busca de melhores oportunidades no exterior. O Êxodo. *Veja*. São Paulo, 19 jun. 1974, p. 40.

da democracia com a programação de eleições para 1984. [88] Mas havia percepções diferentes nas Forças Armadas com relação ao processo de transição. A Marinha e a Força Aérea eram favoráveis ao estabelecimento do diálogo com os partidos políticos. O Exército se dividiu em duas facções com ideias diferentes sobre a maneira de conduzir a abertura política através de eleições (diretas ou indiretas) para escolha do novo presidente. Tal cisão prejudicou a disciplina interna cujo ápice ocorreu em 1984 quando oficiais generais não aceitaram novas designações, resultando em diversos remanejamentos. [89]

A par das divergências, o governo militar conduziu eleições gerais em 25 de novembro de 1984, vencidas por Julio Maria Sanguinetti, candidato de tendência conservadora do Partido Colorado, e negociou a anistia aos militares que haviam participado da repressão aos movimentos de esquerda.

Nesse quadro de sucessivos governos militares (Brasil), alternâncias de governos militares e civis tutelados pelos militares (Argentina [90] e Uruguai), longas ditaduras militares personificadas (Chile e Paraguai) e frequentes golpes e contragolpes (Bolívia) é que se deram as aproximações e afastamentos, incluindo possibilidades do uso das Forças Armadas para resolução de disputas, e as relações militares no Cone Sul.

## III - Geopolítica da Confrontação

As relações estabelecidas no Cone Sul tiveram uma forte conotação geopolítica, termo surgido com o jurista sueco Rudolf Kjellén no início do século XX, cuja obra transpassou a "Geografia Política, estática, panorâmica, para um cenário vivo, movimentado, prospectivo". [91] A Geopolítica tornou-se um ramo da Ciência Política que estuda a relação entre a geografia e o poder e utiliza os conhecimentos

88. O plebiscito realizado no Uruguai em 30 de novembro de 1980 resultou na reprovação do projeto de texto constitucional proposto pelo governo, consequência de alguns dispositivos previstos como candidato único para a disputa presidencial, eliminação de sublegendas, além do descontentamento com a política econômica que provocara elevação do custo de vida no país e, finalmente, rejeição ao governo militar. BRASIL. AN. Documento ACE 29497/83. DSI/MRE. Informação n. 47 (Conf.). Brasília, 30 jan. 1981.

89. Um general, por exemplo, designado para a função de adido militar nos EUA não aceitou o cargo, preferindo ficar em Montevidéu a fim de ter melhor possibilidade de influir nos destinos políticos do país. BRASIL. AN. EME. Relatório Mensal de Informações Externas n. 6/84 (Conf.). Brasília, julho de 1984, p. 38.

90. Entre 1930 e 1983 as Forças Armadas argentinas retiraram do poder seis presidentes. Entre os 25 presidentes do período, quinze foram militares. Nesses 53 anos, os civis governaram apenas quinze. Nos demais, militares eleitos dividiram o período com presidentes militares golpistas. FRAGA, Rosendo. La política de defensa Argentina a veinte años del último golpe. *Fuerzas Armadas y Sociedad*, Santiago, a. 11, n. 2., abr-jun 1996, p. 15-18 (15).

91. MATTOS, Carlos de Meira. *Geopolítica e Modernidade*. Rio de Janeiro: Bibliex, 2002, p. 18.

da geografia física e humana para orientar a ação política do Estado. Assim, teria "por fim precípuo auxiliar a formulação da política estratégica nacional". [92] A influência das correntes geopolíticas deu-se com maior ênfase nos governos militares, principalmente do Brasil e da Argentina com os consequentes reflexos nos demais países da sub-região. [93]

No Brasil, os estudos tiveram início na década de 1920, mas a primeira obra de fundamental importância para o pensamento geopolítico brasileiro surgiu em 1931 com o livro de Mário Travassos, "Aspectos Geográficos Sul-Americanos", título alterado para "Projeção Continental do Brasil", por ocasião da 2ª edição, em 1935.

O autor baseou todas as suas considerações em dois antagonismos presentes na América do Sul: o primeiro, relacionado com o próprio subcontinente como um todo, traduzido pela oposição das vertentes do Atlântico e do Pacífico; e outro, relacionado com a vertente atlântica em si, pela oposição entre as Bacias do Amazonas e do Prata.

Em sua análise, enfatizou que o sentido da bacia platina, eixada na direção Norte-Sul, em contraposição ao sentido Oeste-Leste da bacia amazônica, favorecia a Argentina. O Brasil deveria quebrar esse eixo, organizando o crescimento e a integração do país no sentido Oeste-Leste. Como o ponto nevrálgico do antagonismo entre as duas bacias estaria no altiplano boliviano no triângulo compreendido pelas cidades de Cochabamba (influências andinas), Sucre (influências platinas) e Santa Cruz de la Sierra (influências amazônicas) e, como o eixo de penetração argentina no ponto nevrálgico se daria no sentido Cochabamba – Sucre, a penetração brasileira deveria ser realizada a partir de Santa Cruz de la Sierra.

Considerando ser o porto de Buenos Aires deficiente e distante, o Brasil poderia desviar em seu proveito as grandes correntes mercantis bolivianas construindo modernos portos sobre a linha São Paulo – Rio Grande e unir Santa Cruz ao porto de Santos através de ferrovias e estradas que entrariam no Brasil por Corumbá, no Mato Grosso. [94]

Na década de 1940, somaram-se os trabalhos de Leopoldo Nery que alertou para a falta de um projeto político para converter o país em uma potência, uma

92. MIYAMOTO, Shiguenoli. *Geopolítica e poder no Brasil.* Campinas: Papirus, 1995, p. 12.

93. A produção geopolítica do período se deu com as obras de: Elyseo de Carvalho, "Brasil potência mundial – Inquérito sobre a indústria siderúrgica no Brasil", publicada em 1919, e "O factor geographico na política brasileira", de 1921; Everardo Backheuser com "A estrutura política do Brasil. Notas prévias", de 1926, e "Problemas do Brasil – Estrutura Geopolítica", de 1933; e Delgado de Carvalho com "Introdução a Geografia Política", de 1929. Sobre a produção geopolítica brasileira, ver MIYAMOTO, Shiguenoli. op. cit.

94. TRAVASSOS, Mario. *Projeção Continental do Brasil.* São Paulo: Companhia Editora Nacional, 1935.

vez que dispunha de todos os elementos necessários para atingir esse objetivo [95], e do brigadeiro Lysias Rodrigues que defendeu a necessidade da mudança da capital federal como parte da defesa do país. [96]

A concepção geopolítica de Travassos prosseguiu com os generais Golbery do Couto e Silva e Carlos de Meira Mattos, sempre se baseando no destino do país como potência continental (Travassos, Golbery) ou mundial (Meira Mattos) em decorrência das dimensões continentais, riquezas naturais e do tamanho da população [97] ao qual se contrapunha a Argentina.

Em comum, os três enfatizaram a importância do território que, como bem maior, deveria ser resguardado e aproveitado para o desenvolvimento da nação através da sua integração, industrialização, ocupação e acesso às fontes de energia e recursos naturais. A prioridade em segurança estaria no Atlântico Sul e a consecução desses objetivos, necessariamente, implicaria a neutralização da influência argentina. [98]

No Brasil, em 1949, foi criada a Escola Superior de Guerra (ESG), baseada numa reflexão sobre a inevitabilidade de uma guerra que envolveria os blocos liderados pelos Estados Unidos e a União Soviética e a internacionalização do conceito de segurança nacional. O comunismo passou a ser visto não apenas como uma ameaça externa, mas como um inimigo interno que manipulava as tensões sociais em prol de uma ideologia. [99] No quadro da Guerra Fria, a ESG elaborou a Doutrina de Segurança Nacional (DSN) nacionalista e anticomunista, onde o desenvolvimento aparecia como garantia da segurança. Mas a busca pelo crescimento que conduziria a nação a um estado de bem-estar e que norteou as políticas internas e externas dos militares acabou sendo vista pelos vizinhos como uma política expansionista. [100]

95. FONSECA, Leopoldo Nery da. *Geopolítica.* Rio de Janeiro: Bedeshi, 1940.

96. RODRIGUES, Lysias A. *Geopolítica do Brasil.* Rio de Janeiro: Biblioteca Militar, 1947.

97. MATTOS. Carlos de Meira. *Brasil Geopolítica e Destino.* Rio de Janeiro: José Olímpio, 1975.

98. As obras desses autores causaram mais impacto no exterior, em razão de pregarem a projeção de poder por parte do Brasil. Ver SILVA, Golbery do Couto e. *Planejamento Estratégico.* Rio de Janeiro: Bibliex, 1955, *Geopolítica do Brasil.* Rio de Janeiro: José Olympio, 1967 e *Conjuntura Política Nacional: o poder executivo e a geopolítica.* 3. ed. Rio de Janeiro: José Olympio, 1981. MATTOS, Carlos de Meira. *Projeção Mundial do Brasil.* São Paulo: Gráfica Leal, 1959; *Brasil Geopolítica e Destino.* Rio de Janeiro: José Olympio, 1975; *Geopolítica e as Projeções do Poder.* Rio de Janeiro: Bibliex, 1977; *Geopolítica e Trópicos.* Rio de Janeiro: Bibliex, 1984.

99. DEBERT, Guita Grin. *A Política do Significado no Início dos Anos 60: Nacionalismo no Instituto Superior de Estudos Brasileiros (ISEB)* e na Escola Superior de Guerra (ESG). Tese de Doutorado. São Paulo: USP, 1986, p. 85-86.

100. GUGLIALMELLI, Juan E. El destino manifesto brasileño en el Atlântico Sur. *Estratégia.* Buenos Aires, n. 39, mar.-abr. 1976. TAMBS, Lewis. Como o Brasil joga o xadrez geopolítico. *A Defesa Nacional*, Rio de Janeiro, a. 66, n. 686, nov./dez. 1979. GUGLIALMELLI, Juan E. *Geopolítica del Cono Sur.* Buenos Aires: El Cid, 1979.

No Chile, a partir da anexação da Ilha da Páscoa, em 1888, visualizava-se o destino manifesto na direção do mar que fez com que o país buscasse estender seus domínios até o Estreito de Magalhães e estabelecesse uma marinha que permitisse conquistar tal objetivo.[101] Após a Guerra do Pacífico, adicionou-se outro foco à geopolítica chilena, a proteção dos ganhos territoriais daquela guerra. O general Ramón Montalva, a partir da *Revista Geográfica de Chile: Terra Australis*, fundada em 1948, publicou vários artigos sobre a geopolítica chilena nos quais insistia que o país deveria assegurar o controle do Canal de Beagle e do Cabo Horne como uma ponta de lança em direção a Antártica. Tanto na *Revista de Marina*, editada a partir de 1885, na *Revista Memorial del Ejercito*, editada a partir da década de 1940, como na *Revista Chilena de Geopolítica*, publicação iniciada em 1984, não se visualizam ideias diferentes da aptidão marítima e da necessidade de controle da passagem do Atlântico para o Pacífico e o exercício da soberania na Antártica. O próprio presidente Pinochet afirmou em seu livro que o ideal para qualquer Estado era contar com dois ou mais oceanos e, caso tivesse apenas um, haveria uma atração para outras costas e sua expansão se encaminharia nessa direção. [102]

Na Argentina, os primeiros estudos de geopolítica são encontrados nas obras de Domingo Faustino Sarmiento e de Juan Bautista Alberdi.[103] Em 1865 Alberdi, advertiu que o Brasil necessitaria sair da zona tórrida em que estava localizada a maior parte de seu território, que a única direção para buscar as áreas temperadas que carecia era o Sul, e os territórios que necessitava seriam a Banda Oriental do Uruguai, as Missões, Corrientes, Entre Ríos e o Paraguai. [104]

Apesar do início desses estudos datarem do século XIX, o pensamento geopolítico argentino acabou sendo definido por militares, na década de 1960, e praticamente como resposta às concepções da geopolítica brasileira após a publicação do livro de Mario Travassos na Argentina.

101. SUBERCASEAUX, Beinjamin. *Chile o una Loca Geográfica*. Santiago: Editorial Ercilla, 1940 e Tierra de Oceano. Santiago: Ediciones Ercilla, 1951.

102. PINOCHET UGARTE. Augusto. *Geopolítica*. 3. ed. Santiago: Editorial Andrés Bello, 1977.

103. Domingo Faustino Sarmiento, escritor, político e educador argentino, escreveu sobre geografia e as articulações do Rio da Prata. Juan Bautista Alberdi (1810-1884), advogado, diplomata e político argentino, em sua obra *Historia de la Guerra del Paraguay* analisou a crise permanente das repúblicas do Prata, as dissensões dessas repúblicas, o que chamou de "maquinações do Brasil" e os interesses argentinos na Guerra do Paraguai. Quanto àquela guerra, se posicionou contra a participação Argentina ao lado do Brasil e, ao seu final, defendeu a aproximação da Argentina com o Paraguai. PICKENHAVN, Jorge Amâncio. Trama Geográfica en las Utopias de Sarmiento. *Scripta Nova. Revista Electrónica de Geografía y Ciencias Sociales*. Barcelona, n. 62, 15 abr. 2000. Disponível em: http://www.ub.es/geocrit/sn-62.htm. Acesso em 13 dez. 2007. ALBERDI, Juan Bautista. *Historia de la Guerra del Paraguay*. Buenos Aires: Patria Grande, 1962.

104. ALBERDI, Juan Bautista apud CHÁVEZ, Fermin. El Camino Hacia el Sur. *Revista Siete Días*. Buenos Aires, 9 mai. 1977, p. 32.

O general Juan E. Guglialmelli foi o diretor da *Revista Estratégia*, publicada a partir de 1969 pelo Instituto Argentino de Estudos Estratégicos e das Relações Internacionais (INSAR). Em artigos próprios e de seus colaboradores, apresentava uma postura nacionalista em prol do desenvolvimento argentino e, consequentemente, crítico em relação à política internacional brasileira. Sobre este aspecto, Child percebeu uma "obsessão para com o Brasil" e uma reação ao que era "interpretado como intromissão brasileira na natural esfera de influência argentina". Assim, os principais focos do pensamento geopolítico argentino eram a expansão e hegemonia brasileira, as relações Brasil-EUA, a ênfase no poder marítimo, incluindo a reivindicação pelas Ilhas Falkland/Malvinas e por parte da Antártica, a energia nuclear e o papel da Argentina como líder do Cone Sul. [105] O país deveria estabelecer como objetivo básico a aproximação com a Bolívia, o desenvolvimento da navegação fluvial dos rios da Bacia do Prata como meio de se contrapor a crescente influência brasileira na região [106] e, nas relações com o Brasil, teria três opções: aceitar um papel de sócio menor; enfrentar o vizinho, inclusive com o risco de um conflito armado; ou uma aliança de iguais. [107]

Apesar do importante papel do INSAR[108] na produção sobre a geopolítica Argentina, a *Revista Estratégia* ficou restrita a um número pequeno de leitores. Em janeiro de 1977, a coluna Postdata do diário *La Opinión*, fazendo referência à publicação em espanhol do Informe Shackleton, lamentou a falta de reconhecimento do governo argentino pelo trabalho de Guglialmelli, perguntando "*¿por qué no reparamos lo suficiente en su acción constante?*" e comparou ao que o Itamaraty faria em relação à publicação de documento tão importante para a soberania nacional. Na Argentina, "*salvo un puñado de argentinos a quien atrae el tema, nadie agradecerá a Guglialmelli su dedicación*". [109]

105. CHILD, Jonh. Pensamento geopolítico latino-americano. *A Defesa Nacional.* Rio de Janeiro, a. 67, n. 690, jul./ago. 1980, p. 55-79 (62).

106. BRASIL. AMRE. Embaixada do Brasil em Buenos Aires. Ofício n. 718 de 16 jul. 1976.

107. GUGLIALMELLI, Juan. Corpus-Itaipu. Três batallas perdidas por la Argentina y, ahora peligrosas perspectivas: el papel de sócio menor del Brasil. *Estratégia.* Buenos Aires, n. 61-62, nov. 1979 a fev. 1980, p. 7-29 (26).

108. Com a morte do general Guglialmelli, em junho de 1983, o INSAR passou a se chamar Centro Argentino de Estudos Estratégicos.

109. *La Opinión.* Buenos Aires, 21 jan. 1977. BRASIL. AMRE. Embaixada do Brasil em Buenos Aires. Ofício n. 88 de 25 jan. 1977. O Informe *Economic Survey of the Falkland Islands* apresentava a estratégia, recomendações e implementação de exploração econômica praticada nas Ilhas Malvinas enviada pela delegação britânica chefiada por Lorde Shackleton, em julho de 1976 ao secretário de Estado para Assuntos Estrangeiros e do Commonwealth britânico. O informe delineou, inclusive, quatro zonas com reservas de petróleo e gás ao redor das ilhas e a possibilidade de exploração do krill. Apesar do caráter não oficial do Informe, as notícias publicadas nos jornais britânicos resultaram numa série de artigos em diversos jornais e revistas argentinas onde, além das possibilidades de

A corrente nacionalista propôs a tese de uma Argentina continental, bioceânica e antártica, que concentrasse seu esforço na expansão de sua continentalidade e condição marítima. Assim, o país deveria controlar a porção meridional do Atlântico Sul, o Cone Sul (excluindo o Brasil), a Antártica e a ligação marítima entre o Atlântico e o Pacífico, na região austral.[110] Mas, para seu sucesso, era fundamental dificultar a projeção continental brasileira e estabelecer um bloco político-estratégico no Cone Sul sob sua liderança.[111] O revigoramento de sua aptidão marítima e a projeção sobre a Antártica encontradas nas obras de Milia e Cirigliano se contrapunham à geopolítica brasileira baseada nos eixos de penetração fluviais e esbarraram em projetos semelhantes do Chile.[112]

Assim, as percepções geopolíticas tiveram reflexo no pensamento e prática das relações entre os Estados do Cone Sul. Argentina e Brasil procuraram aumentar suas influências no Paraguai, Bolívia e Uruguai e tornar suas marinhas capazes de operar no Atlântico Sul e na Antártica.[113] Enquanto o Chile buscou uma aproximação com o Brasil, a Argentina tentou resolver a questão das fronteiras com aquele país de maneira a não permitir qualquer acesso chileno ao Atlântico.

No campo econômico, os governos militares estabeleceram uma ligação entre desenvolvimento e segurança. Em coerência com o projeto de desenvolvimento adotado, a ação externa era dirigida para o atendimento das necessidades internas de expansão econômica. Assim, a aproximação com os vizinhos deveria suprir a neces-

exploração econômica, figurava a questão da soberania sobre as ilhas. BRASIL. AMRE. Embaixada do Brasil em Buenos Aires. Ofícios n. 758 de 23 jul. 1976 e n. 774 de 28 jul. 1976.

110. Ver VILLEGAS, Osíris Guillermo. *Tiempo Geopolítico Argentino*. Buenos Aires: Pleamar, 1975. CERESOLE, Norberto. *Geopolítica de Liberación*. Buenos Aires: Corregidor, s/d. ASSEF, Alberto E. *Proyeción Continental de la Argentina*. Buenos Aires: Pleamar, 1979.

111. Tal corrente aguçou uma visão já existente da condição imperialista brasileira, herdada dos portugueses, os quais consideravam a expansão das fronteiras como principal fonte de poder, passando pelas interferências do império brasileiro no Prata e pelas elites governantes da república. CAVAGNARI FILHO, Geraldo Lesbat. Estratégia e Defesa (1960-1990). *Premissas*, Campinas, n. 7, ago. 1994, p. 26-68 (36).

112. MILIA , Fernando A. *La Atlantártida: un Espacio Geopollítico*. Buenos Aires: Pleamar, 1978. Sendo oficial da Armada Argentina, centrou a análise no papel do país no Atlântico Sul. CIRIGLIANO, Gustavo. *La Argentina Triangular*. Buenos Aires: Publicaciones Humanitas, 1975. Tratou da liderança argentina a partir do controle de três eixos: o ribeirinho (Rio da Prata); o andino (correspondente ao noroeste do país, Chile e Peru); e o sul (Estreito de Magalhães, Malvinas e Antártica).

113. A política brasileira, optando pelo Tratado Antártico, em 1975, apontaria muito bem o objetivo geopolítico do Itamaraty, qual seja, estar presente criando um bloco americano capaz de resistir à forte pressão demandada pelas duas grandes potências e diluir a preeminência territorialista argentina dentro desse bloco. MIYAMOTO, Shiguenoli. A Integração Brasil – Argentina: Aspectos Político-Estratégicos. In: SEITENFUS, Vera Maria P. DE BONI, Luis A. (Coord) *Temas de Integração Latino-Americana*. Centro Brasileiro de Documentação e Estudos da Bacia do Prata (CEDEP). Porto Alegre: Vozes/ UFRGS, 1990, p. 104-131 (113).

sidade de desenvolvimento, que resultaria na diminuição da capacidade do "rival" e no consequente aumento da sua própria segurança. Para isso, era necessário diminuir os problemas de integração física na sub-região, resquício negativo do período colonial espanhol-português e da rivalidade estabelecida em seguida entre os Estados no Cone Sul que deixou a sub-região sem interligação rodoferroviária, comunicações, contatos entre as populações das fronteiras. Assim, a prioridade seria alterar a realidade e aproveitar o que a geografia propiciava para integrar fisicamente os Estados. [114]

Na década de 1960, as questões predominantes das relações da Argentina com os vizinhos eram: com o Paraguai, o transporte e a navegação; com a Bolívia, transporte e execução de obras no Rio Bermejo; e com o Uruguai, a melhoria da navegação nos rios fronteiriços e a construção de pontes.

O presidente Illia procurou uma aproximação com a Bolívia, Chile e Paraguai, concedendo, através de Decreto de 3 de janeiro de 1964, facilidades para que os estrangeiros, naturais desses países, que se encontravam ilegalmente vivendo na Argentina pudessem ali se radicar de maneira definitiva. Estimou-se na época que o benefício atingiria mais de 500 mil pessoas. [115]

Com o Uruguai, a Argentina direcionou seus esforços ao que se denominou "diplomacia de pontes", que incluiu diversas obras em comum. A concepção era de que o Uruguai seria "*una necesidad vigente para la Argentina*", pois, caso se inclinasse para o Brasil, "*implicaria un paso libre hacia nuestro territorio en cualquer caso conflictivo*". [116]

Entre as obras em comum foram priorizadas: a construção da usina hidrelétrica de Salto Grande [117], orçada inicialmente em 408 milhões de dólares; as pontes ligando as cidades de Paissandu e Colón, Salto e Concórdia e Fray Bentos e Puerto Unzué; e um projeto de construção de uma ponte sobre o Rio da Prata ligando os dois países. Para viabilizar as obras foram direcionados esforços para a obtenção de créditos de organismos internacionais. [118]

---

114. Sobre o processo de nacionalização da segurança no Brasil a partir de Costa e Silva ver CERVO, Amado Luiz. BUENO, Clodoaldo. *História da política exterior do Brasil.* São Paulo: Ática, 1992, p. 364-366.

115. O Paraguai, a Bolívia e o Chile, apesar de o decreto parecer-lhes favorável, uma vez que beneficiaria um grande número de nacionais desses dois países, se mostraram receosos pela perda de uma porcentagem de sua população. BRASIL. AMRE. Embaixada do Brasil na Argentina. Documento 364 (41). Relatório de fatos políticos, econômicos e culturais de janeiro de 1964, p. 6.

116. El precio de un puente o la política del almacén. *El Economista*, 5 jan. 1979. BRASIL. AMRE. Embaixada do Brasil em Buenos Aires. Ofício n. 11 de 8 jan. 1979.

117. O projeto de Salto Grande foi apresentado a representantes brasileiros durante a Conferência Tripartite realizada em setembro de 1960 em Buenos Aires, tendo o Brasil declarado que via com bons olhos a execução conjunta das obras. URUGUAI. AHD. La Cuenca del Rio Uruguay. Memorandum (Conf.). Montevidéu, 15 abr. 1970.

118. Talvez tenha sido esse um dos problemas para a consecução dos objetivos argentinos. Já em

Quando da inauguração da ponte general San Martin entre Fray Bentos-Puerto Unzué, em 18 de setembro de 1976, foi colocado em vigor o Estatuto do Rio Uruguai que incorporou ao ordenamento jurídico dos dois países o princípio do acordo prévio para qualquer obra ou atividade naquele rio comum. Na época, em decorrência do impasse nas negociações sobre o aproveitamento dos rios internacionais, a imprensa argentina fez questão de estabelecer ligação entre as regras do Estatuto e a não aceitação brasileira do mesmo princípio, além de excluir o Brasil de uma política de integração que estaria em curso e que colocaria a Argentina, Uruguai, Bolívia, Paraguai e o Chile em um plano de assistência recíproca e de fortalecimento comum. [119]

Entre o Paraguai e a Argentina, as relações se deram principalmente em relação ao Rio da Prata. Havia, por parte do Paraguai, queixas referentes ao custo dos serviços portuários e a exigência da utilização de práticos argentinos nas operações com navios naquele rio, justificada em razão das condições precárias de navegação.

Com relação à interligação física, havia uma prioridade na conclusão da rodovia Assunção-Buenos Aires, cujas obras já se arrastavam por trinta anos e a construção de pontes como as dos rios Colorado e Pilcomaio. [120] No campo da exploração de recursos hidrelétricos, intencionavam executar a usina de Apipé de maneira conjunta.

No início de 1964, a divulgação de um acordo firmado por Stroessner e João Goulart sobre o aproveitamento energético de Sete Quedas causou inquietação ao governo argentino e aos setores nacionalistas daquele país por conta da falta de informações sobre o assunto. [121] Em fevereiro do mesmo ano, o chanceler argentino Zavala Ortiz se apressou em assinar com seu homônimo paraguaio, Sapena Pastor, a Ata de Buenos Aires, um documento ambicioso abrangendo uma política de navegação fluvial nos rios Paraguai e Paraná e pedidos de financiamentos de organismos internacionais para estudos concernentes a melhoramento de

setembro de 1964, o Banco Mundial teria postergado o estudo da possibilidade de financiamento para 1970 "em virtude do escasso interesse do governo uruguaio", fato que teria se originado em visitas que o supervisor do Banco na América do Sul fizera, em julho daquele ano, aos dois governos. BRASIL. AMRE. Embaixada do Brasil na Argentina. Documento 749/920. Relatório de fatos políticos do mês de setembro de 1964, p. 15.

119. Videla y Méndez en el marco de um paso concreto de geopolítica. *La Opinión*, Buenos Aires, 19 set. 1976. BRASIL. AMRE. Embaixada do Brasil em Buenos Aires. Ofício n. 1.040 de 23 set. 1976.

120. A ponte do Rio Pilcomaio foi inaugurada em 1971. URUGUAI. AHD. Pasta Entrevista Presidentes de Argentina-Paraguay. Embaixada do Uruguai em Assunção. Documento N – 31 – N. 727/971.

121. El Brasil revela un pacto con Paraguay. *La Nación*, Buenos Aires, 22 jan. 1964, p. 1. El mundo. No hay información para la Argentina. *Primera Plana*, Buenos Aires, n. 66, 11 fev. 1964, p. 11. Sete Quedas. La oposición paraguaya se agita en Buenos Aires. *Primera Plana*, Buenos Aires, n. 87, 7 jul. 1964, p. 10.

navegação nesses rios.[122] Abordou, ainda, a questão do aproveitamento hidrelétrico de Apipé, cuja potência prevista era de 2,1 milhões de kw, cerca de 20% do potencial energético de Sete Quedas, a preferência para a construção ou reparos de barcos paraguaios em estaleiros argentinos e medidas para conexão da rede de telecomunicações.[123]

Além desses temas, em abril daquele ano, um novo tópico foi agregado às negociações, a possibilidade da empresa argentina Yacimientos Petrolíferos Fiscales (YPF) fornecer petróleo ao Paraguai e elaborar projetos para a exploração conjunta. Em julho, como consequência da Ata, tratou-se da recolocação do depósito franco concedido ao Paraguai no porto de Buenos Aires, a dragagem e balizamento do rio Paraguai.[124] Um novo encontro na capital argentina em 21 de outubro daquele ano, tratou da construção de pontes internacionais sobre os rios Paraguai e Pilcomaio entre as cidades de Clorinda e Puerto Elsa que seria executada pelo exército argentino bem como sobre a criação de uma comissão mista de cooperação.[125]

No entanto, a Ata acabou não sendo implementada por conta da oposição de vários setores argentinos como a Associação de Comandantes de Navios Fluviais, de reservas do próprio governo paraguaio, de ambiguidade de cláusulas sobre procedimentos da Prefeitura Naval Argentina em barcos paraguaios, dentre outros problemas.[126] Seu cancelamento pelo chanceler Zavala Ortiz demonstrava a falta de sintonia entre a chancelaria, o governo e o legislativo, além de problemas da diplomacia argentina em analisar as implicações políticas, jurídicas e econômicas dos atos antes de firmá-los.[127]

122. Acta de Buenos Aires. *La Nación*. Buenos Aires, 8 fev. 1964, p. 1 e 14.

123. BRASIL. AMRE. Embaixada do Brasil na Argentina. Documento 364 (41). Relatório de fatos políticos, econômicos e culturais de fevereiro de 1964, p.7.

124. BRASIL. AMRE. Embaixada do Brasil na Argentina. Documento 707/920. Relatório de fatos políticos dos meses de julho e agosto de 1964, p. 11.

125. Em 21 de outubro, os chanceleres dos dois países assinaram convênio para as obras. Com referência a ponte sobre o rio Paraguai, criaram uma comissão mista de cooperação solicitando assistência técnica e financeira do Fundo Especial das Nações Unidas para as obras. BRASIL. AMRE. Embaixada do Brasil na Argentina. Doc 19/920. Relatório de fatos políticos do mês de outubro de 1964, p. 6. Fueron firmados ayer con el Paraguay diversos acuerdos. *La Nación*, Buenos Aires, 22 out. 1964, p. 1 e 3.

126. ARGENTINA. BCN. *Diario de sesiones de la Cámara de Diputados año 1964*, Tomo I, p. 385-388. *Diario de sesiones de la Cámara de Diputados año 1965*, Tomo III: *Sesiones ordinarias (del 29 de julio al 20 de agosto de 1965)*. Buenos Aires: Imprenta del Congreso de la Nación, 1966. Contestóse a una protesta del Paraguay. *La Nación*, 16 jun. 1965, p. 1 e 16. Las naves paraguayas y nuestros ríos. *La Nación*, 26 jan. 1964, p. 6. Frutos de una política errada. *Clarín*, Buenos Aires, 21 jun. 1965, p. 10. El pleito con Paraguay sobre la navegación. *La Nación*, Buenos Aires, 31 jul. 1965, p. 2.

127. Ejército y peronismo. Dos políticas en Paraguay. *Confirmado*, Buenos Aires, n. 21, 23 set. 1965, p. 16-17.

A possibilidade de o Paraguai levar adiante o empreendimento de Sete Quedas com o Brasil continuava a inquietar os argentinos. Em novembro de 1965, durante a Conferência de Chanceleres da Área Latino-Americana de Livre Comércio (ALALC), o Paraguai apresentou um projeto sobre a livre navegação para os países mediterrâneos, tema cujas discussões acabaram motivando a retirada da delegação argentina. [128]

Ao se confirmarem as negociações entre o Brasil e o Paraguai com a assinatura da Ata de Iguaçu, em junho de 1966, a diplomacia argentina procurou estabelecer novos acordos com o Paraguai, retornando a alguns pontos de acordos anteriores.

Em janeiro de 1967, firmaram o Tratado de Livre Navegação dos Rios Paraguai, Paraná e do Prata e uma séria de acordos sobre regimes de praticagem, aproveitamento hidrelétrico dos saltos de Apipé e construção de pontes sobre os rios Paraguai e Pilcomaio. [129] Quando da ratificação dos acordos de pontes, foi criada a Comissão Mista para Aproveitamento da Energia Hidráulica. [130]

No entanto, enquanto a diplomacia argentina se mostrava lenta nas ações, o governo, por problemas financeiros, não concretizava os projetos dentro dos cronogramas previstos. Apesar de antigo, o projeto da hidrelétrica de Iaciretá, no Rio Paraná, só resultou num acordo binacional em 1973, para então serem iniciadas as obras, com orçamento inicial de 10 bilhões de dólares e um cronograma que previa seu término em 1979. [131] Os diversos problemas políticos e financeiros na Argentina, constantes greves e conflitos trabalhistas, foram atrasando as obras e acumulando dívidas que, em agosto de 1985, só para com as empreiteiras paraguaias, estavam na casa dos 800 milhões de dólares. [132]

Com a Bolívia, a agenda se relacionava com ligação física e o acesso boliviano ao Atlântico. Em 7 de agosto de 1964, ambos os governos emitiram uma declaração conjunta pela qual a Argentina concedeu àquele país uma zona livre no

128. A atitude argentina foi justificada por entender que aquele não era o foro apropriado para discutir o assunto que deveria ser tratado de forma bilateral. Retiróse la Argentina de la conferencia de la ALALC. Tal actitud fue motivada por una moción paraguaya. *La Nación*, 8 nov. 1965, p. 2. O Uruguai apoiou a proposta e o Brasil e o Chile se abstiveram.

129. Quando da assinatura, esperava-se uma atitude hostil dos sindicatos de práticos e barqueiros argentinos. BRASIL. AMRE. Embaixada do Brasil em Assunção. Ofício n. 50 (Conf.) de 1 fev. 1967.

130. BRASIL. AMRE. Embaixada do Brasil em Assunção. Ofício n. 336 (Conf.) de 2 ago. 1967.

131. BRASIL. AN. Ministério do Exército. EME. Relatório Mensal de Informações Externas n. 9/85 (Conf.). Brasília, 30 ago. 1985, p. 22. A obra foi paralisada em 1994 e até 2007 não havia sido concluída.

132. BRASIL. AMRE. Embaixada do Brasil em Buenos Aires. Doc 707/920. Relatório de fatos políticos dos meses de julho e agosto de 1964, p. 12 e Doc 749/920. Relatório de fatos políticos do mês de setembro de 1964, p. 11.

porto de Barranqueras no Rio Paraná. A Secretaria da Fazenda argentina autorizou 639 milhões de pesos, equivalentes a cerca de quatro milhões de dólares, para terminar a construção da estrada de ferro Yacuiba-Santa Cruz de la Sierra que se encontrava paralisada e que era fundamental para a ligação entre os dois países [133]. O chanceler Zavala Ortiz ofereceu, ainda, um porto franco em Rosário sobre o qual as negociações foram concluídas em La Paz em 4 de junho de 1969. [134]

Da mesma forma que no caso paraguaio, cada distanciamento brasileiro em relação à Bolívia resultava numa investida argentina. Em junho de 1970, quando o governo brasileiro se distanciou do governo Ovando, em razão de um entendimento que a "revolução boliviana" estaria tomando um rumo que não convinha ao Brasil, o chanceler argentino visitou La Paz e assinou acordos em relação à estrada de ferro, rodovias, "braceros" (trabalhadores temporários bolivianos na lavoura argentina), início de estudos para aproveitamento das jazidas de ferro de Mutún, ampliação do fornecimento de gás boliviano, dentre outros, e o estabelecimento da Missão Naval Argentina para prestar assessoramento técnico-profissional à Força Naval Boliviana. [135]

Em 1973, o Brasil negociou a compra de gás boliviano, mas houve demora no início da construção do gasoduto que devia transportá-lo. Um outro projeto de investimento brasileiro num polo de desenvolvimento em Santa Cruz de la Sierra não havia se concretizado. A Argentina entendeu, então, que poderia se aproximar novamente da Bolívia em que pesasse serem suas propostas mais modestas que as brasileiras. [136]

Após o golpe em 1971 e a assunção de Hugo Banzer, o governo boliviano empreendeu uma política mais agressiva de buscar nos vizinhos as condições necessárias para melhor desenvolver o país. Em 20 de novembro daquele ano, emitiu com o presidente argentino a Declaração Conjunta de San Salvador de Jujuy, que previu a construção pela Argentina de estações de micro-ondas em Santa Cruz e Campo Duran, programas na área de saúde com financiamento argentino de 8 milhões de dólares, recuperação de estradas, construção de ponte em Pocitos e estudos para implantação de ferrovia ligando Puerto Busch (Argentina) e a rede boliviana passando pela região de El Mutún. [137]

133. BRASIL. AMRE. Embaixada do Brasil em Buenos Aires. Doc 707/920. Relatório de fatos políticos dos meses de julho e agosto de 1964, p. 12 e Doc 749/920. Relatório de fatos políticos do mês de setembro de 1964, p. 11.

134. Foi assinado um convênio estabelecendo a zona franca, modificado em 16 de março de 1976.

135. BRASIL. AMRE. Embaixada do Brasil em La Paz. Ofício n. 261 de 21 jul. 1970.

136. ALONSO, Enrique. Las dificultades financieras del Brasil abren plaza a la Argentina en Bolívia. *La Opinión*. Buenos Aires, 20 out. 1976. BRASIL. AMRE. Embaixada do Brasil em Buenos Aires. Ofício n. 11.185, 3 nov. 1976.

137. BOLÍVIA. MREC. *Documentos Basicos de Política Internacional*. Gestión agosto 1971 a agosto de 1972. La Paz, set. 1972.

Em 1976, por ocasião da Ata de entrega da porção ferroviária entre Santa Cruz de la Sierra e Santa Rosa, na Bolívia, construída com fundos adiantados pela Argentina, foram assinados novos acordos que trataram da criação da Comissão Boliviano-Argentina de Integração Física; ampliação do volume de venda de gás boliviano; exploração, extração e venda de petróleo; estabelecimento de enlace por micro-ondas; e instruções para a Comissão Mista Ferroviária que já funcionava entre os países. [138]

Em relação ao Chile, apesar das divergências na questão das fronteiras, o intercâmbio comercial conduzia à necessidade de integração física. Nos últimos anos de 1960, o comércio entre Argentina e Chile havia crescido de 48 milhões para 160 milhões de dólares. Em termos de países latino-americanos, ambos detinham o maior intercâmbio bilateral de produtos manufaturados. [139] Entre 1960 e 1984, ano em que foi assinado o Tratado de Paz e Amizade, mais de 130 tratados foram firmados entre os dois países nas áreas de comércio, indústria, econômica, cultural, científica, e temas diversos com destaque para a integração física, inclusive, com a constituição de uma Comissão Argentino-Chilena de Integração Física que passou a se reunir a partir de junho de 1971. [140]

Em 1972, foi assinada a Ata de Salta, cujos pontos mais importantes disseram respeito à ratificação do acordo de arbitragem para Beagle, o interesse em acelerar o processo de integração física, o incremento do comércio bilateral e a ratificação da soberania marítima de 200 milhas. [141]

Com o Brasil, apesar das controvérsias em relação à Itaipu, a Argentina assinou uma série de acordos sobre transporte fluvial na fronteira, para favorecer e aumentar o turismo, conservação de pontes internacionais, cooperação entre os sistemas de comunicações e interconexões dos sistemas rodoviários. [142]

138. ARGENTINA. MRECC. Boletín Informativo, a. 1, n.1. Buenos Aires, jan-abr. 1976, p. 22. Em 1979, funcionou uma Comissão de Integração Física Argentino-Boliviana que estudou as possibilidades de estabelecimento de ligações ferroviárias, rodoviárias e de aproveitamento de recursos hídricos e o trânsito de mercadorias bolivianas pelo porto de Buenos Aires. BRASIL. AMRE. Doc 680.12 (B29) (B 30). Embaixada do Brasil em Buenos Aires. Ofício n. 265, 11 mai. 1979.

139. URUGUAI. AHD. Pasta Viajes Frei-Ongania 1970, enero. Documento C.26/70 (Conf.). Embaixada do Uruguai no Chile. Santiago, 12 jan. 1970. Em 1972 o presidente Ongania visitou o Chile para inaugurar a estrada Valparaiso-Mendonza.

140. ARGENTINA. MRECC. Tratados bilaterales. Disponível em: http://www.mrecic.gov.ar. Acesso em: 05 maio 2008.

141. URUGUAI. AHD. Pasta Entrevista Lanusse - Strossner. Documento H12-2/1972 (11) (Conf.). Embaixada do Uruguai em Buenos Aires, 7 jan. 1972.

142. BRASIL. MRE. Acordo sobre Transporte Internacional Fluvial Transversal Fronteiriço de Passageiros, Veículos e Cargas de 02 dez. 1971. Acordo Relativo à Coordenação entre as Autoridades dos dois Países para Favorecer e Aumentar o Turismo de 15 mar. 1972. Acordo Relativo à Instituição de uma Comissão Mista Brasileiro-Argentina para Uso e Conservação de Pontes Internacionais

O Brasil também desenvolveu sua "política de pontes" em relação ao Uruguai. A integração física se materializou nas pontes da Concórdia, entre Artigas e Quarai, Mauá, sobre o rio Jaguarão, de Barra do Quarai e da Barra do Arroio Chuí, além da interligação rodoviária da BR-471 brasileira com a estrada 9 uruguaia em Chuí, concretizada em maio de 1970.

Com o Paraguai, além da questão do aproveitamento hídrico do Rio Paraná, uma série de outros projetos de integração física foi realizada entre os dois países. Em 27 de março 1969 foi inaugurada a BR-277, chamada Rodovia do Atlântico, pois permitia a integração física entre os portos de Encarnación e Paranaguá e o escoamento da produção paraguaia.

Entendia-se que a expansão das fronteiras agrícolas brasileiras e a ocupação de terras cultiváveis no Paraguai, a construção de estradas e a regularização de rios afluentes do Paraná após a inundação do lago de Itaipu apresentariam alternativas para escoamento da produção agrícola. Caso o Paraguai conseguisse agilizar sua própria navegação fluvial no rio Paraguai, aumentaria sua independência da Argentina, o que seria interessante para o Brasil, principalmente depois de se firmar como sócio em Itaipu. [143]

Em abril de 1980, o Tratado de Interconexão Ferroviária teve o objetivo de permitir um novo acesso do Paraguai aos portos brasileiros com a conclusão das redes em ambos os territórios e sua interligação nas proximidades de Guaíra (Brasil) e Salto Guairá (Paraguai), num prazo de quatro anos a partir da troca dos instrumentos de ratificação do Tratado, o que ocorreu em 1º de dezembro daquele ano.

Como por razões econômicas, cumprido o prazo, a interconexão não havia sequer sido iniciada, o governo argentino passou a realizar gestões para reativar a chamada "ferrovia do sul" que ligava Assunção à Argentina, abrindo, inclusive, concorrência para sua recuperação. Apesar de haver uma clara preferência de Strossner pela utilização das vias brasileiras, o presidente utilizava as pretensões argentinas como forma de barganha.

A partir de meados de 1984, o transporte de grãos paraguaios acabou seguindo para o Porto de Rio Grande/RS, a partir de Encarnación, passando por Posadas e Paso de los Libres, na Argentina, cruzando a fronteira brasileira em Uruguaiana, numa viagem em torno de quatro a cinco dias, envolvendo empresas

de 15 mar. 1972. Acordo para o Estabelecimento de um Programa Geral de Cooperação entre os Sistemas de Comunicações dos dois Países de 15 mar. 1972. Acordo sobre a Realização de Estudos de Interconexões Fronteiriças dos Sistemas Rodoviários dos dois Países de 15 mar. 1972. Disponível em: http://www2.mre.gov.br/dai/biargent. htm. Acesso em: 25 jan. 2008.

143. BRASIL. AN. Documento A0172170 EMA MM, de 14 mai. 1981.

paraguaias, argentinas e brasileiras. Assim, a construção da Ponte ligando São Borja (RS) a São Tomé na Argentina, além de ser uma velha aspiração das comunidades fronteiriças, possibilitaria também a ligação do Paraguai com o porto de Rio Grande, uma vez que a construção da ponte rodoferroviária internacional Posadas – Encarnación já se encontrava em fase bastante adiantada. [144]

Havia um esforço brasileiro para apresentar aos paraguaios alternativas para suas exportações, muito ligadas às instalações portuárias de Buenos Aires. No entanto, a construção da chamada "Ferrovia da Soja" foi sucessivamente postergada em virtude de dificuldades econômicas. [145]

Em relação à Bolívia, a assunção da presidência por Hugo Banzer resultou numa maior aproximação entre os dois governos. Em Corumbá, em 4 de abril de 1972, a Declaração Conjunta Brasil-Bolívia, tomou por base as conclusões e sugestões da Comissão Mista Brasileira-Boliviana de Cooperação Técnica e Econômica que se reuniu em agosto de 1971, resultando em um convênio constitutivo do fundo de desenvolvimento em benefício das zonas limítrofes da ferrovia Corumbá-Santa Cruz; um tratado de vinculação rodoviária pelo qual o governo brasileiro se comprometeu em ajudar na elaboração de projetos, assistência técnica e financeira e execução das obras ponte sobre o rio Bahia entre Vila Epitácio (Brasil) e Cobija (Bolívia); colocação em operação de transporte de veículos e cargas no rio Mamoré entre Guajará Mirim e Guayaramerín ou Puerto Sucre; construção de ponte no arroio Concepción entre Corumbá e Puerto Suarez; estudos sobre a futura rodovia La Paz-Cobija; concessão de crédito de 5 milhões de dólares para aquisição de equipamentos pelo Ministério de Transportes e de Comunicações. Concordaram, ainda, com a realização de estudos para estabelecimento de complexos industriais para exploração de recursos naturais, negociação entre a Petrobras e a Yacimientos Petrolíferos Fiscales Bolivianos (YPFB) para exploração de hidrocarbonetos e um sistema de financiamento do Banco Nacional da Habitação (BNH) para a construção de casas na Bolívia. Foram discutidas, também, a construção do gasoduto, a venda de hidrocarbonetos e outras obras de infraestrutura. Para alguns periódicos argentinos, o Brasil, como nação industrializada, poderia absorver as riquezas mineiras e agrícolas da Bolívia. [146]

144. BRASIL. AN. Documento A0692220 – CIE de 12 jul. 1985.

145. A primeira ideia foi a criação de uma empresa com capital de risco com a participação do Estado do Paraná, da Argentina, Paraguai e Bolívia que construiria a ferrovia, operaria o transporte fluvial e marítimo e administraria terminal portuário próprio complementando as necessidades de armazenamento. Palestra do secretário de Indústria e Comércio do Paraná em Assunção, em dezembro de 1985. BRASIL. AN. EME. Relatório Mensal de Informações Externas n. 12/85. Brasília, 31 dez. 1985, p. 43.

146. Formaran grupo Bolívia y Brasil para viabilizar exportacion de gás: YPFB. *Hoy*, La Paz, 25 mar. 1972. Firma de convenio definira el apoyo Bolivia y Brasil. *Presencia*, 4 abr 1972. Médici y Banzer

Em maio de 1974, Banzer e Geisel assinaram o Acordo de Cooperação e Complementação Industrial sobre a compra de gás boliviano pelo Brasil, investimento de 30 milhões de dólares para implantação de um polo industrial englobando indústrias siderúrgica, petroquímica, de cimento e de geração de energia baseadas no aproveitamento do gás natural e de matérias-primas existentes em El Mutum, ferrovias e rodovias. [147]

O pragmatismo de Banzer levou a Bolívia a estreitar sua relação com o Paraguai. A Declaração Conjunta Bolívia-Paraguai, firmada em Assunção, em 10 de março de 1972, apresentou a intenção de aprofundar projetos de integração física, como a união da estrada transchaco paraguaia com a rede boliviana e a constituição da Comissão Mista Permanente Paraguaio-Boliviana.

A conjuntura da Guerra Fria e as concepções de segurança continental conduziram os governos militares, especialmente os do Brasil, a se envolverem nos diversos processos de mudanças dos países do Cone Sul.

No caso da Bolívia, o Brasil não só acompanhou com atenção as constantes crises políticas como também se envolveu em algumas delas e apoiou o combate dos movimentos de esquerda, especialmente a partir do início da década de 1970.

Em janeiro daquele ano, uma entrevista com o presidente boliviano general Ovando foi publicada na revista Marcha no Uruguai com uma manifestação favorável à socialização da Bolívia, a volta de Cuba a OEA e a formação de uma frente antiimperialista com a participação da Bolívia, Peru e Cuba. [148] Logo em seguida o general Torres, chefe das Forças Armadas, em uma palestra em Cochabamba, salientou que, ao contrário dos países mais desenvolvidos, "somente as forças armadas nos países 'semicoloniais', na falta de outras classes fortes, dispõem de 'organicidade' e poder para defender o país da exploração imperialista". [149]

No Brasil, os jornais *O Estado de São Paulo* e o *Diário de Notícias do Rio de Janeiro* criticaram a posição de Ovando, o que, para o periódico boliviano *Presencia*, poderia fazer parte de uma campanha psicológica para preparar uma posição dura do Brasil frente à Bolívia. [150] Enquanto se debatiam as reais intenções do governo

tratarán construccion de gasoducto. *Presencia*, La Paz, 25 mar. 1972. URUGUAI. AHD. Pasta Entrevista Presidentes Brasil-Bolívia. Montevidéu, 4 abr. 1972.

147. BRASIL. MRE. *Resenha de Política Exterior do Brasil*, a. 1, n. 1. Brasília, junho de 1974, p. 56-59.

148. BRASIL. AMRE. Embaixada do Brasil em La Paz. Ofício n. 21 de 15 jan. 1970.

149. FF. AA. vigilan el proceso político. *El Diário*. La Paz, 29 jan. 1970. Las FF. AA. Liderizan movimientos sociales por crisis del civilismo. *Presencia*. La Paz, 29 jan. 1970. BRASIL. AMRE. Embaixada do Brasil em La Paz. Ofício n. 46 de 6 fev. 1970.

150. Tenderia a preparar una posición dura el Brasil frente a Bolívia. *Presencia*. La Paz, 22 jan. 1970. O artigo repassou informação da Agência Inter Press Service do Rio de Janeiro. BRASIL. AMRE. Embaixada do Brasil em La Paz. Ofício n. 25 de 22 jan. 1970.

Ovando e a postura do Brasil em relação àquele governo, a imprensa boliviana passou a apresentar a questão da "penetração brasileira" nas áreas de fronteira e da exploração de trabalhadores bolivianos no território brasileiro. [151]

A partir da entrevista do presidente Ovando, a Bolívia viveu uma grave crise política, com incertezas quanto ao futuro do governo e uma série de especulações sobre um possível movimento liderado pelo general León Kolle e o coronel Hugo Banzer. [152] Ao mesmo tempo havia indícios de uma orquestração de movimentos de esquerda de vários países sul-americanos na Bolívia. A descoberta de movimentos guerrilheiros em Teoponte provocou contatos de militares bolivianos com países vizinhos na busca de apoio para o seu combate. Uma comitiva de chefes navais esteve no Brasil, ocasião em que autoridades da marinha brasileira teriam oferecido apoio à Força Naval Boliviana, incluindo tropa armada e doação de material. [153]

Logo em seguida, em 22 de julho de 1970, o embaixador brasileiro na Bolívia fez referência à ação do exército boliviano na Universidade Santo André, onde teria sido encontrada grande quantidade de armas destinadas aos movimentos de esquerda. [154] Em face da descoberta do que se imaginava ser um movimento guerrilheiro de vulto no país, os militares bolivianos pediram armas, equipamentos e rações operacionais para a Força Naval Boliviana utilizar na repressão aos movimentos de esquerda. [155]

No final daquele mês, o Adido das Forças Armadas transmitiu aos ministérios militares brasileiros, através do Ministério das Relações Exteriores, pedido do Comandante da Força Aérea Boliviana, de armamento e munição para ser utilizado no combate àqueles movimentos. O Adido enfatizou que o referido material seria "de grande valia para a solução de um problema que nos interessa de maneira especial". Informou, ainda, que haveria pedido congênere para as demais forças que poderiam aproveitar o mesmo transporte para enviar o equipamento solicitado. [156]

151. Cada vez se asentúa la penetración del Brasil. *Presencia*. La Paz, 5 fev. 1970. Desconocen suspesta invasión brasileña. *Hoy*. La Paz, 14 fev. 1970. Itamaraty no conoce problema fronterizo boliviano-brasileño. *Ultima Hora*. La Paz, 14 fev. 1970.

152. BRASIL. AMRE. Embaixada do Brasil em La Paz. Ofício n. 29 de 22 jan. 1970.

153. BRASIL. AMRE. Doc AAA/DAm/DBP/920. (42) (31). Embaixada do Brasil em La Paz. Telegrama n. 127 (Secreto) de 18/20 jul. 1970.

154. BRASIL. AMRE. Doc G/AAA/DSI/600.1 (00). Embaixada do Brasil em La Paz. Telegrama n. 137 (Secreto-Urgentíssimo) de 22 jul. 1970.

155. BRASIL. AMRE. Doc G/AAA/DSI/600.1 (00). Embaixada do Brasil em La Paz. Telegrama n. 141 (Secreto-Urgentíssimo) de 22 jul. 1970.

156. A Força Aérea boliviana solicitou equipamentos de comunicação ar-terra, foguetes 2.25, bombas de napalm e de emprego geral de 50, 100 e 220 libras e munição. BRASIL. AMRE. Doc G/

O comandante da Marinha Boliviana, almirante Albarracin confidenciou o grave momento que passava o governo do presidente Ovando e a possibilidade de uma ação militar. O Adido brasileiro emitiu parecer que os pedidos de ajuda dos militares bolivianos que já haviam sido encaminhados aos militares brasileiros deveriam "ser atendidos com presteza, uma vez que representarão um fortalecimento das Forças Armadas daquele país para sua dupla missão de combater o movimento guerrilheiro e eliminar a influência do comunismo no governo revolucionário". [157]

Tanto o Brasil como a Argentina acabaram sendo acusados de imperialismo por alguns setores da Bolívia. No início de 1971, uma declaração dos reitores das universidades bolivianas advertia que o "imperialismo ianque" havia passado a atuar no país através dos seus dois vizinhos.[158] Em fevereiro daquele ano, após a tentativa de golpe fracassada, o coronel Hugo Banzer se asilou na Argentina.

Além do Brasil, a Bolívia solicitou ajuda a outros países amigos, sendo atendida pelos Estados Unidos que, em agosto, enviaram armamento por via aérea e naval.[159] Quando do golpe de Hugo Banzer, auxiliaram economicamente e forneceram apoio logístico através da embaixada em La Paz. [160]

O Brasil apoiou, também, a sublevação do coronel Hugo Banzer em Santa Cruz de la Sierra, que culminou com a queda do regime esquerdista do general Torres.[161] Em 1971, o governo Médici ofereceu "dinheiro, armas, aviões e até mercenários, bem como a permissão para instalar bases de treinamento" em território brasileiro para os adversários do general Torres. Quando do golpe de Banzer, aviões brasileiros descarregaram armas e munições em Santa Cruz de la Sierra, e tropas do II Exército teriam ficado estacionadas no Mato Grosso em condições de intervir na Bolívia se fosse necessário. [162]

O Exército Cristão Nacionalista, um grupo extremista de direita, financiado pela Confederação de Empresários Privados da Bolívia, que participou ativamente no golpe, planejou, caso este falhasse, estabelecer uma "república separatista" com

AAA//DAm/DSI/600.1 (31) 624.2 (31) (42). Embaixada do Brasil em La Paz. Telegrama n. 154 (Secreto-Urgentíssimo) de 27/28 jul. 1970.

157. BRASIL. AMRE. Doc G/AAA/DSI/600 (31). Embaixada do Brasil em La Paz. Telegrama n. 165 (Secreto-Urgentíssimo) de 30/31 jul. 1970.

158. BRASIL. AMRE. Embaixada do Brasil em La Paz. Ofício n. 87 de 17 fev. 1971.

159. BRASIL. AMRE. Doc AAA/DSI//600. (31). Embaixada do Brasil em La Paz. Telegrama n. 178 (Secreto-Urgentíssimo) de 10 ago. 1970.

160. *Hoy*. La Paz, 31 ago. 1971.

161. LOZADA, Jorge Gallardo. *De Torres a Banzer*. Buenos Aires: Periferia, 1972. SANCHEZ, Ramirez. *Brasil en Bolívia – lecciones de un golpe militar*. Santiago: Letras, 1972.

162. BANDEIRA, Luiz Alberto Moniz. *Brasil, Argentina e Estados Unidos – Conflito e integração na América do Sul (Da Tríplice Aliança ao Mercosul 1870-2003)*. 2. ed. Rio de Janeiro: Revan, 2003, p. 416 e 417.

sede em Santa Cruz de la Sierra com apoio dos Estados Unidos e dos governos militares do Brasil, Argentina e Paraguai. A imprensa de La Paz acusou o governo brasileiro de fomentar e ajudar um suposto movimento separatista em Santa Cruz de la Sierra, o que foi desmentido pela embaixada brasileira naquele país [163] e rechaçada pelo Ministério de Relações Exteriores boliviano. [164]

O presidente Stroessner também apoiou o golpe. Em 1973, o presidente Banzer visitou o Paraguai para "constituir um preito de gratidão [...] pela ajuda recebida do Paraguai por vários de seus integrantes, a começar pelo próprio chefe, quando dos preparativos da revolução de agosto do ano passado (livre trânsito, documentos pessoais, transporte, etc.)". [165]

No caso do Uruguai, a possibilidade de uma intervenção brasileira no final de 1971 se deu na hipótese da Frente Ampla, uma coligação de partidos de esquerda, vencer as eleições, quando seria executada a operação denominada Trinta Horas. [166]

Já no início de 1971, a 2ª Divisão de Cavalaria, no Rio Grande do Sul, recebeu ordens para realizar os primeiros estudos das diretrizes a serem seguidas visando à participação numa intervenção militar no Uruguai. [167] Planejamentos e reconhecimentos foram realizados e a poucos dias das eleições as unidades na fronteira já se encontravam nas posições de partida em condições de iniciar a intervenção. [168]

Havia apreensão da diplomacia brasileira frente aos atentados e sequestros praticados pelos Tupamaros. [169] Uma análise do Adido da Aeronáutica no Uruguai sugeria ajuda brasileira às organizações anticomunistas que se colocavam contra os Tupamaros como a Tradição Família e Propriedade, a *Juventud Uruguaya* en Pied e setores da polícia e das Forças Armadas. [170]

A derrota de Líber Seregni, candidato da Frente Ampla, para Juan Maria Bordaberry, satisfez o governo brasileiro, apesar de informações vindas do Uruguai indicarem que o Movimento de Libertação Nacional Tupamaros ainda poderia

163. Confirmada la conspiración separatista en Santa Cruz. *Jornada*. 18 jan. 1971. Ministro admite: la nacionalidad está en peligro. *Jornada*, 19 jan. 1971. Detivieron a cómplice de militar brasileño comprometido en golpe. *El Diário*, 19 jan. 1971. BRASIL. AMRE. Embaixada do Brasil em La Paz. Ofício n. 19 de 21 jan. 1971.

164. BOLÍVIA. MREC. Ofício DPGE – 68/5. La Paz, 18 jan. 1971.

165. BRASIL. AMRE. Embaixada do Brasil em La Paz. Ofício n. 131 (Secreto-Urgente) de 15 mar. 1972.

166. Tempo estimado para a ocupação do Uruguai por tropas brasileiras.

167. GRAEL, Dickson Melges. *Aventura, Corrupção e Terrorismo*. 3. ed. Rio de Janeiro: Vozes, 1885, p. 15.

168. Ibidem, p. 18.

169. O *Movimiento de Libertación Nacional Tupamaros* (MLN-T) foi fundado por Raúl Sendic, advogado do Partido Socialista Uruguaio, e praticou ações armadas a partir de 1963.

170. Ibidem, p. 19.

continuar atuando como organização terrorista e que, provavelmente, "os comunistas instalados nas lideranças dos órgãos de classe" deveriam criar problemas à ação do novo governo. No entanto, a representação diplomática em Montevidéu via como positiva a forma como o presidente contornou a falta de maioria absoluta no Congresso a partir de um "acordo nacional" com setores de oposição, o que lhe permitiria aprovar as reformas propostas que tinham como prioridade para a "elaboração e aprovação de Leis que assegurem, definitivamente, a manutenção das instituições nacionais e o combate ao terrorismo (em uma primeira instância) e quaisquer atividades subversivas (no futuro)". [171]

As notícias sobre as eleições uruguaias e a possível ação brasileira foram acompanhadas atentamente no Chile pelo governo socialista de Allende. O jornal *La Tercera* publicou em 18 de novembro notícia que os uruguaios temiam uma possível "invasão brasileira", no caso de vitória do candidato da Frente Ampla. [172]

Finalmente, quando da assunção pelos militares do governo no Uruguai, em 1973 tanto Brasil como a Argentina forneceram equipamentos militares, viaturas para a polícia e combustível. [173]

No caso do golpe no Chile, o Brasil forneceu apoio técnico ao golpe, além de armas e munições à organização direitista *Pátria y Libertad*, e foi o primeiro país a reconhecer a junta militar que depôs Allende em 1973, seguido do Uruguai, Paraguai e Bolívia. [174]

Os projetos conjuntos com a Bolívia, os tratados assinados com o Paraguai para a construção de Itaipu, a contribuição do Brasil para o êxito dos golpes de Estado na Bolívia (1971), Uruguai (1973) e Chile (1973), como reflexo da doutrina de segurança nacional, os Corredores de Exportação que possibilitaram o acesso

171. BRASIL. AN. Embaixada do Brasil no Uruguai. Documento ACE 47.952/72 do Adido do Exército. Informação n. 107 (Conf.). Montevidéu, 09 jun. 1972.

172. BRASIL. AMRE. Embaixada do Brasil em Santiago. Ofício n. 1.384 de 18 nov. 1971.

173. BANDEIRA, Luiz Alberto Moniz. 2003. op. cit., p. 417.

174. BANDEIRA, Luiz Alberto Moniz. *Estado Nacional e Política Internacional na América Latina.* 2. ed. São Paulo: Ensaio, 1995, p. 246. Allende se preocupava com o envolvimento do Brasil na política chilena. Procurou manter um nível de cordialidade nas relações bilaterais, apesar de a imprensa oficialista manter "acentuada hostilidade para com o governo brasileiro" com ataques à "ditadura", ao "gorilismo" e ao "subimperialismo" brasileiros. Após a eleição de Allende, uma comitiva militar esteve no Brasil com o propósito de "explorar o pensamento militar brasileiro" a respeito da situação naquele país e, principalmente "justificar a conduta das Forças Armadas", procurando manter o governo brasileiro numa posição, "se não de total compreensão, pelo menos de tolerância ou expectativa". Na ocasião, afirmaram que apenas 5% dos militares haviam votado no presidente, que a diretriz era de não intervir na política e que o estreitamento das relações com Cuba e a URSS se davam por interesses econômicos e comerciais. URUGUAI. AHD. Embaixada do Uruguai no Brasil. Ofício n. 4/971 (Reservado) do Adido Militar Uruguaio ao Embaixador Uruguaio no Brasil. Rio de Janeiro, 8 fev. 1971.

da Bolívia e do Paraguai aos portos de Rio Grande, Paranaguá e Santos, liberando aqueles países da dependência do porto de Buenos Aires, foram ações realizadas a partir da concepção geopolítica do governo brasileiro. [175]

A Argentina também se envolveu na política boliviana interessada na exploração das jazidas de ferro de El Mutún e, seguindo a política anticomunista incentivada pelos Estados Unidos, participou no Golpe de Estado naquele país em julho de 1980. [176]

Estabelecida a relação segurança e desenvolvimento, as relações entre os governos militares foram balizadas por esse binômio. A política externa para o Cone Sul, conduzida por Brasil e Argentina em maior grau, e pelo Chile em menor grau, fizeram com que os países menores, Bolívia, Paraguai e Uruguai realizassem uma política pendular.

As opções dos menores que marcaram suas relações com os demais países da Bacia do Prata eram: o enquadramento como dependente de um país maior, principalmente de sua infraestrutura (rodovias, ferrovias, portos); uma posição sempre intermediária jogando com suas potencialidades e com as rivalidade dos maiores para obter os meios necessários para o desenvolvimento; ou desconhecer os maiores conformando mecanismos entre eles, como aconteceu com a criação do URUPABOL. [177]

Apesar da criação desse organismo, a segunda opção apresentou-se como a mais apropriada para o desenvolvimento. Procuraram, então, garantir as obras necessárias de infraestrutura, principalmente de transportes, a implantação de polos siderúrgicos, a execução de obras que garantiriam a energia necessária para o progresso e a obtenção de facilidades para escoar seus produtos, seja pelos portos chilenos, brasileiros ou argentinos.

Assim, as relações que se estabeleceram entre Brasil e Argentina e os demais países do Cone Sul foram de cooperação, para os quais a maior aproximação de um

175. BANDEIRA, Luiz Alberto Moniz. *O Eixo Argentina – Brasil. O Processo de Integração da América Latina.* Brasília: UnB, 1987, p. 80.

176. A Argentina chegou, inclusive, a participar das ações norte-americanas na América Central. Converteu suas embaixadas no Panamá e Honduras em centros de inteligência e logística, atuou do treinamento de oficiais guatemaltecos e salvadorenhos para a repressão ao comunismo, participou da criação de grupos paramilitares na Costa Rica, Guatemala e Honduras e apoiou economicamente os contras da Nicarágua. Em agosto de 1981, as Forças Armadas argentinas participaram com tropas norte-americanas, da OTAN, Venezuela, Colômbia e Uruguai de uma invasão fictícia na Ilha de Âmber, em que se simulava a invasão a Granada, que aconteceria dois anos mais tarde. CAMARGO, Sonia de. Caminhos que se juntam e se separam: Brasil e Argentina, uma visão comparativa. *Política e Estratégia*, São Paulo, v. IV, n. 3, jul./set. 1986, p. 372-404 (386).

177. Convenção assinada em 29 mai. 1981 por Uruguai, Paraguai e Bolívia para promover ações conjuntas efetivas e melhorar a posição dos três frente à Argentina e ao Brasil.

não era vista como possível de provocar alterações nas relações dos demais[178], mas percebiam a pretensão por uma liderança brasileira ou argentina na sub-região.

As ações do Brasil, embora estivessem mais ligadas à necessidade de desenvolver o país, eram vistas como parte de um projeto hegemônico. O jornal *La Opinión*, ao noticiar a visita do presidente Videla à Bolívia em 1976 referiu-se aos acordos firmados pelo Brasil com aquele país como o interesse de "assegurar a presença nos depósitos ferrosos de El Mutún, no qual os pioneiros da siderurgia argentina pensaram frequentemente como fonte de abastecimento".[179] Em meados da década de 1970, vários periódicos argentinos abordaram a chamada "penetração brasileira", principalmente nos territórios das províncias de Misiones e Corrientes. Além da penetração física, chamavam a atenção para a "penetração cultural" por meio de emissoras de rádio mais potentes nas regiões de fronteiras que acabavam "engolindo" as argentinas de menor potência impondo suas notícias, músicas e a língua portuguesa. Alguns articulistas referiram-se à "imigração" de brasileiros nas cidades fronteiriças como uma política do Estado brasileiro que estaria incentivando tal penetração.[180]

Havia, também, referências à penetração no território paraguaio. Por vezes essa "influência" era associada com a "linha dura" imprimida pelo governo militar do general Médici. Para os países que, naquele momento não viviam regimes militares, a política desenvolvida pelo Brasil não se constituía em uma tática adequada se o objetivo era alcançar um maior entendimento entre os povos da América.[181]

---

178. URUGUAI. AHD. Pasta Entrevista Lanusse - Strossner. Documento C-9-A-N. 22/972. Embaixada do Uruguai em Assunção, 9 jan. 1972.

179. "*Asegurarse presencia en los yacimientos ferríferos de El Mutún, en el cual los pioneros de la siderurgia Argentina pensaron frecuentemente como fuente de aprovisionamiento*". ALONSO, Enrique. Los convénios tendrán en cuenta el polo de desarrollo de El Mutún. *La Opinión*. Buenos Aires, 24 out. 1976, tradução nossa. BRASIL. AMRE. Embaixada do Brasil em Buenos Aires. Ofício n. 1.167 de 29 out. 1976.

180. MARTELLI, Juan Carlos. ¿Hasta onde llegan las fronteras?. *Mayoria*. Buenos Aires, 4 jan. 1976. STOPINNI, Juan Luis. Brasileños devastadores. *Ultima Hora*. Buenos Aires, 5 jan. 1976. BRASIL. AMRE. Embaixada do Brasil em Buenos Aires. Ofício n. 48 de 12 jan. 1976. STOPINNI, Juan Luis. Penetración brasileña. *Ultima Hora*. Buenos Aires, 6 jan. 1976. STOPINNI, Juan Luis.La invasión pacífica brasileña. *Ultima Hora*. Buenos Aires, 7 jan. 1976. BRASIL. AMRE. Embaixada do Brasil em Buenos Aires. Ofício n. 49 de 12 jan. 1976. Penetración inadmisible. *La Capital*. Rosario, 18 nov. 1975. Opiniones en Alem sobre los intrusos brasileños. *El Territorio*. Posadas, 30 out. 1975. BRASIL. AMRE. Embaixada do Brasil em Buenos Aires. Ofício n. 53 de 14 jan. 1976. RATIER, Hugo. Braceros, peones, villeros. *Clarín*. Buenos Aires, 8 jan. 1976. BRASIL. AMRE. Embaixada do Brasil em Buenos Aires. Ofício n. 54 de 14 jan. 1976. MARTÍNEZ, Leopoldo. Iguazu, una maravilla de la que se posesionó el caos. *El Cronista*, 9 jan. 1976. BRASIL. AMRE. Embaixada do Brasil em Buenos Aires. Ofício n. 57 de 14 jan. 1976.

181. URUGUAI. AHD. Pasta Entrevista Presidentes de Paraguay – Brasil, 7 maio 1971. Entrevista Presidentes de Brasil y Paraguay. Montevidéu, 12 jul. 1971, p. 4.

Na Bolívia, quando a crise mundial do estanho abalou a economia e inviabilizou o plano econômico, o presidente Paz Estensoro procurou, em regime emergencial, a exploração das reservas de ouro. Como havia um grande número de garimpeiros brasileiros nos departamentos de Beni e Pando, estabeleceu-se um novo ponto de fricção com o Brasil. A "penetração pacífica de cidadãos brasileiros" acabou sendo considerada um perigo para a integridade e a soberania nacional daquele país.[182] Esse problema foi adicionado ao da ocupação de seringais bolivianos por brasileiros a partir da década de 1970, explorado negativamente pela imprensa boliviana.[183]

Ações do governo brasileiro eram relacionadas com ambições de poder por alguns órgãos da mídia argentina. Quando houve o reconhecimento do direito à autodeterminação da Namíbia, fizeram relação com o projeto nuclear e sugeriram que o Brasil desejava se aproximar de uma região rica em urânio. O mesmo aconteceu com o reconhecimento do governo socialista de Angola, região rica em petróleo.[184]

As ações que cada um empreendia e as visões que um tinha do outro conduziram as relações na sub-região, onde pequenos detalhes eram observados. Um memorando do Diretor de Política Externa ao Ministro das Relações Exteriores do Uruguai sobre a viagem do presidente Alvarez ao Chile alertou que a viagem trazia alguma inquietação à Argentina, que pretendia que a primeira visita ao exterior do presidente uruguaio fosse para aquele país. Sugeriu que o Uruguai deveria demonstrar que as relações com a Argentina continuavam num nível privilegiado ao mesmo tempo em que não deveria demonstrar demasiada amizade com o Chile.[185]

A postura dos Estados Unidos em relação ao Brasil também causava inquietações. Em dezembro de 1971, o então presidente norte-americano Nixon se referiu ao Brasil como líder natural da América do Sul.[186] Em 21 de fevereiro de 1976, Brasil e Estados Unidos assinaram um Memorando que implicava consultas semestrais sobre temas amplos e variados como política externa, segurança, economia, tecnologia e cultura. Esses fatos, somados à referência do então secretário de Estado Henry Kissinger ao Brasil como "potência mundial emergente" provocaram reações na imprensa portenha de que os Estados Unidos estariam procurando manejar a América Latina por meio do Brasil, o que aumentaria sua

182. BRASIL. AN. Documento ACE 54.528/86. Bolívia. Relações Bilaterais com o Brasil e convivência fronteiriça (Conf.). Brasília, 21 fev 1986.

183. Em 1975, estimava-se que 6.500 famílias brasileiras se encontravam nessa situação. BRASIL. AN. Documento ACE 3.016/82. SNI. Informação n. 738/11/AMA. Brasília, 09 dez. 1975.

184. El progreso nuclear em America Latina. *La Nación*. Buenos Aires, 2 ago. 1976. BRASIL. AMRE. Embaixada do Brasil em Buenos Aires. Ofício n. 809 de 4 ago. 1976.

185. URUGUAI. AHD. Pasta Viajes y Visitas. 1982, abril, Alvarez-Pinochet. Memorandum. Fijacion Fecha Visita Señor Presidente a Chile.

186. TAMBS, Lewis A. Fatores geopolíticos na América Latina. *A Defesa Nacional*, Rio de Janeiro, a. 65, n. 679, set./out. 1978, p. 45-62 (47).

projeção de poder e colocaria em risco os interesses de outros países do continente.[187] Houve reações também no Congresso. O senador Edgardo Murgia solicitou um pronunciamento do governo sobre o acordo que considerou que os norte-americanos, ao transladar "a defesa de seus próprios interesses no continente ao Brasil, teriam convertido-o no único interlocutor válido dos problemas e aspirações do resto", o que levaria a Argentina a "um desenvolvimento subordinado a interesses alheios".[188]

No bojo dos projetos de integração física, de exploração de recursos e do envolvimento nas questões políticas por conta do aumento de influência na vizinhança, uma série de divergências entre os países da sub-região condicionou as relações entre os governos militares e refletiu na execução de projetos bélicos nas áreas nuclear, espacial e convencional. As principais diziam respeito às questões de fronteiras entre a Argentina e o Chile, entre o Chile e a Bolívia, ao aproveitamento do potencial energético da Bacia do Prata e à exploração do continente Antártico, que serão apresentadas em seguida.

## IV - A Questão da Fronteira Argentina-Chile

No início do século XX, ambos discutiam uma área de 90 mil km quadrados (maior que os Estados do Rio de Janeiro e Espírito Santo juntos), remetendo a questão à arbitragem do Rei Eduardo VII do Reino Unido, cujo laudo não resolveu definitivamente o problema.

Na década de 1960, pesava ainda entendimentos diferentes sobre dois pontos: a zona do Rio Encuentro e a faixa do Canal de Beagle pela posse das Ilhas Pictón, Nueva e Lennox. Na realidade, a área em disputa era de valor econômico e militar duvidoso e não implicava em nenhum interesse territorial de monta.[189] Os governos argentinos procuraram incentivar a colonização do extremo sul e suas ações resultavam em críticas dos chilenos aos projetos de pequena envergadura de seu próprio governo na região.[190]

Em 30 de outubro de 1963, dezoito dias após a posse do presidente Illía, em

187. VENERONI, Horacio. El Pacto entre Washington y Brasília. *Cuestionário*, Buenos Aires, n. 38, junho de 1976, p. 1.538-1.539. BRASIL. AMRE. Embaixada do Brasil em Buenos Aires. Ofício n. 576 de 15 jun. 1976.

188. BRASIL. AMRE. Embaixada do Brasil em Buenos Aires. Ofício n. 308 de 30 mar. 1976.

189. Em nota de 1970, o próprio Conselho Nacional de Segurança argentino destacou "*el interés muy relativo de las islas en disputa en el Beagle desde el punto de vista económico y también del estratégico*". LANÚS, J.Archibaldo. *De Chapultepec al Beagle*. Buenos Aires: Emecé Editores, 1984, p. 508.

190. Em 1958, Frondizi estabeleceu um regime de porto livre em Ushuaia. Em 1972, a Lei de Promoção Econômica da Terra do Fogo procurou desenvolver a indústria da região com a outorga de franquias estimulantes a empresas.

nota à Embaixada do Chile, o governo argentino aventou a ideia de uma comissão mista de congressistas com o objetivo de assessorar as respectivas chancelarias dizendo estar disposto a "ceder a iniciativa a uma comissão de legisladores, representantes de todas as correntes de opinião argentina, que poderia trabalhar com colegas chilenos a questão do arbitramento". Em 14 de novembro de 1963, o Chile respondeu aceitar a ideia. A Comissão se reuniu sem, no entanto, apresentar soluções para a disputa, uma vez que a questão era mais técnica que política.[191] A comissão encerrou seus trabalhos em 30 de maio de 1964, emitindo uma declaração que se limitou a destacar a necessidade de solucionar todas as questões pendentes e a sua responsabilidade em cooperar pela solução. No entanto, serviu para abrir o caminho para um melhor relacionamento entre os parlamentares dos dois países e inseriu os legislativos nas negociações diplomáticas.[192]

Na Argentina, a questão era acompanhada apenas por especialistas que, por dever, procuravam entender do assunto, mas era ignorada do grande público e ocupava o Congresso e a imprensa apenas incidentalmente. Já no Chile, o governo criou um clima de emoção em relação ao problema, fazendo com que o assunto fosse amplamente tratado pela população a ponto de permitir, em 1963, uma votação unânime na Câmara dos Deputados de um projeto de rearmamento do país, que se apresentou como um dificultador a mais para a solução da questão.[193]

Enquanto isso, o presidente Illía apresentou a disposição do governo em resolver todos as questões pendentes, incluindo a de limites com o Chile e contribuir para a solução dos problemas dos "irmãos" como a resolução partilhada com o Uruguai de conceder ao Paraguai e à Bolívia livre saída para o mar.[194]

Na reunião da Comissão Especial de Coordenação Latino-Americana (CECLA), em Alta Gracia-Córdoba, em março de 1964, houve conversações paralelas entre os ministros de relações exteriores da Argentina e do Chile que informaram a decisão de encontrar, por via judicial, a solução dos problemas pendentes.

191. O então embaixador brasileiro em Buenos Aires salientou que, no decorrer dos trabalhos, as comissões acabaram nem assessorando os negociadores dos países, nem decidindo, uma vez que a condução da política externa era prerrogativa do Executivo argentino. BRASIL. AMRE. Embaixada do Brasil em Buenos Aires. Relatório dos fatos Políticos de maio de 1964.

192. BRASIL. AMRE. Embaixada do Brasil em Buenos Aires. Doc. N. 398/272 (41) (32) Questão e limites entre Argentina e Chile – Participação do Poder Legislativo em negociações diplomáticas. 29 jun. 1964.

193. BRASIL. AMRE. Embaixada do Brasil em Buenos Aires. Relatório dos fatos Políticos de maio de 1964, p. 16. Em 16 e 19 de julho, dois pequenos incidentes envolvendo militares dos dois países na região em litígio e, apesar da aceitação mútua de explicações, foram suficientes para causarem manifestações exaltadas em Buenos Aires. Esse é um exemplo do envolvimento episódico da população argentina.

194. BRASIL. AMRE. Embaixada do Brasil em Buenos Aires. Doc. N. 289/604.4. Inauguração do 94º período de sessões do Parlamento. Mensagem Presidencial. Política Internacional. 11 maio 1964.

Os governos civis de Perón, Frondizi e Illía insistiram na negociação política bilateral sem resultado, enquanto o Chile buscava a arbitragem, de acordo com o tratado de 1902.[195] Em 1969, uma reunião do Conselho Nacional de Segurança argentino optou novamente por uma negociação direta, mas em instruções de 12 de março de 1970 enviadas ao chanceler, abriu-se a opção pela arbitragem que foi aceita posteriormente pelo presidente Lanusse.[196]

Enquanto isso, incidentes na região contestada continuaram a acontecer como choques entre militares dos dois países em Laguna del Desierto, em 1966, ou com o navio panamenho Bellenita e o pesqueiro argentino Cruzeiro do Sul no Canal de Beagle, em agosto de 1967. Quando do primeiro incidente, o jornal *Clarín*, de 9 de novembro de 1966, apresentou no seu editorial uma alusão à posição chilena da "doutrina de fronteira móvel", expressão utilizada pelo governo argentino para a estratégia do Chile de tentar criar outras frentes de conflito ao incentivar imigrantes chilenos a se estabelecer nas fronteiras dos vizinhos e produzir atos destinados a uma reclamação posterior, abrindo uma nova frente litigiosa.[197]

Com a assunção de Salvador Allende, o governo chileno salientou o propósito de resolver juridicamente a questão de Beagle. O caráter socialista do governo resultou num distanciamento do governo militar brasileiro[198], fazendo com que, apesar das divergências nas fronteiras, houvesse a tentativa de maior aproximação militar por parte da Argentina. Na solenidade do XLI Aniversário da Força Aérea Chilena compareceu o Comandante da Força Aérea Argentina acompanhado de vários oficiais.[199] Logo em seguida o chanceler argentino visitou Santiago para tratar, principalmente, da integração física entre os países.[200]

Em 17 de maio de 1971, ocorreu a primeira reunião da Comissão Mista de Integração Física para harmonizar projetos de infraestrutura na fronteira. Realizou-se, também, a Reunião da Comissão Especial de Coordenação Chileno-Argentina.[201] Em 22 de julho, os dois países assinaram o compromisso de levar a questão

195. BRASIL. AMRE. Embaixada do Brasil na Argentina. Doc 749/920. Relatório de fatos políticos do mês de setembro de 1964, p. 13. As várias tentativas de acordo datam de 1905, 1915,1938, 1955, 1960 e 1965.

196. LANÚS, J. A. op. cit., p. 508.

197. BRASIL. AMRE. Embaixada do Brasil em Buenos Aires. Doc. N. 98/900.1 (41). Política Exterior Argentina. Discurso do Ministro Zavala Ortiz. 28 jan. 1966.

198. Na mensagem enviada ao Congresso, Allende mencionou uma suposta campanha de alguns setores jornalísticos brasileiros contra seu governo. BRASIL. AMRE. Embaixada do Brasil em Santiago Ofício n. 4.490. Primeira Mensagem do Presidente Allende ao Congresso, 3 jun. 1971.

199. BRASIL. AMRE. Ofício n. 251 da Embaixada do Brasil em Santiago, 23 mar. 1971.

200. BRASIL. AMRE. Ofício n. 577 da Embaixada do Brasil em Santiago, 29 jun. 1971.

201. BRASIL. AMRE. Embaixada do Brasil em Santiago Ofício n. 4.490 de 3 jun. 1971.

de Beagle à arbitragem. [202]

As relações Chile-Argentina, que oscilavam da omissão ao radicalismo, naquela ocasião, foram orientadas para a aproximação entre o governo militar (argentino) e o governo socialista (chileno). Provavelmente isso ocorreu pela oportunidade de obtenção de dividendos políticos internos por ambos com a questão econômica suplantando a divergência fronteiriça, tanto que os principais acordos diziam respeito à integração física. O Chile era mercado para a Argentina e porta de entrada para seus produtos no grupo andino. Para o Chile, a manutenção de boas relações com os vizinhos servia para demonstrar que diferentes ideologias poderiam conviver harmonicamente na sub-região, diminuindo a possibilidade de ações externas para desestabilizar o governo.

A política pragmática de Lanusse não se direcionou apenas ao Chile, mas também à Bolívia e ao Peru por meio de um "grande acordo" que recobraria o tempo perdido por Ongania, cujo governo esfriara os vínculos com aqueles governos. Mas buscou, principalmente, ocupar os vazios deixados pelo Brasil com o giro para a esquerda no Chile e o crescimento da Frente Ampla no Uruguai. [203] Para a diplomacia uruguaia, o governo de Lanusse buscava "criar um sistema de especial vinculação com os Estados limítrofes, procurando um equilíbrio de poder no continente sul-americano frente à expansão político-econômica brasileira". [204]

Nesse contexto, Argentina e Chile assinaram, em 5 de abril de 1972, o Tratado Geral sobre Solução Judiciária de Controvérsias, que apresentou normas que deveriam reger os futuros processos de arbitragem e as garantias de cumprimento de sentenças que fossem proferidas. Facultou, ainda, a possibilidade de qualquer das partes recorrer unilateralmente a um árbitro caso não se chegasse a um acordo sobre tal procedimento. [205]

Enquanto o Tribunal Arbitral, com base no acordo de 1971, prosseguia nos trabalhos, a imprensa portenha declarava o temor pela decisão britânica, pois a questão de Beagle teria parado "en manos del soberano de un país con el cual la Argentina tiene un largo conflicto por las islas Malvinas" antevendo que a decisão

202. O Acordo de Arbitragem a respeito de uma controvérsia entre a República Argentina e a República do Chile na Zona do Canal de Beagle foi assinado em Londres em 22 de julho de 1971. Pelo acordo, a Rainha da Inglaterra deveria aceitar ou rejeitar como um todo o pronunciamento da Corte Arbitral formada por cinco membros da Corte Internacional de Justiça.

203. Allende y Lanusse en Salta: la diplomacia del Gran Acuerdo. *Revista Panorama*, 27 ago. 1971. URUGUAI. AHD. Embaixada do Uruguai em Buenos Aires. Ofício n. 2.229, 30 jul. 1971.

204. URUGUAI. AHD. Pasta Entrevista. Presidentes. Brasil-Bolívia, 4 abr. 1972.

205. BRASIL. AMRE. Embaixada do Brasil em Santiago. Ofício n. 2.544 de 4 dez. 1972. A troca de notas dos instrumentos do tratado foi realizada em 27 de dezembro daquele ano. Aprovado pela Lei n. 19.961, foi extinto em 22 jul. 1982.

não seria neutra.[206] Em 2 de maio de 1977 foi dado conhecimento do laudo arbitral aceito pela Rainha Elisabeth e favorável ao Chile, outorgando-lhe as Ilhas Lenox, Picton e Nueva[207]. Pinochet não só reconheceu de pronto o laudo como instalou postos de vigilância e sinais nas ilhas em litígio e nomeou oficiais da Armada, os chamados *alcaldes de mar*, para comandá-los[208], resultando no aumento das tensões entre os dois países. Em janeiro de 1978, os presidentes Videla e Pinochet se encontraram em Plumerillo para tentar uma solução. A reunião fracassou e, em 25 daquele mesmo mês, a Junta Militar argentina declarou nulo o laudo.

As tentativas realizadas durante aquele ano se mostraram infrutíferas[209] e, em 22 de dezembro, o governo militar argentino deu ordens para o deslocamento estratégico de tropas para a fronteira em condições de atacarem o Chile. Efetivos militares foram transportados por vias terrestres, aéreas e marítimas dentro do que se batizou de Operação Rosário. O Exército e a Marinha planejaram ocupar inicialmente as Ilhas Nueva e Horne, com ações que seriam desencadeadas em 21 de dezembro sob o nome de Operação Soberania, e aguardar a reação chilena.[210]

O governo brasileiro procurou manter-se neutro, tendo impedido, inclusive, o embarque de material considerado estratégico para o Chile no final de 1978.[211] O jornal *La Nueva Província*, citou artigo do Jornal do Brasil no qual o governo brasileiro não reconheceria qualquer porção de terra conquistada pela força.[212] Da mesma forma, o governo norte-americano afirmou que condenaria qualquer ação militar argentina.[213]

Numa última tentativa de resolução pacífica, o Papa João Paulo II enviou o cardeal Samoré para negociar sua mediação no conflito. Sua ação permitiu que os chanceleres da Argentina e do Chile assinassem em Montevidéu, em 8 de janeiro de 1979, a aceitação da mediação papal.

206. Un antiguo diferendo. *Clarín*. Buenos Aires, 18 jan. 1977. BRASIL. AMRE. Embaixada do Brasil em Buenos Aires. Ofício n. 63 de 20 jan. 1977.

207. LANÚS. J. Archibaldo. op. cit., p. 515.

208. ASTRADA, Armando A. *Argentina-Chile controvérsia y mediación*. Buenos Aires: Ediciones Ghersi, 1980, p. 122. CISNEROS, Andrés. ESCUDÉ, Carlos. *Historia General de las Relaciones Exteriores de la República Argentina*, parte III, tomo XIV. Bueno Aires: Grupo Editor Latinoamericano, s/d, p. 355

209. Videla e Pinochet voltaram a se reunir em fevereiro de 1978 e criaram comissões de negociações que movimentaram as duas chancelarias durante todo o ano. LANÚS, J. Archibaldo. op. cit., p. 520-525.

210. CISNEROS, Andrés. ESCUDÉ, Carlos. Historia General de las Relaciones Exteriores de la República Argentina, op. cit., p. 359. TABOADA, Roberto F. Cómo se evitó la guerra con Chile. *Clarín*. Buenos Aires, 19 ago. 1984, p. 10.

211. ASTRADA, Armando A, op. cit., p. 197.

212. La posición del Brasil frente al diferendo argentino-chileno. *La Nueva Provincia*. Bahía Blanca, 8 jan. 1979. BRASIL. AMRE. Embaixada do Brasil em Buenos Aires. Ofício n. 48 de 24 jan. 1979.

213. LANÚS. J. Archibaldo, op. cit., p. 527.

O laudo do Papa foi entregue em 12 de dezembro de 1980 propondo a jurisdição chilena sobre as ilhas em litígio, mas concedendo à Argentina a possibilidade de instalar ajudas à navegação e um sistema de controle de terminal aéreo conjunto na Ilha Nueva para regular os voos para ou da Antártica, além de criar uma zona de atividades conjuntas ou concertadas onde ambos explorariam os recursos marinhos. O Chile aceitou de imediato, mas a Argentina novamente recusou a decisão. [214]

A questão só foi resolvida a partir de 1984 com a assinatura do Tratado de Paz e Amizade, que definiu o regime aplicável às passagens austrais entre os oceanos Atlântico e Pacífico, que afetou, também, a navegação de embarcações estrangeiras entre Cabo Horne e a Ilha dos Estados, localizada ao sul de Beagle. [215] Pelo Tratado, o espaço territorial de cada país ficou resumido a uma faixa de três quilômetros, onde se aplicam as normas do chamado Direito do Mar. Para terceiros países, tanto Argentina como o Chile aplicam as regras de doze milhas náuticas de mar territorial, resultando apenas no direito de passagem inocente de navios estrangeiros. [216]

Posteriormente, a prioridade do presidente Menem de resolver os conflitos com os vizinhos como parte de sua política de maior de aproximação com as grandes potências, permitiu que os pontos pendentes fossem sendo resolvidos através da negociação e sem ameaça do uso da força. A resolução das pendências fronteiriças foi fundamental para a aproximação militar e o estabelecimento de uma série de medidas de confiança mútua entre os dois países que serão abordadas mais adiante.

## V - A Questão de Limites Bolívia-Chile

A Guerra do Pacífico terminou com uma trégua em 1884, mas as questões de limites só foram decididas em 1904 com a assinatura do Tratado de Paz e Amizade. Além de definir as fronteiras, o tratado assegurou o livre trânsito de importações e exportações bolivianas pelo território chileno, o uso dos portos de Arica e Antofagasta, incluindo a ausência de impostos e o estabelecimento de instalações administrativas portuárias bolivianas. Acordos posteriores permitiram, inclusive, o

214. CISNEROS, Andrés. ESCUDÉ, Carlos, op. cit., p. 362.

215. O Tratado foi precedido da Declaração Conjunta de Paz e Amizade assinada em 23 de janeiro daquele ano e de um plebiscito realizado na Argentina em 25 de novembro, quando 81% dos votantes foram favoráveis à assinatura do tratado. OELSNER, Andréa. *International Relations in Latin América: peace and security in the Southern Cone*. Londres: Routledge, 2005, p. 121.

216. O chamado Direito do Mar é decorrente da Convenção do Direito do Mar aprovada em 1982. O direito de passagem inocente permite o trânsito de navios estrangeiros em mar territorial de outro Estado.

transporte de material bélico pelo território chileno[217] e a integração física que se seguiu incluiu ferrovia, oleoduto e rodovias.

Quando da celebração do Tratado, os interesses dos exportadores de estanho bolivianos, mineral responsável na época por 55% das exportações do país, acabaram pesando na renúncia da saída para o mar em troca do livre acesso aos portos, pois interessavam mais facilidades e compensações para o escoamento daquele produto que a posse do litoral. No entanto, a mediterraneidade do país acabou sendo colocada como responsável pelo subdesenvolvimento e tratada como um objetivo nacional permanente, levando, inclusive, a rompimentos das relações diplomáticas.

Em abril de 1962, o Chile se negou a tratar do tema marítimo após gestões da chancelaria boliviana. Logo em seguida, decidiu construir um desvio no rio Lauca até o Oceano Pacífico, o que, segundo os bolivianos, causaria um dano ao seu curso original, resultando no rompimento das relações diplomáticas por parte da Bolívia.

Já na década de 1970, a eleição de Allende no Chile resultou em especulações sobre os reflexos de seu governo para a Bolívia. Por um lado, foi aventada a hipótese de que grupos de esquerda poderiam ter um apoio mais efetivo daquele governo. Por outro, havia esperanças de que o novo governo se pronunciasse sobre a questão da saída para o mar.[218] A aproximação com a Bolívia estava ligada à avaliação de Allende, para quem aquele país apresentava as características necessárias para se tornar um Estado socialista, tanto que, no ano seguinte, o golpe que derrubou o general Torres foi considerado pelo Partido Socialista Chileno como o "triunfo da força bruta, instrumentada pelo imperialismo americano e pelo governo tirânico do Brasil"[219] e os jornais favoráveis ao governo atribuíram a autoria intelectual do golpe boliviano ao Brasil, Argentina, Paraguai e Estados Unidos.[220]

No início de outubro, o ministro das Relações Exteriores boliviano declarou que a Bolívia não imporia condições para reatar as relações diplomáticas com o Chile, tendo o ministro chileno respondido da mesma maneira.[221]

---

217. O Tratado determinou também que o Chile pagasse à Bolívia a quantia de 300 mil libras esterlinas em duas parcelas. CHILE. Dirección Nacional de Fronteras y Límites del Estado. *Tratado de Paz y Amistad entre Chile y Bolivia.* Santiago, 20 out. 1904. Diário Oficial n. 8.169 de 27 de março de 1905. Disponível em: http://www.difrol.cl/ index11.htm. Acesso em: 12 fev. 2008.

218. BRASIL. AMRE. Embaixada do Brasil em La Paz. Ofício n. 366 de 15 set. 1970.

219. Discurso do Senador Carlos Altamirano, secretário-geral do PS, na XX Conferência Nacional da Juventude Socialista. BRASIL. AMRE. Embaixada do Brasil em Santiago. Ofício n. 852 de 27 ago. 1971.

220. BRASIL. AMRE. Embaixada do Brasil em Santiago. Ofício n. 872 de 30 ago. 1971. Na área comercial, a aproximação permitiu que, em maio de 1971, a Empresa Nacional de Petróleo (ENAP) chilena assinasse acordo para importação de petróleo boliviano com a YPFB. BRASIL. AMRE. Embaixada do Brasil em Santiago. Ofício n. 412 de 14 maio 1971.

221. BRASIL. AMRE. Embaixada do Brasil em La Paz. Ofício n. 389 de 2 out. 1970.

No entanto, a situação política interna conturbada na Bolívia dificultava a aproximação. No dia sete daquele mês, o general Ovando foi deposto, assumindo o general Torres, que meses antes havia sido marginalizado da vida política. [222] Em 22 de outubro durante entrevista coletiva, o novo presidente se recusou a responder perguntas relacionadas com o reatamento das relações com o Chile. [223]

As relações só foram normalizadas em fevereiro de 1975, por decisão dos presidentes Pinochet e Hugo Banzer, dando início a um novo processo de negociações que ficou conhecido como "*Abrazo de Charaña*". O Chile estaria disposto a negociar a cessão de parte do território ao norte de Arica, que corresponderia a um corredor e um enclave soberano boliviano. Todavia, em virtude do Tratado de 1929, tal decisão deveria passar, obrigatoriamente, pelo Peru, que apresentou a opção de um espaço trinacional. O Chile não aceitou a opção e as negociações não avançaram. [224]

Em consequência, a Bolívia rompeu novamente as relações diplomáticas em 17 de março de 1978, justificando que o Chile havia abandonado o compromisso de reabertura do diálogo. Naquela ocasião, o tom nacionalista do presidente boliviano chamou toda a população para que expressasse

> sua vigorosa vontade convergente com a obtenção de nosso retorno soberano ao mar, porque a história nos ensina que só triunfam aquelas causas que contam com a fortaleza de uma férrea unidade nacional. Chegará o dia em que a Bolívia, pela indeclinável decisão de seu povo, se reintegrará ao Oceano Pacífico porque nenhum país pode permanecer eternamente enclausurado, nem nenhuma nação insensível aos imperativos da solidariedade, porque o consenso internacional apóia a justiça de nossa causa e porque os bolivianos têm a virtude de um valor que se agiganta com a adversidade. [225]

222. BRASIL. AMRE. Embaixada do Brasil em La Paz. Ofício n. 399 de 9 out. 1970.

223. BRASIL. AMRE Embaixada do Brasil em La Paz. Ofício n. 464 de 6 nov. 1970.

224. BOLÍVIA. MREC. El Libro Azul: *El Problema Marítimo Boliviano.* Anexo 15 Declaración Conjunta de los Presidentes Augusto Pinochet y Hugo Banzer. Charaña, 8 de febrero de 1975. La Paz, 2004.

225. "*Su vigorosa voluntad convergente al logro de nuestro retorno soberano al mar, porque la historia nos enseña que sólo triunfan aquellas causas que cuentan con la fortaleza de una férrea unidad nacional. Llegará el día en que Bolivia, por la indeclinable decisión de su pueblo, se reintegrará al Océano Pacífico porque ningún país puede permanecer eternamente en el encierro, ni ninguna nación insensible a los imperativos de la solidaridad, porque el consenso internacional avala la justicia de nuestra causa y porque los bolivianos tenemos la virtud de un valor que se agiganta en la adversidad*". BOLÍVIA. MREC. *El Libro Azul: El Problema Marítimo Boliviano.* Anexo 16. Ruptura de relaciones diplomáticas con Chile. La Paz, 2004, tradução nossa.

Enquanto o governo chileno entendia que, juridicamente, em razão do tratado de 1904, não havia o que negociar, em várias ocasiões de crises internas na Bolívia, aflorou-se o nacionalismo e a questão com o Chile ganhou prioridade. Da mesma forma, quando o Chile teve problema mais sério com a Argentina a Bolívia adotou uma postura de confrontação como no caso do rompimento unilateral das relações em 1978.

A partir daquele ano, a estratégia do governo boliviano foi direcionada para gestões nos foros internacionais multilaterais.[226] Na Organização dos Estados Americanos (OEA), a Bolívia conseguiu a aprovação de uma série de resoluções, que, em sua maioria, exortava as partes a iniciar o diálogo em busca de uma solução satisfatória.[227] Em 31 de outubro de 1979, durante a comemoração do centenário da Guerra do Pacífico, a Assembleia Geral da OEA aprovou a Declaração n. 426 que reconheceu o "interesse hemisférico permanente de encontrar uma solução para que a Bolívia obtivesse o acesso soberano ao Oceano Pacífico", recomendando aos Estados diretamente envolvidos que iniciassem

> negociações encaminhadas para dar à Bolívia uma conexão territorial livre e soberana com o Oceano Pacífico. Tais negociações devem levar em conta os direitos e interesses das Partes envolvidas e podem considerar, entre outros elementos, a inclusão de uma zona portuária de desenvolvimento multinacional integrado e, ainda assim, levar em conta a posição boliviana de não incluir compensações territoriais.[228]

O Chile continuou não admitindo qualquer intervenção de terceiros na questão e condicionava qualquer negociação ao reestabelecimento das relações diplomáticas. Já o presidente boliviano sustentava que a normalização das relações diplomáticas "estava condicionada ao prévio reconhecimento chileno dos princípios

226. As gestões se deram no âmbito do Grupo da Bacia do Prata, do Pacto Andino e do Movimento dos Não Alinhados (1982) e da ONU (1983), além da OEA. MORALES, Waltraud Queiser. Bolivian Foreign Policy: the struggle for sovereignty. In: LINCOLN, Jennie K. FERRIS, Elisabeth G. *The Dynamics of Latin American Foreign Policies: challenges for the 1980s*. Boulder CO: Westview Press, 1984, p. 189-191.

227. BRASIL. AN. EME. Relatório Mensal de Informações Externas n. 001/86-SE-1/EME (Conf.). Brasília, 31 jan. 1986.

228. "*Negociaciones encaminadas a dar a Bolivia una conexión territorial libre y soberana con el Océano Pacífico. Tales negociaciones deberán tener en cuenta los derechos e intereses de las Partes involucradas y podrían considerar, entre otros elementos, la inclusión de una zona portuaria de desarrollo multinacional integrado y, asimismo, tener en cuenta el planteamiento boliviano de no incluir compensaciones territoriales*". BOLÍVIA. MREC. *El Libro Azul: el problema marítimo boliviano*. Anexo 17, Resolución de la Asamblea General de la Organización de los Estados Americanos 1979 AG/RES. 426 (IX 0/79) Acceso de Bolivia al Oceano Pacifico. La Paz , 2004, tradução nossa.

básicos de nossa política em torno do caso marítimo, a respeito de uma saída soberana e própria ao Oceano Pacífico". [229]

Em 1986, novamente os dois governos realizaram uma série de negociações em Bogotá, Nova Iorque, Lima e na Guatemala e determinaram a criação de uma Comissão Binacional de Aproximação. No ano seguinte, o governo uruguaio possibilitou que negociações fossem realizadas em Montevidéu. A Bolívia retomou a proposta, a exemplo de 1975, que incluía a cessão do território compreendido entre o limite atual entre Chile e Peru e entre Peru-Bolívia até o limite da área urbana norte da cidade de Arica, incorporando toda a infraestrutura, serviços e instalações do território, assim como a área marítima correspondente. [230]

Uma segunda proposta boliviana tratou da cessão de um enclave territorial e marítimo no Norte do Chile que não afetasse a continuidade territorial chilena, e que se comunicaria com a Bolívia por ferrovias, estradas e polidutos, além da construção de um aeroporto na área do enclave. [231] No entanto, em 9 de junho de 1987, o governo chileno, através de sua chancelaria, respondeu não ser admissível qualquer das duas propostas e a questão manteve-se inalterada. [232]

## VI - A Questão de Sete Quedas

A exploração de recursos nos rios internacionais e suas implicações nos Estados fronteiriços é pauta antiga na agenda das relações dos países que formam a Bacia do Prata. [233] Vários instrumentos multilaterais e bilaterais foram assinados como a Declaração de Montevidéu sobre o aproveitamento industrial e agrícola dos rios internacionais, de 1933 [234], o Acordo de 13 de janeiro de 1938 entre

229. BRASIL. AN. EME. Relatório Mensal de Informações Externas n. 6/84 (Conf.). Brasília, julho de 1984, p. 15.

230. BOLÍVIA. MREC. *El Libro Azul: El Problema Maritimo Boliviano*. Anexo 18. Propuesta de Bolivia Enfoque Fresco. l8 de abril de 1987. Memorándum 1. Guillermo Bedregal Ministro de Relaciones Exteriores. La Paz, 2004.

231. A proposta apresentou três alternativas: entre Caletacamarones e Pisagua, com uma superfície de 1.068 km² (costa de 42 km e profundidade de 25 km), Tocopilla e Punta Cobija com 1.238 km² (costa de 47 km e profundidade de 25 km) e Caleta Michilla e Mejillones com superfície de 1.500 km² (costa de 50 km e profundidade de 30 km). Ibidem. Anexo 18. Propuesta de Bolivia Enfoque Fresco. l8 de abril de 1987. Memorándum 2. Guillermo Bedregal. Ministro de Relaciones Exteriores. La Paz, 2004.

232. Ibidem. Anexo 19. Respuesta de la República de Chile. Santiago, 9 jun. 1987. La Paz, 2004.

233. A Bacia do Prata é uma área de 4.350.000 km² compreendida pelos rios Paraná, Paraguai e Uruguai que desembocam no Rio da Prata e foi motivo, desde a colonização europeia no século XVI, de disputas de interesses geopolíticos pela hegemonia na região.

234. Seu Art. 7º introduziu o conceito de consulta prévia ao determinar que os projetos de obras nas águas internacionais deveriam ser objeto de uma comunicação prévia aos outros Estados ribeirinhos a fim de que pudessem julgar quanto aos efeitos das obras e formular observações. Por ser uma Declaração não tinha força de cumprimento obrigatório. Declaración de Montevideo. Resolución

Argentina e Uruguai pelo qual estabeleceram regras básicas para o aproveitamento da energia hidráulica do Rio Uruguai, alterado em 1946 com o Acordo sobre o Aproveitamento do Rio Uruguai na Região de Salto Grande[235], o acordo sobre o aproveitamento econômico do Rio Pilcomaio entre Argentina, Bolívia e Paraguai de 1941[236] e a Resolução 14 da Conferência Regional dos Países do Prata de 6 de fevereiro do mesmo ano, que criou comissões técnicas mistas para estudos do sistema hidrográfico do Prata.

Qualquer questão envolvendo a região do Prata, mesmo que tratada em nível nacional ou bilateral trazia implicações aos demais países da Bacia. No início da década de 1960, por exemplo, o Rio da Prata apresentava condições de navegação precárias, causando prejuízos e tornando fundamental a implementação de medidas pelos governos da Argentina e Uruguai, com interesses, também, da Bolívia e do Paraguai. [237]

Mas, quando no final do governo Guido foi promulgado decreto-lei sobre um plano de levantamento hidrográfico do rio e instituída uma comissão nacional para as obras[238], o Uruguai, que não havia sido consultado, protestou exigindo "seus direitos soberanos, em comum com a Argentina, na planificação e execução de toda obra de levantamento integral da área do Prata". [239] O governo argentino justificou a não consulta ao fato da necessidade de aprovar o projeto antes do final do governo, garantindo recursos para as obras e deixando a regulamentação das questões pendentes com o Uruguai para depois. O Ministro das Relações Exteriores Zavala Ortiz priorizou a questão, resultando na assinatura do Protocolo do Rio da Prata, em janeiro de 1964, que constituiu uma Comissão Mista Argentino-Uruguaia para levantamento hidrográfico do Rio.

Se questões aparentemente simples resultavam em reclamações e negociações entre as partes interessadas, casos mais complexos provocavam reações ainda maiores como o caso das usinas de Itaipu e Corpus.

---

LXXII de la séptima conferencia internacional americana. Disponível em: http://www.dsostenible.com.ar/acuerdos/helsin.html. Acesso em: 08 fev. 2008.

235. Entrou em vigor em 27 de agosto de 1958. Criou uma comissão mista que iniciou seus trabalhos em 1960. O projeto postergado até 1968 quando, por troca de notas, ambos os países decidiram realizar as obras.

236. Acordo Tripartite sobre o Rio Pilcomayo. *La Prensa*. Buenos Aires, 11 fev. 1941, p. 11.

237. Só em 1962, o comércio e a indústria argentina estimaram os danos em 700 milhões de pesos. BRASIL. AMRE. Embaixada do Brasil na Argentina. Ofício verbal n. 754 de 19 nov. 1963 e CT 441 de 12 dez. 1963.

238. BRASIL. AMRE. Embaixada do Brasil na Argentina. Ofício verbal n. 754 de 19 nov. 1963 e CT 441 de 12 dez. 1963

239. BRASIL.AMRE. Embaixada do Brasil na Argentina. Documento 364 (41). Relatório de fatos políticos, econômicos e culturais de janeiro de 1964, p. 2

Em 1963, o presidente Illía demonstrou a intenção de conseguir um marco legal para o uso de águas internacionais ao propor aos países platinos a criação de vínculos para a integração física da Bacia do Prata e o aproveitamento de seus recursos naturais, sob o pretexto do desenvolvimento regional. Na realidade, a Argentina tinha a intenção de amarrar juridicamente o Brasil e limitar suas ações na Bacia do Prata.

O Brasil se negou a comprometer-se a qualquer instrumento legal que restringisse sua liberdade para empreender projetos hidrelétricos,[240] por considerar que deveria haver uma "cooperação natural e espontânea" e o fomento da "cooperação e a confiança recíproca", sendo a criação de mecanismo para supervisionar a maneira como os países da região utilizavam os recursos hídricos desnecessária e uma violação inaceitável da soberania. [241]

Em 21 de janeiro de 1964, quando o presidente João Goulart declarou a intenção de construir a Usina de Sete Quedas em parceria com o Paraguai, a questão despertou maior interesse argentino.

Com a visita do presidente paraguaio Alfredo Stroessner ao Brasil, a questão da usina ganhou ampla cobertura da imprensa Argentina e foi objeto de discussão na Câmara dos Deputados. O desconhecimento argentino sobre o assunto provocou reações no país. Quando da assinatura da Ata de Buenos Aires com o Paraguai, em fevereiro de 1964, o chanceler Zavala Ortiz se referiu ao projeto de Sete Quedas da seguinte maneira:

> nossos rios não oferecem somente a possibilidade de navegação [...] nem são somente as obras comuns, recíprocas ou simultâneas, que podem ser realizadas por nossos governos, as que nos interessam. Também há obras extranacionais, como o são, por exemplo, as do Salto do Guairá [...] Já dissemos com toda franqueza o que se pensa fazer em Apipé. Interessa-nos saber o que se projeta realizar em Guaíra. [242]

Naquela ocasião, o chanceler paraguaio respondeu que o Brasil e o Paraguai "lograram um entendimento sobre o assunto. Os pormenores chegarão oportunamente ao conhecimento de todos os países. Não haverá nada para preocupar a nenhuma nação". [243]

240. MILLER, Carina J. *Influencia sin poder*. Buenos Aires: Grupo Editor Latinoamericano, 2000, p. 59.

241. Ibidem, p. 62.

242. BRASIL. AMRE. Embaixada do Brasil na Argentina. Relatório de fatos políticos, econômicos e culturais de fevereiro de 1964, p. 12.

243. Ibidem.

A questão provocou também críticas ao governo argentino pelo ex-presidente Frondizi quanto à condução das relações com o Brasil e o abandono do sistema de consultas que ele havia estabelecido com Jânio Quadros em Uruguaiana, que determinava a necessidade de realizar consultas permanentes sobre os problemas mundiais, interamericanos e especialmente do Cone Sul. [244]

A par das preocupações argentinas, em 22 de junho de 1966, após uma série de reuniões bilaterais preparatórias, Brasil e Paraguai assinaram a Ata Final de Foz do Iguaçu que daria origem, posteriormente, ao Tratado de Itaipu. Pelo acordo, também chamado de Ata das Cataratas, os países concordaram em dividir a energia elétrica produzida pelos desníveis do Rio Paraná entre Sete Quedas e a foz do Rio Iguaçu.

Assim, Brasil e Paraguai se anteciparam e procuraram resolver a questão de maneira bilateral antes de participarem dos entendimentos multilaterais propostos pela Argentina, uma vez que a Ata deixava clara a intenção da exploração bilateral dos recursos do Rio Paraná, excluindo a participação de qualquer outro país da Bacia do Prata.

Os chanceleres convieram também em aceitar o convite do governo argentino para participar da reunião dos ministros de relações exteriores dos Estados ribeirinhos da Bacia do Prata, a realizar-se em Buenos Aires. A 1ª Reunião de Chanceleres da Bacia do Prata aconteceu em 27 de janeiro de 1967, onde foram definidos vários objetivos de uma ação conjunta, os temas prioritários a serem estudados além de criar um Comitê Intergovernamental Coordenador (CIC).

Na III Reunião dos Chanceleres, em Brasília, em abril de 1969, foi assinado o Tratado da Bacia do Prata, um texto genérico de oito artigos com as linhas gerais de uma institucionalização que deveria ser complementado por decisões emanadas das Reuniões de Chanceleres, a instância decisória mais importante, mas sem personalidade jurídica e com voto unânime dos cinco membros. Ou seja, não foi criada uma organização, associação ou qualquer entidade supranacional, mas um regime internacional. Além disso, preservou-se a possibilidade da execução de projetos e empreendimentos nos territórios nacionais e da celebração de "acordos específicos ou parciais, bilaterais ou multilaterais, destinados à consecução dos objetivos gerais de desenvolvimento da Bacia". [245]

244. O sistema de consultas que foi "durante cerca de dois anos, uma verdadeira obsessão para certos círculos argentinos, inclusive militares" que entendiam que esse sistema colocava a Argentina na condição de tributária do Brasil, não vinha sendo cumprido desde o governo Guido, por volta de maio de 1962, e não fora ratificado pelos respectivos governos, ou seja, não entrou em vigor e não criou vínculo de cumprimento obrigatório. O acordo, inclusive, por ter sido considerado contrário aos interesses nacionais, pesou fortemente na decisão dos militares de afastar Frondizi do poder em 29 de março de 1962. BRASIL. AMRE. Embaixada do Brasil na Argentina. Relatório de fatos políticos, econômicos e culturais de fevereiro de 1964, p. 14.

245. BRASIL. Decreto n. 67.084 Tratado da Bacia do Prata. Brasília, 19 ago. 1970. Entre 1967 e

Foi uma tentativa de constituir um regime de cooperação entre os países que compartilhavam os recursos hídricos da região e de promover seu desenvolvimento. Tornou-se, posteriormente, um marco para o desenvolvimento do programa da Hidrovia Paraná-Paraguai, grande projeto de integração física da região. [246]

Apesar das aspirações pela exploração hídrica dos rios integrantes da Bacia do Prata serem antigas e importantes para os países e da tentativa da Argentina de estabelecer um condomínio de exploração, foi o regime militar brasileiro que teve condições de colocar em prática um projeto hidrelétrico de peso no Cone Sul. A decisão estava ligada às necessidades energéticas que permitiriam o crescimento do país com base nas taxas futuras projetadas pelo governo, mas também tinha relação com as concepções geopolíticas dos *policy makers* brasileiros.

Já a Argentina tinha a necessidade e a intenção de utilizar tais recursos, mas não tinha uma política clara e comprometida com a exploração.[247] Quando houve a percepção de que o projeto brasileiro seria realmente colocado em prática, as ideias ligadas ao expansionismo brasileiro e à competição pela influência sobre os demais países da Bacia por parte da corrente nacionalista portenha provocaram a reação do país.

Foram apresentadas várias objeções ao projeto, mas a que encontrou maior repercussão foi a de que Itaipu influenciava diretamente os seus planos de aproveitamento rio abaixo, o que resultava na necessidade de informações sobre as características técnicas do projeto brasileiro para que a Argentina pudesse construir com o Paraguai a usina de Corpus.

O engenheiro Fushini Mejía estava entre os que temiam que o Brasil pudesse abusar da represa intencionalmente com o fim de causar danos à Argentina e sustentou que Itaipu tal como havia sido projetada pelo Brasil era potencialmente perigosa para os territórios localizados abaixo.[248] Um artigo da revista *Convicción* observava que

> a realização de Itaipu, desconsiderando os princípios do uso racional, que exige o respeito pela natureza das coisas, será uma fonte

1997, ocorreram 25 Reuniões dos Chanceleres.

246. Seguiram-se ao Tratado, diversos acordos e empreendimentos multilaterais, sendo o principal o Acordo de Transporte Fluvial, assinado em Las Leñas, Argentina, em junho de 1992, formando um conjunto de órgãos que ficou conhecido como Sistema da Bacia do Prata constituído Comitê Intergovernamental Coordenador dos Países da Bacia do Prata (CIC), Fundo Financeiro para o Desenvolvimento da Bacia do Prata (FONPLATA) e o Comitê Inter-governamental da Hidrovia Paraguai-Paraná (CIH).

247. As fontes de energia hidrelétrica argentinas se localizavam distantes dos principais centros de consumo e 80% da energia consumida era térmica.

248. O engenheiro Mejía coordenou o estudo Identificación de Aprovechamentos Hídricos de Múltiplo Propósito en el Rio Alto Paraná y Afluentes Missioneiros. BRASIL. AMRE. Documento 241 (B29) (B 44). Embaixada do Brasil em Buenos Aires (Secreto-Urgente), 30 mar. 1973.

> permanente de danos e conflitos pois transformará a navegação do rio, imporá a nosso país uma servidão energética e nos arrasará geopoliticamente. [249]

Um artigo do *Correo de la Semana*, ao criticar os dez anos do Tratado da Bacia do Prata, culpava o Brasil por levá-lo ao fracasso, em razão de seu objetivo supremo que não seria outro que não a dominação do Cone Sul para impulsionar sua projeção continental e mundial. [250] Outro artigo do periódico *La Nación* afirmava que a diplomacia brasileira se portava "mais intransigente na medida em que o que está a sua rente se encontra mais isolado e – pragmaticamente – torna-se mais flexível na medida em que discute com um país que pesa no concerto continental". [251]

O Almirante Rojas, numa série de artigos em periódicos argentinos, defendia que "ao Brasil não interessa o progresso concertado de toda a região. Lhe interessa e busca o domínio do progresso da região, nesse caso, a absorção da Bacia do Prata".[252] Durante as divergências em relação à Itaipu, defendendo a cota de 120 metros para a hidrelétrica de Corpus, afirmou que interessava para a Argentina

> não contribuir 'voluntariamente' para o estabelecimento de um 'tamponamento eficaz' no curso do rio Paraná, beneficiando gratuitamente a política expansionista brasileira, colaborando com a execução de suas 'manobras geopolíticas absorventes' enquanto concordamos com novos golpes contra a vacilante e indefinida política Argentina. [253]

249. "*La realización de Itaipu, desatendiendo los principios del uso racional, que exige el respecto por la naturaza de las cosas, será una fuente permanente de daños y conflictos pues transformará la navegación del rió, impondrá a nuestro país una servidumbre energética y lo arrasará geopolíticamente*". Itaipu puede "arrasar geopoliticamente a la Argentina". *Convicción*, Buenos Aires, 8 jun. 1979. BRASIL. AMRE. Embaixada do Brasil em Buenos Aires. Ofício n. 341 de 18 jun. 1979, tradução nossa.

250. GUEZ, Osvaldo. Diez años para Brasil. *Correo de la Semana*. Buenos Aires, 30 abr. 1979. BRASIL. AMRE. Embaixada do Brasil em Buenos Aires. Ofício n. 247 de, 07 maio 1979.

251. "*Más intransigente en la medida en que esta más aislado quem tiene enfrente y – pragmáticamente – se hace más flexible en la medida en que discute con un país que pesa en el concierto continental*". PAREDES, Eduardo J. En la línea de integración. *La Opinión*. Buenos Aires, 16 fev. 1979. BRASIL. AMRE. Embaixada do Brasil em Buenos Aires. Ofício n. 109 de 28 fev. 1979, tradução nossa.

252. "*Al Brasil no le interesa el progreso concertado de toda la región. Le interesa y busca el dominio del progreso de la región, en ese caso, la absorción de la cuenca del Plata*". ROJAS, Isaac F. Brasil busca dominar la región. *La Nueva Provincia*. Baia Blanca, 28 abr. 1979. BRASIL. AMRE. Embaixada do Brasil em Buenos Aires. Ofício n. 247 de 07 maio 1979, tradução nossa.

253. "*No contribuir 'voluntariamente' a establecer un 'tamponamiento eficaz' en el curso del río Paraná beneficiando gratuitamente la política expansionista brasileña, colaborando con la ejecución de sus 'maniobras geopolíticas absorbentes' mientras asestamos nuevos golpes a la vacilante e indefinida política Argentina*". ROJAS, Isaac F. Aislar a la Argentina. *La Nueva Provincia*. Baia Blanca, 27 abr. 1979. BRASIL. AMRE. Ofício n. 247 da Embaixada do Brasil em Buenos Aires, 07 maio 1979, tradução nossa.

Já o Paraguai, por obra de seu governo, teria se transformado "no vigário do Brasil na Bacia do Prata e em seu sacristão no Alto Paraná".[254] Mas, o forte viés nacionalista de seus artigos implicava, também, criticar a postura da política externa de seu país. No caso de Itaipu, assinalava que "a visão política, geopolítica e geoestratégica do Brasil foi e segue sendo mais certeira que a argentina, e sua execução mais vigorosa, tenaz e sustentada." [255]

Rojas formou a Comissão para a Defesa dos Interesses Argentinos na Bacia do Prata com o apoio de militares nacionalistas para coordenar uma campanha contra o Brasil. A Comissão desencadeou uma ação contra os bancos argentinos que haviam participado de um consórcio internacional constituído para realizar empréstimo de US$ 266 milhões à Itaipu Binacional. O almirante alertava a opinião pública argentina sobre os objetivos brasileiros de "acelerar seu decidido avanço em direção ao oeste e sul, em detrimento da real presença de argentinos na região". [256]

O então chanceler argentino Nicanor Costa Méndez, titular da pasta durante a gestão do presidente Onganía, afirmou que iria deliberadamente buscar procrastinar e impedir a construção da hidrelétrica de Itaipu, pelos meios que estivessem ao seu alcance, devido à grande vantagem estratégica que o Brasil adquiriria sobre a Argentina com a usina. [257]

O Brasil manteve a tendência de que a construção de Itaipu não dizia respeito à Argentina, não havendo necessidade de buscar meios conciliatórios sobre a questão. A postura brasileira tinha relação com a percepção de que, naquela ocasião, a balança de poder pesava favoravelmente ao Brasil. Com o impasse nas negociações entre os dois países e, tendo a mesma percepção de desvantagem de poder em relação ao vizinho, a Argentina procurou nos foros multilaterais frear a intenção brasileira se apegando principalmente à necessidade da consulta prévia. [258]

Inicialmente, utilizando uma estratégia indireta, tentou aprovar na Conferência de Estocolmo de 1972, um foro relacionado ao meio ambiente, uma emenda sobre o direito à consulta prévia. Por ela caberia às partes interessadas "aquilatar e julgar elas próprias da natureza e dos efeitos" das atividades realizadas. O Brasil argumentou que nenhum Estado estaria obrigado a suprir informação em condições tais que, a seu juízo fundamentado, pudesse prejudicar sua segurança nacional, seu desenvolvimento econômico ou os seus esforços para melhoria

254. "*en el vicario del Brasil en la cuenca del Plata y en su sacristán en el Alto Paraná*". Ibidem, tradução nossa.

255. "*la visión política, geopolítica y geoestratégica del Brasil ha sido y sigue siendo más certera que la argentina, y su resolución ejecutiva más vigorosa, tenaz y sostenida*". Ibidem, tradução nossa.

256. BRASIL. AN. Informe 0050/30/AC/81 (Conf.), 21abr. 1981.

257. Argentina Recupera-se do Desastre, Afirma Embaixador. *CEBRI Tempo Real*, Rio de Janeiro, n. 42, 7 mai. 2003.

258. As ações argentinas nos foros multilaterais foram analisadas por MILLER, Carina J. op. cit.

do meio ambiente.[259] Posteriormente, seguindo uma estratégia direta, levou a questão à Assembleia Geral da ONU (AGNU) daquele ano. Nas discussões bilaterais realizadas no âmbito daquela Assembleia os chanceleres do Brasil e da Argentina, Gibson Barbosa e Eduardo McLoughlin, finalizaram entendimentos em torno da construção das hidrelétricas resultando na assinatura do Acordo de Nova Iorque. [260]

O Acordo estabeleceu que a exploração e o desenvolvimento de recursos naturais deveriam ser realizados sem causar efeitos prejudiciais sensíveis em zonas situadas fora da jurisdição nacional. Mas, não apresentou qualquer dispositivo que determinasse a consulta prévia, apenas que seria dado conhecimento oficial e público de dados técnicos relativos aos trabalhos a serem empreendidos pelos Estados em seus territórios dentro do melhor espírito de cooperação e boa vizinhança. Dessa forma, não possibilitava que um Estado retardasse ou impedisse os programas e projetos de exploração de outros Estados em cujos territórios fossem empreendidos. [261]

No ano seguinte, quando do enchimento da represa de Ilha Solteira, localizada no trecho brasileiro do Rio Paraná, a chancelaria brasileira divulgou nota assegurando que naquela operação inexistia a possibilidade de causar prejuízos fora da jurisdição nacional brasileira, provocando protesto da Argentina que entendeu que o Brasil estava julgando seus próprios atos numa interpretação errônea do Acordo de Nova Iorque. Como em 26 de abril de 1973 foi assinado o Tratado de Itaipu, a chancelaria argentina, em 10 de julho, denunciou o Acordo de Nova Iorque alegando que o mesmo não produzira bons frutos. [262]

Na sequência, a diplomacia argentina conseguiu aprovar a Resolução 3129 da AGNU que estipulou a necessidade da informação e de consultas prévias para a exploração de recursos em rios internacionais. Mas a Resolução acabou sendo inócua, uma vez que nem o Brasil nem o Paraguai se sentiram forçados a cumpri-la e continuaram com as obras sem prestar qualquer esclarecimento ao país vizinho.

O impasse nas negociações com o Brasil fez com que o governo argentino tentasse se aproximar dos países latino-americanos em geral, especialmente os

259. YAHN FILHO, Armando Gallo. *Conflito e Cooperação na Bacia do Prata em relação aos cursos d'água internacionais (1966-1992)*. Dissertação de Mestrado. São Paulo: Programa de Pós Graduação em Relações Internacionais UNESP/ UNICAMP/PUC, 2005, p. 94.

260. Faz-se a paz no Prata. *Veja*. São Paulo, 4 out. 1972, p. 15. BARBOZA, Mario Gibson. *Na Diplomacia, o Traço Todo da Vida*. Rio de Janeiro: Record, 1992.

261. O Acordo possibilitou a apresentação de uma proposta de resolução da ONU que contou com o apoio imediato dos demais países, resultando na aprovação da Resolução 2995.

262. MILLER. Carina J. op. cit., p. 83.

andinos, iniciando com o presidente Lanusse como forma de contrabalançar a superioridade, naquela ocasião, da influência brasileira sobre a Bolívia, o Paraguai e o Uruguai.[263] Com os governos peronistas de Cámpora e Perón, havia a tendência de um arrefecimento nas divergências com o Brasil. A Argentina priorizou os projetos em conjunto com o Paraguai para a construção de Corpus e Yaciretá Apipé firmando os respectivos tratados em 1973. No mesmo ano, Perón procurou pôr fim a 73 anos de discussão sobre os limites com o Uruguai assinando o Tratado do Rio da Prata com o presidente Bordaberry.

Com o primeiro choque do petróleo[264], a questão de Itaipu passou a ser relacionada também com o aumento do preço do barril e suas implicações no crescimento brasileiro. Na VI Reunião dos Chanceleres da Bacia do Prata, realizada em Buenos Aires em junho de 1974, a delegação brasileira teria afirmado que não se podia aceitar a perda de quilowatts em Itaipu, pois o barril de petróleo havia saltado de três (o que já se configurava um problema) para dez dólares, fazendo com que a energia gerada por aquela usina fosse crucial para os planos de desenvolvimento do Brasil.[265]

A Argentina enfrentou problemas, também, nas negociações para a construção da Usina de Yaciretá. Apesar de o acordo para a construção ter sido realizado em 1973, a construção esbarrou na questão da área que seria alagada no território paraguaio.

Para os argentinos, Stroessner queria construir Yaciretá, pois a obra faria de Encarnación, cidade natal do presidente, o "porto de maior calado do Paraguai, e por onde, se converterá em sua saída para o mar através do Rio da Prata".[266] Entendiam que, enquanto a obra seria para o Paraguai um "típico negocio de exportación, para la Argentina es un factor vital para el desarrollo de las provincias de Misiones, Corrientes, Chaco, Formosa y parte norte de Santa Fe".[267]

Em 1977, o governo militar argentino decidiu dar novo impulso às negociações. Posteriormente, a obra esbarrou também na questão do financiamento, principalmente com a recusa do Banco Mundial em financiar parte dela. Em 1979, os dois governos não haviam chegado ainda a uma solução. A Argentina ofereceu compensações ao Paraguai por uma maior área alagada em seu território. No entanto,

263. Em 1978, a assinatura do Tratado de Cooperação Amazônica causou na Argentina nova sensação de perda de terreno em favor do Brasil.

264. Consequência do conflito no Oriente Médio entre árabes e israelenses, em setembro de 1973 a OPEP elevou o preço do barril de US$ 2,80 para US$ 11,30.

265. Enfim juntos no Prata. *Veja*. São Paulo, 19 jun. 1974, p. 21-22.

266. FOULKES, Haroldo. Se arriesgaría la obra de Iacyretá. *La Opinión*. Buenos Aires, 8 maio. 1979. BRASIL. AMRE. Embaixada do Brasil em Buenos Aires. Ofício n. 255 de 09 maio 1979.

267. Yacyretá ¿otro frente de tormenta?. *Ultima Clave*, Buenos Aires, a. XI, n. 433, 12 jun. 1979. BRASIL. AMRE. Embaixada do Brasil em Buenos Aires. Ofício n. 347 de 19 jun. 1979.

Stroessner optou por um traçado para a hidrelétrica que lhe garantiria menor área alagada o que atrasou o cronograma. A imprensa Argentina, controlada pelo regime militar, como maneira de justificar as falhas na capacidade negociadora do governo, atribuiu o impasse exclusivamente a uma atitude unilateral do Paraguai. [268]

Os argentinos achavam que toda a relutância de Stroessner em chegar a um acordo sobre o traçado estava relacionada com o adiantamento das obras de Itaipu. O Almirante Rojas alertou que era provável que a atitude do Paraguai não era livre, mas induzida pelos brasileiros que, com a investida estariam preparando o caminho para que a Argentina, desesperada, construísse suas obras no Alto Uruguai e, sem argumentos para negociar, aceitaria a cota de 105 metros para Corpus. [269]

O semanário *Ultima Clave* concluía que além da viabilidade de um ou outro traçado ou do milhões de dólares pagos ou não pelas maiores áreas inundadas, o certo é que o país assistia a muito tempo a um perigoso jogo duplo protagonizado pelo Brasil e o Paraguai. [270]

Como era de praxe, sempre que havia um problema nas relações entre Paraguai e a Argentina, a imprensa portenha salientava a política pendular de Stroessner e o aproveitamento da situação para estreitar o relacionamento com o Brasil. [271]

Assim, com as obras de Itaipu em andamento, a estratégia de atuação nos foros internacionais da Argentina ter se mostrado inócua, e impasses com o Paraguai na questão da Usina de Yaciretá, havia a necessidade de coordenação dos projetos, tanto para o Brasil-Paraguai como para a Argentina relacionada com a altura das barragens. O governo brasileiro ofereceu uma cota de 112.5 metros para que a Argentina construísse Corpus, mas o governo argentino queria 115 e não aceitou a proposta. [272]

O governo do general Videla, apesar de uma tendência de endurecer as negociações, propôs, no ano seguinte, a formação de uma comissão para avaliar a questão, recusada pelo Brasil.

O confrontacionismo, que se instalou entre os dois países a partir da segunda metade de 1960, permaneceu com os governos Médici e Geisel. Esse, no

268. BRASIL. AN. Documento ACE 51.806/85. Estado-Maior da Armada. Informação n. 381 (Reservada). Brasília, 10 jul 1979.

269. Comisión para la Defensa de los Intereses Argentinos en la Cuenca del Plata. Declaración n. 3. Buenos Aires, 11 jun. 1979. BRASIL. AMRE. Embaixada do Brasil em Buenos Aires. Ofício n. 373 de 02 jun. 1979.

270. Yacyretá: ¿otro frente de tormenta?. *Ultima Clave*, Buenos Aires, a. XI, n. 433, 12 jun. 1979. BRASIL. AMRE. Embaixada do Brasil em Buenos Aires. Ofício n. 347 de 19 jun. 1979. Ultima clave era um semanário nacionalista de extrema-direita.

271. ROMANO, Alfredo. Yacyretá y la política pendular del Paraguay. *La Nueva Provincia*. Bahia Blanca, 9 jun. 1979. BRASIL. AMRE. Embaixada do Brasil em Buenos Aires. Ofício n. 341 de 18 jun. 1979

272. MILLER, Carina J. op. cit., p. 96.

início de seu governo, além de manter o ceticismo em relação a um melhor vínculo com a Argentina, concebeu um pacto político para fortalecer suas relações com parte dos vizinhos sul-americanos sem a participação argentina, o Tratado de Cooperação Amazônica (TCA).[273] Naquele momento, o governo acreditava estar consolidada a presença brasileira nos Estados menores do Prata e havia a percepção de que a Argentina nada mais poderia fazer em relação à construção de Itaipu. A criação desse novo espaço diplomático, o Pacto Amazônico, contribuía para a pretensa liderança brasileira na América do Sul. Segundo Tambs, o Brasil utilizou com sucesso cinco armas para enfrentar a supremacia argentina na Bacia do Prata: afinidade ideológica com os países menores, penetração econômica, inovação tecnológica, superioridade demográfica e a diplomacia hidrelétrica.[274]

Em 1977, os dois países atingiram o clímax do desentendimento nas suas relações. Quando a Argentina impediu a passagem de caminhões brasileiros que levavam mercadorias para o Chile pelo túnel Cuevas-Caracoles, sob a Cordilheira dos Andes, o Brasil interpretou a medida como uma forma de pressão e anunciou o fechamento de suas fronteiras a 80% da frota de caminhões da Argentina.[275]

Em junho daquele ano, o Alto Comando Naval argentino buscou contatos diretos com militares brasileiros que aconteceram com os almirantes Geraldo Henning e Gualter Magalhães.[276] Geisel convidou a junta militar Argentina para uma reunião que aconteceu em Foz do Iguaçu, em 10 de julho, entre o brigadeiro Délio Jardim de Matos, chefe do Estado-Maior da Aeronáutica e o brigadeiro Orlando Ramon Agosti, membro da Junta Militar. Militares argentinos e brasileiros dos primeiros escalões estabeleceram diálogo sobre o tema.[277] Foi o início de uma série de reuniões de trabalho que resultaram na assinatura do Acordo Tripartite[278], em

273. Na Mensagem ao Congresso Nacional sobre as atividades do governo em 1976, enquanto Geisel destacou a construção de Itaipu e as relações com o Paraguai, as relações com a Argentina foram resumidas ao campo comercial. A ordem da apresentação das relações bilaterais na América Latina no texto também podem indicar as prioridades da política externa para o Cone Sul, Paraguai, Uruguai, Bolívia, Argentina e Chile, nessa ordem. BRASIL. ACD. Mensagem ao Congresso Nacional 1977, p. 213-215.

274. TAMBS, Lewis A. 1978, op. cit., p. 53-54.

275. BANDEIRA, Moniz. *Estado Nacional e Política Internacional na América Latina: o Continente nas Relações Argentina – Brasil (1930-1992)*. São Paulo: Ensaio, 1993. p. 266.

276. TAMBS, Lewis A. 1978, op. cit., p. 57.

277. SPEKTOR, Matias. O Brasil e a Argentina entre a cordialidade oficial e o projeto de integração: a política externa do governo de Ernesto Geisel (1974-1979). *RBPI*, Brasília, n. 45, v. 1, 2002, p. 117-145 (133).

278. BRASIL. MRE. Acordo de Cooperação Técnico-Operativo de Itaipu e Corpus. Disponível em: http://www2.mre.gov.br/ dai/m_158_1979.pdf. Acesso em: 3 set. 2007.

19 de outubro de 1979, que estabeleceu a cota de 105 m para Corpus (menor que os 112,5 que o Brasil havia proposto e que a Argentina havia recusado anteriormente).[279]

Esse diálogo estabelecido diretamente pelos comandantes militares, através de "ações diplomáticas paralelas", Tambs chamou de diplomacia militar[280], termo que passou a ser utilizado com frequência a partir da década de 1990 e, posteriormente, pelo próprio Ministério da Defesa do Brasil.

A Argentina não obteve o resultado esperado em suas ações nos foros multilaterais e, no final de 1978, estava em vias de uma guerra contra o Chile por conta da questão das fronteiras com aquele país que permaneciam indefinidas. Além disso, a necessidade técnica impunha aceitar um acordo, mesmo com a cota de Corpus menor do que a que havia sido oferecida anteriormente.

O projeto de Itaipu era importante para o Brasil, pois, além de suprir a necessidade de fontes alternativas de energia em virtude das dificuldades de abastecimento de petróleo, atrelaria de vez o Paraguai à órbita brasileira e definiria o fiel da balança definitivamente a favor do Brasil no que se refere à sua influência no Cone Sul. Mas, mesmo com o crescimento projetado do governo militar, a energia que seria produzida era maior que a necessária. Da mesma forma, a Argentina já se encontrava com seu setor industrial em decadência e também necessitaria menos energia do que seria produzida por Corpus. Assim, a questão teve, primordialmente, um cunho político-estratégico.

O entendimento em relação à Itaipu permitiu que, em maio de 1980, os presidentes Videla e Figueiredo assinassem o Tratado do Rio Uruguai que previa a construção de três usinas hidrelétricas naquele rio, Garabi (próximo a São Borja), São Pedro (próximo a Uruguaiana) e Panambi-Roncador (próximo a Porto Xavier).[281] Abriu caminho, também, para outros entendimentos no campo nuclear como apresentaremos mais adiante.

279. A Comissão para a Defesa dos Interesses Argentinos na Bacia do Prata considerou o acordo uma derrota diplomática para a Argentina. Comisión para la Defensa de los Intereses Argentinos en la Cuenca del Plata. Declaración n. 9. Buenos Aires, 24 out. 1979. BRASIL. AMRE. Embaixada do Brasil em Buenos Aires. Ofício n. 579 de 8 nov. 1979.

280. TAMBS, Lewis A. 1979, op. cit.

281. Mais abaixo de Panambi-Roncador ficaria a usina de Salto Grande, projeto conjunto da Argentina com o Uruguai. BRASIL. AN. Documento ACE 17.586/89 (Conf.). Apreciação Sintética sobre Viagem Presidencial. Brasília, 17 ago 1989.

## VII - A Questão Antártica

Outra questão geradora de controvérsias, que teve como protagonistas Argentina, Brasil, Chile e Uruguai, se relacionou com as concepções sobre a presença, ocupação ou o exercício da soberania no continente antártico.

A Argentina iniciou sua presença naquele continente em 22 de fevereiro de 1904, com a instalação de um observatório meteorológico e magnético na ilha Laurie.[282] Em 1942, delimitou seu setor entre os meridianos 25 e 74 e o paralelo 60 até o Polo Sul. A primeira expedição científica foi realizada em março de 1951 resultando na instalação de uma base naquele continente.[283]

O Chile reivindicou oficialmente parte da Antártica em 1940 quando o Decreto Supremo n. 1747 criou o Território Antártico Chileno.[284] Em 1947, instalou a Base Soberanía (atualmente chamada Arturo Prat) e no ano seguinte a Base General Bernardo O'Higgins.

Entre 1946 e 1948, Argentina e Chile firmaram três acordos onde reconheceram mutuamente seus direitos e concordaram com uma atuação conjunta de proteção e defesa.[285] Em 1949, Argentina, Chile e Reino Unido declararam conjuntamente a restrição do uso de navios de guerra de seus respectivos países ao sul do paralelo 60°.[286]

Em 1956, o Uruguai criou a Primeira Comissão Nacional para assessorar o governo sobre os direitos do país na Antártica. Em 1970, foi criada a Comissão de Estudos Antárticos e, em 1973, uma resolução da Junta de comandantes-em-chefe estabeleceu o Comando Antártico Conjunto para preparar uma missão e estabelecer os objetivos do país naquele continente. Em 1975, o Instituto Antártico Uruguaio, que surgiu em 1968 como entidade civil, foi incorporado ao Ministério da Defesa para fomentar, avaliar e efetuar investigações e explorações científicas e tecnológicas. Em 1980, o Uruguai se tornou membro do Tratado Antártico e, em 1985, passou à qualidade de membro consultivo deste. Em dezembro de 1984, instalou a Base Científica Antártica Artigas e, em 1997, a Estação Científica T/N Ruperto Elichiribehety.[287]

---

282. Desse fato resultou a data comemorativa do Dia da Antártica Argentina. ARGENTINA. BCN. Decreto 46/2004. Buenos Aires, 14 jan. 2004.

283. O Decreto n. 2.492 de 09 de fevereiro de 1951, encomendou ao Ministério de Assuntos Técnicos a organização de uma Expedição Científica à Antártida Continental. O Decreto n. 7.338, de 17 de abril de 1951 criou o Instituto Antártico Argentino.

284. CHILE. Presidência da República. Decreto Supremo n. 1747. Santiago, 6 nov. 1940.

285. ORREGO, Francisco. *Política Antártica de Chile*. Santiago: Instituto de Estudios Internacionales de Chile, 1984, p. 75.

286. Declaración sobre Demonstraciones Navales en la Antártica. Ibidem, p. 85. A Declaração foi renovada anualmente até a aprovação do Tratado da Antártica.

287. URUGUAI. BPL. Lei n. 14.416. Montevidéu, 28 ago. 1975. Decreto 555/994. Reglamento de Organización y Funcionamiento del Instituto Antártico Uruguayo. Montevidéu, 15 dez. 1994.

O tratamento do tema Antártica resultou em correntes que expressavam interesses divergentes. Os internacionalistas viam a Antártica como um patrimônio de todas as nações, cujo regime de gestão e exploração deveria pautar-se por mecanismos jurídicos semelhantes aos utilizados para reger os fundos dos mares. Era sustentada pelos países em desenvolvimento.

Argentina e Chile, além do Reino Unido, Austrália e Nova Zelândia, adotaram a tese territorialista com base no direito internacional, que, no passado, serviu para justificar os acréscimos territoriais que resultaram no processo colonial.[288] Admitindo que a Antártica seria território *res nullius* (sem dono), esses Estados poderiam estender a ele sua ordem jurídica.

O internacionalismo restrito advogava a tese da divisão do continente em setores por alguns países que se faziam presentes, mas com atividades de exploração compartilhadas entre todos. Ou seja, o continente ficaria sob o controle desses países em detrimento da comunidade internacional como um todo. [289]

Argentina e Chile adotaram uma posição de intransigência, justificando a tese da territorialidade por razões históricas como herdeiros dos direitos espanhóis decorrentes do Tratado de Tordesilhas; de proximidade (vizinhança) geográfica segundo o princípio da contiguidade; da similitude geológica segundo o princípio da continuidade, uma vez que a Cordilheira Andina se prolongaria na Antártica; e da ocupação efetiva (estação meteorológica argentina de 1904 e o Forte Bulnes fundado em 1843 pelo Chile).

Os territórios que Argentina, Chile e Reino Unido julgavam lhes pertencer, chamados respectivamente de Terra de San Martin, Terra de O'Higgins e Terra de Grahan, se sobrepunham, gerando controvérsias. [290]

Em 1959, foi aprovado o Tratado da Antártica por doze membros originários, tendo entrado em vigor em 23 de junho de 1961 [291], sendo que o Brasil não foi

288. Além da Argentina e do Chile haviam declarado oficial soberania sobre aquele continente a Austrália, França, Noruega, Nova Zelândia e o Reino Unido. BECERRA, Alfredo. La Argentina sentó su tesis antártica. *La Opinión*, Buenos Aires, 9 jul. 1976. BRASIL. AMRE. Embaixada do Brasil em Buenos Aires. Ofício n. 811 de 5 ago. 1976.

289. Em 1985, um grupo de países liderados pela Malásia apresentou a proposta de declaração da Antártica como "patrimônio da humanidade" e a ideia de entregar a administração do continente a um organismo dependente da ONU. BRASIL. AN. EME. Relatório Mensal de Informações Externas n. 11. Brasília, 29 nov. 1985.

290. A Argentina proclamou direitos numa faixa de 25 a 74 graus de longitude oeste, o Chile entre 53 e 90 graus e o Reino Unido entre 20 e 80 graus. O Reino Unido assim proclamou, por entender que a área na Antártica seria um mero prolongamento geológico das Malvinas. Em decorrência do impasse, quando da assinatura do Tratado da Antártica pelo governo Frondizi, houve grande oposição de nacionalistas argentinos.

291. A partir dele, uma série de outros instrumentos jurídicos conformaram o sistema antártico: Convenção para a Conservação das Focas Antárticas (1978), Convenção para a Conservação dos Recursos Vivos Marinhos Antárticos (1980), Protocolo ao Tratado da Antártica sobre a Proteção

convidado para participar das conferências que resultaram no Tratado. Em 1972, um grupo de cientistas brasileiros projetou uma expedição àquele continente, mas, por não ser signatário do Tratado, o governo se viu numa situação delicada em dar apoio oficial a essa expedição.

Com o tempo, os interesses brasileiros naquele continente foram se conformando em diversos campos: científico, uma vez que vários fenômenos que ocorrem no país se originam naquele continente; econômicos, por conta de possíveis recursos que poderiam ser utilizados, apesar das limitações impostas por tratados, como o Protocolo de Madri[292]; estratégicos, relacionados com o Atlântico Sul, área de confluência de três oceanos importante para as principais rotas marítimas utilizadas pelo país e principal cenário da atuação da Marinha Brasileira; políticos, por conta da visão internacionalista com respeito ao gerenciamento do continente apenas pelos países que efetivamente atuassem na região.

Quando do início da exploração pelo Brasil, adicionaram-se os interesses militares ligados, principalmente, à atuação da Marinha responsável pelo apoio à estação de pesquisa, o que implicou planejamentos e execuções de operações logísticas a grandes distâncias, por longos períodos e em região bastante adversa.

Em 1972, o jornal chileno *La Nación*, ligado ao governo socialista, apresentou o interesse brasileiro pela Antártica como sendo uma estratégia rumo ao sul e ameaçava "quebrar as bases científicas" que sustentavam o Tratado da Antártica, justificadas pela experiência científica acumulada pelos países já ocupantes daquele continente. [293]

A adesão do Brasil ao Tratado, em 16 de maio de 1975[294], provocou reação de setores nacionalistas da Argentina uma vez que, se o Brasil adotasse a mesma tese argentina, a projeção do território brasileiro na Antártica se daria entre os meridianos 28 e 53, perfazendo uma área de mais de 300 mil quilômetros quadrados. Os argentinos entendiam que o Brasil havia mantido congelada a questão da Antártica, direcionando os esforços para outras áreas como Itaipu e o programa nuclear. Como ambas eram, naquela ocasião, consideradas consumadas, o país estaria decidido a iniciar a exploração do continente.

do Meio Ambiente (1991). São membros consultivos reclamantes de território o Reino Unido, Noruega, França, Nova Zelândia, Argentina, Chile e Austrália. São membros não reclamantes o Brasil, Índia, China e Uruguai.

292. Estabeleceu procedimentos para as pesquisas científicas e o apoio logístico às estações antárticas, visando à proteção da flora e fauna da região. BRASIL. Decreto n. 2.742. Promulga o Protocolo ao Tratado da Antártida sobre Proteção ao Meio Ambiente, assinado em Madri, em 4 de outubro de 1991. Brasília, 20 ago. 1998.

293. BRIONES, Ibrahim. Brasil y el Continente Blanco. *La Nación*. Santiago, 14 dez. 1972. BRASIL. AMRE. Embaixada do Brasil em Santiago. Ofício n. 2.674 de 20 dez. 1972.

294. BRASIL. Decreto n. 75963. Promulga o Tratado da Antártica. Brasília, 11 jun. 1975.

O Brasil elaborou um conjunto de diretrizes que deveriam reger a política nacional para a Antártica, criou a Comissão Nacional para Assuntos Antárticos (CONANTAR) para implementar tais diretrizes e atribuiu à Comissão Interministerial para os Recursos do Mar (CIRM) a elaboração do Programa Antártico Brasileiro (PRONANTAR), que foi aprovado em 1982 e permitiu que o país se tornasse Membro Consultivo do Tratado da Antártica em 12 de setembro de 1983. [295]

Ainda em 1982, o Brasil adquiriu o navio dinamarquês transformado em Navio de Apoio Oceanográfico Barão de Tefé que, no final daquele ano, partiu junto com o navio oceanográfico Professor Besnard da Universidade de São Paulo para a primeira expedição àquele continente. No verão de 1983/1984, foi instalada a Base Comandante Ferraz que foi sendo ampliada e passou a operar durante todo o ano a partir de 1986. [296]

Em 1987, foi promulgada a Política Nacional para Assuntos Antárticos (POLANTAR)[297], cujos objetivos se referiram à participação efetiva em todos os atos ou instituições relacionadas com aquela região, à promoção de um programa de atividades científicas destinadas a ampliar o conhecimento sobre ela e à participação na eventual utilização de seus recursos econômicos. [298]

Mas, se, na década de 1970, havia posições contrárias às aspirações brasileiras na Antártica, no início da década anterior, houve um intercâmbio com oficiais hidrógrafos da Marinha do Brasil atuando como observadores, em expedições chilenas àquele continente. "Posteriormente, oficiais de outras especialidades também acompanharam operações inglesas, argentinas, russas, e alemães, além das chilenas". [299]

Os problemas em relação à definição das fronteiras, a diferentes percepções e interesses em relação à Antártica e em torno do aproveitamento hídrico dos rios fronteiriços se desenvolveram numa dinâmica das relações bilaterais movidos por concepções geopolíticas, nacionalistas e desenvolvimentistas. Essas questões se deram, também, no contexto da Guerra Fria e das prioridades de

295. BRASIL. Decreto n. 86829 Cria a Comissão Nacional para Assuntos Antárticos (CONANTAR), e dá outras providências e Decreto n. 86830 Atribui à Comissão Interministerial para os Recursos do Mar (CIRM) a elaboração do projeto do Programa Antártico Brasileiro (PROANTAR) e dá outras providências. Brasília, 12 jan. 1982.

296. Em 1994 o Barão de Tefé foi substituído por um navio construído na Noruega e batizado de Ary Rongel.

297. BRASIL. Decreto n. 94401. Aprova a Política Nacional para Assuntos Antárticos. Brasília, 3 jun. 1987.

298. BRASIL. Comissão Interministerial para os Recursos do Mar. *Programa Antártico Brasileiro*. Brasília, 1998, p. 7.

299. BRASIL. MB. DHN. A presença brasileira na Antártica. Disponível em: http://www.mar.mil.br/dhn/dhn/hist_ antartica.html. Acesso em: 21 jun. 2008.

defesa estabelecidas no continente americano e seus reflexos nas questões de segurança sub-regionais.

## VIII - A Defesa no Cone Sul

As relações militares no continente americano tiveram, a partir do período entre-guerras, os EUA como centro. No Cone Sul, durante a 2ª Guerra Mundial, os três países mais importantes pautaram sua atuação de acordo com seus próprios interesses e com os dos norte-americanos, baseados nos ganhos que poderiam ser obtidos nessa relação. A Argentina optou pela neutralidade, o Brasil se aliou diretamente com o enviou da Força Expedicionária Brasileira e o Chile recebeu meios para patrulhar a costa e seu território.

Ao final da guerra, o sistema interamericano de segurança começou a ser formado com a Conferência Interamericana sobre Problemas de Guerra e Paz, realizada na cidade do México, em 1945, que contou com a participação de vinte países. Dessa Conferência resultou a Ata de Chapultepec composta de uma série de resoluções que previram a constituição de um Organismo Militar Permanente, a eliminação dos centros de influência subversivos, a assistência recíproca e a reorganização, consolidação e fortalecimento do chamado Sistema Americano de Paz. [300]

Os países do continente passaram a viver sob a ótica da estratégia praticada pelos Estados Unidos, denominada Contenção, cujo objetivo essencial era deter o avanço soviético onde quer que se manifestasse. Em relação ao sistema internacional, a contenção visava a evitar que países sob a influência de uma potência passassem para a esfera do outro bloco, bem como cooptar cada novo Estado que surgia, a partir do processo da descolonização, para sua esfera de influência. Esse foi o padrão estabelecido e que determinou as relações entre os Estados no sistema. A América estava inserida no bloco ocidental e teve seu sistema de segurança organizado com base num inimigo externo comum.

O primeiro resultado foi o Tratado Interamericano de Assistência Recíproca (TIAR), também conhecido como Pacto do Rio, aprovado em setembro de 1947 com base na resolução VIII da Ata, que recomendava a celebração de um tratado destinado a prevenir e reprimir as ameaças e os atos de agressão contra algum país americano. No ano seguinte, por ocasião da IX Conferência Interamericana,

300. Inter-American Reciprocal Assistance and Solidarity (Act of Chapultepec). March 6, 1945. The Avalon Project at Yale Law School. Disponível em: http://www.yale.edu/lawweb/avalon/intdip/interam/chapul.htm. Acesso em: 05 fev. 2008. Uma série de conferências sobre paz e segurança foi realizada nos anos anteriores. No entanto, a conferência do México foi a primeira após o final da 2ª Guerra Mundial e a partir dela é que se conformaram os pilares do Sistema Interamericano.

realizada em Bogotá, com base nas resoluções IX e XXIX da Ata, foi criada a Organização dos Estados Americanos (OEA). [301]

O empenho da União Soviética em exportar o seu modelo, a vitória dos comunistas na China em 1949, e, posteriormente, o sucesso da revolução cubana em 1959, adicionaram novos ingredientes às concepções norte-americanas de segurança.

Baseados em alguns mecanismos legais internos, como a Lei de Empréstimo e Arrendamento de 1942 e a Lei de Segurança Mútua de 1951, os Estados Unidos estabeleceram acordos de assistência militar e, em alguns países latino-americanos, planos de defesa mútua.[302] No pronunciamento quando da assinatura da Lei de Segurança Mútua, o presidente Truman salientou que os Estados Unidos continuavam "participando no grande esforço de defesa coletiva das nações livres e auxiliando os povos livres de todo o mundo que querem desenvolver e preservar sua liberdade e manter a paz", que a Lei permitira que as nações livres e parceiras continuassem contribuindo para os esforços de uma defesa comum, significando "equipamentos militares para tropas que querem ser capazes de defender suas pátrias se forem atacadas". Admitiu que os norte-americanos estavam "construindo armas", que seriam tolos se não o fizessem, mas que estavam também ajudando essas nações a organizarem uma associação internacional nunca vista anteriormente. [303]

Nesse contexto, a Junta Interamericana de Defesa, cumprindo sua função de fazer estudos, emitir recomendações e, a partir da 4ª Reunião de Consulta de Ministros das Relações Exteriores de março de 1951, preparar planos de defesa comum, levantou três hipóteses para a defesa do continente: a primeira em relação à chamada "guerra revolucionária"; a segunda sobre uma "guerra limitada ou

301. O TIAR entrou em vigor em 3 de dezembro de 1948. O Brasil é o depositário do documento original e a OEA o depositário para administração do tratado.

302. Os EUA firmaram acordos de assistência militar com 14 países da América Latina e Caribe. GUYER, Julián González. *La Política Exterior Del Uruguay en el Ámbito de la Defensa*. Tesis de Maestria. Universidad de la República. Montevidéu, 2002, p. 37. Entre 1947 e 1968, 3,87 bilhões de dólares foram destinados aos países latino-americanos como forma de assistência militar, 31% desse montante só para o Brasil. PERRY, William. As Forças Armadas brasileiras: política militar e posibilidades convencionais de uma potência em ascensão. *A Defesa Nacional*, a. 66, n. 682. Rio de Janeiro: Bibliex, mar./abr. 1979, p. 73-89 (75).

303. "*participate in the great collective defense effort of the free nations and to assist free peoples around the world who want to develop and safeguard their freedom and maintain the peace*". "*military equipment for troops who want to be able to defend their homelands if attacked*". TRUMAN, Harry S. Statement by the President Upon Signing the Mutual Security Act. October 10, 1951.WOOLLEY, John T. PETERS, Gerhard. *The American Presidency Project*. Santa Barbara: University of California, Gerhard Peters (database). Disponível em: http://www.presidency.ucsb.edu/ws/?pid=13944. Acesso em: 23 jul. 2008, tradução nossa.

intervenção militar consentida, fomentada pelo Grupamento Oriental"; e a terceira sobre "ataque armado do Grupamento Oriental ao Continente, no âmbito de uma guerra geral". [304]

Com base nessas hipóteses, no sistema de defesa coletiva baseada no TIAR e na política de segurança dos Estados Unidos para o continente, não havia a necessidade dos países do Cone Sul prepararem forças armadas para se contrapor a um grande poder militar externo, pois essa tarefa de defesa estava a cargo dos norte-americanos. As Forças Armadas foram estruturadas e realizaram planejamentos militares para fazer frente a hipóteses de conflito com os vizinhos (defesa externa) em razão das divergências, problemas de fronteira ou competição pela hegemonia regional, e preparadas para a luta contra a subversão se adestrando em operações contraguerrilha (defesa interna).

Assim, no contexto da Guerra Fria e da estratégia da contenção e tendo as prioridades de segurança dos EUA como centro, os militares tomaram o poder na maioria dos países latino-americanos e estabeleceram como principal objetivo de segurança do Estado a contenção da expansão da "ideologia comunista". Para isso, deveria haver a preparação para a "guerra revolucionária" e a "segurança interna", que incluía operações de contraguerrilha rural e urbana.

A expressão "segurança nacional" foi utilizada para justificar políticas de fortalecimento do Estado e reprimir os movimentos de esquerda que se opunham aos governos militares. No Brasil, o Decreto-Lei n. 314 de 13 de março de 1967, que tratou dos crimes contra a segurança nacional, apresentou que essa compreendia medidas "destinadas à preservação da segurança externa e interna, inclusive a preservação e repressão da guerra psicológica adversa e da guerra revolucionária e subversiva". Definiu como guerra psicológica adversa o

> emprego da propaganda, da contrapropaganda e de ações nos campos político, econômico, psicossocial e militar, com a finalidade de influenciar ou provocar opiniões, emoções, atitudes e comportamentos de grupos estrangeiros, inimigos, neutros ou amigos, contra a consecução dos objetivos nacionais. [305]

304. BRASIL. AN. CSN. Memória (Secreta). Brasília, 24 abr. 1981, Anexo B, fl. 09. No âmbito da Junta foi criado o Colégio Interamericano de Defesa (CID) para ministrar cursos "sobre o Sistema Interamericano e os fatores militares, econômicos, políticos e sociais da defesa interamericana" através dos quais eram divulgados "conceitos sobre os aspectos doutrinários da defesa continental", além de conduzir estudos sobre a doutrina de defesa. O CID foi instalado em Washington e iniciou suas atividades em outubro de 1962. COIMBRA, Moacyr Teixeira. Colégio Interamericano de Defesa. *A Defesa Nacional*, Rio de Janeiro, a. L, n. 596., jul./ago. 1964, p. 19-29 (19).

305. BRASIL. AHE. Decreto-Lei n. 314 de 13 mar. 1967. BE n. 14 de 7 abr. 1967, p. 7.

Na Argentina, a Lei n. 16.970, sancionada no governo de Onganía, definiu segurança nacional como "a situação na qual os interesses vitais da Nação estão protegidos de interferências e perturbações substanciais" e como defesa nacional "o conjunto de medidas que o Estado adota para obter a segurança nacional". A exposição de motivos daquela Lei, que criou o Sistema de Planejamento e Ação para a Segurança, afirmou que a defesa nacional era exigida também para fazer frente a "ações da natureza e das perturbações internas produzidas por atos humanos", e que a Lei que se encontrava em vigor sobre a organização da nação em tempo de guerra, ignorava a "interdependência entre os aspectos de segurança e desenvolvimento" e, por legislar somente para os tempos de guerra ignorava as exigências presentes em qualquer tempo sobre a segurança nacional. [306]

A expressão acabou se confundindo com a de "segurança dos governos" e qualquer posicionamento contra o regime era apresentado como sendo contra a própria segurança do Estado, resultando em políticas repressivas e supressão de direitos e liberdades. O embaixador uruguaio no Brasil no final da década de 1960, Polleri-Carrió, quando analisou a situação política no país, fez referência à "praga de governos militares" que haviam se instalado no continente, não só pela veleidade dos militares de apoderar-se do poder

> mas também e talvez sobretudo pela inusitada pregação da Junta Interamericana de Defesa que, desde a vários anos, planta que quando os governos civis não conseguem deter as tramóias esquerdistas para demolir as instituições do mundo livre, o baluarte da democracia está nos quartéis. [307]

As chamadas hipóteses de guerra que permearam os planejamentos militares do período, sem exceção no Cone Sul, tiveram como prioridade: a) um conflito regional contra algum vizinho, com a(s) variante(s) de ter que enfrentar uma coligação de países sul-americanos; b) a guerra revolucionária, de cunho interno contra movimentos de esquerda e; c) uma guerra extracontinental participando como força aliada aos Estados Unidos e demais potências ocidentais contra as forças do bloco comunista lideradas pela União Soviética.

---

306. ARGENTINA. BCN. Lei n. 16.970. Boletín Oficial n. 21.043. Buenos Aires, 10 out. 1966. Foi estabelecido o Conselho de Segurança Nacional com o Presidente, todos os ministros, comandantes das Forças Armadas, chefe da Central Nacional de Inteligência e secretários de Estado.

307. "*Sino también y quizá sobre todo por la inusitada prédica de la Junta Interamericana de Defensa que, desde hace ya varios años, inculca que cuando los gobiernos civiles no atinan a detener las asechanzas esquierdizantes para demoler las instituiciones del mundo libre, el baluarte de la democracia está en los cuarteles*". URUGUAI. AHD. Documento 564/969-2.12/69 (Conf.). Situación política brasileña. Embaixada do Uruguai no Brasil. Rio de Janeiro, 17 abr. 1969.

A primeira hipótese impôs a manutenção de forças militares suficientes para fazer frente ao opositor e uma reserva mobilizável forte e, posteriormente, a necessidade de desenvolver uma indústria bélica própria para diminuir a dependência externa, o que justificou, a partir da década de 1970, o esforço de Brasil e Argentina, principalmente, em desenvolver tecnologia nacional nas áreas espacial, nuclear e de armas convencionais.

A segunda hipótese ganhou corpo na década de 1960, com a priorização do combate à subversão. As Forças Armadas deveriam ser treinadas para atuar contra guerrilheiros rurais e urbanos, cujas ações necessitavam de grande quantidade de homens e de pouco material pesado ou sofisticado.

A terceira hipótese de conflito estava inserida na lógica da confrontação global entre as duas superpotências, segundo a qual a segurança da periferia estaria garantida por uma delas. Exigia que os militares latino-americanos estivessem preparados para a guerra convencional, na qual haveria o envolvimento de todo o continente de acordo com o Pacto do Rio. Para isso, os países receberiam material bélico norte-americano a baixo custo por conta dos programas de auxílio militar e treinamento de seus militares em escolas nos Estados Unidos, intercâmbios e exercícios conjuntos. Como as forças sul-americanas teriam papel fundamental na defesa do Atlântico Sul e do Pacífico, o primeiro exercício conjunto concebido e patrocinado pelos norte-americanos foi a Operação UNITAS, iniciada em 1959, quando o maior perigo para o continente, na concepção de defesa dos Estados Unidos, era o de uma guerra convencional contra as forças do Pacto de Varsóvia.

Assim, no contexto da Guerra Fria, a segurança nacional se resumiu às hipóteses de conflito com os vizinhos, ao combate aos movimentos de esquerda e à participação como coadjuvante de uma guerra entre os dois blocos. Dentro dessas dimensões é que as Forças Armadas foram preparadas e que se deram as relações militares entre os países do Cone Sul.

O combate aos movimentos de esquerda era prioridade. Utilizando o Brasil como exemplo, em 9 de abril de 1964, numa entrevista coletiva, o ministro das Relações Exteriores, Vasco Leitão, deixou claro que "o Brasil não admitirá ação comunista em seu território e não pactuará com o comunismo no Continente americano".[308] Chegou a ser discutida nas reuniões interamericanas, inclusive, a possibilidade da institucionalização dos mecanismos de segurança e de defesa coletiva contra a subversão, com a criação de uma Força Militar Interamericana . A maior parte dos governos rechaçou a ideia, assim como o Brasil, apesar de admitirem que

308. Entrevista Coletiva Concedida pelo ministro de Estado das Relações Exteriores, Embaixador Vasco Leitão da Silva em 9 de abril de 1964. BRASIL. MRE. *Textos e Declarações sobre Política Externa* (de abril de 1964 a abril de 1965), p. 47.

numa emergência "frente a um caso concreto de subversão comunista que supere as possibilidades nacionais de defesa e constitua uma ameaça à própria segurança hemisférica" pudesse haver uma ação conjunta. [309]

A situação de coadjuvante num conflito externo estava presente no discurso de Castelo Branco ao afirmar que "nenhum país, seja no mundo ocidental, seja no soviético, poderá defender-se sozinho contra um ou outro centro dos centros de poder. A defesa tem que ser necessariamente associativa". [310]

A importância atribuída às relações com determinados países pode ser verificada no *status* atribuído às representações militares junto às embaixadas brasileiras no exterior. Logo após a instalação do governo militar brasileiro, os cargos de adidos nos Estados Unidos eram exercidos por oficiais generais de cada uma das Forças que exerciam cumulativamente as funções de Delegado do Brasil na Junta Interamericana de Defesa e de membro da Comissão Mista de Defesa Brasil-Estados Unidos. [311] Para a Argentina, eram indicados três oficiais superiores do Exército, da Marinha e da Aeronáutica, respectivamente como adidos Militar, Naval e Aeronáutico. [312] No Chile, um oficial do Exército como Adido Militar e Aeronáutico e um da Marinha como Adido Naval. No Paraguai, um oficial como adido Militar, Naval e Aeronáutico, na Bolívia um oficial como Adido Militar e Aeronáutico e no Uruguai um oficial como Adido Militar. [313] Essa distribuição demonstrou a importância das relações no campo militar com os Estados Unidos e, em seguida, da Argentina, da mesma forma que evidenciou a importância do Panamá relacionada com a Zona do Canal, base de várias instalações militares norte-americanas e onde militares brasileiros realizaram diversos cursos.

Na Nota à Imprensa distribuída em 1° de junho de 1967, em relação à XII Reunião de Consulta dos Ministros das Relações Exteriores no âmbito da Organização dos Estados Americanos, o governo brasileiro deixava claro que a "preservação da paz e da segurança internas [...] constituem a responsabilidade precípua dos governos nacionais e das Forças Armadas de cada país americano". Era, portanto, favorável "a promover entre os países do Sistema Interamericano plena colaboração para o combate a todas as formas de infiltração subversiva de procedência externa". [314]

309. BRASIL. MRE. Fundamentos da Política Exterior Brasileira. Conferência na ESG do ministro das Relações Exteriores, deputado José de Magalhães Pinto. *Documentos de Política Externa* (de 15 de março a 15 de outubro de 1967), p. 81. Enxertos da Entrevista Coletiva do presidente da República. *Documentos de Política Externa* (de 15 de março a 15 de outubro de 1967), p. 104.

310. BRASIL. MRE. Discurso do presidente Castelo Branco no Palácio Itamaraty por ocasião da entrega de diplomas aos candidatos aprovados por concurso à carreira de diplomata em 31 de julho de 1964. *Textos e Declarações sobre Política Externa* (de abril de 1964 a abril de 1965), p. 9 e 10.

311. BRASIL. AHE. Decreto n. 53937 de 29 maio 1964. BE n. 24 de 12 jun. 1964, p. 4.

312. Mesmo *status* conferido ao Panamá e à França.

313. Os adidos naval e aeronáutico na Argentina ficavam creditados também junto ao governo do Uruguai.

314. A Reunião foi proposta pela Venezuela fundamentada na denúncia da violação de sua inte-

Na Ordem do Dia relativa a vitória na 2ª Guerra Mundial, o ministro do Exército, em maio de 1968, numa comparação entre o nazifacismo e a situação que o país vivia naquele momento, alertou para

> a intransigência dos que reincidem nos mesmos sonhos de dominação universal, para impor aos povos uma ideologia contrária à própria essência do espírito humano. Pregam a liberdade mas visam à opressão; deturpam a reivindicação, objetivando a agitação; aproveitam a emoção para promover a subversão; acenam com a paz para fomentar a guerra. [315]

Esse discurso, que se tornou comum nos governos de todos os países do Cone Sul, acabou justificando as relações que se estabeleceram, principalmente no campo da inteligência, para a proteção do que McSherry denominou "estado de segurança nacional". [316]

Dessa forma, o planejamento de defesa brasileiro contemplava as variantes estratégicas da presença, das alianças, da ação independente, ofensiva, defensiva, presença e dissuasão. [317] Para fazer frente a essas estratégias, o Exército possuía, na década de 1960 quatro Exércitos de Campanha mais o Comando Militar do Planalto (CMP) e o Comando Militar da Amazônia (CMA). Na década de 1970 as antigas Divisões de Infantaria foram transformadas em Divisões de Exército (DE) e as chamadas Grandes Unidades substituídas por Brigadas de Infantaria (motorizadas, blindadas, de selva, etc.), de Cavalaria (mecanizadas e blindadas) e paraquedista. Na década de 1980 os Exércitos foram transformados em Comandos Militares (Amazônia, Oeste, Nordeste, Planalto, Leste, Sudeste e Sul).

A Argentina considerava as hipóteses de conflito com o Brasil, com o Reino Unido nas Ilhas Falkland/Malvinas e com o Chile na região austral. O Exército Argentino era estruturado em um Comando de Tropas de Exército e quatro Corpos de Exército com número variado de Brigadas. [318] O dispositivo incluía tropas posicionadas em duas frentes: a Leste em relação ao Brasil e ao Paraguai com

gridade territorial por elementos do exército cubano. BRASIL. MRE. XII Reunião de Consulta dos *Ministros das Relações Exteriores* – Nota a Imprensa. Documentos de Política Externa (de 15 de março a 15 de outubro de 1967), p. 41.

315. BRASIL. AHE. BE n. 21 de 24 mai. 1968, p. 26-27. Em dezembro daquele ano foi instituído o AI/5.

316. McSHERRY, J. Patrice. *Incomplete Transition: Military Power and Democracy in Argentina.* Nova Iorque: St. Martin's Press, 1997.

317. BRASIL. EB. Emprego da Força Terrestre. *Boletim do Exército* n. 33. Brasília, 17 ago. 1984.

318. BRASIL. AMRE. Documento n. 26/620 (41). Embaixada do Brasil em Buenos Aires, 18 jan. 1964.

brigadas blindadas e a Oeste em relação ao Chile com tropas de montanha. O planejamento não admitia a dependência do Estados Unidos, considerada como "forma com que os norte-americanos controlaram o equilíbrio do poder no hemisfério a sua própria feição". [319]

Com o possível aumento da presença da marinha soviética no Atlântico Sul, no final da década de 1970 surgiu a ideia de criar um mecanismo de defesa coletiva nos moldes da Organização do Tratado do Atlântico Norte (OTAN) compreendendo Brasil, Argentina, Uruguai e África do Sul, sendo ventilada, também, a presença do Paraguai.

No entanto, a ameaça que justificaria a criação da chamada Organização do Tratado do Atlântico Sul (OTAS) não era percebida pelo Brasil. O Ministério da Marinha entendia que a presença naval soviética não seria neutralizada pela união de marinhas do porte das existentes na área; que tal presença não ameaçaria o tráfego marítimo ocidental; a importância da rota que passava pela costa africana derivava do petróleo, rota que, no caso de guerra, seria vulnerável já na sua origem; haveria dificuldades políticas de compor tal mecanismo com a África do Sul, que se encontrava na ocasião isolada politicamente em razão do regime do *apartheid*. Além do mais, se a intenção da proposta era dificultar a expansão comunista na África, contaria ainda mais com a recusa brasileira que mantinha, naquela ocasião, política de boas relações, especialmente com Angola e Moçambique. A conclusão era a de que tal tratado em nada somaria à segurança dos países envolvidos, seria inócuo pois a força naval dos envolvidos não era compatível com a área a ser defendida, podendo ainda ser prejudicial aos interesses nacionais em relação à África. [320]

A inteligência brasileira havia constatado que os argentinos estavam sendo também assediados pelos norte-americanos e mostravam-se mais receptivos à ideia.[321] Com o levantamento do embargo de armamentos imposto em 1978 pela emenda Humprey-Kennedy[322], o comandante do Exército argentino teria sinalizado para uma aproximação militar, inclusive com encomendas de material bélico. [323]

319. BRASIL. AN. SNI. Apreciação n. 018/23/AC/81 (Secreta). Brasília, 23 jun. 1981, p. 17.

320. BRASIL. AN. Ministério da Marinha. Apreciação n. 011/23/AC/81. Anexo C (Secreta). Brasília, 22 maio 1981, p. 74. BRASIL. AN. CSN. Secretaria Geral. 6ª Subchefia. Memória (Secreta). Brasília, 24 abr. 1981, p. 2.

321. Grabendorff apresentou que o estabelecimento da OTAS teria sido uma ideia do almirantado argentino vista com simpatia pelo Departamento de Defesa dos EUA. GRABENDORFF, Wolf. De país aislado a aliado preferido: las relaciones entre Argentina y los Estados Unidos 1976-1981. In: WALDMANN, Peter. VALDÉS, Ernesto G. (Orgs.). *El poder militar en la Argentina. Buenos Aires*: Editorial Galerna, 1983, p. 161.

322. A Emenda foi derrogada em setembro de 1989 quando da visita do presidente Menem a Washington.

323. BRASIL. AN. SNI. Apreciação n. 018/23/AC/81 (Secreta). Brasília, 23 jun. 1981, p. 28.

A aproximação com os Estados Unidos viria depois ser ligada às intenções da Junta Militar argentina ter optado pela invasão das Falkland/Malvinas.

Na mesma época, a Marinha norte-americana iniciou um esforço para maior aproximação com a Marinha e a Força Aérea brasileiras. Alguns almirantes norte-americanos viajaram para o Brasil e o país voltou a ser merecedor do *Foreign Military Sales* [324]. Em 1979, na visita do Comandante da Esquadra do Atlântico, da Marinha dos Estados Unidos, a ameaça nuclear soviética e a necessidade de bases no Nordeste foram objeto de referências diretas. O mesmo assunto voltou à tona em janeiro do ano seguinte durante a visita a Brasília do almirante Shapiro, chefe da Seção de Informações do Estado-Maior do comando de Operações Navais dos EUA. [325] Houve, inclusive, uma avaliação de técnicos norte-americanos e brasileiros na Ilha de Trindade para verificar a viabilidade técnica para construção de uma pista de pouso quando ficou claro o interesse dos Estados Unidos por realizar as obras em Fernão de Noronha e Recife. [326]

A proposta da OTAS voltou à pauta de discussões durante a XI Conferência Naval Interamericana, realizada em Cartagena, na Colômbia, em 12 de outubro de 1982. O comandante da armada uruguaia teria tido instruções de seu governo para apresentar o tema da criação de um tratado de defesa no Atlântico Sul, sobre o qual o governo uruguaio já havia se expressado favoravelmente. Como haveria maior interesse da Argentina, Chile e Estados Unidos sobre o assunto, cogitou-se que a proposta do Uruguai teria sido feita a partir de um acordo com uma das partes interessadas. [327] Foi, também, parte da agenda da visita do presidente Reagan ao Brasil, no final de 1982, que incluiu a formação de uma nova comissão militar mista e a participação brasileira nas ações contra os sandinistas na América Central, pontos não aceitos pelo governo Figueiredo. [328] Em agosto de 1983, delegações dos Estados Unidos e do Brasil se reuniram em Brasília e iniciaram

324. Programa do governo norte-americano de venda de armas, artigos e serviços de defesa e de treinamento militar, tendo o Departamento de Defesa como intermediário entre as companhias e os governos estrangeiros.

325. BRASIL. AN. SNI. Apreciação n. 018/23/AC/81 (Secreta). Brasília, 23 jun. 1981, p. 11-12.

326. BRASIL. AN. Ministério da Marinha. Informação n. 011/23/AC/81 (Secreta). Brasília, 28 maio 1981, p.1.

327. A inteligência brasileira avaliava que a Argentina teria interesse na tratado pois, sem a inclusão do Reino Unido, contaria com mais um argumento favorável na pauta reivindicatória pelas Ilhas Malvinas. O Chile, caso incluído no tratado, teria reconhecida a sua condição de país atlântico e, por conseguinte, a posse de Beagle. Os EUA, enfraquecidos após a Guerra das Malvinas, conseguiriam fortalecer sua posição na região. BRASIL. AN. Documento ACE 32.071/83. Estado Maior do Exército. Informe n. 241/E2.1/I (Conf.). Brasília, 12 nov. 1982.

328. BUSTAMANTE, Fernando. La transferencia de tecnologia militar desde Estados Unidos al Brasil. Documento de Trabajo. Flacso Chile. Apud MARTINS FILHO, João Roberto. As Forças Armadas Brasileiras no Pós-Guerra Fria. *Tensões Mundiais*, Fortaleza, v. 2 n. 3, jul./dez. 2006, p. 78-109 (87).

estudos que resultaram no Memorando de Entendimento Relativo à Cooperação Industrial-Militar celebrado em fevereiro de 1984, que previu a implantação de programas de cooperação com a participação industrial e o intercâmbio de informações. [329]

Havia, portanto, uma diferença de postura em relação ao Atlântico Sul. Para o Brasil e a Argentina, a área era prioritária em razão da imensa costa e dos fluxos comerciais. Para o Brasil, adicionava-se o fato de ser a fronteira marítima com os países africanos que, na época, gozavam de relações especiais com o país. Para os Estados Unidos, o teatro do Atlântico Sul não era prioritário mas naquela ocasião ganhou maior importância por questões de segurança e também por estar relacionada com uma maior aproximação militar com o Brasil e a Argentina.

Dentro da conjuntura de segurança global e regional, das percepções de ameaças de cada país e das necessidades de defesa, Argentina, Brasil e Chile procuraram desenvolver indústrias de armamentos próprias. Os projetos desenvolvidos, cada um com suas próprias peculiaridades, estavam relacionados com a aquisição de poder militar. Mas estavam relacionados, também, com a busca de uma independência de produção de material de emprego militar, tolhida pelo desenho de segurança e defesa implementado pelos Estados Unidos após a 2ª Guerra Mundial e estrategicamente fundamental para a liberdade de ação dos Estados no caso de opção por uma ação armada para resolução de conflitos. Posteriormente, se relacionou também com a possibilidade de obter dividendos com o comércio internacional de armas.

## IX - O Desenvolvimento da Indústria de Armamento

A partir do final da 2ª Guerra Mundial, os Estados Unidos passaram a oferecer aos países americanos equipamento militar a baixo custo por conta de acordos militares, mas com cláusulas especiais que impediam sua utilização em conflitos regionais. Por meio desses acordos e de programas de assistência militares, fomentaram a venda de material bélico. Dessa forma, como apresentou Aravena, os norte-americanos foram, simultaneamente, organizadores da segurança, fornecedores de armas e de ajuda militar e o ator que estabeleceu limitações nas aquisições. [330]

Dessa forma, a maior parte do equipamento das Forças Armadas dos países do Cone Sul era importada dos EUA, fator extremamente negativo para o

329. BRASIL. MRE. Acordo por Troca de Notas que põe em vigor o Memorando de Entendimento Relativo à Cooperação Industrial-Militar. Brasília, 06 fev. 1984. Disponível em: http://www2.mre.gov.br/dai/b_eua_276_2173. htm. Acesso em: 21 abr. 2008.

330. ARAVENA, Francisco Rojas. Factores de cambio en el sistema hemisférico de seguridad. *Fuerzas Armadas y Sociedad*, Santiago, a. 17, n. 3, jul-set. 2002, p 11-20 (15).

desenvolvimento pretendido pelos governos militares e as concepções geopolíticas da época. [331]

No caso do Brasil, tomando por base a Marinha, o Acordo Militar de 1952 permitiu o recebimento de mais de 30 navios de diferentes tipos, além de equipamentos, armamento e material para o Corpo de Fuzileiros Navais e um programa de instrução e preparo de pessoal. No entanto, resultou na perda da sua capacidade da construção naval. Já em 1963, o Plano Diretor da Marinha previu um programa de reaparelhamento, que, em decorrência das restrições orçamentárias, foi sucessivamente revisto e adequado, mas conseguiu incrementar a construção naval militar no país. [332]

Mas, se inicialmente os Estados Unidos forneceram material militar sob a forma de outorga, a partir de 1965, apresentaram a tendência de sustar tal modalidade e substituí-la pela aquisição a crédito.[333] Ou seja, primeiro forneceram material criando a dependência e evitando o desenvolvimento de uma indústria própria nos países do continente, depois cobraram pela munição, peças de reposição e por novos materiais.

A situação de dependência nesse setor considerado estratégico levou a Argentina, Brasil e Chile a incentivarem o desenvolvimento da indústria nacional bélica com o objetivo de diminuir a dependência externa e desenvolver tecnologia, além de economizar divisas, adquirir benefícios políticos e econômicos e causar o efeito *spillover* [334], permitindo a geração de novos empreendimentos em setores civis ligados ao Material de Emprego Militar (MEM). [335]

No Brasil, desde o período colonial, a pesquisa e desenvolvimento de MEM se caracterizaram como um monopólio do Estado. [336] A partir de 1967, procurou-se diversificar o setor produtivo restrito até então aos arsenais, parques e fábricas militares, incorporando novos materiais e novas indústrias civis. No ano seguinte,

331. A dependência dos países em desenvolvimento para com a tecnologia dos desenvolvidos, especialmente dos EUA, por vezes, foi chamada de colonialismo tecnológico.

332. BRASIL. SDM. Relatório Anual da Marinha de 1963.

333. BRASIL. AHE. Plano Plurianual do Exército 1968-1970. BE n. 5 de 2 fev. 1968, p. 17-46.

334. *Spillover* é uma situação ou sentimento que começa em um lugar, mas passa a acontecer ou tem um efeito em outro. *Collins Cobuild English Dictionary*. University of Birmingham: HaperCollins Publishers, 1995, p. 1.606. Seria, então, um efeito de espraiamento, transbordamento, que ultrapassa barreiras/fronteiras ou que atinge outras áreas.

335. São considerados MEM o armamento, a munição, os equipamentos militares, inclusive fardamento e material logístico, e outros materiais ou meios (navais, aéreos, terrestres e anfíbios), de uso privativo ou característico das Forças Armadas, bem como seus sobressalentes e acessórios. No final da década de 1960, 80% do MEM no Brasil eram importados.

336. O início da indústria bélica no Brasil data de 1762 com a fundação no Rio de Janeiro da Casa do Trem, precursora do Arsenal de Guerra e do Arsenal Naval criado em 1767.

o Exército iniciou um programa de repotencialização de seus velhos blindados. Foi essa opção de recuperá-los ao invés de comprar outras unidades do exterior que possibilitou que a Engesa, a partir da experiência adquirida com esse trabalho, absorvesse a tecnologia necessária para, anos mais tarde, passar a produzir blindados nacionais. [337]

No governo Geisel, com a denúncia do Acordo de Cooperação Militar com os EUA e a necessidade de fortalecer o poder militar, a indústria privada foi estimulada a ocupar o espaço que ficaria vago com a não aquisição de armas norte-americanas. Na mesma época, o surgimento de novos exportadores de armamentos como a França, Itália e Alemanha que, em determinados setores, passaram a competir com os exportadores tradicionais, Estados Unidos e União Soviética, possibilitou o estabelecimento de vínculos de empresas brasileiras com parceiras daqueles países, resultando no fornecimento de licenças para produção ou co-produção. [338]

Estabeleceu-se, então, o desenvolvimento de armamento em cada uma das Forças Armadas como parte de um amplo projeto que abarcava desde a fabricação de munição de pequeno calibre até aviões e navios de alta tecnologia.

Assim como a Engesa, outras empresas migraram para a área militar. A Bernardini [339], por exemplo, empresa fabricante de cofres, a partir da experiência da repotencialização dos carros blindados americanos M 41 [340], desenvolveu o blindado nacional denominado Tamoio. A empresa Motopeças, a partir de experiência semelhante com blindados de transporte norte-americanos M 113, desenvolveu o blindado Charrua. [341]

337. A Engesa, uma empresa fundada em 1962, era fabricante de peças e componentes para prospecção de petróleo. Passou a prestar serviços de manutenção em caminhões do Exército e, junto com as empresas Novatração e a Bisseli, foram contratadas para repotencializar 150 blindados M-9 e M-4 de transportes de tropa. Enquanto isso, o Instituto Militar de Engenharia (IME) passou a trabalhar num protótipo de um blindado de reconhecimento que foi utilizado pela Engesa, nascendo o Cascavel, o primeiro veículo militar blindado nacional a ser produzido em série a partir de 1970. FERNANDES, José de Souza. Os tanques do Brasil. *Tecnologia e Defesa*, São Paulo, n. 1, mar. 1983, p. 33 - 38.

338. O avião AMX, por exemplo, foi coproduzido pela Embraer (30% do trabalho) e as empresas italianas Aermacchi (22%) e Aeritalia (48%).

339. A Bernardini na década de 1960 produziu carrocerias de caminhões para os Fuzileiros Navais. Posteriormente repotencializou M-3A1 para o exército. FERNANDES, José de Souza. O Stuart do Brasil. *Tecnologia e Defesa*, São Paulo, a. 1, n. 2, abr. 1983, p. 29-32.

340. Foram repotencializados 250 carros M-41. Bernardini metalurgia e blindados. *Tecnologia e Defesa*, São Paulo, n. 3, mai. 1983, p. 48-49.

341. A Motopeças S/A era fabricante de peças automotivas e repotencializou os M 113 do Exército FERNANDES, José de Souza. A modernização dos M 113 brasileiros. *Tecnologia e Defesa*, São Paulo, n. 9, 1983, p. 18-19.

Em 1975, o Exército criou a Indústria de Material Bélico (IMBEL), reunindo uma série de antigos arsenais, com o objetivo de diminuir a dependência de importação de armamentos e munições, além de colaborar no planejamento, pesquisa, desenvolvimento e produção de MEM e promover transferência de tecnologia. [342]

A Força Aérea pretendia fabricar aviões militares a jato a partir de uma associação com uma indústria aeronáutica estrangeira. Um acordo com o governo italiano permitiu a fabricação sob licença do Aermacchi 326. [343] Havia, também, a necessidade de fabricar um avião de carga para substituir os antigos C – 45 e C – 47. Em 12 de junho 1965, o Ministério da Aeronáutica aprovou do projeto de um bimotor denominado IPD/PAR 6504[344], que resultou na aeronave C – 95 Bandeirante. [345] Para a produção dessas aeronaves, foi criada, em agosto de 1969, a Embraer. [346]

A Marinha tentou recuperar o atraso causado pela importação de material dos Estados Unidos investindo na reformulação de seu Arsenal na década de 1970, que permitiu a execução de projetos de reparação naval, como o de modernização do porta-aviões Minas Gerais, e a construção de embarcações de desembarque, fragatas, o Navio-Escola Brasil, corvetas, navios-patrulha costeiros, lanchas balizadoras e submarinos.

A partir de 1979, desenvolveu o programa do submarino nuclear que incluiu o Projeto do Ciclo do Combustível para adquirir tecnologia de enriquecimento do urânio e o Projeto do Laboratório de Geração Núcleo-Elétrica para a construção de uma planta nuclear de geração de energia elétrica totalmente nacional, incluindo o reator. Entre 1980 e 1989, o Conselho de Segurança Nacional (CSN) alocou recursos significativos para o programa. A partir de 1989 os recursos foram declinando sensivelmente não permitindo a conclusão do programa que foi mantido, principalmente, com recursos próprios da Marinha, mas com cronograma defasado. [347]

342. BRASIL. Lei 6227. Autoriza o Poder Executivo a constituir uma empresa pública denominada Indústria de Material Bélico do Brasil (IMBEL) e dá outras providências. Brasília, 14 jul. 1975. A IMBEL foi criada como uma empresa de importância estratégica para a defesa nacional, atuando num setor desinteressante para a empresa privada e fundamental para garantir certa autonomia em termos de armas leves e munição.

343. Os primeiros componentes para montagem do EMB 326 GB Xavante foram recebidos em 11 de março 1971. Os quatro primeiros aviões foram entregues em novembro daquele ano.

344. O estudo sobre a viabilidade de produzir aeronaves de passageiros de médio porte foi encomendado ao CTA em 1964. Seu desenvolvimento levou três anos e quatro meses com cerca de 300 pessoas envolvidas.

345. Em 26 de outubro 1968 foi apresentado o primeiro protótipo do Bandeirante. Em agosto de 1975, as primeiras aeronaves foram exportadas para a Força Aérea Uruguaia.

346. Fundada em 19 de agosto de 1969 pelo Decreto-Lei n. 770, como empresa de capital misto, começou a funcionar em 2 de janeiro 1970, em São José dos Campos, SP.

347. BRASIL. MB. Programa Nuclear da Marinha. Disponível em: https://www.mar.mil.br/pnm/pnm.htm. Acesso em: 03 mar. 2008.

Na Argentina, em 1941, foi criada a *Dirección General de Fabricaciones Militares* para expandir a produção nacional de armamento. Após a queda de Perón, os militares iniciaram o estabelecimento de uma rede de instituições estatais voltadas para a fabricação de material de emprego militar. Em 1967, o general Onganía lançou o Plano Europa, uma concepção estratégica para diversificar as fontes de fornecimento de armas e reequipando e modernizando o Exército, preparado pelo chefe de Logística do Comando-em-chefe do Exército, general Uriburu. Além de procurar reduzir a dependência dos Estados Unidos, objetivava, num primeiro momento, a montagem de armamentos em conjunto com empresas europeias para, em seguida, construí-los inteiramente no país.[348] A primeira parceria foi firmada com a empresa francesa SOFMA para construção dos carros de combate blindados AXM-30. A aproximação da Europa em detrimento dos Estados Unidos provocou a ida do general Porter, do Comando Sul norte-americano, à Argentina para tentar abortar o acordo com a França.[349]

No entanto, o Plano de Onganía exigia a importação de insumos e, para se tornar viável, impunha que a maior parte da produção fosse exportada, uma vez que as aquisições das Forças Armadas não eram capazes de garantir uma produção em escala.

A evolução do projeto resultou num complexo industrial militar que incluiu: a fábrica Tanque Argentino Mediano S.E. (TAMSE); o complexo Área Material Córdoba (manutenção de aviões e produção de material aeronáutico, especialmente sistemas eletrônicos); Fábrica Militar de Aviões (avião de treinamento IA-63 Pampa); os estaleiros Rio Santiago (destróiers e fragatas) e Domeq García (submarinos classe 1700) sob licença de empresas alemãs; as siderúrgicas Altos Hornos Zapla, ACINDAR, e SOMISA; Fábrica Militar de Ácido Sulfúrico e Fábrica Militar de Tolueno Sintético (agentes químicos para a fabricação de explosivos); Fábrica Militar Domingo Matheu (pistolas e fuzis automáticos); Fábrica Militar Fray Luis Beltrán (foguetes e munição para artilharia); Fábrica Militar de San Francisco (munições para armas pessoais, material eletrônico e partes de blindados); Fábrica Militar de Materiais Pirotécnicos (projéteis geradores de luz); Fábrica Militar General San Martin (equipamentos de comunicações); Fábrica Militar ECA (chapas de ferro, aço e bronze e condutores elétricos); Fábrica Militar Vila Maria (pólvora, combustíveis de propulsão e explosivos); Fábrica

348. URIBURU, Eduardo J. El plan Europa, el ejército y su contribución a la estrategia del desarrollo. *Estrategia*. Buenos Aires, julho-agosto de 1969, p. 15-22. Em 1996, os EUA haviam cancelado o fornecimento de blindados para a Argentina em razão do golpe que colocou Onganía no poder. As medidas de austeridade norte-americana que se seguiram reduziram a ajuda militar em torno de 90%. FERRARI, Santiago. Una operación que suscita comentarios en EE.UU. *La Nación*. Buenos Aires, 24 fev. 1968, p. 1.

349. USA y los AMX-30. *Confirmado*, Buenos Aires, a. IV, n. 170, 19 a 25 set. 1970, p. 13.

Tandanor (manutenção de navios de guerra e de carga) e a Fábrica FANAZUL (míssil Martín Pescador, explosivos e munições para canhões e armas leves). [350]

Assim, o desenvolvimento de projetos e a produção de material de emprego militar na Argentina foram concentrados em empresas estatais, diferente do caso brasileiro, onde a maior participação foi de empresas civis. [351]

No Chile, a produção se concentrou em poucas indústrias como a *Fabricas y Maestranza del Ejército* (FAMAE) que produzia munição, incluindo bombas de 250 a 2000 libras para a Força Aérea, armas leves, veículos blindados para o Exército e equipamentos eletrônicos, e o Estaleiro Asmar, que realizou modificações nas centrais de tiro de fragatas, cruzadores e submarinos e adquiriu experiência no campo eletrônico e no desenho de radares. [352]

Apesar de não ter tradição no mercado, produziu um avião de treinamento chamado Pillan, através da Empresa Nacional Aeronáutica (ENAER), fundada em 1984, e executou, também, modificações eletrônicas nos aviões F5 E/F e Mirage da Força Aérea. Após vender 40 unidades para a Espanha, numa negociação que envolveu a compra de aviões CASA daquele país, aventou-se a possibilidade de competir nesse nível no mercado internacional, o que diminuiria o custo do produto em nível nacional. Na ocasião, o Chile tentou negociar com outros países os bancos de provas de mísseis e equipamentos de guerra eletrônica de fabricação nacional. [353]

Em 1985, a indústria de armas chilena estava produzindo cerca de 100 milhões de dólares para exportação e a fábrica de Iquique se preparava para a construção de um novo tipo de veículo de transporte de pessoal batizado de ORCA. [354]

350. ESCUDÉ, Carlos. FONTANA, Andrés. *Divergencias estratégicas en el Cono Sur: las políticas de seguridad de la Argentina frente a las del Chile y Brasil.* Working Paper n. 20. Buenos Aires: Universidad Torcuato di Tella, 1995, p. 7-8.

351. No Brasil, apesar da forte presença civil na produção, todo o processo praticamente era gerenciado pelos militares. Desde as pesquisas realizadas nos centros militares como o Centro Tecnológico da Aeronáutica (CTA), Instituto Tecnológico da Aeronáutica (ITA), IME, Instituto de Pesquisa e Desenvolvimento (IPD), Centro Tecnológico do Exército (CTEX), etc., até a exportação através das agências que atuavam no setor como a Câmara de Comércio Exterior (CACEX) do Branco do Brasil passando pelas agências financiadoras como a Financiadora de Estudos e Projetos (FINEP), integrante do Conselho Nacional de Desenvolvimento Científico e Tecnológico (CNPq) ou o Banco Nacional de Desenvolvimento Econômico e Social (BNDES) estavam todos nas mãos dos militares. Qualquer exportação de MEM deveria ser aprovada pelo Conselho de Segurança Nacional (CSN) que incluía os quatro ministros militares mais os da Fazenda, Planejamento e Relações Exteriores. O CSN foi substituído em 1989 pelo Conselho de Defesa Nacional (CDN) e posteriormente pela Secretaria de Assuntos Estratégicos (SAE).

352. MIRGONE, Julio Alberto. *Apuntes sobre la política exterior y política de defensa de Brasil y Chile.* CARI. La Seguridad y el MERCOSUR. Documentos de Trabajo. Buenos Aires, s/d, p. 67-76 (75-76).

353. BRASIL. AN. EME. Relatório Mensal de Informações Externas n. 001/86-SE-1/EME (Conf.). Brasília, 31 jan. 1986.

354. BRASIL. AN. EME. Relatório Mensal de Informações Externas n. 11. Brasília, 29 nov. 1985.

Os Estados tinham interesse em manter maior independência no setor dos equipamentos militares, mas, normalmente, uma aquisição continuada de grande quantidade de armamento só acontece em caso de guerra. Projetos de material de emprego militar implicam tempo elevado entre a concepção e a utilização e alto custo. Esses fatores podem se multiplicar no caso de países em desenvolvimento com pouca tradição em tecnologia na área. Ou seja, para países como o Brasil, Argentina e o Chile, o tempo entre a decisão do que construir e a colocação em operação do material normalmente seria longo.

O material de emprego militar passa pelas fases de pesquisa e desenvolvimento, industrialização e comercialização. Face às peculiaridades próprias, deve haver um suporte econômico-financeiro nessas fases ou em alguma delas. [355] Além disso, nesse setor, a importância estratégica deve estar acima do sucesso comercial.

No caso do Brasil, o próprio governo admitiu que não houve a previsão do suporte econômico-financeiro necessário. O crescimento rápido da indústria de armamento não foi acompanhado do crescimento do orçamento de defesa. Entre 1979 e 1982, o orçamento militar em relação ao Produto Interno Bruto caiu quase a metade, de 1,035% para 0,62%. [356]

O Brasil procurou desenvolver a indústria de defesa como parte do projeto de potência do governo militar. Pode-se considerar que a decisão foi tardia, uma vez que ocorreu no final da década de 1960. Como o tempo necessário entre a concepção de uma arma ou sistema de armas e a sua entrada em operação é grande, o incentivo do governo naquela ocasião só se tornou operacional na década seguinte, quando o Brasil já sofria as consequências dos problemas econômicos decorrentes dos choques do petróleo, incluindo diminuição do investimento no setor e do poder de aquisição das Forças Armadas.

Assim, o desenvolvimento da indústria militar não foi acompanhado da compra continuada de material bélico e as indústrias tiveram que procurar o mercado externo para garantir sua sobrevivência, amortizando o investimento realizado e reduzindo os custos a partir de uma maior produção, além de obter financiamento para a pesquisa e produção. [357]

355. Nos EUA, por exemplo, o governo financia a elaboração de projetos por empresas privadas, e em alguns casos, até mesmo a industrialização. Já na fase de comercialização o próprio país é o maior comprador. BRASIL. AN. PR. EM n. 004 (Secreta). Brasília, 25 jul. 1988.

356. International Institute for Strategic Studies. *Military Balance*. Londres. Edições de 1979/1980, p. 77 e 1985/1986, p. 143.

357. Essa necessidade acabou tornando a indústria nacional fortemente dependente do exterior, com estimativas variando entre 50% e 95%. Um exemplo foi o sistema de armas da Avibrás denominado Astros II, que foi desenvolvido com financiamento parcial do Iraque e baseado em requisitos

Apesar de um grande número de empresas produzindo algum tipo de material de emprego militar, pode-se considerar que apenas três se destacaram na exportação de armas: a Engesa, a Embraer e a Avibrás. O sucesso dessas empresas passou a atender, também, aos interesses da política externa como um instrumento valioso de afirmação e defesa da soberania nacional. Segundo o então ministro das Relações Exteriores Luiz Felipe Lampreia,

> o aproveitamento das oportunidades criadas no mercado exterior, ao possibilitar a ampliação quantitativa e qualitativa da escala da produção interna, trazia importantes vantagens políticas e econômicas, na vinculação de países importadores e fabricantes brasileiros de material militar, através da comercialização de produtos de valor estratégico. [358]

Com o interesse voltado para o exterior, o Itamaraty propôs, em maio de 1973, a constituição de um grupo interministerial composto de representantes dos Ministérios da Aeronáutica, Marinha, Exército, Relações Exteriores, Fazenda, Indústria e Comércio, Estado-Maior das Forças Armadas e da então Secretaria-Geral do Conselho de Segurança Nacional para estudar e propor diretrizes sobre a exportação de material de emprego militar. O relatório desse grupo, de 9 de outubro do ano seguinte, serviu de base para a elaboração das Diretrizes Gerais para a Política Nacional de Exportação de Material de Emprego Militar, baixadas pelo Presidente da República, em 12 de dezembro de 1974, que fixou medidas essenciais de orientação, coordenação e controle da exportação de produtos daquela natureza e precisar a participação de órgãos públicos e entidades privadas nessas atividades. [359]

A Política Nacional de Exportação de Material de Emprego Militar (PNEMEM) tinha os objetivos de

> fortalecer a posição internacional do Brasil, pelo desenvolvimento da capacidade de suprir produtos do mais alto valor estratégico; facultar à indústria de material de emprego militar nacional o acesso a maior mercado, incentivando e possibilitando aumento da escala de

operacionais daquele país. CONCA, Ken. O Brasil na Economia Global de Armamentos. In: PROENÇA Jr. Domício (Org.). *Uma avaliação da indústria bélica brasileira: defesa, indústria e tecnologia.* Rio de Janeiro: GEE/Fórum de Ciência e Cultura da UFRJ, 1993, p. 80.

358. BRASIL. Câmara dos Deputados. CREDN. Exposição do Ministro de Estado das Relações Exteriores, Embaixador Luiz Felipe Lampreia, perante a CRE da Câmara dos Deputados. Brasília, 22 nov. 1995.

359. Ibidem.

> produção interna e aplicação de novos investimentos no setor; estimular o desenvolvimento da indústria privada e da pesquisa tecnológica do MEM; fortalecer, indiretamente, o poder militar, inclusive pela ampliação da capacidade de mobilização industrial; contribuir positivamente para o Balanço de Pagamentos. [360]

A decisão de apoiar a indústria civil para nacionalizar o armamento foi política e formulada pelo Ministério da Ciência e Tecnologia. O CNPq[361], que, entre outras atribuições, era responsável por coordenar o Sistema Nacional de Desenvolvimento de Ciência e Tecnologia (SNDCT), sugeriu aos ministérios militares a criação de órgãos setoriais. O trabalho desses órgãos e o apoio do governo federal permitiram, na Marinha, uma série de projetos de nacionalização de componentes militares como transmissores HF/SSB, material de comunicações, navegador por satélite, munição, canhões 40 e 70 mm.[362] Esse setor industrial acabou firmando-se num segmento de produtos que apresentava superioridade competitiva em relação aos similares estrangeiros.

Com o primeiro choque do petróleo e a dependência de importação de 80% desse produto para movimentar o país, o governo lançou uma agressiva política exterior direcionada para o Oriente Médio e o Norte da África. O governo brasileiro viu a possibilidade de ligar a produção da indústria de armamento com a necessidade de recursos para manter os objetivos do desenvolvimento.[363] Estabelecia-se, assim, a política "petróleo por armas". A Petrobras se instalou em países como Iraque, Irã, Egito, Líbia e Argélia. Ao mesmo tempo, iniciou a venda de armas especialmente para países produtores de petróleo, como a Líbia, o Qatar e o Iraque. [364]

O acordo entre a *Iraq National Oil Company* e a Braspetro, subsidiária da Petrobras, incluiu, a partir de 1976, a aquisição de blindados da Engesa, a readaptação de blindados iraquianos de origem soviética com canhões belga que a empresa brasileira tinha licença para fabricação e exportação, e outros acordos gestados no Serviço Nacional de Inteligência (SNI), incluindo uma associação com os dois países, objetivando garantir petróleo, dinamizar a indústria bélica e formar uma

360. BRASIL. AN. PR. EM n. 004 (Secreta). Brasília, 25 jul. 1988.

361. Foi criado pelo Projeto Lei n. 1.310 de 1951 com o objetivo de promover, coordenar e estimular a pesquisa científica no país.

362. LOBO, Antonio. *A nacionalização do sistema de armas. Monografia.* Rio de Janeiro: Escola de Guerra Naval, 1987.

363. O II Plano Nacional de Desenvolvimento (PND), lançado em setembro de 1974, previu investimentos públicos na indústria estatal estratégica como Petrobras, na prospecção de petróleo, Siderbrás, para desenvolvimento do parque siderúrgico, a Embratel, no setor de telecomunicações, etc. BRASIL. Ministério do Planejamento. *II Plano Nacional de Desenvolvimento.* Brasília, set. 1974.

364. O Estado de São Paulo, 13 abr. 1977 apud GIROTTI, C. A. *O Estado Nuclear no Brasil.* São Paulo: Brasiliense, 1984.

"associação militar com o Iraque que viabilizasse a fabricação da bomba atômica no Brasil, pois a premissa era de que o Iraque tivesse o controle de uma tecnologia avançada em algumas fases do processo". [365]

A partir de negociações iniciadas em 1979, que resultaram em um acordo divulgado em 5 de janeiro de 1980, foram realizadas quatro missões de funcionários da Comissão Nacional de Energia Nuclear para auxiliarem a montagem de um reator no Iraque, um avião tipo Bandeirantes realizou aerofotogrametria e em 1983 ex-geólogos da Nuclebrás fizeram prospecção do território iraquiano para achar urânio [366], além do fornecimento de material e equipamentos para testes de laboratórios e um projeto de fábrica de produção de dióxido de urânio naquele país preparado pela empresa Natron do Rio de Janeiro. [367]

A política agressiva brasileira gerou uma série de problemas. A compra de material brasileiro pelo Irã, por exemplo, resultou num pedido do embaixador do Iraque para que o governo brasileiro impedisse o envio de qualquer tipo desse material àquele país. [368] Em 13 de janeiro de 1986 equipamentos militares embarcados num navio panamenho com destino à Líbia foram apreendidos por autoridades italianas no porto de Gênova. Em 31 do mesmo mês o governo austríaco negou autorização para pouso de uma aeronave contratada pela Engesa com armas sob a alegação que haveria uma transferência do armamento para um avião iraquiano. [369] A venda de armas para a Líbia fez com que o Brasil fosse citado pela imprensa internacional como supridor de armamento e repassador de tecnologia sensível. [370]

Mas, a participação do Brasil no mercado internacional de armas, mesmo no seu auge, foi pequena. Entre 1980 e 1987, o número de países importadores de armamento brasileiro cresceu de 16 para 54 e as exportações passaram de 140 milhões para 384 milhões de dólares, um aumento de 175% contra um aumento de 30% das exportações brasileiras em geral no mesmo período. [371] No entanto,

365. BRAGA, Teodomiro. ROSA, Mário. A negra história das relações entre Brasil e Iraque. *Jornal do Brasil.* Rio de Janeiro, 12 ago. 1990, p. 30.

366. A Minerat, empresa de dois ex-funcionários da Nuclebrás e que teria sido financiada pelo SNI, além do Iraque, realizou prospecção na Somália, Mauritânia e Líbia. Ibidem, p. 30.

367. BRAGA, Teodomiro. Os lances secretos da conexão nuclear entre o Brasil e o Iraque. *Jornal do Brasil.* Rio de Janeiro, 2 set. 1990, p. 34. A prestação de serviços e a venda de equipamentos não necessitavam da concordância do governo alemão nos termos do acordo teuto-brasileiro. Já a transferência de tecnologia sensível como de processo, projeto ou fabricação de equipamentos deveriam ter autorização alemã. CPDOC. Arquivo PNB 1973.05.18 pn/a. NUCLEBRÁS. Considerações Preliminares sobre Definição de uma Política Brasileira de Cooperação com outros Países na Área Nuclear (Secreto) de 2 jul. 1979.

368. BRASIL. AN . Documento A0531236. DSI. MRE. Brasília, 27 jul 1985.

369. Rota Complicada. *Veja.* São Paulo, 12 fev. 1986, p. 26.

370. SANTOS, Reginaldo dos. O Programa Nacional de Atividades Espaciais Frente aos Embargos Tecnológicos. *Parcerias Estratégicas,* Brasília, n. 7, out. 1999, p. 117-130 (121).

371. BRASIL. AN. PR. EM n. 004 (Secreta). Brasília, 25 jul. 1988, p. 6.

segundo o engenheiro José Drumond, entre 1972 e 1982, o número de países exportadores de armas subiu de 32 para 44. Entre 1979 e 1983, os produtores do terceiro mundo exportaram 2,4% do total de armas pesadas. Em 1987, dos 800 bilhões de dólares movimentados no mundo pelo comércio de armas, os 384 milhões exportados pelo Brasil representaram 0,048% do total de um comércio em que 85% eram dominados pelos países desenvolvidos (Estados Unidos, União Soviética, França, Alemanha e Reino Unido). Houve um grande avanço se observamos que em 1978 o Brasil comprou 210 milhões de dólares em armas e vendeu 120 milhões, em 1980 comprou 130 milhões e exportou 150 milhões e em 1982 comprou 30 milhões e vendeu 625 milhões, mas o peso do segmento no Produto Interno Bruto se manteve em 0,2% entre 1978 e 1981 e 0,4% em 1982. [372]

Ou seja, a importância da indústria de armamento para o país foi menor que a anunciada pelo governo militar. Enquanto era apresentada como lucrativa e capaz de ser o carro chefe do desenvolvimento industrial brasileiro, entre 1978 e 1981 ela se manteve deficitária em razão da compra de insumos e componentes estrangeiros de valor maior que o obtido com as exportações. [373]

Com a redemocratização do país e como consequência da análise da conjuntura internacional e das dificuldades econômicas, o Brasil passou a manter níveis mínimos aceitáveis e indispensáveis de equipamentos e contingentes militares. Sem clientes internos, as Forças Armadas, mais a redução do mercado externo pela forte concorrência estrangeira, principalmente das empresas norte-americanas, pelas mudanças na própria conjuntura internacional e o fim dos subsídios, as empresas passaram a enfrentar dificuldades, resultando na paralisação das atividades da maior parte das indústrias ligadas ao setor de armamento.

O governo militar encorajou a produção privada de armas com base numa perspectiva de crescimento nacional que viabilizaria a nacionalização dos equipamentos militares, além de uma possível demanda do mercado externo. No entanto, o governo acabou não estabelecendo um "sistema eficiente e prioritário de apoio financeiro às atividades de pesquisa e desenvolvimento", nem um sistema oficial de crédito à produção adequado e a garantia de aquisições pelas Forças Armadas. Em consequência, as empresas se voltaram para o exterior e absorveram os custos de pesquisa e desenvolvimento. [374] Mas com custos altos e o mercado restrito, com grande número de fornecedores e pequena produção, ocorreu a baixa rentabilidade da indústria de armas. Na década de 1980, o financiamento desse tipo de

372. PERIN, Orivaldo. Governo falseou imagem da indústria bélica. *Jornal do Brasil.* Rio de Janeiro, 15 set. 1985, p. 14.

373. Ibidem.

374. BRASIL. AN. Memória 001075/Gab/SNI/89 (Secreta). Brasília, abril de 1989.

indústria se tornou escasso e o orçamento das Forças Armadas foi reduzido em razão das dificuldades econômicas que o país atravessou.

A guerra Irã-Iraque caminhando para seu final, atingiu a Engesa e a Avibrás por terem, na região do Golfo Pérsico, seus principais compradores. O Iraque cancelou alguns contratos de lançadores de foguetes Astros II da Avibrás previstos para 1989 e outros que haviam sido firmados em 1988, além de atrasar o pagamento de dívidas já vencidas na ordem de 45 milhões de dólares.[375] As guerras das Falkland/Malvinas e do Golfo apresentaram equipamentos sofisticados com uma tecnologia que a indústria brasileira não dispunha e nem conseguiria dispor em curto prazo levando-se em consideração os recursos destinados ao desenvolvimento tecnológico no setor. Com o fim da Guerra Fria, aumentou a oferta de armas a preços baixos pelos países da antiga União Soviética e, paralelamente, ocorreu a entrada no mercado de países como China e Índia.

Com relação à Engesa, já em 1980, apresentava falta de capital de giro próprio e índices de liquidez desfavoráveis. Os prejuízos se tornaram mais significativos a partir de 1985. A empresa fez elevados investimentos para desenvolver o projeto de um carro de combate chamado Osório tendo feito, inclusive, apresentação do mesmo na Arábia Saudita, esperando vender 400 unidades que gerariam 3,4 bilhões de dólares. [376]

Estudo do Banco Nacional de Desenvolvimento Econômico e Social (BNDES) conclui que, "face aos elevadíssimos índices de endividamento da empresa", ela não teria mais "condições de levantar novos empréstimos, mesmo em instituições oficiais de crédito, a não ser com recursos a fundo perdido provenientes da União, praticamente impossíveis de serem concedidos face à situação econômica do País". [377]

Por determinação do presidente Sarney, foi estabelecido, no final de 1988, um Grupo de Trabalho Interministerial (GTI) que discutiu mecanismos destinados a custear a pesquisa e o desenvolvimento de material de emprego militar e assistência financeira de instituições oficiais aos exportadores. [378]

375. A Avibrás, já com dificuldades financeiras, havia apostado na continuidade da guerra e em 1987 ampliou seus níveis de estoque prevendo futuras encomendas, cujas vendas seriam suficientes para obter um balanço positivo. Em julho de 1987 enviou carta consulta ao BNDES solicitando recursos de 90 milhões de dólares, tendo o Banco fornecido 15 milhões a título de reforço de capital de giro. BRASIL. AN. Documento 002584. Engenheiros Especializados S/A e Avibrás Aeroespacial S/A – Problemas Financeiros. Brasília, 22 mar. 1989.

376. Contou, inclusive com o apoio do então ministro do Exército que, em viagem pelo Oriente Médio, tentou convencer os sauditas a adquirirem o equipamento, o que acabou não se concretizando com a Guerra do Golfo e a oferta de armamento norte-americano. BRASIL. Ibidem.

377. Ibidem.

378. Tinha representantes dos Ministérios da Marinha, Exército, Relações Exteriores, Fazenda, Aeronáutica, Indústria e Comércio e da Ciência e Tecnologia, mais a Secretaria de Planejamento e

Em 1988, a Engesa e Avibrás se encontravam em situação pré-falimentar com patrimônio líquido negativo, dívidas elevadas de curto e médio prazos, sem fluxo de caixa, salários atrasados, créditos fechados nas redes bancárias oficial e privada e sem fechar contrato de vulto no exterior nos últimos dois anos. No ano seguinte o GTI levantou a necessidade de recursos de US$ 31,55 milhões para a Engesa e de US$ 333 milhões para a Avibrás. [379]

Em 1990, as duas empresas pediram concordata. A Avibrás conseguiu saldar boa parte de sua dívida e se manteve no mercado, mas diversificou seus produtos para o setor civil nas áreas química, de explosivos, transporte e eletrônica. A Engesa foi desmembrada, com parte vendida para capitais privados e parte integrada à IMBEL. A Embraer foi privatizada em 7 de dezembro de 1994 e se tornou uma das maiores empresas aeronáuticas do mundo.

Na Argentina, apesar de possuir um considerável complexo industrial militar e os esforços para exportar parte da produção da indústria de armamento, o resultado foi de baixa economia de escala e alto preço de produção. Os clientes eram as Forças Armadas, que adquiriam apenas parte da produção instalada, o que não permitia uma maior produção que reduziria os custos. Com a redemocratização e a diminuição do orçamento militar, as aquisições diminuíram. Além disso, o modelo argentino era mais voltado para a substituição de importações que para a exportação. [380]

A crise econômica dos anos de 1980 e a Guerra das Falkland/Malvinas provocaram a diminuição dos investimentos no setor militar e a consequente deteorização do material. A Argentina ainda tentava, em meados daquela década, implementar a exportação de material militar. Tentou inserir seus aviões Púcara [381], viaturas blindadas e munições nos mercados da China, Kuwait, Marrocos e Itália. [382] Em novembro de 1985, realizou em Assunção uma exposição até como forma de se contrapor aos elogios que a imprensa especializada internacional tecia sobre alguns armamentos brasileiros. [383]

O final da indústria de armamento foi decretado com a assunção de Menem,

---

Coordenação da Presidência da República e o Estado Maior das Forças Armadas. BRASIL. AN. PR. EM n. 004 (Secreta). Brasília, 25 jul. 1988.

379. Ibidem.

380. RAIMOND, Carlos. *La ciência, la tecnologia y la produción para la defensa, en la Argentina*. Boletín de Difusión Academica, n. 20/96. Buenos Aires: Escuela de Defensa Nacional, 1996, p. 9.

381. Os aviões Púcara IA-58 foram apresentados em março de 1977 pela Fábrica Militar de Aviões de Córdoba e projetados para a luta antissubversiva. BRASIL. AMRE. Embaixada do Brasil em Buenos Aires. Ofício n. 281 de 23 mar. 1977.

382. BRASIL. AN. EME. Relatório Mensal de Informações Externas n. 10 (Conf.). Brasília, 1 nov. 1985.

383. BRASIL. AN. EME. Relatório Mensal de Informações Externas n. 12/85 (Conf.). Brasília, 31 dez. de 1985, p. 45.

que iniciou, em 1992, a privatização das indústrias estatais de defesa e o encerramento das que não apresentavam atrativos às empresas privadas.

Posteriormente, com a questão da venda obscura de armas argentinas para o Equador, por ocasião da guerra com o Peru, e para a Croácia, durante a guerra civil na antiga Iugoslávia, o governo foi motivado a transferir a produção militar residual para o Ministério da Economia. A atividade produtiva considerada estratégica se concentrou em poucas plantas da Fabricaciones Militares. [384]

A Fábrica TAMSE foi liquidada após a produção dos últimos cem blindados para o exército argentino. O complexo Área Material Córdoba, as siderúrgicas Altos Hornos Zapla, ACINDAR, e SOMISA, as fábricas Militar de Ácido Sulfúrico, de Tolueno Sintético, de San Francisco, Militar General San Martin, E.C.A. de Avellaneda e Tandanor foram privatizadas. A Fábrica Militar de Aviões de Córdoba foi vendida à empresa Lockheed e convertida em um centro de manutenção, após concluir a produção de algumas aeronaves Pampa encomendadas pela Força Aérea Argentina. O estaleiro Rio Santiago foi entregue ao governo de Buenos Aires e reconvertido para a produção de navios cargueiros. O Domeq García foi fechado e todos seus bens liquidados. As fábricas militares Domingo Matheu, Fray Luis Beltrán e FANAZUL foram submetidas a processo de reconversão. A Fábrica Militar de Materiais Pirotécnicos foi liquidada com parte de suas instalações transferida para outras fábricas militares e a Fábrica Militar Vila Maria foi privatizada com parte de suas instalações também transferida para outras fábricas militares. [385]

Apesar do esforço dos governos militares, foi durante os governos civis de Alfonsín e de Menem, com a privatização das indústrias militares, que a Argentina conseguiu melhorar as exportações de armamento.

Tabela 1 – Exportação de Armamento pela Argentina – 1975/1995

| Ano | Milhões us$ | Ano | Milhões us$ |
|---|---|---|---|
| 1975/1976 | 0 | 1981 | 11 |
| 1977 | 8 | 1982 | 0 |
| 1978 | 0 | 1983 | 20 |
| 1979 | 13 | 1984/1989 | 77 |
| 1980 | 6 | 1989/1995 | 141 |

Fonte: Carlos Raimond. Escuela de Defensa Nacional [386]

384. RAIMOND, Carlos, op. cit.

385. ESCUDÉ, Carlos. FONTANA, Andrés, op. cit., p. 7-8.

386. O autor salientou que até 1984 as informações foram prestadas pela Fabricaciones Militares. A partir desse ano os dados foram obtidos nos decretos de autorização de vendas de armas desclassificados pelo governo argentino em 1996. RAIMOND, Carlos, op. cit., p. 11.

Normalmente, o rápido crescimento de uma indústria bélica está ligado a um conflito armado ou a iminência dele. No caso dos três maiores países do Cone Sul, o desenvolvimento da indústria bélica não teve esse "incentivo". O que os regimes militares tentaram foi fortalecer a capacidade de defesa a partir do desenvolvimento de material de emprego militar próprio como forma de diminuir a dependência externa [387] e, por conta das concepções geopolíticas da época, buscar maior poder militar em relação aos vizinhos.

A dependência externa de armamento, considerada uma vulnerabilidade e que afetava diretamente a capacidade militar, principalmente em uma situação de crise, quando a interrupção do fornecimento poderia dificultar e até impedir as operações militares, ou servirem de poder de barganha para obter outras vantagens. Mas, para desenvolver a indústria nacional de armas, havia o problema tecnológico, pois os seus detentores além de não repassarem tecnologia já pronta faziam o possível para não permitir sua obtenção. [388]

Os países do Cone Sul seguiram a lógica de segurança dos Estados Unidos, adestrando suas Forças Armadas dentro da concepção de defesa hemisférica da potência, firmando acordos militares, pelos quais receberam o armamento que os norte-americanos entenderam que deveriam receber. Quando verificaram a necessidade de se libertar dessa ligação negativa, esbarraram numa série de problemas e em restrições de toda ordem. Da mesma forma que nas áreas nuclear e espacial, como apresentaremos mais adiante, o desenvolvimento da indústria bélica sofreu também a pressão internacional. O fato de o Brasil não dispor de mecanismos de controle de exportação dos bens que pudessem ser utilizados na fabricação de armas de destruição em massa e seus veículos lançadores se tornou um obstáculo para obtenção de componentes no mercado internacional, pois as

387. Durante a Guerra das Malvinas, as multinacionais fornecedoras de produtos farmacêuticos instaladas na Argentina bloquearam a distribuição de remédios fazendo com que para um potencial bélico de trinta dias de operação das Forças Armadas, tinham apenas sete dias de medicamentos. BRASIL. AN. Documento ACE 56.245/86. DSI/MRE. Informação n. 02 (Conf.). Brasília, 17 abr. 1986. A Alemanha suspendeu a construção de quatro fragatas e seis submarinos além do apoio para a construção de seis contratorpedeiros, por conta do veto europeu de fornecimento de armas Argentina decorrente da Guerra das Malvinas. O veto foi suspenso em 1983. BRASIL. SDM. Relatório Anual da Marinha (Conf.). Rio de Janeiro, dezembro de 1982 e 1983.

388. Os contratos de transferência de tecnologia, como normalmente são chamados os que tratam da compra, venda ou aluguel de tecnologia, por vezes não preveem a transferência na verdadeira acepção da palavra. O que se transfere é o *know-how*, ou seja, os conhecimentos práticos, patenteados, decorrentes do conhecimento adquirido e testado pelo detentor de determinada tecnologia e não o mais importante, o *know-why*, o "porquê" as coisas são feitas. Ou seja, o conhecimento por vezes não é repassado, apenas as instruções de operação. No caso do VLS brasileiro, por exemplo, ventilou-se a possibilidade de sabotagem estrangeira no caso dos lançamentos realizados sem sucesso em 1997 e 1999 e no caso do acidente de 2003 na Base de Alcântara.

vendas de material bélico para países do Oriente Médio e da África eram associadas à possibilidade de fabricação desse tipo de armas.

A visão dos três países do ABC, sobre a política discriminatória imposta pelos detentores de tecnologia aos países em desenvolvimento, era correta. Quando o presidente Carter utilizou a questão das violações dos direitos humanos para embargar a venda de armas aos países latino-americanos não havia mudanças na lógica da Guerra Fria. Naquela ocasião não se verificou uma inflexão no rumo da política externa norte-americana, mas sim o uso dos direitos humanos como estratégia para pressionar os congressistas a aprovarem normas restritivas ao desenvolvimento da tecnologia a países como o Brasil e a Argentina.

Brasil, Argentina e Chile não conseguiram avançar no projeto de diminuir a dependência externa em decorrência da dificuldade de obter tecnologia pronta, dos problemas econômicos que não permitiram o necessário investimento em pesquisa, da descontinuidade e irregularidade da demanda interna das Forças Armadas, da ausência de um tratamento diferenciado para o setor e da disponibilização de arsenais militares baratos e de alta qualidade pelos países da antiga União Soviética.

A indústria brasileira ainda teve mais sucesso que a da Argentina e do Chile por conseguir exportar mais seus produtos por um curto espaço de tempo. O final da década de 1980 marcou o apogeu da base industrial de defesa brasileira, quando o país chegou a ser o oitavo exportador mundial, atingindo um índice de nacionalização de equipamentos do Exército Brasileiro de 90% dos meios. [389]

Nesse contexto houve, inclusive, uma tentativa de projeto conjunto aeronáutico entre o Brasil e a Argentina que também não obteve sucesso. Em janeiro de 1985, a Embraer firmou um convênio com a *Fábrica Militar de Aviones* (FMA) da Argentina relacionado com projeto, desenvolvimento, experimento e fabricação de aeronaves e equipamentos civis ou militares, além de subcontratações recíprocas, treinamento de pessoal e intercâmbio de documentos técnicos.[390] Em 1986, a Embraer passou a comprar peças para o avião Brasília daquele país e no ano seguinte iniciou negociações com a FMA para o desenvolvimento de um bimotor de transporte batizado de CBA-123. A parceria resultou na construção de uma aeronave turbo-hélice para 19 passageiros que fez seu primeiro voo em 18 de julho de 1990 e foi apresentada na Feira Internacional de Farnborough, na Inglaterra.

389. AMARANTE, J. A. Indústria Brasileira de Defesa: Uma Questão de Soberania e de Autodeterminação. In: PINTO, J. R. de Almeida. ROCHA, A. J. Ramalho da. SILVA, R. Doring Pinho da (Orgs). *Pensamento Brasileiro sobre Defesa e Segurança: O Brasil no cenário internacional de defesa e segurança.* Brasília: Ministério da Defesa, 2004, p. 23-56 (27).

390. GRANDI, Jorge. *Relaciones Internacionales de América Latina.* América Latina Internacional, Buenos Aires, v. 3, n. 10, out./dez. 1986, p. 70-75 (71).

No entanto, o CBA-123 revelou-se um produto com preço acima do mercado e as vendas não se confirmam, inviabilizando a continuidade do programa. [391]

A redemocratização dos países, as alterações das prioridades de defesa dos Estados Unidos no período pós-Guerra Fria conduziram ao desarmamento, criando um fosso tecnológico ainda maior entre os países desenvolvidos e os em desenvolvimento, aumentando a dependência em relação aos principais fornecedores de armas.

Seja pela opção do alinhamento direto com os norte-americanos, no caso da Argentina, seja pela impossibilidade de manter ativa a indústria de armamento, no caso de Brasil e Chile, os países do Cone Sul acabaram reduzindo o investimento na indústria militar (Brasil e Chile) ou desmontando o parque industrial militar estatal (Argentina), diferente das grandes potências, que continuaram a investir no desenvolvimento de armamento.

Apesar das concepções geopolíticas e das pendências históricas em relação às fronteiras resultarem numa dinâmica de relações bilaterais de confrontação, o contexto da Guerra Fria possibilitou o surgimento de vários pontos de convergência nas relações militares no Cone Sul, que permitiram o estabelecimento de várias medidas de cooperação por meio de foros de discussões e intercâmbios exclusivamente militares, passando pela estreita ligação entre os sistemas de inteligência dos países da sub-região.

As necessidades de segurança, defesa e de desenvolvimento no contexto da Guerra Fria e das divergências no Cone Sul, conduziram Argentina, Brasil e Chile à busca pela tecnologia considerada dual, com possibilidades de uso civil e militar, em áreas consideradas sensíveis como a espacial e nuclear. No início, os projetos nessas áreas foram percebidos como rivais, dentro de concepções geopolíticas da época, mas acabaram permitindo acordos de cooperação que foram fundamentais para a evolução das relações militares.

## X - A Questão Espacial

O desenvolvimento de tecnologia espacial no Brasil iniciou-se na década de 1950, a partir do projeto de um foguete pelo exército realizado pela então Escola Técnica do Exército, hoje Instituto Militar de Engenharia (IME). [392] A Marinha desenvolveu foguetes de sondagem meteorológica SOMMA. Na Aeronáutica, as

391. O projeto coincidiu com a grave crise financeira que a Embraer sofreu. Em 1990, seu efetivo foi reduzido de 13.900 para 9.900 empregados. EMBRAER. Histórico. Disponível em: http://www.embraer.com.br/portugues/content/empresa/history. asp. Acesso em: 14 jun. 2008.

392. O prosseguimento dos estudos no IME resultou, na década de 1980, no sucesso do sistema de saturação Astros, fabricado pela Avibrás.

atividades espaciais iniciaram-se na década de 1960 no Centro Técnico de Aeronáutica[393] com o desenvolvimento de tecnologia de foguetes de sondagem e a instalação do Centro de Lançamentos da Barreira do Inferno no Rio Grande do Norte. [394]

Em 1966, foi desenvolvido o Projeto Porvir para a formação de recursos humanos necessários para conduzir as pesquisas espaciais com o envio de pesquisadores para o exterior e a contratação de pesquisadores estrangeiros para trabalhar nos cursos de pós-graduação da Comissão Nacional de Atividades Espaciais (CNAE). [395]

O programa espacial também buscou acordos de cooperação com outros países como a França em 1967 e 1973 nas áreas de veículos transportadores, satélites e bases de lançamento, e com a Alemanha, em 1969, para a formação de pessoal.

O Centro Técnico de Aeronáutica continuou desenvolvendo sondas nacionais e em 1967 apresentou o Sonda I, resultado de um programa conjunto com a Avibrás[396], que foi lançado na base da Barreira do Inferno no ano seguinte. O sucesso incentivou a aeronáutica a levar adiante o projeto de desenvolver foguetes lançadores de satélites militares.

Na década de 1970, o desenvolvimento do foguete Sonda III previa evoluir para a construção de um Veículo Lançador de Satélites (VLS) que

> deveria ser de uso duplo, ou seja, deveria contemplar os interesses civis, de natureza científica, e militar, cujos objetivos voltavam-se à capacitação no desenvolvimento de mísseis de longo alcance. Um foguete lançador de satélites, a combustível sólido, apresentava características que se identificavam com este uso duplo. As Forças Armadas acreditavam na importância de desenvolver tal capacidade, para as duas áreas, objetivo que seria considerado mais importante

393. BRASIL. Decreto n. 26.508 Cria a comissão de Organização do Centro Técnico de Aeronáutica. Rio de Janeiro, 25 mar. 1949. BRASIL. Decreto n. 34.701. Considera organizado o Centro Técnico de Aeronáutica. Rio de Janeiro, 26 nov. 1953.

394. A Base foi criada em 1965 e cedida aos norte-americanos para lançamentos de sondas meteorológicas. Dentre centenas de lançamentos ocorridos entre 1965 e 1970 figuraram os dois foguetes nacionais Sonda I e II.

395. ESCADA, Paulo Augusto Sobral. *Origem, institucionalização e desenvolvimento das atividades espaciais brasileiras (1940-1980)*. Dissertação de Mestrado. Campinas: UNICAMP, 2005, p. 52. A CNAE foi criada em 03 de agosto de 1961 pelo presidente Jânio Quadros como Grupo de Organização da Comissão Nacional de Atividades Espaciais (GOCNAE), subordinado ao CNPq. Foi sucedida pelo INPE e direcionou as pesquisa para satélites e sistemas espaciais.

396. Desenvolvido a partir dos foguetes SOMMA I e II da Avibrás. BRESCIANINI, Carlos Penna. CTA: foguetes para a paz, mísseis para a guerra. *Tecnologia e Defesa*, São Paulo, n. 31, 1986, p. 15.

> do que desenvolver propriamente o míssil. A perspectiva era de que, se houvesse necessidade, a tecnologia do foguete poderia ser facilmente convertida para emprego militar. Sob esta diretriz, nunca foi preciso desenvolver mísseis de médio ou longo alcance. O programa tecnológico brasileiro foi todo dedicado a objetivos civis, visando o lançamento de satélites para missões científicas e tecnológicas, embora fosse mantida a responsabilidade para o desenvolvimento do lançador na área militar. [397]

O VLS se tornou o mais importante projeto espacial brasileiro. As primeiras discussões para apoio externo ao projeto foram realizadas com a França que estaria interessada em realizar uma missão conjunta. No entanto, exigiram que o primeiro estágio do veículo fosse movido a combustível líquido, o que caracterizaria o programa como civil. [398]

Mesmo com a parceria francesa, estimava-se que o gasto no programa representaria 10% do que se despendia na época em toda a área de ciência e tecnologia do país. A proposta da Missão Espacial Completa fornecida pelos franceses foi estudada entre os meses de março e julho de 1979 e organizado Seminário de Atividades Espaciais [399] quando a Comissão Brasileira de Atividades Espaciais (COBAE) [400] decidiu que a missão seria totalmente brasileira. [401]

Apesar de concebida por militares, a Missão Espacial Completa Brasileira (MECB) tinha um alcance mais amplo que o emprego militar, tendo previsto o desenvolvimento de satélites de coletas de dados [402] e de sensoriamento remoto

397. ESCADA, Paulo Augusto Sobral, op. cit., p. 83.

398. O estágio a líquido implicaria também maior retorno comercial para os franceses. Como o Brasil não dominava esta tecnologia, permaneceria cliente dos franceses por um bom tempo. A perspectiva era de que 50% de todo o programa, incluindo lançador, satélite e lançamento, fossem realizado no país. Com o passar dos anos, acreditava-se que a nacionalização atingiria 70 ou 80%.

399. Contou com a participação de 70 especialistas e autoridades com o objetivo de decidir os rumos da Missão Espacial Completa, que passaria a se chamar Missão Espacial Completa Brasileira e consolidar as propostas de atividades para desenvolvimento de ciência e tecnologia em cada Ministério para o período de 1980 a 1985.

400. Criada em 1971 como instituição militar vinculada ao EMFA para orientar e coordenar as atividades dos programas militares das três forças e civil. BRASIL. Decreto n. 68.099 cria a Comissão Brasileira de Atividades Espaciais (COBAE) e dá outras providências. Diário Oficial. Brasília, 28 jan. 1971. BRASIL. Decreto n. 70.328 aprova o Regulamento da Comissão Brasileira de Atividades Espaciais e dá outras providências. Brasília, 24 mar. 1972.

401. A Exposição de Motivo n. 3.583-COBAE de 27 de novembro de 1979 apresenta detalhes sobre a opção pela missão espacial essencialmente brasileira. ESCADA, Paulo Augusto Sobral, op. cit., p. 82-93.

402. Os satélites denominados SCD-1 e SCD-2 foram lançados respectivamente em 1993 e 1998

(SSR), incluindo o Satélite Sino Brasileiro de Recursos Terrestres (CIBERS) desenvolvido com a China. [403]

Com a finalidade de promover o desenvolvimento das atividades espaciais, foi criada a Agência Espacial Brasileira (AEB) em 1994, como autarquia federal de natureza civil, vinculada à Presidência da República. [404] A partir dela foi elaborada a Política Nacional de Desenvolvimento das Atividades Espaciais (PNDAE) com o objetivo de promover a capacidade do país em utilizar os recursos e técnicas espaciais tendo estabelecido uma série de objetivos e diretrizes para o desenvolvimento das atividades. [405] Resultou no Programa Nacional de Atividades Espaciais (PNAE) que englobou aplicações espaciais, satélites e cargas úteis, veículos lançadores, infraestrutura espacial, pesquisa e desenvolvimento, recursos humanos e indústria nacional. [406]

Em 1996 foi instituído o Sistema Nacional de Desenvolvimento de Atividades Espaciais (SINDAE) para organizar e executar as atividades espaciais constituído pela AEB, como órgão central, o Departamento de Pesquisas e Desenvolvimento (DEPED) da Aeronáutica e o Instituto Nacional de Pesquisas Espaciais (INPE) [407] como órgãos setoriais e por Ministérios e Secretarias quando envolvidas nas atividades. [408]

Sobre o progresso das atividades espaciais, incidiram duas condicionantes importantes, o orçamento, que não permitiu avanço com a rapidez esperada, e a negação de tecnologia. Na segunda metade de 1980, com a entrada em vigor do Regime de Controle de Tecnologias de Mísseis (*Missile Technology Control Regime –*

pelos norte-americanos. O SCD-2A foi perdido quando do lançamento do VLS-1 em novembro de 1997. VILLELA NEO, Thyrso. O Estágio Atual do Programa Espacial Brasileiro. *Boletim da SAB*, São Paulo, v. 18, n. 3, 1999, p. 3-7 (4). Disponível em: http://www.sab-astro.org.br/public/bol 18n3. pdf. Acesso em: 13 abr. 2008.

403. Baseado no Acordo de Cooperação Científica e Tecnológica, de 25 de março de 1982 e no Ajuste Complementar, de 29 de maio de 1984, foi firmado o Acordo de Cooperação para o Satélite de Recursos Terrestres China-Brasil entre a Academia Chinesa de Tecnologia Espacial e o Instituto de Pesquisas Espaciais do Brasil em 22 ago. 1988.

404. BRASIL. Lei n. 8.854 cria, com natureza civil, a Agência Espacial Brasileira (AEB) e dá outras providências. Brasília, 10 fev. 1994.

405. BRASIL. Decreto n. 1.332 aprova a Atualização da Política de Desenvolvimento das Atividades Espaciais (PNDAE) Brasília, 8 dez. 1994.

406. BRASIL. PR. AEB. *Programa Nacional de Atividades Espaciais*: 1998-2007. Brasília: AEB, 1998.

407. Criado em abril de 1971, subordinado ao CNPq. Posteriormente passou para o Ministério da Ciência e Tecnologia (MCT). BRASIL. Decreto n. 68.532 de 22 abr. 1971 extingue a GOCNAE e cria o INPE. Diário Oficial de 23 abr. 1971.

408. BRASIL. Decreto n. 1.953 Institui o Sistema Nacional de Desenvolvimento das Atividades Espaciais - SINDAE e dá outras providências. Brasília, 10 jul. 1996.

MTCR)[409], o Brasil passou a sofrer boicote mais intenso de acesso a componentes importantes para o desenvolvimento dos projetos. Em abril de 1988, Estados Unidos, Canadá, Reino Unido, França, Itália, Japão e Alemanha assinaram um acordo impondo embargo à transferência de tecnologia de foguetes aos países em desenvolvimento. [410]

A expansão da indústria bélica brasileira e os negócios estabelecidos com países do Oriente Médio levantavam suspeita sobre o direcionamento do programa espacial para a área de mísseis. A possível ligação com o desenvolvimento de armas de destruição em massa do Iraque permitiria a evolução do projeto do VLS brasileiro para a construção de um míssil balístico de médio alcance com capacidade de carregar uma carga de uma tonelada a três mil quilômetros de distância. [411]

Apesar de todas as barreiras, o Brasil implantou a infraestrutura básica para missões espaciais, como o Laboratório de Integração e Testes, o Centro de Rastreamento e Controle de Satélites, no INPE e o Centro de Lançamento de Alcântara, no Maranhão, lançou com sucesso os satélites desenvolvidos no Brasil SCD-1 e SCD-2, e prosseguiu com o projeto do Veículo Lançador de Satélites.

Na Argentina, as atividades espaciais remontam à década de 1950 com a presença de técnicos e engenheiros alemães no país [412], mas tomou forma no início dos anos 1960 após a criação da Comissão Nacional de Investigações Espaciais (CNIE) e do Instituto de Investigações Aeronáuticas e Espaciais (IIAE) ligados à Força Aérea Argentina. [413] Em meados daquela década já haviam sido lançados diversos tipos de foguetes denominados Scar, a família Alfa, Beta e Gama Centauro, Belier Centauro, Orión, Rigel, Castor e Canopus, de investigações

409. O MTCR foi criado em 1987 a partir de conversações formais iniciadas em 1983 entre a França, Alemanha, Itália, Reino Unido e Estados Unidos, ao qual se associaram posteriormente o Canadá e o Japão, como agrupamento informal de países para a coordenação de controles de exportação na área de mísseis. O controle dos itens constantes do Anexo Técnico de suas Diretrizes tem por objetivo evitar a exportação e a proliferação da tecnologia de mísseis, limitando a disseminação de armas de destruição em massa, especialmente foguetes (mísseis balísticos, veículos de lançamento ao espaço, foguetes-sonda) e vetores não tripulados (mísseis de cruzeiro, teleguiados de alvo e de reconhecimento) capazes de transportar pelo menos 500 quilogramas a uma distância de 300 quilômetros.

410. KAPSTEIN, Jonathan et all. The scary scramble to built nuclear missiles in the Third World. *Business Week*. 11 jan. 1988, p. 59.

411. Jane's Weapons Systems. *Yearbook*. Londres: Jane's Publishing Co, 1987, p. 75.

412. DOCAMPO, César. Lançadores espaciais e "missilística" na Argentina: O Condor II. *Contexto Internacional*, Rio de Janeiro, v. 14, n. 1, 1992, p. 109-126 (111). Em 1991, a CNIE foi substituída pela Comissão Nacional de Atividades Espaciais (CONAE), ligada diretamente à Presidência da República e, a partir de 1996 ao Ministério das Relações Exteriores para executar, controlar, gerir e administrar projetos, atividades e empreendimentos espaciais. ARGENTINA. BCN. Decreto Nacional n. 995 Creación de la Comisión Nacional de Actividades Espaciales. Buenos Aires, 28 maio 1991. Boletim Oficial de 3 jun. 1991.

413. O CNIE era composto de civis até 1973, quando toda a comissão passou a ser militar. O IIAE era uma agência da Força Aérea voltada para a pesquisa nos campos da aviação, explosivos e foguetes.

meteorológicas[414], Nike Apache[415], Nike Cajun, Arca e Locki Datasonde de construção norte-americana[416], com lançamentos realizados na Base de El Chamical.

Em 1979, iniciou-se o projeto Condor I que deveria ser mais preciso e de maior alcance que os fabricados até então. Seu protótipo ficou pronto em 1985 mas foi abandonado quando, em decorrência da Guerra das Falkland/Malvinas, a Força Aérea fortalecida por sua atuação no conflito, lançou o projeto do Condor II, um vetor com capacidade para alcançar mais de 1500 km e com possibilidade de carregar uma carga de 500 quilos[417] montando uma rede de empresas nacionais e estrangeiras, principalmente alemãs, com o objetivo comercializar tecnologia.[418]

A cooperação entre Brasil e Argentina na área espacial teve antecedentes que remontam à década de 1960. Em agosto de 1964, o engenheiro Teófilo Tabanera, presidente da Comissão Nacional de Investigações Espaciais argentina, e o professor Fernando Mendonça, diretor científico da Comissão Nacional de Atividades Espaciais do Brasil, assinaram *ad referendum* dos organismos nacionais um Convênio de Colaboração que estabeleceu um ponto de partida para a cooperação entre os dois países no campo das pesquisas espaciais. Foi acordado:

> facilitar o intercâmbio de técnicos e pesquisadores a fim de possibilitar uma melhor capacitação e treinamento das distintas disciplinas relacionadas com as pesquisas espaciais nas instituições de pesquisa e nas universidades de ambos os países; facilitar e coordenar o intercâmbio adequado de toda informação técnico-científica que possa interessar para uma melhor coordenação de tarefas e um maior e mais rápido aproveitamento do conhecimento adquirido; tomar medidas adequadas a fim de possibilitar um acesso mais fácil a equipamentos e instrumentos espaciais aos distintos grupos de pesquisadores.[419]

414. BRASIL. AMRE. Embaixada do Brasil em Buenos Aires. Doc. N. 940/692 (41). Atividades Espaciais da Argentina. 07 dez. 1965

415. BRASIL. AMRE. Embaixada do Brasil em Buenos Aires. Doc. N. 662/592.01. Argentina. Pesquisas Espaciais. Lançamento de Foguete Nike Apache. 08 set. 1967

416. DOCAMPO, César, op. cit., 112.

417. O projeto Condor surgiu em 1967 durante o governo Onganía a partir de decisão do Comandante da Força Aérea de desenvolver vetores que dessem ao país autonomia nesse setor. O projeto Condor II foi iniciado em 1982 com a construção de *bunkers* em Falda del Carmen. Misil Condor: "no hay nada que ocultar". *Clarín*. Buenos Aires, 23 jun. 1993, p. 7.

418. Tanto a transferência de tecnologia como a obtenção de fundos para o projeto envolveu também países do Oriente Médio e, especialmente, o Egito.

419. BRASIL. AMRE. Embaixada do Brasil em Buenos Aires. Doc. n. 655/592.01 (41). Convenio de Colaboración. Buenos Aires, 15 out. 1964 (tradução nossa). Com base no acordo, houve o treinamento de pessoal brasileiro na Base de Lançamento de Chamical.

Em 1980, o Brasil admitiu a hipótese de realizar projeto binacional para implantação de um satélite para comunicações domésticas com a Argentina. A primeira aproximação foi feita pelo Secretário-Geral do Ministério das Comunicações em visita àquele país. A iniciativa brasileira tinha ligação com o início das negociações da Argentina com uma consultoria francesa para elaboração do projeto semelhante.[420] Em 30 de janeiro de 1986, o governo da província de Corrientes e a Fundação de Ciência, Aplicações e Tecnologia Espaciais (FUNCATE)[421] do Brasil firmaram um acordo de cooperação na área de aplicações técnicas de sensoriamento remoto para identificação de áreas cultivadas.[422]

Em 23 de agosto de 1989, a Declaração Conjunta sobre a Cooperação Bilateral nos Usos Pacíficos do Espaço Exterior, que teve como objetivo promover a cooperação bilateral e a coordenação de posições em foros multilaterais, criou um Grupo de Trabalho Conjunto Brasileiro-Argentino sobre Usos Pacíficos do Espaço Exterior integrado por representantes das chancelarias e dos principais órgãos do setor de cada país e com previsão de reuniões anuais.[423] A Declaração abriu caminho para uma série de outras iniciativas de cooperação nesse setor, como apresentaremos no próximo capítulo. O desenvolvimento de mecanismos de cooperação no campo da tecnologia espacial foi, também, reflexo dos entendimentos entre os dois países na área nuclear.

## XI - A Questão Nuclear

Em termos de recursos, o Brasil era o 6º maior detentor de urânio do mundo. Em 1979, as reservas conhecidas brasileiras excediam as demandas previsíveis para um horizonte de dez anos de consumo.[424] A Argentina dispunha de uma reserva estimada em torno de 150 mil toneladas do mineral.[425] Perfazia-se,

420. BRASIL. AN. Documento ACE 7.077/80. Ch/Gab/SNI. Memo 601 (Conf.) de 24 abr. 1980.

421. A FUNCATE foi instituída em 1982, em São José dos Campos/SP, como uma entidade de direito privado, sem fins lucrativos com a missão principal de colaborar com as organizações governamentais de pesquisa e desenvolvimento.

422. GRANDI, Jorge, op. cit., p. 72.

423. BRASIL. MRE. Declaração Conjunta sobre a Cooperação Bilateral nos Usos Pacíficos do Espaço Exterior. *Resenha de Política Exterior do Brasil*, n. 62. Brasília, 1989, p. 35.

424. A previsão tinha relação com a definição de reserva estratégica nacional pelo Decreto 80. 266 de 31 ago. 1977. CPDOC. Arquivo PNB 1973.05.18 pn/a. I-5. NUCLEBRÁS. Considerações Preliminares sobre Definição de uma Política Brasileira de Cooperação com outros Países na Área Nuclear (Secreto) de 2 jul. 1979.

425. As reservas "razoavelmente asseguráveis" argentinas eram de 24 mil toneladas que seriam suficientes para abastecer oito usinas nucleares. YRIART, Martin. Hay uranio para ocho centrales atómicas. *La Opinión*. Buenos Aires, 27 ago. 1976. O governo argentino informava que havia reservas adicionais de 125 mil toneladas, que seriam suficientes para abastecer 40 centrais nucleares num período de 30 anos. BRASIL. AMRE. Embaixada do Brasil em Buenos Aires. Ofício n. 1.210 de 11 nov. 1976.

assim, a principal condição para o desenvolvimento da tecnologia nuclear nos dois países.

A participação internacional do Brasil no campo da energia nuclear começou em 1945 a partir de um acordo assinado com os Estados Unidos para fornecimento de areias monazíticas ricas em óxido de tório.[426] A partir daí, na condição de exportador de matéria-prima, o Brasil se fez representar nas negociações do Plano Baruch nas Nações Unidas, quando condicionou sua aceitação a uma cooperação para o desenvolvimento de tecnologia nuclear nacional. [427]

A iniciativa não obteve sucesso o que fez com que o presidente Vargas aprovasse a proposta do presidente do Conselho Nacional de Pesquisas (CNPq), almirante Álvaro Alberto, para instalação de reatores de pesquisa e produção de energia com urânio enriquecido. [428]

Em 10 de outubro de 1956, pelo Decreto 40.110, foi criada a Comissão Nacional de Energia Nuclear (CNEN), subordinada ao Presidente da República, com o objetivo de orientar a política nuclear brasileira. [429]

A partir de acordos com os EUA inseridos no programa "Átomos para a Paz", foram adquiridos reatores para pesquisa instalados no Instituto de Energia Atômica (IEA) da Universidade de São Paulo (USP), Instituto Militar de Engenharia (IME), Instituto de Pesquisas Radioativas (IPR) da Universidade Federal de Minas Gerais (UFMG), Instituto de Radioproteção e Dosimetria (IRD) instalado no Rio de Janeiro e no Instituto de Engenharia Nuclear da Universidade Federal do Rio de Janeiro (UFRJ). [430]

A CNEN criou, em 1959, a Superintendência do Projeto Mambuca que visava

426. Pelo chamado "Acordo Secreto de 1945", o Brasil se comprometeu a vender exclusivamente aos EUA, pelo prazo de três anos, cinco mil toneladas de areia ao preço de 30 ou 40 dólares a tonelada. GUILHERME, Olympio. *O Brasil na Era Atômica.* 2. ed. Rio de Janeiro: Vitória, 1957, p. 85.

427. BATISTA, Paulo Nogueira. O Acordo Nuclear Brasil – República Federativa da Alemanha. In: ALBUQUERQUE, José Augusto Guilhon (Org.). *Sessenta Anos de Política Externa Brasileira (1930-1990): Prioridades, Atores e Políticas.* São Paulo: Annablume/NUPRI/USP, 2000, p. 19-64 (26).

428. O CNPq ficou, também, responsável por elaborar as diretrizes do futuro programa nuclear.

429. Transformada em autarquia federal pela Lei 4.118 de 27 ago. de 1962. Em 1967, passou a se vincular com o Ministério de Minas e Energia de acordo com o Decreto Lei 200. Em 1974, a Nuclebrás ficou com a incumbência de colocar em execução o programa nuclear e a CNEN com a responsabilidade pela pesquisa científica, normatização e fiscalização da segurança das instalações nucleares. BRASIL. Lei 6.189 Altera a Lei n. 4.118, de 27 de agosto de 1962, e a Lei n. 5.740, de 1° de dezembro de 1971, que criaram, respectivamente, a Comissão Nacional de Energia Nuclear-CNEN e a Companhia Brasileira de Tecnologia Nuclear-CBTN, que passa a denominar-se Empresas Nucleares Brasileiras Sociedade Anônima-NUCLEBRÁS, e dá outras providências. Brasília, 16 dez. 1974.

430. O Programa permitiu o treinamento de engenheiros nucleares nos EUA. Sobre a evolução dos institutos de pesquisa, ver OLIVEIRA, Odete Maria. *Os descaminhos do Brasil nuclear.* Ijuí: Unijuí, 1999, p. 36-47.

à construção de uma usina nuclear no Rio de Janeiro.[431] Em 1962, foi promulgada a Política Nacional de Energia Nuclear, assegurando o monopólio da união sobre a pesquisa, exploração, produção, comércio e industrialização de materiais nucleares. [432]

Com a assunção do governo militar no Brasil, os responsáveis pela diplomacia atômica não aceitavam a perspectiva de uma estagnação científica com a renúncia de toda atividade no campo da energia nuclear, surgindo indícios de que não renunciariam, também, ao direito de ter armas atômicas. [433]

Dessa forma, o Brasil tornou-se membro do Tratado de Tlatelolco em 1967, mas com a reserva de que seus membros teriam "o direito de realizar por seus próprios meios ou em associação com terceiros, explosões nucleares com fins pacíficos" inclusive as que supusessem "o emprego de artefatos similares aos usados com fins militares". [434]

Já o Tratado de Não Proliferação (TNP) foi considerado pelo governo brasileiro assimétrico e discriminatório, motivo pelo qual se absteve no voto sobre o projeto da ONU que endossava o tratado.[435] O governo brasileiro estabelecera uma clara ligação entre a segurança e o desenvolvimento e esse como prioridade da política externa. O discurso oficial afirmava que para proscrever a miséria e o subdesenvolvimento os países teriam o direito de "mobilizar, em restrições, todo o moderno instrumental tecnológico". Aí se incluía a energia nuclear que deveria ser desenvolvida e utilizada "sob todas as formas, inclusive de explosivos" que tornariam viáveis as aplicações essenciais para aceleração do progresso. Não aceitava, portanto, a autolimitação solicitada pelos detentores daquela tecnologia e desejava que no foro do desarmamento não se confundisse "proliferação de armas nucleares com o direito à utilização plena de tecnologia nuclear para fins pacíficos". [436]

431. O nome da superintendência fazia referência ao Rio Mambuca ou Mambucaba que faz a divisa dos municípios de Angra dos Reis e Paraty no litoral Sul do Estado do Rio de Janeiro. Povoado situado no litoral Sul do município de Angra dos Reis, Rio de Janeiro.

432. BRASIL. Lei n. 4.118 dispõe sobre a política nacional de energia nuclear, cria a Comissão Nacional de Energia Nuclear, e dá outras providências. Brasília, 27 ago. 1962.

433. CARLOS, Newton. Opción para Brasil: las armas atómicas. *Clarín*. Buenos Aires, 18 maio 1967.

434. O Brasil recorreu a uma dispensa de cumprimento prevista no Artigo 28, suspendendo os efeitos deste até que todos os países da região fossem parte, bem como os demais países com possessões na região e se todas as potências nucleares se comprometessem a não ameaçar os signatários. Já a Argentina usou a estratégia de postergar a ratificação. Organização para a Proscrição das Armas Nucleares na América Latina e no Caribe (OPANAL). Documento S/Inf. 871 Rev. Declaraciones de los Estados Miembros y Vinculados. Sección 2 Declaración de Dispensa de los Estados Miembros al momento de ratificar el Tratado de Tlatelolco (Artículo 28, párrafo 2) de 16 jun. 2003.

435. BRASIL. MRE. TNP Declaração na Assembleia Geral das Nações Unidas do Chefe da Delegação do Brasil, Embaixador Sette Câmara em 12 de junho de 1968. *Documentos de Política Externa III* (de 20 de maio de 1968 a 11 de outubro de 1969), p.19.

436. BRASIL. MRE. Declaração de Genebra do Embaixador Sergio Correa da Costa ao Reini-

O embaixador Araújo Castro apresentou a posição brasileira na Comissão de Desarmamento em Genebra, em 1968, órgão da ONU que se apresentava como uma das prioridades do país e onde o Brasil se mostrava bastante atuante:

> não estamos dispostos a renunciar a nossas posições essenciais, como a relacionada à necessidade de preservarmos o direito inalienável de todas as Partes no Tratado se desenvolverem – isoladamente ou em cooperação com outros Estados – a pesquisa, produção e utilização da energia nuclear para fins pacíficos, inclusive de artefatos explosivos nucleares para fins civis sem discriminação. [437]

O chanceler Magalhães Pinto salientou que, para o Brasil, a vigência do TNP, como havia sido concebido, resultaria numa considerável ampliação dos termos da Carta das Nações Unidas, concedendo "novas prerrogativas – num campo que se estende à economia, à ciência e à tecnologia – as cinco potências que fizeram explodir armas nucleares até 1° de janeiro de 1967". Alertou, ainda, que uma das potências não era membro do Conselho de Segurança e que o mundo estava sendo chamado "a depositar uma confiança ilimitada nessas cinco potências, não obstante o fato inegável de que não existe uma confiança absoluta recíproca entre todos os elos dessa cadeia de poder". [438]

No campo da cooperação, enquanto os países não nuclearizados deveriam se submeter ao controle obrigatório da Agência Internacional de Energia Atômica (AIEA), as cinco potências estariam eximidas dessa obrigação e regidas por um estatuto distinto e privilegiado.

O Brasil apresentou projetos de resolução que solicitava à ONU e ao Banco Mundial o estabelecimento de um Programa de Pesquisa e Desenvolvimento da Energia Nuclear a ser executado em benefício dos países em desenvolvimento, financiado basicamente pelas potências militarmente nucleares, e de um Fundo de Materiais Físseis pela AIEA e abastecido, também, por aquelas potências.

---

ciarem-se os Trabalhos da Conferência do Desarmamento. *Documentos de Política Externa* (de 15 de março a 15 de outubro de 1967), p. 29-31.

437. BRASIL. MRE. Discurso Pronunciado pelo Chefe da Delegação do Brasil, Embaixador João Augusto de Araújo Castro, na Sessão da Comissão de Desarmamento em Genebra, sobre a Não-Proliferação Nuclear em 8 de fevereiro de 1968. *Documentos de Política Externa II* (de 28 de outubro de 1967 a 3 de maio de 1968), p. 67.

438. O chanceler fazia referência à China continental, pois, naquela ocasião, a China representada no Conselho era Taiwan. BRASIL. MRE. Discurso Pronunciado pelo Ministro Magalhães Pinto na Segunda Parte da XXII Assembleia Geral das Nações Unidas sobre Não-Proliferação Nuclear em 3 de maio de 1968. *Documentos de Política Externa II* (de 28 de outubro de 1967 a 3 de maio de 1968), p. 89.

Dentre os primeiros países que apoiaram o projeto estavam os integrantes do Cone Sul. [439]

Os militares entendiam que, na condição de dependentes de tecnologia externa, o desenvolvimento na área nuclear estava condicionado ao estabelecimento de parcerias. A primeira foi buscada com os Estados Unidos através do acordo de cooperação para usos civis de energia nuclear de 1965. Em 11 de maio de 1966, Brasil e Israel assinaram o Convênio sobre a Utilização da Energia Nuclear para Fins Pacíficos em complementação ao Acordo Básico de Cooperação Técnica que fora assinado em 1962. No ano seguinte, durante as conversações para implementação do Convênio foram selecionados, dentre outros campos, assistência na prospecção e beneficiamento de urânio e outros minérios de interesse para o desenvolvimento da energia nuclear e estudos sobre reatores de urânio natural, de reatores rápidos e de reatores de dupla finalidade (dessalinização de água do mar e produção de energia elétrica). [440]

Ainda em 1967, foi organizado um Grupo de Trabalho Especial com representantes do Conselho de Segurança Nacional, Ministério de Minas e Energia (MME), Comissão Nacional de Energia Nuclear e Eletrobrás, que recomendou a instalação de uma usina nuclear com capacidade de 500 megawats na região sudeste. [441]

Em seguida, o Brasil assinou com a Índia o acordo sobre a Cooperação para a Utilização Pacífica da Energia Nuclear em 18 de dezembro de 1968[442] e com a Alemanha, em 1969, o Acordo Geral de Cooperação em Pesquisa Científica e Desenvolvimento Tecnológico que abrangeu as áreas da energia nuclear, pesquisas espaciais e de processamento eletrônico de dados. [443]

Em 1972, um novo Acordo de Cooperação Relativo aos Usos Civis da Energia Atômica entre o Brasil o os Estados Unidos estipulou que a empresa Westinhouse forneceria o reator para a Usina Angra I, utilizando urânio enriquecido, mas sem ocorrer transferência de tecnologia. [444]

439. BRASIL. MRE. Conferência dos Estados Não-Nucleares. Projetos de Resolução apresentados pelo Brasil. *Documentos de Política Externa III* (de 20 de maio de 1968 a 11 de outubro de 1969), p. 57.

440. BRASIL. MRE. Ata das Conversações entre Brasil e Israel sobre Energia Nuclear. *Documentos de Política Externa* (de 15 de março a 15 de outubro de 1967), p. 19 e 20.

441. As Diretrizes da Política Nacional de Energia Atômica de 23 de dezembro de 1967 colocaram a CNEN ligada ao Ministério das Minas e Energia como órgão executor da política energética. CPDOC Arquivo PNB 1968.06.15 pn/a.

442. BRASIL. MRE. *Documentos de Política Externa* (de 20 maio 1968 a 11 out. 1969) v. III. Brasília, p. 127-128.

443. O Brasil havia assinado em 1963 o Acordo Básico para a Cooperação Técnica com a Alemanha.

444. BRASIL. Decreto n. 71.207 Promulga o Acordo de Cooperação Relativo aos Usos Civis na Energia Atômica entre o Brasil o os Estados Unidos da América. Brasília 5 out. 1972. A execução do

Com o primeiro choque do petróleo, os militares passaram a ter a convicção de que a vulnerabilidade energética do Brasil baseada na época na importação daquele produto deixaria de existir a partir do domínio da tecnologia do enriquecimento do urânio. Buscou-se, então, a continuidade do programa prevendo a construção das usinas necessárias para a manutenção de um crescimento projetado em torno de 9% e uma demanda de energia que cresceria entre 8,7% e 11,4% anualmente. Nos acordos com outros países deveria haver o repasse de tecnologia de enriquecimento e reprocessamento de urânio. A melhor oferta veio da Alemanha, o que resultou na assinatura do Acordo sobre Cooperação no Campo dos Usos Pacíficos da Energia Nuclear, em 27 de junho de 1975.

O Acordo foi justificado por Geisel nos seguintes termos:

> Nós nos orientamos para a Alemanha porque considerávamos que, se ao longo do tempo iríamos construir usinas nucleares, tínhamos que ter o ciclo completo da produção da fonte energética, isto é, tínhamos que produzir urânio enriquecido. E os Estados Unidos sempre foram contrários a isso, sempre quiseram que o Brasil ficasse preso a eles. Na Usina Angra I, que já estava em construção, o suprimento da fonte energética, o urânio enriquecido, tinha que vir dos Estados Unidos. Eles cobrariam o preço que quisessem ou forneceriam a seu arbítrio, segundo suas disponibilidades. Era uma dependência inadmissível para nossa soberania. A França produz urânio enriquecido, o Japão também, mas o único país que se dispôs a transferir tecnologia para o Brasil foi a Alemanha. [445]

O prosseguimento do programa nuclear, apesar dos problemas econômicos, foi consubstanciado no II Plano Nacional de Desenvolvimento, que apresentou os empreendimentos que deveriam ser exclusividade do Estado (petróleo, Itaipu, energia nuclear, telecomunicações, aeroportos internacionais, rodovias, ferrovias, etc.) e os empreendimentos atribuídos à iniciativa privada.

O objetivo era concluir o ciclo de instalação da indústria pesada, instalar a indústria de bens e capital, completar o parque industrial de insumos básicos e bens intermediários, expandir os serviços de infraestrutura econômica com ênfase na

projeto foi problemática, com falhas no contrato, erros técnicos no projeto do reator e na execução das obras, que iniciaram em março de 1977 e foram concluídas em março de 1982, que elevaram os custos de uma previsão inicial de 330 milhões para mais de 2,2 bilhões de dólares. Sobre o projeto nuclear ver OLIVEIRA, Odete Maria. op. cit.

445. D'ARAUJO, Maria Celina. CASTRO, Celso. *Ernesto Geisel*. 5. ed. Rio de Janeiro: FGV, 1998, p. 339.

energia, transporte e telecomunicações. Para Geisel, "não havia como justificar uma recessão depois do desenvolvimento do governo Médici, mas que, também, como iria resolver o problema social criado pelo desemprego que fatalmente viria?". [446]

Além do projeto de construção de usinas nucleares, o Brasil acabou implementando, a partir de 1979, o que ficou conhecido como programa nuclear paralelo ou autônomo, através de projetos militares e livres das salvaguardas internacionais.[447] A Marinha construiu o Complexo Experimental de Aramar e passou a pesquisar o enriquecimento de urânio pelo método da centrifugação com a finalidade de abastecer um reator que seria desenvolvido no Instituto de Pesquisas da Marinha (IPqM), que funcionava junto ao Instituto de Pesquisas Nucleares a ser utilizado num submarino nuclear, cujo projeto se desenvolvia na Coordenação de Projetos Especiais, ambos em São Paulo.

A Aeronáutica buscou a tecnologia do enriquecimento do urânio a laser e estabeleceu a Missão Espacial Completa Brasileira que previa o desenvolvimento de satélites de sensoriamento remoto e de coletas de dados sob responsabilidade do Instituto Nacional de Pesquisas Espaciais e veículos lançadores de satélites desenvolvidos no Centro Técnico Aeroespacial (CTA) com o emprego de tecnologia dual que permitiria o uso tanto civil como militar. [448]

Diversos projetos fizeram parte do programa paralelo. Um deles, batizado de Solimões, estabeleceu um convênio entre a Comissão Nacional de Energia Nuclear (CNEN) e a Aeronáutica pelo qual o CTA desenvolveu "projeto de engenharia e de enriquecimento de urânio para a construção da bomba" que seria testada na Serra do Cachimbo. [449] A CNEN manteve convênios semelhantes com a Marinha e o Exército, que projetou reator de gás grafite que produz grande volume de gás plutônio, matéria-prima utilizada na bomba. [450]

Na Argentina, o programa nuclear foi iniciado com a criação da Comissão Nacional de Energia Atômica (CNEA) em 31 de maio de 1950, uma entidade autôno-

---

446. Ibidem, p. 290.

447. Sobre o programa nuclear paralelo ver OLIVEIRA, Odete Maria, op. cit., p. 289-375.

448. Na tecnologia de satélites se inseria o desenvolvimento de geradores a base de plutônio. Átomos Armados. *Isto É/Senhor*, São Paulo, 19 set. 1990, p. 41.

449. Em 1986 o Brasil preparou local para teste nuclear na região da Serra do Cachimbo, Pará. Na época, o *ministro-chefe* do EMFA negou sua existência. Brasil prepara local de teste nuclear. *Folha de São Paulo*. São Paulo, 8 ago. 1986. Em setembro de 1990, o presidente Collor solicitou aos ministros militares relatório sobre a existência das instalações cuja confirmação veio no dia 17 daquele mês. Em seguida, o presidente, com a presença da imprensa, fechou o poço. Collor vai lacrar o poço na Serra do Cachimbo. *Folha de São Paulo*. São Paulo, 18 set. 1990, p. A-7.

450. Segundo declarações do secretário de Assuntos Estratégicos Paulo Leone Ramos na CPI do Programa Nuclear. TORIBIO, Lucia. Bomba atômica ia ser construída no CTA. *O Globo*. Rio de Janeiro, 15 nov. 1990, p. 22.

ma com o objetivo de promover e conduzir a pesquisa nuclear científica e industrial e sua aplicação, incluindo treinamento e especialização de recursos humanos. [451]

A Argentina optou por desenvolver sua própria tecnologia em vez de adquirir um método de outro país, no mais curto espaço de tempo possível e de acordo com a capacidade técnica, industrial e científica do país. Esses fatores, aliados à possibilidade de um aproveitamento mais racional do urânio e de uma maior participação da indústria nacional em todas as fases do projeto, foram fundamentais na decisão de buscar a tecnologia do urânio natural e de reatores baseados em água pesada.

A partir da criação da CNEA, físicos argentinos foram se especializar no exterior e, em 1955, foi estabelecido o Instituto de Física em Bariloche para formar profissionais na área nuclear. O apoio do governo e o trabalho da comunidade científica permitiram que, em 1958, a Argentina já tivesse construído um reator experimental de 100 kW de potência (RA-1) que entrou em operação no *Centro Atómico Constituyentes* e, em 1960, um reator de irradiação e experimentação de 5 MW.[452] No ano seguinte, foi criada a empresa *Servicio de Asistencia Técnica a la Industria Metalúrgica* (SATI) para fornecer assistência técnica na preparação e uso de metais e ligas metálicas.

A partir do conhecimento adquirido, a intenção era instalar uma usina com potência nuclear de 500 mW necessária para suprir a grande Buenos Aires e a zona litorânea a partir 1971.

O projeto se iniciou com a construção de Atucha I, em 1968, que se tornou operacional a partir de junho de 1974, seguida da usina de Embalse, na província de Córdoba, iniciada em 1974 e inaugurada em 1984 e de Atucha II. A usina de Atucha I foi construída a partir de um acordo com a empresa alemã Siemens AG, utilizando a indústria privada nacional em 40% do projeto.[453] A de Embalse, a partir de subcontratos com as empresas *Atomic Energy of Canadá Ltda.* em consórcio com a Italimpianti, italiana, responsáveis por partes do trabalho. Em Atucha II, a partir da experiência adquirida nas duas usinas anteriores, todo o projeto foi nacional.[454] O êxito de Atucha I levou a Argentina a continuar com o uso do urânio natural.

451. ARGENTINA. Secretaría de la Gestión Pública. Decreto n. 10936/50, modificado pelo Decreto-Lei n. 22.498/56 e pelo Decreto 1.065/01. Disponível em: http://www.sgp.gov.ar. Acesso em: 29 abr. 2008.

452. MADERO, Carlos Castro. TAKACS, Esteban A. *La Política Nuclear Argentina ¿Avance o retroceso?*. Buenos Aires: Instituto de Publicaciones Navales, 1991, p. 53.

453. A Siemens AG, em 1969, constituiria a subsidiária KWU.

454. Problemas técnicos financeiros na execução do prometo de Embalse e exigências de salvaguardas do governo canadense tornaram inviável a parceria com aquele país para as obras de Atucha II. CPDOC. Arquivo PNB 1974.07.01 pn/a. I -7. NUCLEBRÁS. PR – 407/77 (Secreto) de 29 dez. 1977.

A decisão do Brasil de utilizar urânio enriquecido foi encarada como uma "*frente en que la Argentina debrá dar su batalla*" de modo a não ficar isolada no contexto do desenvolvimento nuclear no continente. Isso porque se vislumbrava que, caso os demais países decidissem empregar o urânio enriquecido, a Argentina seria obrigada a "*soportar por si sola el peso de mantener y desarrollar la tecnologia del urânio natural*".[455] Dessa ideia teria derivado as incursões feitas pelos governos argentinos, estabelecendo diversos acordos de cooperação nessa área com vários países sul-americanos.

Em 1967, a Argentina assinou Acordo sobre usos Pacíficos da Energia Nuclear com a Colômbia[456] e com o Paraguai, abrangendo a pesquisa, estudos sobre matérias-primas nucleares, proteção sanitária, intercâmbio de pessoal e informações, uso recíproco de equipamentos e instalações, estudos relativos à produção de energia nuclear e coordenação das atividades das respectivas Comissões Nacionais.[457] Em 8 de julho de 1968, assinou acordo sobre a mesma matéria com o Uruguai[458], em 19 de março de 1970, com a Bolívia[459] e em 13 de novembro de 1976, com o Chile.[460]

Com o golpe de 1976, o programa nuclear do governo militar passou a incluir, além das três usinas de Atucha I, II e Embalse, a construção de mais três centrais de 600 mW e dez de 1200 mW até a década de 1990, e todas as instalações para garantir a produção de água pesada e dos componentes necessários ao processo.[461]

455. Con su diplomacia atómica, la Argentina busca afinidades tecnológicas en la región. *La Opinión*. Buenos Aires, 15 set. 1976. BRASIL. AMRE. Embaixada do Brasil em Buenos Aires. Ofício n. 1.047 de 24 set. 1976.

456. O Acordo resultou no Plano de Ação para Cooperação Nuclear, assinado em 23 de dezembro de 1981, que previu a instalação de uma usina piloto para a metalurgia extrativa de urânio e estudos de viabilidade para a instalação de um reator de pesquisa, inclusive, com a troca de especialistas dos dois países. BRASIL. AN. Documento ACE 22.660/82. EMA. Informação n. 0152 (Conf.). Brasília, 9 mar. 1982.

457. BRASIL. AMRE. Embaixada do Brasil em Buenos Aires. Doc. N. 540/692.30 (41) (43). Argentina-Paraguai. Acordo sobre cooperação no campo dos usos pacíficos da energia nuclear. 27 jul. 1967. Em 20 de janeiro de 1970, foi assinado novo acordo que entrou em vigor na mesma data.

458. Acordo de Cooperação para o Uso Pacífico de Energia Nuclear (em vigor em 30 de dezembro de 1972). Um plano de ação anual foi acordado entre a comissões de energia atômica dos dois países implementando o acordo. BRASIL. AN. Doc. A0025811 DSI MRE, de 01 out 1979. Em 16 dez 1982, o Plano de Ação 83/84 permitiu o início das atividades do Grupo Conjunto de Factibilidade do Centro Nuclear Uruguaio. BRASIL. AN. Documento ACE 30.949/83. EME. Informe n. 034-E2.1/I/EME (Conf.). Brasília, 16 fev. 1983.

459. O Acordo de Cooperação para o Uso Pacífico de Energia Nuclear entrou em vigor em 18 de fevereiro de 1971.

460. O Acordo foi assinado durante a visita do presidente argentino ao Chile em 13 de novembro de 1976. BRASIL. AN. EME. Relatório Mensal de Informações Externas n. 11/84 (Conf.). Brasília, 31 out. 1984, p. 11.

461. Política Nuclear Argentina. *La Razión*. Buenos Aires, 13 set. 1976. BRASIL. AMRE. Embaixada do Brasil em Buenos Aires. Ofício n. 1.021 de 17 set. 1976.

Em 1979, a Argentina se baseou na transferência mais adequada de tecnologia para firmar contratos com a KWU, para fornecimento da central nuclear de 600 mW, e com a empresa suíça Sulzer, para fornecimento da usina de água pesada, através da CNEA, sendo criada a *Empresa Nuclear Argentina de Centrales Eléctricas S/A* (ENACE), responsável pelo projeto de Atucha II. [462]

Preterido nas negociações, o Canadá acusou a Alemanha de violar o Tratado de Não-Proliferação e as normas do Clube de Londres[463] e ameaçou a suspensão de fornecimento de urânio para a Alemanha e a Suíça.[464] A imprensa e os meios políticos canadenses também aventaram a possibilidade dos objetivos argentinos estarem direcionados para a proliferação de armas nucleares.[465] Mas a Alemanha tinha interesse econômico na transação, principalmente depois do cancelamento de encomendas que haviam sido feitas pelos iranianos. O Canadá tentou uma ação dos norte-americanos como forma de pressão em relação à participação alemã, uma vez que os argentinos se recusavam a aceitar as inspeções da Agência Internacional de Energia Atômica. [466]

Assim, a Sulzer forneceu equipamento para processamento de urânio e foi responsável pela construção da torre de resfriamento de uma central nuclear, participação que havia sido mantida em segredo pelo governo argentino. A empresa suíça considerou a operação regular, uma vez que o material não se encontrava submetido a restrições internacionais. Quando a notícia foi veiculada, em setembro de 1985, a mídia europeia centrou a discussão na possibilidade da construção da bomba nuclear pelos argentinos e relacionando-a com a não-adesão do país ao Tratado de Não-Proliferação. [467]

Dessa forma, a Argentina adquiriu a tecnologia de todo o ciclo nuclear, incluindo a mineração, prospecção, pesquisa, extração, concentração, purificação, conversão, enriquecimento do urânio, transformando-o em pastilhas e o manufaturamento dos tubos de *zircaloy* como estrutura de suporte do elemento combustível. [468]

O avanço do programa argentino motivou governos provinciais e empresas privadas a se envolverem no projeto. O INVAP S/E foi estabelecido pelo governo

462. Os contratos foram assinados com a *Sulzer Brothers of Switzerland* e a alemã KWU.

463. Grupo de países supridores de energia e tecnologia nucleares criado em 1975.

464. CPDOC. PNB 174.07.01 pn/a. I-27. Minuta de Informação de 17 jan. 1980.

465. BRASIL. AN. MRE. Informação n. 335/79 – DSI/MRE (Conf.). Brasília, 12 de dezembro de 1979.

466. Os projetos de reator e da usina de água pesada foram desmembrados em contratos separados para fugir das inspeções. BRASIL. AN. EMA. Informação n. 0693 (Conf.). Brasília, 28 nov. 1979.

467. BRASIL. AN. Documento ACE 52.055/85. CIEx. Informe n. 147/85. (Conf.). Brasília, 16 set. 1985.

468. A produção do dióxido de urânio e a fabricação do combustível nuclear foram possíveis a partir de acordo de transferência de tecnologia com a KWU alemã.

da Província de Rio Negro, em Bariloche para desenvolver tecnologia nuclear, especialmente a construção de reatores e de instalações na área da medicina nuclear, além da construção de satélites.[469] A Nuclear Mendoza S/E foi criada em 1997 pelo governo da província de Mendoza para desenvolver atividades relacionadas com processos e engenharia da exploração de minerais utilizados na indústria nuclear, incluindo projetos, construção e operação de plantas de conversão, purificação e concentração de urânio. [470]

Localizadas no *Centro Atómico Ezeiza em Buenos Aires, a Combustibles Nucleares Argentinos S/A* (CONUAR), produzia combustível utilizado nas usinas[471] e a *Fábrica de Aleaciones Especiales S/A* (FAE), produzia o *Zircaloy*-4.[472] A *Empresa Neuquina de Servicios de Ingeniería S/E* (ENSI) operava as plantas pilotos ou industriais de produtos químicos e a planta industrial de água pesada usada para suprir as usinas nucleares, além de realizar pesquisas de desenvolvimento tecnológico. [473]

A partir de 1994, a *Nucleoeléctrica Argentina S/A* (NASA) assumiu as atividades de geração de energia nuclear que eram executadas pela CNEA, ficando responsável pela operação das usinas de Atucha I, Embalse e a construção e operação de Atucha II. [474]

Da mesma forma que o Brasil, o governo militar desenvolveu um programa nuclear paralelo baseado no enriquecimento de urânio, processo que, além de auxiliar na redução do consumo de combustível e da energia gerada, permitiria o domínio da tecnologia necessária para a construção de submarinos nucleares e de artefatos bélicos.

Em 1978, o jornal *Washington Post* publicou matéria sobre a construção de uma planta experimental de reprocessamento de urânio, deixando a impressão que a Argentina estaria orientando seu programa para fins não pacíficos.[475] O almirante Castro Madero afirmou que o artigo distorceu a entrevista que havia dado ao jornalista como parte de "uma intenção de criar uma desconfiança" entre Brasil e Argentina. Mas declarou também que, apesar das pressões dos Estados Unidos, "a

469. Criada pelo Decreto n. 661/76 do Governo da Província de Rio Negro. ARGENTINA. CNEA. *Memória y Balance año 2005*. Buenos Aires, s/d, p. 124.

470. ARGENTINA. BCN. Gobernación de Mendoza. Decreto n. 4.194 de 7 set. 1997.

471. Criada pelo Decreto n. 1.719/81. ARGENTINA. CNEA. Memoria y Balance año 2005. Buenos Aires, s/d, p. 122.

472. Criada pelo Decreto n. 1.088/86. Ibidem, p. 123.

473. Criada em 21 de dezembro de 1989 com capital duplo (51% do governo da província de Néuquen e 49% da CNEA). Ibidem, p. 126.

474. ARGENTINA. BCN. Decreto n. 1.540/94. Buenos Aires, 30 ago. 1994. Anales de Legislación Argentina 1994, Tomo LIV-D, p. 4496.

475. BENJAMIN. Milton R. Argentina on Threshold of Nuclear Reprocessing. *Washington Post*, Washington, 16 out. 1978, p. A 1.

Argentina reiterou sua decisão de estar em condições de reprocessar quando for economicamente aceitável fazê-lo". [476]

No final de 1981, o Boletim de Notícias publicado pela embaixada Argentina em Bogotá apresentou a matéria "*El Plan Energético Nuclear*", informando que a partir de fevereiro do ano seguinte, o Centro Atômico de Ezeiza estaria iniciando a fabricação de combustíveis nucleares.[477] Em dezembro daquele ano, a revista científica britânica *New Scientist* afirmou que a Argentina fabricaria sua primeira bomba atômica até final de 1982. A mesma revista, fazendo referência a fontes norte-americanas estimou que os argentinos já haviam produzido um foguete capaz de lançar a bomba. [478]

Apesar da negativa de membros do governo sobre a existência do programa bélico[479], as pesquisas sobre o enriquecimento de urânio no INVAP, desnecessárias para a produção de energia em razão da opção argentina por outro processo, e as atividades secretas na usina construída em Picalniyeu, indicavam o desenvolvimento de um projeto para construção da bomba atômica, iniciado em 1978 quando o governo norte-americano proibiu a venda de urânio enriquecido à Argentina. Reforçava essa assertativa o projeto do míssel Condor iniciado no ano seguinte que possibilitaria o desenvolvimento de um vetor que permitisse o lançamento da bomba.

O Chile instalou a Comissão Nacional de Energia Nuclear (CNEN) ligada diretamente à Presidência da República e subordinada a ela a Empresa Nuclear Chilena S/A que era composta pelas empresas CCHEN (40%), Chilectra (30%) e Endesa (30%)[480] e construiu dois reatores de pesquisa, um inglês e outro construído pelo Exército num projeto conjunto com a Espanha. [481]

Em novembro de 1976 firmou um acordo-quadro de cooperação com a Argentina complementado no ano seguinte por outros acordos direcionados para agricultura, mineração, medicina e indústrias químicas e de alimentos, em 1983,

476. CPDOC. Arquivo PNB 1974.07.01 pn/a. I -12. Mensagem do MME de 13 nov. 1978.

477. Na edição de nov./dez. de 1981, o Boletim salientou que naquele ano o orçamento do CNEA chegou a 6.695.000 milhões de pesos. BRASIL. AN. Documento ACE 22.660/82. EMA. Informação n. 0152 (Conf.). Brasília, 9 mar. 1982.

478. BRASIL. AN. Documento ACE 22.660/82. EMA. Informação n. 0152 (Conf.). Brasília, 9 mar. 1982.

479. Em novembro de 1976, o presidente da CNEA afirmou que o "desenvolvimento nuclear para fins bélicos exigiria esforço e infra-estrutura equivalente aos necessários para a produção de energia elétrica, o que, não sendo de todo impossível, excederia as possibilidades imediatas do país". Energia el Plan Estratégico. *Revista Mercado*. Buenos Aires, 4 nov. 1976. BRASIL. AMRE. Embaixada do Brasil em Buenos Aires. Ofício n. 1.210 de 11 nov. 1976.

480. CPDOC. Arquivo PNB 1978.04.20 pn/a, I-2.

481. CPDOC. Arquivo PNB 178.04.20 pn/a, I-7. Relatório de Viagem do Engenheiro Sebastião Valadão – Superintendente-Geral de Planejamento da Nuclebrás ao Chile.

sobre cooperação técnica relacionada com o ciclo do combustível e, em 1984, direcionado para a cooperação técnica na área da fabricação do combustível para reatores de pesquisa a partir do urânio enriquecido. [482]

Além dos acordos com a Argentina, o governo chileno estabeleceu contato com a empresa alemã KWU para a construção de uma usina com reator de 600 mW. Por razões políticas, relacionadas com as dificuldades que o governo chileno enfrentava no exterior, a KWU sugeriu a liderança brasileira, atuando como subcontratada da Nuclebrás no projeto.[483] O Itamaraty se posicionou contrário ao acordo tendo em vista a instabilidade interna que o Chile vivia naquela ocasião, a repercussão negativa no plano internacional, entendendo que estaria "servindo de biombo para operações que certos países julgam que não lhes convêm executar em seu próprio nome". [484]

Em novembro de 1979, o engenheiro Sebastião Valadão da Nuclebrás visitou extraoficialmente o Centro de Estudos Nucleares La Reina e a Comissão Chilena de Energia Nuclear. Na ocasião, o presidente Pinochet havia recomendado aos membros da Comissão a franca troca de informações, uma vez que via com simpatia a aproximação com o Brasil na área nuclear. [485]

Em outubro do ano seguinte, Brasil e Chile firmaram o Memorando de Entendimento sobre Cooperação em Atividades Científicas, Tecnológicas, de Desenvolvimento e de Aplicação Prática da Energia Nuclear para Fins Pacíficos[486], que resultaria num acordo de cooperação apenas em 2002. [487]

Os programas nucleares desenvolvidos pelos países do ABC sofreram restrições de toda ordem, especialmente em relação a componentes para equipamentos, além de pressões por parte dos detentores de tal tecnologia. Embora o programa argentino avançasse com sucesso, em 1974, foi firmado um acordo de cooperação com a Índia, país que havia acabado de realizar uma detonação nuclear. A Argentina passou, então, a sofrer maiores restrições dos exportadores de tecnologia e pressões dos países atômicos para que se submetesse aos regimes de

482. BRASIL. AN. Documento ACE 49.810/85. MRE. DSI. Informação n. 493/84 (Secreta). Brasília, 18 out. 1984.

483. CPDOC. Arquivo PNB 1978.04.20 pn/a. I-1. NUCLEBRAS. PR 116-78 (Secreto) de 19 abr. 1978.

484. CPDOC. Arquivo PNB 1978.04.20 pn/a. I-1 A5. MRE. DEM/159/664.2 (B46) (F36) (Secreto) de 22 ago. 1978.

485. CPDOC. Arquivo PNB 178.04.20 pn/a, I-7. op. cit.

486. BRASIL. MRE. *Resenha de Política Exterior do Brasil*, a. 7, n. 27. Brasília, out./dez. 1980, p. 88.

487. BRASIL. MRE. Decreto n. 5.812, de 21 de Junho de 2006 Promulga o Acordo de Cooperação entre o Governo da República Federativa do Brasil e o Governo da República do Chile no Campo dos Usos Pacíficos da Energia Nuclear, celebrado em Arica, em 20 de março de 2002. Disponível em: http://www2.mre.gov.br/dai/b_chil_120_5812.htm. Acesso em: 26 mar. 2008.

não proliferação e controle nuclear. No caso do Brasil, a partir do acordo com a Alemanha, as pressões que já existiam se tornaram mais fortes.

Inicialmente, o Grupo de Londres passou a exigir a adesão ao Tratado de Não-Proliferação e a submissão dos programas às salvaguardas da Agência Internacional de Energia Atômica. O governo Carter utilizou a questão das violações dos direitos humanos para pressionar os parlamentares a aprovarem normas restritivas ao desenvolvimento da tecnologia nuclear de Brasil e Argentina. Em 1978, o *Export-Import-Bank* negou empréstimos solicitados, fazendo com que o governo argentino tivesse que modificar o orçamento para poder cumprir com o pagamento à KWU pela construção de suas usinas.

Os Estados Unidos ameaçaram cortar pela metade a ajuda militar para a Argentina, que girava em torno de 32 milhões de dólares. Em 1° de outubro de 1978, entrou em vigor a emenda Humprey-Kennedy à Lei de Assistência Estrangeira, que proibiu vendas, auxílios, empréstimos e treinamento na área militar à Argentina.

As pressões políticas foram direcionadas também para a Alemanha. Os Estados Unidos ameaçaram aplicar barreiras alfandegárias contra produtos brasileiros e alemães, bloquear a exportação de determinados produtos para os dois países, bloquear acesso do Brasil aos mercados financeiros, embargar o fornecimento de urânio enriquecido para a Alemanha e retirar as tropas norte-americanas baseadas naquele país.[488] Carter solicitou o congelamento de créditos negociados com bancos norte-americanos e pressionou o Fundo Monetário Internacional (FMI) a proceder da mesma maneira.[489]

Os Estados Unidos exigiram participar do processo de enriquecimento e reprocessamento do urânio brasileiro, a reserva do fornecimento do urânio enriquecido, além de insistir na questão da submissão da usina de reprocessamento aos mecanismos de controle da Agência Internacional de Energia Atômica (AIEA).

488. CASTRO, Ricardo Medeiros. *Reinterpretando a Cooperação Nuclear entre Brasil e Argentina:* as diversas nuances e perspectivas deste relacionamento no contexto internacional. Dissertação de Mestrado. Porto Alegre: UFRGS, 2006.

489. A legislação interna dos EUA, através de diversas leis como a *Export-Import-Bank* (1945), de Energia Nuclear (1945), de Poderes Econômicos Internacionais de Emergência (1977), de Administração das Exportações (1979), de Autorização da Defesa Nacional (1991), de Apoio à Liberdade (1992), dentre outras, permitem o Executivo impor sanções aos Estados, incluindo apreensão de propriedade estrangeira, negativa de assistência de instituições internacionais como o FMI e o Banco Mundial, transferência de armamentos, crédito de importação e exportação e de pouso em aeroportos norte-americanos. EUA. USIA. Visão Geral das Leis Americanas que Autorizam Sanções Referentes à Política Externa. *Revista Eletrônica da USIA*, v. 2, n. 4, setembro de 1997. Disponível em: http://usinfo.state.gov/journals/ites/0997/ijep/ ep04.htm. Acesso em: 12 mar. 2008.

As pressões e ações adotadas pelos norte-americanos foram claras e objetivas no sentido de atrasar o quanto possível a aquisição de tecnologia nuclear para fins pacíficos e não permitir que países como Brasil e Argentina adquirissem tecnologia nuclear bélica. Como o controle da AIEA se baseava principalmente nas informações prestadas pelo país, mesmo se submetendo ao regime de salvaguardas da AIEA, havia a possibilidade de preparar os dados de modo a esconder um possível programa paralelo. Assim, o governo norte-americano tinha o firme propósito de utilizar todas as ferramentas possíveis para impedi-lo. [490]

As restrições e pressões levaram os dois países a procurarem parcerias fora do eixo normal de busca de cooperação com os países detentores de tecnologia nuclear. A Argentina se aproximou da União Soviética [491], firmou acordos com o Egito e o Iraque em razão da necessidade de construir o míssil Condor II, numa transação que envolveu tecnologias de mísseis e nuclear. [492] Aproximou-se, também, da Síria, Líbia, Irã e Argélia. [493]

O Brasil estabeleceu a ligação com o Iraque num pacote que incluiu uma série de produtos e serviços, armamento, urânio e petróleo e que se tornou pública quando uma ação de caças israelenses destruiu um complexo nuclear iraquiano em 7 de junho de 1981. [494] No dia seguinte, o jornal inglês *The Guardian* anunciou que o Brasil estaria ajudando o Iraque a construir a bomba atômica, tendo

490. Essa possibilidade se confirmou quando a Coreia do Norte demonstrou ter adquirido tecnologia bélica quando ainda era membro do TNP. Os programas nucleares da Coreia e do Irã e os atentados terroristas nos EUA em 2001 resultaram no aumento da pressão dos EUA para que países como o Brasil se submetessem ao Protocolo Adicional ao TNP de modo a aumentar o controle e diminuir a possibilidade de aquisição de tecnologia nuclear bélica.

491. Permitiu o acordo com o Peru, em março de 1977, que previu o fornecimento de dois reatores que seriam abastecidos com urânio enriquecido fornecido pela URSS e Alemanha e a construção do Centro Nuclear de Pesquisas do Peru iniciada em 1980 com crédito argentino de US$ 48.493.466,00 para amortizar o custo inicial da obra estimada em 57 milhões de dólares. O Decreto 1.214 autorizou a CNEA a apresentar proposta ao Instituto Peruano de Energia Nuclear para a construção do Centro. ARGENTINA. BCN. Decreto n. 1.214 de 6 jul. 1976. Boletim Oficial, 16 jul. 1976. BRASIL. AN. Documento ACE 9.972/80. ADIEX a Embaixada do Brasil. Informação n. 006/80 (Conf.). Buenos Aires, 4 mar. 1980. BRASIL. AN. EMA. Informe n. 046/80 (Secreto). Brasília, 18 mar. 1982.

492. El Condor ya no tiene más secretos. Clarín. Buenos Aires, 26 jun. 1993, p. 5. O Iraque teria investido 3,2 bilhões de dólares no projeto a partir de 1982. DIAMINT, Rut. Câmbios en la política de seguridad. Argentina en busca de un perfil no conflictivo. *Fuerzas Armadas y Sociedad*, Santiago, a. VII, n. 1, jan/fev. 1992, p. 1-16 (8).

493. A aproximação com esses países abriu a possibilidade do governo ter realizado tráfico ilegal de armas e se deu também em decorrência das restrições impostas pela Emenda Humprey-Kennedy.

494. A insistência para estabelecer um acordo de cooperação partiu do Iraque e resultou em avaliações sobre os problemas político-jurídicos interno e internacional. CPDOC. Arquivo PNB 1973.05.18 pn/a. NUCLEBRÁS. Considerações Preliminares sobre Definição de uma Política Brasileira de Cooperação com outros Países na Área Nuclear (Secreto) de 2 jul. 1979.

fornecido 10 toneladas de urânio em janeiro de 1981.[495] Numa operação sigilosa no dia 14 de janeiro de 1981, "dois aviões iraquianos decolaram das pistas do Centro Tecnológico Aeroespacial, de São José dos Campos. Voaram em direção a Bagdá, carregados com o urânio que vinha das minas de Poços de Caldas".[496] No final de 1986 veio a tona a existência de contas secretas que eram mantidas para operações obscuras relacionadas com o programa nuclear brasileiro movimentadas pelo presidente da Comissão Nacional de Energia Nuclear, Rex Nazareth, e um assessor, alimentando novamente que possíveis atividades ilegais estariam relacionadas com a intenção de fabricar a bomba nuclear.[497]

Apesar de inicialmente serem divergentes, os programas nucleares de Brasil e Argentina permitiram, a partir da década de 1980, a construção de um clima de cooperação entre os dois países.

Em 1970, o Itamaraty aventou a possibilidade de estabelecer um acordo de cooperação nuclear com a Argentina e a Secretaria de Estado do Ministério de Relações Exteriores solicitou ao embaixador brasileiro em Buenos Aires que sondasse informalmente e sem indicar que o Brasil faria qualquer proposta futura, se haveria interesse argentino em estabelecer um acordo, que só viria a se consumar dez anos mais tarde.[498]

No final de 1973, o engenheiro brasileiro Julius Wilberg visitou a usina de Atucha, acontecendo o mesmo com uma delegação da Escola Superior de Guerra em meados do ano seguinte, apenas dez dias após técnicos argentinos terem assumido a operação da usina. Na ocasião, o diretor da usina declarou que seu país não tinha a intenção de fabricar bombas e que estaria disposto a "receber, sem nenhuma reserva, quaisquer técnicos brasileiros que queiram conhecer detalhes do programa nuclear argentino", tendo manifestado esperança na cooperação entre os dois países, pois "tendo o Brasil optado pela utilização do urânio enriquecido, ambos os países teriam muito a trocar em matéria de informações".[499]

Em 1976, aventou-se a promoção de um acordo nuclear para dissipar dúvidas quanto à competição nuclear entre Brasil e Argentina. A ideia surgiu a partir do

495. Ligações perigosas. *Veja*. São Paulo, 12 nov. 1980, p. 31. As aventuras perigosas do brigadeiro. Jornal do Brasil. Rio de Janeiro, 2 set. 1990.

496. ATTUCHI, Leonardo. Os negócios secretos (e os nem tanto) do Brasil com o Iraque. *Revista Isto é Dinheiro*. Rio de Janeiro, 25 set. 2002. Disponível em: http://www.terra.com.br/istoedinheiro/265/economia/265_negocios_brasil_iraque.htm. Acesso em: 11 jan. 2007.

497. O Iceberg Delta. *Veja*. São Paulo, 14 jan. 1987, p. 30-31.

498. BRASIL. AMRE. Telegrama n. 709 (Secreto) da Secretaria de Estado de Relações Exteriores, 12 nov. 1970.

499. CPDOC. Arquivo PNB 1974.07.01 pn/a. I-1. Telegrama da Embaixada do Brasil em Buenos Aires (Conf.) de 1 jul. 1974.

contato da delegação argentina presente na reunião da Agência Internacional de Energia Atômica no Rio e foi discutida em reunião no Ministério das Relações Exteriores promovida pelo Conselho de Segurança Nacional em 24 de novembro daquele ano. O Itamaraty, na ocasião, se mostrou reticente em função de que tipo de benefício o acordo poderia trazer ao programa Brasil-Alemanha e alertou que qualquer iniciativa nesse sentido deveria partir da Argentina. [500]

No lado argentino, naquele mesmo ano, o jornal *La Opinión* já assinalava que seria indispensável a cooperação entre os dois países para benefício recíproco e de toda a América Latina o que conduziria à necessidade de um acordo nuclear binacional. [501] O diretor da revista *Política Internacional*, Jorge Greco, pregou a necessidade de uma aproximação bilateral com o Brasil em diversos campos. [502] Na mesma época, o engenheiro Jorge Consentino, diretor de projetos da Comissão Nacional de Energia Atômica (CNEA), alertou que se em valores absolutos a Argentina continuava em posição de supremacia, as decisões que o Brasil estava tomando na área da energia nuclear poderiam resultar na superação dessa posição Argentina, principalmente se aquele país não revertesse o quadro em que se encontrava naquele momento. [503] Tal pronunciamento tinha relação com os atrasos no cronograma do programa nuclear argentino e que já haviam sido mencionados em diversos artigos na imprensa, normalmente fazendo correlação com o avanço do programa brasileiro. O alerta do funcionário da CNEA servia, também, para alertar o governo e possibilitar a concessão de maiores recursos para o programa. [504]

As pressões externas, a dependência de tecnologia estrangeira e o longo caminho que se visualizava até o domínio do ciclo de combustível, estimularam até os militares nacionalistas argentinos a se colocarem a favor da cooperação entre os dois países ou de uma estratégia comum para enfrentar os Estados Unidos e seus sócios. [505]

O engenheiro Milia chamou a atenção se não seria conveniente a Argentina se colocar ao lado do Brasil "como para ser el hito que marque el fin de la tonta

500. CPDOC. Arquivo PNB 1974.07.01 pn/a. I-3. Manuscrito de Paulo Nogueira Batista.

501. Ecos del congreso nuclear. *Clarín*. Buenos Aires, 1 out. 1976. BRASIL. AMRE. Embaixada do Brasil em Buenos Aires. Ofício n. 1.086 de 6 out. 1976.

502. BRASIL. AMRE. Embaixada do Brasil em Buenos Aires. Ofício n. 644 de 1 jul. 1976.

503. SOPEÑA, Germán. La importância de la energia atómica. *Revista Panorama*, Buenos Aires, n. 2, jul. 1976. BRASIL. AMRE. Embaixada do Brasil em Buenos Aires. Ofício n. 730 de 19 jul. 1976.

504. GARABATO, Juan C. Marcos para la formulación del Plan Nuclear. *Clarín*, 18 jan. 1976. MARTELLI, Juan Carlos. Plan nuclear: peligra el futuro de la nación. *Mayoría*, Buenos Aires, 18 jan. 1976. BRASIL. AMRE. Embaixada do Brasil em Buenos Aires. Ofício n. 86 de 21 jan. 1976.

505. Argentina-Brasil el Apoyo Nuclear. *Mercado*. Buenos Aires, 24 fev. 1977, p. 20-23. BRASIL. AMRE. Embaixada do Brasil em Buenos Aires. Ofício n. 219 de 3 mar. 1977.

gratuidad de la política internacional Argentina".[506] A revista *Política Internacional*, de março/abril de 1977, também concluiu que o governo argentino poderia propiciar uma colaboração ativa na área do aproveitamento nuclear para uso pacífico, mesmo considerando que o governo entendia ainda não ser o momento.[507]

Em 1980, o general Gugliamelli passou a advogar a necessidade de uma integração nuclear entre a Argentina e o Brasil, levando inclusive à unificação dos dois programas atômicos, com o objetivo de evitar o perigo armamentista na América Latina.[508]

Vale salientar que, apesar da desconfiança com que eram vistos os programas paralelos brasileiro e argentino, e a rivalidade em torno da questão da exploração hidráulica no Rio Paraná, foi estabelecido um intercâmbio entre a comunidade científica na área nuclear, concretizado através de discussões acadêmicas e visitas informais às instalações atômicas, sem o envolvimento dos dois governos.

Em 1978, foi realizado o Congresso de Direito Nuclear em Buenos Aires, onde foi apresentada uma proposta de integração sul-americana em matéria nuclear[509] e técnicos da CNEA visitaram a mina de urânio Osamu Utsumi em Poços de Caldas.[510] Em fins de maio daquele ano, um grupo de técnicos da Nuclebrás visitou instalações nucleares na Argentina. Esse intercâmbio de técnicos abriu um canal para a cooperação técnica "nas áreas de prospecção, pesquisa mineral, desenvolvimento de processos de beneficiamento, mineral e extração de urânio e, finalmente, acompanhamento de implantação de complexos mineiro-industriais".[511] Em junho o engenheiro Consentino, diretor da CNEA e uma das maiores autoridades argentinas na questão nuclear visitou de maneira extraoficial a Nuclen tendo afirmado, a exemplo da visita da Escola Superior de Guerra a usina de Atucha em 1974 quando era seu diretor, que incentivava o intercâmbio entre os dois países mas "ignorava qual seria nossa reação a sua proposta".[512] Logo após, o presidente da Nuclebrás e um engenheiro da Nuclen visitaram as usinas argentinas de Atucha, Embalse e se reuniram com o Comitê de Atucha II.[513]

506. MILIA, Fernando. Bases para um acuerdo atômico. *Discusión*. Buenos Aires, p. 20. BRASIL. AMRE. Embaixada do Brasil em Buenos Aires. Ofício n. 282 de 23 mar. 1977.

507. La cuestión nuclear. *Política Internacional*. Buenos Aires, mar./abr. 1977, p. 9-10. BRASIL. AMRE. Embaixada do Brasil em Buenos Aires. Ofício n. 379 de 20 abr. 1977.

508. GUGLIAMELLI, Juan Enrique. Tres batallas perdidas por la Argentina y, ahora peligrosas perspectivas: el papel de sócio menor del Brasil. *Estratégia*, Buenos Aires, n. 61-62. nov. 1979 a fev. 1980, p. 7-29.

509. CARPES, Mariana M. *A política nuclear brasileira no contexto das relações internacionais contemporâneas:* domínio tecnológico como estratégia de inserção internacional. Dissertação de Mestrado. Rio de Janeiro: PUC, 2006, p. 108.

510. CPDOC. Arquivo PNB 1974.07.01. I-24 A. NUCLEBRÁS. PR-331/78 de 23 out. 1978.

511. Ibidem.

512. CPDOC. Arquivo PNB 1974.07.01 pn/a. I-8. NUCLEN. Nota Informal de 20 jun. 1978.

513. CPDOC. Arquivo PNB 1974.07.01 pn/a. I-19. NUCLEN. Nota sobre Visita à CNEA da Argentina.

Em dezembro de 1979, a CNEA demonstrou interesse de aproximação com o Brasil. O Diretor Superintendente da Nuclen esteve na Argentina a convite daquele órgão a fim de proferir conferência a respeito do programa nuclear brasileiro. O Ministério de Minas e Energia acreditava em "boas perspectivas da NUCLEP e de outras indústrias nacionais, participar do fornecimento de equipamentos" para a construção de equipamentos pesados necessários aos reatores argentinos. Se tal participação fosse confirmada, o Ministério entendia que a receptividade das comunidades nuclear e industrial seria boa, uma vez que ambas mantinham estreitas ligações em seus respectivos setores. Já nos setores militares e na opinião pública haveria resistências em razão dos tradicionais antagonismos, principalmente os relacionados com Itaipu. [514]

Quando do acordo com a Sulzer e a KWU, havia a possibilidade da participação brasileira. Mas, a *Gazeta Mercantil*, ao publicar o que chamou de "acordo de acionistas", provocou uma repercussão negativa junto à opinião pública argentina, e criou obstáculos para a participação brasileira no empreendimento. O Canadá aproveitou a situação e explorou negativamente a possibilidade da participação brasileira, na tentativa de pressionar os argentinos contra a oferta alemã. [515]

O jornal *La Opinión* afirmou que pesou na decisão do governo argentino o fato de o grupo alemão responsável pelas obras do reator na usina de Atucha II ser o mesmo que executava obras na usina brasileira. Como o programa brasileiro incluía o enriquecimento de urânio, havia a prioridade para a instalação de uma indústria de componentes pesados capaz de abastecer elementos como recipiente de pressão, intercambiadores de calor e outras peças críticas que a Argentina não estava em condições de fabricar e que poderia ter o interesse do Brasil em exportar. [516]

Em 28 de janeiro de 1980, o vice-almirante Carlos Madero [517] visitou diversas instalações nucleares brasileiras. [518] No encontro que teve com o chanceler Saraiva Guerreiro, foi confirmada a união de ambos no campo nuclear motivada pela necessidade de preservar o futuro desenvolvimento de seus programas nucleares das investidas norte-americanas. O chanceler afirmou estar definitivamente sepultada a rivalidade entre os dois países, pelo menos na área nuclear e a existência de vontade política mútua para a elaboração de uma estratégia comum para reagir às pressões externas, principalmente dos Estados Unidos.

514. BRASIL. AN. Ministério das Minas e Energia. Informação n. 40/20/79 (Conf.). Brasília, 3 dez. 1979, p. 3.

515. BRASIL. AN. EMA. Informação n. 0693 (Conf.). Brasília, 28 nov. 1979.

516. YNART, Martin. Equipos brasileños en Atucha II. *La Opinión*. Buenos Aires, 4 out. 1979.

517. Presidente da CNEN desde 1976.

518. CPDOC. Arquivo PNB 1974.07.01 pn/a. II-8. Mensagem n. 191 da Presidência da República ao Congresso Nacional de 29 maio 1980.

Em março de 1980, uma comitiva da Nuclebrás visitou instalações nucleares argentinas em Buenos Aires e as centrais de Embalse e Atucha.[519] Os detalhes continuaram a serem tratados pelos dois países e, a partir dos estudos que verificaram os possíveis pontos de convergência entre os dois programas, Brasil e Argentina firmaram, em 17 de maio de 1980, o Acordo de Cooperação para o Desenvolvimento e Aplicações dos Usos Pacíficos da Energia Nuclear, criando mecanismos de cooperação no campo da investigação aplicada à tecnologia nuclear, da proteção física da matéria físsil, da exploração e produção de urânio, da segurança nuclear, do treinamento, da capacitação e do intercâmbio de informações técnico-científicas.[520] Inicialmente, tendo sido firmado por dois governos autoritários, gerou uma preocupação de que resultasse na construção de uma bomba atômica por ambos o que poderia desencadear uma corrida armamentista no Cone Sul.

Era um acordo-quadro com dois protocolos de execução ligados a ele. O primeiro entre a Comissão Nacional de Energia Nuclear (CNEN) e a Comissão Nacional de Energia Atômica (CNEA) relacionado com a pesquisa de produção de radioisótopos e moléculas, proteção radiológica e segurança e um Protocolo de Cooperação Industrial Nuclebrás-CNEA sobre o fornecimento de zircaloy, arrendamento de urânio e fornecimento de tecnologia de beneficiamento de urânio por lixiviação em pilha pela CNEA.[521]

Um protocolo de complementação foi assinado relativo a acordos comerciais de arrendamento de urânio concentrado pela CNEA à Nuclebras, a aquisição pela Nuclebras de tubos de zircaloy a partir de 1987 para utilização em futuras centrais nucleares brasileiras[522] e a participação da Nuclebras como sub-contratada da empresa alemã KWU na construção da usina de Atucha II.[523]

Sobre o acordo firmado, o jornal *La Prensa* dizia ser de especial importância a negociação de acordos binacionais de colaboração de modo a propiciar a estruturação de uma política nuclear e energética que permitisse a formação de uma frente comum de grande envergadura que controlasse o potencial de ambos os países.[524]

519. CPDOC. Arquivo PNB 1974.07.01 pn/a. II-2.

520. BRASIL. MRE. *Resenha de Política Externa do Brasil*, a. 7, n. 25. Brasília, abr./jun. 1980, p. 201-203.

521. BRASIL. MRE. *Resenha de Política Externa do Brasil*, a. 7, n. 25. Brasília, abr./jun. 1980, p. 203-206. CPDOC. Arquivo PNB 174.07.01 pn/a, II-3. NUCLEBRÁS. Acordo de Cooperação Nuclear.

522. Com a redução do programa brasileiro após a entrega do primeiro lote de tubos com propósito de qualificação de pessoal, a execução do contrato foi suspensa. ORNSTEIN, Roberto Mario (Coord.). *Argentina as an Exporter of Nuclear Technology. Past, Present and Future.* Buenos Aires: Cari, 2001, p. 29.

523. Este item do protocolo foi completo e se materializou com a construção da parte inferior do subconjunto do recipiente de pressão da central. Ibidem, p. 29.

524. CULACIATI, Miguel J. Argentina-Brasil, uma sola política nuclear. *La Prensa*, Buenos Aires, 13 jul. 1979. BRASIL. AMRE. Embaixada do Brasil em Buenos Aires. Ofício n. 398 de 18 jul. 1979.

A assinatura do Acordo, considerado de "significado político especial", teve a finalidade de desfazer "de maneira taxativa as alegações de que estariam engajados em uma corrida armamentista na área nuclear" e, a partir da realização de consultas sobre assuntos de interesse comum, reforçar a "capacidade de atuação dos dois países em defesa de suas posições quanto ao direito de acesso irrestrito ao ciclo completo da tecnologia nuclear para fins pacíficos". [525] Mas, pode-se agregar outros fatores ao acordo. Para o Brasil, permitiria abrir uma nova opção face à paralisação do projeto com a Alemanha. Para a Argentina, havia a oportunidade de agregar uma nova tecnologia nuclear ao seu programa. Além disso, o entendimento se deu num momento que os dois países se encontravam num nível suficiente de desenvolvimento tecnológico nuclear que justificou o acordo.

Apesar do acordo com o Brasil, o orçamento da CNEA argentina atingiu o "nível mais alto de toda sua história. De 0,6% do total de investimentos públicos de 1970, passou para 6,2% em 1980, chegando a comprometer 15% desses investimentos em 1983, último ano da gestão militar". [526] A partir daí o programa passaria a enfrentar dificuldades.

A opção argentina pela linha do urânio natural fundamentou-se no objetivo de obter, em curto prazo, autonomia no campo nuclear, colocando-se ao abrigo das salvaguardas internacionais, julgadas lesivas ao seu desenvolvimento econômico, segurança e soberania. [527]

O Brasil optou pelo urânio enriquecido pelo fato de ser o caminho adotado pela maioria dos países para geração de eletricidade, além de ser o processo mais moderno e econômico. [528] O enriquecimento, ainda que sob salvaguardas, permitiria a produção de combustíveis para reatores de pesquisa e navais. No entanto, pelo acordo firmado com a Alemanha, o Brasil não poderia realizar explosões nucleares pacíficas, cujo direito reivindicava, da mesma forma que a Argentina. [529]

Sendo dois programas diferentes, as manifestações a respeito de um acordo de cooperação que partiram das autoridades argentinas tiveram como ob-

525. CPDOC. Arquivo PNB 1974.07.01 pn/a. II-8. MRE. G/DEM/DAM-I/153/ 664.2 (B46) (B29) de 27 maio 1980.

526. OLIVEIRA, Odete Maria de. *A Integração bilateral Brasil-Argentina*: tecnologia nuclear e Mercosul. RBPI, Brasília, a. 41, n. 1, 1998, p. 5-23 (11).

527. Alguns setores argentinos preferiam o processo de urânio enriquecido incluindo o presidente Lanusse. CPDOC. Arquivo PNB 1974.07.01 pn/a. I-1. Telegrama da Embaixada do Brasil em Buenos Aires (Conf.) de 1 jul. 1974.

528. Na época, colocava-se em dúvida o processo de enriquecimento de urânio por jato de centrifugação por razões técnicas e industriais, mas era o que estava disponível comercialmente. CPDOC. Arquivo PND 1968.06.15 pn/a.

529. Em 1976 o Brasil assinou o acordo de salvaguardas com a AIEA. Esse mecanismo de controle era necessário para o acordo com a Alemanha que era signatária do TNP.

jetivo principal dissipar as alegações de que haveria uma corrida nuclear entre os dois países, diminuindo "não só as pressões das grandes potências", como também as desconfianças dos países latino-americanos sobre as intenções dos programas. [530]

Mas, o problema econômico que afetou os dois países refletiu nos programas nucleares. Os governos ainda tentaram manter os orçamentos necessários para sua continuidade, inclusive da construção de um motor nuclear para submarinos, mas houve a desaceleração das obras das usinas e a suspensão de vários outros projetos. Um motivo relevante para a redução de ritmo dos programas foi a queda da demanda por energia e a perda de capacidade de investimentos dos países, ingredientes de peso que influenciaram na opção pela cooperação nesse campo. Já em março de 1980, durante a visita da comitiva brasileira à Comissão Nacional de Energia Atômica, o chanceler argentino declarou considerar "o entendimento argentino-brasileiro questão fundamental numa estratégia industiva de maior estabilidade política e econômica da região". Na mesma ocasião, o presidente da Nuclebrás assinalou haver a possibilidade de cooperação o que permitiria otimizar investimentos e reduzir dependências de terceiros países. [531]

Assim, brasileiros e argentinos optaram por conduzir negociações com a percepção de que a cooperação ajudaria a fazer frente às pressões externas. Os projetos de crescimento baseados no desenvolvimento industrial estavam sofrendo restrições por conta dos problemas econômicos e um esforço conjunto na área nuclear permitiria um melhor aproveitamento dos investimentos. Mas, a decisão política pelo acordo só foi possível porque ambos haviam chegado a uma solução sobre as obras de Itaipu-Corpus.

Em 18 de novembro de 1983, a Argentina anunciou ter adquirido a capacidade tecnológica de enriquecer urânio pelo método de difusão gasosa. O desenvolvimento em escala piloto resultou na construção da planta de enriquecimento localizada em Pilcaniyeu, província de Rio Negro.

A informação foi divulgada duas semanas antes da posse de Raúl Alfonsín e o presidente Bignone informou o fato diretamente ao presidente Figueiredo que estava em visita oficial à África. Ao mesmo tempo, o governo argentino reuniu em almoço embaixadores de países latino-americanos para comunicar o fato [532] e enviou seus embaixadores para que informassem os governos das potências

530. CPDOC. Arquivo PNB 1974.07.01 pn/a. I-27. Minuta de Informação de 17 jan. 1980.

531. CPDOC. Arquivo PNB 1974.07.01.I-35. NUCLEBRÁS. PR 068/80 (Secreto) de 25 mar. 1980.

532. BRASIL. AN. Documento ACE 40.440/84. SNI. Informação n. 143/50/AC/83 (Conf.). Brasília, 27 dez. 1983.

nucleares antes do anúncio oficial.[533] Em todas as oportunidades houve a preocupação de reiterar a finalidade pacífica do programa nuclear.[534]

Da mesma forma, quando o Brasil conseguiu o domínio da tecnologia do enriquecimento do urânio por ultracentrifugação, o presidente Sarney enviou a Buenos Aires seu assessor para assuntos especiais, Rubens Ricúpero, para entregar um documento sobre o feito brasileiro ao presidente Raul Alfonsín antes do anúncio oficial, em 4 de setembro de 1987.[535]

Em 30 de novembro de 1985, firmaram a Declaração Conjunta sobre Política Nuclear de Foz do Iguaçu, que reafirmou os compromissos do acordo de 1980 sobre o uso pacífico da energia nuclear para intensificar a cooperação nos setores "capazes de gerar avanços científicos e tecnológicos, fundamentais para o desenvolvimento econômico, tais como a informática, a biotecnologia, as tecnologias na área nuclear"[536]. Segundo Sarney, a assinatura da Ata de Iguaçu com o presidente Alfonsín, "consagrava uma vontade política de mudarmos a história do continente sul-americano, com o fim das divergências [...] passando de uma atitude de confrontação para uma política de cooperação".[537] Já em março de 1986, reuniu-se o Grupo Binacional de Trabalho Nuclear, criado pela declaração que estabeleceu três subgrupos encarregados de unificar posições internacionais dos dois países sobre a questão nuclear, discutir a cooperação científico-tecnológica e a criação de resseguros múltiplos.[538]

No ano seguinte, a Ata para a Integração Brasileiro-Argentina, de 29 de julho, instituiu o Programa de Integração e Cooperação Econômica (PICE). A partir da Ata foram assinados 22 protocolos ao longo dos anos de 1986 e 1988. O Protocolo 11, assinado em Buenos Aires naquela mesma data, referiu-se à imediata troca de informações e assistência recíproca em caso de acidentes nucleares e emergências radiológicas. O Protocolo 17, assinado em dezembro de 1986, listou oito campos

533. MADERO, Carlos Castro. TAKACS, Esteban, op. cit., p. 86-88.

534. Na mesma oportunidade, estava sendo realizado, em Buenos Aires, um congresso com físicos brasileiros e argentinos, que emitiram declaração conjunta rejeitando qualquer utilização bélica da energia nuclear. BRASIL. AN. Documento ACE 40.440/84. SNI. Informação n. 143/50/AC/83 (Conf.). Brasília, 27 dez. 1983.

535. Sarney arma seu ciclo. *Veja*. São Paulo, 9 set. 1987, p. 19.

536. Foi criado um Grupo de Trabalho Conjunto composto de ministros de relações exteriores e representantes de alto nível das comissões de energia nuclear (CNEN e CNEA), que se tornou fonte de contatos e discussões sobre questões de política nuclear e não-proliferação. Teve por objetivo criar um Grupo de Trabalho Conjunto de alto nível, presidido pelos Ministérios de Relações Exteriores dos dois países para empreender e coordenar iniciativas de natureza política, técnica e empresarial no setor nuclear e firmar compromissos de cooperação nuclear pacífica. BRASIL. MRE. *Resenha de Política Exterior do Brasil*, a. 12, n. 47. Brasília, out./dez. 1985, p. 27-28.

537. SARNEY, José. Iguaçu e Iguazú. *Folha de São Paulo*, São Paulo, 2 dez. 2005, p. 2.

538. GRANDI, Jorge, op. cit., p. 72.

iniciais para a cooperação científica e tecnológica.[539] Na mesma ocasião, foi assinada a Declaração Conjunta sobre Política Nuclear, conhecida como Declaração de Brasília, decidindo intensificar o intercâmbio de informações e consultas entre os dois países no campo da energia nuclear.[540]

Em 17 de julho de 1987, Sarney visitou o Centro Atômico de Pilcaniyeu, província de Rio Negro, ocasião em que assinou a Declaração de Viedna, destacando a "importância do amplo e fluido intercâmbio de informações de interesse comum e de experiências decorrentes dos projetos bilaterais conjuntos" e as reuniões empresariais realizadas, que evidenciavam "a ativa participação de empresas públicas e privadas no processo de vinculação nuclear, ampliando a possibilidade da cooperação pela via da integração das indústrias de ambos os países".[541]

Em 8 de abril de 1988, Alfonsín compareceu à inauguração do complexo nuclear de Aramar-Iperó no Brasil, onde assinou com o presidente brasileiro a Declaração de Iperó, pela qual os dois países firmaram o compromisso de utilizar a energia nuclear para fins pacíficos, aperfeiçoar os mecanismos bilaterais de cooperação política e técnica, e transformaram em Comitê Permanente o Grupo de Trabalho Conjunto que havia sido criado pela Declaração de Iguaçu. O Comitê teria a participação das duas chancelarias, das comissões nacionais de energia nuclear e de representantes do segmento empresarial de ambos os países reunindo-se a cada 120 dias alternadamente na Argentina e no Brasil.[542]

O PICE evoluiu para o Tratado de Integração, Cooperação e Desenvolvimento Brasil-Argentina, assinado em 29 de novembro de 1988. No dia seguinte, a Declaração de Ezeiza, firmada quando da visita do presidente Sarney aos laboratórios de processamento daquela localidade, apresentou como objetivo concreto dos países a execução de um projeto conjunto para construção de reatores rápidos regeneradores de modo a otimizar os recursos materiais e técnico-científicos dos dois países.[543]

539. ABAAC. Arquivo de Documentos. *Protocolo 17 - Cooperação Nuclear. Brasília*, 10 dez. 1986. Disponível em: http://www.abacc.org/port/acordos_declaracoes/acordos_declaracoes_documentos.asp?acordodeclaracao_id=7. Acesso em: 05 nov. 2007.

540. ABAAC. Arquivo de Documentos. *Declaração Conjunta sobre Política Nuclear*. Brasília, 10 dez. 1986. Disponível em: http://www.abacc.org/port/acordos_declaracoes/acordos_declaracoes_documentos.asp?acordodeclaração_id=6. Acesso em: 05 nov. 2007.

541. BRASIL. MRE. Declaração Conjunta sobre Política Nuclear. Viedna, 17 jul. 1987. *Resenha de Política Exterior do Brasil*, a. 13, n. 54. Brasília, jul./set. 1987, p. 9-10.

542. ABAAC. Arquivo de Documentos. *Declaração Conjunta sobre Política Nuclear*. Brasília, 8 abr. 1988. Disponível em: http://www.abacc.org/port/acordos_declaracoes/acordos_declaracoes_documentos.asp?acordodeclaracao_id=9. Acesso em: 05 nov. 2007.

543. ABAAC. Arquivo de Documentos. *Declaração Conjunta sobre Política Nuclear*. Brasília, 29 nov. 1988. Disponível em: http://www.abacc.org/port/acordos_declaracoes/acordos_declaracoes_documentos.asp?acordodeclaracao_id=26. Acesso em: 05 nov. 2007.

Mas, as restrições orçamentárias em ambos os países nos anos seguintes impediram o progresso dos projetos. Nesse período, o Comitê concentrou os trabalhos na coordenação de posições com relação ao regime internacional de não-proliferação nuclear que acabaram tendo prioridade até 1995.

Em 23 de agosto de 1989, como conclusão das negociações iniciadas em 1980, a Comissão Nacional de Energia Atômica (CNEA) e a FURNAS Centrais Elétricas S/A firmaram acordo relacionado com troca de materiais para a construção das usinas de Atucha II e Angra II e sobre cooperação técnica com troca de informações e de serviços especializados que incluíram serviços de proteção radiológica durante as interrupções das operações para troca de combustível prestadas da CNEA para Furnas e treinamento de operadores em simuladores do Centro de Treinamento Avançado de Furnas para a CNEA. [544]

Em 28 de novembro de 1990, através da Declaração Conjunta de Política Nuclear Brasileiro-Argentina, foi estabelecido o Sistema Comum de Contabilidade e Controle de Materiais Nucleares (SCCC) com a finalidade de garantir que esses materiais fossem utilizados exclusivamente para fins pacíficos, para o intercâmbio das listas descritivas de todas as instalações nucleares e das declarações de inventários dos materiais atômicos existentes em cada país, a realização de inspeções recíprocas nos sistemas centralizados de registro e a apresentação desses registros e relatórios do SCCC à Agência Internacional de Energia Atômica. Previu, também, negociações com aquela Agência para a conclusão de um acordo de salvaguardas que possibilitassem a vigência do Tratado de Tlatelolco além de gestões para atualização dos termos do tratado. [545]

Os entendimentos que se seguiram permitiram o estabelecimento de mecanismo de controle dos programas dos dois países e a coordenação de políticas nucleares, com uma aceitação das disposições internacionais sobre o tema, que serão apresentados no capítulo seguinte e que contribuíram para que ambos demonstrassem serem parceiros mais confiáveis perante a comunidade internacional.

Se os entendimentos na área nuclear foram peças importantes na agenda de cooperação entre o Brasil e a Argentina, o episódio das Ilhas Falkland/Malvinas e a postura adotada pelo governo brasileiro em relação ao conflito aumentaram as possibilidades para o aprofundamento da cooperação entre os dois países que se estendeu a toda sub-região.

544. O Acordo foi firmado sob a forma de Apêndice ao Protocolo 17 do PICE. O total relativo à cooperação técnica superou 3 milhões de dólares e a troca de materiais para a construção das usinas atingiu 15 milhões de dólares de contribuição por cada um dos países. BRASIL. MRE. Anexo I ao Protocolo 17 – Cooperação Nuclear. Brasília, 23 ago. 1989. *Resenha de Política Exterior do Brasil*, a. 15, n. 62. Brasília, jul./set. 1989, p. 104-105.

545. BRASIL. MRE. *Declaração sobre Política Nuclear Comum*. Foz do Iguaçu, 28 nov. 1990. Resenha de Política Exterior do Brasil, a. 16, n. 67. Brasília, out./dez. 1990, p. 43-44.

## XII - Falkland/Malvinas

A questão da soberania sobre as Ilhas Falkland/Malvinas, apesar de fazer parte da agenda bilateral da Argentina com o Reino Unido, refletiu nas relações entre seus vizinhos do Cone Sul, especialmente com a opção pela ação armada em 1982. Os desdobramentos na Argentina que se seguiram à guerra e a posição adotada pelo governo brasileiro foram de grande importância para criar condições de uma maior aproximação entre os dois países.

Desde a década de 1960 que, ciente das dificuldades de negociação direta com os britânicos, a Argentina buscou nos foros multilaterais decisões favoráveis ao seu pleito. Na OEA empenhou-se nas discussões sobre a admissão de novos membros na organização, entendendo que, com o processo de descolonização, o Reino Unido pudesse conceder a independência para as Falkland/Malvinas com a subsequentemente solicitação do seu ingresso naquela organização. Assim, desde 1961, o governo fez gestões na ONU com vistas à manutenção da integridade territorial dos Estados-membros que, no caso argentino, incluía as ilhas.

Apesar de todos os esforços dos governos argentinos, a questão nunca se encaminhou para uma solução satisfatória. O próprio chanceler Costa Méndez avaliou que a controvérsia pelas ilhas "começou a não ter solução em março de 1968, quando o Sr. Stewart (secretário de Relações Exteriores britânico) disse na Câmara dos Comuns" que "não haveria solução que não levasse em conta os desejos da população das ilhas". [546] A partir de então em nenhum momento o Reino Unido se distanciou dessa posição de subordinar qualquer negociação aos desejos dos habitantes.

Apesar da controvérsia, as armadas da Argentina e do Reino Unido realizaram algumas manobras conjuntas. Em novembro de 1964 o porta-aviões argentino Independência participou da Operação *Royal Navy* com forças navais do Reino Unido no Atlântico Sul. [547] Em 1967, um outro exercício entre as duas marinhas foi batizado de Operação Austral. [548]

No campo interno, os militares argentinos, nas diversas vezes que assumiram o poder, não conseguiam resolver as questões econômicas, o que provocou o afastamento de parte da elite civil, especialmente os empresários que haviam permanecido próximos do regime. No início dos anos de 1980, o general Viola adotou uma série de medidas que parecia conduzir à abertura política e ao estabelecimento de um governo civil. [549]

546. RAPOPORT, Mario. La guerra de las Malvinas y la Política Exterior Argentina: La visión de los protagonistas. In: RAPOPORT, Mario. *El laberinto argentino. Política internacional en un mundo conflictivo*. Buenos Aires: Editorial Universitária, 1997, p. 396 (tradução nossa).

547. ARGENTINA. Departamento de Estudios Históricos Navales, 1972, op. cit., p. 3058.

548. Ibidem, p. 3.118.

549. A principal delas talvez tenha sido a nomeação de vários civis para compor seus Ministérios.

Tal postura foi contra a corrente conservadora das Forças Armadas que, encabeçada pelo general Galtieri, acabou por destituí-lo em dezembro de 1981. Foi, então, nomeado para a chancelaria Nicanor Costa Méndez, que já havia sido chanceler de Onganía na década de 1960, e expressava bem a ideologia nacionalista e conservadora da Junta. Naquela ocasião, a situação argentina apresentava recessão industrial, desemprego e aceleração da inflação. No campo político, a Junta entendeu que, em razão da repressão praticada nos anos anteriores não conseguiria alterar a situação de desprestígio que o governo militar sofria perante a opinião pública. As atividades políticas de oposição ao regime aumentavam com passeatas e greves. Apenas duas questões poderiam insuflar o nacionalismo argentino desviando a atenção da população: Beagle e Falkland/Malvinas.

No entanto, havia evidências de que a solução do diferendo por Beagle, sob mediação do Papa, seria desfavorável à Argentina. Assim, a opção do governo foi adotar uma política mais enérgica nas Falkland/Malvinas.

Inicialmente, buscou estabelecer uma aliança preferencial com os Estados Unidos, comprometendo-se na campanha contra os sandinistas na Nicarágua e na luta contra grupos guerrilheiros de esquerda em outros Estados centro-americanos. Pretendia que se levantasse o embargo à venda de armas ao país imposto por Carter como sanção pelos abusos contra os direitos humanos, além de obter o apoio norte-americano para lançar o argentino Alejandro Orfila para o cargo de secretário-geral da OEA. [550] A sintonia militar com os EUA acabou levando a uma percepção equivocada dos militares argentinos de que se perfaziam as condições adequadas para assegurar a soberania do país sobre as Falkland/Malvinas.

Assim, concebeu-se a ocupação das ilhas sem grandes custos militares, mas com enormes ganhos políticos, principalmente porque a vitória daria respaldo do público interno ao governo militar, já desgastado por conta da chamada "guerra suja". Mas os erros de avaliação da cúpula argentina levaram o país à derrota. [551]

550. A candidatura acabou não se consumando.

551. O governo acreditou que o Reino Unido não reagiria militarmente à invasão das ilhas; que seus laços históricos com a Europa o manteriam imune a sanções; que os EUA apoiariam a Argentina; que sua posição de liderança na América Latina (assim a consideravam) traria o apoio das demais nações da região contra o imperialismo britânico. ALBERTANI, Luciane Jardim. *Regime Político e Política Externa:* a Trajetória das Relações Brasil-Argentina (1966-1989). Dissertação de Mestrado. Rio de Janeiro: PUC, 1998, p. 50. O Reino Unido havia negado a construção de uma base militar norte-americana nas Malvinas. A Junta entendeu que a possibilidade de a Argentina fazer tal concessão quando de posse das ilhas, abrigando uma base aeronaval dos EUA, ajudaria a formalizar o chamado Pacto de Defesa do Atlântico Sul englobando Argentina, África do Sul, Brasil e EUA, e era mais um trunfo para o apoio dos EUA para a ação militar que fora planejada. LUPO, G. R. *Diplomacia Secreta y Redención Incondicional.* Buenos Aires: Legasa, 1984, p. 181.

A Junta aproveitou-se da diminuição dos efetivos militares ingleses nas ilhas e desembarcou um efetivo militar nas Geórgias do Sul. Ante os protestos ingleses e o envio de um navio de guerra para a região, ocupou as Falkland/Malvinas em 2 de abril de 1982, instalando um governo na ilha sob o comando do general Menéndez.[552] No dia seguinte à ocupação, o Conselho de Segurança das Nações Unidas (CSNU) reuniu-se por solicitação do Reino Unido e aprovou a Resolução 502 que determinou a retirada das forças argentinas e o início das negociações para uma solução pacífica da crise.[553]

O plano argentino era ocupar para negociar, nos moldes das ações anteriores dos israelenses no Oriente Médio. Ou seja, a ocupação deveria chamar a atenção para a questão, a ação do CSNU não permitiria a reação inglesa e as negociações dar-se-iam em melhores condições.[554] No entanto, a publicação em Londres, das fotos de soldados feitos prisioneiros pelos argentinos quando da ocupação, mexeu com o brio dos ingleses que exigiram uma ação militar do governo conservador de Margareth Tatcher.

O governo britânico enviou uma Força Tarefa, cujos primeiros navios partiram no dia 5 de abril para o Atlântico Sul, obteve o apoio regional para condenar a ação e conseguiu a imposição de um embargo por vários países europeus (França, Itália, Alemanha) que haviam vendido armas à Argentina.[555] Finalmente, obteve apoio dos Estados Unidos não apenas político, mas com o fornecimento de armas e informações estratégicas que foram fundamentais no planejamento e execução das operações para recuperação das ilhas.

Assim, em 7 de abril, quando já estava em condições de utilizar quatro de seus submarinos, o governo britânico decretou uma zona de exclusão marítima de 200 milhas ao redor do arquipélago.[556] Em 26 de abril, numa ação preparatória, as forças britânicas tomaram as Ilhas Geórgias do Sul. A partir de 1° de maio cercaram as Falkland/Malvinas e em 21 do mesmo mês desembarcaram tropas na Baía de São Carlos. No dia 12 de junho, consolidaram o cerco às forças argentinas remanescentes na capital Porto Stanley e no dia 15 o comando argentino acabou se rendendo.

552. BRASIL. AN. Documento ACE 27.760/82. EME. Sumário Diário de Informações n. 01-E2.1 (Conf.). Brasília, 2 abr. 1982.

553. A resolução teve voto favorável dos EUA, Reino Unido, França, Irlanda, Japão, Zaire, Togo, Uganda, Jordânia e Guiana. O Panamá se absteve da mesma forma que a URSS, China, Polônia e Espanha.

554. BRASIL. AN. EME. Sumário Diário de Informações n. 02-E2.1 (Conf.). Brasília, 5 abr. 1982.

555. Os países membros da Comunidade Econômica Europeia (CEE) adotaram total alinhamento com o Reino Unido e decretaram, em 9 de abril de 1982, embargo de armamento, com a suspensão de suas encomendas de armamentos, e embargo total do comércio com a Argentina. BRASIL. AN. EME. Sumário Diário de Informações n. 05-E2.1. Brasília, 12 abr. 1982

556. BRASIL. AN. EME. Sumário Diário de Informações n. 17-E2.1. Brasília, 29 abr. 1982

A guerra provocou o envolvimento, em diferentes níveis, de praticamente todos os países latino-americanos. No caso do Brasil, a invasão das ilhas colocou a diplomacia brasileira numa situação difícil. O governo argentino havia estabelecido uma relação mais próxima dos Estados Unidos, o que não era interessante para o Brasil. Havia a percepção que, em caso de vitória, mesmo sendo uma hipótese pequena, provavelmente a Junta argentina endureceria a questão com o Chile aproveitando a opinião pública favorável. E isso poderia ter reflexos nas relações com o Brasil.

Uma outra questão complicada estava no campo econômico. A guerra trouxe prejuízos para a marinha mercante brasileira que teve que utilizar a rota do Canal do Panamá em razão do bloqueio no canal de Beagle, encarecendo os produtos. A especulação que se fez em relação ao Brasil ocupar espaços deixados pela Argentina na Europa não procedia, uma vez que as exportações portenhas eram de trigo e lã, produtos que o Brasil não produzia. [557] O governo Tatcher havia congelado os depósitos argentinos e a Junta ameaçava não pagar os juros da dívida externa que estariam vencendo. Essa inadimplência, na percepção das autoridades econômicas brasileiras, poderia provocar uma crise no mercado internacional com consequências graves para o Brasil. Além disso, haveria uma diminuição de compras de produtos brasileiros pela Argentina em decorrência do esforço de guerra. [558]

Apesar de apoiar o pleito argentino, o Brasil manteve teoricamente uma postura neutra em relação à guerra, mas forneceu material bélico e pessoal para auxiliar o vizinho. [559] Com o início da guerra, a Argentina negociou com o Brasil a compra de doze aeronaves xavantes. [560] A cooperação se estendeu ainda a facilidades para que a Argentina escoasse parte de sua produção agropecuária por portos brasileiros. Em Londres, a embaixada brasileira passou a cuidar dos interesses da Argentina no Reino Unido.

O fornecimento de armamento de produção nacional para aquele país foi entendido como estando de acordo com a resolução adotada na XX Reunião de Consulta do Tratado Interamericano de Assistência Recíproca (TIAR) que solicitou que os Estados-Parte prestassem o apoio que julgassem necessário e que se abstivessem de qualquer ato que pudesse prejudicar esse objetivo. [561]

557. Um prudente torcedor. *Veja*. São Paulo, 21 abr. 1982, p. 34-37.

558. Ibidem, p. 34.

559. No início de maio, quatro aviões Bandeirantes vendidos pelo Brasil já haviam sido colocados em operação pela Força Aérea Argentina. BRASIL. AN. EME. Sumário Diário de Informações n. 20-E2.1 (Conf.). Brasília, 4 maio 1982.

560. BRASIL. SDM. Relatório Anual da Marinha (Confidencial). Rio de Janeiro, dezembro de 1982.

561. BRASIL. AN. Documento ACE 40.859/84. MRE. Informação para o Senhor Presidente da República (Secreto-Exclusivo). Brasília, 08 jun. 1982.

O Brasil foi acusado, também, de permitir a passagem e inclusive o pouso de aeronaves com armamento estrangeiro para a Argentina no território nacional. Durante o episódio do bombardeiro Vulcan, que foi interceptado na costa brasileira e obrigado a pousar na base aérea do Galeão em 4 de junho de 1982, autoridades britânicas fizeram menção a escalas de aeronaves civis e militares argentinas e de terceiros países em Recife com armamentos provenientes da Líbia. No entanto, o Ministério das Relações Exteriores reiterava que não havia "interesse do país em participar de operações triangulares para fornecimento de armas à Argentina, por uma questão de princípio" e porque essas operações envolveriam, necessariamente, terceiros países, com os quais o governo brasileiro poderia não desejar estar associado. [562]

No caso das sanções decretadas pelo Reino Unido, Comunidade Econômica Europeia e Estados Unidos, o governo brasileiro não reconheceu sua validade jurídica, tendo, inclusive, protestado contra elas por entender que não haviam sido validadas pela ONU e feriam, no âmbito comercial, os dispositivos do Acordo Geral de Tarifas e Comércio (GATT). [563]

No âmbito da OEA, a participação brasileira nas discussões também foi importante. O representante brasileiro influenciou na aprovação de resolução ao final da XX Reunião de Consulta dos Ministros de Relações Exteriores, em 28 de abril de 1982, que não condenou explicitamente o Reino Unido, mas exigiu o cumprimento da Resolução 502 da ONU, deplorou o embargo da CEE e reconheceu a soberania argentina sobre as Falkland/Malvinas. [564]

As autoridades brasileiras também facilitaram o trânsito no território nacional de membros do Comitê Argentino em Defesa das Ilhas Malvinas, criado para angariar fundos para a economia de guerra do país, ativar o caráter cívico dos argentinos e sensibilizar os países vizinhos. [565] Com a guerra em andamento, membros do Comitê se instalaram no Rio de Janeiro. Em 19 de abril, dois de seus representantes estiveram no Congresso Nacional mantendo contatos com parlamentares [566] e, com o final da guerra, permaneceram mantendo contatos com políticos do Partido do Movimento Democrático Brasileiro (PMDB) do Rio de Janeiro com a intenção de criar uma comissão mista de parlamentares brasileiros e argentinos. [567]

562. Ibidem.

563. Ibidem.

564. OEA. Vigésima Reunión de Consulta de Ministros de Relaciones Exteriores. Resolución I. Documento 28/82 Rev. 3 Corr. 1. Washington, 28 abr. 1982.

565. BRASIL. AN. Documento ACE 6.808/82. SNI. Informe n. 183/420/ARJ/82 (Conf.). Rio de Janeiro, 16 ago. 1982.

566. BRASIL. AN. Documento ACE 24.644/82. SNI. Informe n. 1056/30/AC/82 (Conf.). Brasília, 28 abr. 1982.

567. BRASIL. AN. Documento ACE 6.808/82. SNI. Informe n. 183/420/ARJ/82 (Conf.). Rio de Janeiro, 16 ago. 1982. O Comitê encerrou suas atividades em 22 jul. 1982.

Mesmo tendo adotado uma posição de auxílio à Argentina e após a queda da Junta, o Brasil pensou em adotar medidas de precaução, planejando o reforço de unidades militares na região de Palmas na fronteira Argentina com os Estados do Rio Grande do Sul, Santa Catarina e Paraná, que fora, no passado, objeto de litígio entre os dois países. [568]

A derrota na guerra provocou mudanças na Argentina. Antes do conflito percebia-se uma cisão no seio das Forças Armadas entre os militares conservadores e os que pregavam a abertura política em direção à democracia. Durante o conflito houve uma união tanto entre os militares, como do povo e das esquerdas em torno da possível obtenção de um dos objetivos nacionais do país, a posse das ilhas. [569] Com a derrota militar, a cisão nas Forças Armadas não se referia mais a conservadores e liberais, mas entre as próprias Forças, decorrente dos sucessos, insucessos e atitudes tomadas durante as operações. A Força Aérea saiu do conflito em alta, enquanto a Marinha, que passou quase todo o conflito confinada aos portos do continente, e o Exército, principal responsável pela derrota militar, estavam em baixa.

Ao se aproximar do final da guerra, cogitava-se, inclusive, a possibilidade de que o brigadeiro Lami Dozo assumisse o governo no lugar de Galtieri. No entanto, prevaleceu o peso do Exército, o general Reinaldo Bignone foi nomeado presidente em 22 de junho, a Armada e a Força Aérea se desligaram do governo, o que, de fato, provocou o desaparecimento da Junta Militar.

O novo governo, além de reagir ante a declarações contrárias de dirigentes políticos e da imprensa, alegando a existência de uma campanha destinada a desprestigiar as Forças Armadas, elevou a questão da Falkland/Malvinas à categoria de "necessidade nacional", considerou "não haver cessação final das hostilidades" [570] e manteve aberta a questão fronteiriça com o Chile. [571] Mas, se comprometeu em restabelecer o estado de direito e conduzir à redemocratização, uma vez que o regime militar se tornara insustentável. [572]

568. Duas regiões receberão reforço militar. VEJA. São Paulo, 30 jun. 1982, p. 77. O plano do Exército era realizar a transferência da 5ª Brigada de Cavalaria Blindada até 1983 o que só aconteceu em 2004 e de maneira diferente da concebida anteriormente.

569. BRASIL. AN. EME. Sumário Diário de Informações n. 12-E2.1 (Conf.). Brasília, 22 abr. 1982

570. Quatro meses depois do encerramento das operações militares nas Malvinas, a Resolução 37/9 da ONU convidou as partes a reiniciar as negociações para encontrar com a maior brevidade uma solução pacífica para a disputa. No entanto, a cessação das hostilidades e o restabelecimento das relações consulares só ocorreram em 19 de outubro de 1989 pelo chamado Acordo de Madri quando a Argentina e o Reino Unido acordaram a criação de um grupo de trabalho para evitar incidentes no campo militar e o restabelecimento das comunicações aéreas e marítimas.

571. BRASIL. AN. SNI. Apreciação n. 021/22/AC/83 (Conf.). Brasília, 12 maio 1983.

572. Sem condições de cumprir com suas obrigações externas na área econômica, declarou a moratória no mês seguinte.

O apoio prestado pelos Estados Unidos ao Reino Unido, além de colaborar para a derrota do projeto militar argentino, foi fundamental para algumas alterações no Cone Sul.

Primeiro, a certeza de que o sistema interamericano de defesa instituído com base na OEA e no TIAR era falho. Dentre os conflitos armados e as crises surgidas no continente algumas mereceram a atenção desse sistema de segurança coletiva, exatamente aquelas que interessaram de perto aos Estados Unidos, como em alguns casos na América Central, especialmente na República Dominicana. Outros casos tiveram a solução da intervenção unilateral norte-americana como no Haiti, Granada e Panamá. O conflito das Falkland/Malvinas serviu para deixar às claras o que já se percebia nas sombras, que o sistema de segurança hemisférica havia sido conformado visando à segurança dos EUA e não dos demais Estados.

Segundo, permitiu que o Brasil não só afirmasse seu apoio à reivindicação argentina, como efetivamente apoiasse seu vizinho. Assumiu a representação de seus interesses no Reino Unido e facilitou o escoamento de parte de sua produção através dos portos de Santos, Paranaguá e Rio Grande. Ou seja, possibilitou uma espécie de "aliança não escrita", na questão da segurança regional, o que contribuiu para o estreitamento das relações, facilitando o início do processo de integração. [573]

Terceiro, a derrota nas Falkland/Malvinas e a estagnação econômica, acabaram com a ilusão e a pretensão argentina de tornar-se país chave no subcontinente. A guerra provocou o isolamento do país da sociedade internacional, fazendo com que o entendimento e a cooperação com os vizinhos do Cone Sul ganhassem maior prioridade. O isolamento que se estendeu por alguns anos levou o governo de Menem a buscar resolver conflitos pendentes como forma de inserir novamente a Argentina no sistema. Se o saldo para a Argentina foi, num primeiro momento, negativo, em longo prazo favoreceu a aproximação entre as Forças Armadas do Cone Sul como forma de tentar encontrar soluções para problemas sub-regionais.

A guerra comprovou, ainda, que os esforços dos governos militares para o desenvolvimento de indústria de material de emprego militar própria estavam corretos. A Argentina dependia de armamento estrangeiro. O governo argentino acreditou no não-envolvimento dos demais países europeus, especialmente a França, de quem havia adquirido os mísseis Exocet e que eram fundamentais para as operações militares que haviam sido planejadas. No entanto, a França ofereceu

573. ALBERTANI, Luciane Jardim, op. cit., p. 51. BRIGAGÃO, Clóvis. FONROUGE, Marcelo Velle. Argentina y Brasil: Modelo regional de confianza mutua. *Estudios Internacionales*, Santiago, a. XXXII, n. 125, jan./abr. 1999, p. 3-19.

total apoio aos britânicos, congelou a entrega de armas ainda pendentes, forneceu parte dos códigos dos mísseis que já haviam sido entregues aos argentinos, permitindo que os ingleses adotassem contramedidas eletrônicas, e pilotos e aviões Mirage e Super Etendard para treinar a defesa inglesa contra a aviação argentina que possuía esses aviões. [574]

Com o alinhamento dos Estados Unidos e o Reino Unido e o embargo estabelecido pelos países da CEE, teve que adquirir armas de países amigos, como o Brasil e o Peru, que forneceram pouca quantidade, levando-se em consideração as necessidades que o conflito impunha, e ao mercado negro, especialmente a Líbia, com todos os óbices decorrentes.

No âmbito interno, os governos militares argentinos não conseguiram desenvolver um projeto de crescimento econômico como fizeram os militares no Brasil e no Chile. Empreenderam uma política que em termos de direitos humanos foi repudiada pelas comunidades internacional e interna. No campo militar, a derrota na guerra transpareceu que os militares só sabiam realizar a chamada "guerra suja" na maior parte contra civis desarmados, sendo um fracasso no planejamento e execução de operações militares. Assim, as Forças Armadas ficaram totalmente desacreditadas, foram obrigadas a entregar o poder à autoridade civil numa condição extremamente desfavorável, situação que praticamente conduziu os militares a buscarem um melhor entendimento com seus pares dos países vizinhos.

## XIII - As Relações Militares no Período da Guerra Fria

A Guerra Fria estabeleceu um desenho de segurança mundial ditado pela oposição de duas potências e suas ideologias. Todo o mundo, direta ou indiretamente, gravitava na órbita de Estados Unidos ou União Soviética e era por eles influenciado. O desenho da segurança do continente americano, no contexto da Guerra Fria, se baseou, inicialmente, no Tratado Interamericano de Assistência Recíproca e na Organização dos Estados Americanos.

Com o avanço do chamado Movimento Comunista Internacional (MCI) expressado principalmente nas vitórias obtidas na China e em Cuba e, de acordo com a estratégia da contenção, os Estados Unidos procuraram manter a influência militar na região, por meio do apoio aos governos de exceção, do patrocínio de exercícios conjuntos e da criação de foros militares para o intercâmbio de informações e de experiências, agregando as Forças Armadas do continente, que passaram a realizar reuniões regulares para discutir os problemas de segurança da região.

574. RAZOU, Pierre. *La guerra de las Malvinas*. Disponível em: http://www.istor.cide.edu/archivos/num_8/ dossier1.pdf. Acesso em: 03 mar. 2008.

Foram criadas instituições como a Conferência dos Exércitos Americanos (CEA), a Conferência Naval Interamericana (CNI), a Conferência de Chefes das Forças Aéreas Americanas (CONJEFAAMER) e o Sistema de Cooperação das Forças Aéreas Americanas (SICOFAA).[575] Estavam ligadas ao programa conduzido pelo Departamento de Defesa denominado *Foreign Military Interaction* que tinha como principal objetivo manter o contato militar com a região por meio de mecanismos formais como programas de intercâmbio e de medidas de confiança mútua, e informais como contatos durante recepções, reuniões e telefônicos com autoridades dos países latino-americanos.[576]

O objetivo declarado desses foros era debater experiências entre militares do Continente Americano. No entanto, o propósito dos Estados Unidos foi fomentar a discussão entre os militares do sistema interamericano sobre as atividades do MCI e encontrar formas de enfrentá-lo com efetividade e coordenação de esforços. Textos publicados em revistas militares brasileiras no período da Guerra Fria especialmente a Defesa Nacional expressavam a posição dos militares em relação aos métodos empregados pelo MCI e o combate à subversão e externavam a doutrina de segurança nacional pregada pelo Colégio Interamericano de Defesa e pela Escola Superior de Guerra.[577]

## 1) As Conferências Militares

A CEA foi fundada em 1960 por 17 países, entre eles os seis integrantes do Cone Sul, com a finalidade de constituir-se num foro de debates para a troca de experiências entre os exércitos do continente, e conformou-se num organismo militar internacional de concertação, dirigido pelos exércitos americanos com autorização dos seus respectivos governos, apresentando propostas sobre pontos considerados de interesse comum.[578]

Inicialmente, constituía-se de uma reunião anual de comandantes com sede itinerante, foi incorporando uma série de conferências especializadas

575. Esses foros foram criados com base nas resoluções IV e VII da Ata de Chapultepec.

576. Centre for International Policy. Latin America Working Group. *Foreign Military Interaction (FMI)*. Disponível em: http://www.ciponline.org/facts/fmi.htm. Acesso em: 25 jul. 2008.

577. O Decreto-Lei n. 314 de 13 mar. 1967 que tratou dos crimes contra a segurança nacional, definiu como guerra revolucionária o "conflito interno, geralmente inspirado numa ideologia, ou auxiliado do exterior, que visa à conquista subversiva do poder pelo controle progressivo da Nação". BRASIL. AHE. Decreto-Lei n. 314 de 13 mar. 1967. BE n. 14 de 7 abr. 1967, p. 7. Foi estabelecido o Conselho de Segurança Nacional formado pelo Presidente da República, o vice-presidente, todos os ministros, os chefes de gabinete civil e militar, os chefes do SNI, do EMFA e dos Estados-Maiores da Marinha, Exército e Aeronáutica. BRASIL. AHE. Decreto n. 348 de 4 jan. 1968 Organização, Competência e Funcionamento do Conselho de Segurança Nacional. BE n. 4 de 26 jan. 1968, p. 25-28.

578. BRASIL. EB. EME. 5ª Subchefia. A Conferência dos Exércitos Americanos. Brasília, 2006, p. 4.

para discussão de temas específicos nas áreas de operações, inteligência, logística, pessoal e comunicações. Esse conjunto de conferências especializadas e de comandantes recebeu a denominação de ciclo. As Conferências Especializadas resultavam em projetos de acordos ou recomendações, que ao final do ciclo eram submetidos à aprovação durante a Conferência de Comandantes. [579]

A base doutrinária e de funcionamento foi estruturada num conjunto de regulamentos aprovados a partir de novembro de 1987 que definiram sua finalidade de

> alcançar uma estreita integração e cooperação entre os exércitos, para o estudo conjunto de problemas de interesse mútuo, dentro dos limites do Continente Americano, com o objetivo de assegurar a segurança e a defesa do Continente contra todas as ameaças à paz, à democracia e à liberdade dos países membros. [580]

A CEA estabeleceu um Sistema de Comunicações Militares dos Exércitos Americanos (SICOMEA) e a Diretoria de Comunicações Militares Interamericana (DICOMI), órgão subordinado à Secretaria Executiva Permanente, que gerencia a rede.

A intenção de discutir a influência comunista no continente e seu combate pode ser verificada nos temas tratados nas CEA, desde sua criação até o final da década de 1980. Da I a XVII conferência, os principais assuntos tratados foram: o comunismo internacional e suas ameaças ao hemisfério; objetivos sino-soviéticos no hemisfério ocidental; os programas de assistência militar e de segurança interna; a subversão e a espionagem comunistas; doutrina militar para atividades de contrainsurreição; a revolução comunista e sua repercussão na América Latina; o papel dos militares na América Latina e na segurança interna; os organismos de ajuda mútua para fazer face à subversão comunista; cooperação entre os exércitos americanos para fazer face à subversão; estabelecimento de uma doutrina comum destinada ao treinamento e emprego de tropas em combate contra as táticas e

579. Como exemplo, o XXIV ciclo que se iniciou em 2000 apresentou as seguintes atividades: I Conferência de Assuntos Civis e Advogados Militares; VIII Conferência de Treinamento e Ensino; I Conferência de Ciência, Tecnologia e Comunicações; I Conferência de Logística e Medicina; XXI Conferência de Inteligência; reunião preparatória e reunião de comandantes. Conferência dos Exércitos Americanos. *Revista Verde Oliva*, Brasília, a. XXVII, n. 167, 2000, p. 8. O XXVII Ciclo se iniciou em março de 2006 com a transferência da Secretaria Executiva Permanente para o Exército do Brasil teve as seguintes atividades: conferências especializadas de Procedimentos para as Operações de Manutenção da Paz, Ciência e Tecnologia, Treinamento e Ensino em Operações de Paz da ONU, Logística; Exercício de Ajuda em Caso de Desastres; Reunião do Comitê *Ad Hoc* de Procedimentos; Exercício de Operações de Manutenção da Paz; reuniões preparatórias e de comandantes dos Exércitos Americanos. BRASIL. EB. EME. 5ª Subchefia. A Conferência dos Exércitos Americanos. Brasília, 2006.

580. Ibidem, p. 5.

técnicas empregadas pelos comunistas em suas atividades subversivas rurais e urbanas; comportamento estratégico comum dos Exércitos Americanos para garantir a segurança nacional contra a subversão; e sistema de educação dos exércitos americanos orientado à erradicação da subversão. [581]

A XVIII CEA, realizada entre 1988 e 1989, analisou e avaliou, do ponto de vista político-militar, o conflito na América Central durante o período de 1978 e 1989. A partir daí, já no contexto de final da Guerra Fria, houve uma mudança nos interesses dos integrantes da CEA e os temas tratados se relacionaram com os exércitos americanos diante da nova situação mundial e sua participação no desenvolvimento interno dos países e em ações de cooperação para a segurança e a paz internacional. [582]

Tabela 2 – Assuntos Tratados nas CEA

| Ciclo | Ano | Sede | Assuntos tratados |
|---|---|---|---|
| I | 1960 | EUA | Temas tratados pelos EUA incluindo informações, operações, logística, verificação e desenvolvimento de temas tratados por outros países incluindo operações, informações e logística. |
| II | 1961 | EUA | Vários temas sobre assuntos relativos a pessoal, inteligência, operações, logística, ação cívica e política militar. |
| III | 1962 | EUA | Logística. |
| IV | 1963 | EUA | Temática orientada ao estabelecimento de redes de comunicações para difundir e intercambiar informação sobre movimentos subversivos. |
| V | 1964 | EUA | Administração do adestramento e intensificação da preparação dos Exércitos em guerra revolucionária. |
| VI | 1965 | Peru | Cooperação do Exército com as Organizações do Governo para superar a ordem social do povo; e Organização e adestramento do Exército para segurança interna. |
| VII | 1966 | Argentina | Aperfeiçoamento do sistema militar e sua incorporação à Carta da OEA. |

581. SILVA E LUNA, Joaquim. *Uma Concepção do Exército Brasileiro para a CEA do Século XXI*. Monografia. Rio de Janeiro: ECEME, 1998, p. 20-21.

582. Ibidem, p. 21 e informações obtidas junto à 5ª Subchefia do Estado-Maior do Exército.

| | | | |
|---|---|---|---|
| VIII | 1968 | Brasil | Vários temas orientados para a segurança do hemisfério. |
| IX | 1969 | EUA | Subversão comunista nas Américas Educação sobre democracia e formação contra a luta revolucionária. |
| X | 1973 | Venezuela | Estratégias contra a subversão na América para a segurança do hemisfério. |
| XI | 1975 | Uruguai | Regulamentos da CEA Segurança nas Américas Sistema educativo integral nos Exércitos Americanos (contribuir para erradicar a subversão). |
| XII | 1977 | Nicarágua | Integração do Sistema Interamericano. A luta contra a subversão comunista. |
| XIII | 1979 | Colômbia | Aprimoramento da educação profissional dos soldados. Formação administrativa. Aprovação do Regulamento da Conferência. |
| XIV | 1981 | EUA | Guerra psicológica Garantia, por parte dos Exércitos Membros, de não permitir organizações subversivas de outros países em seus territórios. |
| XV | 1983 | Venezuela | Ação cooperativa para identificar, singular e neutralizar o apoio externo à subversão comunista nas Américas. A ameaça comunista à segurança do hemisfério. Os métodos para incrementar a eficiência da organização de Exércitos. |
| XVI | 1984/1985 | Chile | O Exército numa sociedade democrática. Subversão na América Latina: perspectiva e delimitações. A coalizão da defesa nas Américas |
| XVII | 1986/1987 | Argentina | Combatendo o terrorismo Internacional, ameaça, política e resposta. |
| XVIII | 1988/1989 | Guatemala | O conflito na América Central: análise e avaliação do ponto de vista político-militar durante o período 1978-1989. |
| XIX | 1990/1991 | EUA | A manutenção da democracia no continente frente à abertura ideológica do mundo comunista. As realidades políticas, sociais e econômicas dos países americanos. |

| | | | |
|---|---|---|---|
| XX | 1992/1993 | Brasil | Participação dos Exércitos Americanos e de suas reservas ao aporte de seus governos para garantir a segurança continental em vista da nova situação mundial. A formação de blocos e/ou alianças econômicas apoiadas pelos organismos internacionais e as pressões sobre as necessidades das Forças Armadas, suas missões e acesso à tecnologia. |
| XXI | 1994/1995 | Argentina | Desafios ao Estado/Nação, consequências para a segurança continental e seus efeitos sobre os Exércitos Americanos. |
| XXII | 1996/1997 | Equador | Participação dos Exércitos no desenvolvimento dos países e nas atividades de cooperação para manter a segurança e a paz internacional no contexto de uma sociedade democrática. |
| XXIII | 1998/1999 | Bolívia | A CEA que desejamos para o século XXI. |
| XXIV | 2000/2001 | Chile | Os Exércitos Americanos no contexto das relações e do direito internacional no início do século XXI, incidências na defesa nacional. |
| XXV | 2002/2003 | Canadá | Os exércitos americanos e sua contribuição à formação de políticas da defesa no contexto de desafios novos à segurança continental. |
| XXVI | 2004/2005 | Argentina | A Conferência dos Exércitos Americanos e sua contribuição para a segurança e defesa hemisféricas, por meio de uma crescente habilidade para realizar trabalho conjunto, em operações de manutenção de paz do Capítulo 6 da Carta das Nações Unidas e em operações de assistência a desastres, baseado em aspectos comuns em Doutrina, Treinamento, Logística, Comunicações e Inteligência. |
| XXVII | 2006/2007 | Brasil | CEA e sua contribuição para as Operações de Manutenção da Paz (desenvolvidas sob o mandato da ONU) e em Operações de Assistência em Casos de Desastre, mediante a criação e aplicação de mecanismos e procedimentos que permitam melhorar as capacidades coletivas de seus membros e sua interoperabilidade. |

Tabela preparada pelo autor com base em dados do Estado-Maior do Exército. 5ª Subchefia.

Em maio de 1957, os comandantes da Armada Argentina (ARA) e da Marinha do Brasil (MB), juntamente com representantes das marinhas do Paraguai e Uruguai, se reuniram em Buenos Aires com a finalidade de estudar as bases da Organização do Tráfego Marítimo do Atlântico Sul. Em 1959, em Washington, foi estabelecido o Plano para Defesa do Tráfego Marítimo Interamericano (PDTMI).

No mesmo ano, foi criada a Conferência Naval Interamericana (CNI) com o objetivo de proporcionar intercâmbio de ideias, conhecimentos e compreensão mútua dos problemas marítimos que afetam o continente. [583]

Em abril de 1962, no Chile, durante a III CNI, decidiu-se pela criação de um Comitê de Tráfego Marítimo que se reuniu pela primeira vez em julho do mesmo ano no Panamá. Na IV CNI, em agosto de 1964, no Rio de Janeiro, deliberou-se sobre a constituição de um comitê para estudar a Organização do Tráfego Marítimo e os aspectos estratégicos e operativos para a sua defesa. Dessa deliberação resultaria a criação da Área Marítima do Atlântico Sul.

Os entendimentos das conferências têm o caráter de recomendações e, a exemplo da CEA, a CNI realiza, também, Conferências Navais Interamericanas Especializadas. [584]

No âmbito da CNI, em 1962 foi iniciada a Conferência de Academias de Guerra Naval das Américas que passou a se reunir a cada dois anos. Em 1972, iniciaram-se os Jogos de Guerra Interamericanos, realizados de forma ininterrupta (com exceção de 2001 e 2004) com rotação entre as escolas dos países-membros e com a participação de todos os países do Cone Sul. [585] Os jogos eram patrocinados pelo *US Naval War College* e tinham como foco a resolução de problemas em nível tático por meio de simulações de combate referentes à coordenação do comando e controle de forças navais e proteção do tráfego marítimo e de alvos estratégicos. A partir de 1998 evoluiu para a forma de seminário e posteriormente para jogo de guerra em nível operacional conduzido virtualmente através da Internet e com

583. Até 2006 foram realizadas vinte reuniões: 1959 – Zona do Canal do Panamá; 1960 – Estados Unidos e Porto Rico; 1962 – Chile; 1964 – Brasil; 1966 – Venezuela; 1971 – EUA; 1974 – Argentina; 1976 – Brasil; 1978 – Peru; 1980 – Equador; 1983 – Colômbia; 1985 – EUA; 1986 – Argentina; 1988 – EUA; 1990 – Chile; 1992 – Peru; 1994 – Uruguai; 1996- Brasil; 1998 – Chile; 2000 – Colômbia; 2004 – EUA e 2006 – Argentina.

584. Fazem parte da Conferência 19 países americanos (Argentina, Bolívia, Brasil, Canadá, Colômbia, Chile, El Salvador, Equador, EUA, Guatemala, Honduras, México, Nicarágua, Panamá, Paraguai, Peru, República Dominicana, Uruguai e Venezuela). As reuniões especializadas acontecem em diversas áreas como Ciência e Tecnologia, Controle Naval, de diretores de Logística e Material, de diretores de Inteligência, de diretores de Escolas Navais, de chefes de Comunicações, etc. São acordadas pelos membros e realizadas em países diferentes. Na década de 1990 foi criada a Conferência Naval Interamericana Especializada em Inteligência, Patrulha Costeira e Fluvial e Tráfico de Armas e Narcóticos. A IV Conferência, realizada em 1998, abordou o tema A Inteligência Voltada para a Segurança Hemisférica. BRASIL. SDM. Relatório Anual da Marinha (Conf.). Brasília, dezembro de 1998.

585. CHILE. Academia de Guerra Naval. *Juego de Guerra Interamericano 2008*. Disponível em: http://www.apolinav. cl/iawg/iawg_es/Historia.html. Acesso em: 23 abr. 2008.

uma conferência de encerramento na academia naval patrocinadora, ocasião em que os participantes aprovam as conclusões e recomendações finais.

Na área naval, os países do Cone Sul passaram a integrar a Rede Naval Interamericana de Telecomunicações (RNIT) [586], a Organização Marítima Internacional (OMI) [587], Organização Hidrográfica Internacional (OHI) [588] e a Rede Operacional de Cooperação Regional de Autoridades Marítimas (ROCRAM). [589]

Em 16 de abril de 1961 foi realizada a Primeira Conferência de Chefes das Forças Aéreas Americanas (I CONJEFAMER) na Base Aérea Randolph, nos Estados Unidos, consumando uma ideia do então chefe de Estado-Maior da Força Aérea norte-americana de estabelecer um mecanismo para fortalecer as relações interinstitucionais por meio do intercâmbio dos assuntos profissionais relativos às Forças Aéreas.

Em 1964, a Força Aérea do Peru propôs a criação de uma organização através do documento intitulado "*Bases y Procedimientos para un Sistema de Cooperación entre las Fuerzas Aéreas Americanas*". Tendo sido aceito na Conferência de 1965, deu-se a criação do Sistema de Cooperação das Forças Aéreas Americanas (SICOFAA).

O Sistema denominou-se uma "organização apolítica e de caráter voluntário, entre as Forças Aéreas ou sua equivalente", que tinha a finalidade de "promover e fortalecer os laços de amizade, cooperação e apoio mútuo entre seus membros" por meio do intercâmbio de experiências, meios, treinamento e instrução de pessoal e tudo que facilitasse a elaboração de procedimentos para atuar de forma integrada. [590] Passou a funcionar com a realização de conferências, com a relação de temas acordada em reunião prévia e cada tema sendo preparado por um grupo de trabalho constituído por representantes de diversos países. [591]

586. Rede de comunicação das autoridades navais realiza exercícios anuais de comunicações, além de prestar auxilio técnico e operacional, principalmente em caso de acidentes. Participam todos os países sul-americanos, com exceção da Guiana e do Suriname, os EUA e alguns países da América Central.

587. Instituição responsável por prover assistência técnica em apoio à diversas estratégias marítimas desenvolvidas na sub-região como nas áreas de segurança marítima, controle de tráfego marítimo, proteção e controle de contaminação no meio marinho e formação de pessoal.

588. Tem sede em Mônaco e exerce a coordenação geral de estudos e trabalhos hidrográficos realizados nos países membros.

589. Foi estabelecida em 1962, congregando os países sul-americanos, México, Cuba e Panamá, como um mecanismo de relacionamento entre as autoridades navais de modo a cumprir as metas globais da OMI em relação a capacitação profissional, segurança das embarcações e proteção do ambiente marinho.

590. SICOFAA. Carta Constitutiva. Disponível em: http://www.sicofaa.org/files/archivos/documentos_ normativos/Carta%20 Constitutiva%202007.pdf. Acesso em: 25 dez. 2007. Mantém uma secretaria permanente e possui atualmente 18 países membros, incluindo todos os países do Cone Sul.

591. Cada grupo repassa o tema a um comitê específico, sendo que os países membros assumem voluntariamente a responsabilidade por cada comitê. Os temas devem ser aceitos por 2/3 dos

Esses mecanismos militares, CEA, CNI e SICOFAA, funcionaram regularmente durante todo o período da Guerra Fria, quando exerceu um papel de foro de discussões sobre a segurança do continente, incluindo, a sua proteção contra o avanço dos regimes comunistas.

**2) Intercâmbios e Exercícios Conjuntos**

Dentro dos regimes militares que se estabeleceram, os conceitos norte-americanos foram aplicados e incentivados por meio de bolsas de estudos, financiamento de projetos na área acadêmica, políticas de auxílio às Forças Armadas e intercâmbio para oficiais, cujo maior exemplo foi a realização de cursos por militares dos países latino-americanos na antiga Escola das Américas, localizada no Forte Gullick, estabelecida em 1946 na Zona do Canal do Panamá e transferida para o Forte Benning, Geórgia, em 1984, cujo currículo tinha o foco nas operações contra-insurgência. [592]

No caso do Brasil, por conta da Comissão Militar Mista e da Comissão Mista de Defesa, criadas durante a 2ª Guerra Mundial e do acordo militar de 1952, e como parte das relações estratégicas bilaterais estabelecidas pelos Estados Unidos, foi intenso o intercâmbio em termos de cursos realizados por militares brasileiros, especialmente do Exército. [593] Os cursos frequentados com mais regularidade foram os de operações psicológicas e contrainsurrecionais, cursos avançados de todas as armas e de blindados, forças especiais, tática de armas modernas, informações militares e inteligência[594], administração de suprimento e de pessoal e Comando e Estado-Maior. [595] Na Zona do Canal foram realizados cursos de guerra na selva, nas áreas de paraquedismo e comunicações, de operações contrarrevolucionárias, guerra irregular, suprimento geral, informações e interrogatórios militares e de assuntos civis. [596] Foram realizadas, também, diversas conferências como as de Ação Cívica em 1967, de Capelães Militares das Forças Armadas Latino-Americanas, em 1968, de Oficiais Médicos das Forças Armadas Latino-Americanas, em 1970, de Operações na Selva e visitas a instalações logísticas. [597] Com base num acordo

assistentes e versam sobre diversos assunto como busca e salvamento, medicina aeroespacial, treinamento, luta antidroga, etc.

592. EUA. General Accounting Office. Documento GAO/NSIAD-96-178. *School of the Americas:* US military training for Latin American countries. Washington, 22 ago. 1996.

593. As Comissões foram criadas em 1942 e eram subordinadas ao Estado-Maior das Forças Armadas (EMFA). BRASIL. AHE. Decreto 58.358. BE n. 21 de 27 maio 1966, p. 13.

594. Realizados na *U.S. Army Intelligence School*. BRASIL. AHE. BE n. 37 de 10 set. 1965, p. 26, BE n. 8 de 25 fev. 1966, p. 31 e outros.

595. BRASIL. AHE. BE. Números diversos entre 1965 e 1970.

596. BRASIL. AHE. BE. Números diversos entre 1965 e 1970.

597. BRASIL. AHE. BE n. 24 de 16 jun. 1967, p. 25; n. 13 de 29 mar. 1968, p. 10; n. 19 de 8 maio

sobre serviços cartográficos [598] vários militares frequentaram cursos no *Inter American Geodetic Survey* na Zona do Canal como cartografia avançada, fotogrametria, reambulação, apoio terrestre e triangulação aérea. [599]

Além de militares alunos, a partir da década de 1960, o Exército Brasileiro enviou oficiais e sargentos como instrutores e monitores, respectivamente, para a Escola das Américas. [600]

No país, a percepção da ameaça interna resultou na criação de cursos como o de informações na Escola Superior de Guerra, em 1965, para "cooperar no estudo e desenvolvimento de uma doutrina de segurança nacional e preparar civis e militares para funções relacionadas com as informações" [601] e na inserção de disciplinas específicas em cursos militares já existentes como o de Comando e Estado-Maior do Exército. [602]

Dentro da concepção de defesa externa do continente, ainda na década de 1950 iniciou-se a prática da realização de exercícios conjuntos entre as marinhas do continente, sob patrocínio dos Estados Unidos.

Em 1959, surgiu a operação denominada UNITAS [603], compreendendo exercícios de guerras de superfície, antissubmarino, antiaérea e eletrônica, e realizadas com periodicidade anual. Iniciadas com a participação das marinhas da Argentina, Brasil, Colômbia, Peru, Uruguai e Venezuela, com o tempo foi se estendendo a diversos países latino-americanos. [604]

---

1970, p. 10; n. 19 de 8 maio 1970, p. 10; n. 44 de 1 nov. 1985, p. 6; n. 46 de 14 nov. 1985, p. 29 e n. 33 de 18 ago. 1965, p. 33.

598. Foi criada a Comissão Mista Executora do Acordo Brasil- EUA sobre Serviços Cartográficos. BRASIL. AHE. BE n. 47 de 20 nov. 1964, p. 31.

599. BRASIL. AHE. BE n. 6 de 5 fev. 1965 p. 2, BE n. 33 de 18 ago. 1967, p. 32.

600. BRASIL. AHE. BE n. 28 de 28 jan. 1966, p. 20, BE n. 14 de 7 abr. 1967, p. 41, BE n. 3 de 19 jan. 1968, p. 23 e 35, BE n. 27 de 5 jul. 1968, p. 27 e outros.

601. BRASIL. AHE. Decreto 55.791 de 23 fev. 1965. BE n. 12 de 9 mar. 1965, p. 16.

602. Constava do currículo as matérias de Segurança Interna (22 horas), Guerra Irregular (21 horas) e Arma Psicológica (28 horas), além desses temas retornarem na matéria principal de Operações. BRASIL. AHE. BE n. 21 de 24 maio 1968, p. 18-23.

603. Anteriormente, a Marinha dos Estados Unidos já havia realizado exercícios com outras marinhas do continente. Em 1959, por exemplo, realizou a Operação Neptuno da qual participou o destróier San Juan da ARA. ARGENTINA. Departamento de Estudios Históricos Navales, 1972, op. cit., p. 2.459.

604. Os exercícios foram concebidos com uma fase nos EUA e diversas fases na costa do Atlântico a partir da Venezuela até o litoral argentino. BRASIL. SDM. Relatórios do Ministro da Marinha (Conf.) entre 1959 e 2000. A UNITAS XII, realizada em 1970, contou com navios dos EUA, Argentina, Uruguai e Brasil. A terceira etapa se deu entre Buenos Aires e Rio de Janeiro. A Argentina participou com seu porta-aviões, três destróiers, um navio tanque, um rebocador e dois navios tanques da YPF. O Brasil com seu porta-aviões, seis destróiers e dois submarinos. O Uruguai com dois destróiers e os EUA com dois destróiers e um submarino. ARGENTINA. AHA. *Buques de la Armada*

Além da UNITAS, outros exercícios multilaterais foram executados por conta do incentivo norte-americano. Na década de 1980 as marinhas da América do Sul participaram das operações *Expanded Sea*, iniciada em 1982, com forças da Organização do Tratado do Atlântico Norte (OTAN) e da Oceania, consistindo em exercício simulado de comando e controle naval do tráfego marítimo [605], *Ocean Ventura*, iniciada em 1981, realizada em conjunto com a OTAN e algumas marinhas sul-americanas, num quadro de conflito Leste-Oeste, composta de dez fases, sendo que apenas uma era realizada no Atlântico Sul e *Oceanic*, envolvendo também unidades sul-africanas. [606]

A Organização de Controle de Tráfico Marítimo dos Estados Unidos realizou, ainda, com as marinhas do Brasil, Argentina, Uruguai e Paraguai, a Operação *Export Gold* para treinamento de comunicações e adestramento das organizações de controle naval do tráfego marítimo. [607]

Em 1966, as marinhas da Argentina e do Uruguai realizaram a operação conjunta Sudatlântico compreendendo ações antissubmarinos. [608]

Ainda naquela década, a Junta Interamericana de Defesa preparou o Plano para Coordenação do Tráfego Marítimo Interamericano que definiu cinco zonas marítimas distintas. Na Área Marítima do Atlântico Sul correspondente às costas de Brasil, Argentina e Uruguai, em 1967, os três países estabeleceram, a partir de recomendação do Comitê Interamericano para a Defesa do Tráfego Marítimo, a Área Marítima do Atlântico Sul (AMAS) com o propósito de servir como instrumento de coordenação, treinamento e controle naval do tráfego marítimo. [609] Esta Área tinha um Coordenador (CAMAS), função que oficiais dos três países passaram a exercer em sistema de rodízio, e um Estado-Maior internacional constituído por oficiais de cada um deles, incluindo ainda o Paraguai. [610]

---

*Argentina 1970-1996 – sus comandos y operaciones*. Buenos Aires: Presidência de la Nación, 1997, p. 202-203. Em algumas oportunidades participaram da UNITAS as marinhas do Canadá e da Espanha.

605. BRASIL. AN. Documento ACE 72.494/89. SNI. Informação 481-EMA (Secreta). Brasília, 26 maio 1981. Posteriormente, esta operação foi substituída pelo Exercício *Bell Boy*, realizado pelos EUA. Em 2005, a armada do Chile participou tendo convidado um oficial argentino como observador.

606. Ibidem.

607. BRASIL. SDM. Relatório Anual da Marinha (Conf.) anos diversos.

608. A Armada Argentina participou com seu porta-aviões, três destróiers e um submarino e a uruguaia com dois destróiers. ARGENTINA. Departamento de Estudios Historicos Navales, 1972, op. cit., p. 3.059.

609. BRASIL. AN. SNI. Apreciação n. 018/23/AC/81 (Secreto). Brasília, 23 de junho de 1981, p. 13. As demais áreas eram Marítima Norte (EUA, Canadá, incluindo o Havaí), Marítima Central (dos EUA ao Norte da América do Sul), Marítima do Peru e Marítima do Chile.

610. Em setembro de 1965, na cidade de Buenos Aires, o Comitê Naval Interamericano para a Defesa do Tráfego Marítimo acordou as bases da organização da AMAS. Sua criação e detalhes de funcionamento foram ratificados entre julho de 1967 e dezembro de 1968, pelos respectivos gover-

A partir de 1978, as marinhas dos países membros iniciaram a realização do exercício chamado COAMAS, para adestramento do Comando e Controle da Área Naval e Tráfego Marítimo, no modelo jogos de guerra. [611]

Além dos exercícios multilaterais, normalmente patrocinados pelos Estados Unidos, em 1968, de maneira pioneira em termos de relações militares bilaterais, as marinhas do Brasil e da Argentina iniciaram a realização da operação Atlantis, que compreendia exercícios de Estado-Maior Conjunto em guerra de superfície, antissubmarino, antiaérea e eletrônica. A partir de entendimento bilateral, passou a contar com a participação de meios navais uruguaios. [612] Inicialmente, era realizada de forma descontinuada[613], passando a ser anual, em sistema de rodízio entre os países. A partir de 1978 passou a se chamar Operação Fraterno. [614]

Também na década de 1970, Brasil e Paraguai iniciaram as operações Ninfa e a Armada Argentina criou a operação Sirena também com a marinha do Paraguai, ambas num ambiente de operações fluviais compreendendo diversas atividades, incluindo desembarque anfíbio de fuzileiros navais[615] e a Operação Cimarrón com a Armada do Uruguai. [616]

Tanto as operações patrocinadas pelos Estados Unidos como UNITAS, *Expanded Sea, Ocean Ventura, Export Gold*, como os exercícios conjuntos entre as marinhas do Cone Sul davam-se num quadro de conflito externo e de comando e controle naval do tráfego marítimo no Atlântico Sul, compreendendo diversas

nos. O Paraguai também faz parte da Área.

611. BRASIL. SDM. Relatório Anual da Marinha (Conf.). Rio de Janeiro, dezembro de 1978.

612. Durante a Atlantis II, entre 27 de maio e 2 de junho de 1969, participaram pela ARA os destróiers Santa Cruz e Entre Rios, o submarino Santa Fé, o transporte Baía Aguirre mais aviões Tracker e Neptune da aviação naval. Pela MB o transporte Suarez Dutra, os caça-torpedeiros Araguari e Amazonas e o submarino Rio Grande do Sul. Pela ARU os destróiers Artigas e Uruguai, o navio auxiliar Montevidéu e uma esquadrilha aeronaval. ARGENTINA Departamento de Estudios Históricos Navales, 1972, op. cit., p. 2.482.

613. A Operação surgiu no bojo da AMAS e sua execução era decidida durante as reuniões de comandantes locais de controle operacional da AMAS.

614. O exercício teve algumas interrupções resultantes de problemas orçamentários em 1995, 1996 e 2001 e em razão da Guerra das Malvinas, em 1982, mas continuou a ser executado. Sua edição XXII foi realizada em 2003, sempre com o objetivo principal de desenvolver a interoperabilidade entre diferentes armadas. BRASIL. SDM. Relatórios Anuais da Marinha entre 1968 e 2003. Durante a XI edição da operação em fevereiro e março de 1989 foi realizada a Operação Ibéria com a participação de forças navais da Espanha. ARGENTINA. AHA. *Buques de la Armada Argentina 1970-1996 – sus comandos y operaciones*. Buenos Aires: Presidencia de la Nación, 1997, p. 348.

615. GONZALEZ, Fabio Ruperto Martinetti. *As Forças Armadas Nacionais e suas Perspectivas de Integração no Mercado Comum do Sul (Mercosul)*. Monografia. Rio de Janeiro: ECEME, 1998, p. 24. A operação foi iniciada em 1975.

616. Realizada anualmente a partir de 1974. ARGENTINA. AHA. *Buques de la Armada Argentina 1970-1996 – sus comandos y operaciones*. Buenos Aires: Presidencia de la Nación, 1997, p. 231.

ações navais como guerra de superfície, antissubmarino, antiaérea e eletrônica, de fuzileiros navais e de comando e controle de área marítima. Estavam de acordo com as ações navais que os países do Cone Sul deveriam empreender dentro dos planejamentos de defesa da Junta Interamericana de Defesa e dos interesses de segurança dos Estados Unidos.

Já a criação de mecanismos de aproximação e entendimento no âmbito das relações militares bilaterais teve precedentes que remontam ao período entre-guerras. Em 1931, a partir de um acordo de cooperação entre a Argentina e o Paraguai, a Missão Militar Argentina ficou responsável pela então Escola Superior de Guerra. [617]

Em 1942 foi estabelecida a Missão Militar Brasileira de Instrução no Paraguai (MMBIP) para cooperar na formação e no aperfeiçoamento dos quadros e tropas das distintas Armas e Serviços das Forças Armadas, que contou, durante mais de 50 anos, com oficiais superiores das diversas armas do Exército Brasileiro (EB), além de capitães especialistas em artilharia antiaérea, equitação, educação física e paraquedismo. [618]

Em dezembro de 1949, instalou-se a Missão Militar Técnica Argentina para prestar cooperação científica nos ramos geográficos e hidrológicos, assim como de apoio técnico e logístico ao setor veterinário do Exército e a Faculdade de Veterinária da Universidade Nacional de Assunção. A partir de 1953, foi estabelecida a Missão Naval Argentina para cooperar com a Armada do Paraguai. [619]

Em 1982, foi criada a Missão Técnica Aeronáutica Brasileira (MTAB) com a finalidade de prestar assessoramento técnico, operacional e administrativo ao Comando da Aeronáutica do Paraguai. [620]

Ainda em relação ao Paraguai, o Arsenal de Marinha do Rio de Janeiro construiu, entre 1983 e 1984, o navio patrulha Itaipu por encomenda da Marinha daquele país, semelhante aos navios brasileiros da classe Pedro Teixeira, incluindo um convés para pouso de helicóptero. Foi o primeiro navio de guerra construído no Brasil para exportação. [621]

617. Atual Escola de Comando e Estado Maior do Exército (ECEME). A Guerra do Chaco interrompeu o trabalho da Missão. GONZALES, Fabio Ruperto Martinetti, op. cit., p. 24.

618. LA PORTA, Marco Antonio de Mattos. Missão Militar Brasileira: 50 anos de amizade. *Revista do Exército Brasileiro*, Rio de Janeiro, v. 129, n. 3, jul./set. 1992, p. 7-8.

619. GONZALES, Fabio Ruperto Martinetti, op. cit., p. 24.

620. O acordo incluiu o apoio de suprimento, controle de estoque e manutenção de aeronaves brasileiras adquiridas pelo Paraguai, apoio à instrução aérea e terrestre, à formação de pilotos, organização estrutural dos meios aéreos e apoio administrativo à instrução especializada. BRASIL. MRE. Acordo, por Troca de Notas, para a Criação de uma Missão Técnica Aeronáutica Brasileira em Assunção - MTAB. Assunção, 10 mar. 1982. Disponível em: http://www2.mre.gov.br/dai/ b_parg_129_3244.pdf. Acesso em: 08 mar. 2008. BRASIL. Decreto n. 87.147 Dispõe sobre a Missão Técnica Aeronáutica Brasileira em Assunção. Brasília, 4 maio 1982.

621. TELES, Pedro Carlos da Silva. *História da Construção Naval no Brasil.* RJ: LAMN FEMAR, 2001, p. 221

As relações entre as Forças Armadas incluíram a doação pela Força Aérea Brasileira (FAB) para a Força Aérea Paraguaia de aeronaves antigas remodeladas em instalações aeronáuticas brasileiras[622], além de convênios firmados pelos Ministérios da Defesa e da Fazenda com a Helibrás e o Banco do Brasil para aquisição de helicópteros modelo Esquilo, armados, com peças de reposição e ferramentas de manutenção, no valor de 2 760 000 dólares. [623]

Em 1969, durante visita do presidente Pacheco Areco ao Brasil, o ministro da Aeronáutica ofereceu 10 aeronaves militares ao Uruguai a título de empréstimo[624], consumado no ano seguinte com o fornecimento de dez aviões T-6 para uso na formação de pilotos uruguaios. [625]

Nas relações militares entre a Argentina e a Bolívia, em junho de 1970, foi estabelecida uma Missão Naval Argentina para prestar assessoramento técnico-profissional à força naval boliviana. [626]

Uma série de atividades de intercâmbio fazia parte da agenda militar dos paí-ses do Cone Sul. As diversas missões militares instaladas no Paraguai permitiram enviar oficiais e suboficiais para realizarem cursos de formação, especialização, aperfeiçoamento e outros estudos nas escolas militares dos países responsáveis pelas missões. O Uruguai, apesar de não ter missão militar instalada no Paraguai, ofereceu cursos na sua Escola Naval e instrutores de voo para a formação de Pilotos da Força Aérea Paraguaia. [627]

Na Argentina, vários militares brasileiros realizaram cursos na Escola Superior Técnica[628], na Escola Superior de Guerra[629], de Comando e Estado-Maior do Exército[630], cursos operacionais na área do paraquedismo e de comandos[631], além de estágios em organizações militares[632]. Especificamente com aquele país havia

622. Em maio de 1984, a FAB doou duas aeronaves C 47. A entrega foi realizada por ocasião das comemorações da independência paraguaia. Na mesma ocasião, efetivos militares do Brasil foram enviados a Assunção para participar do desfile militar. BRASIL. AN. EME. Relatório Mensal de Informações Externas n. 7/84. Brasília, agosto de 1984, p. 35.

623. BRASIL. AN. EME. Relatório Mensal de Informações Externas n. 04/85-SE-1/EME. Brasília, 30 maio 1985.

624. URUGUAI. AHD. Documento 1.481/969-1ª.9/69 (Conf.). Embaixada do Uruguai no Brasil. Rio de Janeiro, 7 out. 1969.

625. URUGUAI. AHD. Documento 19/20/970-191. Montevidéu, 5 fev. 1970.

626. BRASIL. AMRE. Embaixada do Brasil em La Paz. Ofício n. 261 de 21 jul. 1970.

627. GONZALES, Fabio Ruperto Martinetti. op. cit.

628. BRASIL. AHE. BE n. 5 de 4 fev. 1966, p. 47, BE n. 9 de 3 mar. 1967, p. 15, BE n. 37 de 13 set. 1974, p. 16 e outros.

629. BRASIL. AHE. BE n. 9 de 3 mar. 1967, p. 15.

630. BRASIL. AHE. BE n. 8 de 21 fev. 1969, BE n. 46 de 13 nov. 1992, p. 33 e outros.

631. BRASIL. AHE. BE n. 43 de 22 out. 1971, p. 26.

632. BRASIL. AHE. BE n. 17 de 28 abr. 1972, p. 33 e outros.

um Programa de Intercâmbio entre os dois exércitos aprovado em 1972 que regulava uma série de atividades como cursos, estágios e visitas. [633]

A Escola de Aperfeiçoamento de Oficiais do Exército Brasileiro, que ministra cursos para oficiais no posto de capitão, entre 1940 e 2007, foi frequentada por 337 militares dos países do Cone Sul sendo 193 do Paraguai, 111 do Uruguai, 41 do Chile, 26 da Bolívia e 6 da Argentina. [634]

Na Escola Superior de Guerra do Exército Argentino, desde de 1949 militares de outros países realizam o Curso de Estado-Maior. Na Escola de Guerra Naval (EGN) da Marinha do Brasil, essa prática acontece desde 1942. Na Escola de Comando e Estado-Maior (ECEME) do Exército do Uruguai, desde 1974 e na ECEME do Exército Brasileiro desde 1940. A tabela a seguir demonstra a intensidade desse intercâmbio.

Tabela 3 – Intercâmbio de Cursos para Oficiais Superiores em Escolas Militares Estrangeiras [639]

| País | Escola | País de origem | Até 1989 | Entre 1990 e 2007 | Total |
|---|---|---|---|---|---|
| | | Argentina | 6 | 18 | 24 |
| | | Bolívia | 4 | 7 | 11 |
| | EGN | Chile | 4 | 5 | 9 |
| | | Paraguai | 5 | 6 | 11 |
| Brasil | | Uruguai | 5 | 6 | 11 |
| | | Argentina | 15 | 15 | 30 |
| | | Bolívia | 31 | 7 | 38 |
| | ECEME | Chile | 7 | 8 | 15 |
| | | Paraguai | 36 | 13 | 49 |
| | | Uruguai | 14 | 5 | 19 |
| | | Bolívia | 49 | 3 | 52 |
| | | Brasil | 15 | 16 | 31 |
| Argentina | ESG | Chile | | 3 | 3 |
| | | Paraguai | 24 | 10 | 34 |
| | | Uruguai | 20 | 6 | 26 |
| | | Argentina | | | 44 |
| | | Bolívia | | | 3 |
| Uruguai | ECEME | Brasil | | | 21 |
| | | Chile | | | 2 |
| | | Paraguai | | | 3 |

Tabela preparada pelo autor com base em informações prestadas pelos comandos das escolas

633. BRASIL. AHE. BE n. 17 de 28 abr. 1972, p. 23.
634. Informação prestada através de ofício do Comandante da Escola para o autor.

A prática de intercâmbio entre alunos de escolas militares era comum e se deu mesmo em períodos de maior divergência entre os países. Pode-se destacar que, em 1977, um oficial argentino realizou curso na Escola de Montanha do exército chileno. No período de maior divergência sobre a questão de Itaipu-Corpus, oficiais argentinos continuaram realizando cursos na Escola de Guerra Naval (EGN), na Escola de Comando e Estado-Maior do Exército (ECEME) e no Centro de Instrução de Guerra na Selva (CIGS) do Brasil.[636] Em 1979, um oficial brasileiro realizou curso de Estado-Maior na Escola Superior de Guerra Argentina.[637]

Entre as marinhas brasileira e argentina eram comuns as visitas de navios a portos como em 1965 quando os destróiers Santa Cruz, San Juan e San Luis da Armada Argentina visitaram Porto Alegre[638], e o veleiro de instrução La Argentina participou da Revista Naval Internacional na Baía da Guanabara em comemoração ao 4º Centenário do Rio de Janeiro, com cadetes da Escola Naval Militar e do Colégio Militar.[639] Em novembro de 1970, fragatas do Agrupamento Naval de Instrução da Argentina transportando alunos em instrução prática fizeram visita a Porto Alegre.[640]

Essas visitas também não foram interrompidas nos períodos de maior tensão entre os países. O navio escola argentino Libertad esteve em portos brasileiros todos os anos no período de 1971 e 1990. No auge da crise em relação à Itaipu, visitou o Rio de Janeiro, em 1977, Salvador e Rio, em 1978, e Recife e Rio de Janeiro em 1979. O veleiro de instrução La Argentina aportou no Rio de Janeiro em 1971.[641] Em relação ao Chile, o navio escola argentino Libertad, esteve em portos chilenos em 1970, 1972, 1977, 1986, 1988 e 1989, ou seja, mesmo quando as negociações em torno da questão de Beagle resultaram em tensões mais profundas.[642]

635. O intercâmbio foi maior uma vez que algumas escolas não enviaram as informações solicitadas. No entanto, os dados obtidos permitem verificar sua dimensão entre as instituições militares da sub-região.

636. O curso de Operações na Selva do Exército Brasileiro foi frequentado por 25 militares argentinos, 8 paraguaios, 5 chilenos, 3 bolivianos e 2 uruguaios no período de 1971 e 2007. A Escola de Educação Física do Exército Brasileiro desde 1941 recebe militares e civis estrangeiros. Nesse período 38 uruguaios, 30 paraguaios, 14 chilenos, 9 bolivianos e 8 argentinos frequentaram seus cursos. Informações prestadas pelos comandantes das escolas para o autor.

637. BRASIL AHE. BE n. 1 de 5 jan. 1979, p. 59.

638. ARGENTINA. Departamento de Estudios Históricos Navales, 1972, op. cit., p. 2.481.

639. Ibidem, p. 2.394.

640. ARGENTINA. AHA. *Buques de la Armada Argentina 1970-1996 – sus comandos y operaciones.* Buenos Aires: Presidencia de la Nación, 1997, p. 197.

641. ARGENTINA. Departamento de Estudios Historicos Navales, 1972, op. cit.

642. ARGENTINA. AHA. *Buques de la Armada Argentina 1970-1996 – sus comandos y operaciones.* Buenos Aires: Presidencia de la Nación, 1997, p. 200.

Ainda no bojo das divergências em torno de Itaipu-Corpus, a Polícia Federal Argentina manteve a possibilidade de policiais militares e bombeiros brasileiros participarem do Plano Anual de Bolsas de Estudo destinadas a países latino-americanos.[643] Da mesma forma, a diplomacia brasileira manteve Centros de Estudos Brasileiros em Buenos Aires e em Rosário responsável pelo ensino da língua e da literatura brasileiras e eventos de difusão cultural. Funcionou, também, a Comissão Mista do Convênio de Intercâmbio Cultural Argentino-Brasileiro que elaborava programa anual de atividades de intercâmbio cultural.[644]

O intercâmbio entre comitivas de escolas militares fazia parte da agenda das relações militares na sub-região.[645] Essa prática, apesar de gerar especulações sobre o possível caráter político, restringia-se ao campo militar, como cortesia e prêmio aos melhores alunos das escolas militares, dando-lhes oportunidade de conhecer instituições similares de países amigos. Em janeiro de 1971, uma comitiva da Academia de Guerra e da Escola Politécnica do Exército do Chile visitou instalações militares do Brasil, Uruguai e Argentina.[646] Em janeiro de 1972, o chefe da Armada Chilena aceitou convite brasileiro para que um Guarda-Marinha do Chile participasse da viagem de instrução do navio escola brasileiro Custódio de Mello[647] e em 1981, guardas-marinhas dos outros cinco países do Cone Sul foram convidados pelo ministro da Marinha para participarem de viagem semelhante.[648]

Membros do exército e da Escola de Defesa Nacional da Argentina realizaram visitas ao Brasil[649]. Em 1978 e 1979, cadetes da Academia Militar das Agulhas Negras (AMAN) do Brasil visitaram organizações militares argentinas enquanto a Academia brasileira recebeu visitas similares.[650] Em 1979, uma comitiva formada por membros do Estado-Maior do Exército, da AMAN e da ECEME visitou organizações do exército argentino.[651] Naquele ano, um oficial e um professor do

643. BRASIL. AMRE. Embaixada do Brasil em Buenos Aires. Ofício n. 18 de 7 jan. 1976.

644. Declaração Conjunta Brasil-Argentina. Rio de Janeiro, 5 de agosto de 1964. BRASIL. MRE. *Textos e Declarações sobre Política Externa* (de abril de 1964 a abril de 1965), p. 76.

645. BRASIL. AHE. BE n. 40 de 3 out. 1969, p. 40, BE n. 16 de 16 abr. 1971, p. 35, BE n. 17 de 28 abr. 1972, p. 33 e outros.

646. URUGUAI. AHD. Ofício n. 2/971 (Reservado). Do Adido Militar Uruguaio ao Embaixador Uruguaio no Brasil. Embaixada do Uruguai no Brasil. Rio de Janeiro, 29 jan. 1971.

647. BRASIL. AMRE. Embaixada do Brasil em Santiago. Ofício n. 82 de 13 jan. 1972.

648. BRASIL. SDM. Relatório Anual da Marinha (Conf.). Rio de Janeiro, dezembro de 1982.

649. BRASIL. AHE. PR 7862-74 n. 154 de 29 ago. 1974, PR 9083-74 n. 18-D2-46 de 29 out. 1974. Diário Oficial de 13 nov. 1974.

650. BRASIL. AHE. BE n. 32 de 11 ago. 1978, p. 45, BE n. 30 de 27 jul. 1979, p. 48. As visitas de cadetes da AMAN a organizações militares estrangeiras, especialmente da Argentina, Chile, Paraguai e EUA eram programadas anualmente.

651. BRASIL. AHE. Portaria Ministerial n. 2.367 de 13 set. 1979. Diário Oficial de 21 set. 1979.

Instituto Militar de Engenharia participaram de seminário de especialização avançada em metalurgia em Buenos Aires. [652]

A partir de 1980, oficiais da Marinha do Brasil realizaram o curso de Controle Naval do Tráfego Marítimo [653] e militares do Exército o curso de operação da Rede de Comunicações Interamericana Militar na Argentina [654]. No ano seguinte, o Curso Superior de Guerra Naval do Brasil visitou escolas na Argentina, Chile, Paraguai e Uruguai [655]. Em 1985, foram realizadas visitas técnicas a estaleiros na Argentina e no Chile por militares brasileiros para obter conhecimentos sobre a construção e manutenção de submarinos tipo IKL-209 [656] e o Curso de Comando e Estado-Maior da Escola de Guerra Naval recebeu oficiais do Paraguai e Uruguai.

Nesses cursos são proporcionadas atividades extracurriculares no lugar de disciplinas consideradas não aconselhadas para estrangeiros. Mesmo assim, o contato direto com militares e escolas militares brasileiras, permite que os estrangeiros avaliem uma série de quesitos das forças armadas do país que realizam cursos.

Na Antártica, entre 22 e 26 de julho de 1985, o navio transporte polar Bahia Paraíso levou cadetes da Escola Naval Militar argentina para visita à base brasileira Comandante Ferraz. [657] A VIII Operação Antártica, realizada pela Marinha do Brasil entre novembro de 1989 e novembro de 1990, teve a presença de convidados das marinhas da Argentina, Chile e Uruguai. [658] A operação seguinte teve a presença de oficiais da Argentina e do Chile. [659]

Com o estabelecimento da Zona de Paz e Cooperação do Atlântico Sul (ZPCAS) [660], em 1986, os países membros passaram a realizar reuniões periódicas estabelecendo um novo foro de discussões de problemas comuns.

A área dos esportes também se apresentava como um fator de aproximação entre as forças armadas. Na década de 1960, foi criada a União Desportiva Militar Sul-Americana (UDMSA) [661] e iniciado o Festival Sul Americano de Cadetes,

652. BRASIL. AHE. Portaria Ministerial n. 2.191 de 27 ago. 1979. Diário Oficial de 30 set. 1979.

653. BRASIL. SDM. Relatório Anual da Marinha (Conf.). Rio de Janeiro, dezembro de 1985.

654. BRASIL. AHE. BE n. 37 de 13 set. 1985, p. 26 e 28.

655. BRASIL. SDM. Relatório Anual da Marinha (Conf.). Rio de Janeiro, dezembro de 1982.

656. BRASIL. SDM. Relatório Anual da Marinha (Conf.). Rio de Janeiro, dezembro de 1985.

657. ARGENTINA. AHA. *Buques de la Armada Argentina 1970-1996 – sus comandos y operaciones*. Buenos Aires: Presidencia de la Nación, 1997, p. 319.

658. BRASIL. SDM. Relatório Anual da Marinha (Conf.). Rio de Janeiro, dezembro de 1990.

659. BRASIL. SDM. Relatório Anual da Marinha (Conf.). Rio de Janeiro, dezembro de 1991.

660. A ZPCAS foi uma proposta brasileira apresentada e aprovada na ONU em 27 de outubro de 1986, englobando os países da costa leste da América do Sul e da costa oeste da África como foro de colaboração e integração regional.

661. Realizava congressos anuais com alternância de sedes. BRASIL. AHE. BE n. 43 de 23 out. 1992, p. 34.

competições entre alunos de escolas militares, além de torneios entre clubes militares dos exércitos sul-americanos.[662] Diversos torneios, como o Campeonato Sul-Americano de Paraquedismo Militar ou concursos hípicos internacionais, permitiam a manutenção do contato amigável entre as delegações dos países do Cone Sul.[663]

A prática de condecorar militares estrangeiros que, por suas atividades ligadas a instituições brasileiras se tornaram credores da homenagem, também foi mantida nos momentos de maior tensão. Tanto o Exército Brasileiro, em relação às medalhas do Pacificador[664], e Marechal Hermes[665] e a Ordem do Mérito Militar, quanto a Marinha do Brasil com a Ordem do Mérito Naval[666] e a Força Aérea com a Ordem do Mérito Santos Dumont permaneceram condecorando adidos militares no Brasil e autoridades militares estrangeiras em geral, especialmente dos Estados Unidos e dos países do Cone Sul.[667]

Um outro mecanismo bilateral importante criado pelos exércitos do Cone Sul a partir da década de 1970, foram as reuniões de inteligência. O regime militar brasileiro estabeleceu esse tipo de reunião com os demais países como forma de intercâmbio de informações direcionadas, especialmente para os grupos de esquerda que atuavam nos países. O Paraguai manteve reunião semelhante com os exércitos da Bolívia[668] e da Argentina.[669]

662. BRASIL. AHE. BE n. 31 de 5 ago. 1966, p. 13.

663. BRASIL. AHE. BE n. 48 de 30 nov. 1979, p. 47. BE n. 8 de 21 fev. 1975, p. 40.

664. O Decreto 92.695 de 20 maio de 1986, dispunha a concessão da Medalha do Pacificador a "militares e civis estrangeiros que tenham prestado assinalados serviços ao Exército ou contribuído para a consolidação e desenvolvimento das relações e vínculos de amizade entre os exércitos de seus países e o do Brasil". BRASIL. AHE. BE n. 22 de 30 maio 1986, p. 3.

665. Outorgada aos primeiros colocados de cursos de escolas militares de formação nacionais e estrangeiras. BRASIL. AHE. BE n. 8 de 24 fev. 1967, p. 44, BE n. 4 de 26 jan. 1968, p. 91.

666. BRASIL. SDM. Relatório Anual da Marinha (Conf.). Rio de Janeiro, dezembro de 1978.

667. Em 1978 e 1979, três oficiais argentinos foram condecorados com a Medalha do Pacificador. BRASIL. AHE. BE n. 52 de 29 dez. 1978, p. 150 e Portaria Ministerial n. 2.201 de 29 ago. 1979. Diário Oficial de 4 set. 1979. Um oficial da Armada Argentina foi agraciado com a Ordem do Mérito Naval em 1978. BRASIL. SDM. Relatório Anual da Marinha (Conf.). Rio de Janeiro, dezembro de 1978.

668. PARAGUAI. CDyA. Documento 00143F0201 de 22 out. 1975. Disponível em: http://dspace.wrlc.org/doc/bitstream/ 2041/55566/143F0201-0202display.pdf. Acesso em: 15 jul. 2007. Fez menção à Reunião Bilateral de Inteligência entre os dois países realizada em agosto daquele ano.

669. PARAGUAI. CDyA. Documento 00143F0332.Nota B/836 de 5 set. 1977. Disponível em: http://dspace.wrlc.org/ doc/bitstream/2041/55414/143F0332display.pdf. Acesso em: 15 jul. 2007. Durante a IV Conferência Bilateral de Inteligência entre os Exércitos do Brasil e do Paraguai, o Departamento de Inteligência do EMGFA apresentou o tema "as atividades subversivas internas e sua conexão com o exterior". PARAGUAI. CDyA. Documento 00143F0196 de 27 abr. 1976. Disponível em: http://dspace.wrlc.org/doc/bitstream/2041/55561/143F0196display.pdf. Acesso 15 jul. 2007.

Contudo, as relações entre os regimes militares na área da inteligência não se limitaram às reuniões estabelecidas no âmbito das forças armadas. Apesar dos vários diferendos entre os países da sub-região, das concepções geopolíticas, necessidade de desenvolvimento, rivalidade estabelecida em alguns setores e o nacionalismo dos militares, as relações estatais foram balizadas pela necessidade de combater qualquer tentativa de alterar os regimes no Cone Sul. Assim, a prioridade das questões de segurança permitiu a intensa relação estabelecida na área da inteligência e, em algumas ocasiões no campo das operações, entendida como necessária para o combate da chamada subversão. Mesmo em momentos de maiores tensões nas relações, e seguindo a lógica de segurança continental da Guerra Fria, os governos da sub-região mantiveram suas instituições de segurança e defesa ligadas a uma rede que permitiu que os movimentos de esquerda não obtivessem sucesso.

Dessa forma, as relações incluíram instâncias de colaboração dos governos entre as décadas de 1960 e 1980 voltadas para a desarticulação de grupos de oposição, através dos serviços de inteligência e da diplomacia e, em alguns casos, da coordenação de ações policiais e militares. A cooperação nesse campo se tornou mais intensa a partir da década de 1970 quando foi criado o mecanismo que se tornou conhecido como Operação Condor.

### 3) As Relações na Área de Inteligência

A partir do estabelecimento dos regimes militares no Cone Sul e fundado na doutrina de segurança nacional cujo objetivo era eliminar os movimentos comunistas, estabeleceu-se um intercâmbio de informações entre os serviços de inteligência que se ampliou na medida em que os golpes militares foram acontecendo na sub-região. Pode-se dizer que havia, inicialmente uma troca de informações entre os governos do Brasil e do Paraguai. Após o golpe do grupo liderado por Hugo Banzer na Bolívia, o fluxo de informações se intensificou com aquele país, especialmente dirigido para as ações dos exilados paraguaios e brasileiros. Em 1973, o mesmo ocorreu no Chile com o golpe militar de 11 de setembro e no Uruguai a partir da assunção de Bordaberry. A cada instituição de governos militares aumentava a troca de informações e uma onda de perseguição a estrangeiros exilados era levada a efeito. Finalmente, os estrangeiros que haviam conseguido abrigo seguro nas leis de asilo argentinas, acabaram perseguidos a partir do golpe militar de 1976. [670]

670. Vários dirigentes do MIR boliviano que estavam refugiados no Chile desapareceram após o golpe de 1973. Um dos casos não resolvido foi o assassinato do general Juan Torres em junho de 1976. Em 1974, o ex-ministro do Exército, general Carlos Prats, um dos únicos que se manteve fiel a Allende, foi assassinado no exílio em Buenos Aires.

Tornou-se necessário, então, uma coordenação para o fluxo de informações entre os governos. Durante o carnaval de fevereiro de 1974, foi realizada uma conferência de chefes de polícia do Cone Sul em Buenos Aires para tratar da cooperação contra a chamada "subversão". [671] O Brasil foi o único país a não enviar representante para essa reunião que teria dado os primeiros passos para o estabelecimento do que se chamou de Operação Condor[672], um sistema secreto de inteligência e operações pelo qual, segundo McSherry, os "estados militares trocaram informações e prenderam, torturaram e executaram oponentes políticos". [673]

Além da ligação direta dos serviços de inteligência, os foros militares multilaterais serviam de palco de discussões dos assuntos ligados às esquerdas. A XI Conferência dos Exércitos Americanos, realizada em Montevidéu em outubro de 1975, por exemplo, teve como um dos temas principais a contribuição para erradicar a subversão, ocasião em que teria sido formalizada a necessidade de uma maior coordenação para a repressão aos movimentos opositores. [674]

Na sequência, entre 25 e 30 de novembro de 1975, realizou-se em Santiago a 1ª Reunião de Trabalho de Inteligência Nacional, de caráter secreto, para coordenação e melhor acionamento dos serviços de inteligência para a qual foram convidados "todos países que quieran, siempre y cuando no representen a países marxistas". Trataram do estabelecimento de um arquivo centralizado de antecedentes de pessoas, organizações e outras atividades ligadas direta ou indiretamente com a subversão, um banco de dados e um sistema de comunicações "manejado, financiado y alimentado" pelos serviços de inteligência dos países interessados e reuniões de trabalho regulares e extraordinárias quando a situação exigisse. [675]

671. Foi chamada de Primeiro Seminário Policial para a Luta Antissubversiva no Cone Sul. McSHERRY, J. Patrice. *Operation Condor and Covert War in Latin America.* Nova Iorque: Roman & Littlefield Publishers, 2005. p. 78. O autor definiu subversivos naquele período como "todos aqueles com idéias perigosas que desafiaram a ordem tradicional, sejam dissidentes pacíficos, ativistas sociais ou revolucionários armados" ("*those with dangerous ideas that challenged the traditional order, wheter they were peaceful dissenters, social activists, or armed revolutionaries*"), tradução nossa.

672. Brasil relutou sobre ação conjunta com Argentina. *Folha de São Paulo.* São Paulo, 22 ago. 2002. Disponível em: http://www1.folha.uol.com.br/folha/mundo/ult94u44538.shtml. Acesso em: 13 jan. 2008. O Brasil se tornou membro pleno da Operação em 1976. McSHERRY, J. Patrice, op. cit., p. 79 e 80.

673. Ibidem, p. 1 (tradução nossa).

674. Na oportunidade, as forças uruguaias desencadearam a Operação Morgan, contra o Partido Comunista Uruguaio (PCU) e o Partido pela Vitório do Povo (PVP). URUGUAI. PR. *Investigación Histórica sobre Detenidos Desaparecidos.* Montevideo: Dirección Nacional de Impresiones y Publicaciones Oficiales, 2007, p. 286.

675. PARAGUAI. CDyA. Documento 00143F0011. Santiago, outubro de 1975. Documento 00143F0013 Primera Reunión de Trabajo de Inteligência Nacional. Santiago, 29 out. 1975. Disponíveis em http://dspace.wrlc.org/doc/bitstream/2041/ 55385/143F0011-0022display.pdf. Acesso em: 15 ju. 2007.

A Ata de Encerramento foi assinada pelos representantes da Argentina, Bolívia, Chile, Paraguai e Uruguai e a sugestão do nome Condor partiu do representante uruguaio como uma homenagem ao país anfitrião da reunião. [676]

Em meados de 1976, em um encontro de representantes de inteligência dos países do Cone Sul, ficou decidido o estabelecimento do banco de dados computadorizado, bem como de uma rede internacional de comunicações.[677] A coordenação e a base de dados da operação ficaria a cargo da Direção Nacional de Informações (DINA) chilena[678]. Em dezembro, a função de coordenador passou para o diretor da Secretaria de Inteligência de Estado (SIDE) argentino. [679]

Alguns dos equipamentos utilizados teriam sido desenvolvidos por acadêmicos brasileiros contratados pelo Ministério das Relações Exteriores. O projeto, que recebeu o nome de Prólogo, teria sido financiado com verbas secretas do Itamaraty e do Serviço Nacional de Informações (SNI) [680] com a finalidade

676. URUGUAI. PR. *Investigación Histórica sobre Detenidos Desaparecidos*. Montevideo: Dirección Nacional de Impresiones y Publicaciones Oficiales, 2007, p. 286. O nome do encontro foi definido como sendo 1ª Reunião Interamericana de Inteligência Nacional.

677. EUA. National Security Archive. *CIA Weekly Summary*. 02 de julho de 1976. Disponível em: http://gwu.edu. Acesso em: 12 fev. 2008.

678. A Dirección Nacional de Informaciones (DINA) foi criada em 14 de junho de 1974, subordinada diretamente à Junta de Governo. Em 13 ago. 1977, foi substituída pela Central Nacional de Informaciones (CNI), subordinada ao Ministério do Interior sob a justificativa de "la conveniencia de estructurar de acuerdo a las actuales circunstancias las atribuciones de un organismo creado en situación de conflicto interno ya superado". CHILE. Presidência. Decreto Ley n. 1.876. Santiago, 13 ago. 1977. Decreto-Lei n. 521. Santiago, 14 jun. 1974. Decreto-Lei n. 1.878. Santiago, 13 ago. 1977. Ley n. 19.212 de 30 de abril de 1993 criou a Dirección de Seguridad Pública e Informaciones ligada ao Ministério do Interior direcionada para a produção de inteligência relacionada a temas como terrorismo, narcotráfico, delinquencia comum e análise do quadro externo. COUTO, Laura. CISTERNAS, Rodolfo. *La cooperación al servicio de la inteligencia*. CARI. La Seguridad y el MERCOSUR. Documentos de Trabajo. Buenos Aires, s/d, p. 77-83 (80).

679. URUGUAI. PR. 2007, op. cit., p. 287. A Secretaria de Inteligência del Estado (SIDE), foi criada pela Lei n. 20.195/73, de 28 de fevereiro de 1973 durante o governo Lanusse, e regulamentada pelo Decreto n. 1.792/73, de 9 de março. Suas origens remontam a Coordinación de Informaciones de la Presidencia de la Nación, criada por Perón em 1946, ao Servício de Informaciones de Estado de 1951 (Decreto n. 15.078/51) e a Secretaría de Informaciones de Estado (Decreto 776/56), encarregada, a partir de 1961 do planejamento, direção e supervisão das ações contra o comunismo e outros extremismos, função ampliada em 1963 para a produção de inteligência de interesse da segurança da Nação (Decreto-Lei 4.500/63). ESTÉVEZ, Eduardo E. *La Reformulación de la Inteligencia Estratégica: Estado del Debate y Proyectos Legislativos*. Buenos Aires, set. 1997. Disponível em: http://www.fas.org/irp/world/argentina/eduardo-97.htm. Acesso em: 15 jan. 2008.

680. Criado em 13 de junho de 1964 pela Lei n. 4341 para superintender e coordenar as atividades de informação e contra-informação, "em particular as que interessavam a Segurança Nacional" e era ligado diretamente ao Presidente da República. BRASIL. AHE. Decreto n. 55.194 de 10 dez. 1964 Regulamento do SNI. BE n. 2 de 8 jan. 1965, p. 8. Desativado em 1990 pelo presidente Collor. Em seu lugar foi criado Departamento de Inteligência como parte da Secretaria de Assuntos Estratégicos (SAE). Em 1° de janeiro de 1995 o Decreto 813 autorizou a criação da Agência Brasileira de

de desenvolver um aparelho que cifrasse mensagens de telex. A tecnologia era detida pelos norte-americanos e suíços fazendo com que a operação utilizasse aparelhos criptográficos ligados numa linha de comunicações do Exército norte-americano, partindo do Panamá, onde funcionava a Escola das Américas. Para desenvolver o equipamento, o governo teria, inclusive, contrabandeado computadores dos Estados Unidos, tentando evitar que o governo americano descobrisse o projeto, esforço esse que teria sido inútil.[681] A rede de comunicações estabelecida pelos órgãos de inteligência dos países do Cone Sul para troca de informações foi denominada Condortel e implantada com a colaboração norte-americana.[682]

Mas, antes da reunião de Santiago de 1975, já havia sido estabelecido o intercâmbio de informações e ações entre os governos militares. Em 1973, um dirigente do MIR boliviano foi detido e desapareceu no Chile numa operação coordenada pelos dois países. Em novembro do mesmo ano, Jorge Losada, antigo ministro do interior do governo Torres, foi sequestrado em Santiago, levado pra a Bolívia e posteriormente para a Argentina.[683] Em outubro de 1974, um agente chileno radicado em Buenos Aires, em comunicação com a Secretaria de Inteligência de Estado e a Polícia Federal, mencionou a ideia de criar uma "comunidad de información anticomunista a nível continental com los militares argentinos y uruguayos y ellos están interesados en hacer contacto com los chilenos".[684]

A partir de um documento de identidade de um cidadão uruguaio encontrado numa casa em Foz do Iguaçu pela Polícia Federal brasileira, em novembro de 1974, houve a suspeita que o local fosse um esconderijo de guerrilheiros da organização clandestina uruguaia Tupamaros. O adido militar da embaixada do Brasil

---

Inteligência (ABIN) para "planejar e executar atividades de natureza permanente relativas à reunião e análise de informação estratégica, planejar e executar atividades de contra-informação e executar atividades secretas necessárias para a segurança do Estado e da sociedade".

681. SOARES. Marcelo. Brasil deu equipamento para Operação Condor. *Folha de São Paulo*. São Paulo, 15 jun. 2001. Disponível em: http://www1.folha.uol.com.br/folha/mundo/ ult94u25457.shtml. Acesso em: 13 jan. 2008.

682. PARAGUAI. CDyA. Os documentos 00143F0297. Nota B/822. Assunção, 15 nov. 1980 entre a DINE do Chile e o EMGFA do Paraguai e 00143F0315. Informe 022/79. Assunção, 4 jul. 1979 entre a SID do Uruguai e o EMGFA do Paraguai, fazem menção a mensagens cifradas. Disponíveis em http://dspace.wrlc.org/doc/bitstream/2041/55394/ 143F0297display.pdf e http://dspace.wrlc.org/doc/bitstream/2041/55402/143F0315-0317display.pdf. Acesso em: 15 jul. 2007. EUA. Departamento de Estado. Telegrama da Embaixada dos EUA em Assunção para a Secretária de Estado de 13 out. 1978. Disponível em: http://www.foia.state.gov/documents/ StateChile3/000058FD.pdf. Acesso em: 14 fev. 2008.

683. McSHERRY, J. Patrice. op. cit., p. 81.

684. URUGUAI. PR. 2007, op. cit., p. 287.

em Montevidéu enviou um informe ao II Departamento do Exército Nacional uruguaio que o encaminhou às autoridades do Paraguai. [685]

Em outubro de 1975, um pedido de busca do Adido do Exército Brasileiro em Assunção ao Departamento de Informações do Estado-Maior Geral das Forças Armadas (EMGFA) paraguaio informava sobre uma reunião da organização clandestina paraguaia Movimento da Defesa da Pátria (MODEPA) em 16 de agosto daquele ano, na cidade de Resistência (Argentina), realizada para planejar a instalação de quatro bases de militantes oposicionistas na capital Assunção e nas cidades paraguaias de Guayaki, Encarnación (fronteira com a Argentina) e em Pedro Juan Caballero, fronteira com a cidade brasileira de Ponta Porã (MS). [686]

Em meados de 1976 uma operação chileno-uruguaia prendeu refugiados dos dois países radicados na Argentina, operação essa que não poderia ter sido realizada sem a cooperação das forças de segurança daquele país. [687]

A ligação entre os serviços de inteligência visava ao acompanhamento dos chamados subversivos conhecidos. Em agosto de 1976, o Chefe do Departamento de Inteligência do EMGFA do Paraguai enviou lista nominal e fotografias de "subversivos brasileños" radicados na Argentina ao chefe do Departamento de Investigações. [688] Em dezembro do ano seguinte, um informe dizia respeito a um dirigente do Movimento Popular Colorado (MOPOCO) que teria chegado a Montevidéu procedente da Venezuela e que logo seguiria para Buenos Aires. [689] Em outubro de 1975, a aditância militar argentina em Assunção solicitou o controle de passageiros no aeroporto daquela capital ante a possibilidade de importante membro do grupo Montoneros tentar sair do país. [690]

Nas ligações entre os serviços constavam, também, pedidos de busca de pessoas por diversos motivos como solicitação de informações e/ou pedidos de

685. PARAGUAI. CDyA Documento 00143F0259. Informação 965/B/74 (Secreta). Assunção, 27 nov. 1974. Disponível em: http://dspace.wrlc.org/doc/bitstream/2041/55583/143F0259display.pdf. Acesso em: 15 jul. 2007.

686. PARAGUAI. CDyA. Documento 00143F0818. Pedido de Busca n. 14/75 (Conf.). Assunção, 13 out. 1975. Disponível em: http://dspace.wrlc.org/doc/bitstream/2041/55608/143F0818-0820display.pdf. Acesso em: 15 jul. 2007.

687. EUA. National Security Archive. *CIA Weekly Summary*. 02 de julho de 1976. Disponível em: http://www.gwu.edu/~nsarchiv/NSAEBB/NSAEBB125/condor02.pdf. Acesso em: 12 mar. 2008.

688. PARAGUAI. CDyA. Documento 0053F0293. Nota B/650 de 06 ago. 1976. Disponível em: http://dspace.wrlc.org/doc/bitstream/2041/55391/143F0293display.pdf. Acesso em: 15 jul. 2007.

689. PARAGUAI. CDyA. Documento 00143F0024. Assunção, 20 dez. 1977. Disponível em: http://dspace.wrlc.org/doc/ bitstream/2041/55387/143F0024display.pdf. Acesso em: 15 jul.2007.

690. PARAGUAI. CDyA. Documento 00143F0198. Nota B/955. Assunção, 29 out. 1975. Disponível em: http://dspace.wrlc. org/doc/bitstream/2041/55563/143F0198display.pdf. Acesso em: 15 jul. 2007.

dados[691], localização[692], acompanhamento[693], detenção[694] e troca de pessoas detidas entre os países. [695]

As operações coordenadas foram intensas entre os serviços de inteligência uruguaio e argentino. A partir do centro de detenção clandestino denominado Automotores Orletti, criado em Buenos Aires em maio-junho de 1976 como Base de

691. PARAGUAI. CDyA. Documento 00143F0301. Informe n. 075/81. Assunção, 4 jul. 1981. Disponível em: http://dspace. wrlc.org/doc/bitstream/2041/55397/143F0301-0310display.pdf. Faz menção à solicitação do Departamento de Inteligência do EMGFA do Paraguai ao serviço de inteligência do II Exército brasileiro localizado em São Paulo de dados sobre um cidadão italiano e outro brasileiro supostamente envolvidos em falsificação de documentos. Documento 00143F0370 de 20 maio 1977. Pedido de busca da Polícia da Capital de cidadão argentino que estaria no Paraguai. Disponível em: http://dspace.wrlc.org/ doc/bitstream/2041/55423/143F0370display.pdf. Documento 00143F0313. Nota B/027 de 11 jan. 1982 o chefe do Departamento de Informações do EMGFA remete antecedentes de cidadão argentino ao chefe do Departamento de Investigações. Disponível em: http:// dspace.wrlc.org/ doc/bitstream/2041/55400/143F0313 display.pdf. Documento 00143F0371. Pedido de Busca n. 014/77 de 2 mai. 1977 de cidadão chileno com origem no serviço de inteligência do Chile para o chefe do Departamento de Investigações do EMGFA. Disponível em: http://dspace.wrlc.org/ doc/bitstream/2041/55424/143F0371display.pdf. Documento 00143F0461. Pedido de Busca n. 154 da Polícia da Capital, de 22 fev. 1977, sobre cidadão brasileiro no Paraguai. Disponível em: http:// dspace.wrlc.org/doc/bitstream/2041/55444/ 143F0461display.pdf. Todos os acessos em 15 jul. 2007.

692. PARAGUAI. CDyA. Documento 00143F0234. Nota B/323. Assunção, 7 maio 1975. Do chefe de Polícia de Montevidéu ao EMGFA paraguaio sobre pessoas que estariam no país ou teriam condições de entrar no mesmo. Disponível em: http://dspace.wrlc.org/doc/bitstream/2041/5557 3/143F0234display.pdf. Documento 00143F0246. Ofício n. 876/CCP/IP/ D.5056. Brasília, 9 maio 1975. Da Polícia Federal brasileira enviando fotos de um brasileiro e um argentino, solicitando a localização dos mesmos à Interpol argentina e à Polícia paraguaia. Documento 00143F0185. Pedido de Búsqueda n. 28/76. Assunção, 5 ago. 1975, sobre pessoas que estariam contrabandeando armas entre a Argentina e o Paraguai. Disponível em: http://dspace.wrlc.org/doc/bitstream/ 2041/55581/143F0246-0256display.pdf. Documento 00143F0293. Nota n. B/650. Assunção, 6 ago. 1976, o Departamento de Inteligência paraguaio enviou lista nominal e fotografias de "subversivos brasileiros radicados na Argentina". Disponível em: http://dspace.wrlc.org/doc/bitstream/2041/55391/ 143F0293display.pdf. Todos os acessos em 15 jul. 2007.

693. PARAGUAI. CDyA. Documento 00143F0284. Informe n. 16. Assunção, 24 mar. 1975, do EMGFA solicitava acompanhamento de dirigentes de grupos de esquerda na Argentina. Disponível em: http:// dspace.wrlc.org/doc/ bitstream/2041/55592/143F0284-0285display.pdf. Acesso em: 15 jul. 2007.

694. PARAGUAI. CDyA. Documento 00143F0373. Nota B/230. Assunção, 15 abr. 1977, solicitava dados de brasileiros detidos no Paraguai. PARAGUAI. CDyA. Disponível em: http://dspace. wrlc.org/doc/bitstream/2041/55426/143F0373 display.pdf. Documento 00143F0810, s/d. A Gendarmeria de Posadas (Argentina) solicitava ao Comandante da 3ª Divisão de Infantaria do Paraguai a prisão de brasileira que estaria numa reserva indígena a 300 km de Assunção por envolvimento em propaganda subversiva em São Tomé (Argentina). Todos os acessos em 15 jul. 2007.

695. PARAGUAI. CDyA. Documento 00143F0471. Informe n. 103/76. Assunção, 4 dez. 1976. Entregava paraguaio suspeito de integrar grupo de esquerda detido na Argentina ao chefe de Polícia paraguaia. Disponível em: http://dspace. wrlc.org/doc/bitstream/2041/55454/143F0471display.pdf. Documento 00143F0825. Posadas, 7 abr. 1976, do Consulado Paraguaio em Posadas (Argentina) sobre a entrega de dois paraguaios detidos pela polícia federal argentina. Disponível em: http://dspace. wrlc.org/doc/bitstream/2041/55611/143F0825-0826display.pdf. Todos os acessos em 15 jul. 2007.

Operações Táticas, agentes dos dois países realizaram várias prisões de membros da esquerda uruguaia. Em 23 de julho e 5 de outubro de 1976, foram organizados dois grandes translados para o Uruguai com 45 integrantes do Partido pela Vitória do Povo (PVP). Esses transportes ficaram conhecidos, respectivamente, como primeiro e segundo voos. Um terceiro translado ocorreu em 18 de maio de 1978. [696]

Havia uma preocupação especial dos órgãos de inteligência por ocasião das visitas de chefes de Estado que eram precedidas de comunicação com informes sobre membros de organizações de esquerda [697] e possíveis ações desses movimentos. [698]

Alguns membros dos serviços de inteligência trabalhavam nas embaixadas de seus países [699] e boa parte do intercâmbio de informações era feita por meio dos adidos militares. [700]

As ligações entre os governos não se limitaram ao Cone Sul. O Equador e o Peru passaram a integrar a operação em 1977. [701] A Colômbia e a Venezuela participaram da troca de informações da mesma forma que países extracontinente americano. [702]

696. Os transportes e o desaparecimento das pessoas durante o regime militar uruguaio passaram a serem investigados pela Comissão para a Paz criada em 2000. El Ejército admite el "segundo vuelo". *La República*. Sección Política. Montevidéu, 28 abr. 2007. Disponível em: http://www.larepublica.com.uy/politica/255883-el-ejercito-admite-el-segundo-vuelo. Acesso em: 15 jul. 2008. Díaz confirmó versión de asesinato de presos pero aclaró que su se basa en una "deducción". El País. Montevidéu, 28 abr. 2007. Segundo vuelo: Bonelli y Alvarez a la Justicia Citaciones. Luego tocará el turno a militares presos. *El País*. Montevidéu, 02 mai. 2007. Bonelli rechazó dar nombres de pilotos del segundo vuelo. *El País*. Montevidéu, 03 mai. 2007. Disponível em: http://www.elpais.com.uy. Acesso em: 15 jul. 2008.

697. PARAGUAI. CDyA. Documento 00143F0430. Informe n. 023/77. Assunção, 11 mar. 1977. Disponível em: http://dspace.wrlc.org/doc/bitstream/2041/55433/143F0430-0431display.pdf. Documento 00143F0436. Nota B/150. Assunção, 15 mar. 1977. Solicitava relação de argentinos que viviam no Paraguai suspeitos de atividades ou vinculação com atividades subversivas. Disponível em: http://dspace.wrlc.org/doc/bitstream/2041/55435/ 143F0436display.pdf. Acessos em 15 jul. 2007.

698. PARAGUAI. CDyA. Documento 00143F0035. Informe 78/76. Assunção, 11 ago. 1976. Apresentou possíveis atividades do PCP durante a visita do presidente Videla ao Paraguai. Disponível em: http://dspace.wrlc.org/ doc/bitstream/2041/ 55469/143F0035display.pdf. Acesso em: 15 jul. 2007.

699. PARAGUAI. CDyA. Documento 00143F0201. Informe n. 65. Assunção, 22 out. 1975. Membro do serviço de inteligência argentino a serviço da embaixada em Assunção passou informações sobre o grupo Montoneros ao governo paraguaio. Disponível em: http://dspace.wrlc.org/doc/bitstream/2041/55566/143F0201-0202display.pdf. Acesso em: 15 jul. 2007.

700. PARAGUAI. CDyA. Documento 00143F0293. Parte Especial de Informação n. 965/B/74. Assunção, 27 nov. 1974. O Adido Militar Brasileiro enviava documento encontrado em Foz do Iguaçu para o Departamento de Inteligência do Exército Uruguaio que o retransmitiu para seus adidos no Chile, Argentina e Paraguai. PARAGUAI. CDyA. Documento 00143F0299. Informe n. 069/80. Assunção, 1 dez. 1980, o EMGFA solicitava a DINA do Chile, através de seu adido militar, informações sobre chilenos detidos em Assunção.

701. URUGUAI. PR. 2007, op. cit., p. 287.

702. PARAGUAI. CDyA. Documento 00143F0311. Nota B/576. Assunção, 30 jul. 1981, apresentou informação da Polícia Nacional da Colômbia sobre integrantes de grupos subversivos que operavam no país e que ainda se encontravam em liberdade. Disponível em: http://dspace.wrlc.org/doc/

O Brasil participou com restrições e teve uma atuação limitada na Operação Condor. "Apesar de ter aderido ao acordo original [...] não concordou em participar das operações de ação na Europa".[703] No entanto, participou de algumas instâncias de coordenação regional fornecendo e solicitando informações sobre movimento de opositores aos governos militares dos vizinhos, ou emitindo pedidos de busca e ordens de captura de militantes brasileiros nos demais países.[704]

A colaboração teria permitido, inclusive, a instalação de bases do serviço de inteligência argentino em São Paulo, Rio de Janeiro e no interior do Rio Grande do Sul com o objetivo de "detectar pessoas vinculadas à 'subversão', controlá-las e manterem-se informados sobre todos seus movimentos". Os militares que trabalharam no Brasil estariam vinculados ao Batalhão de Inteligência 601.[705]

Em abril de 1980, agentes da inteligência argentina integrantes da rede estabelecida no território brasileiro teriam informado o Serviço de Informações de Defesa (SID) uruguaio, que repassou ao SNI brasileiro a possível existência de uma célula do grupo Montoneros na cidade de Santo Ângelo/RS, sobre uma reunião da Junta de Coordenação Revolucionária (JCR) composta de argentinos e uruguaios, com apoio do MR-8 brasileiro, em Porto Alegre e do possível envolvimento do Embaixador do Panamá em Montevidéu com o grupo Tupamaros, trazendo seus membros para se refugiarem no Brasil.[706]

Em março de 1980, uma operação realizada por militares argentinos, com o consentimento do governo brasileiro, sequestrou dois integrantes do grupo Montoneros no aeroporto do Galeão, no Rio de Janeiro. A operação foi iniciada com a captura de um dissidente na Argentina que informou que dois companheiros,

bitstream/2041/55398/143F0311 display.pdf. Documento 00143F0462. Informe n. 140. Assunção, 18 fev. 1977. Dados dos arquivos da Venezuela sobre cidadão venezuelano. Disponível em: http://dspace.wrlc.org/doc/bitstream/2041/55445/143F0462 display.pdf. O Documento 00143F0818. Pedido de Busca n. 12/75. Assunção, 13 out. 1975, com origem no EME do Brasil para o EMGFA paraguaio e distribuído aos adidos militares da Argentina, Bolívia, Uruguai, Chile, França e Portugal. Disponível em: http://dspace.wrlc.org/doc/bitstream/2041/ 55608/143F0818-0820display.pdf. Acessos em 15 jul. 2007.

703. O Brasil relutou sobre ação conjunta com Argentina. *Folha de São Paulo*. São Paulo, 22 ago. 2002. Disponível em: http://www1.folha.uol.com.br/folha/mundo/ult94u44538.shtml. Acesso em: 13 jan. 2008.

704. O ex-ministro Jarbas Passarinho confirmou esse tipo de ação do governo brasileiro. “Nós prendíamos e mandávamos de volta. Se soubesse que, mandando para a Argentina, a pessoa ia ser morta, tenho a convicção de que o governo não mandaria”, afirmou em uma entrevista ao jornal Folha de São Paulo. BEGUOCI, Leandro. Brasil participou da Operação Condor, diz Passarinho. *Folha Online*. São Paulo, 04 jan. 2008. Disponível em: http://www1.folha.uol.com.br/fsp/brasil/fc0401200813.htm. Acesso em: 03 mar. 2008.

705. VALENTE, Rubens. Ditadura argentina montou bases no Brasil. *Folha de São Paulo*. São Paulo, 6 jan. 2008. Disponível em: http://www1.folha.uol.com.br/fsp/brasil/fc0601200804.htm. Acesso em: 15 mar. 2008.

706. BRASIL. AN. Documento ACE 7.474/80. CIE. Informe 088 (Secreto). Brasília, 25 abr 1980.

Horacio Campiglia e Mónica Pinus de Binstock, integrantes do alto escalão do grupo, que viviam no México, chegariam ao Brasil, com passaportes falsos. "A inteligência militar argentina contatou seus parceiros da inteligência militar brasileira pedindo permissão para conduzir uma operação no Rio para capturar os dois montoneros que chegariam do México". Com a permissão concedida, "um esquadrão especial de argentinos voou para o Rio, sob o comando operacional do tenente-coronel Roman, a bordo de um C-130 da Força Aérea. Ambos os montoneros foram capturados com vida e levados à Argentina". [707]

As atividades de coordenação da repressão dos governos militares tinham a participação e o acompanhamento do governo norte-americano. Um informe da Central de Inteligência norte-americana para o Estado-Maior Geral das Forças Armadas do Paraguai, em fevereiro de 1976, apresentou informações sobre a Venezuela e um membro de organização de esquerda e foi distribuído para os serviços de inteligência da Argentina e do Brasil. [708]

Em outubro de 1976, ficou claro o apoio de Kissinger ao governo militar argentino, ao solicitar que Videla terminasse rapidamente o "trabalho" para evitar um possível corte de ajuda militar pelo Congresso dos Estados Unidos. Numa reunião em Nova Iorque, no dia sete daquele mês, Kissinger disse ao então chanceler argentino, o almirante Cesar Guzzetti:

> veja, nossa atitude básica é que gostaríamos que vocês tivessem sucesso. Eu tenho uma visão antiquada de que nossos amigos devem ser apoiados. O que não é compreensível nos Estados Unidos é que vocês tenham uma guerra civil. [...] Quanto mais rápido vocês tenham sucesso, melhor.

E prosseguiu afirmando que

> o problema de direitos humanos está crescendo. Seu embaixador pode informá-lo. Queremos uma situação estável. Não causaremos dificuldades desnecessárias. Se vocês conseguirem terminar antes de o Congresso retornar, melhor. Qualquer nível de liberdade que vocês conseguirem restaurar já ajudaria. [709]

707. AITH, Marcio. STAROBINAS, Marcelo. Ação antissubversão uniu Brasil e Argentina. *Folha de São Paulo*. São Paulo, 22 ago. 2002. Disponível em: http://www1.folha.uol.com.br/folha/mundo/ult94u44535.shtml. Acesso em: 25 mar. 2008.

708. PARAGUAI. CDyA. Documento 00143F0289. Informe n. 033/77 de 5 fev. 1976 da CIA para o EMGFA.

709. VILA-NOVA, Carolina. Documento liga EUA à repressão militar na Argentina. *Folha de*

Kissinger fazia referência às discussões no Congresso norte-americano sobre a chamada Emenda Harkin que previa sanções contra o regime argentino devido aos abusos contra os direitos humanos, que incluíam a suspensão de ajuda militar e não liberação de créditos do Banco Interamericano de Desenvolvimento. A emenda condicionava a assistência econômica ao cumprimento de normas de direitos humanos pelos países. Segundo Kissinger:

> Faremos o impossível para não aplicá-la [a emenda] à Argentina, a menos que a situação esteja fora de controle. Há dois créditos no banco. Não temos intenção de votar contra eles. [...] Por quanto tempo é necessário manter uma posição firme e dura? Nosso Congresso retorna em janeiro e, se houver uma clara redução na intensidade das medidas sendo tomadas pelo governo da Argentina, então haveria uma situação diferente em que as acusações de que existe um padrão consistente de violações poderiam ser vistas como inválidas. [710]

A diplomacia também se ocupou do acompanhamento sobre a ligação entre os grupos "subversivos" nos países do Cone Sul antes mesmo de iniciada a Operação Condor. Em maio de 1970, ocorreu uma reunião em Canelones que teria decidido pelo estabelecimento de um "comando latino-americano de subversão" que se chamaria Forças Armadas Revolucionárias da América Latina (FARAL). [711] O telegrama da embaixada brasileira em La Paz para a Secretaria de Estado das Relações Exteriores, de 4 de junho de 1970, informava sobre a presença de três "instrutores brasileiros" de guerrilha urbana entre outros de distintas nacionalidades que estariam alojados na Federação Universitária Local da Universidade Maior de Santo André (UMSA) e, por gozarem da proteção da "autonomia universitária", não haviam ainda sido detidos pelo exército boliviano. [712]

Em 2 de agosto do mesmo ano, a Secretaria de Estado das Relações Exteriores do Itamaraty solicitou à embaixada brasileira em Buenos Aires que buscasse

*S.Paulo*. São Paulo, 5 dez. 2003. Disponível em: http://www1.folha.uol.com.br/folha/mundo/ult94u66299.shtml. Acesso em: 13 jan. 2008.

710. Ibidem.

711. Em setembro a Secretaria de Estado solicitou à Embaixada do Brasil em Buenos Aires, verificar o pensamento do governo argentino sobre o assunto e a presença das "organizações subversivas" Força Armada de Libertação e Força Armada Argentina – Montoneros (Argentina), Exército de Libertação Nacional (Brasil), MIR (Chile), Movimento Revolucionário Oriental e os Tupamaros (Uruguai) na reunião. BRASIL. AMRE. Telegrama n. 554 (Secreto) da Secretaria de Estado para a Embaixada em Buenos Aires. Brasília, 18 set. 1970.

712. BRASIL. AMRE. Doc AAA/DSI/DAm/600.1 (31). Telegrama n. 83 (Secreto Urgente) da Embaixada do Brasil em La Paz. La Paz, 4 jun. 1970.

conhecer a atitude do governo argentino em relação à crise boliviana o qual, a exemplo do Brasil, estaria "sendo pressionado no sentido de fornecer armas e equipamento a título de defesa contra o alastramento de atividades guerrilheiras". No telegrama, o ministro de Estado, fazendo referência a uma possível "conspiração castro-comunista" (referência a Cuba), orientava o embaixador para que caso perguntado, a posição brasileira era que "o governo brasileiro não poderá deixar avolumar-se uma frente hostil" e "empregará o melhor de seus esforços no sentido de impedir a formação de qualquer influência perturbadora da tranquilidade de suas populações fronteiriças". [713]

Em 1970, o ministro das Relações Exteriores argentino ofereceu ao embaixador brasileiro em Buenos Aires a possibilidade de estabelecer, sem acordo formal, "uma troca de impressões e dados sobre segurança contra a subversão", pois naquelas circunstâncias seria quase uma questão de sobrevivência, pois o movimento "subversivo se acha organizado em escala continental, enquanto a repressão, ou melhor, a defesa – pois apenas nos defendemos, disse Martin – se acha circunscrita aos limites de cada país". [714]

A necessidade de coordenação das ações da repressão teve ligação com a aglutinação dos movimentos de esquerda da América Latina para empreender a luta armada como via revolucionária, que ocorreu antes do estabelecimento de qualquer coordenação dos regimes militares. Em 1961, Che Guevara lançou a teoria do foco em seu livro A Guerra de Guerrilha, pregando que não seria preciso esperar por todas as condições objetivas da revolução, pois essas poderiam ser criadas a partir do estabelecimento de focos guerrilheiros. Além de Guevara, Fidel Castro e Regis Debray, a partir do sucesso em Cuba, pregaram a criação dos focos guerrilheiros que resultou no conceito estratégico do antifoco, a aplicação da contrainsurgência, da formação nacional e da "ação cívica dos militares em projetos capazes de melhorar a situação econômica e social" eliminando as causas das revoluções e auxiliando o apoio popular contra os movimentos guerrilheiros. [715]

Em fevereiro de 1962, durante encontro de líderes de movimentos sociais latino-americanos, Fidel Castro lançou a Segunda Declaração de Havana "conclamando as massas à revolução através da guerrilha com o apoio de Cuba". Apoiado no *slogan* "o dever de todo revolucionário é fazer a revolução", Cuba ministrou

713. BRASIL. AMRE. Telegrama n. 428 (Secreto-Urgentíssimo) da Secretaria de Estado das Relações Exteriores, 2 ago. 1970.

714. BRASIL. AMRE. Telegrama n. 61 (Secreto) da Secretaria de Estado de Relações Exteriores para a Embaixada do Brasil em La Paz, 29 jun. 1970

715. CHILD, John. América Latina: conceitos de estratégia militar. *A Defesa Nacional*, Rio de Janeiro, a. 65, n. 677, maio/jun. 1978, p. 27-46 (39 a 42).

cursos de guerrilha para membros de movimentos de esquerda do Brasil e demais países latino-americanos. [716]

Em 1966, foi realizada a Tricontinental em Cuba, reunião de representantes dos "principais movimentos e governos anti imperialistas da Ásia, África e América Latina, então com ênfase na solidariedade ao povo vietnamita, em luta contra os norte-americanos [717]" e, no campo estudantil, criada a Organização Continental Latino Americana de Estudantes (OCLAE) para cooptar estudantes, orientar e apoiar as entidades estudantis nacionais nas atividades contra os regimes. [718]

Em 1967, entre 31 de julho e 10 de agosto de 1967, realizou-se em Cuba, a Conferência da Organização Latino-Americana de Solidariedade (OLAS),

> com o objetivo de articular a ação revolucionária no continente latino americano. [...] Os cubanos acharam importante promover a OLAS, como forma de concentrar esforços no estímulo à revolução latino-americana. Isolados, sabiam que as dificuldades seriam enormes, mesmo com o apoio econômico da URSS. Sabiam que era preciso que os EUA tivessem de se preocupar com outros países, eventualmente com guerrilhas bem articuladas, que se dispunham a incrementar. [719]

O informe da delegação cubana na 1ª Conferência da OLAS dizia que "a debilidade dos exércitos profissionais, a incapacidade de quase todos eles, a corrupção que os dominava, o abrandamento político de suas posições, os faria totalmente incapazes de resistir à investida armada do povo". [720] Fidel Castro enfatizou que a Revolução Cubana seria o catalisador e a OLAS deveria "estabelecer as linhas fundamentais para o desenvolvimento da revolução continental". [721]

716. ROLLEMBERG, Denise. *O apoio de Cuba à luta armada no Brasil:* o treinamento guerrilheiro. Rio de Janeiro: UFF, p. 9 e 10. Disponível em: http://www.historia.uff.br/artigos/rollemberg_apoio.pdf. Acesso em: 21 jun. 2008.

717. JOSÉ, Emiliano. *Carlos Marighella.* São Paulo: Casa Amarela, 1997, p. 219-220.

718. Foi criada a partir do IV Congresso Latino-Americano de Estudantes (CLAE), realizado entre 20 de julho e 11 de agosto de 1966 em Cuba, com a presença de 23 organizações estudantis nacionais.

719. JOSÉ, Emiliano, op. cit.

720. ELIZONDO, José Rodriguez. La Gran Viraje Militar en América Latina. *Nueva Sociedad,* Caracas, n. 45, nov./dez. 1979, p. 152-166 (154).

721. JOSÉ, Emiliano, op. cit. p. 220. No Brasil a Ação Libertadora Nacional (ALN) lançou em fevereiro de 1968 o jornal O Guerrilheiro para ajudar o impulsionamento da guerrilha brasileira "embrião do exército revolucionário, a força armada do povo, a única capaz de destruir as forças armadas da reação, derrubar a ditadura e expulsar o imperialismo" . Ibidem, p. 224.

A ajuda financeira chegava aos movimentos através de Cuba [722] e, em alguns períodos por outros países. Em um memorando ao presidente Stroessner, o chefe do Departamento de Investigações do Estado-Maior Geral das Forças Armadas paraguaias informou sobre o envio de dinheiro venezuelano para dirigentes de grupos de esquerda paraguaio radicados na Argentina. [723] Havia, também, ligação dos grupos clandestinos com outros países como a Coreia do Norte, Portugal e França.[724] O interesse da União Soviética na expansão do modelo cubano pela América Latina pode ser percebido pelo aumento de seus funcionários no continente. No início dos anos 1960, contava com menos de 100 funcionários e, no final da década de 1970, eram 349 em doze países. [725]

No Cone Sul, inicialmente, houve maior relacionamento entre os grupos de esquerda argentinos e paraguaios. A atividade foi mais intensa nas regiões de Corrientes e Posadas, em território argentino. [726] Após o golpe na Argentina em 1976, a coordenação das atividades entre os governos militares dos dois países intensificou-se, de acordo com o desejo da "Intervención Militar" argentina "que todos os subversivos paraguaios fossem capturados". [727]

Em março de 1975, a inteligência paraguaia informou sobre uma possível reunião de esquerdas latino-americanas em Palpala, Jujuy na Argentina. O informe foi distribuído para os adidos militares da Argentina, Bolívia, Chile, Uruguai, Venezuela e Estados Unidos. [728] Em abril de 1975, membros do Partido Revolucionário Paraguaio se reuniram com "membros centrais da esquerda argentina e de outros países em Corrientes". [729] Uma outra reunião ocorreu entre os Tupamaros (Uruguai), MIR (Chile), ERP (Argentina) e dirigentes de grupos paraguaios em Resistência (Argentina), pouco antes da visita do presidente Bordaberry ao Paraguai. [730]

722. ROLLEMBERG, Denise, op. cit., p. 11.

723. PARAGUAI. CDyA. Documento 00143F0785. Memorando del Jefe de Investigaciones para su Excelencia el Señor Presidente de la República. Assunção, s/d.

724. PARAGUAI. CDyA . Documento 00143F0037. Informe n. 24 D2 do EMGFA, de 2 abr. 1976. Disponível em: http:// dspace.wrlc.org/doc/bitstream/2041/55471/143F0037-0038display.pdf. Acesso em: 15 jul. 2007.

725. Um tom vermelho nos Andes. *Veja*. São Paulo, 28 out. 1970, p. 33

726. PARAGUAI. CDyA. Documento 00143F0163. Nota B/356. Assunção, abr. 1976. Disponível em: http://dspace.wrlc.org/ doc/bitstream/2041/55540/143F0162-0163display.pdf. Acesso em: 15 jul. 2007.

727. PARAGUAI. CDyA. Documento 00143F0825 de 7 abr. 1976 do Consulado Paraguaio em Posadas – Argentina (tradução nossa). Disponível em: http://dspace.wrlc.org/doc/bitstream/2041/55611/143F0825-0826display.pdf. Acesso em: 15 jul. 2007.

728. PARAGUAI. CDyA. Documento 00143F0079. Informe n. 13. Assunção, 14 mar. 1975. Disponível em: http://dspace. wrlc.org/doc/bitstream/2041/55494/143F0079display.pdf. Acesso em: 15 jul. 2007.

729. PARAGUAI. CDyA. Documento 00143F0061 de abr. 1975. Disponível em: http://dspace.wrlc.org/doc/bitstream/2041/ 55483/143F0061-0062display.pdf.Acesso em 15 jul. 2007.

730. PARAGUAI. CDyA. Documento 00143F0134. Informe del Inspector Benitez, s/d.

Em outubro de 1975, o Estado-Maior do Exército Brasileiro solicitou informações sobre a formação de um grupo revolucionário brasileiro em Santa Cruz de la Sierra (Bolívia) que teria ligação com elementos bolivianos e argentinos e a intenção de atuar no Mato Grosso. [731] Logo após, uma informação não confirmada do assessor de segurança da Embaixada dos EUA em Assunção tratou da possibilidade da organização de um centro coordenador de grupos de esquerda em Santa Cruz com elementos de diversos países. A mesma informação foi prestada pelo representante boliviano na VIII Conferência de Inteligência dos Exércitos Americanos realizada em Montevidéu naquele mesmo mês. [732]

Em dezembro de 1974, com apoio do ERP-Montoneros, dirigentes de organizações paraguaias que, na ocasião, tinham o apoio do presidente Perez da Venezuela se reuniram com integrantes do MIR (Chile) e MLN (Bolívia) na Argentina. [733]

A Tricontinental estabeleceu a Junta de Coordenação Revolucionária (JCR) para "*hacer más difícil la tarea represiva del imperialismo yanqui y facilitar la própria causa*" a partir do primeiro número do seu autodenominado órgão oficial de informação, a Revista Che Guevara. Faziam parte da JCR o ELN (Bolívia), o MIR (Chile), o ERP (Argentina) e o MLN-Tupamaros (Uruguai). [734] A Junta permitia a troca de experiências e o apoio à circulação de seus membros entre os diversos países.

A ligação entre os grupos também ficou evidenciada com a descoberta de armas estrangeiras com alguns de seus integrantes. Em fevereiro de 1975, o chefe das Linhas Aéreas Paraguaias no aeroporto de Ezeiza, Buenos Aires, informou a detenção de cidadão paraguaio que tentou embarcar com arma e munição brasileiras para Assunção. [735] Documentos capturados em Buenos Aires durante a Assembleia da Juventude Colorada no Exílio e Resistência levaram a polícia paraguaia a concluir que sua organização era semelhante ao MLN – Tupamaros que atuava no Uruguai. [736]

731. PARAGUAI. CDyA. Documento 00143F0808 Pedido de Busca 13/75. Assunção, 13 out. 1975. Distribuído aos Adidos Militares da Argentina, Bolívia, Paraguai e Uruguai. Disponível em: http://dspace.wrlc.org/doc/bitstream/2041/55603/ 143F0808-0809display.pdf. Acesso em: 15 jul. 2007.

732. PARAGUAI. CDyA. Documento 00143F0201. Informe n. 65. Assunção, 22 out. 1975. Disponível em: http://dspace.wrlc. org/doc/bitstream/2041/55566/143F0201-0202display.pdf. Acesso em: 15 jul. 2007.

733. PARAGUAI. CDyA. Documento 00143F0813. Pedidos de Busca n. 12 e 14/75 de 13 out. 1975. Do Adido do Exército ao Departamento de Inteligência do EMGFA do Paraguai. Disponível em: http://dspace.wrlc.org/doc/bitstream/2041/ 55607/143F0813-0817display.pdf. Acesso em: 15 jul. 2007.

734. A JCR foi criada em novembro de 1972 durante um encontro em Santiago. PARAGUAI. CDyA. Documentos 00143F0252 a 00143F0255. Assunção, s/d.

735. PARAGUAI. CDyA. Documento 00143F0059. Buenos Aires, 5 fev. 1976.

736. PARAGUAI. CDyA. Documento 00143F0071. Polícia de la Capital n. 525. Assunção, 6 ago. 1974. Disponível em: http://dspace.wrlc.org/doc/bitstream/2041/55490/143F0071-0073display.pdf. Acesso em: 15 jul. 2007.

Em 20 de julho de 1972, a Agência Central do SNI difundiu um documento apreendido com uma organização de esquerda no Uruguai que continha uma apreciação da conjuntura brasileira na visão daquela organização, e estabelecia uma "ligação de organizações subversivas uruguaias com brasileiras".[737] Em 1983, a inteligência da Marinha Brasileira informou a presença de assessores cubanos, alemães orientais e nicaraguenses além de confirmar a instalação de três campos de guerrilheiros na Bolívia. [738]

Em junho de 2007, o presidente uruguaio, Tabaré Vázquez, divulgou o resultado de investigações sobre os desaparecidos no Uruguai num conjunto de cinco volumes sob o título *Investigación Histórica sobre Detenidos Desaparecidos.*[739] O trabalho identificou três fases na Operação Condor: a criação de uma base centralizada de informação; a ação com a identificação e o ataque aos "inimigo políticos"; e a realização de operações para "encontrar e eliminar pessoas que se encontravam em outros países da América e Europa".[740] O estudo, embora tenha apresentado exemplos de ações coordenadas realizadas em 1978, afirmou que a colaboração "entre las fuerzas represivas de lá región" foram mais sistemáticas entre os anos de 1975 e 1977.[741] A partir daí as atividades diminuíram, até por conta da pressão exercida pelo governo norte-americano e a política em relação aos direitos humanos do presidente Jimmy Carter. Mas o intercâmbio de informações não cessou, como demonstram documentos do início da década de 1980. [742]

Em 1993, o desaparecimento do biólogo chileno Eugenio Berrios, ex-

737. O documento foi originado no informe enviado em 29 de maio de 1972 pelo serviço de inteligência uruguaio ao SNI. BRASIL. AN. SNI. Encaminhamento n. 848/16/AC/72. Brasília, 20 jul. 1972.

738. BRASIL. SDM. Relatório Anual da Marinha (Conf.). Rio de Janeiro, dezembro de 1983.

739. O primeiro volume reconstrói o contexto repressivo e inclui depoimentos dos envolvidos. O segundo contém dados sobre os detidos e desaparecidos com as fichas pessoais de 173 vítimas uruguaias no Uruguai e na Argentina. O terceiro trata da perseguição que as vítimas sofreram na Argentina, Paraguai, Chile, Bolívia e Colômbia. O quarto volume inclui leis e decretos da época, além de denúncias internacionais e o quinto apresenta o resultado da investigação arqueológica realizada no país entre 2005 e 2006.

740. URUGUAI. PR, 2007, op. cit., p. 287. As três fases também foram abordadas por McSHERRY, J. Patrice. op. cit., p. 4-6. O assassinato em Washington de Orlando Letelier, chanceler chileno do governo Allende, em setembro de 1976, teria relação com as ações realizadas na 3ª fase da Operação. Por conta dele os EUA decretaram embargo de venda de armas ao Chile que só foi cancelado em 1990, assim como a reintegração daquele país ao Sistema Geral de Preferências (SPG) do qual havia sido excluído durante o governo de Pinochet. Para Estados Unidos, Chile es el país modelo de la Iniciativa Bush. *Âmbito Financeiro.* Buenos Aires, 11 dez. 1990.

741. URUGUAI. PR. 2007, op. cit., p. 300.

742. PARAGUAI. CDyA. Documento 00143F0837. Assunção, 1 abr. 1981. Documento 00143F0312. Nota B/1247 de 15 dez. 1981. Disponível em: http://dspace.wrlc.org/doc/bitstream/2041/55614/143F0837-0839display.pdf. Acesso em: 15 jul. 2007.

agente da inteligência chilena durante o governo Pinochet, no Uruguai, além da reabertura das desconfianças que o Chile fabricaria armas químicas em segredo, chamou novamente a atenção para a conexão entre os serviços de inteligências dos governos militares. [743]

Na 17ª Conferência dos Exércitos Americanos, realizada em novembro de 1987 em Mar del Plata, quando a maioria dos países do Cone Sul já havia iniciado o processo de redemocratização, o Acordo n. 15, assinado pelos comandantes de exércitos, dizia respeito à ameaça ainda existente do Movimento Comunista Internacional aos países americanos e à possibilidade de uma intervenção militar em outros campos dos poderes. O Acordo n. 8 estabeleceu uma ligação entre os órgãos de inteligência dos exércitos. O teor dos acordos foi considerado grave por parlamentares brasileiros que solicitaram a convocação do ministro do Exército para prestar esclarecimentos na Câmara dos Deputados. [744]

Os governos militares tinham a percepção comum de que havia um potencial de guerra interna nos países e o aumento das organizações que se opunham aos regimes se conformava em um perigo para os valores fundamentais das instituições.

Essa percepção era difundida nas escolas militares e policiais através dos currículos que incluíam matérias e palestras relacionadas com o assunto. Em abril de 1977, por exemplo, o Departamento de Inteligência realizou palestra sobre "Atividades do Comunismo no Paraguai e sua Repressão pelo Governo" para oficiais e cadetes do Colégio Militar Marechal Francisco Solano Lopes. [745]

O perigo que as esquerdas representavam conduziu à necessidade da troca de experiência entre os órgãos de inteligência que se materializou nas mais diversas formas como o intercâmbio de oficiais realizando cursos em outros países. Em setembro de 1976, a Secretaria de Inteligência de Estado (SIDE) realizou curso de inteligência com alunos da Argentina, Chile e Uruguai. [746] Em 8 de julho de 1976, o general Figueiredo, então chefe do Serviço Nacional de Informações brasileiro, proferiu palestra no Ministério de Defesa Nacional do Paraguai sobre

743. Berrios teria chegado ao Uruguai entre abril e maio de 1992 acompanhado de outros agentes chilenos e com documentos falsos. Dois oficiais do exército uruguaio teriam conseguido a moradia onde Barrios havia se alojado. O episódio causou a exoneração do chefe de Inteligência general Mario Aguerrondo. ARGENTINA. ACN. Estalla polémica entre Uruguay y Chile. *Clarín*, Buenos Aires, 15 jun. 1993, p. 31. El caso Berríos reabrió el tema de si Chile fabrica armamento químico. *Clarín*, Buenos Aires, 17 jun. 1993, p. 32.

744. BRASIL. AN. Documento ACE 68183/88. Câmara dos Deputados. Requerimento – Convocação de Ministro. Brasília, 26 set. 1988.

745. PARAGUAI. CDyA. Documento 00143F0328. Nota n. 94. Assunção, 30 abr. 1977. Disponível em: http://dspace.wrlc. org/doc/bitstream/2041/55410/143F0328display.pdf. Acesso em: 15 jul. 2007.

746. URUGUAI. PR, 2007, op. cit., p. 287.

"Princípios Fundamentais sobre os quais se baseia um Serviço Nacional de Inteligência". [747]

Em contraposição à revolução do povo pregada pela esquerda radical, os governos militares lançaram uma "guerra" contra o "inimigo interno" que agredia o Estado. O resultado foi que, para atingir seus objetivos, ambos os lados foram ao extremo da utilização de ações ilegais.

Tanto as operações coordenadas dos órgãos envolvidos com a repressão dos governos militares como a coordenação de esforços das esquerdas aconteceram dentro de uma lógica de tomada/preservação do poder. Ocorreu também dentro de uma lógica maior de segurança hemisférica e dos Estados Unidos no quadro da Guerra Fria, na qual a prioridade da potência e dos governos dos países do continente era a luta contra os movimentos de esquerda. Diferente da América Central, onde houve o envolvimento de tropas nas diversas guerras civis que se instalaram na sub-região, no Cone Sul, a barreira contra o "avanço do comunismo" foi estabelecida pelos próprios governos que tiveram sucesso na luta contra os opositores, parte dele atribuído à coordenação estabelecida entre seus órgãos de inteligência e segurança.

747. PARAGUAI. CDyA. Documento 00143F0172. Nota B/555. Assunção, 7 jul. 1976, do EMGFA. Disponível em: http://dspace.wrlc.org/doc/bitstream/2041/55548/143F0172display.pdf.Acesso em 15 jul. 2007.

# PARTE 2

## *A Construção da Cooperação e a Rede de Segurança no Cone Sul*

As transformações no mundo em termos de segurança a partir do final da Guerra Fria tiveram reflexos no Cone Sul. Com o fim da luta ideológica entre as duas superpotências, o governo norte-americano redefiniu a estratégia de segurança do país. Além das alterações nas prioridades de segurança dos Estados Unidos, organizações internacionais como as Nações Unidas e a Organização dos Estados Americanos exerceram influência nos campos da cooperação, desarmamento e transparência. Ao mesmo tempo, tanto as organizações como os Estados foram influenciados pelos avanços do processo europeu iniciado em Helsinque (1969) e aperfeiçoado com as reuniões de Madri (1980) e Estocolmo (1986), que resultou na criação da Organização para a Segurança e Cooperação na Europa (OSCE).

As negociações para a proibição de testes nucleares, os acordos de desarmamento nuclear e convencional SALT[748], START[749], o Tratado de Forças Nucleares Intermediárias[750], o Acordo sobre Limitação de Armas Convencionais na Europa[751], a Convenção de Armas Químicas, o Tratado de Céus Abertos[752], o início das medidas de fomento da confiança na Europa, a nova visão da ONU no

748. O Tratado de Limitação das Armas Estratégicas (SALT) foi aprovado em 1972, a partir das negociações iniciadas em Helsinque em novembro de 1969, fixou limites aos números de mísseis balísticos intercontinentais que cada lado podia ter e interrompeu a fabricação russa de um sistema anti-mísseis balísticos. O acordo SALT II foi firmado em 18 jun. 1979 pelos presidentes Carter e Brejnev, em Viena mas acabou não sendo ratificado pelo Senado dos EUA em razão da invasão soviética do Afeganistão. KENNEDY, Paul. *Ascensão e queda das grandes potências: transformação econômica e conflito militar de 1500 a 2000*. Rio de Janeiro: Campus, 1989, p. 378 e 391.

749. As negociações estratégicas START sucederam os acordos SALT e foram iniciadas em 29 jun. 1982. O Acordo START I foi assinado em Moscou, na Cúpula Gorbachev-Bush em 31 jul. 1991. O START II foi assinado na Cúpula Bush-Yeltsin em Moscou em 1 jan. 1993.

750. Assinado em dezembro de 1987, em Washington, pelos EUA e a URSS eliminando mísseis de médio e curto alcance (até 3000 milhas).

751. Assinado em 18 nov. 1990 pelos então presidentes George Bush e Mikhail Gorbachev, através do qual estabeleceram limites para as forças convencionais de cada país no território europeu. Foi emendado em 1999 em decorrência das alterações estratégicas resultantes da dissolução do Pacto de Varsóvia. Em maio de 2007, o presidente russo, Vladimir Putin anunciou a retirada da Rússia do Tratado.

752. O *Open Skies Treaty* foi assinado em março de 1992 com a finalidade de promover a abertura e a transparência das atividades militares por meio de sobrevoos recíprocos e desarmados de observação que permitiriam a obtenção de informações sobre as forças armadas e atividades militares dos outros signatários.

campo da paz e segurança internacional apresentada na Agenda para a Paz do então secretário-geral Boutros Ghali e os relatórios das diversas comissões instaladas por aquela organização que apresentaram conceitos novos de segurança cooperativa, humana, ambiental, societal, etc., foram fatores importantes na reconfiguração do perfil de segurança no Cone Sul.

## I - Segurança Cooperativa e as Medidas de Confiança Mútua

A expressão *Confidence Building Measures* (CBM) surgiu em 1975 a partir da Ata de Helsinque, ao final da Conferência de Segurança e Cooperação Europeia (CSCE).[753] No início dos anos 1970, os tratados da Alemanha Ocidental com a União Soviética, Polônia e Alemanha Oriental, o início da redução mútua das forças, do entendimento em torno do Tratado de Limitação de Armas Estratégicas (SALT 1) e o encontro entre os presidentes Nixon e Brezhnev em maio de 1972 abriram caminho para a realização de uma conferência de segurança e cooperação no velho continente. A CSCE foi aberta oficialmente em 3 de julho de 1973 por ministros de relações exteriores de 35 países (toda a Europa menos a Albânia, mais Estados Unidos e Canadá), ocasião em que foi lançado o chamado Processo de Helsinque. Em decorrência dela, entre setembro de 1973 e julho de 1975, especialistas negociaram as diversas implicações do primeiro entendimento multilateral entre a Europa Ocidental e a Oriental, resultando na assinatura de uma Ata Final.

A Ata enumerou várias medidas destinadas a fomentar a confiança e certos aspectos da segurança e do desarmamento: notificação prévia das manobras militares importantes com antecedência de 21 dias (as que excedessem o total de 25 mil homens, combinados ou não com qualquer componente aéreo ou naval no território de qualquer Estado participante, assim como, quando fosse o caso, na zona marítima e no espaço aéreo contíguos dos Estados); notificação prévia de manobras militares de menor escala; intercâmbio de observadores para presenciar manobras militares; notificação prévia de movimentos militares importantes.[754]

No prosseguimento dos entendimentos, em 1986, foi assinada a Ata de Estocolmo, apresentando que as CBM eram requisitos fundamentais para a segurança na região, passando a empregar a expressão *Confidence and Security Building Measures*. A Ata detalhou determinados procedimentos em relação às medidas de confiança e segurança como a notificação prévia de determinadas atividades militares num prazo de 42 dias ou mais de antecedência, a observação dessas atividades por

753. Posteriormente transformada em Organização para a Segurança e Cooperação na Europa (OSCE) que iniciou suas atividades em 1 jan. 1995.

754. OSCE. *Conferencia sobre la Seguridad y la Cooperación en Europa.* Acta Final. Helsinque, 1975.

representantes de outros países e o intercâmbio de calendários anuais de atividades militares sujeitas à notificação prévia. [755]

A partir daí, trabalhos e documentos que tratam do assunto passaram a apresentar diversas expressões como Medidas de Fortalecimento da Confiança, Medidas de Fomento da Confiança Mútua, Medidas de Confiança Mútua, Medidas de Construção da Confiança. Essas expressões derivam ou são frutos de traduções das expressões em inglês "*Confidence Building Measures*" e "*Confidence and Security Building Measures*". Neste trabalho, utilizaremos a expressão Medidas de Confiança Mútua (MCM).

A expressão significava uma relação que tornaria possível o incremento da segurança entre dois ou mais atores internacionais, criando condições para o início de processos de limitação de armamentos e/ou redução do gasto militar. O processo evoluiu com a intenção de alcançar três objetivos: afastar a possibilidade do conflito armado, que seria um objetivo restrito ao campo militar; limitar armamentos e/ou reduzir gastos militares, abrangendo, também, o campo político; e, ampliar as possibilidades de cooperação, abarcando um objetivo maior com envolvimento de todos os campos do poder. [756]

A Junta Interamericana de Defesa (JID) definiu MCM como ações que visam reduzir ou eliminar as fontes de desconfiança através da transparência, boa vontade e disposição por parte dos Estados de modo a criar um clima de confiança e segurança. [757] Ou seja, as medidas de confiança mútua são adotadas para reduzir ou eliminar as causas de hostilidade, tensão, desconfiança e temor entre os Estados.

Inicialmente, eliminar hostilidade e tensão significa remover os impasses que resultam em crises ou conflitos através de ações militares. Em seguida, para eliminar as causas da desconfiança e temor, deve-se incrementar o relacionamento entre os Estados criando um clima de cooperação, por meio de medidas de fortalecimento

755. OSCE. *Document of the Stockholm Conference on Confidence and Security Building Measures and Disarmament in Europe Convened in Accordance with the Relevant Provisions of the Concluding Document of the Madrid Meeting of the Conference on Security and Co-Operation in Europe*. Estocolmo, 1986.

756. PALMA, Hugo. Medidas de Confianza Recíproca. In: *Seminário Internacional de Seguridad Democrática Regional: una concepción alternativa de seguridad*. Documento de Trabajo. Santiago: Comisión Sudamericana de Paz, 1988, p. 6.

757. Junta Interamericana de Defesa. *Summary of Military Confidence and Security Measures*. Washington, 1999, p. 6. A JID foi criada em 1942 para estudar e recomendar medidas para defender o hemisfério durante a 2a GM e tinha, entre suas funções, a de planejar a defesa coletiva do hemisfério. Em 1951, entendendo que "las actividades expansionistas del comunismo internacional requieren la adopción inmediata de medidas para salvaguardar la paz y la seguridad del Continente" os membros da OEA encomendaram a JID um planejamento militar de defesa comum do continente. OEA. Resolução III. Cooperación Militar Interamericana. IV Reunião de Consulta de Ministros de Relações Exteriores. Washington, 26 mar.-7 abr. 1951.

da confiança que abrangem todos os campos do poder. Dessa forma, numa escala progressiva, as medidas de confiança mútua se iniciam com ações militares, passando a adotar ações políticas para, finalmente, num grau mais avançado de desenvolvimento, abarcar os campos econômico, social e científico-tecnológico.

Com as modificações no cenário internacional, provocadas pelo fim da Guerra Fria e da luta ideológica, e as mudanças internas nos Estados americanos, criaram-se as condições necessárias para que as medidas surgidas na Conferência de Segurança e Cooperação Europeia pudessem ser utilizadas no continente de maneira oficial, institucionalizada, multilateral, e entendidas como tal, uma vez que se pode observar a aplicação de várias dessas medidas anteriormente. Assim, o conceito de segurança cooperativa começou a tomar forma e a se desenvolver na região.

Nos Estados Unidos, após a chamada Guerra do Golfo, uma pesquisa realizada por Kaufmann e Steinbruner concluiu que aquele conflito demonstrou a fragilidade dos sistemas de antecipação e de ação preventiva contra eventuais agressões, assim como a importância do armamento convencional, principalmente o aéreo de alta tecnologia. O uso da mídia em torno dos armamentos de última geração usados pelos norte-americanos no conflito provavelmente traria repercussões negativas no campo internacional, tanto em termos quantitativos, provocando uma corrida armamentista, como qualitativos, com o desenvolvimento de tecnologias mais letais. Propuseram, então, o estabelecimento de acordos internacionais de segurança que reduzissem os riscos da corrida armamentista, através do controle do comércio internacional de armas e tecnologia, e de proliferação de armas químicas, biológicas e nucleares e seus vetores. Com isso, aumentaria a capacidade de detecção no caso da preparação para uma ofensiva armada por parte de qualquer Estado. [758]

Os estudos realizados pela *Brookings Institution* revelaram a importância da segurança cooperativa na nova fase internacional, como um sistema de prevenção da guerra por intermédio, fundamentalmente, de arranjos entre Estados, que impedisse um potencial agressor de estruturar as forças necessárias a deflagrar uma agressão bem-sucedida, diminuindo, assim, a necessidade de que os Estados ameaçados fizessem sua contrapreparação. [759]

Na realidade, a segurança cooperativa seria mais uma situação do que um sistema, em que medidas de confiança mútua são aplicadas gradualmente, de comum acordo, até chegar a uma relação de cooperação, bilateral ou multilateral.

758. KAUFMANN, William. STEINBRUNER, John. *Decisions for Defense: Prospects for a New Order.* Washington: Brookings Institution, 1991.

759. CARTER, Ashton B. STEINBRUNER, John D. PERRY, William J. *A New Concept of Cooperative Security.* Washington: Brookings Institution Press, 1992.

Tais medidas de confiança dão maior transparência e reciprocidade nas relações interestatais. São implementadas gradativamente, porque partem de compromissos de pequeno alcance que podem, inclusive, não serem obrigatórios, até etapas mais avançadas com o estabelecimento de mecanismos de verificação, prevenção e gerenciamento de conflitos, desenvolvimento de capacidades militares integradas, dentre outros, quando então haverá um comprometimento formal dos envolvidos na cooperação, podendo até evoluir para o estabelecimento de um sistema de segurança ou de defesa coletivo ou a integração de forças armadas. Tal situação parte de uma concepção realista quando: aceita que o conflito continuará existindo e que as medidas adotadas servirão para administrá-lo; é estabelecida pelos Estados, juridicamente iguais, e legítimos atores responsáveis pelas questões de segurança e defesa; reconhece a independência, soberania nacional, a solução pacífica dos conflitos e a democracia.

A inevitabilidade dos conflitos é corroborada a partir da constatação que, na década de 1990, houve a eclosão de 56 conflitos em 44 locais diferentes. O Instituto Internacional de Pesquisa da Paz de Estocolmo (SIPRI) registrou só em 2000 um total de 25 conflitos no mundo[760] e a ONU, em 2007, empregava 81 992 militares e policiais de 114 países-membros em 18 missões de paz a um custo de 5,28 bilhões de dólares aprovados para o período de julho de 2006 a junho de 2007.[761]

A implementação das medidas de confiança mútua deve, necessariamente, manter o sentimento de segurança do Estado que atualmente abrange um campo mais vasto, inter-relacionando fatores como capacidade militar, tecnologia, poder econômico, desenvolvimento, estabilidade social e política, tanto no âmbito interno como no relacionamento externo, diferente do início da época moderna e o nascimento do Estado-nação quando a segurança era definida principalmente pelo ângulo da guerra interestatal e da sobrevivência do Estado.

Nas Américas, o caminho para a cooperação se deu por meio de ações que foram eliminando suspeitas e desconfianças. A cooperação seria a essência da prevenção dos conflitos e implicou na mudança da postura de defesa ofensiva para a defensiva, fazendo com que as crises que surgissem não fossem percebidas como hostis ou perigosas, mas sim, passíveis de serem resolvidas pela diplomacia. Com isso, houve o desenvolvimento de uma série de medidas de confiança mútua no Cone Sul.

760. SIPRI. *Yearbook 2001: Armaments, Disarmament and International Security*, v. 2001. Suécia: Solma, 2001, p. 52.

761. Dados do Departamento de Operações de Manutenção de Paz da ONU, atualizados em 31 jan. 07. Disponíveis em http://www.un.org/Depts/dpko/contributors/2007/jan07_1.pdf. Acesso em:: 20 fev. 2007. Custos das operações de paz disponível em: http://www.un.org/Depts/dpko/dpko/bnote.htm. Acesso em:: 20 fev. 2007.

O processo de implementação dessas medidas sofreu a influência dos Estados Unidos e, talvez, com mais intensidade, da OEA e sua Comissão de Segurança Hemisférica por meio dos diversos estudos, resoluções, convenções e ações práticas que ajudaram na convergência de interesses comuns na sub-região. A essas influências específicas somou-se uma série de fatores como o cenário econômico mundial, os regimes criados na área dos armamentos de destruição em massa como Tlatelolco e a Opanal, fatores sub-regionais como a conformação do Mercosul e internos dos Estados, como a redemocratização, a promoção de direitos humanos, a opção clara pela solução pacífica dos conflitos, expressa nas novas constituições democráticas dos países, conformando uma percepção comum da necessidade de juntar esforços para conseguir uma maior inserção no plano internacional, o que, necessariamente conduziria a uma maior transparência e previsibilidade nas ações dos tomadores de decisões.

## II - A Influência dos Estados Unidos da América

Em abril de 1990, o General Carl Vuono, Chefe do Estado-Maior Conjunto, publicou um artigo na revista *Sea Power* afirmando que os Estados Unidos não poderiam ignorar a expansão do poder militar de alguns países e o Exército deveria manter a capacidade de derrotar ameaças potenciais onde quer que ocorram, o que significava, também, ter que enfrentar um exército bem equipado no Terceiro Mundo. [762]

Em 1991, Art apontou cinco interesses específicos dos EUA no pós-Guerra Fria: 1) a proteção do território contra destruição, 2) preservação da prosperidade baseada numa economia internacional aberta, 3) assegurar acesso ao petróleo do Golfo Pérsico, 4) prevenir determinadas guerras, e 5) onde possível, promover instituições democráticas e valores humanitários. As ameaças para cada um desses interesses seriam, respectivamente: 1) a proliferação de armas nucleares, 2) o retorno a nacionalismos econômicos, 3) o controle monopolista do petróleo por uma potência regional, 4) guerras entre potências na Europa e Ásia, ou a conquista de Israel e da Coreia do Sul, e 5) governos exterminando seus próprios cidadãos. [763]

Em 1992, um artigo do jornal *The New York Times*, baseado num documento preparado pelo Pentágono e aprovado pelo Secretário de Defesa Dick Cheney, apresentou que os objetivos estratégicos de defesa dos Estados Unidos incluíam

762. MARTINS FILHO, João R. ZIRKER, Daniel. Nationalism, National Security and Amazonia: perceptions and attitudes in contemporary Brazil. *Armed Forces and Society*, v. 27, n. 1. Texas: Texas State University, 2000, p. 105-129 (109).

763. ART, Robert J. A Defensible Defense: America's Grand Strategy after the Cold War. *International Security*, v. 15, n. 4. Cambridge: MIT Press, 1991, p. 9.

impedir a ascensão de qualquer "concorrente" para sua primazia na Europa Ocidental e na Ásia Oriental, prevenir o aparecimento de "qualquer futuro potencial concorrente global" e evitar "qualquer poder hostil de dominar uma região crítica para nossos interesses". Acrescentou que o consolidado e não-democrático controle de recursos em uma região poderia gerar uma grave ameaça para a segurança norte-americana. [764]

O artigo afirmou, ainda, que seria possível agir de comum acordo e em cooperação com os aliados, mas mantendo a capacidade de lidar seletivamente com os problemas que pudessem ameaçar os interesses próprios dos Estados Unidos. [765]

Em setembro de 1993, o relatório do programa de defesa realizado pela Força Aérea note-americana, denominado *Bottom-Up Review*, apresentou quatro tipos de "novos perigos" para o país: a proliferação de armas de destruição em massa; perigos regionais resultantes da agressão em larga escala ou de conflitos étnicos, religiosos ou outras formas, ameaças a democracia e as reformas na antiga União Soviética e outros lugares; e a instabilidade econômica resultante da incapacidade de construir uma economia norte-americana forte e crescente. [766]

Em 1994, o jornal argentino *La Nación* anunciou que o presidente Bill Clinton proporia uma doutrina de segurança comum na América Latina com maior enfoque no combate ao tráfico de drogas.[767] Em fevereiro seguinte, Clinton apresentou a Estratégia de Segurança Nacional do Engajamento e do Alargamento (*National Security Strategy of Engagement and Enlargement*), com três componentes básicos: melhoria da segurança com a manutenção de uma poderosa capacidade de defesa e a promoção de medidas cooperativas; abertura de mercados no exterior e estímulo ao crescimento econômico em nível mundial; promoção da democracia. [768]

A importância da estabilidade das instituições democráticas para a segurança continental passou a figurar como prioridade na estratégia militar norte-americana.[769] Como consequência da influência norte-americana e dos governos civis recém estabelecidos na América Latina, a promoção da democracia e dos direitos

764. TYLER, Patrick E. Pentagon drops goal of blocking new superpowers. The New York Times. Nova Iorque, 24 maio 1992. Disponível em: http://query.nytimes.com/gst/fullpage.html?res=9E0CE3D8103DF937A15756C0A964958260&scp=3&sq= patrick+tyler&st=nyt. Acesso em 02 jul. 2008.

765. Ibidem.

766. LARSON, Eric V. ORLETSKY, David T. LEUSCHNER, Kristin. *Defense Planning in a Decade of Change. Lessons from the Base Fore, Bottom-Up Review and Quadrennial Defense Review.* EUA: Paperback, 1993, p. 46.

767. Propondrá EEUU una doctrina de seguridad común. *La Nación*. Buenos Aires, 15 fev. 94.

768. EUA. White House. *National Security Strategy of Engagement and Enlargement.* Washington, fev. 1995.

769. EUA. Joint Chief of Staff. *National Military Strategy. A Strategy of Flexible and Selective Engagement.* Washington, 1995, p. 4.

humanos ganhou força nos debates e passou a figurar numa série de declarações e resoluções da OEA. A necessidade do estabelecimento da democracia representativa como condição básica para a segurança, estabilidade e o desenvolvimento, acabou tornando-se presença constante nas declarações de cúpulas presidenciais ou de ministros da defesa e de foros de concertação política como Grupo do Rio. A estruturação da segurança e defesa, com base no princípio da democracia, conduziu ao entendimento de que o estabelecimento da cooperação político/militar seria a melhor via para enfrentar as ameaças comuns.

Segundo a Estratégia de Segurança Nacional, deveria haver uma seletividade das ações de acordo com os interesses norte-americanos e em situações onde se poderia obter maior proveito. Nesse sentido, os Estados Unidos poderiam atuar de maneira unilateral no caso de ameaças aos interesses nacionais, o que poderia se dar por meio de associações ou alianças quando os interesses fossem mais gerais. Entre as prioridades estava a maior atenção ao controle do narcotráfico, a contenção do terrorismo e a proteção do meio ambiente.

Em linhas gerais, nos anos que se seguiram imediatamente ao final da Guerra Fria, não houve uma variação no nível de prioridade estratégica de segurança dos Estados Unidos. A proteção do território, o livre mercado com abertura das economias, o controle de áreas que permitiriam assegurar acesso aos recursos necessários ao Estado continuaram sendo as prioridades de segurança. Ocorreu sim, uma alteração do eixo de preocupações. A antiga ameaça que vinha do Leste foi substituída pelos perigos que vinham do Sul, as novas ameaças. Nesse quadro, a América do Sul apresentava uma única preocupação para a segurança norte-americana, a criminalidade transnacional.

A importância atribuída pela agenda de segurança norte-americana para a América Latina ao combate às novas ameaças teve tripla finalidade. Primeiro, o combate ao narcotráfico na sua fonte diminuiria suas consequências no território americano, maior consumidor de drogas, e o combate ao contrabando favoreceria o comércio de produtos norte-americanos, normalmente os mais "pirateados". Segundo, o convencimento dos demais países do continente em transformar suas forças armadas em grandes forças policiais, pregando a redução dos efetivos e sua reorientação funcional, diminuiria a possibilidade apresentada pelo general Vuono dos Estados Unidos terem um dia que se confrontarem com um exército bem equipado no continente. Terceiro, com o fim dos regimes militares e o fim do apoio que necessitavam para combater o comunismo, o crime transnacional surgia como uma justificativa para manter e até aumentar a presença militar direta nos países do continente por meio da instalação de bases, realização de operações conjuntas ou o envio de assessores e tropas militares.

De qualquer forma, nesse quadro, o Tratado Interamericano de Assistência Recíproca (TIAR) perdeu sua razão de ser com o desaparecimento do inimigo externo ao continente. Passou-se a trabalhar por uma conformação flexível do sistema de defesa continental, que manteria as instituições antigas para o caso de surgimento de ameaças que justificassem a segurança coletiva tutelada pelos EUA, mas adicionaria outros mecanismos que permitissem o combate às ameaças não tradicionais.

Manter as Américas fora de suas preocupações foi parte da estratégia dos Estados Unidos para direcionar seus esforços para áreas de maior interesse. Durante a Guerra Fria, o apoio à implantação de regimes militares como um escudo contra o "efeito dominó" da expansão do modelo soviético no continente, permitiu aos EUA direcionarem seus esforços para outras regiões do mundo. Com a instalação de regimes democráticos e a resolução da maior parte das controvérsias nos países latino-americanos, fatos que coincidiram com o final da Guerra Fria, os norte-americanos passaram a estimular o desenvolvimento de medidas de cooperação por parte dos países do continente, assim como a adesão aos diversos regimes de controle de armamento. Esse estímulo se deu diretamente ou por meio dos organismos multilaterais e teve o objetivo principal de conformar uma área de paz que permitisse o direcionamento das forças militares norte-americanas para as áreas prioritárias do Oriente Médio e da Ásia.

Nesse sentido, a Escola das Américas, destinada originalmente a promover cursos voltados para a contra insurgência, teve os currículos alterados para a promoção da liberdade econômica e política. As questões de segurança regional tiveram seus esforços direcionados para a cooperação mútua, as medidas de confiança mútuas e o combate a ameaças transnacionais como o narcotráfico e o terrorismo. Desde 1990, o currículo foi ampliado com temas relacionados a minas, gerenciamento de recursos de defesa e relações civil-militares. Em alguns poucos casos, a Escola ministrou cursos a pedido, por exemplo, da OEA relacionados com o reconhecimento, detecção e neutralização de campos de minas.[770]

Com o fim da luta ideológica entre as duas superpotências e a redefinição da estratégia de segurança dos Estados Unidos, as organizações internacionais tiveram mais liberdade para aprovar mecanismos para a limitação de armas e incentivar medidas de segurança cooperativa. Praticamente no mesmo período, os países do Cone Sul retornavam a regimes civis democráticos e estabeleceram o controle civil das forças armadas. Motivados por influências externas e por mudanças internas, os Estados da sub-região modificaram as visões que tinham de ameaças e passaram a adotar novas posturas nas relações de segurança que permitiram

770. EUA. General Accounting Office. Documento GAO/NSIAD-96-178. *School of the Americas: US military training for Latin American countries*. Washington, 22 ago. 1996.

a adoção de medidas de aproximação com seus vizinhos, o que contribuiu para construção de um clima de cooperação no campo militar.

Assim, as influências externas e as modificações internas permitiram que as relações militares do pós-Guerra Fria fossem direcionadas para o estabelecimento de uma série de medidas de confiança mútua que resultaram na conformação de uma rede de cooperação em segurança.

A influência norte-americana, suas percepções e preocupações em segurança, direcionaram os debates, declarações e resoluções de foros internacionais regionais em prol da cooperação, da implantação de medidas de confiança mútua, da transparência em questões de segurança e defesa como forma de diminuir a possibilidade de conflito, e do estabelecimento das democracias representativas como fator de estabilidade internacional. Como centro do sistema americano, a influência norte-americana foi fundamental para as modificações das relações de segurança no Cone Sul.

## III - A Influência da Organização das Nações Unidas (ONU)

Os esforços da ONU para a conformação de um mundo mais pacífico tiveram início já na sua formação com os termos de seu próprio tratado constitutivo. Com o tempo a Organização foi se estruturando para melhor cumprir com suas obrigações. Em janeiro de 1952, foi criada a Comissão de Desarmamento da ONU ligada inicialmente ao Conselho de Segurança, que passou, em junho de 1978, a ser um órgão da Assembleia Geral. Em janeiro de 1998, foi criado o Departamento de Assuntos de Desarmamento, que passou a tratar da questão nuclear e sua não-proliferação, dos regimes relacionados com outras armas de destruição em massa, como as químicas e biológicas, chegando às armas convencionais, especialmente minas terrestres e armas leves. No bojo do trabalho da Organização, uma série de tratados foi estabelecida como parte da luta para restringir e até mesmo erradicar o uso de determinado tipo de armamento, especialmente os de destruição em massa.

No campo nuclear, a partir da proposição do então presidente norte-americano Eisenhower na Assembleia Geral da ONU, em 1953, do programa Átomos para a Paz[771], seguida da criação da Agência Internacional de Energia Atômica, em 1956[772], e do Tratado de Moscou[773], firmado em 1963, a evolução dos entendimentos resultou na aprovação do Tratado de Não-Proliferação (TNP) em 1968.

771. Propunha a criação de um organismo internacional para administrar um banco de urânio e materiais fósseis.

772. Criada para administrar salvaguardas destinadas aos países fornecedores de materiais nucleares, com o controle através de inspeções desses materiais.

773. Tratado de proibição parcial de testes nucleares.

Antes da aprovação do TNP, a partir da crise dos mísseis soviéticos em Cuba, de 1962, uma proposta apresentada pelo México e pelo Brasil na Assembleia Geral sobre a proscrição de armas nucleares no continente americano, acabou ganhando corpo, culminando com a aprovação do Tratado de Tlatelolco, em 1967. Os seis países do Cone Sul assinaram o tratado naquele mesmo ano. No ano seguinte, o Uruguai e o Brasil, até mesmo por ter sido um de seus proponentes, o ratificaram. No caso brasileiro, a ratificação foi possível após terem sido aprovadas uma série de modificações no texto original apresentado pelo México, que resguardavam o desenvolvimento de mísseis, a realização de explosões nucleares com finalidades pacíficas e o princípio da "reserva inversa".[774] Além disso, o Brasil argumentava a necessidade das cinco potências nucleares e dos países com possessões coloniais na região assinarem e ratificarem o tratado para que o mesmo entrasse em vigor.[775]

Na sequência dos esforços pelo desarmamento, foram aprovadas, em 1972, a Convenção sobre a Proibição do Desenvolvimento, Produção e Estocagem de Armas Bacteriológicas (Biológicas) e à Base de Toxinas e sua Destruição (*Biological Weapons Convention – BWC*)[776], a Convenção sobre a Proibição do Uso Militar ou Hostil de Técnicas de Modificação Ambiental[777], em 1981, a Convenção sobre Proibições ou Restrições ao Emprego de Certas Armas Convencionais que Possam ser Consideradas como Excessivamente Lesivas ou Geradoras de Efeitos Indiscriminados (*Certain Conventional Weapons Convention – CCWC*)[778], a Convenção

774. Significava que o tratado, mesmo ratificado pelo país, só entraria em vigor para este, caso ele dispensasse o cumprimento de determinados requisitos por parte de terceiros, entre eles, a assinatura e ratificação do Tratado por todos os países da região, e do Protocolo II, que deveria ser assinado pelos países detentores de armas nucleares, com o compromisso de respeitar a condição de desnuclearização da América Latina. BATISTA, Paulo Nogueira. Acordo Nuclear Brasil-República Federal da Alemanha. In: ALBUQUERQUE, José Augusto Guilhon (Org.). *Sessenta Anos de Política Externa Brasileira (1930-1990): Prioridades, Atores e Políticas*. São Paulo: Annablume/NUPRI/USP, 2000, p. 19-64 (36).

775. WROBEL, Paulo. A Política Nuclear Brasileira. In: ALBUQUERQUE, José Augusto Guilhon (Org.). op. cit., p. 65-86 (83). A Bolívia ratificou o tratado em 1968, o Chile só o fez em 1974 e a Argentina somente em 1994.

776. Conhecida como Convenção sobre a Proibição de Armas Biológicas foi aberta para assinaturas em 10 de abril de 1972, tendo entrado em vigor em 26 de março de 1975. Foi o primeiro tratado multilateral de desarmamento a prever a completa eliminação de toda uma categoria de armas de destruição em massa. Paraguai e Uruguai não assinaram, mas aderiram ao tratado em 1976 e 1981, respectivamente. Os demais países do Cone Sul assinaram no mesmo ano da aprovação, sendo que o Brasil o ratificou já no ano seguinte, a Bolívia em 1975, a Argentina em 1979 e o Chile em 1981.

777. Com exceção do Paraguai, todos os demais países do Cone Sul são membros do tratado.

778. Apenas a Argentina assinou o tratado no ano da sua aprovação, no entanto, apesar do mesmo ter entrado em vigor em dezembro de 1983, só viria a ratificá-lo em 1995. Os demais países foram aderindo a partir de meados da década de 1990: o Uruguai em 1994, o Brasil em 1995, a Bolívia em 2001, o Paraguai em 2004 e o Chile em 2005. É um tratado aberto, tipo "guarda-chuva", permitindo a agregação de outros acordos afins. O Protocolo I diz respeito à proibição de utilização de armas que

de Armas Químicas (*Chemical Weapons Convention – CWC*)[779] e a Convenção de Otawa sobre a Proibição do Uso, Armazenamento, Produção e Transferência de Minas Antipessoal e sobre sua Destruição (*Mine Ban Convention- MBC*). [780]

A ONU trabalhou, também, durante décadas com a intenção de obter um acordo que resultasse na redução dos orçamentos militares. Em 1973, conseguiu aprovar proposta de redução de 10% dos gastos militares das principais potências, a criação de um mecanismo para destinar parte dos recursos obtidos com essa redução para assistência aos países em desenvolvimento e um estudo técnico para verificar as possibilidades e formas de reduzir os gastos militares. [781]

A primeira proposta nunca chegou a ser implementada. A segunda resultou na criação de um sistema padronizado de relatórios anuais sobre despesas militares, através da Resolução 35/142 B – Redução de Orçamentos Militares, aprovada em 12 de dezembro de 1980, remetidos voluntariamente pelos Estado, abarcando gastos com pessoal, operações, manutenção, aquisições, obras, pesquisa e desenvolvimento. [782] A tabela seguinte apresenta a remessa dos relatórios pelos países do Cone Sul.

gerem fragmentos não detectáveis, o Protocolo II trata da proibição ou restrição do uso de minas terrestres, armadilhas e outros dispositivos, o Protocolo III sobre a proibição ou restrição do uso de armas incendiárias e o Protocolo IV trata da proibição de armas a laser que causem cegueira.

779. Aprovada em 13 de janeiro de 1993, entrou em vigor no dia 29 de abril de 1997, sendo estabelecida a Organização para a Proibição de Armas Químicas (OPAQ), com sede na cidade de Haia, na Holanda, com a missão de implementar e executar os principais dispositivos da Convenção. A Convenção é gerida de forma autônoma e abrange o controle sobre todas as fases e setores da fabricação de armas e substâncias químicas. Todos os países do Cone Sul assinaram a Convenção quando da abertura para assinaturas e a ratificaram logo após.

780. Baseado nas resoluções aprovadas no âmbito das assembleias da OEA e da ONU, o governo do Canadá, em outubro de 1996, patrocinou em Ottawa uma conferência sobre o assunto, onde foram adotados uma Declaração e um Programa de Ação. A iniciativa canadense, conhecida como "processo de Ottawa", prosseguiu com uma reunião diplomática em Oslo, em setembro de 1997, onde foi adotado o texto da Convenção aberta para assinaturas no período de 3 a 4 de dezembro de 1997, novamente numa conferência em Ottawa. Todos os países do Cone Sul assinaram a Convenção quando da abertura para assinaturas e a ratificaram logo após.

781. ONU. AG. Res. 3093 Reduction of the Military Budgets of States Permanent Members of the Security Council by 10 per cent and Utilization of Part of the Funds Thus Saved to Provide Assistance to Developing Countries. Nova Iorque, 7 dez. 1973.

782. Iniciado em 1981, em 2006 recebeu 82 relatórios. Mais de 120 Estados participam do sistema, incluindo todos do Cone Sul. ONU. *Patern of Global and Regional Participation by States 1981-1995*. Disponível em: http://disarmament.un.org/cab/milex%20files/MILEXparticipation96-07.doc. ONU. *Patern of Global and Regional Participation by States 1996-2007*. Disponível em: http://disarmament.un.org/cab/milex%20files/MILEXparticipation96-07.doc. Acesso em: 23 out. 2007.

Tabela 4 – Frequência dos Relatórios de Despesas Militares

| Ano | 84 | 85 | 86 | 87 | 88 | 89 | 90 | 91 | 92 | 93 | 94 | 95 |
|---|---|---|---|---|---|---|---|---|---|---|---|---|
| Argentina | | X | X | X | X | X | X | X | X | X | X | X |
| Bolívia | | | | | | | | | | | | |
| Brasil | | | | | | | | X | X | X | X | X |
| Chile | X | X | X | | X | | | X | X | X | X | X |
| Paraguai | | | | | | | | | | | | X |
| Uruguai | | | | | | | | | | | | |

| Ano | 96 | 97 | 98 | 99 | 00 | 01 | 02 | 03 | 04 | 05 | 06 | 07 |
|---|---|---|---|---|---|---|---|---|---|---|---|---|
| Argentina | X | X | X | | X | | X | X | | X | X | X |
| Bolívia | | | | | | | | | | X | X | X |
| Brasil | X | X | X | X | X | X | X | X | X | X | X | X |
| Chile | X | | | X | | X | X | | X | X | X | |
| Paraguai | | | | X | | | | X | | | X | X |
| Uruguai | | | | X | | X | | X | | | | |

Tabela preparada pelo autor com base em dados da ONU. *Patern of Global and Regional Participation by States 1981-1995* e *Patern of Global and Regional Participation by States 1996-2007*.

Os esforços da ONU no campo do desarmamento e da transparência permitiram que, em 20 de dezembro de 1983, fosse aprovada a Resolução 38/188 que tratou da necessidade de um desarmamento geral e completo nos seus mais diversos aspectos, ressaltando a importância de medidas bilaterais para o fortalecimento da segurança internacional, o debate sobre o conceito de segurança comum e a relação entre desenvolvimento e segurança. [783]

Em 6 de dezembro de 1991, foi aprovada a Resolução 46/36 – Transparência em Armamentos, que determinou o estabelecimento de um registro de armas convencionais, incluindo dados sobre transferência de armas e informações dos Estados-membros em sete categorias, como: carros de combate, veículos blindados, sistemas de artilharia de grosso calibre, aviões de combates, helicópteros de ataque, navios de guerra, mísseis e lançadores de mísseis. [784]

783. ONU. AG. Resolução 38/188. Nova Iorque, 20 dez. 1983. Disponível em: http://daccessdds.un.org/doc/RESOLUTION/ GEN/NR0/445/80/IMG/NR044580.pdf?OpenElement. Acesso em: 19 jul. 2007.

784. Dos 172 países que até dezembro de 2007 participavam do sistema, encontravam-se todos do

O fim da Guerra Fria gerou maior complexidade no trato dos assuntos de segurança, com o debate em torno da soberania do Estado, a problemática da multidimensionalidade do conceito de segurança, surgido com o chamado Informe Palme da ONU de 1982[785], e a multiplicidade de cenários e atores. O informe produzido por uma equipe de 16 peritos convocados pelo secretário-geral das Nações Unidas em 2004 para estudar o novo cenário de segurança listou cinco grupos de ameaças: de ordem econômica e social; conflitos entre estados, conflitos intraestados, proliferação de armas de destruição em massa; e terrorismo e o crime organizado transnacional. [786]

Relacionado com o conceito de segurança multidimensional, em 2003, entrou em vigor a Convenção da ONU contra o Crime Organizado Transnacional que havia sido aprovada em 2000, e a Convenção contra a Corrupção. [787]

## IV - A Influência da Organização dos Estados Americanos (OEA)

Iniciado na ONU, o intenso debate das questões da segurança internacional passou a ser realizado, também, a nível regional, no âmbito da OEA que discutiu e aprovou uma série de tratados e resoluções relativas ao tema.

Além da aprovação de convenções internacionais, com força de cumprimento obrigatório, a OEA e sua Comissão de Segurança Hemisférica tiveram um papel central na formulação e no desenvolvimento das medidas de confiança mútua, na discussão conceitual de temas relacionados com a segurança e na colocação em prática de uma série de medidas adotadas pelos países do continente e, por conseguinte do Cone Sul.

Apesar de antigas, as iniciativas da Organização obtiveram maiores resultados a partir da década de 1990. A questão sobre a redução do armamento convencional

Cone Sul, sendo que Argentina, Brasil e Chile apresentaram relatórios anuais desde 1992, Paraguai e Bolívia com algumas interrupções na década de 1990 passaram a enviar informes regulares a partir de 1999 e o Uruguai que prestou informações entre 1999 e 2002. Dados compilados de informações das Nações Unidas. ONU. Desarmamento. Registro de Armas Convencionais. Disponível em: http://disarmament.un.org/UN_REGISTER.NSF. Acesso em: 29 dez. 2007.

785. O relatório da Comissão Independente sobre Desarmamento e Segurança apresentou o conceito de Segurança Comum propondo ênfase na defesa não ofensiva, o avanço nas medidas de confiança mútua, a interdependência da segurança e o tratamento das questões de desenvolvimento do 3º mundo como questões de segurança. Foi o primeiro documento a chamar atenção para as novas ameaças a segurança internacional. ONU. *Report of the Independent Commission on Disarmament and Security Issues "Common Security: a Blueprint for Survival"*. Nova Iorque, 1982.

786. ONU. *A More Secure World: Our Shared Responsability*. Report of the High-level Panel on Threats, Challenges and Change. Nova Iorque, 2004.

787. Todos os países do Cone Sul assinaram as duas convenções na data em que foram abertas para assinaturas e as ratificaram.

e a transparência das suas aquisições como forma de diminuir a possibilidade de uma corrida armamentista, por exemplo, data da década de 1960. Em 1967, na Reunião de Chefes de Estados Americanos realizada em Punta del Este, os representantes dos Estados expressaram a intenção de limitar os gastos militares de acordo com as reais necessidades da segurança nacional, o que permitiria carrear maiores recursos para o desenvolvimento.[788] Os esforços da OEA e da ONU sobre essa matéria tiveram resultado concreto com a aprovação da Convenção Interamericana sobre a Transparência nas Aquisições de Armas Convencionais, em 1999, e a ratificação pelos Estados do Cone Sul da Convenção da ONU sobre Proibições ou Restrições ao Emprego de Certas Armas Convencionais. [789]

Em 4 de junho de 1991, a Assembleia Geral da OEA aprovou o Compromisso de Santiago com a Democracia e a Renovação do Sistema Interamericano.[790] Esse instrumento pode ser considerado o início de um processo intenso de reflexões sobre segurança e de relações de confiança mútua que se estabeleceu no continente, a partir do compromisso firmado pelos ministros de relações exteriores dos Estados-membros de promover a democracia representativa e os direitos humanos na região, dentro do respeito aos princípios da livre determinação e da não-intervenção e de iniciar um processo de reflexão conjunta sobre a segurança hemisférica à luz das novas circunstâncias mundiais e regionais.

Na mesma Assembleia Geral, foi aprovada a Resolução 1080 que estabeleceu a democracia representativa como condição indispensável para a estabilidade, a paz e o desenvolvimento da região além de instruir o secretário-geral a convocar o Conselho Permanente (CP) toda vez que algum fato ocasionasse a interrupção abrupta ou irregular do processo político institucional-democrático em qualquer Estado-membro da Organização. Dessa forma, deu ênfase ao respaldo coletivo da estabilidade democrática no continente. [791]

A Resolução foi reforçada pela aprovação no ano seguinte do Protocolo de Reformas da Carta da OEA, denominado Protocolo de Washington, que previu, no artigo 9º, um mecanismo legal pelo qual um Estado membro poderia ser suspenso da Organização em caso de seu governo ter sido retirado pela força caso as gestões realizadas pela própria OEA se mostrassem infrutíferas.[792] Em 2000,

788. OEA. *Declaración de los Presidentes de America*. Disponível em: http://www.summit-americas.org. Acesso em: 25 mar. 2007.

789. A Convenção foi aprovada em 7 de junho de 1999 e entrou em vigor em 21 de novembro de 2002.

790. OEA. Documento OENSer.PIXXI.O.2. Twenty-First Regular Session. June 3-8, 1991. Proceedings. Volume I. Santiago, 20 ago. 1991, p. 1-3.

791. OEA. AG/RES. 1080/XXI-O/91. Representative Democracy. Documento OENSer.PIXXI.O.2. Twenty-First Regular Session. June 3-8, 1991. Proceedings, v. I. Santiago, 20 ago. 1991, p. 4-5.

792. OEA. Documento OEA/Ser. A/2 Add.3 (SEPF). Protocolo de Reformas a la Carta de la

a Resolução 1724 – Fortalecimento da Democracia: Fundo Especial, celebrada em Windsor, Canadá, também complementou a Resolução 1080/91 outorgando à OEA a possibilidade de atuar preventivamente ante a situações que pudessem afetar o desenvolvimento do processo democrático ou o exercício de poder de um governo eleito democraticamente num dos países membros. [793]

Ainda em 1991, por meio da Resolução 1123, os países-membros, entendendo que a situação internacional favorecia a adoção de medidas para garantir a segurança hemisférica e fortalecer a democracia, encarregaram o Conselho Permanente para formar um Grupo de Trabalho a fim de estudar e formular recomendações referentes à cooperação para a segurança no continente. [794] Os trabalhos do Grupo resultaram na criação da Comissão Especial de Segurança Hemisférica [795] e no estabelecimento formal, em 1995, da Comissão de Segurança Hemisférica, de caráter permanente e ligada ao Conselho Permanente, que passou a desempenhar papel fundamental na promoção da cooperação em matéria de segurança, através de análises e recomendações que resultaram numa série de resoluções e no incremento de uma série de mecanismos regionais, sub-regionais e bilaterais. [796]

Em maio de 1992, os membros da OEA assumiram o dever de "manter apenas a capacidade militar necessária para a autodefesa e cumprimento de compromissos internacionais", impedir a proliferação de armas de destruição em massa e de seus mísseis vetores, restringir a transferência de armamento convencional, adotar e apoiar medidas de fortalecimento da confiança, dentre outros. [797]

Uma outra ação importante da OEA serviu para agregar os países latino-americanos no esforço para desminar a América Central. Inicialmente, a Junta Interamericana de Defesa preparou um programa de desminagem na Nicarágua e foi criado um fundo especial para receber contribuições dos doadores internacionais para apoiar as operações de remoção das minas. [798] Em seguida,

Organización de los Estados Americanos "Protocolo de Washington". Washington, 14 dez. 1992. O protocolo entrou em vigor em 25 set. 1997.

793. OEA. AG/RES. 174. Strengthening Democracy: Special Fund. Washington, 5 jun 2000.

794. OEA. AG/RES 1023/XXI-O/91. Cooperação para a Segurança Hemisférica. Washington, 08 jun. 1991.

795. OEA. AG/RES 1180 (XXII-O/92) Cooperación para la Seguridad Hemisférica. Washington, 23 maio 1992.

796. OEA. AG/RES 1123 ((XXI-0/91) Cooperation for Security in the Hemisphere. Documento OENSer.PIXXI.O.2. Twenty-First Regular Session. June 3 - 8, 1991. Proceedings, v. I. Santiago, 20 ago. 1991, p. 117-118.

797. OEA. AG/RES 1179 (XXII-O/92) Cooperação para a Segurança e o Desenvolvimento no Hemisfério: Contribuições Regionais à Segurança Global. Washington, 23 maio 1992.

798. OEA. AG/RES 1191 (XXII-O/92) Report on the Procedure for Establishing Firm and Lasting Peace in Central America. Documento OEASer.P/XXII.O.2. Twenty-Second Regular Session.

outros países da América Central também solicitaram assistência da OEA e com a arrecadação dos fundos, foi possível iniciar o plano na Nicarágua. Argentina, Brasil, Chile, Colômbia, Guatemala, Honduras, Peru e Uruguai designaram pessoal militar especializado em desminagens para integrar a equipe de 15 instrutores e supervisores e os Estados Unidos ofereceram-se para treinar a equipe na Escola das Américas em Forte Benning, na Geórgia. Assim, em abril de 1993, os instrutores internacionais iniciaram a capacitação de 130 soldados nicaraguenses que foram organizados em cinco pelotões de remoção de minas. O programa funcionou até 1993.

Entre 1994 e 1995, baseado na mesma estrutura planejada para a Nicarágua, foi implementado programa semelhante em Honduras. Em 1996, foi organizada a Missão de Assistência à Desminagem na América Central (MARMINCA), subordinada à Junta Interamericana de Defesa (JID), que deu seguimento aos trabalhos na Nicarágua e Honduras e os estendeu à Guatemala e Costa Rica.

Como evolução das ações nessa área, em 1997, foi formalmente estabelecido o Programa de Assistência à Desminagem na América Central (PADCA) determinando as responsabilidades da OEA, JID, países receptores, contribuintes e doadores que oferecem os recursos financeiros para o programa. Posteriormente, foi ampliado no seu alcance e recebeu a denominação de Ação Integral contra as Minas nas Américas (AICMA). [799]

Nos debates na OEA, era notada uma insistência sobre a questão do controle civil das Forças Armadas, tendo em vista que vários países do continente tinham há pouco saído de regimes militares sobre os quais pesavam críticas em relação ao desrespeito pelos direitos humanos. Além disso, havia ainda o temor que as democracias ainda não consolidadas estivessem sempre em risco, caso os governos não estabelecessem um completo controle do meio militar. Da mesma forma, se intensificaram os debates em relação ao tráfico internacional de drogas e de armas.

Em 1993, através da Declaração de Manágua para a Promoção da Democracia e do Desenvolvimento, os governos americanos reafirmaram o compromisso de "continuar e aprofundar o diálogo sobre a segurança hemisférica entre os Estados-membros, de uma perspectiva integral e atualizada que leve em conta a nova situação internacional, com a finalidade de consolidar a tradição pacífica do Hemisfério" e continuar a luta contra a produção, o tráfico e o consumo ilícitos de drogas, e delitos conexos, entre os quais o tráfico clandestino de armas, munições e explosivos. Definiram como meta importante para o fortalecimento da democracia

May 18 -23, 1991. Proceedings, v. I. Nassau, 21 jun. 1992, p. 128-131.

799. Em junho de 2003, a JID ativou a Missão de Assistência para a Remoção de Minas da América do Sul (MARMINAS), com a designação de nove monitores internacionais para a região da fronteira entre o Peru e o Equador e, posteriormente, na Colômbia (Programa de Remoção de Minas na Colômbia).

representativa, o controle civil das forças armadas e sua atuação dentro da ordem constitucional e com respeito aos direitos humanos. [800]

Surgiu, então, o termo "novas ameaças" e, a partir de Manágua, declarações emanadas das cúpulas das Américas, resoluções aprovadas nas assembleias gerais da OEA, além de vários trabalhos no âmbito daquela Organização, trataram dessas ameaças não tradicionais, ou "forças desintegradoras", e resultaram no reconhecimento de que a segurança transcendia o campo militar, relacionando-a com o desenvolvimento econômico e social e a democracia no continente. [801]

Na mesma Assembleia Geral, a Resolução 1236 - Cooperação para a Segurança e o Desenvolvimento Hemisféricos, Contribuições Regionais à Segurança Global solicitou a adesão dos membros à Convenção sobre Armas Químicas da ONU, bem como à Comissão Especial de Segurança Hemisférica que considerasse a questão da prevenção de todas as formas de proliferação de armas de destruição em massa e de seus sistemas vetores. [802] A Resolução 1240, de 11 de junho, determinou que a JID deveria providenciar serviços consultivos técnico-militares à OEA. [803]

Com relação a JID e, em decorrência do novo contexto regional e internacional que se desenhava, Canadá e Argentina passaram a sustentar que, as mudanças no cenário internacional e ante a consequente perda de importância dos assuntos relacionados com a segurança hemisférica, junto com a configuração de um novo panorama democrático nas Américas, a autonomia da JID seria inconsistente e apresentaram, em 1993, uma proposta com vistas a reformar o seu *status*, reorientar a subordinação ambígua dela com a autoridade política da OEA e redefinir suas funções e objetivos.

Passou-se, então, a discutir sobre o papel da Junta no contexto regional, sobretudo em relação à definição da sua relação jurídico-institucional com a OEA e a sua revitalização em razão das chamadas "novas ameaças". [804]

800. OEA. Documento AG/DEC.4 (XXIII-O/93) Declaração de Manágua para a Promoção da Democracia e do Desenvolvimento. Manágua, 8 jun. 1993.

801. Saint-Pierre definiu ameaça como "ação que visa mudar as relações do sistema de forças para impor seus objetivos políticos" e fez uma importante análise desse conceito. SAINT-PIERRE, Héctor Luis. Reconceitualizando "novas ameaças": da subjetividade da percepção à segurança cooperativa. In: MATHIAS, Suzeley Kalil. SOARES, Samuel Alves (Org.). *Novas Ameaças: dimensões e perspectivas – desafios para a cooperação em defesa entre Brasil e Argentina.* São Paulo: Sicurezza, 2003, p. 23-58 (41).

802. OEA. AG/RES 1236 (XXIII-O/93) Cooperación para la Seguridad y el Desarrollo Hemisféricos, Contribuciones Regionales a la Seguridad Global. Manágua, 11 jun. 1993.

803. OEA. AG/RES 1240 (XXIII-0/93). Inter-American Defense Board. Manágua, 11 jun. 1993.

804. Os debates são apresentados nos documentos: JID. CESH 18/93 - Relación Jurídica OEA/JID abril de 1993, CESH. Junta Interamericana de Defensa: vinculación jurídico-institucional/competências/funcionamiento, preparado pelo presidente da Comissão. Washington, setembro de 1993; OEA. Documento CP/doc.2392/93 Informe de la Comisión Especial de Seguridad Hemisférica

Em 1994, na I Cúpula das Américas, realizada em Miami, o Grupo do Rio apresentou proposta intitulada Plano de Ação de Miami, que foi aprovada por consenso. A proposta tratou do fortalecimento da democracia, desenvolvimento e temas sociais, incluindo a questão das drogas e crimes conexos, não incluindo aspectos vinculados com a segurança.[805] Aproveitando esse vácuo, o então secretário de Estado dos EUA, William Perry, sugeriu uma reunião de ministros de Defesa do continente, que acabou sendo realizada no ano seguinte em Williamsburg, a partir da qual, tornou-se um foro permanente para discussões de assuntos de segurança.

Ainda em 1994, foi realizada a primeira Reunião de Especialistas sobre Medidas de Fomento da Confiança e Mecanismos de Segurança na Região, em Buenos Aires. Dentre várias decisões, reafirmou-se a necessidade da democracia representativa nos Estados, a disposição de renunciar ao uso da força e a solucionar pacificamente as suas controvérsias e, principalmente, que o conceito de segurança não seria de natureza estritamente militar. Ao final da reunião foi preparada uma lista contendo algumas medidas que poderiam ser adotadas nos campos político, diplomático, educacional, cultural e militar.[806]

Em 10 de junho do mesmo ano, a Resolução 1284 solicitou maiores entendimentos com a ONU a fim de que as informações recebidas por aquela Organização sobre despesas militares e registro de armas convencionais fossem repassadas à OEA, além de incitar os Estados-membros a participarem plenamente desse sistema de registro.[807]

Em seguida, deu-se um passo importante no campo da cooperação em segurança com a Declaração de Santiago sobre Medidas de Fomento da Confiança e da Segurança, que recomendou uma extensa lista de medidas de confiança mútua:

> adoção gradual de acordos sobre notificação prévia de exercícios militares;
> intercâmbio de informação e participação de todos os Estados-membros no Registro de Armas Convencionais das Nações Unidas e no Informe Padronizado Internacional sobre Gastos Militares;

acerca de la JID. Washington, maio de 1993; OEA. Documento CO/CSH-264/00 rev.1 La OEA e la JID documento do Departamento de Direito Internacional da Subsecretaria de Assuntos Jurídicos. Washington, fevereiro de 2000.

805. FUNAG. *Grupo do Rio: Documentos do Mecanismo Permanente de Consulta e Concertação Política.* Brasília: FUNAG, 1995, p. 551-566.

806. OEA. Report of the Rapporteur of the Meeting of Experts on Confidence and Security Building Measures in the Region. SEGRE/doc.42/94 rev.1. Washington, 28 mar. 1994.

807. OEA. AG/RES 1284 (XXIV-0/94). Information on Military Expenditures and Register of Conventional Arms. Washington, 10 jun. 1994.

> promoção da elaboração e do intercâmbio de informação sobre políticas e doutrinas de defesa;
> consideração de um processo de consulta com a finalidade de avançar na limitação e controle de armas convencionais;
> acordos sobre convite de observadores para exercícios militares, visitas a instalações militares, facilidade para observar operações rotineiras e intercâmbio de pessoal civil e militar para formação, capacitação e aperfeiçoamento;
> reuniões e ações para prevenir incidentes e incrementar a segurança do tráfego aéreo, marítimo e terrestre; programas de cooperação em caso de desastres naturais ou para prevenir tais desastres, sobre a base de petição e autorização dos estados afetados;
> desenvolvimento e implementação das comunicações entre as autoridades civis e militares de países vizinhos, de conformidade com sua situação fronteiriça;
> realização de seminários, cursos de difusão e estudos sobre medidas de fomento da confiança mútua e da segurança e políticas de fomento da confiança com participação de civis e militares e sobre as preocupações especiais de segurança com os pequenos Estados insulares;
> realização de uma reunião de alto nível sobre preocupações de segurança dos pequenos estados insulares;
> programas de educação para a paz. [808]

Essas medidas recomendadas passaram a nortear ações bilaterais e multilaterais dos países membros. Posteriormente, outras medidas seriam adicionadas a essa lista.

Em 1997, foi aprovada a Convenção Interamericana contra a Fabricação e o Tráfico Ilícito de Armas de Fogo, Munições, Explosivos e Outros Materiais Correlatos com o objetivo de "impedir, combater e erradicar a fabricação e o tráfico ilícitos de armas de fogo, munições, explosivos e outros materiais correlatos, promover" e "facilitar entre os Estados-Partes a cooperação e o intercâmbio de informações e de experiências". [809] Foi uma iniciativa pioneira das Américas, apesar do tema ter ganhado relevância nos foros internacionais a partir de meados daquela década.

Durante a Assembleia Geral daquele ano, a Resolução 1496 determinou uma série de procedimentos por parte dos membros, incluindo o registro de minas

808. BRASIL. MD. Declaração de Santiago sobre Medidas de Fortalecimento da Confiança e da Segurança. AG/OEA. 4a Sessão Plenária. Santiago, 10 nov. 1995.

809. OEA. Convenção Interamericana contra a Fabricação e o Tráfico Ilícito de Armas de Fogo, Munições, Explosivos e Outros Materiais Correlatos. Washington, 14 nov. 1997. Entrou em vigor em julho do ano seguinte e dentre os 26 países membros estão todos os países do Cone Sul.

terrestres antipessoal, e a Resolução 1500 encarregou o Conselho Permanente da Organização de verificar a conveniência de aprovar uma estrutura jurídica sobre a questão da notificação antecipada das aquisições de armamentos previstos no Registro de Armas Convencionais da ONU. [810]

O Brasil defendia a criação de um sistema de registro regional compatível com o sistema das Nações Unidas por uma questão prática, entendendo que a informação do Estado tratava-se "de uma ação de cunho político, de uma vontade de engajamento num exercício que levará a uma maior confiança entre os nossos países e entre os nossos estamentos militares". [811]

Nas reuniões da Comissão de Segurança Hemisférica que se seguiram, as delegações do Brasil e dos Estados Unidos propuseram o estabelecimento de um Grupo de Trabalho para preparar um projeto de convenção sobre a transparência na aquisição de armas convencionais. A ideia foi aprovada e os representantes dos dois países eleitos como copresidentes do Grupo. [812] Os trabalhos que seguiram resultaram na aprovação, em 7 de junho de 1999, da Convenção Interamericana sobre as Transparências nas Aquisições de Armas Convencionais.

A Convenção teve o objetivo de contribuir para a transparência da matéria "mediante o intercâmbio da informação sobre essas aquisições, com o propósito de promover a confiança entre os Estados nas Américas". [813] Para isso, determinou que os membros informassem anualmente sobre as importações e exportações realizadas no ano anterior de armas convencionais, proporcionando dados sobre o Estado exportador e/ou importador com relação à quantidade e o tipo de arma convencional importada e/ou exportada. Os Estados informariam, também, sobre aquisição mediante importação ou produção nacional até 90 dias após a incorporação dessas armas ao inventário das forças armadas e a notificação de ausência de atividade caso não tenha havido atividades de importação ou produção nacional no ano civil anterior até 15 de junho do ano corrente. [814]

---

810. OEA. AG/RES 1500 (XXVII-O/97) Confianza Mútua nas Américas. Washington, 7 jun. 1997.

811. Palavras do representante do Brasil na ONU, Paulo Cordeiro de Andrade Pinto. OEA. CSH. Documento OEA/SER. G CP/CSH/SA.60/98. Washington, 2 nov. 1999.

812. OEA. CSH. Documento OEA/Ser. G CP/CSH/SA.56/98. Washington, 3 nov. 1998.

813. OEA. *Convenção Interamericana sobre Transparência nas Aquisições de Armas Convencionais*. Cidade da Guatemala, 7 jun. 1999, artigo 2°. No âmbito da OEA, Argentina, Brasil e EUA foram os primeiros membros a apresentarem informações dos seus gastos militares.

814. As informações deveriam se referir a carros de combate, veículos blindados de combate, sistemas de artilharia de grande calibre, aeronaves de combate, helicópteros de ataque, navios de guerra, mísseis e plataformas de lançamento de mísseis e veículos pilotados por controle remoto com características para mísseis. Apesar de assinada por 19 membros quando de sua aprovação, apenas cinco Estados haviam ratificado a mesma até junho de 2002, fato que levou a OEA a aprovar a resolução 1881 instando os membros a acelerarem o processo de ratificação ou adesão. A iniciativa

Um outro documento importante foi a Declaração de São Salvador sobre Medidas de Fomento da Confiança e da Segurança. Através dela, os membros da Organização recomendaram uma nova lista de medidas, em complemento à Declaração de Santiago. Destacam-se:

> estimular contatos e cooperação entre legisladores sobre medidas de fomento da confiança e temas relacionados com a paz e a segurança hemisférica, incluindo a realização de encontros, intercâmbios de visitas e uma reunião de parlamentares, a fim de fortalecer esse processo;
> estender aos institutos de formação diplomática, academias militares, centros de investigação e universidades, os seminários, cursos e estudos sobre medidas de fomento da confiança e da segurança, desarmamento e outros temas vinculados com a paz e a segurança hemisférica, com a participação de funcionários governamentais, civis e militares, assim como da sociedade civil nessas atividades;
> identificar e desenvolver atividades que promovam a cooperação entre países vizinhos em suas zonas de fronteira;
> promover o intercâmbio de informação entre outros, através da publicação de livros de defesa ou documentos oficiais, permitindo uma maior transparência em matéria de políticas de defesa de cada país, assim como sobre a organização, estrutura, tamanho e composição das forças armadas;
> estimular a realização de estudos tendentes a avançar no estabelecimento de uma metodologia comum que facilite a comparação do gasto militar na região, tendo em conta o Informe Padronizado Internacional sobre Gastos Militares da ONU;
> desenvolver um programa de cooperação para atender as preocupações apresentadas pelo transporte marítimo de dejetos nucleares e outros, assim como cooperar e coordenar em foros internacionais pertinentes para o fortalecimento das normas que regulam esse transporte e sua segurança;
> melhorar e ampliar a informação que os Estados-membros remetem ao Registro de Armas Convencionais da ONU, a fim de fortalecer a contribuição do hemisfério aos objetivos desse registro, em cumprimento das resoluções pertinentes daquela Organização;

funcionou, permitindo que a Convenção entrasse em vigor em novembro daquele ano. Com exceção da Bolívia, que assinou a Convenção na data da aprovação mas, até maio de 2007 não havia ratificado, todos os países do Cone Sul se tornaram membros desta.

> continuar com as consultas e intercâmbios de idéias dentro do hemisfério para avançar na limitação e controle de armas convencionais na região. [815]

A Declaração fez menção ao progresso alcançado pelos países do Cone Sul na promoção da confiança mútua e da segurança mediante o estabelecimento de vários mecanismos bilaterais permanentes de consulta e coordenação em matéria de segurança e política de defesa, bem como a realização de exercícios militares entre Argentina, Brasil, Paraguai e Uruguai.

Na II Cúpula das Américas, realizada em abril de 1998 em Santiago do Chile, os chefes de Estado e de Governo aprovaram uma Declaração e um Plano de Ação. A Declaração Conjunta destacou a continuação do fomento da confiança e a segurança entre os países, da luta contra a corrupção, a lavagem de dinheiro, o terrorismo, o tráfico de armas e o problema das drogas. O Plano de Ação apresentou uma série de medidas práticas a ser adotada em diversas áreas de fomento da confiança e da segurança, remoção de minas, a transparência das políticas de defesa, comparação do gasto militar, aperfeiçoamento do registro de armas convencionais das Nações Unidas, desenvolvimento de programas de cooperação para enfrentar desastres naturais e operações humanitárias de busca e resgate. [816]

Com relação às medidas de confiança mútua, seguindo as recomendações da Reunião de Peritos de Buenos Aires de 1994, inicialmente, 17 países providenciaram informação sobre as medidas que estavam sendo implementadas naquela ocasião. A Resolução 1566 solicitou, em seu artigo 17, que a Junta Interamericana de Defesa mantivesse atualizado um inventário de medidas de confiança e preparasse o rascunho de um guia para a apresentação padronizada da informação prestada pelos Estados-membros. [817] A Junta desenvolveu, então, o *Summary of Military Confidence and Security Building Measure* que foi disseminado para os países membros da OEA e para a Comissão de Segurança Hemisférica. Tomando por base o relatório inicial de 1995, o número de medidas de confiança relatadas havia aumentado em 87%, sendo que quase 50% das medidas se referiam a visitas e trocas de observadores e alunos de escolas militares e quase 2/3 delas eram de caráter bilateral entre países vizinhos, demonstrando o aumento da transparência no nível sub-regional. [818]

815. BRASIL. MD. Declaração de São Salvador sobre Medidas de Fortalecimento da Confiança e da Segurança. AG/OEA. 5a Sessão Plenária. San Salvador, 28 de fev. de 1998.

816. Segunda Cúpula das Américas. Declaração de Santiago. Disponível em: http://www.summit-americas.org/ French &Portuguese/chiledec-port.htm Acesso em: 05 abr. 2007.

817. OEA. AG/RES 1566 (XXVIII-O/98). Washington, 2 jun. 1998.

818. OEA. CSH. Documento OEA/Ser. G CP/CSH/SA.59/98. Apresentação do major-general John C. Thompson Chairman, Inter-American Defense Board ao CSH. Washington, 26 jan. 1999.

No documento distribuído em setembro de 2000 contendo as medidas informadas até 1999, verificou-se que todos os países do Cone Sul enviaram informações, como recomendado pela OEA, apurando-se o seguinte resultado:

Tabela 5 – Medidas de Confiança Mútua no Cone Sul 1995 - 1999

| País | Número de medidas |
|---|---|
| Argentina | 242 |
| Bolívia | 04 |
| Brasil | 307 |
| Chile | 34 |
| Paraguai | 69 |
| Uruguai | 230 |

Fonte: OEA. JID. *Summary of Military Confidence and Security Measures – 1999.*

O inventário levantou um total de 1249 medidas informadas por 21 países do continente. Desse total, 886 (71%) estavam relacionadas como os países do Cone Sul. [819]

O Plano de Ação encarregou, ainda, a Comissão de Segurança Hemisférica de "analisar o significado, a abrangência e as implicações dos conceitos de segurança internacional no Hemisfério, com o propósito de desenvolver os enfoques comuns mais apropriados" que permitissem examinar seus diversos aspectos, incluindo o desarmamento e o controle de armamentos, bem como de "identificar as formas de revitalizar e de fortalecer as instituições do Sistema Interamericano relacionadas aos diversos aspectos da segurança hemisférica", com vistas à realização de uma Conferência Especial sobre Segurança patrocinada pela OEA. [820]

Durante os trabalhos da Comissão, o representante do Chile sugeriu que, em primeiro lugar, era necessário determinar o real sentido de segurança internacional a partir dos entendimentos distintos dos Estados do continente. Em seguida, determinar seu alcance, tanto em relação à amplitude de seus significados como do âmbito ao qual poderiam ser aplicados para então determinar sua projeção, ou seja, um novo conceito comum de segurança interamericana. [821]

819. OEA. JID. *Summary of Military Confidence and Security Measures – 1999.* Anexo A. Washington, setembro de 2000.

820. Segunda Cúpula das Américas. Plano de Ação. Disponível em: http://www.summit-americas.org/French&Portuguese/ chiledec-port.htm Acesso em: 05 abr. 2007.

821. OEA. CSH. Documento OEA/Ser. G CP/CSH/SA.59/98. Síntesis de la Reunión del 8 de diciembre de 1998. Anexo III. Presentación del Presidente de la Comisión de Seguridad Hemisférica. Representante Permanente de Chile Embajador Carlos Portales Washington, 26 jan. 1999.

Dessa forma, no cumprimento da determinação, a Comissão de Segurança Hemisférica iniciou os trabalhos em abril de 1999. Passou a considerar dois grandes temas: o estudo de problemas e riscos para a paz e a segurança no hemisfério bem como a prevenção e a resolução de conflitos e; a identificação das formas de revitalizar e fortalecer o sistema interamericano relacionado com a segurança.

Em 2001, o trabalho intitulado "Proposição da JID sobre o sistema de segurança hemisférica" avaliou o sistema de segurança assinalando que, apesar dos compromissos, cooperação e coordenação que haviam sido estabelecidos, os interesses estatais particulares e os receios ainda existentes dificultavam que os mesmos regessem de forma definitiva as relações entre os Estados. Entendia que as reuniões de ministros de Defesa e de Comandantes das Forças Armadas, ainda que refletissem boas intenções e desejos de integração, não conseguiam romper o receio que historicamente esteve presente entre os países vizinhos. Propôs, então, a revisão dos instrumentos regionais de segurança de modo a atenderem às preocupações da totalidade dos Estados.

O trabalho citou como causas de potenciais conflitos o homem, razões geopolíticas, história, economia, diferenças étnicas, sistemas políticos, pobreza e meio ambiente e apresentou como ameaças a questão nuclear, terrorismo, drogas ilícitas, degradação do meio ambiente, corrupção, AIDS, os assuntos pendentes de natureza territorial ou fronteiriça, além de outros problemas que pela sua pequena magnitude não eram considerados ameaças como crime organizado[822], transporte de dejetos nucleares, tráfico ilícito, emprego criminal de armas de fogo, minas antipessoais, violência contra o cidadão, migrações e pobreza extrema. No final, propôs um novo regime de segurança baseado em interações estatais e coordenação de políticas governamentais, fundado na associação e no reconhecimento da diversidade sub-regional, que possibilitasse a prevenção e a contenção das ameaças aos interesses nacionais, entendendo que "um sistema de segurança cooperativo se funda também na atividade em prol da estabilidade" e "da paz que realizam os atores não tradicionais em segurança. Um efetivo sistema de segurança hemisférico reflete a experiência da diplomacia de múltiplas vias". [823]

Um outro informe intitulado "*Aporte de la JID para el diseño de un nuevo sistema de seguridad hemisférica*" propôs integrar a Junta como órgão de assessoramento

822. Crime organizado pode ser entendido como ações delituosas graves, de caráter econômico, praticadas por um grupo organizado para obter um determinado benefício de ordem econômico ou material.

823. "*un sistema de seguridad cooperativo se funda también en la actividad en prol de la estabilidad y de la paz que realizan los actores no tradicionales en la seguridad. Un efectivo sistema de seguridad hemisférico recoge la experiencia de la diplomacia de carriles múltiples*". OEA. *Informe Proposición de la JID sobre el sistema de seguridad hemisférico.* Washington, 11 jun. 2001, p. 66, tradução nossa.

e planejamento da OEA; impulsionar um regime de segurança cooperativa para prevenir e conter as ameaças aos interesses nacionais e evitar que as percepções dos Estados se transformassem em tensões, crises ou confrontações abertas; estruturar mecanismos de segurança transparentes e que permitissem o avanço em temas de controle e limitação de armamentos; manter as estruturas militares como elemento necessário de segurança e defesa; continuar o fortalecimento, modernização e flexibilidade dos processos e mecanismos de segurança e defesa a fim de atender aos riscos e ameaças à segurança hemisférica e internacional. [824]

A Comissão Jurídica Interamericana (CJI), com sede no Rio de Janeiro, também se engajou nas discussões acerca da segurança hemisférica e do papel da Junta Interamerican de Defesa nesse contexto. Em 2000, através de um Informe, propôs a substituição do Tratado Interamericano de Assistência Recíproca por um instrumento essencialmente orientado para a preservação da paz e segurança dentro do âmbito interamericano, tendo em vista a marginalização política do tratado. [825]

Outro informe da Comissão, "*Hacia um nuevo concepto de seguridad hemisférica*"[826], apresentou que a OEA não teria sustentação legal para a adoção de medidas obrigatórias, uma vez que as decisões da Organização eram investidas de peso moral próprio das declarações e resoluções internacionais, não transcendendo o limite facultativo em tais documentos. Mencionou, ainda, em caso de conflito armado, a necessidade da reunião imediata do Conselho Permanente para determinar a convocação da Reunião de Consulta de Ministros de Relações Exteriores de modo a trabalhar para a cessação das hostilidades, restabelecer o *status quo ante bellum* e estabelecer mecanismos de diálogo e conciliação que permitissem a solução pacífica do conflito.

O trabalho apresentou o que chamou de forças integradoras e desintegradoras que se contrapõem em escala regional. Como integradoras enumerou: as cartas da ONU e da OEA, o Tratado de Tlatelolco, organismos internacionais, a convivência harmônica interamericana com base nos princípios inerentes aos direitos e deveres dos Estados, cooperação econômica e a luta contra a pobreza, integração regional e sub-regional, consolidação da democracia e direitos humanos, proteção do meio ambiente, confiança mútua, limitação de armamentos, estabelecimento de uma zona de paz e promoção de uma cultura de paz. Como desintegradoras:

824. OEA. Documento CP/CSH/INF.9/01. Aporte de la JID para el diseño de un nuevo sistema de seguridad hemisférica. Washington, outubro de 2001.

825. Informe intitulado "Initial Thoughts on the Problems Arising from The Marginalization of the Inter-American Treaty of Reciprocal Assistance (TIAR), the Viability of a New Instrument to Preserve Peace in the Hemisphere, and the Process Surrounding the New Concept of Security". OEA. CJI. Documento OEA/Ser.Q/VI.31.CJI/ doc.45 /00. Annual Report of the Inter-American Juridical Committee to the General Assembly – 2000. Rio de Janeiro, 25 ago. 2000.

826. Ibidem.

narcotráfico, terrorismo, tráfico ilegal de armas, armamentismo e potenciais focos de tensão fronteiriça. Agregou, ainda, a afirmação que o novo conceito de segurança transcenderia o campo militar, incorporando o desenvolvimento econômico-social e a democracia.

Algumas ideias apresentadas no informe acabaram se formalizando na Carta Democrática Interamericana, adotada em 5 de junho de 2001, em São José da Costa Rica, que, fazendo menção à cláusula democrática da Declaração de Quebec[827], confirmou a suspensão de Estado membro da OEA no caso de "qualquer alteração ou ruptura inconstitucional da ordem democrática" através da convocação imediata do Conselho Permanente e a subsequente convocação, de acordo com a situação, da Reunião de Consulta dos Ministros das Relações Exteriores ou um período extraordinário de sessões da Assembleia Geral, no prazo de dez dias para determinar a ocorrência de uma ruptura inconstitucional da ordem democrática e a suspensão imediata do Estado envolvido. [828]

No período seguinte de sessões da OEA, realizado em Bridgetown, foram abordados diversos temas como fomento da confiança e da segurança nas Américas, a Reunião de Peritos sobre Medidas de Fomento da Confiança e da Segurança na Região e as limitações de gastos militares. Foi a primeira Assembleia Geral da Organização após os atentados terroristas de 11 de setembro de 2001 nos Estados Unidos. Por esta razão, em seu pronunciamento, o secretário norte-americano Colin Powell afirmou que tanto a carta da OEA como o Tratado Interamericano de Assistência Recíproca continuavam sendo relevantes e poderiam ser adaptadas para as necessidades atuais, mas haveria necessidade de rever a arquitetura de segurança interamericana. [829]

827. Na Terceira Cúpula das Américas, realizada na Cidade de Quebec, em abril de 2001, os governos reiteraram o "*compromiso de combatir las nuevas amenazas multidimensionales*", destacando, entre elas, "*el problema mundial de la droga y delitos conexos, el tráfico ilícito y el uso criminal de las armas de fuego, el creciente peligro que representa el crimen organizado, así como el problema general de la violencia*" e decidiram pela realização de uma Conferência Especial sobre Segurança e a convocação de uma reunião de peritos a se realizar antes da referida conferência de modo a avaliar a implementação das medidas aprovadas nas conferências regionais de Santiago e São Salvador e considerar as próximas etapas na consolidação da confiança mútua. OEA. AG/CP/doc.643/02. Ayuda memoria sobre el tema del enfoque multidimensional de la seguridad hemisférica para el dialogo ministerial del XXXII periodo ordinario de sesiones de la Asamblea General de la OEA. Washington, 5 abr. 2002. Terceira Cúpula das Américas. Plano de Ação. Disponível em: http://www.summit-americas.org/Documents%20for%20Quebec%20City%20Summit/Quebec/Declaration%20of%20Quebec%20City%20-%20port.htm. Acesso em: 05 abr. 2007.

828. OEA. AG/RES. 1838 (XXXI-O/01). Carta Democrática Interamericana. São José da Costa Rica, 5 jun. 2001.

829. EUA. Department of State. Remarks by secretary of state Colin Powell at the organization of American states General Assembly. Sherbourne Conference Center. Bridgetown, 3 jun. 2002. Disponível em: http://www.state.gov/secretary/ former/powell/remarks/2002/10646.htm. Acesso em:

Ao final da 4ª Sessão Plenária, em 4 de junho de 2002, foi aprovada a Declaração de Bridgetown: Abordagem Multidimensional à Segurança Hemisférica, a qual reconheceu o consenso alcançado nos debates da Comissão de Segurança Hemisférica em torno da adoção de um enfoque multidimensional na segurança do continente e que novas medidas deveriam ser desenvolvidas para enfrentar as "ameaças, preocupações e outros desafios" à paz e à segurança do Hemisfério, incluindo "aspectos políticos, econômicos, sociais, de saúde e ambientais" de acordo com as condições específicas de cada país ou sub-região.[830] Na mesma Assembleia Geral foi aprovada a Convenção Interamericana contra o Terrorismo com o objetivo de prevenir, punir e eliminar o terrorismo. [831]

O reconhecimento tácito da multidimensionalidade da segurança foi referendado pela Declaração sobre Segurança nas Américas de 2003 e auxiliou na ratificação e entrada em vigor das convenções da ONU sobre o crime organizado e a corrupção. [832] Resultou, também, na criação da Subsecretaria de Segurança Multidimensional que passou a coordenar o Comitê Interamericano de Combate ao Terrorismo (CICTE), a Comissão Interamericana para o Controle do Abuso de Drogas (CICAD) e o Departamento de Prevenção de Ameaças contra a Segurança Pública.

Na reunião do Grupo do Rio, em 24 de maio de 2003, o documento final denominado Consenso de Cusco, também reconheceu o enfoque multidimensional da segurança, a necessidade de consolidar "uma arquitetura flexível de segurança, baseada na cooperação e no tratamento comum e renovado deste conceito, acolhendo todas as preocupações e ameaças à segurança como igualmente válidas". O Consenso reconheceu, ainda, que as medidas de fomento da confiança e a co-

13 jul. 2007.

830. OEA. AG/DEC. 27 (XXXII-O/02) The multidimensional approach to hemispheric security. Bridgetown, Barbados , 2 jun. 2002, tradução nossa.

831. Entrou em vigor em julho de 2003. Todos os países do Cone Sul a ratificaram com exceção da Bolívia que assinou a Convenção na data da aprovação e até maio de 2007 não havia ratificado. OEA. Convenção Interamericana contra o Terrorismo. Bridgetown, 3 jun. 2002. Em 2 de fevereiro de 1971, já havia sido aprovada a Convenção para Prevenir e Punir os Atos de Terrorismo Configurados em Delitos contra as Pessoas e a Extorsão Conexa quando Tiverem eles Transcendência Internacional que tinha o foco principal na cooperação para prevenir e punir atos de terrorismo, em especial o sequestro, homicídio e outros atentados contra a vida e a integridade das pessoas, tendo previsto, inclusive, a extradição, de acordo com os tratados existentes sobre a matéria, de pessoas condenadas por esses crimes. Dentre os países do Cone Sul, Bolívia, Brasil, Paraguai e Uruguai são membros, o Chile fez uma reserva de ratificação e a Argentina não assinou a Convenção.

832. A Convenção sobre o Crime Organizado foi aprovada em 15 de novembro de 2000 e entrou em vigor em 29 de setembro de 2003. BRASIL. Decreto n. 5.015 Promulga a Convenção das Nações Unidas contra o Crime Organizado Transnacional. Brasília, 12 mar. 2004. A Convenção contra a corrupção foi adotada pela Assembleia-Geral das Nações Unidas em 31 de outubro de 2003. BRASIL. Decreto n. 5.687 Promulga a Convenção das Nações Unidas contra a Corrupção. Brasília, 31 jan. 2006.

operação no âmbito da defesa deveriam ser aprofundadas e que as novas ameaças à segurança deveriam ser "enfrentadas integralmente mediante uma cooperação internacional eficaz, articulada e solidária, através das organizações competentes e baseadas no respeito à soberania dos Estados e ao Direito Internacional". Entre as diretrizes aprovadas figuravam o fortalecimento da cooperação entre as autoridades para a luta contra essas ameaças e a intensificação do intercâmbio de informação para prevenir atos de terrorismo e reprimir seu financiamento. [833]

Antes da conferência de Bridgetown, a Cúpula das Américas de 2001 havia decidido sobre a realização da Conferência Especial de Segurança em 2003, no México.[834] Definiu-se que a Conferência seria precedida por uma nova reunião de peritos a ser realizada em Miami, em dezembro de 2002, para avaliar sua implementação e considerar as próximas etapas na consolidação da confiança mútua e para "transmitir as conclusões e as recomendações da Reunião de Peritos ao órgão encarregado de preparar a Conferência Especial sobre Segurança, como contribuição para a preparação desta". [835]

A Reunião dos Peritos foi realizada em fevereiro de 2003, tendo sido aprovada uma Declaração que ficou conhecida como Consenso de Miami, concordando com a Declaração de Santiago da Quinta Conferência de Ministros da Defesa das Américas, em que o desenvolvimento das medidas de confiança mútua e da segurança eram parte do "surgimento de uma nova arquitetura flexível de segurança nas Américas" e seriam

> o componente substancial e insubstituível de uma rede de acordos bilaterais, sub-regionais, regionais e hemisféricos de cooperação, desenvolvidos de forma complementar às instituições de segurança criadas pelo Sistema Interamericano ao longo de sua história, inclusive aquelas de caráter coletivo. [836]

833. PERU. Ministério de Relaciones Exteriores. Consenso del Cusco. 24 mai. 2003. Disponível em: http://www.rree. gob.pe/portal/GrupoRio.nsf/MarcoGeneralGREspaniol?OpenFrameset. Acesso em: 21 set. 2007, tradução nossa.

834. OEA. AG/RES 1908 (XXXII-0/02) Conferência Especial sobre Segurança. Bridgetown, 4 jun. 2002

835. Convocada pela resolução AG/RES. 1880 (XXXII-O/02) de 4 jun. 2002. A reunião foi realizada em fevereiro de 2003 e o Brasil participou com uma delegação chefiada pelo seu representante permanente junto à OEA e integrada por representantes do Ministério da Defesa e da Delegação do Brasil na Junta Interamericana de Defesa (DBJID).

836. OEA. Documento OEA/Ser.K/XXIX. RESEGRE/doc.4/03 ver.2 Consensus of Miami: Declaration by the Experts on Confidence- and Security-Building Measures: Recommendations to the Summit-Mandated Special Conference on Security. Miami, 11fev. 2003, tradução nossa.

No nível sub-regional, salientou o avanço na adoção de medidas de fortalecimento da confiança verificado na conclusão do estudo Metodologia Padronizada Comum para a Medição dos Gastos de Defesa, empreendido pela Comissão Econômica para a América Latina e o Caribe (CEPAL) a pedido dos governos da Argentina e do Chile e pelas declarações sobre Zona de Paz Sul-Americana e do MERCOSUL, Bolívia e Chile como Zona de Paz, assinada em Ushuaia, em 1998.

A Declaração de Miami apresentou uma série de recomendações, especialmente no campo militar:

> a implementação de um programa de notificação e observância de exercícios militares e operações de rotina;
> programas de visitas na área de defesa, mediante os quais representantes de Estados-membros da OEA visitem instalações de defesa e academias militares em outros Estados, bem como incentivar o intercâmbio de pessoal civil e militar para treinamento regular e avançado entre os Estados-membros da OEA;
> participação do Registro de Armas Convencionais das Nações Unidas, inclusive o fornecimento de informações sobre produção nacional e o intercâmbio dessas informações com os Estados membros da OEA;
> participação do Relatório Internacional Padronizado das Nações Unidas sobre Gastos Militares e intercambiar essas informações com os Estados-membros da OEA;
> desenvolvimento de metodologias padronizadas comuns de medição dos gastos de defesa em Estados vizinhos;
> desenvolvimento e intercâmbio de políticas de defesa e documentos doutrinários (livros brancos de defesa) entre os Estados-membros da OEA;
> intercâmbio de informações sobre as funções, procedimentos e organizações institucionais de Ministérios de Defesa e Segurança, bem como de instituições afins;
> convites para o presidente da CSH observar exercícios militares conjuntos a serem realizados no Hemisfério;
> estabelecimento, uso e intercâmbio de manuais de procedimentos e cartilhas de segurança entre as forças armadas alojadas nas regiões fronteiriças.

Os peritos admitiram também que:

> as medidas militares tradicionais de fortalecimento da confiança e da segurança não abordam necessariamente as novas ameaças, preocupações e outros desafios à segurança hemisférica. Medidas não militares complementariam as atividades e ações empreendidas por outros foros no Sistema Interamericano que contribuem para o aumento da confiança entre Estados. [837]

Na Conferência Especial de Segurança, realizada em outubro de 2003, a ata final denominada Declaração sobre Segurança nas Américas reconheceu as diferentes perspectivas relacionadas com as novas ameaças e que a arquitetura de segurança deveria ser flexível, incluindo as particularidades de cada sub-região e de cada Estado. Reafirmou o compromisso de limitar os gastos militares, mantendo apenas a capacidade necessária de defesa e segurança e promovendo a transparência na aquisição de armamentos. [838] No ano seguinte, na Assembleia Geral realizada em Quito, a Resolução 2000 declarou o continente americano como região livre de armas químicas e biológicas. [839]

Em 2006, a Resolução 2180 que determinou as Américas também como zona livre de minas terrestres antipessoal e seu parágrafo 10 reiterou a importância da participação de todos os membros no sistema registro da Organização [840]. Cumprindo a Resolução, a Argentina e o Brasil destruíram todo o arsenal com exceção de 16545 minas retidas em cada um para treinamento. O mesmo se aplicou ao Chile que reteve 5895 minas para treinamento. [841]

Como resultado das discussões realizadas na OEA, em 15 de março de 2006, foi aprovado o novo estatuto da Junta Interamerica de Defesa estabelecendo sua vinculação à Organização tendo como objetivo a prestação de assessoramento técnico, consultivo e educativo sobre temas relacionados com assuntos militares e de defesa do hemisfério. [842]

837. Ibidem.

838. OEA. Documento OEA/Ser.K/XXXVIII CES/DEC.1/03rev.1 Declaração sobre Segurança nas Américas. 28 out. 2003.

839. OEA. AG/RES 2000 (XXXIV-0/04). The Americas as a Biological and Chemical Weapons Free Region. Quito, 8 jun. 2004.

840. Foi uma consequência da Resolução 1496. The Western Hemisphere as an Antipersonnel-Land-Mine-Free Zone aprovada em 1997. OEA. Documento OEA/Ser.P/XXVII-O.2. Twenty-Seventh Regular Session Lima, Peru. June 1-5, 1997. Proceedings, v. I. Certified Texts of the Declarations and Resolutions. Washington, 3 nov. 1997.

841. OEA. CSH. Documento CP/CSH-788/06. Registro da OEA de Minas Terrestres Antipessoal: Quadro Resumido de Informação Apresentada pelos Estados-membros Correspondente ao Período 1997-2006. Washington, 25 set. 2006.

842. OEA/Ser.P AG/RES. 1 (XXXII-E/06) Status of the Inter-American Defense Board. Washington, 15 mar. 2006.

Apesar das resoluções aprovadas na Assembleia Geral não terem efeito de cumprimento obrigatório, a OEA ofereceu aos Estados um espaço que se conformou no maior foro do continente para tratar de assuntos de segurança.

O trabalho no âmbito da OEA, através dos debates, resoluções, convenções, informes, serviu de base para a implementação de uma série de medidas de confiança pelos países do Cone Sul. Ao mesmo tempo, medidas que já existiam ou que foram adotadas de forma bilateral ou multilateral na sub-região serviram para realimentar o sistema, mediante a adoção posterior nas listas de medidas recomendadas pela Organização. Ou seja, a OEA influenciou no desenvolvimento da cooperação, mas foi também influenciada por uma dinâmica de relações próprias do Cone Sul, que permitiu a criação de outros foros em níveis bilaterais e multilaterais, continentais e sub-regionais.

## V - O Contexto Sub-Regional

As modificações no sistema internacional, as influências dos Estados Unidos e das organizações internacionais exerceram papel importante nas modificações que aconteceram no Cone Sul em matéria de segurança. Mas, talvez, o fator principal que resultou na aproximação e cooperação e o desenvolvimento de medidas de confiança mútua se deu na área econômica. Sem os orçamentos necessários para manter os programas nucleares, espaciais e das indústrias nacionais de material de emprego militar, e a necessidade de dissipar desconfianças como forma de obter componentes necessários para a continuidade desses programas, Brasil e Argentina implementaram maior dinamismo nos entendimentos que haviam se iniciado no final da década de 1970, ainda durante os regimes militares.

Mas, a aproximação, naquela ocasião, só foi possível após resolvida a questão Itaipu-Corpus que só ocorreu quando ambos entenderam que o conflito trazia mais prejuízos que ganhos. As duas obras eram interdependentes, pois a definição das cotas influenciava na capacidade de geração de energia e nos custos de ambas. Havia falta de recursos para manter os programas na mesma velocidade, o atraso no cronograma tornava as obras mais caras e havia dificuldade de obtenção de financiamentos.

O Acordo de Itaipu resolvendo a principal divergência entre os dois países favoreceu a aproximação no campo nuclear, da mesma forma que o encaminhamento do problema de limites para a mediação do Papa diminuiu o risco de um conflito armado entre a Argentina e o Chile.

No âmbito interno, os dois regimes enfrentavam oposição. No Brasil, o presidente Figueiredo havia iniciado a transição negociada com a esquerda e a anistia estava em andamento. Na Argentina, a situação econômica piorava e as manifestações contrárias ao governo aumentavam. Apesar das posições divergentes entre os militares, a Junta tentava insistentemente se manter no poder, o que levou à decisão de invadir as Falkland/Malvinas em 1982.

A guerra acabou permitindo uma maior aproximação entre os dois países por conta do apoio prestado pelo Brasil. Apesar do entendimento de que a Argentina tinha razão quanto à soberania sobre as ilhas e o constante apoio brasileiro a esse pleito nas discussões realizadas na ONU e na OEA, a postura em relação à guerra foi baseado numa análise racional de prós e contras e só aconteceu depois que os Estados Unidos definiram realmente seu apoio ao Reino Unido. O governo brasileiro ainda sofria as pressões norte-americanas em relação ao desenvolvimento de armas e aos programas nuclear e espacial e uma saída seria se aproximar do vizinho. Além disso, havia a percepção de que a Argentina não ganharia a guerra contra as forças britânicas mais bem preparadas e melhor armadas, fazendo-se necessária a tentativa por uma saída que implicava a cessação das hostilidades e a negociação. Assim, a decisão da Junta em usar a força e o desastre militar serviu para aproximar os dois países.

O estabelecimento dos governantes civis que se seguiu, especialmente na Argentina, Brasil e Chile, e a postura que estes adotaram em prol do entendimento, dissipando as desconfianças que permearam as relações durante os governos militares, foi um fator importante que influenciou e até conduziu à modificação das relações de segurança na sub-região.

O presidente Alfonsín assumiu em 1983 e priorizou os objetivos de manter a frágil democracia que se instalara e reinserir o país no sistema internacional.[843] Para isso, na sua visão, seu governo deveria buscar a máxima liberdade de ação, evitando alinhamentos automáticos. Definiu a Argentina como nação ocidental, não-alinhada e em vias de desenvolvimento. Empreendeu aproximação com os Estados Unidos, mas sem alinhamento automático, privilegiou as relações com a América Latina e a Europa Ocidental e atuou em foros internacionais com a intenção de utilizar a política externa como instrumento de promoção do desenvolvimento do país.

Autonomia foi então o conceito-chave na definição da atuação externa argentina e, nesse ponto, seu governo encontrou coincidências com o de Sarney. Ambos decidiram participar, juntamente com Uruguai e Peru, do Grupo de Apoio à Contadora, com o objetivo de estimular os esforços de México, Colômbia, Venezuela e Panamá no processo de pacificação da América Central.[844] Em dezembro de

843. Tanto Alfonsín quanto Sarney tiveram seus governos fragilizados. O primeiro pelas tentativas de golpe que sofreu, o segundo porque assumiu um governo que era, na verdade, de Tancredo Neves. Logo, a aproximação Brasil e Argentina teve relação com a necessidade de defender as democracias que renasciam. STUART, Ana Maria. Regionalismo e Democracia: uma construção possível. *CEBRI Tese*. Rio de Janeiro, s/d, p. 26.

844. A partir do consenso que os conflitos existentes na América Central eram considerados uma ameaça para a estabilidade de toda a América Latina, esses países proclamaram o direito e a necessidade de os países latino-americanos darem solução ao problema, sem a interferência da nação hegemônica.

1986, com base naqueles grupos, foi constituído o Grupo do Rio, reunindo os oito países numa inédita relação política regional.[845] A ótica da convergência ganhou espaço através de ações diplomáticas mais harmonizadas.

Os dois presidentes iniciaram a superação do secular dilema de segurança pelo qual o crescimento de um era visto como fator de desequilíbrio que deveria ser corrigido. Quanto a esse dilema, são interessantes as colocações de Gonçalves e Lyrio, para quem o relacionamento bilateral entre Argentina e Brasil, desde a independência, apresentou apenas duas grandes crises diplomáticas: o embate entre os chanceleres Zeballos e Rio Branco, na primeira década do século XX e a questão Itaipu-Corpus na década de 1970. Analisando os dois momentos, observaram que ambos corresponderam a períodos de relativa quebra do equilíbrio de poder devido ao crescimento acelerado de um dos dois países. "A desproporção entre o surto econômico de um país" e "a estagnação do outro acarretava um desequilíbrio entre uma diplomacia mais protagônica e outra mais reativa, voltada para uma espécie de política de contenção". Reviviam-se as desconfianças e as rivalidades, gerando condições para o aparecimento de crises diplomáticas.[846]

No primeiro exemplo, a Argentina projetava-se econômica e politicamente no cenário regional e internacional em decorrência do crescimento resultante da exportação aos mercados europeus enquanto a República brasileira estava estagnada. Na tentativa de reequilibrar as forças na região, o Brasil lançou o programa de modernização da sua marinha.

No segundo exemplo, a construção de Itaipu, o Brasil vivia um momento de crescimento econômico acelerado enquanto que a Argentina sofria com o declínio de sua importância no sistema internacional. Além disso, o projeto brasileiro criou novos interesses junto aos Estados vizinhos como Paraguai e Bolívia por uma necessidade de recursos que sustentassem o crescimento industrial brasileiro. No quadro de visões geopolíticas dos militares argentinos, o projeto brasileiro causou a desconfiança do vizinho e desencadeou a crise.

845. O Grupo do Rio é um Mecanismo Permanente de Consulta e Entendimento Político com o objetivo de fortalecer a democracia a partir de um vigoroso desenvolvimento econômico e social da região, baseado num crescente processo de cooperação e integração. A primeira reunião do Grupo, em novembro de 1987, caracterizou-se por ser a primeira autoconvocada de presidentes da América Latina sem a presença dos EUA. VIDIGAL, Armando Amorim Ferreira. Segurança Coletiva do Continente. Possibilidades de Conflitos Externos. In: MARQUES, Joaquim Campelo (Org.). *O Livro da Profecia*. Brasília: Senado Federal, 1997, p. 57-72 (64-65). Como a própria Declaração do Rio apresentou, o Grupo representou a percepção dos Estados latino-americanos da necessidade de conjugar esforços e capacidades para encontrar soluções próprias aos problemas e conflitos que afetam a região. Apesar de ser um organismo informal tem se mantido como importante foro político na região.

846. GONÇALVES, José Botafogo. LYRIO, Mauricio Carvalho. Aliança Estratégica entre Brasil e Argentina: Antecedentes, Estado Atual e Perspectivas. *CEBRI Dossiê*, Rio de Janeiro, a. 2, v. 2, 2003, p. 8-10.

No campo econômico, a crise financeira que assolou a ambos os governos e a modesta importância da região, tanto no comércio como na política mundial, permitiram o consenso de que necessitavam maximizar as potencialidades de intercâmbio regional, de modo a melhorar a participação de cada um no comércio internacional, o que favoreceu a cooperação e a integração regional.

Os entendimentos entre os governos civis de Alfonsín e Sarney, no prosseguimento das boas relações iniciadas nos governos militares anteriores, permitiram que, em novembro de 1990, fosse firmada a Declaração sobre Política Nuclear Comum, e criada a Agência Brasileiro-Argentina de Contabilidade e Controle de Material Nuclear (ABACC) para monitorar todo o ciclo de atividades nucleares de ambos os países. Em 1991, assinaram o Acordo para o Uso Exclusivamente Pacífico de Energia Nuclear que permitiu a conclusão do Acordo Quadripartite entre Brasil, Argentina, ABACC e Agência Internacional de Energia Atômica, submetendo os respectivos programas nucleares ao sistema abrangente de salvaguardas daquela Agência. [847]

Mas, os dois governos mantiveram o mesmo entendimento dos governos anteriores que a postura das potências nucleares era discriminatória e tentaram manter os programas e uma política autônoma nesse campo, apesar dos problemas orçamentários, assim como os acordos com outros países, principalmente os do Oriente Médio. Assim, continuou a pressão pela adesão aos regimes de não-proliferação. As ações, principalmente do governo norte-americano nesse sentido, permitem afirmar serem corretas tais percepções.

Quando a Turquia se aproximou da Argentina com o propósito de firmar um acordo nuclear, levantou-se a possibilidade de repasse de tecnologia ao programa nuclear do Paquistão. As pressões norte-americanas fizeram com que as negociações não proliferassem. No entanto, empresas norte-americanas participaram de licitação para construção de reatores para produção de energia nuclear na Turquia realizadas em 1996. [848] No mesmo sentido, o presidente Clinton suspendeu o embargo imposto no governo Carter sob a justificativa que não havia mais riscos. No entanto, naquela oportunidade, o mercado de armamento estava sendo saturado pela oferta de armas vindas do excedente dos estoques militares das antigas

847. As salvaguardas da AIEA estão estabelecidas no Art. XII do Estatuto da Agência Internacional de Energia Atômica e constam de exames de equipamentos e instalações, inclusive reatores nucleares para assegurar que sua utilização não contribuirá para fins militares e se estão de acordo com as normas de proteção da saúde e de segurança; de pedidos e recebimentos de informações sobre o andamento das atividades; envio aos Estados de inspetores, etc.

848. CASTRO, Ricardo Medeiros de. *Reinterpretando a cooperação nuclear entre Brasil e Argentina: as diversas nuances e perspectivas deste relacionamento no contexto mundial.* Dissertação de Mestrado. Porto Alegre: UFRGS, 2006, p. 42.

Repúblicas soviéticas. Logo, nem o embargo se deu por conta de uma ameaça real, nem a sua suspensão se relacionou com o fim dessa ameaça, mas sim parte da estratégia de manutenção da posição ocupada no sistema internacional que implicava, também, não permitir que os demais membros melhorassem seu *status*. A suspensão se deu como maneira de compensar a perda de mercado da indústria bélica norte-americana, garantindo as vendas para os latino-americanos e dificultando a entrada de armamento soviético.

Na década de 1990, os governos Fernando Henrique e Menem se renderam às pressões e ingressaram numa série de mecanismos de controle que os regimes militares evitaram por conta, também, da percepção de que essa decisão permitiria o acesso a materiais e componentes necessários para o prosseguimento dos programas nucleares e espaciais, que continuava sendo negado. Os entendimentos bilaterais permitiram que, em agosto de 1992, Brasil, Argentina e Chile apresentassem um conjunto de emendas ao Tratado de Tlatelolco[849], cuja aprovação, resultou na ratificação do Tratado. Resultou, também, na adesão de Brasil e Argentina ao Grupo de Supridores Nucleares[850] e ao Regime de Controle Tecnológico de Mísseis (MTCR)[851]. Em seguida, a Argentina e o Chile, em 1995, e o Brasil, em 1998, ratificaram o Tratado de Não-Proliferação.

A demonstração de confiabilidade dos países do Cone Sul perante a comunidade internacional continuou com a assinatura, por parte de todos os países da sub-região, do Tratado Compreensivo de Banimento de Testes Nucleares (CTBT), na data em que foi aberto para assinaturas, em setembro de 1996. [852]

Além dos aspectos formais de negociação, assinatura e ratificação dos tratados, os países do Cone Sul se destacaram pela participação intensa em todas as conferências relativas à matéria num claro apoio ao desenho de um regime abrangente e não excludente de não-proliferação, verificação, controle e destruição de armas de destruição em massa.

Mas, apesar de todas as mudanças ocorridas na década de 1990, os Estados Unidos continuavam exercendo restrições ao Brasil, como o exemplo do

849. As modificações sugeridas foram aprovadas na VII Conferência Geral Extraordinária da Assembleia Geral da Organização para a Proscrição das Armas Nucleares na América Latina e no Caribe (OPANAL).

850. Regime informal de países que visa à coordenação de controle de exportações de tecnologias e bens na área nuclear.

851. O MTCR é um agrupamento informal de países para a coordenação de controles de exportação na área de mísseis. O ingresso no MTCR coloca o país ao lado dos que detêm a tecnologia espacial e, consequentemente, o poder de decisão sobre a matéria, além de eliminar a possibilidade de uso de legislações restritivas, afastar suspeitas sobre o uso militar do programa de mísseis e facilitar a aquisição de equipamentos necessários ao desenvolvimento nessa área.

852. Até junho de 2010, o Tratado ainda não estava em vigor, aguardando as ratificações mínimas necessárias.

impedimento de repasse de tecnologia de um supercomputador da empresa IBM para a Petrobras justificado pela não adesão do Brasil às salvaguardas nucleares da Agência Internacional de Energia Atômica e a possível ligação dos programas nucleares e de mísseis brasileiros com os iraquianos. [853]

Os interesses de segurança dos Estados Unidos continuaram se manifestando no pós-Guerra Fria com o esforço pelo reconhecimento das novas ameaças e a utilização das Forças Armadas para seu combate, o que não foi aceito pelos países do Cone Sul. Com o fim da União Soviética, o principal foco de ameaças para a segurança dos Estados Unidos seriam os chamados "Estados falidos" por serem permanentes focos de conflitos e poderem abrigar grupos terroristas. A implantação de regimes ou mecanismos institucionais de segurança nas sub-regiões diminuiria as ameaças.

Entre Argentina e Chile, as relações tomaram novos rumos a partir do tratado de 1984, firmado entre Alfonsín e Pinochet, mas foi nos governos de Menem e Patrício Aylwin que ganharam impulso. Havia a necessidade de modificar as visões geopolíticas dos governos militares pelas quais o Chile teria ambições expansionistas para o Leste e a Argentina para o Oeste, que o desenvolvimento chileno se baseava na sua capacidade de impedir o acesso da Argentina ao Pacífico [854] e que o da Argentina só seria possível freando o projeto brasileiro. Mas, as mudanças só poderiam ser iniciadas por meio das relações bilaterais.

A iniciativa partiu da Argentina por uma necessidade resultante da conjugação de vários fatores. Quando Menem assumiu, o quadro argentino era de hiperinflação e baixo crescimento. A imagem do país no exterior ainda apresentava desconfiança em relação ao Chile, resquícios de competição no campo da segurança com o Brasil, os programas espacial e nuclear eram vistos como não transparentes, havia uma má relação com os Estados Unidos e o país era considerado instável e pouco confiável [855]. O presidente tinha que mudar a imagem do país consolidando a democracia, a proteção dos direitos humanos, mostrando um país pacífico, disposto a auxiliar a paz mundial e seguro para investimentos externos. Deveria romper uma tradição de desafio aos Estados Unidos. Naquele momento, para os fazedores da política, os tomadores de decisões argentinos, poderiam ser aplicados os conceitos apresentados por Escudé e seu realismo periférico. [856]

853. CASTRO, Ricardo Medeiros de. op. cit., p. 89.

854. Ver MEIRELLES, Carlos. *Antologia Geopolítica de Autores Militares Chilenos*. Santiago: Centro de Estúdios e Investigaciones Militares, 2000.

855. DAVEREDE, Alberto Luis. *Prioridades de la politica exterior argentina ante el actual contexto internacional*. Escuela de Defensa Nacional. Boletín de Difusión Academica, n. 9/97. Buenos Aires, 1997, p. 3-4.

856. As premissas do realismo periférico apresentavam a Argentina como um país de pouca importância no cenário internacional, cuja viabilidade em longo prazo estaria ameaçada por problemas econômicos. Partindo dessa visão, seria necessário que o país tivesse uma postura, por meio de sua

Seu ponto central era a eliminação de suspeitas de confrontacionismo com países desenvolvidos e a aceitação de que a "nova ordem mundial" tinha a liderança incontestável dos Estados Unidos. O alinhamento do país com a potência hegemônica criaria um clima de confiança e maior credibilidade diante dos organismos financeiros internacionais, colocando a Argentina no circuito do mercado mundial, como forma de garantir recursos para o projeto econômico interno e possibilitar uma inserção internacional mais ativa. [857]

Para atingir esses objetivos, vários meios foram empregados, como melhorar a relação com as grandes potências e a eliminação de todo tipo de projeção que pressupunha o litígio sobre a soberania das Ilhas Falkland/Malvinas, levando ao reatamento das relações diplomáticas com o Reino Unido [858]; bem como o fortalecimento dos vínculos com os vizinhos, Brasil, Paraguai e Uruguai através do Mercosul, com o Chile, resolvendo diplomaticamente a delimitação das fronteiras pendentes e melhorando a integração física.

Como as Forças Armadas argentinas, a exemplo das demais do Cone Sul, estavam estruturadas para fazer frente a um conflito com países limítrofes e só admitiam a participação em conflitos fora da região como parte de uma força

política exterior, de cooperação com as potências nas questões políticas e uma distância com parceiros de menor relevância que não implicaria em perdas reais. Deveria se abster de instrumentar uma política de poder interestatal de maneira tradicional, de implementar políticas idealistas custosas, evitando envolver-se em enfrentamentos com as grandes potencias e estudar a posibilidade de se alinhar com alguma potencia dominante ou hegemônica. ESCUDÉ, Carlos. *El Realismo de los Estados Débiles*. Buenos Aires: Grupo Editor Latinoamericano, 1995, p. 152-158.

857. A clara prioridade dada ao estreitamento das relações com os EUA foi traduzida no que o então chanceler Di Tella denominou de "relações carnais" de seu país com aquela potência. O ingresso de capital estrangeiro era vital para a economia Argentina como suporte de qualquer projeto de desenvolvimento. ESCUDÉ, Carlos. *El realismo Periférico. Fundamentos para la nueva política exterior Argentina*. Buenos Aires: Ed. Planeta, 1992, p. 281.

858. A Declaração Conjunta de 19 de outubro de 1989, conhecida como Acordo de Madri, manteve uma cláusula de salvaguarda mediante a qual os dois países resguardam suas respectivas posições na controvérsia sobre a soberania das ilhas. No prosseguimento das negociações, em fevereiro do ano seguinte, a Declaração Conjunta, conhecida como Acordo de Madri II, permitiu o restabelecimento das relações diplomáticas e a aprovação de uma série de outras medidas como o estabelecimento de um "Sistema de Comunicação Direta" entre as ilhas e o continente, de um conjunto de procedimentos para as unidades navais e aéreas que operam na área e um sistema de intercâmbio de informação sobre a segurança e o controle marítimo e aéreo. Fruto dessa política, em fins de 1998, o Reino Unido decidiu unilateralmente cessar o embargo de armas imposto à Argentina desde a Guerra das Malvinas. REINO UNIDO. House of Commons Library. Joint Statement of 19 October 1989. *Re-Establishing Consular Relations Between Britain and Argentina, and Agreeing a Framework on Sovereignty Which Would Allow Further Talks*. Disponível em: http://www.falklands.info/history/1989agreement.html. Joint Statement of 15 february 1990. Disponível em: http://www.falklands.info/history/1990agreement.html. Acesso em: 23 jan. 2008.

liderada pelos norte-americanos, a eliminação dos focos de tensão fronteiriços era fator de peso para os objetivos da política externa.

O alinhamento com os Estados Unidos traduziu-se, na prática, na decisão de participar da Guerra do Golfo,[859] nas votações pró-EUA na ONU, na retirada do Movimento dos Países Não-Alinhados em setembro de 1991, na defesa da ampliação dos poderes da OEA para intervenções diretas nos casos de riscos aos regimes democráticos, na solicitação de ingresso na Organização do Tratado do Atlântico Norte, que foi recusada em julho de 1999.

A Argentina também aumentou a participação em forças de paz da ONU, estabeleceu o controle de exportação de materiais sensíveis (Decreto n. 603 de 1992), desativou o projeto do míssil Condor II (Decreto n. 995 de 1991) e transferiu cientistas, instalações e material para a então criada Comissão Nacional de Atividades Espaciais. Na fábrica de Falda del Carmén, Córdoba, onde se desenvolvia o míssil, foi montada uma planta de construção de satélites.[860] Junto com o cancelamento do projeto do míssil Condor, o presidente Menem iniciou a privatização da indústria militar.

No entanto, foram poucas as vantagens práticas obtidas pela política de Menem, o que acabou resultando na grave crise econômica de final de 2001. Na realidade, a relação especial estabelecida com os Estados Unidos não era a visão da maior parte da academia ou das Forças Armadas. Era uma visão do governo Menem, influenciada pelo pensamento de parte da academia especializada argentina e de alguns setores castrenses e governamentais. Era vista pela maioria da oficialidade como equivocada, mas respeitada por ser decisão da cúpula do governo.[861] Alguns se referiram à política de Menem como resultado de uma "falta de visão e de clareza no que diz respeito à inserção argentina no mundo, promovendo-a de maneira um tanto voluntarista".[862]

859. Na prática, tal decisão gerou apenas um prestígio inicial a Menem e o emprego de três empresas privadas argentinas na reconstrução do Kuwait, após a guerra. O Brasil, por ser fornecedor de equipamentos militares e parceiro comercial do Iraque, limitou-se a condenar a ação iraquiana. A presença da Argentina na coalizão gerou interpretações comparativas desfavoráveis ao Brasil, porém sem maiores consequências em médio prazo. HIRST, Mônica. Política Externa em 2 Tempos. *RBPI*, Brasília, v. 38, n. 1, 1995, p. 7.

860. Em princípios de 1993, a Argentina enviou 12 motores e outras peças do míssil Condor para os EUA via Espanha. A discussão posterior se deu em torno do envio das misturadoras de combustível sólido para aquele país. Enquanto o chanceler di Tella apoiava o envio, o ministro da Defesa Oscar Camilión era contra, uma vez que era o mesmo combustível utilizado no míssil Alacrán que por ser de curto alcance estava fora de qualquer restrição dos regimes internacionais. Confirman el reciclado de la planta misilística. *Clarín*, Buenos aires, 11 jun 1993, p. 33. Menem pedirá ayuda a Clinton para reciclar la fábrica del misil Cóndor. *Clarín*, Buenos Aires, 10 jun. 1993, p. 10. Según Todman, ahora EE.UU. no pide destruir la planta del Cóndor. *Clarín*, Buenos Aires, 27 jun. 1993, p. 6-7.

861. Entrevista com o licenciado Daniel Rodrigues. Ministério da Defesa da Argentina. Buenos Aires, 12 dez. 2007.

862. STUART, Ana Maria, op. cit., p. 23.

Os entendimentos com o Reino Unido também não foram suficientes para desaquecer a questão das Falkland/Malvinas nos meios militares e políticos argentinos. Em junho de 2004, por exemplo, o chanceler Rafael Bielsa, em seu discurso na Assembleia Geral da OEA protestou contra atividades britânicas na área que teriam incluído, em 2003,

> ações no Atlântico Sul desde a área disputada, intenções de obter uma presença das ilhas em organismos e eventos internacionais, extensão de convenções internacionais à área disputada, atividades de prospecção sísmica de hidrocarbonetos, e concessão de licenças para a exploração de minerais e atividades conexas de prospecção aeromagnética.

Agregou, ainda, em seu protesto,

> a continuada exclusão da Argentina continental dos contatos e comunicações diretas com as Ilhas Malvinas, a relutância britânica em avançar nas medidas de confiança no âmbito militar, a continuada venda de licenças de pesca na zona econômica exclusiva argentina e a continuada presença e recente hierarquização da base militar britânica nas Ilhas Malvinas, estendendo sua capacidade operacional para além da área disputada. [863]

Já o modelo de inserção estratégica do Brasil no plano internacional diferenciou-se do argentino. O Brasil percebia o cenário da globalização como transitória e instável, conformando-se o que Celso Lafer chamou de "polaridades indefinidas", onde não havia uma pré-definição do lugar de cada país no sistema e, por conseguinte, havia espaços para exercer a política externa com certa independência, sem se prender a alianças incondicionais, firmando novas parcerias, mas evitando enfrentamentos. O governo Fernando Henrique se baseou então no

863. "*Acciones en el Atlántico Sur desde el área disputada, intentos de lograr una presencia de las islas en organismos y eventos internacionales, extensión de convenciones internacionales al área disputada, actividades de prospección sísmica de hidrocarburos, y adjudicación de licencias para la exploración y explotación de minerales y actividades conexas de prospección aeromagnética*". "*La continuada exclusión de la Argentina continental de los contactos y comunicaciones directas con las Islas Malvinas, la renuencia británica a avanzar en las medidas de confianza en el ámbito militar, la continuada venta de licencias de pesca en la zona económica exclusiva argentina y la continuada presencia y reciente jerarquización de la base militar británica en las Islas Malvinas, extendiendo su capacidad operativa más allá del área disputada*". ARGENTINA. MRECC. Discurso del Sr. Canciller Rafael Antonio Bielsa XXXIV Asamblea General Ordinaria de la OEA (Quito, Ecuador) La cuestión de las islas Malvinas 8 de junio de 2004. Disponível em: http://www.mrecic.gov.ar/ portal/cancilleria/discursos/bielsa/d040608.html. Acesso em 04 nov. 2007.

multilateralismo em diversos âmbitos de atuação nas diversas áreas de interesse do país e na possível integração sul-americana. [864]

Com relação aos Estados Unidos, embora aceitasse que aquele país saíra do período da Guerra Fria como o mais importante polo de poder, viu alguns vácuos na ordem global sob sua liderança que abriam espaço para a busca por uma maior inserção internacional. No campo comercial, a estratégia conduziu a uma maior presença nas organizações internacionais onde se posicionou contra o protecionismo, e ao incremento da integração regional aumentando a capacidade de exportação intra e extra bloco e o poder de barganha para com os países desenvolvidos. No campo da segurança, aderiu aos regimes internacionais de modo a permitir o acesso de componentes necessários ao desenvolvimento de tecnologia em temas sensíveis como os projetos nuclear e espacial.

Nas questões de segurança regional, a Argentina utilizou os foros multilaterais para expressar o apoio ao estabelecimento da segurança cooperativa, capitalizando "as experiências de outras regiões como a européia, adequando-as à nossa própria realidade, com o propósito inequívoco de erradicar as hipóteses de conflito na região". [865] Durante a XIX Conferência de Exércitos Americanos, nos Estados Unidos, o chefe do Estado-Maior Geral do Exército Argentino, Martin Balza, afirmou que os exércitos deveriam refletir sobre a maneira de acompanhar seus governos, materializando esta intenção com ações concretas de complementação e cooperação. [866]

Menem apoiou o desenvolvimento desse novo conceito privilegiando a transparência, a cooperação e o abandono de toda sorte de corrida armamentista, apoiando e atuando ativamente na Comissão Especial de Segurança Hemisférica da OEA e sua sucessora, a Comissão de Segurança Hemisférica, em relação às medidas de confiança mútua e a prevenção de conflitos. Foi atuante, também, juntamente com o Canadá, nas discussões sobre as mudanças nas funções e estrutura da Junta Interamericana de Defesa. O governo promoveu, ainda, uma série de intercâmbios regionais entre parlamentares e suas comissões de defesa e de política externa. [867]

864. LAFER, Celso. FONSECA Jr, Gelson. Questões para a Diplomacia no Contexto Internacional das Polaridades Indefinidas (Notas Analíticas e Algumas Sugestões). In FONSECA JÚNIOR, Gelson. CASTRO, Sergio Henrique Nabuco (Orgs.) *Temas de Política Externa Brasileira II*. São Paulo: IPRI/FUNAG/Paz e Terra, 1997, p. 49-77.

865. Exposição do Embaixador argentino Fernando Petrella, secretário de Relações Exteriores. OEA. Documento OEA/Ser.K/XXIX.2 - COSEGRE/doc.20/95 rev. 1. *Regional Conference on Confidence and Security-Building Measures in the Region*. Washington, 12 fev. 1995.

866. RIVERO, Paula. *La Cooperación Militar en el Cono Sur: Derivaciones para la Argentina*. Tese de Mestrado. Buenos Aires: Facultad Latinoamericana de Ciencias Sociales, 1999, p. 54.

867. ESCUDÉ, Carlos. FONTANA, Andrés. *Divergencias estratégicas en el Cono Sur: las políticas de seguridad de la Argentina frente a las del Chile y Brasil*. Working Paper n. 20. Buenos Aires: Universidad Torcuato di Tella, 1995.

Mas, a primeira etapa desse projeto para eliminar as hipóteses de conflito implicava em resolver os limites com o Chile. Em agosto de 1990, os países assinaram o Acordo de Integração Chile-Argentina. Entre 1991 e 1995, foram assinados 30 acordos, convênios, protocolos, memorandos e se formaram comitês bilaterais em diversas áreas[868], incluindo a constituição de vários comitês de fronteira (NOA – Norte Grande, Região de los Lagos, Cristo Redentor e Região Austral) com o objetivo de promover e coordenar o trânsito de pessoas, comunicação, intercâmbio e todo trabalho destinado a aprofundar a integração das zonas Norte e Austral. [869]

Menem e Aylwin acertaram definitivamente as questões pendentes em 23 pontos da fronteira através de negociação direta apesar de pontos de vista diferentes tornarem o processo de negociação complicado. Os governos tiveram, também, dificuldades em garantir a aprovação do acordo fronteiriço pelos respectivos congressos[870], o que aconteceu em meados de 1999, ficando apenas 1/3 da área em litígio para ser resolvida.[871] Um outro ponto, em Laguna do Desierto, foi encaminhado à arbitragem encerrada em 1995 que favoreceu a Argentina.

A intensificação do relacionamento permitiu que, no campo econômico, a Argentina se convertesse no terceiro maior sócio do Chile (primeiro na América Latina) com um crescimento de 100% no intercâmbio comercial bilateral entre 1990 e 1993.

Dessa forma, a aproximação do Brasil com a Argentina alterou o equilíbrio geopolítico da região. Primeiro, desfez alianças clássicas como entre Brasil e Chile e Argentina e Peru, depois encerrou o poder de barganha exercido pelos Estados menores – Uruguai, Paraguai e Bolívia – de pender ora para o lado brasileiro, ora para o argentino como forma de obter os maiores ganhos possíveis, com a rivalidade entre os dois. Terceiro, perdendo tal capacidade e, tendo a mesma percepção do caminho para aumentar o poder de negociação no sistema internacional, só restou aos Estados menores a opção de ingressar no bloco sub-regional que se formava. A aproximação do Chile com a Argentina alterou o eixo das relações entre esse último e a Bolívia e o Peru com reflexos nas relações do Brasil com esses dois países.

868. CHILE. MRE. *La política exterior vecinal del Gobierno de Aylwin 1990-1994*. Santiago, 1994.

869. SANTOS, Lucila. *La Seguridad es lo que los Estados hacen de ella – El dilema de seguridad en el Cono Sur*. Monografia de Conclusão de Curso. Buenos Aires: Universidade Torcuato di Tella, 2004.

870. SAAVEDRA, Claudio Fuentes. *Chile-Argentina: el proceso de construir confianza*. Working Paper n. 30. Buenos Aires: Universidad Torcuato di Tella, 1996, p. 14-15.

871. A única área pendente de resolução foi a chamada pelos chilenos de Campos de Hielo Sur ou Hielos Continentales, pelos argentinos, uma área de 22 mil quilômetros quadrados de neve perene na Cordilheira dos Andes.

O processo de mudanças nas relações militares, iniciado com a aproximação bilateral nos eixos Argentina-Brasil e Argentina-Chile e que se espalhou pela sub-região, apresentou um componente interno importante, o controle civil das Forças Armadas. O estabelecimento dos governos civis democráticos no Cone Sul e o posterior controle sobre suas Forças Armadas serviram de base para uma maior cooperação sub-regional com a criação de mecanismos de concertação e a institucionalização das medidas de confiança mútua.

No entanto, esse controle civil não se deu naturalmente, pois a perda de poder logicamente não agradava aos militares. Todos os novos governos civis elegeram essa meta como prioritária. Mas houve diferenças nos caminhos que cada país adotou, bem como nos problemas que cada governo enfrentou.

Na Argentina, os militares exerceram o poder ou tutelaram governos civis desde 1930. Em 1983, a transição para a democracia aconteceu após a derrota bélica nas Falkland/Malvinas e num contexto de crise econômica interna. Além da perda de poder, tais fatores resultaram no desprestígio dos militares.

No Brasil, os militares, apesar de intervirem na política desde o Império, só assumiram diretamente o poder em 1964. No Chile, o poder esteve na maior parte da história nas mãos de governos civis até que, em 1973, o golpe militar manteve o general Pinochet na Presidência por dezesseis anos. Nos dois países, a transição foi negociada, o que permitiu a manutenção de certo poder pelos militares. A repressão imposta por tais regimes também foi diferente, muito mais dura e brutal na Argentina e no Chile, com reflexos políticos/militares quando da volta da democracia.

No Paraguai, a transição se deu por um conflito interno dentro da mesma estrutura de poder. O general Rodriguez derrubou o presidente Stroessner mantendo o poder com os militares, fortemente presentes na política e no Partido Colorado.[872] Após a assunção do governo civil de Wasmosy, os militares continuaram controlando uma série de atividades civis inclusive algumas importantes para o desenvolvimento e abastecimento de regiões do país, e tentaram retomar o controle do país por meio de ameaças de golpes em 1996 e 1999. Durante o regime militar, o presidente Stroessner manteve o controle total do país, o que fez com que a repressão não tivesse a mesma magnitude da Argentina e do Chile. As contestações políticas que vinham de alguns grupos, normalmente radicados no exterior, eram combatidas de modo seletivo.[873]

872. Apenas em 9 de maio de 1993 foram realizadas as primeiras eleições livres no país em 50 anos.

873. WASSERMANN, Rogério. Caso paraguaio é o paradoxo no Cone Sul. *Folha de São Paulo*. São Paulo, 03 ago. 2003. Disponível em: http://www1.folha.uol.com.br/folha/mundo/ult94u61038.shtml. Acesso em: 21 jan. 2008.

No Uruguai, os militares conduziram a transição e se subordinaram ao poder civil quando de sua posse. A negociação incluiu a Lei de Caducidade, aprovada pelo congresso, em 26 de dezembro de 1986, concedendo anistia aos militares acusados de pretensos crimes contra os direitos humanos durante o regime militar. O presidente Julio Sanguinetti manteve um bom relacionamento com os militares apesar de alguns setores da sociedade, como o Movimento por la Pátria do Partido Nacional, liderava por Wilson Aldunate, a coalizão de forças políticas lideradas por Líber Seregni, sindicatos e diversas outras entidades realizarem ações coordenadas contra as forças armadas.[874] No governo Lacalle (1990-1995), as restrições orçamentárias aumentaram e reduziram na mesma proporção as possibilidades das Forças Armadas cumprirem suas missões, com a diminuição dos efetivos e quase nenhum investimento em novos equipamentos.

Na Bolívia, apesar da retomada da democracia em 1982, o histórico de inúmeros golpes e contragolpes fez com que permanecesse a desconfiança dos civis em relação aos militares.[875] Nos quinze anos de redemocratização do país, foram nomeados doze ministros da Defesa que cuidaram apenas de administrar um orçamento escasso e as rotinas administrativas.

O primeiro governo democrático de Siles Zuazo se apoiou nos militares para enfrentar o movimento sindical. O seguinte, Paz Estensoro (1985-1989), para manter o apoio militar, estabeleceu um forte vínculo com os Estados Unidos, o que permitiu compras de equipamentos de maneira que não eram realizadas há praticamente uma década. No entanto, teve que envolver as Forças Armadas na luta contra as drogas como queriam os norte-americanos. Essa postura se manteve com Paz Samora (1989-1993) através de convênios sobre o combate às drogas. Gonzalo Sánchez de Lozada (1993-1997) tentou implementar maior controle sobre as Forças Armadas, o que resultou numa deteorização das instituições militares.

Os governos civis cortaram a subvenção estatal para as empresas da Corporação das Forças Armadas para o Desenvolvimento Nacional (COFADENA), eliminaram os recursos dos programas de Ação Cívica e a operação de linhas aéreas pelos militares, o que levou à diminuição do orçamento de 390 milhões de dólares em 1980 para 120 milhões em 1990, e foi instaurado um programa de privatizações das indústrias militares. No entanto, a definição do orçamento de defesa boliviano continuou a ser baseado numa espécie de rotina de anos anteriores com alterações que se davam apenas pelas condicionantes dos compromissos externos e seu peso

874. BRASIL. AN. EME. Relatório Mensal de Informações Externas n. 001/86-SE-1/EME (Conf.). Brasília, 31 jan. 1986.

875. No século XX a Bolívia experimentou 189 golpes, teve 41 chefes de Estado e 7 diferentes constituições. MILET, Paz V. Chile – Bolivia: cien años después. *Fuerzas Armadas y Sociedad, Santiago*, a. 18, n. 1-2, jan/jun 2004, p. 37-49 (46).

sobre o orçamento, sem adotar um planejamento baseado em critérios técnicos. As promoções continuaram decorrentes de cooptação partidária pela qual se pretendia garantir a subordinação civil dos militares. [876]

Na Argentina, Alfonsín se preocupou em estabelecer a democracia e não colocou como prioridade a reforma das Forças Armadas. A retirada dos militares da política se iniciou lentamente e teve que superar, inclusive, as rebeliões da Semana Santa, em abril de 1987, de Monte Caseros, em janeiro de 1988, de Villa Matelli, em dezembro do mesmo ano e a de janeiro de 1989, quando o grupo autodenominado "Todos pela Pátria" atacou um quartel na cidade de Buenos Aires. [877] A Lei de Defesa Nacional só foi aprovada em 1988, permanecendo inalteradas as políticas nucleares, de desenvolvimento de mísseis e a indústria militar, além de recusar-se a restabelecer relações com o Reino Unido.

As rebeliões militares acabaram por aprofundar ainda mais o sentimento antimilitar da população. Assim, Menem contou com o amplo apoio popular para levar a cabo modificações estruturais, incluindo o expurgo de chefes militares que não se adequaram às regras impostas por sua administração. [878] Privatizou o complexo industrial-militar, reduziu os efetivos e vendeu instalações e áreas militares, incluindo imóveis de adidos militares em diversos países latino-americanos. [879] Desmantelou projetos expressivos como o míssil Condor, estabeleceu a total subordinação civil das Forças Armadas e colocou os militares em condições de vida bastante abaixo da que desfrutavam até então. Segundo Escude e Fontana, conseguiu tirá-los do cenário político por meio de uma mesclagem pragmática de concessões simbólicas e privações de materiais, colocando-os numa situação tal que até os oficiais buscavam trabalhos extras nas horas vagas como forma de minimizar as dificuldades financeiras. [880]

876. QUINTANA, Juan R. Las relaciones civiles-militares en Bolivia: una agenda pendiente. *Fuerzas Armadas y Sociedad*, Santiago, a. 13, n.1, jan./mar. 1998, p. 22-46.

877. Em abril de 1987, sob o pretexto do direito de um oficial, o major Ernesto Bariento que se refugiou no Regimento de Pára-quedista n. 14, para não se apresentar na justiça civil, iniciou-se a rebelião militar liderada pelo veterano da Guerra das Malvinas Aldo Ricco chamada "operação dignidade" pelos militares ou "rebelião dos carapintadas" pelos civis. Quartelada de Páscoa. *Veja*. São Paulo, 22 abr. 1987, p. 40-47. Em dezembro de 1888, ocorreu uma nova rebelião liderada pelo coronel Mohamed Seinldin em Monte Caseros. Carapintadas de novo. *Veja*. São Paulo, 7 dez. 1988, p. 56-57. O grupo de esquerda Todos Pela Pátria, com aproximadamente quarenta militantes, provocou um levante no II Regimento de Infantaria, em La Tablada. A aventura louca do terror. *Veja*. São Paulo, 1 fev. 1989, p. 34-37.

878. O comandante do Exército, general Bonnet foi exonerado por desacordos com o ministro da Defesa. A nomeação do general Martin Balza para seu lugar resultou na passagem para a reserva de dez generais.

879. DIAMINT, Rut. Cambios en la política de seguridad. Argentina en busca de un perfil no conflictivo. *Fuerzas Armadas y Sociedad*, Santiago, v. VII, n. 1, jan-mar. 1992, p. 1-16 (4).

880. ESCUDÉ, Carlos. FONTANA, Andrés, op. cit., p. 18.

No plano das concessões, promulgou decretos em outubro de 1989, que indultaram militares, policiais e civis que haviam sido condenados por delitos cometidos durante a repressão, entre 1976 e 1983. Mas, apesar das medidas, o presidente teve de lidar com o levante militar de dezembro de 1990, que pode ser considerado importante em razão das unidades que se envolveram, da quantidade de homens implicados e do nível hierárquico dos oficiais que o conduziram. [881]

Os governos De la Rua [882] e Duhalde estiveram envolvidos com problemas econômicos que praticamente consumiram a maior parte do tempo na Presidência. Finalmente, Kirchner teve a capacidade necessária para não apenas manter o controle civil sobre os militares como também levar os envolvidos em crimes contra os direitos humanos aos tribunais. Em 20 de agosto de 2003, o Congresso argentino outorgou hierarquia constitucional a Convenção sobre a Imprescritibilidade dos Crimes de Guerra e dos Crimes contra a Humanidade da ONU, de 26 de novembro de 1968. [883] No dia seguinte, declarou nulas as leis do Ponto Final e da Obediência Devida. [884] As discussões que se seguiram levaram a questão à Suprema Corte argentina que as declarou inconstitucionais, abrindo caminho para o juízo oral e público dos repressores processados por violações aos direitos humanos durante o regime militar. [885]

Dessa forma, a Argentina acabou sendo o país do Cone Sul que apresentou o maior controle civil de suas forças armadas que se voltaram, quase que exclusivamente, para a defesa externa. Com a Lei de Defesa Nacional, de maio de 1988, e a Lei de Segurança Interior, de dezembro de 1991, seu emprego como elementos de combate na segurança interna só se daria em casos excepcionais. [886]

881. A rebelião militar dos carapintadas de 1990 encontrou, pela primeira vez, uma pronta resistência das FFAA. Ver detalhes do levante em SAÍN, Marcelo Fabián. A política militar durante o governo de Carlos Menem (1989-1994). *Premissas*, Campinas, n. 9, abr. 1993, p. 19-41.

882. De la Rúa foi considerado o mais fraco presidente da história do país, sem maioria no Congresso, desprovido de base de sustentação política, sofrendo oposição de seu próprio partido e com os governos das províncias dominados pela oposição. O resultado foram três anos de recessão, com uma taxa de desemprego que alcançou, em 2001, a casa dos 17%. Estimativas indicavam que o PIB real da Argentina de junho de 1998 (momento do início da recessão) para junho de 2001 teve uma perda nominal acumulada de US$ 53 bilhões. Rosendo Fraga Associa a Crise Argentina à Falta de Governabilidade. *CEBRI Tempo Real*, Rio de Janeiro, n. 17, 31 out. 2001. Próximo à crise de dezembro havia a previsão de recuo do PIB em 3,0% para 2001 apesar dos nove pacotes econômicos em menos de dois anos de governo. Embaixador do Brasil em Buenos Aires Analisa a Conjuntura Argentina e Comenta o Estado Atual das Relações Bilaterais. *CEBRI Tempo Real*, Rio de Janeiro, n. 11, 27 jul. 2001.

883. ARGENTINA. BCN. Ley 25.778 de 20 ago. 2003. Anales de Legislación Argentina, 2003, p. 3.842.

884. ARGENTINA. BCN. Ley 25.779 de 21 ago. 2003. Anales de Legislación Argentina, 2003, p. 3.843.

885. Em 1987, o mesmo tribunal tinha confirmado sua validade – composição diferente dos juízes do tribunal. A decisão afetaria em torno de 400 pessoas das quais apenas 10% ainda estariam em atividade. Las leyes del Perdón son inconstitucionales. *Clarín*. Buenos Aires, 14 jun. 2005.

886. ARGENTINA. BCN. Ley 23.554. Ley de Defensa Nacional de 26 abr. 1988. Anales de Le-

No Brasil, os governos civis não desprestigiaram os militares. Mantiveram um vínculo estreito com as elites políticas e se integraram, rapidamente, ao sistema político. O emprego das Forças Armadas nas missões de segurança interna, denominadas Garantia da Lei e da Ordem, foi previsto na Constituição de 1988. Estreitaram-se, também, os laços com a diplomacia, que já eram fortes durante os governos militares, especialmente no período da política mais agressiva de exportação do material bélico brasileiro. Com o governo de Fernando Henrique Cardoso, em 10 de junho de 1999, foi criado o Ministério da Defesa com a extinção do Estado-Maior das Forças Armadas (EMFA) e a transformação dos ministérios da Marinha, do Exército e da Aeronáutica em Comandos subordinados a um ministro civil.

No Chile, os militares não sofreram derrota bélica, tiveram relativo êxito na política econômica do país, com reflexos positivos nos governos civis subsequentes e, retiveram um considerável poder quando da redemocratização.[887] Mesmo com a assunção do governo civil, havia a presença do ex-presidente Pinochet como Comandante do Exército e como senador vitalício, exercendo forte influência naquela Instituição.

Mas, se, por um lado, a manutenção de certo poder político nas mãos dos militares permitiu uma transição tranquila, comprometeu o imediato estabelecimento do controle civil das Forças Armadas. A garantia dessa subordinação deveria ser feita com a reforma da legislação, mas os governos de Aylwin e Frei (até 1995) não conseguiram aprovar modificações no Conselho de Segurança Nacional e na Lei Orgânica Constitucional das Forças Armadas, pois, além dos militares se colocarem numa posição contrária a qualquer reforma da Constituição, os presidentes tiveram dificuldades de aprovar matérias por não terem maioria no Congresso.[888]

Casos de descontentamento permaneciam na tropa e reviviam o perigo de retrocesso. Em 28 de maio de 1993, no episódio chamado de "boinaço", um contingente de militares cercou o edifício central das Forças Armadas contra a reabertura de investigação do filho de Pinochet por possível utilização de cheques do exército para fins pessoais, caso que ficou conhecido como "pinocheques". Após negociações com o ministro do Interior, a situação foi resolvida, mas os militares conseguiram que a investigação fosse paralisada.[889]

gislación Argentina, 1988, p. 1.424. Ley 24.059. Ley de Seguridad Interior de 6 jan. 1992. Anales de Legislación Argentina, 1992, Tomo LII-A, p. 70.

887. Um exemplo era a designação ou exoneração dos comandantes-em-chefe das forças armadas, que só poderia ser realizada pelo Presidente da República após aprovação da maioria do Conselho Nacional de Segurança constituído pelo próprio presidente, o presidente do Senado, o contralor e o presidente da Corte Suprema e os quatro comandantes das Forças Armadas.

888. SAAVEDRA, Claudio Fuentes, op. cit., p. 38.

889. LUENGO, Alberto. Mi historia personal del boinazo. *La Nación*. Santiago, 17 dez. 2006. Disponível em: http://www. lanacion.cl/prontus_noticias/site/artic/20061216/pags/20061216195201.html. Acesso em: 21 jan 2008.

O interesse e a importância do tema relações civil-militares, tema no processo da redemocratização do país, puderam ser constatados nos trabalhos de acadêmicos chilenos após a redemocratização, com uma produção mais volumosa que a observada nos demais países da sub-região. Um fator positivo da implantação dos governos civis foi que os assuntos de segurança e defesa deixaram de ser monopólio dos militares.

O papel da academia nas mudanças ocorridas no Cone Sul não se deu apenas através dos estudos da relação civil-militar. Em todos os aspectos da segurança e da defesa, a participação de pesquisadores foi importante para as definições das políticas de defesa, a reestruturação das Forças Armadas, as reparações às pessoas pelos danos causados pelos governos militares, etc. Foi relevante, também, com mais peso na Argentina e no Chile, quando da preparação dos livros brancos ou das políticas de defesa.

## VI - As Políticas de Defesa

O incentivo para o desenvolvimento de medidas de confiança estimulou a publicação das políticas de defesa pelos Estados do Cone Sul. Além de estar ligada à transparência como forma de gerar confiança, a necessidade de desenvolver uma consciência nacional sobre questões que, por décadas, só foram transitadas por militares, contribuiu para a decisão dos governos em preparar essas políticas.

O contexto da segurança continental do pós-Guerra Fria e, posteriormente, do pós-11 de setembro, assim como as divergências nas agendas de segurança entre o Cone Sul e os EUA, ficaram claras nas políticas de defesa que foram criadas a partir da década de 1990.

As discussões no âmbito das organizações internacionais e em foros multilaterais de segurança resultaram no entendimento de que alguns problemas eram comuns e que a ação unilateral do Estado era insuficiente para prevenir e/ou combater as chamadas "novas ameaças". Com a decorrente aceitação do conceito da multidimensionalidade da segurança, os Estados preferiram participar de estruturas de cooperação e estabelecer políticas de coordenação transnacional, compartilhando custos e benefícios, em vez de permanecerem agindo isoladamente e sem eficiência dentro de suas fronteiras. As políticas de defesa e os livros brancos dos países do Cone Sul incorporaram essa concepção.

Incorporaram, também, mecanismos para o amplo e irrestrito controle civil das Forças Armadas como base para a manutenção da democracia.[890] Assim, a

890. No caso do Brasil, a necessidade do controle implicou a criação do Ministério da Defesa, com a supressão de quatro ministérios militares, colocando os Comandantes das Forças sob a subordinação de um ministro civil.

publicação das políticas ou dos livros brancos fez parte de um objetivo interno dos países do Cone Sul e de uma necessidade de dar resposta aos estímulos que vinham do exterior, na trilha da segurança cooperativa preconizada.

Além das políticas de defesa, os países do Cone Sul prepararam e divulgaram uma vasta legislação que disciplinou as atividades militares. Na Argentina, Chile e Uruguai, os debates para formulação da política ajudaram a reunir civis e militares. A Argentina e o Chile optaram pela publicação dos chamados livros brancos com um levantamento mais pormenorizado das conjunturas nacionais e internacionais, bem como a evolução do tema militar e um vasto rol de atribuições, detalhando o que esses países entendem e esperam da defesa.

Em outros, como no caso do Brasil, a pressa do presidente Fernando Henrique Cardoso, a apatia dos políticos e da sociedade, fizeram com que a política de defesa fosse formulada por militares e servidores do Itamaraty, apresentada de uma forma mais "enxuta" apenas com linhas mestras e sem os detalhes presentes nos livros brancos. Logicamente que, sem uma orientação política, acabou apresentando limitações com antigas concepções estratégicas provenientes das áreas militar e diplomática. [891]

No caso do Uruguai, havia pressa na modificação da legislação sobre segurança do governo militar. Em 1986, foi promulgada a Lei n. 15.808 Forças Armadas que alterou vários artigos da Lei Orgânica das Forças Armadas, de 1974, deixando clara a atuação dos militares sob o mandato político exercido pelo presidente da República. O primeiro artigo modificado foi o segundo, tendo recebido a nova redação,

> As Forças Armadas têm como papel fundamental defender a honra, a independência e a paz da República, a integridade de seu território, sua Constituição e suas leis, devendo atuar sempre sob o comando superior do Presidente da República, de acordo com o Ministro respectivo, em conformidade com o que estabelece o artigo 168, inciso 2º, da Constituição.

O artigo 4º da Lei Orgânica de 1974, que definia segurança como um estado pelo qual o patrimônio nacional e o processo de desenvolvimento se encontrariam livres de interferências ou agressões, internas e externas, e o artigo 5º, que conceituava defesa nacional como um dos meios para obter a Segurança Nacional formada

891. Ver ALSINA Jr, João Paulo Soares. *A síntese imperfeita: articulação entre política externa e política de defesa na era Cardoso (1995-2002)*. Dissertação de Mestrado. Brasília: UnB, 2002. PROENÇA Jr, Domício. DINIZ, Eugênio. *Política de defesa no Brasil: uma análise crítica*. Brasília: UnB, 1998.

por um conjunto de órgãos, leis e regulamentos pelos quais o Poder Executivo acionava os comandos militares, para anular, neutralizar o rechaçar os agentes capazes de causar dano à segurança, foram derrogados sem receber nova redação. [892]

As diferenças dos regimes militares refletiram de maneira que os processos de redemocratização não fossem semelhantes. Naturalmente, os mecanismos de controle das forças armadas que foram criados, sua velocidade e sua forma apresentaram também diferenças. Como consequência, as políticas de defesa apresentaram certas especificidades relacionadas com a maneira que cada governo enxergava a sub-região e a evolução do processo de integração.

O Chile foi o primeiro país da região a produzir um amplo documento que tratava da política de defesa. O Livro Branco de Defesa Nacional surgiu a partir de um projeto do presidente Eduardo Frei, através de uma mensagem enviada à Nação em 21 de maio de 1994. A partir daí, o Ministério da Defesa organizou doze painéis com representantes de vários setores da sociedade, discussões das quais participaram 120 especialistas civis e militares com 650 intervenções em cem horas de diálogo que geraram mais de cinquenta documentos. [893] Apresentou uma reflexão das características da defesa de 1997 relacionadas com um horizonte de cinco anos e, por isso, deveria ser revisto, o que ocorreu em 2002.

O Capítulo I apresentou dentre os objetivos da Defesa: conservar a independência e soberania; manter a integridade do território nacional; colaborar para a criação de condições de segurança externa; apoiar a projeção internacional do país; contribuir para a manutenção e promoção da paz e da segurança internacionais; contribuir para a preservação da institucionalidade e o Estado de Direito.

A revisão de 2002 incorporou temas novos além da concepção centrada no Estado como o conceito de segurança humana, política de desminagem humanitária e a política de desenvolvimento de zonas fronteiriças e ampliou a política chilena de participação em operações de paz dentre outros. Incorporou, ainda, à orientação estratégica dissuasiva defensiva estratégias de cooperação como eixo necessário para alcançar a dissuasão.

O Chile entendia que as ameaças não convencionais que surgiram com a globalização afetavam de maneira diferente os Estados, conduzindo à configuração de uma agenda de segurança internacional mais complexa e diversa. A complexidade dessa agenda expressava uma realidade onde se mesclavam os elementos tradicionais do conflito com elementos que, apesar de não serem novos, haviam adquirido perfis inéditos a partir das mudanças ocorridas no cenário internacional

892. URUGUAI. BPL. Ley 15.808 Fuerzas Armadas. Diario Oficial n. 22144. Montevidéu, 24 abr. 1996.

893. Preparación del Libro de Defensa Nacional en Chile. *Fuerzas Armadas y Sociedad*, Santiago, a. 11, n. 4, 1996, p. 25-31.

a partir do fim da Guerra Fria. Sustentava que os problemas tradicionais e emergentes de segurança poderiam converter-se em ameaças, sendo essas entendidas como ações reais ou percebidas, provocadas consciente ou inconscientemente por um eventual adversário a quem supõe a intenção e a capacidade para afetar negativamente os interesses do Estado, requerendo, portanto, o uso da força estatal, incluindo as forças armadas.

Na Argentina, a redemocratização deu-se num quadro de problemas econômicos e de uma derrota militar nas Falkland/Malvinas. A condução pelos militares da chamada "guerra suja" deixou um trauma cuja superação seria difícil, demorada e cheia de percalços. Era fundamental, portanto, que o novo governo civil de Alfonsín retomasse o controle dessas forças e restringisse seu emprego à defesa externa. Assim, em 26 de abril de 1988, foi promulgada a Lei n. 23.554 – Lei de Defesa Nacional Argentina, estruturando o sistema de defesa e deixando bem claro, em seu artigo 4º, a "diferencia fundamental que separa a la defensa nacional de la seguridad interior" e que a segurança interna seria regida por uma lei especial[894], o que se concretizou em 6 de janeiro de 1992, com a promulgação da Lei de Segurança Interior. [895]

Em 1996, o Decreto n. 1.116/96 aprovou a diretriz para planejamento militar conjunto. Naquele mesmo ano, iniciaram-se os estudos mediante consulta tanto aos militares como a outros órgãos do Estado, instituições e especialistas acadêmicos que resultariam na elaboração do Livro Branco de Defesa Nacional Argentina.

Apesar de já estar praticamente pronta, o governo preferiu esperar a sanção pelo Congresso Nacional da Lei de Reestruturação das Forças Armadas, promulgada em 3 de abril de 1998, para então tornar pública a política de defesa do país. O Livro Branco foi revisto e a nova versão entrou em vigor em 2001.

O item que abordou as missões e as funções da defesa apresentou ser a principal missão do instrumento militar atuar de forma dissuasiva ou empregando os meios de forma efetiva com o fim de proteger e garantir de modo permanente os interesses vitais da nação frente a agressões de origem externa. Dessa forma, a orientação estratégica da política era dissuasiva e com característica defensiva.

Como as leis de Defesa Nacional e de Reestruturação das Forças Armadas estabeleceram orientações e prioridades gerais, em 2006, através do Decreto n. 1691 foram aprovadas as Diretrizes sobre Organização e Funcionamento das Forças Armadas, documento político que apresentou os critérios e parâmetros

894. ARGENTINA. BCN. Ley 23.554. Ley de Defensa Nacional. 26 abr. 1988. Buenos Aires: Boletín Oficial, 5 maio 1988.

895. ARGENTINA. BCN. Ley 24.059. Ley de Seguridad Interior. 6 jan. 1992. Buenos Aires: Boletín Oficial, 17 jan. 1992.

orientadores de suas missões, concepção e critérios para o emprego, organização, funcionamento, redesenho de capacidades e equipamento.

O anexo I apresentou como missão principal a de evitar ou repelir agressões externas militares estatais, a fim de garantir e salvaguardar de modo permanente os interesses da nação como a soberania, independência, autodeterminação, integridade territorial e a liberdade de seus habitantes. Definiu como missões subsidiárias a participação nas operações multilaterais da ONU, em operações de segurança interior, prevista em lei específica, em operações de apoio à comunidade nacional ou de países amigos e a construção de um Sistema de Defesa Sub-regional.

Esse sistema seria baseado na consolidação progressiva e crescente de maiores níveis de confiança mútua como fator complementar para o desenho e a determinação de capacidades do instrumento militar referente à obtenção de níveis de interoperabilidade e complementariedade com os países da sub-região.

O decreto determinou ser o Estado-Maior Conjunto das Forças Armadas o órgão responsável pelo emprego dos meios militares em tempos de paz, exercendo o controle funcional sobre as Forças.

Apresentou que dentro do contexto sub-regional de crescente entendimento e cooperação em matéria de defesa, o redesenho do instrumento militar avança e consolida sua disposição cooperativa regional e mundial que deveria desenvolver capacidades militares necessárias para

> avançar nos níveis de interoperabilidade sub-regional e para progredir também em termos de cooperação e complementariedade militar efetiva com os países da sub-região em propósitos de interesses mútuos (por exemplo, em matéria de co-participação do controle de espaços limítrofes comuns, em complementação de capacidades em casos de operações de paz ou nas atividades antárticas) no quadro da eventual construção do pretendido sistema de defesa sub-regional. [896]

A Bolívia publicou, em 18 de dezembro de 1992, a Lei Orgânica das Forças Armadas da Nação, que estabeleceu os princípios da segurança e defesa e as missões

896. "*Avanzar en los niveles de interoperabilidad subregional y para progresar también en términos de cooperación y complementariedad militar efectiva con los países de la subregión en propósitos de interés mutuo (por ejemplo, en materia de coparticipación del control de espacios limítrofes comunes, en complementación de capacidades en casos de operaciones de paz o en los de actividades antárticas) en el marco de la eventual construcción del pretendido sistema de defensa subregional*". ARGENTINA. BCN. Decreto 1691/2006 Aproba la Directiva sobre Organización y Funcionamiento de las Fuerzas Armadas. Buenos Aires, 22 nov. 2006. Buenos Aires: Boletín Oficial, 29 nov. 2006, tradução nossa.

das forças armadas que seriam empregadas para preservar a existência, soberania, independência e integridade territorial e para manter a ordem pública, quando as instituições responsáveis não forem suficientes. O capítulo I, que tratou dos princípios institucionais, frisou, na letra "e", como fator indispensável para a consecução dos objetivos nacionais, o desenvolvimento do país e a indeclinável decisão de reivindicação marítima. O artigo 3, ao estabelecer a "organização de um sistema integrado com o objetivo de neutralizar, rechaçar ou destruir qualquer ação" tendente a vulnerabilizar a segurança ou a defesa do país, imprimiu um caráter defensivo ao sistema.

Na enumeração das atribuições e responsabilidades do Ministério da Defesa, a lei acabou estabelecendo uma clara inter-relação entre segurança, defesa e desenvolvimento. Da mesma forma, a Lei n. 1.788, de 1997, sobre a organização administrativa do poder executivo, especificou atribuições ao Ministério da Defesa, entre elas, "apoiar o desenvolvimento integral e promover a potencialização das áreas de fronteira". [897]

No caso boliviano, a política de defesa resultou, então, de lei aprovada pelo legislativo e referiu-se, especificamente, à defesa nacional propriamente dita e aos mecanismos legais para acioná-la.

No Brasil, em 1996, o governo Fernando Henrique Cardoso determinou que a Câmara de Relações Exteriores e Defesa Nacional (CREDeN) apresentasse uma proposta para a Política de Defesa Nacional. Depois da análise "atual e criteriosa das conjunturas nacional e internacional, nos diversos campos sobre os quais se assenta o poder do Estado, em especial o político", com destaque para as áreas diplomática e militar, a Câmara entregou proposta que resultou na promulgação da Política em novembro daquele ano. [898]

O presidente pessoalmente implementou um caráter de urgência à publicação da Política, o que tinha relação com sua firme determinação de reformular o setor e criar o Ministério da Defesa em substituição aos quatro ministérios militares existentes. Dessa forma, a determinação para início dos trabalhos ocorreu no início de setembro de 1996 e o Comitê Executivo da Câmara remeteu a proposta ao presidente em 7 de novembro, tendo ocorrido a publicação no Diário Oficial de 13 de novembro do mesmo ano. [899]

---

897. BOLÍVIA. PR. Ley n. 1.788 Organización Administrativa del Poder Ejecutivo. La Paz, 16 set. 1997.

898. A CREDeN foi criada em 1996 para formular políticas, estabelecer diretrizes, aprovar e acompanhar programas governamentais nas áreas de cooperação internacional em assuntos de segurança e defesa, integração fronteiriça, populações indígenas, direitos humanos, operações de paz, narcotráfico e outros delitos internacionais, imigração e atividades de inteligência. BRASIL. PR. Decreto n. 1895. Brasília, 6 maio 1996.

899. BRASIL. AN. Câmara de Relações Exteriores e Defesa Nacional. EM n. 1 – CREDeN. Brasília, 7 nov. 1996.

A Política, depois de analisar a conjuntura global e regional, definiu como objetivos da defesa: garantia da soberania, preservação da integridade territorial, do patrimônio e dos interesses nacionais; garantia do estado de direito e das instituições democráticas; preservação da coesão e da unidade da Nação; projeção do país no concerto das nações e sua maior inserção no processo decisório internacional e contribuição para a manutenção da paz e da segurança internacionais. [900]

O documento apresentou ser a política "centrada em uma ativa diplomacia voltada para a paz e em uma postura estratégica dissuasória de caráter defensivo". Além da ênfase na diplomacia, as diretrizes para consecução dos objetivos da política também estabeleceram uma estreita relação entre política de defesa e política exterior quando listaram: a contribuição ativa para a construção de uma ordem internacional, a participação crescente nos processos internacionais relevantes de tomada de decisões, aprimoramento e aumento da capacidade de negociação do Brasil no cenário internacional, a participação nas operações de paz e a intensificação do intercâmbio com as forças armadas de nações amigas.

Em decorrência, principalmente, da maneira como a política de defesa foi confeccionada e aprovada, havia a necessidade de uma revisão. Em 30 de junho de 2005, através do Decreto n. 5.484, o Brasil estabeleceu sua nova Política de Defesa Nacional que incorporou a concepção multidimensional da segurança, "abrangendo os campos político, militar, econômico, social, ambiental e outros", mas, ao mesmo tempo, admitiu ser a defesa externa o papel primordial das Forças Armadas no âmbito interestatal. Assim, adotou como conceito de segurança, a condição que permite ao país "a preservação da soberania e da integridade territorial, a realização dos seus interesses nacionais, livre de pressões e ameaças de qualquer natureza" e "a garantia aos cidadãos do exercício dos direitos e deveres constitucionais", e como defesa nacional "o conjunto de medidas e ações do Estado, com ênfase na expressão militar, para a defesa do território, da soberania e dos interesses nacionais contra ameaças preponderantemente externas, potenciais ou manifestas". [901]

Apresentou a importância para o Brasil do aprofundamento do processo de desenvolvimento integrado e harmônico da América do Sul, o que se estende, naturalmente, à área de defesa e segurança regional. Definiu o caráter defensivo da política de defesa do país, admitindo sua vertente reativa, com o exercício do direito da legítima defesa e, num conflito de maior extensão, participando de um arranjo de defesa coletiva autorizado pelo Conselho de Segurança da ONU.

900. BRASIL. PR. *Política de Defesa Nacional.* Brasília: Imprensa Nacional, 1996.

901. BRASIL. PR. Decreto 5.484. Aprova a Política de Defesa Nacional e dá outras providências. Brasília, 30 jun. 2005.

Estabeleceu como diretrizes estratégicas: a atuação para a manutenção de clima de paz e cooperação nas áreas de fronteira; a intensificação do intercâmbio com as Forças Armadas das nações amigas, particularmente com as da América do Sul e as da África, lindeiras ao Atlântico Sul; a contribuição ativa para o fortalecimento, a expansão e a consolidação da integração regional com ênfase no desenvolvimento de base industrial de defesa; criação de novas parcerias com paí-ses que possam contribuir para o desenvolvimento de tecnologias de interesse da defesa; e a participação em missões de paz e ações humanitárias, de acordo com os interesses nacionais.

A política de defesa do Paraguai foi estabelecida pela *Ley 1.337: De Defensa Nacional y de Seguridad Interna*, promulgada em 14 de abril de 1999. Nas disposições gerais expressas no capítulo I, a lei estabeleceu ser a defesa um sistema de exclusividade do Estado para enfrentar qualquer forma de agressão externa que coloque em perigo a soberania, a independência e a integridade territorial. O artigo 16 estipulou que o Presidente da República, mediante autorização do Congresso, poderá declarar o estado de defesa nacional em caso de agressão externa. Nesse caso, haveria a utilização de todos os recursos da nação em prol de sua conservação. Esse artigo, somado ao capítulo VII, que tratou dos aspectos internacionais da defesa, permite identificar o caráter dissuasivo e a orientação defensiva da política de defesa do país, na mesma tendência dos demais países do Cone Sul. [902]

A Lei determinou, ainda, a responsabilidade das forças policiais pela segurança interna, podendo haver o emprego das forças armadas em casos excepcionais quando o sistema de segurança pública for insuficiente, através de decreto presidencial específico autorizando tal emprego, sendo que o Congresso pode decidir pela cessação da intervenção.

A exemplo da Bolívia, a política de defesa resultou de lei aprovada pelo legislativo e se limitou a abordar a defesa nacional e os mecanismos legais para acioná-la, sem apresentar uma avaliação da conjuntura ou uma apresentação de cenários. Tanto a lei paraguaia como a boliviana remeteram à necessidade de se estabelecer uma política de defesa.

No Uruguai, apesar da existência da Lei n. 15.808, que alterou a Lei Orgânica das Forças Armadas de 1974, havia a necessidade de possuir um documento que apresentasse o conceito, a visão, os objetivos, as características e os meios disponíveis para a defesa.

Em 1º de outubro de 1999, foram publicadas as Bases para uma Política de Defesa Nacional. Depois de analisar as situações internas e externas e comentar a diferença entre segurança e defesa, o documento listou como objetivos da política

902. PARAGUAI. Ley 1.337/97 De Defensa Nacional y de Seguridad Interna. Disponível em: http://www2.paraguaygobierno. gov.py/ley_1337_97.html. Acesso em: 21 maio 2002.

manter a soberania, a independência e a integridade territorial, gerar as condições de segurança necessárias a fazer frente às ameaças externas, apoiar forças de segurança interna quando necessário, promover o compromisso da sociedade com a defesa e contribuir para a promoção e a manutenção da paz internacional. No mesmo capítulo, apresentou a característica dissuasiva da política. [903]

Em janeiro de 2005, foi publicado o documento de trabalho "La Defensa Nacional: Aportes para un Debate", como contribuição para o livro de defesa a ser elaborado. O documento dividiu os objetivos da defesa em permanentes e conjunturais. No primeiro grupo, listou a garantia da soberania, integridade territorial, independência, honra e a paz da República. No segundo grupo listou a proteção aos recursos naturais, a contribuição para a conservação do meio ambiente da manutenção da paz e da segurança internacional, projeção e promoção da presença na Antártica, aprofundamento das relações de cooperação, fomento da confiança mútua e amizade com os países da região, respaldar o desenvolvimento do conhecimento em matéria de pesquisa e aquisição de tecnologia. Como características da política foram determinadas a postura estratégica defensiva, auxiliada pela diplomacia preventiva e a dissuasão. [904]

As políticas de defesa que surgiram a partir da segunda metade da década de 1990, apresentaram vários pontos em comum que permitem afirmar que há uma visão comum no Cone Sul sobre a globalização como um dado estrutural que apresenta riscos à segurança, os Estados Unidos exercendo unilateralismo militar, a necessidade da cooperação econômica e militar na sub-região e o reconhecimento do baixo nível de conflito interestatal, da importância de evoluir o processo democrático e das graves carências sociais que podem apresentar óbices para a construção de uma condição de segurança.

Estabeleceram uma clara vinculação com a política externa materializada na disposição de cumprimento dos tratados emanados do direito internacional, da observância dos direitos humanos, da participação em operações de manutenção de paz das organizações internacionais e apresentaram orientações estratégicas de caráter dissuasiva e defensiva, o que implicou na derrogação de posturas agressivas ou expansionistas. Mas, a opção pela postura defensiva não implicou a decisão de só realizar operações defensivas. Seu entendimento está relacionado com o emprego da força apenas no caso de agressão, no exercício do direito de legítima defesa, utilizando, para isso, todo o poder nacional, com ênfase na expressão militar, empregando, inclusive, operações ofensivas e, se necessário, em territórios estrangeiros.

903. URUGUAI. MDN. *Bases para una Política de Defensa Nacional.* Montevidéu, 1° out. 1999.

904. URUGUAI. MDN. *La Defensa Nacional: aportes para un debate.* Montevidéu, janeiro de 2005. Os trabalhos resultaram em um projeto de lei que foi enviada para apreciação do congresso uruguaio.

Os objetivos das políticas também apresentaram uma boa parte de pontos comuns como defesa da soberania, integridade territorial, interesses do Estado, independência, autodeterminação, dentre outros. Outra semelhança foi o emprego das forças armadas na garantia da ordem interna, só previsto no caso da falência dos órgãos responsáveis pela segurança pública, através de decisão da Presidência da República e com a obrigatória manifestação dos legislativos nacionais.

As políticas de defesa, como políticas de Estado, refletiram a posição relativa dos países no sistema internacional e suas aspirações, assim como suas próprias condições sociais e econômicas. Além de dar satisfações a seus públicos internos sobre os objetivos do Estado em termos de segurança e defesa, as políticas de defesa serviram para diminuir a possibilidade de ingerência externa através da transparência. Foram elaboradas em função dos interesses nacionais, das percepções de riscos e ameaças, da política externa adotada por cada país e das influências externas.

Embora tenham sido elaboradas no bojo do debate que se realizava no continente sobre os aspectos multidimensionais da segurança, que transcendiam os conceitos clássicos adotados até então, as políticas de defesa do Cone Sul permaneceram utilizando uma concepção realista própria das ameaças convencionais.

No entanto, não foi realista a relação política de defesa-orçamentos militares. Os orçamentos de defesa têm relação com a situação econômica e política dos países, com percepções de ameaças e de pressões internas e externas, interesses nacionais, compromissos internacionais, entre outros. Mas têm, principalmente, relação com os objetivos nacionais e o que se espera do aparato de defesa. Assim, orçamento e política de defesa deveriam caminhar juntos.

Mas, as políticas de defesa no Cone Sul não tiveram o devido acompanhamento dos orçamentos. O resultado se deu na base da retórica, com a atribuição de missões às Forças Armadas que permaneceram incapazes de cumpri-las por falta de recursos orçamentários. E isso se deu por conta das apatias intencionais e não intencionais das lideranças e da classe política referidas anteriormente, que, como afirmaram Domício e Diniz, nem sempre souberam distinguir "entre o papel ilegítimo que as instituições militares ocuparam como governantes e seu papel legítimo como ferramentas políticas do Estado". [905]

A redemocratização e o estabelecimento do controle civil sobre as forças armadas permitiram uma maior participação acadêmica nos assuntos de segurança e defesa sentida, particularmente, nas discussões sobre as políticas de defesa. Nelas, um ponto importante dizia respeito à consolidação do consenso em cada

905. PROENÇA Jr, Domício. DINIZ, Eugênio. *Política de defesa no Brasil:* uma análise crítica. Brasília, UnB, 1998, p. 32. As colocações dos autores se referiram ao Brasil, mas entendemos que podem ser aplicadas aos demais países do Cone Sul.

país a respeito dos temas integração e segurança internacional. O caminho da cooperação tinha relação com a clareza dos benefícios que os países obteriam com arranjos sub-regionais ou uma participação mais ativa a nível global em temas de segurança. Se, no nível global suas decisões continuariam subordinadas aos interesses das grandes potências, no sub-regional havia dificuldade em definir os reais interesses dos principais países, Argentina, Brasil e Chile.

Dentre as diversas alternativas que se apresentaram para modificar as antigas concepções geopolíticas dos governos militares, algumas ganharam força de defesa não-provocativa e de segurança cooperativa, conceito surgido na Europa mas que veio ao encontro da necessidade de redesenhar os esquemas de segurança no Cone Sul. [906]

No caso da Argentina, a aplicação do conceito significava estreitar as relações políticas com o Chile e o Brasil, permitir a extensão do processo de integração econômica para a área da segurança e, principalmente, solucionar um dos problemas cruciais que o país enfrentava, os baixos orçamentos que não permitiriam manter as forças armadas em condições de cumprir suas funções ou de exercer o efeito dissuasório previsto nos documentos de defesa em relação a esses dois vizinhos.

Mas, se o aumento dos estudos sobre segurança e defesa na área acadêmica foi fator positivo para as mudanças ocorridas nas relações de segurança no Cone Sul, a postura das classes políticas, especialmente dos legislativos foi negativa, tanto para as Forças Armadas em si como para as relações militares na sub-região.

Apesar das diferenças nas relações civil-militares, um fator parece ter sido comum no Cone Sul, o que se pode chamar de apatias políticas intencionais e não intencional em relação aos assuntos militares. A intencional se relacionou com o revide imposto pelos políticos de esquerda em razão da repressão que sofreram durante os regimes militares e com a percepção que, ao manter forças armadas fracas, elas deixariam de ser ameaças aos governos civis. Intencional também quando a classe política, como parte do projeto de retirá-los da cena política, procurou dar pouca importância aos assuntos de defesa, como forma de diminuir a utilidade dos militares perante a opinião pública. No caso brasileiro, adiciona-se o que Winand e Saint-Pierre descreveram como "falta de preparo dos políticos para com assuntos de defesa e seu desinteresse por participar das comissões parlamentares destinadas a essa pasta", refletindo "falta de propostas partidárias para a área e na ausência de debates sobre ela". [907] Apesar de decorridos mais de

906. Ver CACERES, Gustavo. SCHEELTZ, Thomas (Org). *Defensa No Provocativa:* Una propuesta de reforma militar para la Argentina, Buenos Aires: Ed. Buenos Aires, 1995.

907. WINAND, Érica. SAINT-PIERRE, Héctor Luis. O Legado da Transição na Agenda Democrática para a Defesa: o Casos Brasileiro e Argentino. In: SAINT-PIERRE, Héctor Luis (Org.). *Controle Civil sobre os Militares e Política de Defesa na Argentina, no Brasil, no Chile e no Uruguai*. São Paulo: UNESP/Programa San Tiago Dantas, 2007, p. 33-72 (35)

vinte anos da chamada redemocratização no país, pouca coisa mudou em relação à atuação do legislativo.

A não intencional foi devido ao pequeno conhecimento, quando da transição, em assuntos de defesa por parte da classe política em razão dos regimes militares não atribuírem qualquer poder de decisão sobre questões militares a seus congressos nacionais. Naquele período, as Forças Armadas ampliaram sua autonomia institucional o que dificultou e até impossibilitou a participação de civis na definição das concepções de defesa nacional. Durante longos períodos, os governos entenderam que somente os militares eram competentes para analisar essas questões e propor soluções. Ou seja, a pouca importância das questões de defesa estava relacionada, também, com a incompetência dos políticos para tratar do tema.

De qualquer maneira, as apatias prejudicaram a estruturação do aparato militar em todos os países do Cone Sul e só serviu para aumentar o fosso existente entre a capacidade de suas Forças Armadas em relação às dos países mais desenvolvidos.[908] A política externa adotada nos anos 1990, também colaborou para o desmonte do sistema nacional de segurança quando "desqualificou a força como meio de ação em favor da persuasão", reforçando seu pacifismo e aplicou "a mesma visão multilateralista no trato das questões econômico-comerciais e de segurança".[909]

Mas as apatias, da mesma forma que os cortes orçamentários, não foram casos esporádicos de determinado período. A segurança e a defesa continuaram sendo relegadas a um plano secundário das políticas públicas pelo setor civil dos países do Cone Sul, o que dificultou, também, a institucionalização dos mecanismos de cooperação.

## VII - Os Orçamentos Militares

A redemocratização na Argentina foi de certa forma implacável com o setor militar e resultou, de início, em baixos orçamentos e diminuição de soldos. Logo após a Guerra das Falkland/Malvinas, os gastos das Forças Armadas atingiram a cifra de 12 bilhões de dólares devido à necessidade de repor o armamento, o que colaborou para a elevação da dívida externa que era, em agosto de 1985, de 48 bilhões. No entanto, as dificuldades econômicas não permitiam que se realizasse nem mesmo as manutenções mais simples, o que resultou na caducidade precoce do equipamento.[910]

908. No caso brasileiro, tais posturas e resultados foram reconhecidas como erradas pelo ministro da Defesa Nelson Jobim, em seu discurso inaugural na IV Conferência do Forte de Copacabana sobre Segurança Internacional. Rio de Janeiro, 15 nov. 2007.

909. CERVO, Amado Luiz. BUENO, Clodoaldo, 2002, op. cit., p. 468, 469 e 471.

910. BRASIL. AN. EME. Relatório Mensal de Informações Externas n. 8/85 (Conf.). Brasília, 30 ago. 1985, p. 5.

Em 1984, a frota Argentina só operou 28 dias no mar e a previsão para 1985 era de apenas 14 dias. Pilotos da Força Aérea perderam seus brevês por não terem cumprido o mínimo de horas de voo necessário. A Associação dos Fornecedores para as Forças Armadas suspendeu o fornecimento de alimentos por estarem a quatro meses sem receber pelas entregas, tendo a dívida nesse setor atingido a cifra de 12 milhões de dólares num quadro de inflação mensal de 50%. Em consequência, os soldados não estavam sendo alimentados, nem havia estoques nos depósitos do Exército. A situação levou o secretário-geral do Exército, no seu discurso de despedida do serviço ativo, a declarar que o Exército não se encontrava em condições de fazer frente às hipóteses de conflito elaboradas pelo Poder Executivo. [911]

Naquele mesmo ano, pela primeira vez na história das Forças Armadas argentinas, as promoções para os postos de coronel e de general atrasaram mais de cinco meses. Para amenizar a situação, o ministro da Defesa justificou que, para evitar que alguns candidatos fossem rechaçados pelo Congresso, estaria negociando para que não houvesse reações impeditivas do legislativo aos nomes apresentados. Naquela ocasião, os vencimentos dos militares estavam extremamente baixos com reflexos negativos na qualidade dos que ingressavam nas Forças, assim como um grande número de desligamentos voluntários de cadetes das escolas militares. [912]

No final do ano, a Marinha foi obrigada a conceder férias de 60 dias para todo seu pessoal em decorrência de contingenciamentos orçamentários. [913] Passaram a ocorrer também atrasos de pagamentos dos salários.

No campo da indústria de armamento, a *Fabricaciones Militares* estava desde 1982 sem receber encomenda das instituições militares, resultando num estoque de armas e munições no valor de 30 milhões de dólares. Uma das várias saídas

911. BRASIL. AN. EME. Relatório Mensal de Informações Externas n. 002/85-SE-1/EME (Conf.). Brasília, 28 fev. 1985, p. 6-7. EUA. *Departamento de Estado. FOIA. Coleção State Argentina Declassification Project (1975-1984).* Telegrama de 21 mar. 1984 da Embaixada dos EUA em Buenos Aires para o Departamento de Estado. Disponível em: http://foia.state.gov/ documents/Argentina/ 0000AE7C.pdf. Acesso em: 16 nov. 2007.

912. EUA. Departamento de Estado. FOIA. *Coleção State Argentina Declassification Project (1975-1984).* Telegrama de 21 mar. 1984 da Embaixada dos EUA em Buenos Aires para o Departamento de Estado. Disponível em: http://foia.state. gov/documents/Argentina/ 0000AE7C.pdf e Telegrama de 07 set. 1984 da Embaixada dos EUA em Buenos Aires para o Departamento de Estado. Disponível em: http://foia.state.gov/documents/Argentina/ 0000AEBF.pdf. Acessos em 16 nov. 2007. O salário de um general era de 1076 dólares, o de coronel 755 dólares, capitão 386 dólares e o de um aspirante recém-saído das escolas militares apenas 190 dólares. BRASIL. AN. EME. Relatório Mensal de Informações Externas n. 7/84. Brasília, agosto de 1984, p. 14.

913. BRASIL. AN. EME. Relatório Mensal de Informações Externas n. 11/84 (Conf.). Brasília, 31 out. 1984, p. 11.

ventiladas para driblar a falta de recursos era a venda de vários bens e propriedades das Forças Armadas, incluindo duas fragatas para o Irã e a tradicional região de Campo de Maio, onde estavam instaladas várias escolas militares, para o governo nacional ou para a Província de Buenos Aires, com a finalidade de construção de um campus universitário. [914]

Apesar das dificuldades econômicas, alguns projetos continuavam sendo fundamentais para as concepções de defesa. O vetor com alcance superior a 1500 quilômetros era fundamental para a Argentina e suas pretensões em relação às Falkland/Malvinas. Tentava, também, manter os orçamentos necessários para a continuidade do projeto nuclear, inclusive da construção de um motor nuclear para os submarinos da classe 1700 que seriam fabricados no país. Mas havia divergências nessas concepções. Em julho de 1984 o presidente da Comissão de Energia Atômica da Câmara dos Deputados e o assessor presidencial em assuntos de energia atômica tiveram intensa discussão num programa transmitido por uma rádio de Buenos Aires em relação à manutenção das dotações orçamentárias para o Plano Nuclear Argentino. [915]

Mesmo com o esforço de não atingir áreas prioritárias, o orçamento de 1985 do Ministério da Defesa sofreu redução de 24% em relação ao ano anterior. A Comissão Nacional de Energia Atômica, embora mantendo sua estrutura de funcionamento normal, apresentou dificuldades em razão da evasão de técnicos e da queda de ritmo na construção da Usina de Atucha II. [916] A Associação Argentina de Tecnologia Nuclear (AATN) chegou a publicar nos principais jornais do país posicionamento contrário à possibilidade de cortes no orçamento destinado ao Programa Nuclear. [917]

Os cortes orçamentários fizeram com que houvesse priorização dos setores em detrimento de outros que ficaram paralisados. Um dos resultados foi o afastamento de cientistas, técnicos e engenheiros que buscaram centros de desenvolvimento mais avançados principalmente pela baixa remuneração e a não perspectiva de melhora da situação. [918]

A Força Aérea Argentina apresentava, em outubro de 1985, uma indisponibilidade de 50% de suas aeronaves e o treinamento de pilotos de caça havia caído

914. BRASIL. AN. EME. Relatório Mensal de Informações Externas n. 002/85-SE-1/EME (Conf.). Brasília, 28 fev. 1985, p. 8.

915. BRASIL. AN. EME. Relatório Mensal de Informações Externas n. 7/84. Brasília, agosto de 1984, p. 14.

916. BRASIL. AN. EME. Relatório Mensal de Informações Externas n. 10 (Conf.). Brasília, 1 nov. 1985.

917. BRASIL. AN. Documento ACE 40.829/84. MME. DSI. Informe n. 33/020/84. (Conf.). Brasília, 28 fev. 1984.

918. BRASIL. AN. Documento ACE 52.722/85. EMA. Informe n. 0547. (Conf.). Brasília, 17 jul. 1985.

de 20 horas para 5 horas/mês. Na Armada, os desejáveis 120 dias no mar foram reduzidos para 30 dias/ano. [919]

A deterioração das Forças Armadas se fazia ver nos mais diversos aspectos. Em 25 de outubro de 1985, por exemplo, o presidente Alfonsín decretou estado de sítio e determinou a prisão de oficiais do exército que supostamente estariam organizando um complô para desestabilizar o governo. A Secretaria de Inteligência do Estado, naquela ocasião, apresentou lista com nomes trocados que levou à prisão de pessoas erradas, causando um mal-estar que fez com que o governo decidisse definitivamente reformular o sistema de inteligência argentino, incluindo a colocação de um civil no comando. [920] Nos três meses restantes, foram demitidos todos os militares da reserva que prestavam serviços na Secretaria. [921]

Com dificuldades orçamentárias, as discussões em torno da reestruturação das Forças Armadas, no final de 1985, direcionavam as ações para a redução de efetivos e unidades. No tocante ao Exército, diziam sobre a redução do efetivo em 25 mil conscritos, a reformulação do Batalhão de Inteligência 601, a extinção de uma brigada, dentre outras ações. [922]

O programa de reestruturação que foi implementado, baseado principalmente na concentração de unidades de modo a otimizar o emprego operacional e o funcionamento administrativo e resultou em uma redução de 287 para 144 do número dos organismos militares no período de 1983 a 1998 [923] e uma redução substancial de 46% no efetivo das Forças Armadas. De um total de 132.900 militares em 1979, o efetivo em 2004 havia sido reduzido para 71.400 militares.

Voltando a meados de 1980, além de todos os problemas orçamentários, a Lei de Defesa aprovada pelo congresso argentino repercutiu negativamente nas Forças Armadas por ter retirado delas as atribuições referentes à Defesa Interna e dos órgãos de informações militares a competência de acompanhar questões de política interna. [924]

Dessa forma, o quadro das Forças Armadas argentinas apresentava antagonismo entre os militares e o executivo, falta de confiança de oficiais e praças nos

919. BRASIL. AN. EME. Relatório Mensal de Informações Externas n. 10 (Conf.). Brasília, 1 nov. 1985.

920. BRASIL. AN. EME. Relatório Mensal de Informações Externas n. 12/85. Brasília, 31 dez. 1985, p. 12.

921. BRASIL. AN. Documento ACE 49.095/85. EME. Relatório Mensal de Informações Externas n. 002/85 (Conf.). Brasília, 28 fev. 1985.

922. BRASIL. AN. EME. Relatório Mensal de Informações Externas n. 12/85. Brasília, 31 dez. 1985, p. 14.

923. ARGENTINA. MD. Libro Blanco de la Defensa Nacional. Buenos Aires, 1° mar. 1999, p. 120.

924. BRASIL. AN. EME. Relatório Mensal de Informações Externas n. 10 (Conf.). Brasília, 1 nov. 1985.

chefes, evasão, imobilismo, indícios de indisciplina, indiferença e de despreparo profissional. [925]

Mas, tal situação não era exclusividade argentina. O Chile enfrentava a crise do cobre, cujos preços atingiram, em 1985, os mais baixos níveis dos últimos 35 anos. Como o setor mineiro era responsável por 51,6% das exportações do país, a crise causou reflexos em todos os setores. A renda per capta caiu 14,9% entre 1980 e 1984. [926] As Forças Armadas também se viram às voltas com orçamentos reduzidos o que impedia a renovação de materiais ou a manutenção ideal dos já existentes. Também foram reduzidas as despesas com o adestramento da tropa. [927] Em 1984, não foram realizadas manobras militares de envergadura e os poucos exercícios que ocorreram se limitaram às escolas militares. [928]

No Brasil, o governo Sarney, apesar de "tutelado pelos militares" e de permitir a influência das Forças Armadas em decisões governamentais civis [929], restringiu o orçamento militar. Dos mais de 10% do total do orçamento do último ano do governo militar, o novo governo civil reduziu os gastos dos quatro ministérios militares para 2,53% do orçamento da União de 1990. [930]

Na verdade, as Forças Armadas, mesmo nos governos militares, nunca tiveram os recursos necessários. A questão salarial foi uma constante. Em 1968, o programa plurianual do Exército advertia para o desestímulo da profissão em decorrência da insuficiência de vencimentos e da estagnação do material. O mesmo plano apresentou a deficiência de elaboração orçamentária decorrente da "falta de integração do orçamento com os trabalhos de planejamento e programação" e da "inexistência de programas de investimentos plurianuais" e o obsoletismo de certos equipamentos por dificuldade de substituição e de manutenção de estoques para assegurar o fluxo normal de suprimento. [931]

O Relatório Anual da Marinha de 1978 já apresentava a contenção de despesas do governo e seus reflexos negativos na dotação orçamentária da Marinha, causando falta de combustíveis. [932] Em 1982, a Força Aérea estava insatisfeita com a frota

925. BRASIL. AN. EME. Relatório Mensal de Informações Externas n. 10 (Conf.). Brasília, 1 nov. 1985.

926. BRASIL. AN. EME. Relatório Mensal de Informações Externas n. 001/86-SE-1/EME (Conf.). Brasília, 31 jan. 1986.

927. BRASIL. AN. EME. Relatório Mensal de Informações Externas n. 11. Brasília, 29 nov. 1985

928. BRASIL. AN. EME. Relatório Mensal de Informações Externas n. 001/85-SE-1/EME (Conf.). Brasília, 31 jan. 1985, p. 16.

929. OLIVEIRA, Eliezer Rizzo. *De Geisel a Collor. Forças Armadas, transição e democracia.* Campinas: Papirus, 1994, p. 106 e 111.

930. SOARES, Samuel Alves. MATHIAS, Zuzeley Kalil. Forças Armadas, Orçamento e Autonomia Militar. *Perspectivas*, São Paulo, n. 24-25, 2001-2002, p. 85-113 (98)

931. BRASIL. AHE. Plano Plurianual do Exército 1968-1970. BE n. 5, 2 fev. 1968, p. 18 e 19.

932. BRASIL. SDM. Relatório Anual da Marinha (Conf.). Rio de Janeiro, dezembro de 1978.

de patrulha costeira, o ministro do Exército determinou a redução dos exercícios com consumo de combustível e pequenas unidades treinavam com redutores de calibre de canhão e morteiros.[933] Em 1989, o ministro da Marinha salientou que a capacidade do Poder Naval Brasileiro era satisfatória "mais pelo baixo nível de ameaças do que pela real capacidade bélica". [934]

As restrições orçamentárias e os sucessivos contingenciamentos que se tornaram rotina conduziram a "uma certa sensação de desprestígio" pelos militares e o "sucateamento do material, as reduzidas verbas para pesquisas e, principalmente, as questões salariais tornaram-se pontos de possíveis e graves atritos com a classe política".[935] No período de Itamar Franco, manteve-se abaixo dos 3% e, em 2001, no governo Fernando Henrique Cardoso, atingiu 2,1% do orçamento.[936] Continuou também a insatisfação pelos baixos salários.

No entanto, apesar de algumas manifestações públicas de desagrado como o artigo de um capitão na revista *Veja* em setembro de 1986, a invasão da prefeitura de Apucarana por militares liderados por um capitão em 1987, as tensões não resultaram em rebeliões como na Argentina. A opção pelo tratamento político das reivindicações e o afastamento da vocação intervencionista das Forças Armadas ficou clara com a postura adotada durante o processo de *impeachment* do presidente Collor.

No Uruguai, as discussões sobre o orçamento para o quinquênio 1985 – 1989, indicaram a necessidade de uma série de medidas como: a redução de efetivos, sendo proposta a redução de 15% no Exército, 12% na Marinha e 10% na Força Aérea; extinção de unidades, com destaque para os liceus militares no interior do país; e a racionalização do funcionamento e da organização das Forças Armadas. Os senadores da Frente Ampla, uma coligação de partidos de esquerda, pretendiam reduzir ainda mais os efetivos, 20% no Exército, 16% na Marinha e 12% na Força Aérea, bem como a redução de 50% na quantidade de generais e de 80% de oficiais superiores (dos 273 coronéis existentes as Forças Armadas passaria a contar com apenas 57). Tais fatos provocaram reações negativas nos meios militares. [937]

No Paraguai, as Forças Armadas estavam estagnadas e a maior preocupação dos comandos era com a segurança interna, preservando o governo do general Strossner. No plano da defesa externa, apenas a hipótese de guerra com a Bolívia

933. Choque da Guerra. *Veja*. São Paulo, 30 jun. 1982, p. 74-84.

934. BRASIL. SDM. Relatório Anual da Marinha (Conf.). Brasília, dezembro de 1989, p. I-23.

935. SOARES, Samuel Alves. MATHIAS, Zuzeley Kalil, op. cit., p. 99.

936. Idem, p. 104.

937. Uma carta escrita por generais à imprensa demonstrou o descontentamento com a política de redução de orçamento e resultou na substituição do Comandante da 2ª Divisão de Exército que havia assinado a mesma. BRASIL. AN. EME. Relatório Mensal de Informações Externas n. 11 (Conf.). Brasília, 29 nov. 1985.

era merecedora de maiores cuidados. Os baixos salários que faziam parte da realidade das forças armadas, resultaram no exercício de atividades paralelas à profissão que permitiram que os oficiais generais e superiores quase sem exceção tivessem um nível de vida superior aos demais militares e à população em geral. Com forças armadas politizadas e leais a Strossner e às esquerdas controladas, apesar de todos os fatores negativos, não se registravam atos de desobediência.

A situação era ainda mais difícil na Bolívia. Em 25 de outubro 1984, o presidente Siles Zuazo declarou-se em greve de fome "como uma atitude de supremo protesto para restituir ao país um clima de paz e reflexão" ao mesmo tempo em que assinou decreto anistiando guerrilheiros, o que foi muito mal recebido pelas Forças Armadas. O presidente se dispôs a antecipar eleições e empossar os eleitos em agosto do ano seguinte. Em novembro, apresentou 26 decretos destinados a frear a inflação e recuperar o controle da economia, que se encontrava num estado caótico provocado pelos baixos preços dos minerais no exterior, inúmeras greves que reduziram a produção em 17% e as exportações em 20% em relação ao ano anterior, inflação que chegou a 2000%, desemprego que atingiu a 100 000 pessoas, Produto Interno Bruto anual com queda de 14% em relação a 1983, aumento do déficit fiscal em 10% e da dívida externa em 863 milhões de dólares. [938]

Além do problema econômico, em 29 de dezembro, o Comandante Geral do Exército, general José Olvis Chaves se recusou a entregar o comando após ter sido exonerado pelo presidente, gerando uma nova crise político-militar e o temor de um novo Golpe de Estado no país. [939]

A precariedade da economia, cuja inflação chegou a ser a maior do mundo em 1984[940], refletiu nos equipamentos e instalações militares. A dificuldades econômicas provocaram inclusive a falta de uniformes e alimentação nos quartéis e o nível de deserção de conscritos atingiu níveis nunca vistos no país. [941]

938. BRASIL. AN. EME. Relatório Mensal de Informações Externas n. 001/85-SE-1/EME (Conf.). Brasília, 31 jan. 1985.

939. A crise foi contornada no dia seguinte com a transferência de vários oficiais para a reserva e o afastamento do serviço ativo por seis meses de outros. O mal-estar no Exército permaneceu em decorrência das promoções aos postos de general e coronel aprovadas pelo Senado em meados de dezembro que seguiram o caráter político em detrimento do hierárquico. BRASIL. AN. EME. Relatório Mensal de Informações Externas n. 003/85-SE-1/EME (Conf.). Brasília, 29 mar. 1985.

940. No início de fevereiro de 1985, a taxa inflacionária dos 12 meses anteriores havia atingido a cifra de 3 407,65%. BRASIL. AN. EME. Relatório Mensal de Informações Externas n. 003/85-SE-1/EME (Conf.). Brasília, 29 mar. 1985.

941. BRASIL. AN. EME. Relatório Mensal de Informações Externas n. 4/84 (Conf.). Brasília, 15 jun. 1984, p. 11. A gravidade da situação boliviana levou, inclusive, o governo da Venezuela, em outubro de 1985, a propor um plano internacional de solidariedade à Bolívia convidando Argentina, Brasil, e Uruguai e uma série de outros países (Chile e Paraguai não figuravam) para construírem um fundo de 150 milhões de dólares como garantia de empréstimo em longo prazo de organismos

No entanto, a situação dos baixos salários e orçamentos não foi fato pontual do período de transição dos militares para os governos civis, mas persistiu na década seguinte. Apesar da análise de orçamentos ser complexa, pois possibilita a utilização de dados que consubstanciam algumas hipóteses resultando em diferentes interpretações ou reflexões erradas em relação ao conjunto, uma breve verificação da variação do orçamento de defesa dos países do Cone Sul, a partir de algumas publicações especializadas, permite concluir sobre a difícil situação das Forças Armadas em termos de recursos assinados pelos respectivos governos. [942]

As questões de segurança externa, ou seja, as tensões e percepções de ameaças influenciaram diretamente no aumento ou redução dos orçamentos de defesa durante os governos militares. Foi o caso de Chile e Argentina no período de maior tensão entre os dois países em relação aos problemas fronteiriços. No caso argentino, o aumento de despesas militares se deu no período da Guerra das Falkland/Malvinas, decorrente da preparação para o conflito, da invasão das ilhas e da necessária reposição de material ao final da mesma.

Com a assunção dos governos civis, a redução nos gastos com defesa em todos os países foi mais acentuada na Argentina que, de 8,82% do total de gastos governamentais, em 1972, passou para 5,13% em 1995 [943] e para 3,97% do total de gastos públicos em 2004. [944]

Em 1996 das sete operações previstas para a Armada Argentina só pode realizar três [945] e a viagem anual de instrução dos cadetes da Escola Naval foi cancelada [946].

financeiros internacionais para a Bolívia. BRASIL. AN. EME. Relatório Mensal de Informações Externas n. 11. Brasília, 29 nov. 1985. Os EUA doaram três milhões de dólares que foram distribuídos para as Forças Armadas para aquisição de uniformes, no caso do Exército, de aviões de treinamento para a Força Aérea e recuperação de navios-hospitais da Armada. BRASIL. AN. EME. Relatório Mensal de Informações Externas n. 003/85-SE-1/EME (Conf.). Brasília, 29 mar. 1985.

942. Dentre as publicações que tratam dos orçamentos militares estão o The Military Balance, publicado pelo International Institute of Strategic Studies (IISS) de Londres, o SIPRI Yearbook: Armaments, Disarmament and International Security, editado pelo Stockholm International Peace Research Institute, o The World Factbook da Central de Inteligência dos Estados Unidos (CIA) e o Government Finance Statistics Yearbook, do Fundo Monetário Internacional (FMI). Os livros brancos de alguns países, como da Argentina e do Chile, apresentaram também detalhes de seus orçamentos de defesa. Por uma série de razões, há diferenças nas cifras apresentadas. O próprio Yearbook do FMI ressalta quando determinado dado não pode servir de comparação com os demais apresentados num mesmo campo.

943. FMI. *Government Finance Statistics Yearbook*. Edições de 1972 a 1995.

944. ARGENTINA. BCN. Ley 25.827 - Presupuesto Nacional, 2004. Anales de Legislación Argentina, 2004, p. 44.

945. ARGENTINA. AHA. *Buques de la Armada Argentina 1970-1996 – sus comandos y operaciones*. Buenos Aires: Presidencia de la Nación, 1997, p. 413.

946. Ibidem, p. 423.

O chefe do Estado-Maior da Armada, almirante Molina Pico, anunciou a impossibilidade de sua Força participar da operação Unitas daquele ano por falta de recursos, dizendo que "hacemos lo urgente, pero si seguimos así estamos hipotecando nuestro futuro".[947] Logo após, no dia comemorativo do Exército Argentino, o General Balza, Chefe do Estado-Maior, expressou que "o Exército está otimizando seus recursos desde 1989 para nosso próprio assombro [...] sabemos do esforço de outros setores de nossa sociedade, mas pedimos compreensão e respeito pelo que tem sido feito".[948]

A redução orçamentária acabou afetando várias áreas do aparato militar em todos os países em que ela ocorreu. Entre maio de 1986 e março de 1995, ocorreram 35 acidentes com aeronaves das Forças Armadas e forças de segurança argentinas. Ainda que não sejam completos, conforme assinalou Fraga, pois foram elaborados com base em informação pública, são dados consideráveis, pois podem estabelecer a ligação do baixo orçamento com "a falta de manutenção das aeronaves, o esgotamento do material e a diminuição do adestramento de pilotos e a redução das horas de vôo". O orçamento de defesa argentino de 1994 superou em 14,3% o de 1993 e, em 1995 houve um aumento de 1,6% em relação ao ano anterior, representando 11,3% do orçamento nacional. Com o aumento do orçamento de defesa, a partir de 1993, houve uma redução drástica no número de acidentes.[949]

Em relação ao Brasil, tomando por base a informação do governo remetida à OEA, em 15 de abril de 2002, sobre os dados do orçamento militar de 2001, como parte do relatório para o instrumento de padronização internacional de gastos militares, verificou-se um orçamento total de 17.392.375.000 de reais, sendo 7.596.719.000 para o Exército, 4.294.750.000 para a Marinha, 5.153.389.000 para a Aeronáutica, 352.301.000 para o Ministério da Defesa e 4.220.000 para assistência militar (Operação de Paz da ONU). Desse total, 16.214.929.000 era destinado ao custo operacional, sendo 13.370.046.000 para pessoal, 2.644.183.000 para operações e manutenção e 1.005.893.000 para aquisições (723.780.000) e obras (282.113.000) e apenas 178.553.000 para pesquisa e desenvolvimento.[950]

Ou seja, a maior parte do orçamento se destinava ao custeio (pagamento de pessoal, custos administrativos de manutenção da tropa, etc.), sendo muito pequenos os recursos para aquisições. No caso do Brasil, cerca de 73% estavam destinados a despesas de pessoal e, dos 21% destinados à manutenção,

947. CASAS, Daniel. Vamos a dar licensias masivas. *Página 12*. Buenos Aires, 24 maio 1996, p. 7.

948. "*El Ejército há optmizado sus recursos desde 1989 hasta nuestro próprio asombro [...] sabemos el esfuerzo de otros sectores de nuestra sociedad, pero pedimos comprensión y respecto por lo realizado*". CASAS, Daniel. Se Enojo el General. Página 12. Buenos Aires, 30 maio 1996, p. 4, tradução nossa.

949. FRAGA, Rosendo. *Repensando la cuestión militar*. Buenos Aires: Editorial Centro de Estudios Unión para la Nueva Mayoria, 1995, p. 223.

950. BRASIL. Missão Permanente do Brasil junto à OEA. Ofício 176. Washington, 15 abr. 2002.

destinados a despesas de pessoal e, dos 21% destinados à manutenção, conservação e investimentos, 17% eram comprometidos com despesas obrigatórias. No caso do Chile, cerca de 54% dos gastos com defesa eram destinados ao pessoal e na Argentina, 80%.

Como essa tendência se consumou nos anos seguintes, os equipamentos ficaram tecnologicamente defasados ou parte deles inutilizados por ter se encerrado o ciclo de vida útil, comprometendo o cumprimento das missões estabelecidas para as Forças Armadas.

Além da redemocratização dos países do Cone Sul, e paralela a ela, as alterações no sistema internacional pós-Guerra Fria colaboraram para uma baixa percepção de ameaças decorrentes de pouca possibilidade de conflito interestatal na sub-região, conduzindo a uma diminuição da prioridade da defesa. Os gastos com defesa, no início dos anos de 1970, se situavam em torno de 10% dos gastos públicos no Chile, 9% na Argentina e 8% no Brasil. Esse percentuais foram reduzidos para a faixa de 8% no Chile, 5% na Argentina e 3% no Brasil no final da década de 1990. [951]

Lamazière apresentou a hipótese de que as modificações substanciais nos orçamentos, deixando as Forças Armadas mais fracas, poderiam ter tido resultado da intenção de "impermeabilizar" o máximo possível a sub-região contra a possibilidade de intervenções das grandes potências. Essa impermeabilização, chamada de "estratégia de criação de vácuos de poder", tinha duas motivações articuladas: 1) deixar claro que a região não constituía ameaça à paz e à segurança internacionais e 2) deixar igualmente claro que não se queria participar ou ser visto como partícipe, seja da proliferação geográfica de armas de destruição em massa, seja da grande estratégia norte-americana. "No caso específico brasileiro, pode-se adicionar uma terceira e igualmente importante motivação: tranquilizar os vizinhos quanto às intenções plenamente pacíficas e não-hegemônicas da política externa brasileira". [952]

Isolando a sub-região dos eixos principais de tensão mundial evitaria

> possíveis justificativas para a atuação de poderes extra-regionais, seja pela construção de espaços reservados de paz, desarmamento e não-proliferação; seja por demonstrações reiteradas de confiabilidade e credibilidade, pela adesão aos mais diversos regimes de não-proliferação de armas de destruição em massa; seja ainda pela construção

951. FMI *Government Finance Statistics Yearbook*, edições de 1972 a 1997.

952. LAMAZIÈRE, Georges. O impacto dos processos de integração regional nas políticas de defesa e segurança: o Brasil e a cooperação político-militar na América do Sul. *Política Externa*, São Paulo, v. 9, n. 4, 2001, p. 42-48 (46).

> de foros de concertação política como os grupos de Contadora e Apoio, mais tarde transformados no Grupo do Rio, se defronta agora com a possibilidade de vulnerabilidades inesperadas devido à preeminência crescente no continente de problemas da chamada 'nova agenda de segurança'. [953]

Nesse mesmo sentido, a segurança cooperativa no Cone Sul serviria para reduzir as possibilidades de uma agressão externa por conta da dissuasão que essa associação de Estados permitiria.

## VIII - Dilemas e Superação – O Desenvolvimento das Medidas de Confiança Mútua

Como pôde ser observado pelas colocações anteriores, as relações entre os Estados da sub-região durante os regimes militares não foram de inimizade[954] ou de hostilidade[955], mas sim de divergências ou rivalidades.[956] Um exemplo foi quando a Comissão Nacional de Energia Atômica argentina consultou a empresa KWU alemã sobre participação na construção de Atucha II e ante a possibilidade da participação da Nuclebrás como subcontratada daquela empresa para fornecimento de equipamentos, o presidente da Nuclebrás salientou que não cabia ao Brasil "opor obstáculos ao desenvolvimento do programa nuclear de país amigo". No entanto, fazendo menção à amplitude que o governo argentino pretendia dar a cooperação, defendeu que seria conveniente que os contratos não permitissem "criar na área nuclear um fornecedor concorrente para o Brasil no mercado latino-americano".[957] Ou seja, nesse caso, a questão comercial com a preocupação em torno de um possível concorrente no mercado nuclear latino-americano se sobressaía às questões estratégico-militares.

Não havendo hostilidade, as chamadas medidas de confiança mútua existiram durante todo o período dos regimes militares. Em alguns momentos,

953. Ibidem

954. Entendida como ódio e indisposição (HOUAISS, Antonio. VILLAR, Mauro de Salles. *Dicionário Houaiss da Língua Portuguesa*. Rio de Janeiro: Objetiva, 2001) ou aversão, malquerência (FERREIRA, Aurélio Buarque de Holanda. *Novo Dicionário da Língua Portuguesa*. 2. ed. Rio de Janeiro: Nova Fronteira, 1986.

955. Atos de agressividade ou de guerra. *The Oxford Dictionary of Thesaurus*. Nova Iorque: Oxford University Press, 1996.

956. Entendida como oposição sem grandes consequências entre duas ou mais instituições que perseguem um mesmo objetivo e em que cada lado visa suplantar o outro. HOUAISS, Antonio. VILLAR, Mauro de Salles, op. cit.

957. CPDOC. Arquivo PNB 1974.07.01 pn/a. I-18. Paulo Nogueira Batista. Pró-Memória de 2 jan. 1979.

Nacional (CREDN) da Câmara dos Deputados, em abril de 2008, o ministro da Defesa bem expressou essa relação que chamou, no caso do Brasil, de "política da Força dos seus Estados" resultante de decisões das próprias forças armadas e não uma política do país. Segundo o ministro, essa situação se firmou por que "idiossincraticamente os militares perceberam que é importante e conduziram de forma competente, mas sem uma perspectiva macro, apenas como algo decorrente das relações" sendo que a "diplomacia militar tem mecanismos de ações próprios distintos dos da diplomacia civil. Disca o número do telefone, conversa, resolve, coloca os problemas na mesa". [958]

Na Argentina, a ministra da Defesa salientou que nos últimos cinquenta anos cada força armada havia se convertido numa instituição independente "sin responder a ningún tipo de consideración relacionada con el accionar militar integral". [959] Runza explicou que

> as forças armadas argentinas realizam um enorme desenvolvimento de relações internacionais com pares de outros países, sem uma clara direção estratégica do ministério [...] esta autonomia obedece a varias causas, mas em certa medida ela se explica fundamentalmente porque o ministério de defesa argentino carece de recursos humanos, físicos e tecnológicos idôneos para conduzir integralmente a carteira com maior grau de profissionalismo. [960]

No caso da Argentina, observa-se que vários exercícios conjuntos realizados com forças de outros países tiveram como origem acordos estabelecidos diretamente entre as instituições militares. A Operação Viekaren em 1999 originou-se num acordo entre o chefe do Estado-Maior da Armada Argentina e o comandante-em-chefe da Armada do Chile. O exercício INALAF surgiu a partir de convite

958. BRASIL. Câmara dos Deputados. Departamento de Taquigrafia, Revisão e Redação. CREDN. Audiência Pública n. 0346A/08. Depoimento do ministro de Estado da Defesa Nelson Jobim em 09 abr. 2008.

959. GARRÉ, Nilda. Los problemas de la defensa nacional en la Argentina actual. In GUYER, Julián González (Comp.). *Debate Nacional sobre Defensa. Aportes Internacionales.* Uruguay: PNUD/MDN, 2006, p. 65-71 (66).

960. "*Las fuerzas armadas argentinas realizan um enorme despliegue de relaciones internacionales com pares de otros países, sin uma clara dirección estratégica del ministério [...] esta autonomia obedece a varias causas, pero en cierta medida ella se explica fundamentalmente porque el ministério de defensa argentino carece de recursos humanos, físicos y tecnológicos idôneos para llevar com cierto grado de mayor profesionalismo la conducción integral de la cartera.*" RUNZA, Ricardo. Integración y defensa. Desafios y experiências en el Mercosur: uma visión desde la perspectiva Argentina. In: GUYER, Julián González (Comp.). *Debate Nacional sobre Defensa. Aportes Internacionales.* Montevidéu: PNUD/MDN, 2006, p. 258-271 (261), tradução nossa.

chileno nas reuniões de Estados-Maiores entre as armadas da Argentina e do Chile. A Operação Araucária foi fruto de entendimentos realizados na Conferência Bilateral de Estado-Maior dos exércitos da Argentina e do Chile e a Operação Hermandad na conferência similar entre os exércitos do Brasil e da Argentina. A operação SAR Andes foi originada em acordo estabelecido entre as forças aéreas argentina e chilena. [961]

A diplomacia militar se firmou como "uma das mais importantes atividades que as Forças Armadas podem desempenhar, no papel de coadjuvantes da política externa, mas também como função orgânica". Os contatos externos do Ministério da Defesa e das Forças Armadas se tornaram frequentes e proveitosos reforçando as bases de confiança recíproca e abrindo o caminho para a cooperação. [962]

O relacionamento próprio estabelecido durante os regimes militares permaneceu após a redemocratização com a diferença de que, com o controle civil estabelecido sobre as Forças Armadas, a liberdade de ação nessa área foi restringida. As relações diretas entre as instituições militares, os foros especificamente militares, continuaram existindo e até se multiplicaram, mas procurou-se dar uma condução política civil. A atuação dos militares nesses foros passou a se dar sob critérios definidos por seus ministérios da defesa, responsáveis pelas visões sobre segurança, e com maior policiamento para não extrapolar suas esferas de atribuições.

Assim, para a confecção das atas de encerramento dos diferentes foros existentes entre as instituições militares, deu-se preferência pela aprovação dos chamados "entendimentos" que implicavam ações que poderiam ser adotadas no âmbito de ação de cada uma das Forças Armadas e estritamente dentro de suas esferas de atribuições em detrimento de medidas que dependessem de outras forças militares ou órgãos civis de cada país.

Além de um maior relacionamento em alguns temas no contexto da Guerra Fria, cujo exemplo maior foi o intercâmbio entre os serviços de inteligência para o combate às organizações de esquerda como forma de preservação dos regimes militares, houve um relacionamento de cordialidade que se materializou em visitas, intercâmbios, participação em foros multilaterais militares (CEA, CNI, SICOFAA), distribuição de medalhas pelas forças militares, etc. Assim, apesar das divergências em termos de fronteira (Argentina-Chile e Chile-Bolívia) ou em relação ao aproveitamento energético (Argentina-Brasil), os principais focos de discórdia

961. ARGENTINA. BCN. Documento P.E-189/06. Mensaje 1 114 ao Congreso de la Nación. Buenos Aires, 28 ago. 2006.

962. PEREIRA, Antonio Carlos. Notas sobre a Política de Defesa. In: PINTO, J.R. de Almeida. Rocha, A.J. Ramalho da. SILVA, R. Doring Pinho da (Orgs). *Reflexões sobre defesa e segurança: uma estratégia para o Brasil (Pensamento brasileiro sobre defesa e segurança; v.1)*. Brasília : Ministério da Defesa, Secretaria de Estudos e de Cooperação, 2004, p. 208-212 (210).

no Cone Sul, a estreita colaboração estabelecida pelos governos para o combate aos movimentos de esquerda indicava que a manutenção do poder pelos militares estava acima dos problemas bilaterais. Indicava, também, que as relações seguiam a lógica de segurança continental pregada pelos Estados Unidos.

Com a resolução dos principais problemas em segurança e o incentivo norte-americano e das organizações internacionais, houve o aumento das visitas protocolares, nos diversos níveis, de presidentes, ministros da defesa, comandantes de forças armadas ou membros de seus Estados–Maiores como primeiro passo para o incremento de medidas de confiança mútua.

Alterações no sistema, mudanças políticas internas, levaram a um quadro de baixa percepção de ameaças entre os vizinhos e permitiram a aplicação do conceito de defesa não-provocativa. A segurança cooperativa, formulada nas Nações Unidas em meados de 1980 como uma situação de ausência de conflitos entre os Estados e o desenvolvimento de estratégias coordenadas para uma segurança comum, incluindo respostas coordenadas às ameaças de caráter transnacional, teve sua implementação apoiada pelos norte-americanos como uma estratégia do pós-Guerra Fria.

Esse padrão de relacionamento em segurança foi aceito no Cone Sul por ser a melhor alternativa de adaptação às novas realidades, especialmente por se moldarem à necessidade de responder às novas ameaças, permitirem maior espaço de participação e decisão dos países independente dos Estados Unidos. A utilização das novas ameaças serviu, ainda, para justificar os orçamentos de defesa e a definição de um novo papel para os militares. Assim, as ações sub-regionais nesse sentido foram convergentes com os interesses dos norte-americanos e com a tendência global, seguindo o exemplo europeu.

A partir daí desenvolveu-se um sistema de cooperação que resultou na redução substancial da possibilidade de um conflito interestatal e serviu para diminuir as vulnerabilidades das Forças Armadas.

Mas, apesar dos incentivos externos para uma maior cooperação militar que permitiram a incorporação de novos compromissos coletivos ao sistema interamericano tradicional baseado no Tratado Interamericano de Assistência Recíproca e na Organização dos Estados Americanos, pode-se dizer que a aproximação Brasil–Argentina foi fundamental para a adesão dos países da sub-região aos diversos mecanismos de controle de armamentos de destruição em massa e convencionais [963], a criação de uma área livre de armas químicas, nucleares, de minas antipessoal e o estabelecimento de uma Zona de Paz.

963. A assinatura da Convenção de Certas Armas Convencionais determinou que a sub-região passasse a cumprir um regime de proibições ou restrições em relação a armas incendiárias, a armas que produzam fragmentos indetectáveis no corpo humano por Raios X e ao emprego de minas e armadilhas.

Sem o conflito ideológico e o perigo de implantação de regimes comunistas diminuiu a ação direta norte-americana na sub-região, criando um vácuo e condições para o estabelecimento de arranjos próprios de segurança. Nesse vácuo, os principais países estabeleceram uma prática de reuniões presidenciais, cujos acordos eram negociados por comissões binacionais antes de cada encontro e que davam origem a outras comissões encarregadas de implementar os acordos firmados em temas específicos. [964]

O esforço de coordenação de posturas comuns no nível sub-regional anterior às discussões em foros multilaterais foi também parte da estratégia utilizada para aumentar a capacidade de influenciar nas decisões das Nações Unidas, a nível global, ou da OEA e de outros foros políticos, a nível regional.

Mas a cooperação militar que se estabeleceu pode ser entendida, também, como uma postura reativa, uma defesa dos países da sub-região a um sistema regional de segurança que não merecia confiança (Falkland/Malvinas). Não podendo fugir da influência norte-americana e sem capacidade de individualmente interferirem na dinâmica de segurança regional, os países reuniram-se em grupo, buscando uma melhor adaptação à ordem hemisférica e respostas mais eficazes para seus problemas.

Incentivo externo, necessidade, reação ao sistema foram fatores que influenciaram, mas o motivo principal da opção pelo incremento das medidas de confiança foi o problema orçamentário. Sem recursos suficientes para manter efetivos, materiais e armamentos julgados ideais numa concepção de balanço de poder, fazia-se necessário dissipar percepções de ameaças como modo de diminuir as vulnerabilidades dos aparatos de defesa.

Mesmo com a publicação de políticas de defesa, o que se percebeu no Cone Sul foi que essas não foram acompanhadas de uma evolução dos orçamentos que permitissem sua materialização. A disposição política de destinar orçamentos necessários às forças armadas, ou seja, o financiamento estatal da defesa, é resultado de uma série de critérios avaliados pelo executivo e o legislativo dos países. Essa avaliação tem relação com variáveis estratégicas, limitações econômicas, prioridades que se estabelecem, percepções de ameaças, legislações existentes, fatores políticos externos e internos, capacidade de pressão da área de defesa e, inclusive, o que podemos chamar de memória histórica de relacionamento civil-militar.

Os governos civis estabeleceram políticas e estratégias, decisões, ações, diretrizes gerais que passaram a orientar planejamentos específicos para produzir determinado resultado, ou seja, o que o Estado espera com suas ações.

964. Essa postura resultou numa prática, inaugurada em 2000, de Argentina, Brasil e Chile coordenarem posições comuns antes das Conferências de Ministros de Defesa das Américas.

Com base na política, os responsáveis pela defesa desenvolveram políticas particulares, as políticas militares de defesa, para tornar os resultados possíveis. Essas conduziram a estratégias e a diretrizes setoriais e a planos de curto, médio e longo prazos estabelecidos pelas Forças Armadas para implementar a política de Estado.

As políticas de defesa dos países do Cone Sul estabeleceram uma orientação estratégica dissuasiva que implica afetar os demais países, em ter capacidade. Mas, percebeu-se uma distância entre as ideias estabelecidas nas políticas e os orçamentos destinados às forças armadas em todos os países do Cone Sul. Sem recursos necessários, as forças armadas não evoluíram para assegurar a dissuasão ou seus interesses vitais, conforme expressos nas políticas.

A falta de recursos orçamentários destinados ao reaparelhamento e à aquisição de tecnologia das últimas décadas resultou numa enorme distância em relação aos países mais desenvolvidos. Houve, também, um aumento dos gastos com pessoal, dos custos de manutenção (quanto mais velho o equipamento, maior o custo), dos meios necessários para a realização de exercícios e manobras, além do aumento natural de custos de novos equipamentos. Ou seja, a vida vegetativa das unidades encareceu, a necessidade de recursos para pesquisa, desenvolvimento e aquisição de material de emprego militar aumentou e os recursos permanecem os mesmos.

Os baixos orçamentos também foram fundamentais na decisão de criar mecanismos cooperativos. No âmbito das marinhas, por exemplo, os exercícios que permitiram o adestramento de pilotos da aviação naval argentina no porta-aviões brasileiro se iniciaram devido às restrições orçamentárias. A Argentina possuía aviões em operação, mas não possuía porta-aviões ativo. A Marinha Brasileira operava com aviões da Força Aérea Brasileira (FAB) que se encontravam prestes a serem desativados e sem previsão de substituição.[965] Assim, os exercícios foram concebidos com o objetivo de diminuir as deficiências, além de manter conhecimentos que haviam sido acumulados no período em que as marinhas mantiveram esse tipo de operação. O intercâmbio era importante, também, porque os pilotos navais argentinos eram os únicos na América do Sul com experiência de combate, adquirida na Guerra das Falkland/Malvinas.

965. Por Decreto Presidencial de 21 de maio de 1965, a operação de aviões ficou restrita à FAB. As demais forças poderiam operar somente com helicópteros. CARDOSO, Mario Jorge Menezes. *As Operações Aeronavais Conjuntas entre as Marinhas do Brasil e da Argentina e sua Importância para a Segurança e Defesa Regional no Atlântico Sul.* Trabalho Curricular. Rio de Janeiro: EGN, 2004, p. 3. Com a aquisição do porta-aviões Minas Gerais, a Marinha operava o navio e a FAB os aviões embarcados. Os aviões P-16 A embarcados no Minas Gerais foram desativados em 1996. A MB conseguiu a revogação do Decreto e adquiriu as aeronaves A-4KU Skyhawk da Arábia Saudita. Em 2000 comprou da França o porta-aviões batizado de São Paulo.

Posteriormente, quando a Marinha propôs adquirir aeronaves de asa fixa, a FAB se posicionou contrária. Após a compra das aeronaves Skyhawks para operar no porta-aviões brasileiro, a FAB criou algumas dificuldades para a formação dos pilotos da Marinha que procurou auxílio na Armada Argentina. Os primeiros pilotos navais brasileiros foram então treinados na Escola Naval Argentina de Punto Indio. [966]

Mas, na realidade, nenhum dos foros criados ou aperfeiçoados contribuiu para expandir o poder dos países do Cone Sul. O pequeno poder relativo continuou restringindo a margem de atuação. Apesar do vácuo criado pela escassa importância estratégica atribuída pelos Estados Unidos para a sub-região, qualquer arquitetura de segurança teria ligação com as concepções norte-americanas. O espaço de manobra para a estruturação de instrumentos próprios tinha como limite os interesses dos EUA e o desenvolvimento das medidas de confiança se inseriam nesse rol de interesses.

As chamadas "novas ameaças" permitem uma boa análise sobre esses interesses. Essas ameaças já eram consideradas pelos Estados Unidos antes do final da Guerra Fria, mas perdiam em prioridade para as questões estratégico-militares do período. A partir da década de 1990 é que se tornaram necessárias aos interesses norte-americanos. A lógica pós-Guerra Fria resultou na pressão para que as forças armadas latino-americanas fossem envolvidas no combate ao narcotráfico e ao crime organizado [967] assim como a lógica do pós-11 de setembro fez com que a pressão se voltasse para o combate ao terrorismo. Ou seja, o debate seguiu o interesse e a influência da agenda de segurança dos Estados Unidos.

Como salientou Walt, Estados menores e/ou potências regionais se preocupam mais com o equilíbrio de poder regional que com a distribuição mundial do poder porque nesse nível não são capazes de influenciar ou confrontar. [968] Assim, mantendo os Estados latino-americanos, especialmente as "potências regionais" focadas no equilíbrio regional e nas ameaças regionais, os Estados Unidos teriam facilitada a manutenção de sua posição como potência global.

Nas discussões que se seguiram no âmbito da OEA, os norte-americanos conseguiram o reconhecimento oficial do caráter multidimensional da segurança, mas

966. Na mesma época, uma outra equipe de aviadores foi treinada nos EUA. Sobre a questão da aviação embarcada na MB ver ALSINA Jr, João Paulo Soares. A síntese imperfeita: articulação entre política externa e política de defesa na era Cardoso. *RBPI*, Brasília, n. 46, v. 2, 2003, p. 53-86 (66-67).

967. Vale salientar que o combate ao narcotráfico aparece como uma das prioridades da política do governo Reagan. No entanto, a pressão para o uso de forças armadas nesse combate justificada pelo fato de que não haveria mais um inimigo externo e que qualquer agressão a um país americano seria respondida pelos EUA surgiu ao final da Guerra Fria no governo Clinton.

968. WALT, Stephen. *The Origin of Alliances*. Nova Iorque: Cornell University Press, 1987, p. 32. WALT, Stephen M. The Progressive Power of Realism. *American Political Science Review*. v. 91, n. 4, p. 931-935, dez. 1997.

enfrentaram oposições dos países do Cone Sul quanto ao envolvimento das forças armadas. Nos Jogos Interamericanos de 1991 a 1993, foram realizados seminários para discussão da alteração do propósito e do caráter desses, onde os EUA, Argentina, Chile e Peru apresentaram a ideia de incluir temas que não eram do interesse brasileiro, como o combate ao narcotráfico. O Brasil defendeu a manutenção do caráter didático com cenários fictícios envolvendo operações clássicas de emprego naval.[969] Durante os exercícios *Export Gold/91* e *Expanded Sea/92*, os norte-americanos colocaram a intenção de direcionar os mesmos para um caráter regional baseados em cenários como pirataria, terrorismo, ataques a navios mercantes por pequenas embarcações, que, segundo a Marinha do Brasil, poderiam não corresponder aos interesses brasileiros.[970]

Cada tipo de ameaça afeta os Estados de maneira diferente, bem como são diferentes as percepções e as prioridades. As ações de repressão a esses crimes, no entendimento dos governos, permaneceriam na esfera da segurança pública, sem requerer o emprego de meios militares, mas sim de forças policiais e de políticas integrais vinculadas ao conceito de segurança humana.[971]

Nos discursos da Ministra da Defesa argentina Nida Garré, ficou claro o entendimento argentino que seriam as forças policiais, de segurança e de inteligência as funcionalmente e legalmente autorizadas a encarar a repressão às ações de natureza delitiva, além de serem as mais treinadas para tal. As Forças Armadas "devem se organizar e se preparar para enfrentar agressões militares ou de atores que tenham características similares em sua organização e funcionamento", o que significava comprometer eficientemente os distintos organismos para a preservação da segurança do Estado conforme a natureza de cada situação. Para a ministra, dever-se-ía rechaçar as concepções que procuravam estender a utilização do instrumento militar à funções totalmente estranhas à defesa e que seriam de responsabilidade de outras agências do Estado.[972] A ministra sustentou, também, que as novas ameaças não eram matéria de responsabilidade das forças armadas, preparadas profissionalmente para outras hipóteses.[973]

969. BRASIL. SDM. Relatório Anual da Marinha (Conf.) de 1991, 1992 e 1993.

970. BRASIL. SDM. Relatório Anual da Marinha (Conf.). Rio de Janeiro, dezembro de 1992.

971. A Secretaria Nacional de Segurança Pública do Ministério da Justiça do Brasil entendeu a segurança pública como uma condição, ou estado, que o Estado tem o dever de assegurar à Nação de modo a protegê-la da "vitimação pelo crime e pela violência, sinistros, acidentes e desastres". Disponível em: http://www.mj.gov.br/ senasp/senasp/inst_conceitos.htm. Acesso em: 20 fev. 2006.

972. GARRÉ, Nilda. Las nuevas amenazas y la defensa nacional. *La Nación*. Buenos Aires, 18 set. 2006, p. 19.

973. ARGENTINA. MD. *Declaraciones de la Ministra Garre*. Buenos Aires, junho de 2006. Disponível em: http://www.mindef.gov.ar/portada.htm. Ver também ARMERDING, Gisela. Argentina:

Para o Brasil, as alterações que pudessem ser feitas no sistema interamericano não deviam direcionar as forças armadas para o combate ao terrorismo, ao narcotráfico e delitos conexos. O "crime organizado não deve ser enfrentado por forças armadas regulares", mas sim por forças policiais, "cabendo às forças armadas a participação em atividades de apoio logístico, inteligência e respaldo à ação das polícias". [974] Esse foi um dos pontos de convergência de posições em relação aos assuntos de defesa entre Brasil e Argentina, a rejeição à possibilidade de que temas de cunho estritamente militar viessem a serem mesclados com problemas de natureza propriamente policial.

Dessa forma, os Estados Unidos não conseguiram produzir a conexão entre segurança interna e externa que resultasse na securitização da ameaça do crime organizado e do terrorismo e no consequente envolvimento das Forças Armadas do Cone Sul no seu combate.

Apesar do avanço na implementação das medidas de confiança mútua, as visões sobre segurança nem sempre foram convergentes. As diferentes percepções sobre segurança internacional, regional ou sub-regional em cada país, influenciaram na velocidade desse avanço. Os padrões de relacionamento entre civis e militares também influenciaram no ritmo de sua implantação, na medida em que o nível de relacionamento facilitava ou dificultava a superação dos temas que, num passado recente, haviam delineado um certo grau de desconfiança recíproca.

Em alguns casos, tanto os militares como os atores políticos permaneciam com antigas percepções de risco em relação a determinadas ações dos vizinhos. Em meados da década de 1980, alguns setores argentinos ainda viam um relativo risco na autonomia que os militares chilenos mantinham, bem como em relação aos seus gastos de defesa que se encontravam em melhores condições, por conta da Lei do Cobre e do piso mínimo do orçamento estabelecido no governo Pinochet. [975] Causava ainda inquietações nos meios políticos e militares argentinos a vinculação do Chile com o Reino Unido. [976]

contradicciones prácticas y discursivas en materia de Defensa Nacional. *XII CONOSUR Democracia, sociedad y comercio: el desafío de coordinar intereses en Sudamérica.* Buenos Aires, 8 al 10 nov. 2006. Disponível em: http://www.ceeri.org.ar/trabajos/ARMERDING_Coop%20Estrateg%20en%20el%20Cono%20Sur.doc. Acesso em: 21 jul. 2007.

974. OEA. Documento CP/CSH-410/01 add. 3, Resposta dos Estados-membros ao Questionário sobre Novos Enfoques à Segurança Hemisférica. Washington, 18 out. 2002, p. 2.

975. Ao deixar o governo, Pinochet estabeleceu que as alocações para as forças armadas não poderiam, em termos reais, ficar abaixo do piso mínimo correspondente ao valor reajustado do orçamento de 1989. ACUÑA, Carlos H. SMITH, Willian C. A política da "economia militar" no Cone Sul: análise comparativa da democracia e da produção de armas na Argentina, no Brasil e no Chile. *Contexto Internacional*, Rio de Janeiro, v. 16, n.1, jan./jun. 1994, p. 7-52 (14).

976. O Reino Unido cedeu a base de Adelaide na Antártida ao Chile, considerada uma provocação

No caso do Chile, permaneciam dúvidas a respeito das intenções argentinas, uma vez que o passado denunciava uma política externa com variadas orientações sem seguir um padrão contínuo. Como salientaram Escudé e Fontana, funcionários e intelectuais de centro-esquerda ainda tendiam a se colocar ao lado dos militares quando avaliavam as políticas argentinas, e interpretavam os mais pacíficos empreendimentos do vizinho sob uma lente paranoica. O fim do serviço militar obrigatório foi interpretado como um risco para o Chile, uma vez que teria como principal objetivo a profissionalização da tropa. Da mesma forma era visto o programa de desarmamento, por conta da justificativa apresentada pelo presidente Menem em Boletim Oficial que ele seria necessário para a profissionalização das forças armadas. [977]

No caso do Brasil, o projeto do governo militar de tornar o país uma potência mundial acabou transformando num projeto de potência regional pelos governos civis subsequentes. Houve até uma intenção de alargar a presença brasileira quando a Constituição de 1988 apresentou, em seu artigo 4°, que seria buscada "a integração econômica, política, social e cultural dos povos da América Latina, visando à formação de uma comunidade latino-americana de nações". [978] A diminuição da capacidade de desenvolvimento do país modificou a agenda brasileira e, a partir do governo de Itamar Franco, a prioridade foi direcionada para a América do Sul perfazendo a consciência de que o país não tinha e não teria em curto prazo poder suficiente para exercer influência numa área que se estendia da Patagônia ao Rio Grande, na fronteira sul dos Estados Unidos. Permaneceram, então, os interesses globais na área econômica, mas na área da defesa a capacidade de influência se restringiu à América do Sul, ou seja, uma agenda econômica global e uma agenda de segurança sub-regional.

Mas, mesmo com a modificação do projeto brasileiro, permaneceram percepções antigas em alguns setores dos países vizinhos e as mudanças ainda eram vistas como componente de uma estratégia maior do Brasil para sua afirmação como potência no sub-continente. Apesar das dificuldades financeiras e mesmo com a aproximação política com a Argentina, a Marinha, por exemplo, fazia planejamentos em torno de uma força naval ideal para o Brasil de modo a poder cumprir as missões atribuídas. [979] Os militares argentinos utilizavam os argumentos brasileiros

pelo governo argentino e resultou em manifestações de militares nacionalistas que relacionaram tal fato à fragilidade do acordo estabelecido entre os dois países em torno do Canal de Beagle. BRASIL. AN. EME. Relatório Mensal de Informações Externas n. 002/85-SE-1/EME (Conf.). Brasília, 28 fev. 1985, p. 6.

977. ESCUDÉ, Carlos. FONTANA, Andrés, op. cit., p. 19.

978. LAZZARINI, Álvaro (Org.). *Constituição Federal de 1988*. São Paulo: Revista dos Tribunais, 2002.

979. O Relatório Anual de 1985 apresentou que o poder naval deveria ser constituído por duas forças, uma para proteção de comboios importantes e outras para o engajamento com uma força inimiga. Para isso, seriam necessários 2 porta-aviões, 8 fragatas e 16 corvetas para formar dois

para tentar obter mais recursos para suas Forças, assinalando que um desenvolvimento militar assimétrico seria um obstáculo à institucionalização de medidas de confiança mútua sólidas e que certo grau de simetria no desenvolvimento militar seria precondição para a segurança cooperativa. [980]

Percepções diferentes resultavam em posturas diferentes. A Argentina procurou avançar no processo da cooperação, enquanto que o Brasil entendia que, não havendo perigo para a segurança do país em relação aos vizinhos, não havia necessidade de progressos adicionais em termos de controle de armas convencionais ou de estabelecimento de mecanismos de segurança cooperativa. [981] Houve, então, uma resistência dos demais países às propostas mais ousadas argentinas que estabeleceu limites para a cooperação militar no Cone Sul, fazendo com que, no âmbito militar, o avanço fosse menor que nos campos político e econômico. [982] Brasil e Chile privilegiaram a institucionalização de mecanismos em áreas que tinham menor poder. A percepção de que, no campo militar, estariam em melhores condições que a Argentina fez com que ambos optassem por um comprometimento menor.

Assim, a redemocratização foi fator importante para as mudanças em direção à cooperação em segurança, mas não foi suficiente para levar a uma integração militar. As trocas comerciais cresceram significantemente no âmbito do Mercosul, mas não foram suficientes para conduzir à institucionalização da estrutura de segurança sub-regional. Os arranjos se deram no âmbito dos interesses particulares dos Estados e na visão de que a cooperação seria um meio para a consecução de seus próprios objetivos.

Em abril de 1997, por exemplo, os presidentes Fernando Henrique Cardoso e Carlos Menem decidiram criar o Mecanismo de Itaipava. Em agosto, logo

---

grupos de escoltas, 2 navios de apoio logístico, um dique flutuante para prover o apoio logístico móvel, 14 navios varredores, 3 caça minas, 12 submarinos de ataque, um navio de desembarque doca, 2 de desembarque de carros de combate, 2 de transporte de carga e assalto e 2 de transporte de tropa, 14 navios-patrulha e 8 navios patrulha-fluvial, além da aviação de ataque, aviões AEW e antissubmarino. BRASIL. SDM. Relatório Anual da Marinha (Conf.). Rio de Janeiro, dezembro de 1985.

980. ESCUDÉ, Carlos. FONTANA, Andrés. op. cit., p. 27.

981. Escudé e Fontana afirmaram que essas concepções estavam presentes entre alguns acadêmicos e membros do governo brasileiro. Acentuou, ainda, que havia a opinião de que o autêntico problema de segurança para os países do Cone Sul emergia dos próprios EUA. ESCUDÉ, Carlos. FONTANA, Andrés. op. cit., p. 19, p. 23.

982. Pons apresentou tempos distintos nas áreas econômica, política e jurídico-institucional. Na primeira, o tempo aproximaria do real. No campo político, marcharia defasado do tempo anterior e na área jurídico-institucional, definida a partir da conformação de esquemas de integração legalizados, o tempo se acharia atrasado em relação ao tempo econômico, mas adiantado em relação ao político. PONS, Luis A. *Efectos estratégicos de la integración Chile - Argentina*. Escuela de Defensa Nacional. Boletín de Difusión Académica, n. 2/98. Buenos Aires, 1998, p. 16.

após a primeira reunião do Mecanismo, os noticiários apresentaram um possível conflito aberto entre Brasil e Argentina em relação à pretensão brasileira por um assento permanente no Conselho de Segurança da ONU e as declarações do presidente Menem que a intenção do Brasil "poderia quebrar o equilíbrio na região" e que a vaga deveria ser designada para os países latino-americanos de maneira rotativa e não exclusivamente ao Brasil. O presidente Fernando Henrique considerou "as declarações incompatíveis com a aliança estratégica" de ambos e o presidente do Senado José Sarney acusou os Estados Unidos de utilizarem o presidente Menem como instrumento de uma manobra "para lançar a discórdia na América do Sul". [983]

A possibilidade de ruptura do equilíbrio regional em razão do *status* de membro extra-OTAN conferido à Argentina gerou suspeitas e desconforto no Chile, levando os militares a pressionar o governo por novas aquisições de equipamentos.

Quando da reunião entre os presidentes Patricio Aylwin e Boris Ieltsin em Moscou, em junho de 1993, a proposta russa de desenvolver "ampla cooperação militar" com o Chile causou inquietação na Argentina sobre um provável aumento do "desequilíbrio militar já existente na região". [984]

Assim, enquanto uma série de medidas de confiança mútua já estava em andamento, até mesmo com a realização de exercícios com emprego de tropa entre países do Cone Sul, a repercussão na imprensa sobre a relação Argentina-OTAN, a postura daquele país em relação ao pleito brasileiro pelo assento permanente no Conselho de Segurança das Nações Unidas e o questionamento argentino em relação à compra de modernos aviões de combate pelo Chile, demonstravam a fragilidade do processo de avanço nas relações militares. Apesar do aumento da cooperação, que se dava paralelo à conformação do Mercosul, os desequilíbrios de poder continuaram gerando estratégias para reversão do quadro.

A política externa de Menem, baseada no realismo periférico de Escudé, demonstrava que, mesmo buscando a cooperação na sub-região, a visão de que a Argentina se encontrava numa condição de desequilíbrio frente ao Brasil e, em algumas áreas, também frente ao Chile, levou o governo a buscar o contrapeso numa possível aliança privilegiada com os norte-americanos. Ou seja, com toda a influência externa direcionando para a segurança cooperativa como melhor via para fazer frente às "novas ameaças" e a "nova ordem econômica mundial" conduzindo a uma maior integração regional, havia percepções realistas de equilíbrio do poder na política externa argentina.

983. NETTO, Vladimir. Carlito X Fernandino. *Veja*. São Paulo, 27 ago. 1997, p. 36.

984. Rusia se propone una amplia cooperación militar con Chile. *Clarín*. Buenos Aires, 4 jun. 1993, p. 30-31.

Da mesma forma, apesar de todo o entendimento na área nuclear, o assunto continuou gerando polêmica e apreensão. Em setembro de 1985, anos após o primeiro acordo entre o Brasil e a Argentina, e num contexto em que os países se encaminhavam para um maior entendimento, uma reportagem veiculada pelo *Correio Brasiliense* sobre um suposto pedido do então ministro do Exército general Leônidas Gonçalves a 47 parlamentares, entre eles o presidente da Câmara Ulisses Guimarães, de apoio à construção da bomba nuclear, pois a Argentina estaria na iminência de iniciar um período de testes nucleares, fez com que a chancelaria brasileira desenvolvesse uma rápida campanha para explicar aos países latino-americanos os planos nucleares do país, em que não estaria incluída a intenção de utilização da tecnologia para fins militares da mesma forma que provocou um desmentido por parte do Ministério do Exército. [985]

No início de 2003, o ministro da Ciência e Tecnologia Roberto Amaral declarou que o Brasil deveria dominar a tecnologia da bomba atômica provocando reações nos mais diversos círculos. José Godemberg, secretário de Meio Ambiente de São Paulo, rechaçou os argumentos de Amaral que tal conhecimento serviria para fins científicos e energéticos. "Quando se pretende enriquecer urânio a 93% não é mais para aplicação científica, mas para a produção de armas". [986]

Imediatamente, o ministro das Relações Exteriores, Celso Amorim, procurou minimizar as declarações feitas à rede britânica BBC pelo ministro da Ciência e Tecnologia, enfatizando que "o Brasil não tem interesse nenhum em usar essa tecnologia para a fabricação de armas e bombas nucleares". [987] O presidente Lula, por meio do porta-voz André Singer, também salientou que o Brasil só é favorável a pesquisas científicas para fins pacíficos e descartou qualquer estudo para fabricação da bomba. Em seguida, o ministro Amaral divulgou uma nota recuando nas declarações que haviam sido feitas. [988]

Ou seja, mesmo sendo signatário dos tratados de não-proliferação e ter incluído na Constituição de 1988 a proibição ao uso dessa tecnologia para fins que

985. BRASIL. AN. EME. Informações Necessárias Bolívia, setembro de 1885. BRASIL. AN. EME. Informações Necessárias Peru, setembro de 1885. O Barulho da Bomba. *Veja*. São Paulo, 11 set. 1985, p. 65-66.

986. Para José Goldemberg, posição lembra governo militar. *Jornal da Ciência*, n.. 2195. Sociedade Brasileira para o Progresso da Ciência. Brasília, 08 jan. 2003. Disponível em: http://www.jornaldaciencia.org.br/ Detalhe.jsp?id=7072. Acesso em: 01 mar. 2008.

987. AMORIM, Celso: O Brasil não tem nenhum interesse no desenvolvimento de tecnologia de bombas nucleares. *Jornal da Ciência*, n. 2195. Sociedade Brasileira para o Progresso da Ciência. Brasília, 08 jan. 2003. Disponível em: http://www. jornaldaciencia.org.br/Detalhe.jsp?id=7071. Acesso em: 01 mar. 2008.

988. Lula põe fim à polêmica sobre as declarações do ministro da C&T. *Jornal da Ciência*, n. 2195. Sociedade Brasileira para o Progresso da Ciência. Brasília, 08 jan. 2003. Disponível em: http://www. jornaldaciencia.org.br/Detalhe.jsp?id=7073. Acesso em: 01 mar. 2008.

não sejam pacíficos (Art. 21), declarações desse tipo, por altos funcionários do governo, acabavam aguçando a especulação da imprensa colocando dúvidas sobre os propósitos futuros do programa nuclear brasileiro.

De qualquer forma, a aplicação do conceito de defesa não provocativa e os esforços pela cooperação que ficaram claramente explícitos nas políticas de defesa publicadas nos anos de 1990, os discursos de membros do governo e a produção acadêmica, especialmente das escolas militares, tinham o objetivo de diminuir os efeitos do desequilíbrio. Alguns trabalhos dessas escolas, inclusive, apresentaram a possibilidade de uma integração militar no Cone Sul.

O senador Eduardo Vaca, presidente da Comissão de Defesa do Senado argentino, afirmou, em 1996, a intenção de transformar o Cone Sul em uma zona de estabilidade com critérios de segurança que permitissem enfrentar conjuntamente os desafios futuros, que já haviam obtido com o Brasil, e obteriam com o Chile por meio da sua incorporação ao Mercosul e a criação do Comitê de Segurança Argentino-Chileno. [989]

A Argentina procurou apresentar suas ideias para uma integração militar no Cone Sul nos simpósios de estudos estratégicos. A mesma questão esteve presente no discurso oficial. O representante argentino na OEA, em 1994, após admitir a obsolescência e ineficiência do sistema de segurança americano, observou que as conferências realizadas no âmbito das Forças Armadas conviviam com os institutos de segurança sem que fosse clara a coordenação entre eles, tampouco sua vinculação com os órgãos do sistema interamericano e, em alguns casos, nem com os próprios órgãos políticos nacionais. Sugeriu que a "diplomacia militar" em que essas se fundavam deveria ser revisada, adequando-se à nova realidade institucional do continente. Sobre a integração militar no Cone Sul, afirmou que nenhuma potência militar se atreveria "a decidir por uma invasão do território argentino, se para fazê-la tivesse que enfrentar uma coalizão militar conformada por Brasil, Chile e Argentina, a qual se poderiam somar rapidamente os demais países da sub-região". [990]

Em 1996, Koutoudjian propôs a constituição de um Estado-Maior Conjunto no Mercosul com os objetivos de integrar o estudo de novas doutrinas de defesa e eventuais hipóteses de conflitos regionais, estudar unidades militares combinadas e estabelecer uma Escola Superior de Defesa Regional e, posteriormente, forças

989. VACA, Eduardo. Un Sistema de Defensa para la Paz. Clarín, Buenos Aires, 19 jun. 1996, p. 16.

990. "*A decidir una invasión del territorio argentino, si para hacerlo debiera enfrentarse con una coalición militar conformada por Brasil, Chile y la Argentina, a la que pudieran rápidamente sumarse el resto de los países de la subregión*". MAYER, Hernán Patiño. Conferencia Pronunciada en Panamá por el Representante Permanente de la Republica Argentina ante la OEA. *Fuerzas Armadas y Sociedad*, Santiago, a. IX, n. 3, jul./set. 1994, p. 8-18, tradução nossa.

armadas conjuntas com a investigação e desenvolvimento de sistemas defensivos e execução de exercícios combinados entre países vizinhos e com forças de segurança regionais.

O autor se apoiou em possíveis benefícios políticos (incremento da confiança mútua, maior presença no cenário mundial e regional americano, depreciação do chauvinismo interno argentino), econômicos (economia de dinheiro para maior equilíbrio militar, sistemas defensivos comuns ou normatizados, depreciação das hipóteses de conflitos locais, provisão local de armas e insumos), geopolíticos (melhor defesa do principal eixo de desenvolvimento sul-americano, São Paulo-Buenos Aires, com a proteção do Uruguai e do Paraguai, melhor defesa do Atlântico Sul ocidental, repotencialização da presença regional frente à Antártica, à África Ocidental e países andinos, ampliação do ecúmeno central e das áreas semivazias) e militares (maior profissionalização e modernização dos quadros e sistemas de armas, ampliação da escala de desdobramento, desenvolvimento de uma cultura regional ou mundial). [991]

Em abril de 2001, o ministro da Defesa Horácio Jaunarena declarou que defendia a ideia de se criar um organismo de reflexão estratégica no Mercosul ampliado, em que seria possível identificar ameaças e respostas a elas. [992] Sua concepção era a da participação de militares e civis dos países e sede em local escolhido por consenso. A ideia foi confirmada na primeira visita do embaixador brasileiro ao ministro em 1° de julho de 2001. Esse foro a ser criado teria o objetivo de "promover discussões sobre as novas ameaças e o desenvolvimento de uma doutrina comum para seu tratamento e contenção". [993]

Em maio de 2002, o ministro de Defesa da Bolívia apresentou proposta semelhante para a América do Sul na preparação da 1ª Reunião do Grupo de Trabalho Bilateral de Defesa Brasil-Bolívia.

No afã de avançar o desenvolvimento da confiança mútua, os militares argentinos, por vezes, extrapolaram seus âmbitos de atuação o que foi percebido pelo seu Ministério de Defesa que passou a trabalhar junto aos comandos militares para conformar plenamente a condução política dos assuntos de defesa. A partir do Ministério e da política de defesa é que resultaria uma política militar. Para isso, foi atribuída maior importância ao Estado-Maior Conjunto (EMC) como órgão que conduziria essa política, deixando de ser uma instituição meramente formal dentro

991. KOUTOUDJIAN, Adolfo. La defensa regional – posibilidad de una alianza regional en el siglo XXI. *Revista de La Escuela Nacional de Inteligencia*, Buenos Aires, v. 5, n. 4, 4° Trimestre de 1996, p. 79-92.

992. Defensa apuesta a fortalecer la unión del MERCOSUR. Impulsa un ente estratégico regional. *La Nación*. Buenos Aires, 10 abril 2001. Disponível em: http://www.lanacion.com.ar/59422. Acesso em: 12 dez. 2007.

993. BRASIL. AMRE. III Reunião de Análise Estratégica Brasil – Argentina. Brasília, mar. 2004, p. 51.

da estrutura do Ministério, para realmente exercer as ações de sua competência, e que acabaram sendo regulamentadas pelo Decreto n. 1.691 de 2006. [994]

Na realidade, o EMC nunca havia assumido de fato suas prerrogativas. Como a derrota das Falkland/Malvinas mostrou a falta de adestramento, organização e até de uma mentalidade conjunta das Forças Armadas argentinas, fazia-se necessário determinar que o órgão, ligado ao Ministério da Defesa, realmente cumprisse suas missões de organização conjunta das três forças. [995] Com as reformas realizadas, o Ministério da Defesa se firmou como órgão responsável pela política de segurança e não como um mero interlocutor das três Forças Armadas. A partir das concepções políticas em termos de defesa, houve um claro direcionamento da prioridade para os mecanismos de confiança com os países do Cone Sul, principalmente o Brasil, e da América do Sul. As propostas das três forças sobre quaisquer exercícios, manobras, intercâmbios, cursos, etc., passaram a ser avaliadas e aprovadas a partir dessa prioridade, em detrimento de outros países ou regiões cujas relações militares eram consideradas de menor importância.

No caso brasileiro, o discurso militar era mais cauteloso a qualquer arranjo institucional. O Exército não abria mão da decisão soberana de cada país em fixar as atribuições das suas forças armadas, efetivos e orçamentos de defesa, assim como o respeito aos princípios fundamentais da soberania, que não poderia ser excluída ou afetada pela globalização ou a integração regional, da autodeterminação, da não-ingerência nos assuntos internos de cada país e da solução pacífica de conflitos. Logicamente, entendia que qualquer solução sugerida deveria ser baseada nos dispositivos legais. [996]

Essa posição foi confirmada na política de defesa brasileira de 1996, ao enfatizar que "a expressão militar permanece de importância capital para a sobrevivência dos Estados como unidades independentes" e que "não é realista conceber um Estado de razoável porte e influência internacional que possa abdicar de uma força

994. Entrevista com Licenciado Daniel Rodrigues do Ministério da Defesa da Argentina. Buenos Aires, 12 dez. 2007.

995. O informe final da Comissão de Análise e Avaliação das Responsabilidades no Conflito do Atlântico Sul apresentou como uma das deficiências o desconhecimento da doutrina e a inexistência de uma verdadeira preparação para a ação conjunta contra o Reino Unido que influenciou negativamente na condução de todos os níveis envolvidos. DONADIO, Marcela. La construcción de una nueva política de defensa argentina. *Fuerzas Armadas y Sociedad*, Santiago, a. 11, n. 2, abr.-jun. 1996, p. 3-8 (8).

996. BRASIL. Ministério do Exército. Gleuber Vieira. Posições e propostas do Exército Brasileiro sobre Segurança Hemisférica, Vinculação JID-OEA, Medidas para Fomento da Aquisição de Confiança e Mecanismos de Segurança no Hemisfério Americano. Reunião de Pedidos Governamentais sobre Medidas de Fomento, de Confiança e Mecanismos de Segurança, Buenos Aires, de 14 a 18 de março de 1994. BRASIL. MD. Discurso do ministro-chefe do EMFA do Brasil na II Conferência de Ministros de Defesa das Américas. San Carlo de Bariloche, outubro de 1996.

de defesa confiável".[997] A leitura da Política de Defesa permite afirmar a pouca importância brasileira às propostas de segurança cooperativa, a não admissão ao envolvimento direto das Forças Armadas no combate aos delitos transnacionais, em desacordo com o que vinha sendo pregado pelo governo, o setor castrense e parte da academia norte-americana, e o reforço ao caráter nacional e soberano das decisões governamentais a respeito da matéria, colocando-se, então, contra qualquer tentativa de avanço num processo de integração militar na sub-região.

A postura brasileira no campo da segurança tinha ligação com a diplomacia que procurava evitar compromissos coletivos que pudessem diminuir os espaços de atuação externa já conquistados em termos individuais. No campo militar, visava a preservar a liberdade de ação estudando caso a caso e decidindo sobre o envolvimento ou não do país com base nos seus interesses, sem se prender a mecanismos institucionalizados.

Durante a Conferência de Logística da Conferência dos Exércitos Americanos (CEA) em 2002, no Paraguai, quando os Estados Unidos provocaram discussões em torno da constituição de uma Força de Paz Regional, a posição do Exército Brasileiro foi que: aceitava a ideia de cooperação, sendo os exercícios Forças Unidas e Cabañas bons exemplos, mas considerava prematura uma integração; que a Carta da OEA não especificava a necessidade de tal força; que Tratado Interamericano de Assistência Recíproca já definia as necessidades de segurança regionais; que a área do Mercosul havia sido declarada por seus signatários como uma Zona de Paz, portanto, não justificando a criação de tal Força; e que a política externa brasileira não amparava tal atitude que extrapolava o nível de decisão militar.[998]

A XXV Reunião Preparatória da CEA concluiu que a Conferência deveria ser um dos pilares da OEA e que poderia assumir a orientação e as obrigações subsequentes a partir da visão da Organização e sob a supervisão da Conferência de ministros de Defesa das Américas. O posicionamento do Exército Brasileiro nesta questão foi que o estabelecimento da ligação CEA-OEA estaria num nível mais alto de política, o que contrariava a finalidade de análise, debate e intercâmbio de ideias e experiências no âmbito dos exércitos e que as forças terrestres participantes tinham atribuições estabelecidas em seus respectivos ordenamentos legais com seu âmbito de ação correspondente ao nível estratégico. Consequentemente, deveriam abster-se de apresentar moções e propostas que ultrapassassem esse âmbito, com o objetivo de não comprometer seus integrantes no tratamento de matérias e na tomada de decisões que não caberiam em seu campo de ação.[999]

997. BRASIL. PR. *Política de Defesa Nacional.* Brasília: Imprensa Nacional, 1996.

998. AMARAL, Paulo Sergio Augusto do. *A conferência dos exércitos americanos e as atuais posições do exército brasileiro, no contexto das relações internacionais.* TCC. CPEAEx. Rio de Janeiro: ECEME, 2004, p. 22.

999. Ibidem, p. 21.

O Chile via necessidade em avançar os entendimentos no plano da segurança, mas mostrava certo ceticismo sobre a criação de instâncias de caráter regional. Adotou, também, uma postura mais cautelosa e, da mesma forma que o Brasil, uma política seletiva que analisava caso a caso, preservando sua liberdade de ação. O então ministro de Relações Exteriores apresentou como meta do seu país o desenvolvimento de capacidades políticas de diplomacia preventiva, de interlocutor militar e de coordenação no âmbito da defesa, capazes de dar-lhe estabilidade, permanência e legitimidade às relações de paz no hemisfério.

Para ele, as realidades entre as regiões eram distintas, com história e percepções de ameaças derivadas de outras experiências. Assim, para o desenho e a aplicação das medidas de confiança mútua, deveria haver a conciliação de metas ambiciosas de longo prazo com procedimentos cautelosos e pragmáticos que constituiriam um caminho lento, mas seguro até a consecução de tais objetivos. Dever-se-ía "avançar solidamente em uma primeira etapa" alcançando medidas práticas e efetivas, o que "permitiria saltos significativos em outras áreas. Ao contrário, retrocessos frente a declarações ambiciosas e que não possamos cumprir produzirão desconfiança e fará retroceder o conjunto do processo". [1000]

Inicialmente, tanto o incremento das medidas de confiança e de mecanismos de controle de armamentos como as ideias de maior integração militar no Cone Sul, apresentadas pelos governos e os meios acadêmicos militares argentinos, como o que seria uma consequência inevitável do aprofundamento do processo de integração econômica e política sub-regional, faziam parte de uma estratégia. Primeiro, para diminuir a distância com as grandes potências, o que facilitaria a obtenção de investimentos estrangeiros necessários para continuar o desenvolvimento. Segundo, para compensar as assimetrias em relação às forças armadas do Brasil e do Chile. A opção real pela cooperação multilateral só viria a se perfazer na política externa argentina na década de 2000 como "a única alternativa viável para promover o desenvolvimento de todas as nações do mundo e, de tal modo, criar as condições necessárias para o fortalecimento da democracia e da segurança internacional". [1001]

O Brasil e o Chile postaram-se menos comprometidos que a Argentina em relação aos avanços e impuseram barreiras no campo estratégico militar fazendo com que os entendimentos se dessem em áreas pontuais como na nuclear,

1000. INSULZA, José Miguel. *Discurso en la Conferência Regional sobre Medidas de Fomento de la Confianza y de la Seguridad.* Santiago, 8 a 10 nov. 1995, tradução nossa.

1001. "*La única alternativa viable para promover el desarrollo de todas las naciones del mundo y, de tal modo, crear las condiciones necesarias para el fortalecimiento de la democracia y la seguridad internacional*". ARGENTINA. MRECC. Discurso del Sr. Canciller Rafael Antonio Bielsa - La inclusión social, motor del desarrollo. XIII Cumbre Iberoamericana. Santa Cruz de la Sierra, Bolivia, 14 nov. 2003, tradução nossa.

intercâmbios e exercícios conjuntos. Com isso, impuseram velocidades diferentes entre a cooperação militar e a integração comercial.

Mas, independente da velocidade do avanço em cada área, pode-se afirmar que uma de suas consequências do final da Guerra Fria e do bipolarismo ideológico foi a maior independência dos países em desenvolvimento para conduzir suas políticas externas. No Cone Sul, esse fator externo interagiu com os internos, principalmente com a redemocratização dos países, resultando numa maior autonomia para a condução das políticas de segurança e defesa.

O processo de integração regional facilitou a superação de divergências como o gradual entendimento em temas sensíveis. Um exemplo foram as decisões do Conselho do Mercado Comum no campo da segurança, especialmente em relação às novas ameaças. Mas elas só ocorreram quando já havia sido implantada de uma série de medidas de confiança entre os países do bloco.

Da mesma forma, houve o avanço do que se pode chamar de Mercosul político e sua ligação com as questões de segurança. Em 22 de abril de 1996, quando da tentativa de golpe no Paraguai em que o general Lino Oviedo ameaçou destituir o presidente Juan Carlos Wasmosy acusando-o de corrupção, os demais países do Mercosul, invocando a necessidade da consolidação da democracia no bloco, exerceram a pressão política suficiente para que isso não se consumasse. O Compromisso Democrático do Mercosul, adotado em Potrero de los Funes, em junho de 1996, durante a X Reunião do Conselho do Mercado Comum, afirmou que a plena vigência das instituições democráticas é condição essencial para a cooperação no âmbito do Tratado de Assunção, seus Protocolos e demais atos subsidiários e que "toda alteração da ordem democrática constitui um obstáculo inaceitável para a continuidade do processo de integração em curso a respeito do Estado membro afetado". [1002]

Pelo Protocolo de Ushuaia sobre o Compromisso Democrático no Mercosul, Bolívia e Chile, aprovado em 24 de julho de 1998, os países do Mercosul e Associados previram que no caso da ruptura ou ameaça de ruptura da ordem democrática em algum Estado os demais promoveriam consultas que, se fossem infrutíferas poderiam resultar, inclusive, na suspensão do direito de participar do próprio processo de integração até que as medidas adotadas conduzissem ao pleno restabelecimento da ordem democrática. [1003]

No ano seguinte, o Paraguai imergiu numa grave crise política com o assassinato do vice-presidente Luis Maria Argaña, seguido de violentas manifestações

1002. MERCOSUL. Declaração Presidencial sobre o Compromisso Democrático no Mercosul. Potrero de Los Funes, 25 de junho de 1996.

1003. MERCOSUL. Protocolo de Ushuaia sobre o Compromisso Democrático no Mercosul, Bolívia e Chile. Ushuaia, 24 jul. 1998.

que resultaram na renúncia do presidente Raúl Cubas. Paralelamente, a oposição acusou o general Lino Oviedo de ser o gestor do assassinato e o presidente do Congresso, Luis González Macchi assumiu a presidência. No episódio, houve a participação dos países do Mercosul que invocaram o Protocolo de Ushuaia de modo a não permitir uma solução antidemocrática para a crise. O Brasil e a Argentina aceitaram conceder asilo a Oviedo e a Cubas, respectivamente, com a condição tácita de manutenção da democracia naquele país. [1004]

Também em julho de 1998, pela Declaração Política do Mercosul, Bolívia e Chile como Zona de Paz, os membros definiram a paz como elemento essencial para a continuidade e o desenvolvimento do processo de integração e concordaram em consolidar o fortalecimento e a progressiva articulação dos mecanismos de consulta em questões de política exterior e de defesa e aprofundar as medidas de confiança. [1005]

Em Olivos, em 2002, seguindo a tendência pós-11 de setembro, por um Comunicado Conjunto dos presidentes do Mercosul, Bolívia e Chile, decidiu-se criar um Grupo de Trabalho Permanente contra o terrorismo e reafirmou-se a cooperação permanente contra o terror e o apoio ao trabalho da OEA através do Comitê Interamericano de Combate ao Terrorismo. [1006]

O processo de aproximação política e econômica entre Brasil e Argentina exerceu o efeito de transbordamento (*spillover*), primeiro para os demais países da sub-região, depois para outros setores como a segurança e a defesa.

Apesar do impasse em relação às fronteiras, as relações de Bolívia e Chile com os demais vizinhos e, principalmente, suas condições de associados ao Mercosul produziram efeitos positivos na dinâmica das relações bilaterais. Apesar de só manterem relações consulares, como membros associados do Mercosul, participam das reuniões e das decisões do bloco, o que favorece um melhor entendimento.

No caso das fronteiras, a partir de 1990 as relações se encaminharam de maneira mais produtiva com a implementação de consultas periódicas de vice-ministros de Relações Exteriores, a solução de alguns pontos na fronteira pela Comissão Mista de Limites, a constituição do Comitê de Fronteiras, acordos na área

1004. Em 19 de maio de 2000, um grupo de militares tentou derrubar o presidente Macchi sem êxito. O governo acusou o general Lino Oviedo.

1005. MERCOSUL. Declaración Política del Mercosur, Bolivia Y Chile como Zona de Paz. Ushuaia, 24 jul. 1998.

1006. O CICTE foi criado em 1999 como parte do sistema interamericano com o objetivo de promover uma estratégia multilateral cooperativa de combate ao terrorismo através da troca de informações sobre o tema. MERCOSUL. Comunicado Conjunto de los Presidentes del Mercosur, Bolivia y Chile. III Reunión Extraordinaria del Consejo del Mercado Común. Buenos Aires, 18 fev. 2002.

do comércio, de integração mineira e de concessão, administração e exploração de recursos hídricos compartilhados. Com a utilização dos portos chilenos pela Bolívia, houve a necessidade de reuniões técnicas entre funcionários dos dois governos.[1007] O intercâmbio se deu ainda através de trabalhos conjuntos em diversas áreas como infraestrutura, integração física, mineração, intercâmbios energéticos, recursos hídricos, integração de controles de fronteiras e educação. No campo da segurança, há coordenação das polícias para enfrentar de forma conjunta o tráfico de drogas e o contrabando.[1008]

O comércio bilateral é um componente significativo entre os dois países. Em 2003, por exemplo, resultou num total de 187 milhões de dólares, sendo a balança favorável ao Chile em US$ 99,7 milhões (exportações chilenas de US$ 141,2 milhões e importações de US$ 41,5 milhões).[1009]

O Mecanismo de Consultas Políticas Bolívia-Chile, instituído na década de 1990, passou a realizar reuniões regulares. Na XII Reunião, em Santiago, em fevereiro de 2004, foram subscritos o Acordo de Controle Integrado de Fronteira e o Acordo de Cooperação e Intercâmbio de Informação em Matéria Aduaneira.[1010]

As flutuações na política boliviana acabaram sendo os fatores que mais comprometeram os entendimentos. O presidente Gonzalo Sánchez de Lozada, por exemplo, tentou reabrir as conversações com o Chile, mas a crise de outubro de 2003, que resultou na sua queda, implicou nova paralisação.

Em janeiro de 2004, o presidente Carlos Mesa propôs a abertura do diálogo e salientou que o restabelecimento das relações diplomáticas se daria no momento em que fosse resolvida definitivamente a questão vista como

> uma reclamação justa, que não se concentra no que foi o cenário total desse conflito, mas em um acesso livre e soberano ao Oceano Pacífico. Estou de acordo que a solução desse problema, em função de uma demanda que não tem outro objetivo que recuperar um acesso útil - porque não há nenhum tipo de vantagem equiparável ao que

1007. Nos governos de Paz Zamora e Patricio Aylwin, os países assinaram o Acordo de Complementação Econômica para ampliar e diversificar o comércio de bens e serviços e estabelecer um clima de confiança recíproca. Foi pavimentada a estrada Arica-La Paz e concedia uma seção da ferrovia Arica-La Paz a uma empresa boliviana.

1008. BOLÍVIA. MREC. Unidad de Análisis de Política Internacional. Memoria Institucional Octubre 2003 – Agosto 2004. La Paz, 2004

1009. CLAVEL, Roberto Arancibia. *¿Es Posible una Salida al Mar para Bolivia?*. Documentos e Investigaciones Académicas. Trabajo n. 6. Santiago: Academia de Guerra del Ejército de Chile, abril, 2005.

1010. BOLÍVIA. MREC. Unidad de Análisis de Política Internacional. *Memoria Institucional Octubre 2003 – Agosto 2004*. La Paz, 2004, p. 21

> foi perdido -, deve passar por compreender também o impacto que esta mutilação causou sobre o país e sobre a sociedade boliviana ao longo de sua história. [1011]

Naquele mesmo mês, o congresso boliviano apresentou uma declaração oficial sobre a questão que dizia ser a reivindicação marítima um direito irrenunciável do povo "baseado na demanda histórica de nosso acesso soberano ao Oceano Pacífico, do qual foi despojado pelo Chile em 1879", que "o povo boliviano, representado por suas instituições fundamentais" e "organizações sociais, políticas e econômicas, mantém a mais sólida Unidade Nacional em torno desta reivindicação histórica". [1012]

Foi criada uma Junta de Assessoramento Estratégico composta de ex-chanceleres para analisar e discutir o tema. O Congresso Nacional criou uma comissão especial com o objetivo de coordenar com o Executivo todas as ações sobre o tema. [1013] Como apresentou Quiroga, a reintegração da qualidade marítima perdida na Guerra do Pacífico

> constitui objetivo essencial de sua política externa e objetivo irrenunciável da nação boliviana. Apesar desse posicionamento estratégico de consenso na sociedade e no Estado boliviano, as políticas de governo sobre o conteúdo e as formas de plasmar aquele objetivo seguem oscilantes e, portanto, não têm tido a continuidade necessária para serem eficazes. [1014]

A saída para o mar da Bolívia é, talvez, a última questão fronteiriça a ser resolvida no Cone Sul e reforçou a tendência do Chile de manter forças armadas

1011. "*un reclamo justo, que no se concentra en lo que fue el escenario total de ese conflicto, sino en un el acceso libre y soberano al Océano Pacífico. Coincido en que la solución de ese problema, en función de una demanda que no tiene otro objetivo que recuperar un acceso útil - porque no hay ningún tipo de ventaja equiparable a lo que se perdió -, debe pasar por comprender también el impacto que sobre el país y sobre la sociedad boliviana a lo largo de su historia ha tenido esta mutilación*". BOLÍVIA. MREC. *El Libro Azul: El Problema Maritimo Boliviano.* Anexo 19 Réplica del Presidente Carlos Mesa a la Intervención del Presidente Ricardo Lagos en la Cumbre Extraordinaria de Monterrey. La Paz, 2004, tradução nossa.

1012. "*Basado en la demanda histórica de nuestro acceso soberano al Océano Pacífico, del que fue despojado par Chile en 1879". "El pueblo boliviano, representado par sus instituciones fundamentales y organizaciones sociales, políticas y económicas, mantiene la más sólida Unidad Nacional en torno a esta reivindicación histórica*". Ibidem. Anexo 20. Declaración del H. Congreso Nacional. D.C. n. 002/03-04. La Paz, 2004, tradução nossa.

1013. BOLÍVIA. MREC. Unidad de Análisis de Política Internacional, 2004, op. cit.

1014. QUIROGA, Antonio Araníbar. *Bolivia, Chile y Peru: hacia un futuro compartido.* La Paz: Editores Plural, 1999, p. 126 (tradução nossa).

capazes de dissuadir qualquer intenção boliviana de atingir seu objetivo pela opção armada, além de conservar a aliança com o Reino Unido e consolidar a aliança com os Estados Unidos. [1015]

Apesar dessa divergência entre a Bolívia e o Chile, não se avistam ameaças militares que possam resultar num conflito armado. O processo das relações militares desenvolvidas em torno da cooperação, capitaneado por Argentina, Brasil e Chile, levou à superação do dilema da segurança e fez com que os países não se vissem como rivais, mas como parceiros. A sensação de segurança ou insegurança é uma construção dos Estados a partir da visão de segurança de cada um. Como salientou Santos, as coisas são como queremos que elas sejam e não porque sejam exatamente assim. [1016]

Um país pode possuir determinado armamento, mas sua postura defensiva, suas políticas e seus atos indicam a inexistência de qualquer ideia de utilizar essa arma contra um vizinho. Sem ambições expansionistas e satisfeito com o território e os recursos que possui, o fato de ter algum tipo de arma não provoca a percepção de ameaça nos vizinhos. [1017]

A resolução dos problemas de fronteira entre a Argentina e o Chile foi um facilitador para a aproximação, pois a aceitação do *status* em matéria territorial diminui o risco de conflitos. No Cone Sul, apenas a Bolívia e a Argentina não se encontram "satisfeitas" com sua conformação territorial. Como a questão argentina se refere às Falkland/Malvinas, pode-se dizer que apenas a pretensão da saída para o mar pela Bolívia apresentaria um foco potencial de conflito na sub-região.

Mas a divergência não impediu ou dificultou a conformação de mecanismos próprios na sub-região que, somados a outros criados por instâncias continentais e globais, resultaram na conformação de uma rede de cooperação em segurança.

Essa rede foi construída a partir de ações de cooperação em segurança desenvolvidas na sub-região e constituída por mecanismos: 1) regionais como a Conferência de Ministros de Defesa das Américas; 2) multilaterais sub-regionais,

1015. A rivalidade histórica com a Argentina e o conflito com os vizinhos Bolívia e Peru projetaram os interesses até o mar com uma concepção estratégica insular. PUIG, Rafael Guillermo. El Cono Sur y el Caso Haiti ¿Integración político-estratégica o disputa por el liderazgo? *VII Encuentro Nacional de Estudios Estratégicos*. Buenos Aires: Escuela de Defensa Nacional, 2 a 4 nov. 2004.

1016. SANTOS, Lucila. *La seguridad es lo que los Estados hacen de ella – El dilema de seguridad en el Cono Sur*. Monografia de Conclusão de Curso. Buenos Aires: Universidade Torcuato di Tella, 2004.

1017. Segundo KACOWICZ, satisfação é a aceitação normativa das fronteiras existentes e falta de ambições territoriais sobre os Estados vizinhos. Os Estados satisfeitos teriam maior interesse em preservar a estabilidade regional e a ordem internacional. KACOWICZ, Ariel. *La larga paz sudamericana: 1883-1995*. Série Documentos e Informes de Investigación n. 203. Jerusalém: Universidade Hebraica, 1996.

estabelecidos no Cone Sul pelos governos dos Estados; 3) bilaterais intergovernamentais, também estabelecidos pelos respectivos governos da sub-região; 4) militares, os desenvolvidos pelas Forças Armadas, de maneira multilateral ou bilateral e que, apesar de estarem conexos às medidas de confiança mútua preconizadas ou estabelecidas por organismos internacionais, foram adotadas por iniciativa das instituições militares; e 5) criados no âmbito do Mercosul e relacionados com a concepção multidimensional da segurança, os quais serão descritos a seguir.

## IX - Mecanismos Regionais – As Conferências de Ministros de Defesa das Américas

A partir de 1995 passaram a ser realizadas as conferências de ministros de Defesa dos países do continente. Esse foro de discussões, estabelecido a partir de uma proposta norte-americana e realizado de maneira multilateral, a par das organizações regionais, acabou consolidando-se tanto pela sua importância como pela permanência. Constituiu-se, na realidade, o primeiro foro continental reunindo, prioritariamente, os responsáveis pela cúpula dos organismos civis de defesa dos Estados e preenchendo um vácuo que existia nas instituições interamericanas.

A primeira reunião, com a presença de 34 países, consagrou o que ficou conhecido como princípios de Williamsburg: 1) preservação da democracia como base para garantir a segurança mútua; 2) as Forças Armadas com o papel crucial de proteção e defesa dos interesses dos Estados soberanos e democráticos; 3) subordinação das Forças Armadas à autoridade civil eleita democraticamente e dentro dos limites estabelecidos pelas constituições nacionais, respeitando os direitos humanos; 4) promoção da abertura ao debate em assuntos de defesa; 5) resolução pacífica de disputas por meio de negociações; e 6) promoção da cooperação de defesa para responder às necessidades de segurança, incluindo o narcoterrorismo. [1018]

A segunda reunião, em Bariloche, em 1996, enfatizou a necessidade de aprofundar a cooperação preservando a soberania dos Estados e a importância das medidas de confiança mútua. Durante a reunião, o secretário de Estado norte-americano anunciou a criação do Centro de Estudos Hemisféricos de Defesa, que se consumou no ano seguinte, em Washington. [1019]

1018. A Conferência foi realizada em Williamsburg, no Estado de Virgínia/EUA, em julho de 1995. BRASIL. MD. I Conferência de Ministros de Defesa das Américas. Declaração de Williamsburg. Williamsburg, 26 jul. 1995. Como inexistia o Ministério da Defesa no Brasil, por proposta do presidente da República a representação do país foi chefiada pelo ministro-chefe do Estado-Maior das Forças Armadas (EMFA), o secretário de Assuntos Estratégicos e o secretário-geral das Relações Exteriores.

1019. BRASIL. MD. II Conferência de Ministros de Defesa das Américas. Declaração de Bariloche. São Carlos de Bariloche, 09 out. 1996.

Na terceira reunião, em Cartagena das Índias, em 1998, enfatizou-se, dentre outras, a necessidade de incluir mecanismos de prevenção e assistência diante de desastres naturais, o apoio aos esforços da OEA na adoção de uma convenção sobre a transparência na aquisição de armas convencionais, além de condenar o terrorismo. [1020]

A quarta conferência em Manaus, em outubro de 2000, apresentou uma importância adicional. Nela, os ministros da Defesa do Brasil e da Argentina tiveram uma reunião em separado no dia 18 de outubro quando trataram dos avanços do relacionamento na área da defesa, da integração no campo da segurança e defesa na sub-região. Além disso, os temas da reunião foram elaborados em conjunto por Brasil e Argentina, após os que foram apresentados às autoridades do Chile, permitindo a concertação de posturas dos três países durante a Conferência.

A Declaração ao final da Conferência apresentou o consenso em torno dos temas considerados importantes. Admitiu as diferenças sub-regionais, sem que essas constituíssem barreiras à cooperação, a necessidade da definição dos conceitos de segurança e defesa de modo a facilitar o entendimento doutrinário, a liberdade dos países em determinar seus próprios requisitos de defesa necessários à garantia de sua soberania e a necessidade de formação de especialistas civis na área da defesa, além de temas já tratados anteriormente como o terrorismo e os direitos humanos. [1021]

A quinta reunião, realizada em Santiago do Chile, em novembro de 2002, foi importante por ter sido a primeira após os atentados terroristas de 11 de setembro nos Estados Unidos. Durante os trabalhos, o então secretário de Estado, Donald H. Rumsfeld, propôs duas iniciativas: "fortalecer a cooperação naval regional para, aumentando as capacidades operacionais e de planejamento, melhorar sistemas nacionais de comando e controle e o compartilhamento de informações regionais" e "explorar a possibilidade de integrar essas capacidades especializadas em capacidades regionais mais amplas, de modo a participar em melhores condições das operações de manutenção da paz e da estabilidade no mundo". [1022]

Os debates temáticos ocorridos durante a reunião apresentaram algumas conclusões como a prioridade de se adaptar as instituições de segurança e defesa como instrumentos apropriados para enfrentar os desafios e ameaças à democracia, a redefinição ou revitalização de um marco conceitual básico sobre essas instituições

1020. BRASIL. MD. III Conferência de Ministros de Defesa das Américas. Declaração de Cartagena. Cartagena das Indias, 03 dez. 1998.

1021. BRASIL. MD. IV Conferência de Ministros de Defesa das Américas. Declaração de Manaus. Manaus, 21 out. 2000.

1022. EUA. Department of State. International Information Program. Statement by US Secretary of Defense, Donald H. Rumsfeld, Defense Ministerial of the Americas. Santiago. Chile. 19 nov. 2002 (tradução nossa).

baseado na arquitetura flexível que os países da América haviam conformado nos últimos anos. Essa arquitetura se referia ao Sistema Interamericano e à rede de instituições de segurança desenvolvidas em todos os níveis, do global ao bilateral. [1023]

Em relação ao subtema cooperação fronteiriça na prevenção e contenção de conflitos, foi considerado o desenho de subsistemas de segurança sub-regionais complementando e fortalecendo os mecanismos interestatais existentes, apoiados em um enfoque multilateral cooperativo. Uma outra linha temática salientou a necessidade da transparência dos gastos de defesa bem como da publicação dos livros de defesa por cada um dos Estados. [1024]

A Declaração final sustentou ser necessário: operacionalizar os acordos alcançados a respeito da cooperação entre civis e militares para a instrumentação das políticas de defesa nacional e promover e desenvolver a transparência das políticas de defesa e dos seus orçamentos. [1025]

Uma questão que ainda permaneceu pendente foi a conceituação de segurança por conta das diferenças entre sub-regiões e grupos de países, suas percepções de ameaças e, inclusive, seus problemas históricos. Da mesma forma, em muitos países, "os conceitos de segurança são definidos pelas legislações internas e, além disso, regulamentam com precisão que instituições do Estado são responsáveis por quais problemas de segurança ou de defesa". [1026]

A sexta conferência foi realizada em Quito, no Equador, em novembro de 2004. Dentre uma extensa lista de 46 tópicos que constaram da Declaração assinada ao final do evento, destacaram-se: a admissão do termo segurança humana, permitindo sua relação com as questões econômicas e sociais, da multidimensionalidade do caráter da segurança, da necessidade da cooperação em níveis bilateral, sub-regional e regional para o combate às novas ameaças e da importância dos acordos regionais e sub-regionais; a contribuição do desenvolvimento, formulação e intercâmbios das políticas de defesa para o fortalecimento da confiança; a transparência; e o apoio aos compromissos fixados na Conferência Especial sobre Segurança Hemisférica destinados a fortalecer os órgãos, instituições e mecanismos do sistema interamericano relacionados com a segurança. [1027]

---

1023. CHILE. MDN. V Conferencia de Ministros de Defensa de las Américas. Conclusiones Temáticas. Santiago, 18 a 22 nov. 2002

1024. Ibidem.

1025. BRASIL. MD. V Conferência de Ministros de Defesa das Américas. Declaração de Santiago do Chile. Santiago do Chile, 22 nov. 2002.

1026. OEA. CSH. Documento CP/CSH/INF.10/03 add.1. Relatório da Presidente Michelle Bachelet Jeria, Ministra da Defesa Nacional do Chile. Washington, 25 fev. 2003.

1027. BRASIL. MD. VI Conferência de Ministros de Defesa das Américas. Declaração de Quito. San Francisco de Quito, 21 nov. 2004.

A sétima conferência na Nicarágua, em 2006, resultou na Declaração de Manágua que abordou o encorajamento aos países para que ratificassem ou aderissem à Convenção Interamericana sobre a Transparência na Aquisição de Armas Convencionais; a condenação ao terrorismo, crime organizado transnacional, incluindo, o narcotráfico, a corrupção, o tráfico de pessoas, lavagem de dinheiro e outros delitos; o convencimento da necessidade de enfrentar de maneira cooperativa, decidida e abrangente essas ameaças; apoio às Nações Unidas e à OEA sobre a prevenção, combate e erradicação do tráfico e o uso ilícito de drogas, a proliferação de armas pequenas e leves, seus efeitos letais; o apoio à OEA no controle e a segurança das armas pequenas, incluindo mísseis antiaéreos portáteis, de acordo com as legislações internas e as convenções internacionais vigentes; e o reconhecimento do avanço na desminagem humanitária, como contribuição das medidas de confiança mútua, dentre outras. [1028]

A média de participação regular nas Conferências se situou em torno de trinta países com a presença de todos os integrantes do Cone Sul. Nas discussões esteve presente o problema das percepções, interesses e prioridades diferentes nas questões de segurança de cada país ou sub-região, além da presença dos Estados Unidos, seu papel hegemônico e suas concepções de segurança, por vezes divergentes dos demais participantes. No entanto, o foro ampliou a cooperação e contribuiu para a evolução das relações militares no Cone Sul.

## X - Mecanismos Multilaterais no Cone Sul

Em setembro de 1991, Argentina, Brasil e Chile assinaram a Declaração de Mendoza com o compromisso de não "desenvolver, produzir, adquirir de qualquer forma, armazenar ou reter, transferir direta ou indiretamente e não usar armas químicas ou biológicas" como forma de "consolidar a região como uma área de paz e cooperação, livre de dessas armas de destruição em massa". [1029] Posteriormente aderiram Bolívia, Equador, Paraguai e Uruguai, criando uma área livre de armas químicas na América do Sul. Os países do Cone Sul também se tornaram membros da Convenção sobre a Proibição do Desenvolvimento, Produção, Armazenamento e Uso de Armas Químicas e sobre sua Destruição. [1030]

1028. BRASIL. MD. VII Conferência de Ministros de Defesa das Américas. Declaração de Manágua. Manágua, 05 out 2006.

1029. BRASIL. MRE. Declaração de Mendoza de 5 set. 1991. Posteriormente aderiram Bolívia, Paraguai e Uruguai, antes mesmo da conclusão da Convenção sobre Armas Químicas da ONU em Genebra. Em dezembro do mesmo ano, os países da Comunidade Andina assinaram a Declaração de Cartagena com a renúncia às armas de destruição em massa.

1030. Cumprindo o acordado na Declaração de Mendoza, todos os países assinaram a Convenção em janeiro de 1993, quando da abertura para assinaturas, e a ratificaram antes do final daquela década.

Com a vigência do Tratado de Tlatelolco sobre Proscrição de Armas Nucleares na América Latina e Caribe, a sub-região se conformou como livre de armas nucleares.

Em julho de 1998, a Declaração Política do Mercosul, Bolívia e Chile como Zona de Paz, firmada em Ushuaia, teve por objetivo constituir uma área livre de armas de destruição em massa e de minas terrestres antipessoais, fortalecer os mecanismos de cooperação em assuntos de segurança, em especial a implementação das medidas de fomento da confiança e da segurança, apoiar os foros internacionais para avançar no objetivo de desarmamento nuclear e estimular a cooperação dos membros para o uso exclusivamente pacífico e seguro da energia nuclear e da ciência e tecnologias espaciais. Reafirmou, também, o "compromisso de ampliar e sistematizar a informação que provem o Registro de Armas Convencionais da ONU e estabelecer uma metodologia uniforme para informar sobre o gasto militar". [1031]

Com a ratificação da Convenção para a Proibição do Uso, Armazenamento, Produção e Transferência de Minas Antipessoal e sobre sua Destruição pelo Uruguai em junho e o Chile em setembro de 2001, o Cone Sul se tornou também área livre de minas terrestres antipessoais.

Assim, a partir da ratificação de tratados internacionais e de declarações conjuntas, os governos dos Estados do Cone Sul estabeleceram a sub-região como livre de armas de destruição em massa, incluindo as biológicas, químicas e nucleares, e de minas antipessoais.

A conformação do Mercosul possibilitou o fomento de uma série de medidas no campo da segurança e as cúpulas de presidentes da América do Sul resultaram, em pouco tempo, no estabelecimento de um foro de alto nível em matéria de defesa.

Em 17 de julho de 2001 foi realizada a Primeira Reunião de Ministros de Relações Exteriores da Comunidade Andina – Mercosul e Chile, em La Paz, quando foram formuladas as bases e ações para um projeto sobre a criação de uma Zona de Paz e Cooperação Sul-Americana.

Na sequência, durante a II Reunião dos Presidentes da América do Sul, realizada no Equador, em 26 e 27 de julho de 2002, foi aprovada a Declaração da América do Sul como Zona de Paz e Cooperação, sendo proscrito, entre outros, o uso ou a ameaça do uso da força entre os Estados, o armazenamento, desenvolvimento, fabricação, posse, emprego, experimento e utilização de armas de destruição em massa, o estabelecimento de um regime de eliminação gradual de minas antipessoais. [1032]

1031. MERCOSUL. Declaração Política do Mercosul, Bolívia e Chile como Zona de Paz. Ushuaia, 24 jul. 1998.

1032. COMUNIDADE ANDINA DAS NAÇÕES. Declaración sobre Zona de Paz Sudamericana. Disponível em: http://www.comunidadandina.org/ documentos/dec_int/CG_anexo2.htm Acesso

Em abril de 2004, numa iniciativa do governo brasileiro, ocorreu a primeira Reunião de Ministros da Defesa da América do Sul. Em setembro do mesmo ano, em Santiago do Chile, uma nova reunião acabou sedimentando a ideia de criar um espaço de defesa coordenado. No mês seguinte, foram organizados encontros de chefes e técnicos dos serviços de inteligência dos países da América do Sul. [1033]

Também a partir de iniciativa brasileira, houve a conformação da Comunidade Sul-Americana de Nações, criada através da Declaração de Cuzco, ao final da III Cúpula Presidencial Sul-Americana, em 8 de dezembro de 2004. [1034] Seguiram-se a I Cúpula da Comunidade, em setembro de 2005, em Brasília, e a II Reunião do Foro Sul-Americano de Consulta e Concertação Política da Comunidade, em abril de 2006, em Lima. Em 2007 o nome foi alterado para União das Nações Sul-Americanas e em 23 de maio de 2008 o Tratado Constitutivo da Unasul deu personalidade internacional à nova organização. No seu âmbito, em 15 de dezembro daquele ano, foi criado o Conselho Sul-Americano de Defesa como mecanismo para fomentar o intercâmbio, a realização de exercícios militares e a participação conjunta em operações de paz, a integração de bases industriais de defesa, ajuda coordenada em caso de desastres naturais, dentre outras. O Conselho pretende criar uma identidade de defesa e colocar os diversos mecanismos de cooperação já existentes sob uma instituição multilateral. [1035]

A Conferência dos Ministros da Defesa da Comunidade Sul-Americana, em 14 de julho de 2006, aprovou a Declaração de Bogotá com uma série de mecanismos conjuntos para tornar mais efetiva a luta contra as ameaças na América do Sul, incluindo

> o intercâmbio de informação e de inteligência, de pessoal com fins acadêmicos, a provisão de capacitação e treinamento, a realização de exercícios militares combinados ou conjuntos, intercâmbio de experiências e conhecimentos científicos e tecnológicos em matéria de indústria militar e encontros bilaterais e multilaterais de membros dos ministérios de defesa e dos órgãos militares. [1036]

em: 04 abr. 2007. A Zona de Paz e Cooperação foi reconhecida pela OEA através da resolução AG/RES. 1969 (XXXIII-O/03) de 10 jun. 2003.

1033. BRASIL. PR. Casa Civil. Mensagem ao Congresso Nacional – 2004. Brasília, 2004, p. 205.

1034. BRASIL. MD. Declaração del Cusco. III Cumbre Presidencial Sudamericana. Cusco, 8 dec. 2004.

1035. Palestra do Ministro da Defesa Nelson Jobim. V Conferência do Forte de Copacabana. Rio de Janeiro, 20 nov. 2008.

1036. BRASIL. MD. Primera Conferencia de Ministros de Defensa de la Comunidad Sudamericana de Naciones. Bogotá, 14 jul. 2006. Participaram os ministros da defesa da Argentina, Bolívia, Brasil, Colômbia, Equador, Paraguai, Peru e Suriname, e os delegados do Chile, Uruguai e Venezuela.

Os membros do Mercosul e associados adotaram o procedimento de realizar reuniões *ad hoc* entre os ministros da Defesa para acerto de posições comuns antes das reuniões de ministros de Defesa das Américas. Esse procedimento acabou se consumando em mais um foro de discussões. Em setembro de 2004, em Buenos Aires, numa dessas reuniões, discutiu-se o emprego dos serviços de inteligência das Forças Armadas na luta contra o terrorismo. Na ocasião, os ministros da Defesa adotaram a visão comum sobre as tarefas dos militares em questões vinculadas com a defesa territorial dos países que se diferenciava da opinião dos EUA, Canadá e alguns países da América Central que pretendiam atribuir tarefas similares às guardas nacionais, abrangendo missões de combate ao terrorismo e ao contrabando. [1037]

Na ocasião, o ministro da Defesa da Argentina, José Pampuro, sugeriu a criação de uma Secretaria Permanente de Defesa Regional para tratar de temas militares de maneira conjunta. [1038]

## XI - Mecanismos Bilaterais no Cone Sul

Os governos, através de suas chancelarias, criaram o que chamamos de mecanismos bilaterais intergovernamentais que, em razão do tema, abarcavam órgãos de segurança e defesa dos países. Esses mecanismos foram gestados a partir de reuniões bilaterais em nível de ministros de Defesa e de Relações Exteriores, realizadas em Tandil (1996) e Itapaiva (1997), no caso de Brasil e Argentina, e Zapallar (1996) e Campo de Mayo (1998), entre Argentina e o Chile. Essas iniciativas dos três maiores países da sub-região incentivaram a multiplicação dos entendimentos bilaterais no campo da segurança.

Por uma proposta do ministro de Defesa argentino, Jorge Domingues, para a formalização de um mecanismo permanente de consulta para o fortalecimento das relações bilaterais em matéria de defesa e segurança e dos entendimentos que se seguiram, durante a visita do presidente Carlos Menem ao Brasil, em 27 de abril de 1997, foi assinado o Memorando de Entendimento sobre Consulta e Coordenação em Temas de Defesa e Segurança Internacional criando o Mecanismo de Consulta e Coordenação Bilateral na Área de Defesa e Segurança Internacional, conhecido como Mecanismo de Itaipava ou Mecanismo 2+2, por envolver ministérios militares e de relações exteriores. [1039]

---

1037. GALLO, Daniel. Terrorismo, tema para la inteligencia castrense. Coincidencia en el ámbito de la defensa. La Nación. Buenos Aires, 14 set. 2004. Disponível em: http://www.lanacion.com.ar/nota.asp?nota_id=636164& high=ministros%20 defensa%20mercosur. Acesso em: 12 jan. 2008.

1038. GALLO, Daniel. El Mercosur militar avanza hacia una secretaría regional. *La Nación*. Buenos Aires, 11 set. 2004. Disponível em: http://www.lanacion.com.ar/nota.asp?nota_id=635514&high=ministros%20defensa%20 mercosur. Acesso em: 12 jan. 2008.

1039. BRASIL. MD. Declaração do Rio de Janeiro. Encontro dos Presidentes da República Federativa do Brasil e da República Argentina. Rio de Janeiro, 27 abr. 1997.

O Memorando previu o "estabelecimento de um mecanismo permanente de consulta e coordenação para o fortalecimento das relaciones bilaterais em matéria de defesa e segurança internacional", tendo como órgãos executores os respectivos ministérios de relaciones exteriores e de Defesa e seu Estado-Maior Conjunto, no caso da Argentina, e dos então ministérios da Marinha, Exército e Aeronáutica, o Estado-Maior das Forças Armadas e a Secretaria de Assuntos Estratégicos, no caso do Brasil, "com o objetivo de examinar, avaliar a implementação e o seguimento das questões de defesa e segurança internacional de mútuo interesse". [1040]

Ao final do encontro, os dois presidentes declararam que não só afirmavam "o perfeito entendimento e cooperação que prevalece entre os dois países em matéria de defesa e segurança internacional", como também contribuíam para "reforçar a percepção de um continente unido pela cooperação e isento de riscos de uma corrida armamentista, que não encontra qualquer justificativa em nosso contexto de integração". [1041]

Conforme estipulado no item 4 do Memorando, entre 31 de julho e 1º de agosto de 1997, realizou-se, em Itaipava/RJ, a reunião do Mecanismo[1042] resultando na criação do Mecanismo de Análise Estratégica (MAE) em nível de subsecretários de Defesa e de Relações Exteriores para servir de instância preparatória das reuniões ministeriais e implementar as decisões tomadas nas reuniões do Mecanismo de Consulta e Coordenação. [1043]

O MAE previa a realização de reuniões ministeriais anuais, alternadamente em cada país, voltadas para a reflexão conjunta sobre questões estratégicas bilaterais e ao exame dos temas da agenda mundial ligados à segurança, desarmamento e não-proliferação, o que de início não ocorreu. Com a visita do ministro da Defesa argentino ao Brasil, em março de 2000, ficou acertado que o processo instituído em Itaipava seria retomado e que as reuniões ministeriais seriam precedidas por discussões de um Grupo de Trabalho (GT) que cuidaria do tema no nível político-estratégico. Assim, os ministros da Defesa de Brasil e Argentina, em abril de 2000, emitiram uma Declaração Conjunta criando o Grupo de Trabalho Bilateral de Defesa Brasil-Argentina, que deveria se restringir a questões de ordem estratégico-militar. A importância desse instrumento estava na integração de esforços de

1040. BRASIL. MD. Mecanismo de Consulta e Coordenação Bilateral na Área de Defesa e Segurança Internacional. Rio de Janeiro, 27 abr. 1997.

1041. BRASIL. PR. Declaração do Rio de Janeiro – Encontro dos Presidentes da República Federativa do Brasil e da República Argentina. Rio de Janeiro, 27 abr. 1997.

1042. Pelo lado do Brasil participaram os ministros das Relações Exteriores, da Marinha, do Exército, da Aeronáutica e o secretário de Assuntos Estratégicos da Presidência da República.

1043. BRASIL. AMRE. III Reunião do Mecanismo de Análise Estratégica Brasil-Argentina, 04 e 05 de março de 2004, p. 7.

coordenação e cooperação permitindo, inclusive, que questões de cunho logístico recebessem uma adequada continuidade.

A primeira reunião do MAE aconteceu em 6 de outubro de 2000 com representantes dos Ministérios da Defesa e das Relações Exteriores. Naquela ocasião, o Ministério da Defesa argentino apresentou um projeto intitulado Sistema de Segurança Comum para o Mercosul que contemplava a criação de mecanismos comuns como um sistema de prevenção de conflitos e de gestão de crises que teria as atribuições de perceber e prevenir processos de desestabilização social, cultural e/ou política nos Estados; detectar e controlar a atividades ilegais e atos de violência provenientes de vários fatores como indigenismo, luta no campo, subversão, terrorismo, narcotráfico, etc.; e evitar a deteorização do meio ambiente. [1044]

O projeto foi rejeitado pelo Brasil sob o argumento de que incluía a participação das Forças Armadas em questões internas dos Estados do Mercosul, o que foi aceito pelo governo argentino. Além disso, a proposta feria também a legislação interna argentina.

Na reunião do GT, em 2001, em Brasília, os países trataram de maneira comum suas experiências em operações de paz. A delegação argentina apresentou assuntos relacionados com a contribuição para a concepção estratégica no Cone Sul, a política de mobilização industrial e o parlamento e a relação entre civis e militares na transição e consolidação da democracia naquele país. Já a delegação brasileira abordou o fortalecimento da Zona de Paz e Cooperação do Atlântico Sul e as medidas de confiança nos países do Cone Sul, sua situação e projeção para o futuro. Os ministros Geraldo Quintão e José Horácio Jaunarena trataram também de novas formas de capacitação das Forças Armadas, da possibilidade de se firmar um acordo para combater voos de aeronaves supostamente ilícitas e envolvidas em crimes transnacionais e da criação de um centro de estudos estratégicos regional. [1045]

Na segunda reunião do MAE, em outubro de 2002, em Buenos Aires, foram tratados assuntos referentes ao intercâmbio de opiniões sobre assuntos de segurança global e regional com ênfase nos problemas da Colômbia e da Tríplice Fronteira; a participação conjunta no sistema de compras da ONU; o Tratado Interamericano de Assistência Recíproca; a Reunião de Peritos em Medidas de Confiança Mútua da Comissão de Segurança Hemisférica que seria realizada em Miami no mês seguinte; a V Conferência de Ministros da Defesa das Américas realizada

1044. Ibidem, p. 8.

1045. Ministros do Brasil e Argentina discutem novas formas de segurança. *JB Online*. Rio de Janeiro 26 out. 2001. Disponível em: http://jbonline.terra.com.br/extra/2001/10/26/e2610184. html. Acesso em: 12 set. 2007.

em Santiago; o equilíbrio estratégico na região especialmente em relação à propostas peruanas sobre gastos militares e sobre mísseis, à Zona de Paz Sul-Americana e a metodologia argentino-chilena para medição de gastos militares. [1046]

Na terceira reunião, realizada em março de 2004, em Brasília, foram discutidos vários pontos da agenda de cooperação bilateral com ênfase na coordenação no âmbito da OEA relativa aos temas tratados na Conferência Especial de Segurança Hemisférica, realizada em outubro do ano anterior, a questão da reforma da Junta Interamericana de Defesa e os assuntos que seriam tratados na Assembleia Geral da OEA em julho e na VI Conferência dos ministros da Defesa das Américas, em novembro. Foi tratada, também, a possibilidade da participação conjunta dos dois países sob liderança brasileira na força de estabilização da ONU no Haiti, decidida posteriormente quando da visita do ministro da Defesa argentino, José Pampuro, ao Brasil em 15 de maio de 2004.

Na reunião, a Argentina propôs a conclusão do Acordo-Quadro de Cooperação Acadêmica, Científica e Tecnológica, Industrial e Comercial na Área de Defesa, a realização de um Seminário Binacional sobre Defesa no Brasil no mês de novembro e a iniciativa para a coprodução de aeronaves e de material aeronáutico a luz do Memorando de Entendimento concluído pelos Chanceleres em Assunção em agosto de 2003. Esse Memorando reafirmava o compromisso com o desarmamento e a não-proliferação de armas de destruição em massa, previu o início de consultas com vistas ao desenvolvimento de projetos conjuntos no quadro dos programas espaciais nacionais, de pesquisa e desenvolvimento de satélites e sensores, da participação argentina nas atividades futuras do Centro de Alcântara, com relação a sua utilização para lançamento de satélite e a fim de estabelecer o quadro empresarial e a projeção comercial pertinente para a coprodução de aeronaves e de material aeronáutico. [1047]

Da proposta argentina resultou a assinatura pelos ministros das Relações Exteriores, em 30 de novembro de 2005 na cidade de Puerto Iguazu, do Acordo-Quadro sobre Cooperação em Matéria de Defesa com o propósito de promover a cooperação bilateral em matérias relativas à defesa, especialmente no tocante a operações, desenvolvimento e pesquisa, aquisição de bens e serviços, apoio logístico, além de intercâmbio de experiências e conhecimentos na área de ciência e tecnologia e cooperação em outras áreas de interesse mútuo no domínio da defesa. [1048]

1046. BRASIL. MD. Memória n. 19/2003/PNDN/DPE/SPEAI/MD. Brasília, 16 out. 2003.

1047. BRASIL. Memorando de Entendimento. Assinado em Assunção - Paraguai, em 15 de agosto de 2003. Diário Oficial n° 177. Brasília, 12 set. 2003.

1048. BRASIL. AMRE. EM n. 00068 COCIT/DAI/DAM-I MRE-ASEG-BRAS-ARG. Brasília, 21 fev. 2006. O Acordo entrou em vigor em 26 de janeiro de 2007. BRASIL. PR. Decreto n. 6.084 Pro-

Na área espacial, os entendimentos entre o Brasil e a Argentina iniciados na década de 1980 e, especialmente, as propostas discutidas no âmbito do Grupo de Trabalho Conjunto Brasileiro-Argentino sobre Usos Pacíficos do Espaço Exterior permitiram a assinatura de vários acordos bilaterais de cooperação. Em 09 de abril de 1996, foi assinado o Acordo-Quadro sobre Cooperação em Aplicações Pacíficas de Ciência e Tecnologia Espaciais com o objetivo de desenvolver programas e projetos conjuntos nos usos pacíficos do espaço exterior, mediante a utilização dos meios e infraestruturas disponíveis. Abrangeu a cooperação nas áreas de ciência e tecnologia espacial, avaliação e monitoramento do meio ambiente e dos recursos da Terra por percepção remota, desenvolvimento de satélites conjuntos para fins científicos, tecnológicos e de aplicações espaciais, meios de acesso ao espaço e serviços de lançamento. [1049]

Na VI Reunião do Grupo de Trabalho, ocorrida em agosto de 1997 em Brasília, abordaram o estudo preliminar de especificação de um satélite argentino-brasileiro para informações sobre água, agricultura e o ambiente (SABIA), a participação do Brasil no projeto do satélite argentino SAC-C, meios de acesso ao espaço (veículos lançadores que envolvem tecnologias de uso dual), além do projeto tripartite (envolvendo a Espanha) de um satélite de monitoramento agrícola e de meio ambiente (SABE) e da previsão de lançamento do foguete brasileiro VS-30 com carga argentina. A missão foi cumprida em 16 de dezembro de 2007, no Centro de Lançamento da Barreira do Inferno, com o lançamento do VS-30 com uma carga útil argentina de 320 Kg. de peso com componente de um Sistema de Navegação, Condução e Controle desenvolvido para utilização nos lançadores que colocaram em órbita os satélites da série SARE e um experimento brasileiro da Universidade Federal do Rio Grande do Norte.

Também fruto da reunião do GT, em maio de 1998, foi estabelecido o programa de cooperação entre a Agência Espacial Brasileira e a Comissão Nacional de Atividades Espaciais com respeito ao Projeto SAC-C (Satélite Argentino de Teleobservação) que previu o apoio do Instituto Nacional de Pesquisas Espaciais (INPE) no processo de montagem, integração, qualificação e controle do satélite. No ano seguinte, foi executado no Laboratório de Integração e Testes (LIT) do INPE em São José dos Campos, o programa de integração e testes do satélite

mulga o Acordo-Quadro de Cooperação em Matéria de Defesa entre a República Federativa do Brasil e a Argentina, celebrado em Puerto Iguazú, em 30 de novembro de 2005. Brasília, 19 abr. 2007.

1049. A execução seria a cargo da Agência Espacial Brasileira (AEB) e da Comissão Nacional de Atividades Espaciais (CONAE) argentina e, para o acompanhamento da execução, foi mantido o mecanismo do Grupo de Trabalho Conjunto Brasileiro-Argentino sobre os Usos Pacíficos do Espaço Exterior. BRASIL. Decreto n. 2.587 Promulga o Acordo-Quadro sobre Cooperação em Aplicações Pacíficas de Ciência e Tecnologia Espaciais, celebrado entre o Governo da República Federativa do Brasil e o Governo da República Argentina, em Buenos Aires, em 9 de abril de 1996. Brasília, 12 maio 1998.

argentino que foi deslocado para o INPE para teste de qualificação, indispensável para sua colocação em órbita, ocorrida em 21 de novembro de 2000.

Em novembro de 1998, os presidentes da agência brasileira e da comissão Argentina firmaram três instrumentos de cooperação relativos aos programas de cooperação no Projeto SABIA 3 (Satélite Argentino-Brasileiro de Informação sobre Alimentos, Água e Ambiente), de lançamento suborbital e de compatibilização de procedimentos nos sistemas terrestres de missões espaciais. [1050]

O Programa de Cooperação para o Desenvolvimento do Satélite SABIA-3 previu o planejamento, construção, lançamento e operação de um satélite de monitoramento ambiental, de produção agropecuária e de recursos hídricos, com a cobertura de todos os países do Cone Sul. A ideia era que por meio dele os setores produtivos prioritários dos dois países tenham acesso a informações estratégicas não disponibilizadas por meios internacionais.

O Programa de Cooperação referente à Compatibilização de Procedimentos nos Sistemas de Solo de Missões Espaciais tinha a finalidade de aproximar normas e padrões utilizados por ambos os países no gerenciamento de missões espaciais em relação ao uso compartilhado de estações terrenas, com vistas a facilitar a cooperação futura. Já o Programa de Cooperação referente ao Lançamento Suborbital previa o lançamento por foguete de sondagem brasileiro da família Sonda III, de experimento científico a ser desenvolvido pela Argentina.

Em 15 de agosto de 2003, os ministros Celso Amorim e Rafael Bielsa assinaram Memorando de Entendimento que previu o início de consultas com vistas ao desenvolvimento de projetos conjuntos no quadro dos programas espaciais nacionais, de pesquisa e desenvolvimento de satélites e sensores para uso nos campos da saúde, do meio ambiente, da agricultura e outros de interesse comum, tratar, ainda, da participação argentina nas atividades futuras do Centro de Alcântara, com relação a sua utilização para lançamento de satélite; início de consultas tendentes a estabelecer o quadro empresarial e a projeção comercial pertinente para a coprodução de aeronaves e de material aeronáutico. [1051] No ano seguinte, foi colocado em execução o projeto do satélite SAC-E com previsão para lançamento em 2013. [1052]

1050. BRASIL. Câmara dos Deputados. CREDN. Mensagem n. 2.027, de 2000 (Do Poder Executivo) Submete à consideração do Congresso Nacional o texto do Acordo-Quadro sobre a Cooperação nos Usos Pacíficos do Espaço Exterior, celebrado entre o Governo da República Federativa do Brasil e o Governo da Ucrânia, em Kiev, em 18 de novembro de 1999. Disponível em: http://www.camara.gov.br/sileg/integras/67769.htm. Acesso em: 21 maio 2008.

1051. BRASIL. MRE. Memorando de Entendimento. Publicado no Diário Oficial n. 177, de 12 set. 2003.

1052. ARGENTINA. CONAE. *Plan Espacial Nacional Argentina en el Espacio 2004 - 2015* – Resumen Ejecutivo. Buenos Aires: CONAE, 2005, p. 6.

Na área nuclear, os entendimentos iniciados ainda nos governos militares e aprofundados com Sarney e Alfonsín permitiram que, em 18 de julho de 1991, fosse assinado em Guadalajara, no México, o Acordo Bilateral para Uso Exclusivamente Pacífico da Energia Nuclear que criou a Agência Brasileiro-Argentina para a Contabilidade e Controle de Materiais Nucleares (ABACC) para administrar o Sistema Comum de Contabilidade e Controle de Material Nuclear, com personalidade jurídica internacional e composta de técnicos dos dois países e sede no Rio de Janeiro. [1053]

Os avanços nos entendimentos bilaterais animaram o Chile, que, desde 1991, passou a discutir conjuntamente com Brasil e Argentina uma série de reformas no Tratado de Tlatelolco com o fim de atualizá-lo e permitir sua vigência em toda a região. Em agosto de 1992, os três governos apresentaram uma proposta de emendas, cuja aprovação permitiu que, em 1994, depois de mais de duas décadas de resistência, Brasil e Argentina e Chile ratificassem o tratado. [1054]

Em dezembro de 1991, foi firmado o acordo para aplicação de salvaguardas entre Argentina, Brasil, a ABACC e a Agência Internacional de Energia Atômica, entendendo ser a Agência "palco privilegiado para veicular nossas convicções na vida internacional" que a paz não poderia ser entendida apenas como ausência de guerra, mas sim como um "processo dinâmico de promoção de harmonia, de fortalecimento da confiança recíproca...". [1055]

O Brasil passou a fazer parte, em 23 de maio de 1996, do Grupo de Supridores Nucleares – *Nuclear Suppliers Group* (NSG) se submetendo às diretrizes para as exportações de materiais nucleares (enriquecimento de urânio, reprocessamento, produção de água pesada) e de uso duplo, relacionados à área nuclear, com a intenção de obter "melhor inserção do País nos debates sobre comércio de bens e tecnologias nucleares e nos fluxos internacionais de intercâmbio dessas tecnologias

1053. Os dois países abdicaram da realização de explosões nucleares ainda que para fins pacíficos. BRASIL. MRE. Acordo para Uso Exclusivamente Pacífico da Energia Nuclear. Guadalajara, 18 jul. 1991. *Resenha de Política Exterior do Brasil*, n. 69. Brasília, 2° semestre de 1991, p. 33-40. O Protocolo Adicional de 20 de agosto do mesmo ano estabeleceu privilégios e imunidades aos funcionários e inspetores em missão ou serviço da ABACC.

1054. As modificações sugeridas foram aprovadas na VII Conferência Geral Extraordinária da Assembleia Geral da OPANAL, na cidade do México, em 26 de agosto de 1992. BRASIL. Decreto n. 1.246 Promulga o Tratado para a Proscrição das Armas Nucleares na América Latina e no Caribe (Tratado de Tlatelolco). Brasília, 16 set. 1994.

1055. BRASIL. MRE. Discurso do presidente da República por ocasião da assinatura do Acordo. Viena, 13 dez. 1991. *Resenha de Política Exterior do Brasil*, n. 69. Brasília, 2° semestre de 1991, p. 185-186. BRASIL. MRE. Acordo entre o Brasil, a Argentina, a ABACC e a Agência Internacional de Energia Atômica para aplicação de salvaguardas. Viena, 13 dez. 1991. *Resenha de Política Exterior do Brasil*, n. 69. Brasília, 2° semestre de 1991, p. 187-213.

para fins pacíficos".[1056] A Argentina, em meados de 1992, já havia incorporado à sua legislação interna as diretrizes do NSG. Em fevereiro do ano seguinte, foi admitida como observadora e, em abril de 1994, como membro pleno do Grupo.

Em 2001, marcando os dez anos de criação da ABACC foi constituída a Agencia Brasileiro-Argentina de Cooperação para Usos Pacíficos da Energia Nuclear (ABAEN) com o objetivo de promover e intensificar a cooperação "no campo das aplicações pacíficas da energia nuclear, identificando áreas propícias para a elaboração e execução de projetos conjuntos e estabelecendo mecanismos para facilitar sua implementação".[1057]

Ainda com relação aos mecanismos intergovernamentais bilaterais estabelecidos no Cone Sul, em 1996 foi estabelecido o Acordo para o Fortalecimento da Cooperação em Matéria de Defesa e Segurança Internacional entre a Argentina e a Bolívia. A partir do acordo foi criado o Comitê Permanente de Segurança (COMPERSEG) entre os dois países com previsão de reuniões regulares, realizadas pelo menos uma vez ao ano e em sedes alternadas, com o objetivo de planejar e aplicar medidas de defesa e segurança. No ano seguinte foi assinado o Protocolo Adicional ao Acordo que permitia a participação conjunta das forças armadas e de segurança em operações de manutenção da paz e em cursos de treinamento para esse tipo de operações.[1058]

A assinatura, em 1984, do Tratado de Paz e Amizade entre a Argentina e o Chile, encaminhando para uma resolução definitiva a questão fronteiriça na região do Canal de Beagle, permitiu um avanço nas relações bilaterais com reflexos no campo militar. Na área da segurança e defesa, o próprio tratado previu regras para evitar incidentes entre navios e facilitar a navegação na região que estivera sob litígio.[1059]

1056. BRASIL. MCT. Disponível em: http://www.mct.gov.br/index.php/content/view/43261.html. Acesso em: 23 maio 2008. O NSG é um grupo informal composto de 44 países, formado a partir de 1975, em Londres, a fim de adotar políticas de controle de exportação de bens e tecnologias de aplicação nuclear e em consequência fortalecer o objetivo de não-proliferação nessa área. As transações devem ser feitas sob salvaguardas apropriadas e com observância de requisitos de proteção física sobre os bens. O Brasil, que já comparecia como observador dos grupos de trabalho do NSG, participou pela primeira vez como membro pleno do regime durante a Reunião Plenária de Ottawa, em maio de 1997.

1057. BRASIL. MRE. Declaração Conjunta Concernente à Criação da Agência Brasileiro-Argentina de Aplicações da Energia Nuclear (ABAEN). Buenos Aires, 14 ago. 2001. Disponível em: http://www2.mre.gov.br/dai/b_argt_370_ 4857.htm. Acesso em: 12 jun. 2008.

1058. O Acordo foi firmado em La Paz em 9 nov. 1996. Em 19 de nov. de 1997 foi assinado o Protocolo Adicional. ARGENTINA. BCN. Ley 25.618. Aprueba el Acuerdo y el Protocolo Complementario al Mismo con la Republica de Bolivia para el Fortalecimiento de la Cooperación en Materia de Defensa y Seguridad Internacionales. Buenos Aires, 9 ago. 2002. Anales de Legislación Argentina, 2002, Tomo LXII-D, p. 3.985.

1059. ARGENTINA. BCN. Tratado de Paz y Amistad. Disponível em: http://www.bcnbib.gov.ar/legisladores/tratados/chile_02.htm. Acesso em: 20 dez. 2007.

O aprofundamento dos vínculos bilaterais militares com o Chile ganhou impulso com a presença do presidente chileno Eduardo Frei na cerimônia de ingresso dos oficiais das Forças Armadas argentinas em Bueno Aires.[1060] Na sequência, uma série de visitas bilaterais de altos chefes militares e funcionários civis dos respectivos ministérios da defesa abriram caminho para a realização de exercícios combinados entre as marinhas e as forças aéreas nas áreas de fronteira.

Os contatos a nível ministerial recriaram um clima de confiança mútua que "intensificaram a relação bilateral, expressa no permanente intercâmbio de informação sobre questões de defesa e na continuação das políticas baseadas na confiança recíproca, transparência e colaboração civil-militar". [1061]

Em 1990, os presidentes Menem e Aylwin assinaram um acordo de integração com o propósito de abrir as fronteiras, construir um novo túnel através dos Andes e complementar as políticas energéticas. Em 1991, foi formada a Comissão Conjunta Argentino-Chilena de Fronteiras com a missão de resolver as pequenas pendências ainda existentes. O trabalho da Comissão permitiu a resolução, até 1999, de vinte e quatro processos de disputa fronteiriça.

Em 29 de agosto de 1990, a partir de declaração conjunta, os governos assumiram uma série de compromissos que resultaram, em agosto de 1991, na assinatura de vários acordos, entre eles, o de Cooperação Carabineiros do Chile e Gendarmeria Argentina.

A partir de 1994 passou a funcionar um mecanismo de consulta e coordenação chamado de Rodadas de Conversações entre os Altos Comandos das Forças Armadas da Argentina e do Chile realizadas alternadamente em Santiago e Buenos Aires. [1062]

Em 1995, foi assinado um Memorando de Entendimento para o Fortalecimento da Cooperação em temas de segurança entre os dois países, o que permitiu, em maio do ano seguinte, o estabelecimento do Comitê Permanente de Segurança (COMPERSEG) com o propósito de fortalecer os canais de comunicações no setor de defesa, informar sobre manobras militares, incentivando a participação de observadores e promover atividades acadêmicas, visando a estabelecer uma agenda de trabalho que permitisse aprofundar a cooperação entre os países em matéria de segurança. O mecanismo entre os Ministérios de Defesa e de Relações Exteriores dos dois países, por isso chamado também de Mecanismo 2+2, passou

1060. DOMINGEZ, Jorge. La Defensa Nacional como Política de Estado. *Clarín*. Seção Opinión. Buenos Aires, 19 jan. 1999.

1061. Ibidem, tradução nossa.

1062. FLORES, Hector. Estado-Maior Conjunto das Forças Armadas Argentinas. Entrevista concedida ao autor em 10 de dezembro de 2007.

a se reunir duas vezes ao ano de forma alternada e estabeleceu uma secretaria também em sistema de rotação anual. [1063]

Em julho de 1997, ocorreu a primeira reunião do Mecanismo, tendo sido concluído o Acordo de Zapallar que compreendeu os seguintes entendimentos: os funcionários dos dois países deveriam analisar nas reuniões do Comitê bilateral, de caráter bianual, os temas comuns no campo da segurança como possíveis desafios na área da ecologia, projeção do direito dos países na Antártica e outros temas; seria solicitado ao Fundo Monetário Internacional e ao Banco Mundial a análise dos orçamentos militares dos dois países como forma de aprofundar as medidas de transparência e de confiança mútua, assim como o conhecimento dos esforços levado a cabo por cada um deles no campo da defesa; simplificar as regras de sobrevoo, tanto civil como militar, nas áreas de fronteira, a fim de facilitar a atividade econômica; realização de exercícios militares conjuntos; e informação sobre a experiência de cada país em matéria de forças de paz. Seguiram-se reuniões em 1999 em Zapallar e em 2001 na Argentina. [1064]

Esses mecanismos permitiram entendimentos em diversas atividades como a cooperação no território antártico, agenda de desarmamento e realização de exercícios conjuntos. Entre 1997 e 2001 resultaram em acordos de cooperação sobre catástrofes, de coprodução de unidades navais e de cooperação técnica, científica e desenvolvimento logístico de materiais de defesa. Um deles, que versava sobre cooperação em matéria de catástrofes, resultou no Regulamento de Cooperação em Matéria de Catástrofes entre as Forças Armadas de Argentina e Chile de 30 de junho de 1999. Tais acordos permitiram a realização de patrulhamento conjunto na região andina e uma coordenação de movimentos através de comunicação prévia entre carabineiros chilenos e gendarmes argentinos. [1065]

As reuniões do COMPERSEG serviram também para coordenar posições dos dois países em relação a diversos temas como a MOMEP [1066], a Convenção de Ottawa sobre minas, as conferências de ministros de Defesa e da OEA sobre

1063. RIVERO, Paula. *La Cooperación en el Cono Sur: Derivaciones para la Argentina.* Dissertação de Mestrado. Buenos Aires: FLACSO, 1999, p. 15.

1064. Ibidem, p. 16.

1065. ARGENTINA. BCN. Ley 24.211 de 19 maio 1993. Acuerdo entre la Republica Argentina y la Republica de Chile para la Cooperación entre la Gendarmeria Nacional Argentina y Carabineros de Chile. Anales de Legislación Argentina, 1993, Tomo LIII-C, p. 2.931. Ley 25.240 de 29 dez. 1999. Acuerdo entre la República Argentina y la República de Chile sobre Cooperación en Materia de Catástrofes.

1066. A Missão de Observadores Militares Equador-Peru se tratou de uma operação de paz realizada pelos países do Grupo Garante (Argentina, Brasil, Chile e Estados Unidos) entre 1995 e 1999 após combates entre tropas do Peru e do Equador, que permitiu a solução da questão de fronteiras entre os dois países.

medidas de confiança mútua. As reuniões do Comitê permitiram a aprovação, em 27 de julho de 2001, de um acordo de cooperação técnica e científica de defesa. [1067]

Avançando no processo, em junho de 2005, os chefes dos Estados-Maiores de Defesa da Argentina e do Chile concordaram sobre a criação de uma força combinada para operações de paz. Em agosto do mesmo ano, foi assinado um Protocolo de Entendimento que resultou, em 27 de dezembro seguinte, na assinatura da Ata do Acordo Bilateral entre os Ministérios de Defesa para a Criação de uma Força de Paz Combinada. [1068]

O Anexo A do Acordo estabeleceu um cronograma de atividades a serem desenvolvidas para a constituição da Força de Paz Combinada com o estabelecimento de um Estado-Maior Conjunto Combinado (EMCC) que deveria, a partir de 1º de janeiro de 2006, determinar as forças que cada país destinaria, verificar aspectos jurídicos necessários, definir as relações de comando e funcionais, estudar possibilidades de integração em nível de força tarefa, analisar a conveniência de estabelecer padrões de equipamentos, trabalhar em aspectos de treinamento e interoperabilidade apoiado pelos centros de operações de paz dos dois países (*Centro Argentino de Entrenamiento Conjunto para Operaciones de Paz–CAECOPAZ e Centro Conjunto para Operaciones de Paz de Chile* - CECOPAC), estabelecer procedimentos comuns de comando, controle e comunicações, apoio logístico, administração de recursos humanos, comunicação social, etc., definir a forma de entendimento com a ONU e estabelecer Regras de Engajamento básicas. [1069]

No bojo dessa Força de Paz Combinada, o Exército Argentino designou o Comando da Brigada Mecanizada IX para realizar o exercício Aurora Austral I, com o objetivo de aumentar o grau de treinamento de ambos os exércitos na doutrina de operações de paz da ONU, unificando os procedimentos da força combinada. [1070]

1067. ARGENTINA. MD. *Memoria Anual Detallada del estado de la Nación 2003*. Documentos Anexos. Buenos Aires, 2004, p. 42. MRECC. Tratados Bilaterales. Memorandum de Entendimiento entre el Ministerio de Defensa de la República Argentina y el Ministerio de Defensa Nacional de la República de Chile para la Cooperación Técnica, Científica y el Desarrollo Logístico en Materia de Defensa. Disponível em: http://www.mrecic.gov.ar/portal/seree/ ditra/cl2.html. Acesso 06 fev. 2008.

1068. PINO, Gonzalo García. Palestra do Subsecretário de Guerra do Ministério de Defesa do Chile. IV Conferência de Segurança Internacional do Forte Copacabana. Rio de Janeiro, 15 nov. 2007.

1069. ARGENTINA. MD. Acta de Acuerdo Bilateral entre los Ministerios de Defensa de las Republicas de Argentina y de Chile para la Creación de una Fuerza de Paz Combinada. Buenos Aires, 27 dez. 2005.

1070. O exercício incluiu planejamento conjunto e manobras no terreno com tropas argentinas e chilenas, no primeiro semestre de 2008. ARGENTINA. Ejército. SGE. Departamento de Comunicación Institucional. IX Brigada Mecanizada – Ejercicio combinado Aurora Austral I. Disponível em: http://www.ejercito.mil.ar/comunica/accion/FlashesyEstafetas/ Informando/EI945.htm. Acesso em: 17 ago. 2007.

Os entendimentos permitiram o estabelecimento do Grupo de Trabalho *Ad Hoc* Argentino-Chileno sobre temas de minas nas zonas de fronteira que iniciou reuniões em 2005[1071] e a elaboração, com o auxílio da CEPAL, de uma Metodologia para Comparação dos Gastos Militares com o propósito de obter uma visão mais realística e transparente dos gastos militares, baseada numa metodologia que ia além do mero cálculo do percentual de participação do orçamento de defesa no Produto Interno Bruto dos países.[1072]

Entre o Brasil e o Chile, apesar das relações entre os dois países ter um histórico de cordialidade e bom entendimento, o fato de não haver pendências, principalmente fronteiriças, e do Chile não ocupar prioridade dentro das concepções geoestratégicas brasileiras, fez com que, entre 1899 e 1970, os dois países celebrassem apenas quinze acordos. Entre 1971 e 2007 foram celebrados 49 tratados, dado que, por si só, atesta uma evolução no relacionamento.

Em 13 de julho de 2000, foi criado o Grupo de Trabalho Bilateral de Defesa (GTBD), em decorrência da Declaração de Ministros de Defesa do Brasil e do Chile destinado ao desenvolvimento das relações bilaterais no âmbito da defesa, da cooperação científica e tecnológica de ambas as Forças Armadas.[1073]

Posteriormente, como resultado dessa instância, houve a promoção de intercâmbios de oficiais de escolas militares e a difusão do estudo da CEPAL sobre a metodologia padronizada de medição de gastos de defesa que já funcionava entre o Chile e a Argentina.

Durante a visita do presidente Fernando Henrique Cardoso ao Chile, em março de 2002, foi assinada uma a Declaração Conjunta que no campo da segurança apresentou a intenção dos governos de

> avançar decididamente no diálogo sobre os temas de defesa, segurança e confiança mútua [...] valorizar e reforçar, no âmbito do Mercosul, Bolívia e Chile, as atividades do Grupo de Trabalho Permanente, para avaliar ações conjuntas e coordenadas contra o terrorismo e

1071. ARGENTINA. MD. *Memoria Anual Detallada del Estado de la Nación Año 2005*. Documentos Anexos. Buenos Aires, 2006, p. 3.

1072. CEPAL. *Methodology for comparison of military expenditure*. Santiago, 2005.

1073. Na II reunião, realizada em Brasília, em 2001, entre o Ministro da Defesa do Brasil, Geraldo Quintão, e o subsecretário de Marinha, na época ministro interino do Chile, Angel Fernández, foi realizada uma avaliação conjunta na área de inteligência e estratégia dos ministérios da defesa e uma apreciação dos ataques terroristas de 11 de setembro nos Estados Unidos e seus desdobramentos para os países sul-americanos. Analisou-se, também, o documento da CEPAL sobre a homologação e comparação de gastos militares com defesa. II Encontro de Defesa Brasil/Chile. *Defesanet*. Disponível em: http://www.defesanet.com.br/noticia/brasilchile. Acesso em: 1º out. 2007.

> aprofundar as ações a serem incluídas no Plano de Segurança Regional [...] o compromisso com o acordado nas declarações e planos de ações de Santiago e Quebec, no tocante ao fortalecimento dos instrumentos jurídicos e institucionais da região para enfrentar as ameaças não convencionais à segurança hemisférica, e reiterar seu respaldo à realização da Conferencia Especializada sobre Segurança. [1074]

Na mensagem ao Congresso Nacional daquele ano, o presidente apresentou como um dos objetivos da defesa a criação de mecanismos bilaterais de defesa semelhantes aos estabelecidos com a Argentina e o Chile, com prioridade para o Paraguai e o Uruguai e, posteriormente, com os demais países sul-americanos para o fortalecimento de um "ambiente de contínua cooperação", mas frisou não ser o caso de "uma aliança de defesa sul-americana". [1075]

Com relação ao Paraguai, além da longa tradição das relações militares, exemplificada pelas missões militares instaladas pelo Brasil naquele país, e o grande intercâmbio, especialmente nas escolas militares brasileiras, já apresentadas anteriormente, em 24 de agosto de 2006, os ministérios da Defesa do Brasil e do Paraguai firmaram, em Assunção, uma declaração conjunta com o objetivo de criar um Grupo de Trabalho Bilateral de Defesa, copresidido pelos ministros de Defesa ou por representantes por eles designados, com o objetivo de fortalecer e aprofundar a confiança mútua, além de criar e desenvolver uma agenda comum de trabalho. [1076]

Em relação à Bolívia, o aumento das demandas daquele país por um maior relacionamento entre as forças armadas, implicou a decisão do Brasil de instalar uma aditância naval na embaixada brasileira em La Paz em 28 de fevereiro de 1995, possibilitando maior rapidez nas ligações entre as duas marinhas. [1077]

## XII - Mecanismos Militares

Uma série de mecanismos militares, formais ou informais, multilaterais ou bilaterais, foi sendo estabelecida desde a década de 1960 entre as Forças Armadas americanas e os países do Cone Sul. Por vezes, o relacionamento entre as

1074. BRASIL. MRE. Declaração Conjunta dos Presidentes da República Federativa do Brasil e da República do Chile. Arica, 20 mar. 2002.

1075. BRASIL. PR. Mensagem ao Congresso Nacional: abertura da 4ª Sessão Legislativa Ordinária da 51ª Legislatura. Brasília: Secretaria de Comunicação de Governo, 2002, p. 537.

1076. Brasil-Paraguai criam Grupo de Trabalho em Defesa. *Inforel.* 28 ago. 2006. Disponível em: http://www.inforel.org/ servlet/ListaNoticia?acao=EC&noticiaId=2010&ano=2006. Acesso em: 15 nov. 2007.

1077. BRASIL. SDM. Relatório Anual da Marinha (Conf.). Brasília, dezembro de 1994.

instituições militares se dava à margem da diplomacia ou de acordos firmados entre os respectivos governos, procedimento que foi facilitado pela implantação de governos militares nos diversos países. No caso do Brasil, mesmo depois da redemocratização, essa ligação direta permaneceu, até porque as Forças Armadas mantinham quatro ministérios militares e o Estado-Marior das Forças Armadas (EMFA) não realizava corretamente sua função principal de coordenar as ações das três Forças.

Com o estabelecimento do controle civil sobre as Forças Armadas, os documentos preparados pelas chancelarias e/ou ministérios de defesa e referendado pelos presidentes passaram a balizar os entendimentos militares. Assim, as ligações diretas entre as Forças Armadas passaram a serem realizadas sob o arcabouço dos entendimentos políticos realizados previamente.

Desse relacionamento entre as Forças Armadas, embasados por acordos governamentais ou fruto da livre iniciativa de cada uma delas, e que ganhou maior impulso a partir da década de 1990, surgiu uma série de mecanismos e foros que denominamos mecanismos militares.

Entre os foros militares de caráter regional, permaneceram sendo realizadas as conferências dos Exércitos Americanos, Naval Interamericana e de chefes de Forças Aéreas Americanas, já abordadas anteriormente.

Mesmo antes de consumado o final da Guerra Fria, as mudanças que vinham ocorrendo em termos globais e regionais na década de 1980 permitiram o surgimento de novos foros e mecanismos sub-regionais. A primeira iniciativa no Cone Sul partiu de um acordo entre os presidentes José Sarney e Raúl Alfonsín que resultou na criação dos Simpósios de Estudos Estratégicos entre Brasil e Argentina a partir de 1987.

Os dois governos entenderam que através da discussão de assuntos estratégicos de interesse comum seria possível eliminar paulatinamente a possibilidade de desentendimentos ou desconfianças entre as suas Forças Armadas. Com esse propósito, conceberam os Simpósios no âmbito do então EMFA do Brasil e do Estado-Maior Conjunto da Argentina. Além de permitirem a discussão de temas de interesse comum no âmbito dos militares, os simpósios, desde sua primeira edição, tiveram a participação de diplomatas e acadêmicos ligados aos assuntos de segurança e defesa.

O mecanismo dos simpósios funcionava a partir de uma pauta dos assuntos a serem tratados que era fixada de comum acordo. Os temas abordados eram os de interesse comum, podendo ser específicos da área militar ou questões mais amplas relacionadas com a estratégia ou o campo político. A abertura e o encerramento dos simpósios se davam em sessões públicas e as reuniões plenárias eram reservadas aos participantes, ocasiões em que eram apresentados trabalhos que expressam a opinião oficial do organismo de Estado relacionado ao tema. O resultado se perfazia numa Ata de Conclusão do Simpósio, dando-lhe um caráter formal. Na mesma ocasião, era assinada uma ata preparatória do simpósio seguinte, expressando a intenção da continuidade deste.

A iniciativa bilateral se multiplicou e, em 1990, o Uruguai iniciou sua participação no Simpósio, o mesmo acontecendo com o Paraguai no ano seguinte, e o Chile em 1994. A partir de 1998, Bolívia, Equador e Peru participaram como observadores, o mesmo acontecendo com Colômbia e Venezuela em 1999.

A partir de 1992, através de uma proposta Argentina, foram adotadas algumas regras que diziam respeito ao funcionamento de uma secretaria permanente, ao desenvolvimento dos debates dos temas acordados, a maneira de desenvolvimento das sessões de trabalho, a categorias dos participantes (membros plenos e observadores) e a função de cada país.

Os simpósios se caracterizaram como importante e regular foro de debates e, como foram iniciados num período de intenso relacionamento entre Brasil e Argentina, acompanharam as principais mudanças políticas sub-regionais, como o processo de integração regional através do Mercosul, ou internas de cada país, como o estabelecimento de novas legislações na área militar e, no caso do Brasil, a própria criação do Ministério da Defesa.

Tabela 6 – Simpósios de Estudos Estratégicos

| Simpósio | Ano | Local | Membros plenos | Observadores |
|---|---|---|---|---|
| I | 1987 | Buenos Aires | Argentina<br>Brasil | |
| II | 1988 | São Paulo | Argentina<br>Brasil | |
| III | 1989 | Buenos Aires | Argentina<br>Brasil | Uruguay |
| IV | 1990 | Brasília | Argentina<br>Brasil<br>Uruguai | |
| V | 1991 | Montevidéu | Argentina<br>Brasil<br>Uruguai<br>Paraguai | |

| VI | 1992 | Buenos Aires | Argentina<br>Brasil<br>Uruguai<br>Paraguai | Chile |
|---|---|---|---|---|
| VII | 1994 | Brasília | Argentina<br>Brasil<br>Uruguai<br>Paraguai<br>Chile | |
| VIII | 1995 | Santiago | Argentina<br>Brasil<br>Uruguai<br>Paraguai<br>Chile | |
| IX | 1996 | Assunção | Argentina<br>Brasil<br>Uruguai<br>Paraguai<br>Chile | |
| X | 1997 | Montevidéu | Argentina<br>Brasil<br>Uruguai<br>Paraguai<br>Chile | |
| XI | 1998 | Buenos aires | Argentina<br>Brasil<br>Uruguai<br>Paraguai<br>Chile | Bolívia<br>Equador<br>Peru |
| XII | 1999 | Brasília | Argentina<br>Brasil<br>Uruguai<br>Paraguai<br>Chile | Bolívia<br>Equador<br>Peru<br>Colombia<br>Venezuela |

Tabela preparada pelo autor com base em publicações do Ministério de Defesa da Argentina e informações obtidas junto à 5ª Subchefia do Estado-Maior do Exército Brasileiro.

Também no âmbito sub-regional, em decorrência de entendimentos estabelecidos no âmbito da Conferência dos Exércitos Americanos, foi criado o Comitê dos Comandantes de Exército do Mercosul e Associados que passou a se reunir periodicamente.

Durante a reunião de 2004, foi destacado que era a primeira vez que um processo de cooperação militar não se formulava como consequência de uma ameaça ou de um inimigo comum, mas a partir de pautas de confluência e de valores compartilhados.[1078] O ministro da Defesa argentino, José Pampuro, afirmou que "la Argentina adhiere políticamente a decisión de crear una secretaría permanente de defensa regional", manifestando nítido interesse em aprofundar estudos visando a uma integração em assuntos de defesa.[1079] Já o chefe do Estado Maior Geral do Exército Argentino foi mais cauteloso em admitir que

> pretender processos de integração acelerados em matéria de defesa seria forçar a naturalidade de uma evolução necessariamente prudente. Neste sentido, as políticas de aproximação baseadas em medidas de fomento da confiança constituem o caminho adequado para alcançar progressivamente maiores níveis de entendimento.[1080]

Na reunião de 2006, o Comandante do Exército Argentino salientou que em um tempo em que os desafios costumam superar a capacidade de resolução de um Estado, "a cooperação entre as instituições armadas se converte em um instrumento válido do que podem dispor os países para prevenir problemas comuns e para modificar as relações de força".[1081] Os comandantes afirmaram os resultados positivos da participação conjunta em missões de paz, a troca de conhecimentos adquiridos neste tipo de missão e da vontade em buscar uma alternativa de segurança regional comum.

Além dos mecanismos de caráter sub-regional, o avanço no relacionamento bilateral permitiu a conformação de uma rede de instrumentos entre os países do

1078. ARGENTINA. MD. Discurso del Jefe del Estado-Mayor General del Ejército Argentino. Reunión de Comandantes de los Ejércitos de los Países del MERCOSUR y Asociados. Buenos Aires, 8 set. 2004.

1079. FERREIRA, Jorge Ricardo Áureo. *Integração militar do Mercosul:* o exemplo europeu. Trabalho de Conclusão de Curso (CPEAEx). Rio de Janeiro: ECEME, 2004, p. 12.

1080. ARGENTINA. Ejército. Discurso del Jefe del Estado-Mayor General del Ejército Argentino. Reunión de Comandantes de los Ejércitos de los Países del MERCOSUR y Asociados. Buenos Aires, 8 set. 2004 (tradução nossa).

1081. ARGENTINA. Ejército. Discurso del Comandante del Ejército Argentino. Ceremonia de Abertura da Reunión de Comandantes de los Ejércitos de los Países del MERCOSUR y Asociados. Buenos Aires, 3 out. 2006.

Cone Sul, seja através dos ministérios da defesa, seja por foros estabelecidos no âmbito das próprias Forças Armadas como as reuniões entre Estados-Maiores de Defesa, das Armadas, dos Exércitos e das Forças Aéreas, nos campos das operações, inteligência ou logística.

O primeiro foro de caráter bilateral foi o das Reuniões de Estado-Maior de Defesa que se iniciaram a partir de agosto de 1998 com o nome de Reunião de Consulta Brasil-Argentina com a finalidade de contribuir com o Mecanismo de Itaipava no que diz respeito à proposição, implementação, consolidação, revisão e covalidação de medidas que, em matéria de defesa e segurança internacional, fossem de interesse mútuo. Naquele ano, reuniram-se representantes do Estado-Maior Conjunto das Forças Armadas da Argentina e do EMFA do Brasil, abordando temas como o papel das Forças Armadas no processo de integração regional e estudos iniciais para o desenvolvimento da cooperação no campo da logística, dentre outros. [1082]

A Segunda Reunião de Consulta, realizada em Manaus, em outubro do ano seguinte, foi a primeira com a participação do Estado-Maior de Defesa, órgão do recém-criado Ministério da Defesa brasileiro. Nas conversações, foi aberto um canal nas secretarias permanentes para a cooperação no campo da logística e das missões subsidiárias, tecnológica, industrial e comercial (entre as indústrias de material bélico dos dois países) e criou-se o Grupo de Trabalho *ad hoc* nas secretarias permanentes para avançar na definição do tipo de cooperação no campo das operações de manutenção de paz.

Na terceira reunião, realizada em Buenos Aires, em setembro de 2000, foi aprovado o novo regulamento das reuniões, um informe consolidado das medidas de confiança mútua, definida a troca de militares em missões de paz (argentinos no Timor-Leste e brasileiros em Chipre) e aprovado o início de reuniões bilaterais de inteligência e o intercâmbio de experiências com respeito à estruturação de base de dados na área da defesa. Com relação às situações de catástrofes, foi decidida a elaboração de um manual de procedimentos comuns.

A quarta reunião ocorreu em agosto de 2001, em Fortaleza, na qual foi alterado o nome de "medidas de confiança mútua" para "medidas de cooperação militar no âmbito regional". Foram discutidos temas relativos a sistemas de comunicações, metodologia de planejamento militar, a segurança sub-regional no contexto do processo de globalização, a gestão de catástrofes e projetos de acordos na área logística e científico-tecnológica.

Já as Reuniões de Estado-Maior de Defesa entre Brasil e Chile (REMBC) foram iniciadas em Santiago, em outubro de 2002, ocasião em que foi discutida uma

1082. As informações sobre as reuniões foram obtidas pelo autor junto ao Ministério da Defesa do Brasil..

proposta de regulamento para o foro. Seguiram-se a II REMBC, em Brasília, entre 22 e 26 de setembro de 2003, a III REMBC, em Santiago entre 11 e 16 de outubro de 2003 e a IV REMBC em Salvador, em outubro de 2005.

Além da Argentina e o Chile, o Ministério de Defesa do Brasil estabeleceu esse tipo de reunião bilateral com seus congêneres de mais sete países. [1083]

Entre a Argentina e o Chile, a relação bilateral entre os ministérios da defesa se iniciou também em 1998, com a denominada Reunião de Interconsulta entre o Estado-Maior Conjunto e o Comando-em-chefe das Forças Armadas do Chile [1084]. Em 2000, a Argentina inaugurou foro semelhante com o Comando em chefe das Forças Armadas da Bolívia [1085] e em 2008 com o Comando em chefe das Forças Armadas do Paraguai. [1086]

O Paraguai e a Bolívia iniciaram, a partir de 1994, as chamadas Rodadas de Conversações entre os Comandantes das Forças Armadas. Esses foros tinham o objetivo de intercâmbio de informações, fomento das medidas de confiança mútua e o estabelecimento de um sistema de cooperação para a complementação nas áreas de logística e tecnológica. [1087]

Outro mecanismo de caráter bilateral foram as Conferências Bilaterais de Estados-Maiores (CBEM), iniciadas a partir de entendimentos entre os exércitos do Brasil e da Argentina com o objetivo de buscar entendimentos relativos à manutenção de intercâmbios militares, abordagens de ideias e experiências em temas de interesse comum de modo a incrementar o conhecimento e a confiança mútua entre os participantes. Constam de troca de experiências e conhecimentos em temas de interesses comuns nas áreas de pessoal, inteligência, operações, logística, assuntos especiais e assuntos civis.

1083. Até 2007 eram realizadas reuniões regulares com a Alemanha, Colômbia, Estados Unidos, França, Peru, Portugal e Venezuela.

1084. Com o Chile, a intenção de avançar na relação entre os órgãos de defesa se iniciou com acordos firmados em 1994 que estabeleceram o propósito das reuniões entre ambos, a intenção de torná-las permanentes e o estabelecimento de um calendário de reuniões.

1085. A VIII Reunião avaliou as operações combinadas de ajuda humanitária realizadas em fevereiro de 2007 durante as inundações que afetaram a Bolívia, ocasião em que a Argentina enviou 155 homens do Exército, Armada e Força Aérea nas cidades bolivianas de Trinidad e Santa Cruz de la Sierra, onde utilizaram postos de tratamento de água, helicópteros, botes e veículos leves para auxiliar a população. Cumbre militar argentino-boliviana analizará misiones de paz y ayuda. *El Comércio.* Quito. Disponível em: http://elcomercio.com/ noticiaEC.asp?id_noticia=129973&id_seccion=5. Acesso em: 19 dez 2007.

1086. ARGENTINA. MD. Resolução 633/08. EMC Ratificar el acta II Reunión de Cooperación EMC y Cmdo de las F. Armadas Militares R. Paraguay EMD 32775/07. Buenos Aires, 11 jun. 2008

1087. A denominação Rodadas de Conversações foi substituída por Comissões de Projetos Determinados entre ambas as Forças Armadas. QUINTANA, Juan Ramón. La seguridad del Mercosur en el contexto hemisférico: una mirada desde Bolivia. *Fuerzas Armadas y Sociedad*, Santiago, a. 16, n. 2, abr.-jun. 2001, p. 15-24 (22).

A experiência entre Brasil e Argentina se expandiu para outros países. O Brasil estendeu o foro para todos os demais países da América do Sul, com periodicidade bianual em sistema de rodízio, podendo ser realizadas reuniões extraordinárias no caso de alguma questão de urgência entre os dois países.[1088] Reuniões semelhantes passaram a ser realizadas pelo Uruguai com a Argentina e o Chile e pela Argentina com a Bolívia.

Os assuntos tratados são definidos previamente entre os dois exércitos e relacionados com as áreas de pessoal, material de emprego militar, operações (preparo da tropa, treinamento e outros), logística, inteligência e a participação dos exércitos nas atividades internas (apoio aos órgãos do governo nas atividades complementares, tais como educação, meio ambiente, ilícitos e outros) e no campo externo (pensamento quanto às seguranças regional e hemisférica, estudo de crises, ilícitos transnacionais, contatos com os demais exércitos regionais, forças de paz, meio ambiente e outros).[1089]

Ao final, aprovam-se "Entendimentos" (propostas cujas providências dependam exclusivamente dos respectivos Exércitos) ou "Recomendações" (propostas cujas providências dependam de ligações com outras Forças Militares ou diferentes órgãos de cada país) assinadas pelos chefes das Delegações, que constam da Ata Final da Conferência.

No caso de Argentina e Chile, a partir de 1997, passaram a realizar reuniões bilaterais entre os organismos antárticos dos respectivos exércitos para tratar de assuntos relativos ao funcionamento de patrulhas de auxílio e resgate antártico combinada, apoio de saúde entre as bases de ambos os países, integração de rede de comunicações e dados meteorológicos.[1090]

As relações militares não ficaram apenas nos níveis de ministérios de defesa ou dos comandos de cada força armada. Em nível das Brigadas localizadas em áreas de fronteira, o Exército Brasileiro passou a realizar com os países lindeiros as chamadas Reuniões Regionais de Intercâmbio Militar (RRIM). No Brasil, a realização ficou a cargo dos Comandos Militares de Área e a coordenação com o Estado-Maior do Exército (EME), de periodicidade anual e em sistema de rodízio entre os países. Além dos objetivos de estreitar laços de cooperação e amizade e o incremento das medidas de confiança entre os exércitos, serviram para a troca

1088. As CBEM foram iniciadas pelo Exército Brasileiro com a Argentina em 1994, Chile, Uruguai e Venezuela em 1999, Bolívia, Equador, Paraguai e Peru em 2000, Guiana em 2001 e Colômbia em 2002. Informações prestadas pela 5ª Subchefia do Estado Maior do Exército para o autor.

1089. BRASIL. EB. EME. 5ª Subchefia. *Regulamento para as Conferências Bilaterais de Estado-Maior.* Brasília, 5 nov. 2007. Das conferências resultam planos em diversas áreas que vão operacionalizar os entendimentos aprovados. Os planos são desdobramentos das atas assinadas pelos responsáveis pela conferência, resultando em ações práticas.

1090. CHILE. Ministerio de la Defensa. *Informe de las Medidas de Confianza Mutua Ejecutadas Año 2005.* Santiago, s/d.

de experiências e conhecimentos, em todos os campos de interesse comum, que afetavam diretamente o controle e a segurança na fronteira entre os países, o intercâmbio de procedimentos comuns e complementares naquelas áreas, o intercâmbio de informações em forma permanente em alguns casos, inclusive, com o estabelecimento de comitês de inteligência. [1091]

As reuniões bilaterais de inteligência, criadas ainda nos regimes militares foram mantidas após a redemocratização e estendidas às demais Forças. O Exército Brasileiro estendeu esse tipo de reunião com o nome de Reuniões de Coordenação Militar (RCM) para todos os exércitos sul-americanos, sendo coordenadas pela 2ª Subchefia do EME e promovidas pelo Centro de Inteligência do Exército (CIE), com periodicidade bianual e alternadas com as Conferências Bilaterais de Estado-Maior realizadas com o mesmo país. Da mesma forma, a sede de realização também é alternada. [1092]

Entre os exércitos do Brasil e do Chile são realizadas reuniões semelhantes, mas denominadas de intercâmbio de informação doutrinária e intercâmbio de informações doutrinárias de guerra eletrônica.

Os exércitos da Argentina e da Bolívia realizaram entre 1974 e 1993 Conferências Bilaterais de Inteligência, onde eram trocadas informações sobre atividades relacionadas com a segurança dos Estados e o narcotráfico, além do intercâmbio de pessoal militar para cursos de inteligência. [1093]

Esse tipo de reunião de inteligência passou a fazer parte da agenda das forças aéreas de Argentina e Chile [1094] e do Brasil e Bolívia a partir de 1996. Passou a fazer parte também da Marinha Brasileira, que criou as Reuniões Bilaterais de Inteligência Naval com a Argentina e o Uruguai.

Em 1996, as marinhas do Brasil e da Argentina assinaram um memorando de entendimentos sobre a cooperação nas áreas de Operações, Inteligência, Instrução e Adestramento, Técnica, Pesquisa e Desenvolvimento, Logística e Saúde.

1091. BRASIL. EB. EME. 5ª SubChefia. *Regulamento para as Reuniões Regionais de Intercâmbio Militar*. Brasília, 5 nov. 2007. As deliberações finais, por escrito, e sob a forma de entendimentos, constavam da ata final da reunião. As RRIM do Brasil com seus vizinhos da América do Sul foram iniciadas com a Venezuela em 1989, seguidas com a Colômbia em 1990, Uruguai em 1991, Paraguai em 1992, Guiana e Peru em 1995, Bolívia em 1997, Argentina em 2000, Suriname em 2001 e Guiana Francesa em 2007. Informações prestadas pela 5ª Subchefia do Estado-Maior do Exército para o autor.

1092. Significa que se no ano par é realizada a CBEM, no ano ímpar será realizada a RCM com aquele mesmo país.

1093. QUINTANA, Juan Ramón. La seguridad del Mercosur en el contexto hemisférico: una mirada desde Bolivia. *Fuerzas Armadas y Sociedad*, Santiago, a. 16, n. 2, abr.-jun. 2001, p. 15-24 (20).

1094. CHILE. MDN. *Informe de las Medidas de Confianza Mutua Ejecutadas Año 2005*. As reuniões bilaterais de inteligência surgiram a partir de entendimentos em reuniões de chefes de EM Geral da Força Aérea do Chile e da Força Aérea Argentina.

O memorando estabeleceu também a realização de reuniões de Estado-Maior, que passaram a ocorrer anualmente para tratar de temas navais de interesse comum e possibilidades de cooperação. [1095]

No mesmo ano, Argentina e Uruguai realizaram a Primeira Reunião de Estados Maiores da Armada, ocasião em que estabeleceram um Memorando de Entendimentos que permitiu o intercâmbio de informações e a execução de estágios para oficiais e praças. Essas reuniões se tornaram regulares, em sistema de rodízio entre os países anfitriões. [1096]

No ano seguinte, o Brasil iniciou o mesmo tipo de reunião com o Uruguai estendida, posteriormente, aos demais países do Cone Sul. [1097] Entre os Estados-Maiores da Armada Boliviana e da Marinha do Brasil, as reuniões, além de assuntos relacionados com a área operativa, uma série de temas relacionados ao assessoramento e apoio técnico para a construção de estaleiros no rio Paraguai, portos fluviais e intercâmbio de pessoal para trabalhos hidrográficos passaram a fazer parte da agenda. [1098] Da mesma forma, Uruguai e Paraguai passaram a realizar, em 1997, reuniões semelhantes que se estenderam até 2001. [1099]

Argentina e Chile iniciaram reuniões entre os Estados Maiores das Armadas e de Comandantes da Área Naval Austral Argentina (Ushuaia) e da Terceira Zona Naval chilena (Puerto Williams). Na área técnica implementaram medidas de cooperação na Antártida e para o controle de barcos pesqueiros que descumprissem as leis internas de ambos os países. A partir de 1998, as Armadas da Bolívia e Argentina também estabeleceram encontros periódicos de seus Estados-Maiores.

Além dos diversos foros como as Conferências Bilaterais de Estado-Maior e as Reuniões Regionais de Intercâmbio Militar, a tradição de cooperação entre Brasil e Paraguai é uma das mais antigas dentre os países do Cone Sul. Como visto anteriormente, em 1994, a Missão Militar Brasileira de Instrução no Paraguai (MMBIP), depois de cinquenta anos de funcionamento, foi encerrada. [1100] Mas, no ano seguinte, em 24 de julho, ambos os países firmaram um novo acordo que entrou em vigor em 23 de outubro de 1996, estabelecendo a Cooperação Militar Brasileira no Paraguai "com fins científicos, culturais, tecnológicos e de

1095. A partir da experiência com a Argentina já havia a intenção de estender as reuniões para os demais países da América do Sul. BRASIL. SDM. Relatório Anual da Marinha (Confidencial). Brasília, dezembro de 1996.

1096. URUGUAI. BPL. Resolución del Poder Ejecutivo n. 74990. Montevidéu, 15 out. 1996.

1097. URUGUAI. BPL. Resolución del Poder Ejecutivo n. 75746. Montevidéu, 12 ago. 1997.

1098. BRASIL. SDM. Relatório Anual da Marinha (Conf.) anos diversos.

1099. URUGUAI. BPL. Resolución del Poder Ejecutivo n. 76168. Montevidéu, 30 dez. 1997.

1100. Cooperação Militar Brasileira no Paraguai (CMBP). Revista Verde-Oliva, Brasília, a. XXXIII, n.189, jul.-set. 2006, p. 8-9.

aperfeiçoamento na área militar, a ser canalizada através da Aditância do Exército de sua Embaixada". [1101]

A partir de 1997, com a chegada dos primeiros militares o Exército Brasileiro iniciou o assessoramento ao Instituto de Altos Estudos Estratégicos, a Escola de Comando e Estado-Maior Marechal José Félix Estigarríbia, a Escola de Aperfeiçoamento de Oficiais, a Academia Militar Francisco Solano Lopez, o Liceu Militar Acosta Ñu e o Colégio Militar de Sargentos do Exército, além de cooperar com os Corpos de Exército, os Comandos de Artilharia, Engenharia e Comunicações e com a 1ª Divisão de Infantaria paraguaia. [1102]

Os diversos foros estabelecidos diretamente entre as Forças Armadas permitiram o desenvolvimento de exercícios conjuntos que, apesar de ser uma prática antiga, passaram a ser realizados com maior intensidade a partir da década de 1990.

## XIII - Exercícios Conjuntos e Atividades Diversas

Os exercícios conjuntos realizados por instituições militares dos países do Cone Sul vão desde planejamento na carta até manobras com emprego de tropas armadas. Pode-se dizer que essa prática teve suas origens em 1932, quando o presidente Austin Justo visitou o Brasil a bordo de um navio de uma flotilha argentina que realizou exercício em águas brasileiras. Talvez por esse pioneirismo, as marinhas de Brasil e Argentina e, posteriormente, de outros países da região, são as que mais realizam exercícios e manobras conjuntas dentre as três Forças Armadas.

Conforme apresentado anteriormente, as marinhas do Cone Sul, a partir de iniciativa dos Estados Unidos nos anos de 1950, participaram de alguns exercícios conjuntos. Por conta dessa iniciativa, elaboraram e executaram durante o período da Guerra Fria e dos regimes militares vários exercícios bilaterais ou multilaterais na área do Atlântico Sul. A partir da década de 1990, os exercícios se tornaram mais constantes.

Durante o planejamento da operação Fraterno de 1992, em decorrência do porta-aviões argentino estar em reparo e, havendo a necessidade da Argentina testar aviões antissubmarinos que haviam recém sido modernizados, as armadas decidiram realizar um exercício específico para esse fim. Surgiu, então, a operação Araex [1103], que inclui exercícios voltados ao emprego de aviões e helicópteros

1101. Acordo estabelecido por troca de notas. BRASIL. PR. Decreto n. 2064. Promulga o Acordo Relativo à Cooperação Militar, celebrado entre o Governo da República Federativa do Brasil e o Governo da República do Paraguai, em Assunção, em 24 de julho de 1995. Brasília, 11 nov. 1996.

1102. Cooperação Militar Brasileira no Paraguai (CMBP). *Revista Verde-Oliva*, Brasília, a. XXXIII, n.189, jul.-set. 2006, p. 9.

1103. O exercício permitiu que aeronaves Super Etandard e Tracker S-2 T argentinas operassem no porta-aviões brasileiro, bem como a homologação dessas aeronaves. BRASIL. SDM. Relatório Anual da Marinha (Conf.). Rio de Janeiro, dezembro de 1993.

navais na guerra no mar. Quando o porta-aviões argentino 25 de Mayo foi aposentado, a operação foi mantida e o Brasil passou a oferecer regularmente seu navio aeródromo para o adestramento dos pilotos argentinos.[1104] Alguns desses exercícios serviram para que fossem realizadas homologações de aviões argentinos após repotencializações realizadas pela Armada Argentina.[1105] O relacionamento obtido no campo da aviação naval permitiu que, quando da compra de aeronaves Skyhowk do Kuwait para operar no porta aviões brasileiro, a Marinha firmasse acordo de cooperação para a formação de seus pilotos na Argentina.[1106]

Como o Brasil realizava, desde 1997, exercício semelhante com a Armada do Uruguai, denominado Uruex[1107], um aperfeiçoamento das duas operações resultou nos exercícios denominados Uruex/Araex, realizados a partir de 2002, em conjunto com as marinhas do Brasil, Argentina e Uruguai, com o emprego de aeronaves a partir do porta-aviões brasileiro São Paulo.[1108] Naquele ano, Brasil e Argentina realizaram a Operação Temperex num quadro de ações antissubmarinos e de esclarecimentos aéreos, quando o Navio Aeródromo São Paulo conduziu a bordo aeronaves S-2 T argentinas.

Em 1993, a Argentina e a África do Sul criaram o exercício Atlasur, no bojo da Zona de Paz e Cooperação do Atlântico Sul (ZPCAS)[1109], com foco voltado para ações de superfície, antiaéreas, antissubmarinas e de guerra eletrônica, sendo testados, também, procedimentos de apoio logístico móvel e aperfeiçoada a interoperabilidade entre os meios navais e aeronavais dos participantes. Mediante convite argentino, Brasil e Uruguai participaram da manobra a partir de 1995, ocasião em que oficiais paraguaios estiveram presentes como observadores.

Em 1997, Argentina, Brasil e Uruguai passaram a realizar exercício naval tipo jogo de guerra denominado Transamérica, versando sobre controle de tráfego

1104. Em 2006 foi realizada a VII versão do exercício. ARGENTINA. Camara de Diputados de la Nación. Documento PE - 189/06. Buenos Aires, 28 ago. 2006. Porta-aviões 25 de Mayo foi colocado fora de serviço em 1986 e deu baixa definitiva em 1997.

1105. BRASIL. SDM. Relatório Anual da Marinha (Conf.). Brasília, dezembro de 1994.

1106. Além da ARA, os pilotos foram formados também na marinha dos EUA. BRASIL. SDM. Relatório Anual da Marinha (Conf.). Brasília, dezembro de 1998.

1107. BRASIL. SDM. Relatório Anual da Marinha (Confidencial). Brasília, dez. 1997.

1108. Foi o primeiro exercício do novo porta-aviões brasileiro em águas jurisdicionais estrangeiras que contou com a participação de fragatas argentinas e uruguaias, navio tanque argentino além de helicópteros e aviões de ambos os países. Ao final do exercício as aeronaves argentinas Super Etandar e Turbo Tracker haviam realizado 69 toques e arremetidas, 31 enganches (pousos) e 33 catapultagens no navio brasileiro, além de adestrarem militares argentinos nos procedimentos de bordo do porta-aviões. Operação ARAEX/URUEX 2002. Defesanet. Disponível em: http://defesanet.com.br/noticia/araex. Acesso em: 12 jun. 2002.

1109. ARGENTINA. AHA. Buques de la Armada Argentina 1970 – 1996 – sus comandos y operaciones. Buenos Aires: Presidencia de la Nación, 1997, p. 379.

marítimo a partir da simulação de uma crise regional em que seria necessária a adoção de medidas para a proteção do trânsito de navios mercantes. Durante sua execução, havia o intercâmbio de dados via satélite através da Rede Naval Interamericana, com o uso de programas informatizados de controle e de comunicações. [1110]

Em agosto de 1998, um outro evento importante foi a realização de um exercício de salvamento marítimo entre as marinhas da Argentina e do Chile denominado Patrulha Antártica Combinada. A partir de um desastre hipotético com um navio carregado de plutônio no Canal de Drake, procedeu-se o resgate da tripulação, o controle do derramamento do plutônio para evitar um desastre ecológico e o reboque da embarcação através do Canal de Beagle até o porto de Ushuaia. Foi o primeiro exercício conjunto realizado entre as duas Armadas em toda a história dos dois países. A partir daí, passou a ser realizado anualmente com o propósito de adestrar ambas as Forças no controle e combate à contaminação da região Antártica em caso de acidentes.

No mesmo ano, iniciaram a Operação Integración com o objetivo de integrar e interoperabilizar as duas Armadas através do intercâmbio de informação sobre os sistemas de comando e controle dos meios navais, doutrinas e procedimentos. As demais edições consistiram em manobras de reaprovisionamento, operações com helicópteros, evoluções táticas, comunicações, intercâmbio de tripulações, defesa antiaérea e guerra antisubmarino. [1111]

Essas experiências abriram caminho para que as armadas argentina e chilena passassem a realizar uma série de exercícios de salvamento e resgate e controle de contaminação denominado Viekaren[1112] e de intercâmbio de unidades de infantaria batizado de Inalaf, iniciado em 2003. [1113]

---

1110. O exercício foi ampliado e passou a agregar mais unidades navais representando as marinhas da África do Sul, Argentina, Chile, Colômbia, El Salvador, Equador, EUA, Honduras, Paraguai, Peru, Uruguai e Venezuela. BRASIL. SDM. Relatório Anual da Marinha (Conf.). Brasília, dezembro de 1997.

1111. ARGENTINA. ARA. *Boletín Informativo* n. 84. Operativo Naval con Chile "Integración 2006". FERRARI, Horacio Luis. *Franca Vocación de Acercamiento - Segundo Ejercicio Naval con la Armada de Chile Integración II*. Instituto de Seguridad Internacional y Asuntos Estratégicos. Boletín n. 14, a. 4. Buenos Aires, mar. 2001.

1112. VIEKAREN significa na língua nativa da região austral "confiança". Surgiu a partir de acordo firmado em 08 de abril de 1999, entre o chefe de Estado-Maior Geral da Armada Argentina e o comandante-em-chefe da Armada do Chile que previu a realização anual de exercício combinado de controle de tráfico marítimo, busca, resgate e salvamento marítimo na área austral correspondente ao limite internacional definido pelo Tratado de Paz e Amizade de 1984. CHILE. Armada do Chile. Ejercicio "Viekaren VI-2004" en Canal Beagle. Nota de imprensa. 31 ago. 2004. Disponível em: http://www.armada.cl/ p4_armada/site/artic/20040803/ pags/2004080315041. Acesso em: 18 set. 2007.

1113. CHILE. Armada do Chile. Primera Zona Naval. Departamento de Relaciones Públicas. Infantes de Marina efectúan Ejercicio Inalaf y Centauro. 23 jun. 2006. Disponível em: http://www.armada.cl/p4_armada/site/artic/20060623/pags/ 20060623161617.html. Acesso em: 04 jul. 2007.

A partir de 1999, por sugestão argentina e aceita por Brasil, Bolívia, Paraguai e Uruguai, nasceu a Operação Acrux como forma de unificar exercícios similares que eram realizados de forma bilateral. São operações navais combinadas, com meios de superfície, terrestres e aéreos, num quadro de operações ribeirinhas na hidrovia Paraguai-Paraná, com o objetivo de manter vias navegáveis, desenvolvido a cada dois anos e com sedes rotativas. [1114]

Ainda no quadro multilateral, as marinhas da Argentina, Brasil e Chile criaram o exercício Intercâmbio Sul, com suas unidades de infantaria num quadro de operações de paz e desastres humanitários. [1115]

Em 2003, as marinhas dos Estados Unidos, Chile e Panamá executaram o exercício Panamax, na Zona do Canal, por uma iniciativa chilena, num quadro de um possível ataque terrorista ao Canal de Panamá. Em 2004, a Argentina iniciou sua participação e a versão de 2007 contou com 18 países participantes, entre eles o Paraguai, Brasil, e Uruguai com 7.500 homens, 30 navios e 14 aeronaves. [1116]

No campo das relações bilaterais entre as marinhas do Brasil e do Chile, em 1983, quando da instalação da Estação Antártica Comandante Ferraz, a base chilena Presidente Eduardo Frei apoiou as aeronaves brasileiras que se dirigiam ao continente antártico. Em contrapartida, após instalado o programa brasileiro na Antártica, as operações anuais realizadas pela Marinha e Força Aérea brasileiras naquele continente passaram a prestar, quando necessário, apoio logístico a diversos programas científicos da Argentina, Chile e Uruguai. [1117] Em termos de exercícios conjuntos, em 1996, ambas as marinhas iniciaram manobras de guerra de superfície, defesa antiaérea e navegação em águas restritas denominado Bogatun. [1118]

O Brasil passou a realizar com a armada uruguaia manobras combinadas de resgate em águas brasileiras denominadas Tenderex a partir de 1995 [1119], exercícios voltados ao emprego de aviões e helicópteros na guerra naval, socorro e salvamento marítimos e guerra de minas, como a Operação Águas Claras, iniciada em 1996 [1120]

1114. Em 2001 o Brasil sediou o exercício e em 2005 a Argentina. ARGENTINA. Camara de Diputados de la Nación. Orden del Día. n. 1.184. Sesiones Ordinarias. 2004. Buenos Aires, 27 set. 2004.

1115. CHILE. Primera Zona Naval. Departamento de Relaciones Públicas. Cuerpo IM efectúa Ejercicio "Intercambio Sur". Disponível em: http://www.armada.cl/p4_armada/site/artic/20070711/pags/ 20070711163532.html. Acesso em: 23 set. 2007.

1116. ARGENTINA. ARA. Ejercício Panamax 2007. Disponível em: http://www.ara.mil.ar/noticia01.asp?IdNoticia= 716. Acesso em: 26 dez. 2007.

1117. BRASIL. SDM. Relatório Anual da Marinha (Conf.). Brasília, dez. 1997.

1118. Expressão chilena que significa voga comum.

1119. URUGUAI. BPL. Ley n. 16.703. Armada Nacional. Autorizase a Participar en la Operación TENDEREX I. DO n. 24.325 de 4 jul. 1995.

1120. BRASIL. SDM. Relatório Anual da Marinha (Conf.). Brasília, dez. 1996.

e os exercícios navais combinados Salvex.[1121] Com as armadas da Argentina e do Uruguai, exercício de busca e salvamento marítimo chamada Diplomex e de ações de ataque aéreo, manobras táticas e de comunicações intitulada Passex[1122] ou de visitas oficiais a portos, denominadas Pratex.[1123] Com as marinhas do Paraguai e Argentina, a Operação Paraguai/Argentina com visitas oficiais a portos fluviais dos dois países por embarcações do 6º Distrito Naval.[1124]

Além das manobras realizadas de maneira regular, vários exercícios foram programados em referência a eventos especiais, contando com a participação de unidades de países amigos, como a participação das marinhas do Brasil, Argentina, Portugal, Espanha e Venezuela na Operação Tordesilhas, iniciada em Lisboa e encerrada em Salvador como parte das comemorações do V Centenário do Tratado e a Revista Naval 500 Anos do Brasil, realizado no Rio de Janeiro, entre 24 de abril e 8 de maio de 2000, nas comemorações dos 500 anos do descobrimento.

Em 1990, as marinhas da Argentina e do Uruguai iniciaram a Operação Antártica com adestramento dos meios navais uruguaios na Base Argentina de Ushuaia.[1125] A partir de 1993, o exercício Júpiter entre os centros coordenadores de busca e resgate dos dois países, inicialmente desenvolvido na modalidade jogo de guerra passou a ser realizado com tropas navais e aéreas. Até 2006 haviam sido realizados sete exercícios na carta e cinco com desdobramento de meios navais, com o objetivo de interoperabilizar as armadas com o intercâmbio de informações sobre sistemas de comando e controle, de doutrinas e procedimentos de busca e resgate marítimo e fluvial.[1126] A lista de exercícios conjuntos incluiu, ainda, operações navais de salvamento de submarinos denominadas SAR SUB, realizado a partir de 1998[1127], o Adestramento da Frota do Mar Argentina, a partir de

1121. URUGUAI. BPL. Ley n. 17.141. Operación SALVEX VIII. Autorizase la Salida de Aguas Jurisdiccionales del Buque ROU "Vanguardia" y su Tripulación. DO n. 25.324 de 29 jul. 1999.

1122. As Operações Diplomex se iniciam em águas brasileiras para adestramento de unidades do 1º e do 5º Distrito Naval. No curso das operações, já em águas uruguaias, o exercício é realizado com a AROU e, em águas argentinas, com unidades da ARA. BRASIL. SDM. Relatório do Ministro da Marinha (Confidencial). Brasília, dezembro de 1994. Da mesma forma, a MB realiza as operações Pratex para adestramento da Esquadra nas águas do Atlântico Sul e, aproveitando para cumprir outro objetivo, de realizar ação de presença no exterior, visitando portos na Argentina e no Uruguai, passou a realizar as chamadas operações Passex, de curta duração. BRASIL. SDM. Relatório Anual da Marinha (Conf.). Brasília, dez. 1991.

1123. BRASIL. SDM. Relatório Anual da Marinha (Conf.). Rio de Janeiro, dez. 1993.

1124. BRASIL. SDM. Relatório Anual da Marinha (Conf.). Rio de Janeiro, dez. 1991.

1125. URUGUAI. BPL. Ley n. 16.139. Armada Nacional. Autorízase a Participar en los Ejercicios Denominados Operación Antártica. DO n. 23.128 de 16 nov. 1990.

1126. ARGENTINA. Câmara de Diputados de la Nación. Documento PE - 189/06. Buenos Aires, 28 ago. 2006.

1127. URUGUAI. BPL. Ley n. 16.997. Operación SARSUB I. Se Autoriza la Salida de Aguas Juris-

1999[1128], atividades de coordenação vinculadas ao estudo da plataforma continental em áreas de interesse comum[1129], e atividade de coordenação de procedimentos e planejamento de operações combinadas de busca e resgate em águas argentinas nas regiões de Puerto Belgrano e Puerto Zárate, realizadas em 2001.[1130]

As armadas do Uruguai e do Chile realizaram exercícios navais combinados em águas chilenas em 1990.[1131]

Entre as escolas navais, desde 1999 as academias de guerra naval do Chile e da Argentina passaram a realizar o Jogo Bilateral de Manejo de Crises a Nível Estratégico Operacional com a simulação de conflitos com a execução de operações militares em cenários marítimos.[1132] As Armadas da Argentina, Brasil e Uruguai realizam o Jogo Trilateral de Manejo de Crises a Nível Estratégico Operacional e a Escola Superior de Guerra Naval argentina e a Escola de Comando e Estado-Maior (ECEMA) da Armada do Paraguai realizam o Jogo de Guerra Bilateral.[1133]

Enquanto a prática de realizar exercícios conjuntos entre as marinhas data do final da década de 1950, incentivada pelos Estados Unidos, numa época em que não se empregava a expressão medidas de confiança mútua, nem havia em andamento qualquer mecanismo de cooperação institucionalizado, as relações entre os exércitos foi diferente. No Cone Sul, os exercícios conjuntos surgiram apenas na década de 1990, motivados pelas discussões sobre segurança cooperativa e o desenvolvimento das medidas de confiança no continente.

A iniciativa para esse tipo de evento partiu da Argentina ao convidar militares dos países vizinhos, Brasil e Uruguai, para participar de um exercício na carta

diccionales del Buque ROU "Vanguardia" y su Tripulación, a Efectos de Participar en la Misma. DO n. 25.113 de 16 set. 1998.

1128. URUGUAI. BPL. Ley n. 17.132. Salida de Aguas Jurisdiccionales de los Buques ROU "Montevideo" y ROU "Comodoro COE". DO n. 25.314 de 15 jul. 1999.

1129. URUGUAI. BPL. Ley n. 17.425. Autorízase la Salida del País del Buque Oceanográfico ROU "Oyarvide" y su Tripulación para Visitar el Puerto de Buenos Aires, con la Finalidad que se detalla en los Días que de Determinan. DO n. 25.904 de 6 dez. 2001.

1130. URUGUAI. BPL. Ley n. 17.423. Autorízase la Salida del País de las Planas Mayores y Tripulantes de los Buques ROU 24 "Comandante Pedro Campbell" ROU 33 "Fortuna" y ROU 05 "15 de Noviembre", a Efectos de Visitar el Puerto Belgrano, República Argentina, en los Días que se Determinan con la Finalidad que se Detalla DO n. 25.904 de 6 dez. 2001. Ley n. 17.424. Autorízase la Salida del País de las Planas Mayores y Tripulantes de los Buques ROU 10 "Colonia" y ROU 11 "Rio Negro", a Efectos de Visitar el Puerto de Zárate (República Argentina) entre los Días que se Determinan con la Finalidad que se Detalla. DO n. 25.904 de 6 dez 2001.

1131. URUGUAI. BPL. Ley n. 16.126. Armada Nacional. Autorízase la Salida del Pais de la Fragata General Artigas, a la Republica de Chile, para Realizar Ejercicios Navales. DO n. 23.163 de 13 ago. 1990.

1132. ARGENTINA. ARA. Noveno Juego Bilateral con la Academia de Guerra Naval de Chile. 4 maio 2007. Disponível em: http://www.ara.mil.ar/noticia01.asp?IdNoticia=532 Acesso em: 06 jul. 2008.

1133. Disponível em: www.mecon.gov.ar/hacienda/cgn/cuenta/2004/tomoii/09jur45.htm. Acesso em: 06 jul. 2008.

realizado no comando da Brigada Escola do Exército Argentino, na cidade de Curuzu Cuatiá, o que ocorreu em agosto de 1993.

Em junho do ano seguinte, um exercício de planejamento de operações táticas com utilização de material computadorizado foi realizado na Escola Superior de Guerra do Exército Argentino, em Buenos Aires, com a denominação de Exercício Exércitos Amigos 94, com a participação de oficiais instrutores e alunos da Argentina, Brasil e Paraguai e da Bolívia, Chile e Peru como observadores. O objetivo foi o intercâmbio de experiências sobre doutrina entre os exércitos. [1134]

As iniciativas se relacionavam com a percepção dos militares argentinos que o avanço do processo de integração poderia resultar numa integração no campo militar, tema que procuraram discutir quando da realização dos Simpósios de Estudos Estratégicos.

A partir das iniciativas, motivados pela integração no âmbito do Mercosul, pelo progresso dos debates em relação às medidas de confiança mútua e pelas mudanças de percepções de ameaças gestadas a partir da década de 1980, Brasil e Argentina aprofundaram nos entendimentos militares, o que permitiu que, a partir de 1996, fosse realizado o que se pode considerar como o exercício marco entre os exércitos do Mercosul, a chamada Operação Cruzeiro do Sul. Tal assertativa não tem relação com os efetivos empregados, mas sim com a sua importância nas relações militares entre os dois maiores países do Cone Sul. Quando da primeira operação, realizada no Campo de Instrução General Avalos, na província argentina de Corrientes, a ultrapassagem da fronteira em Uruguaiana – Paso de Los Libres, pelo contingente armado brasileiro, fato repetido em sentido inverso no ano seguinte pela tropa argentina, foi um sinal claro de que as relações militares estavam se encaminhando para um clima de cooperação nunca visto anteriormente na história dos dois países.

O exercício foi idealizado pelos dois exércitos para permitir o planejamento e a condução conjunta de uma operação de manutenção de paz, adestrando os Estados-Maiores e tropas no terreno, com a troca de conhecimentos doutrinários e de experiências reais vividas pelos países nas missões desse tipo dos organismos internacionais. No primeiro exercício, oficiais paraguaios participaram como observadores. No ano seguinte, o Uruguai iniciou sua participação e a partir de 1998 os exercícios contaram com a participação de todos os quatro membros do Mercosul. A operação foi realizada anualmente até 2000, quando a Argentina solicitou seu encerramento, uma vez que participava de operação do mesmo gênero patrocinado pelos Estados Unidos. [1135]

1134. Informação prestada pelo Coronel Pritz. Comandante da Escola Superior de Guerra por meio eletrônico em 26 maio 2008.

1135. Foram realizados: exercício com tropa no terreno na Argentina em 1996; exercício com tropa

A partir de 1999, os exércitos do Brasil e da Argentina iniciaram exercícios de apoio à comunidade em situações de emergência. O primeiro aconteceu em Posadas – Argentina, onde foram realizadas operações de apoio no caso de inundações. O segundo foi realizado em Foz do Iguaçu/Brasil, em 2001, com o adestramento das tropas no controle de incêndios no Parque Nacional de Itaipu. Com a mesma temática, a Argentina realizou com o exército boliviano, em outubro de 2000, na região de Salta, o exercício nos mesmos moldes denominado "Tenente Coronel Juana Azurduy".

Em 1995, o Comando Sul do Exército dos Estados Unidos organizou e patrocinou exercício de forças de paz em conjunto com países da América Central e Caribe (F Paz Norte) e da América do Sul (F Paz Sul), que ganharam periodicidade anual com sistema de rodízio do país-sede. Denominado Exercício de Operações de Manutenção de Paz – Sul, mas conhecido como Forças Unidas, foi idealizado num contexto de operações de manutenção de paz com aplicações de simulações para adestramento nos níveis de Estado-Maior de Brigada e Batalhão.[1136] A partir de 1999, passou a ser realizado nos moldes de seminário e exercício de posto de comando, com duração de dez dias (anos ímpares), e por seminário, com duração de cinco dias (anos pares).[1137]

A partir de 1996, o Comando Sul do Exército dos Estado Unidos patrocinou um outro exercício denominado Cabañas com países sul-americanos, desenvolvido também num contexto de operações de paz para controle de um país fictício e em ambiente contra-revolucionário, mas com o objetivo de adestrar frações menores que as envolvidas no exercício Forças Unidas. Em cada edição reúne em torno de 1.100 homens, sendo aproximadamente 300 dos EUA, 600 da nação "hospedeira" e 250 dos demais países. O Brasil iniciou sua participação em 2001, com um pelotão do 19º Batalhão de Infantaria Motorizado de São Leopoldo/RS.

Também num quadro de planejamento de operações de paz e sob patrocínio norte-americano, em 2003, militares da Argentina, Brasil e Chile participaram do exercício Guerrero de la Pampa, realizado nos Estados Unidos.[1138]

---

no terreno no Rio Grande do Sul em 1997; exercício de quadros na Argentina em 1998; e exercício de Posto de Comando no Brasil em 1999 e 2000.

1136. A partir de 2005 passou a utilizar só a denominação oficial de Exercício de Operações de Manutenção de Paz – Sul.

1137. O representante do Brasil nesses exercícios era o Estado Maior do Exército. A partir da criação do Centro de Preparação e Avaliação para Missões de Paz (CEPAEB), em 2001, esse órgão passou a compartilhar a participação.

1138. ARGENTINA. MD. *Memoria Anual Detallada del Estado de la Nación 2003*. Documentos Anexos. Buenos Aires, 2004, p. 77.

A partir de 2001, em substituição à Operação Cruzeiro do Sul, Brasil e Argentina executaram o exercício combinado de planejamento e operações convencionais, a Operação Laço Forte, num ciclo previsto de 18 meses.[1139] Os documentos do exercício expressavam como objetivos: a consolidação dos laços de amizade, confiança e cooperação; a compatibilização de conceitos, critérios doutrinários e metodologia empregada pelos dois exércitos; e a criação de condições para a interoperabilidade entre elementos dos dois exércitos.[1140]

O exercício era voltado para uma operação defensiva convencional, dentro de um quadro em que os países haviam celebrado um acordo de mútua cooperação, que previa a atuação conjunta ante agressões externas. Tanto naquele ano (planejamento), como em 2002 (exercício de quadros), foram realizados na cidade de Paraná – Argentina. Em 2003, o exercício com tropa contou com a participação de militares brasileiros da 6ª Brigada de Infantaria Blindada de Santa Maria/RS e argentinos da 2ª Brigada Blindada de Paraná-Entre Rios.[1141]

Durante a VI Conferência Bilateral de Estado-Maior (CBEM), os dois Exércitos concordaram em substituir a Operação Laço Forte por outra de características similares com a participação de efetivos do Uruguai e do Paraguai que, em 2004, recebeu a denominação temporária de Bupyá.[1142] O exercício foi concebido para o adestramento de Estado-Maior Conjunto e seria executado em fases de planejamento e simulação de combate.[1143] Em novembro daquele ano, o Diretor do Estado-Maior Geral do Exército Argentino formulou o convite para o Brasil participar do referido exercício a ser realizado a partir de 2005, quando passou a ser denominada Operação Hermandad.[1144]

A primeira versão foi realizada na província de Paraná na Argentina e o Chile enviou um observador. A versão de 2006, no norte da Argentina, teve a participação de efetivos da Argentina, Paraguai, Uruguai, Brasil, Bolívia e Venezuela, num quadro de operações convencionais com emprego de meios blindados e mecanizados.[1145]

1139. Cada ciclo era composto de uma série de exercício de um mesmo tipo. Ao seu encerramento acordava-se o início de um novo ciclo de exercícios conjuntos sobre um novo tema.

1140. BRASIL. EB. COTER. Relatório de Acompanhamento do Exercício Conjunto Laço Forte I. Brasília, 12 nov. 2002.

1141. A edição de 2002 do exercício contou com a participação de militares do Paraguai e Uruguai como observadores. BRASIL. EB. COTER. Relatório de Acompanhamento do Exercício Conjunto Laço Forte I. Brasília, 12 nov. 2002.

1142. BRASIL. EB. EME. VI CBEM. Ata Final. Anexo Único. Entendimento n. 1.

1143. BRASIL. EB. COTER. Ejercicio Combinado Bupyá. Acta de la 1ra Reunión de Coordinación. Buenos Aires, 16 dez. 2004.

1144. BRASIL. EB. EME. Mensagem n. 238/ADIEX/2. Exercício combinado para 2005. Buenos Aires, 9 nov. 2004.

1145. CHILE. Ministerio de la Defensa. Informe de las Medidas de Confianza Mutua Ejecutadas Año 2005. Santiago, s/d.

Em visita ao Brasil no mês de abril de 2006, o chefe do Estado-Maior Geral do Exército Argentino propôs o encerramento do ciclo da Operação Hermandad e o início de um novo ciclo de exercícios conjuntos abordando o tema operações de resistência/desgaste, o que foi de imediato concordado pelo Comandante do Exército Brasileiro.[1146] Na VII CBEM, realizada em Buenos Aires, em abril de 2006, foi ratificada a intenção para a realização da Operação Guarani, em 2007 e 2008 no Brasil, com previsão para prosseguir nos anos de 2009 e 2010 na Argentina. A Ata Preliminar da operação foi firmada em 21 de novembro de 2006, marcando as datas das reuniões de coordenação e dando início às atividades de preparação. O primeiro exercício foi realizado na região do estado do Paraná em setembro de 2007.[1147]

Os exércitos brasileiro e argentino estabeleceram também a participação de frações patrulha de paraquedistas de até 15 homens nas operações "Saci" no Brasil e "Duende" na Argentina. Inicialmente, os argentinos participaram das operações brasileiras em 2002 e 2003. Em 2005 e 2006, os argentinos participaram das operações no Rio de Janeiro e os brasileiros das operações na Argentina.[1148]

Os entendimentos dos exércitos de Brasil e Argentina não só possibilitaram uma evolução nas interações entre os dois países no campo da segurança e defesa, como provocou o efeito *spillover*, resultando numa maior interação bilateral ou multilateral das forças terrestres do Cone Sul. Essa evolução permitiu, também, que oficiais de vários países, principalmente europeus, participassem dos exercícios conjuntos observadores.[1149]

Bilateralmente, o Exército Argentino iniciou, em 1998, exercícios conjuntos de manutenção de paz com o Exército do Uruguai, na modalidade de jogos de guerra e planejamento, alternando-se a cada ano o país-sede, denominado Operação Ceibo, posteriormente alterado para um quadro de apoio a comunidades.[1150]

---

1146. BRASIL. EB. EME. Ofício n. 9.170/3ª SCh/2.5. Brasília, 3 out. 2006.

1147. BRASIL. EB. COTER. Ofício n. 0681/1ª SCh/IM. Brasília, 28 fev. 2007.

1148. OEA. JID. Resolução AG/Res 2.246 (XXXVI-O/06). Actualización del Inventario de las Medidas de Fomento de la Confianza y La Seguridad (MFCS) Aplicadas Durante el Año 2005 Por: "Estados Del Hemisferio Americano" y en "Otras Regiones Del Mundo". Washington, 31 out. 2006, p. 132. BRASIL. Exército Brasileiro. Portaria do Comandante n. 717, de 4 de outubro de 2005. Designação de militares para participar do Exercício de Tropas Pára-quedistas / Operação Duende (Atv X05/043), na cidade de Córdoba, na Argentina, no período de 31 de outubro a 5 de novembro de 2005. BRASIL. EB. EME. Ata Final da VII CBEM. Anexo 3. Buenos Aires, 27 abr. 2006.

1149. Na XLI edição do exercício UNITAS realizada em 2000, por exemplo, participaram observadores da Alemanha (01), África do Sul (01), Canadá (02), Espanha (01), Itália (01) e França (01 observador e 2 unidades navais).

1150. PAGOLA, C. TERESO, J. (Eds.). *Operación CEIBO: Ejercicio Combinado de Operaciones de Mantenimiento de la Paz entre Uruguay y Argentina.* Nova Iorque: United Nations, maio de 1997.

Com o Chile, em 2002, iniciaram-se os exercícios Araucária.[1151] O primeiro foi realizado no Centro de Treinamento Operacional Tático Computacional (CEOTAC) do Exército do Chile. O Araucária II, com a presença de tropas da VI Brigada de Montanha argentina e da IV Divisão de Exército do Chile, se deu num quadro de apoio a populações em situações de catástrofe ou desastre natural, no caso, a erupção de vulcões na região andina, tendo sido executadas 150 ações de evacuações, resgates em montanha, incursões terrestres e lacustres.[1152] Os dois primeiros exercícios foram orientados para o manejo de crises e catástrofes naturais. As duas edições seguintes foram orientadas para simulação de combate com utilização de computadores. No Araucária V, houve o emprego de tropas da III Divisão de Exército do Chile e da VI Brigada de Montanha de Argentina desdobradas no terreno, com objetivos comuns, comandos combinados, quartéis generais integrados, unidades chilenas no território argentino e tropas argentinas no território chileno. Simbolizou o fim de um ciclo de treinamentos conjuntos, com objetivo de avançar na conformação da força binacional de paz denominada *Cruz del Sur.* [1153]

Os dois exércitos aproveitaram, também, esse ciclo de operações para aplicar o projeto tecnológico bilateral de simulação para treinamento em operações de paz (SIMUPAZ), um sistema de simulação de mensagens através da intranet ou Internet para treinamento de comandantes, integrantes e quartéis generais no processo de tomada de decisões nesse tipo de operação. [1154]

No âmbito das forças aéreas, os exercícios conjuntos foram iniciados de forma bilateral entre Brasil e Argentina, em 1997, com a Operação TANBA (Tango e Samba), voltada para a vigilância e controle do espaço aéreo com interceptação de aviões não registrados ou ilegais. [1155]

Em setembro de 1998, Argentina e Chile conceberam um exercício de salvamento e resgate de avião hipoteticamente acidentado na zona da Cordilheira dos

1151. Na III Conferência Bilateral de Estados Maiores entre os exércitos do Chile e da Argentina, celebrada em 24 de agosto de 2001, em Santiago foi proposta a realização de exercício entre os dois exércitos. Na sequência, em 30 de outubro de 2002, foi firmado um acordo entre os ministros da Defesa, resultando numa proposta de materialização do exercício no terreno em 2003.

1152. Un desastre simulado para unir dos ejércitos. *Diário Rio Negro*, Rio Negro, 24 out. 2003. Disponível em: http://www. patagoniaargentina.8m.com/octubre/nota241003.htm. Acesso em: 12 set. 2007.

1153. ARGENTINA. Cámara de Diputados. Sesiones Ordinarias. Orden do Día n. 3.048. Comisiones de Defensa Nacional e de Relaciones Exteriores y Culto. Buenos Aires, 10 nov. 2003.

1154. Discurso do comandante-em-chefe do Exército do Chile na Academia de Guerra do Exército na cerimônia de encerramento do Exercício Araucária IV. 10 nov. 2005. CHILE. MDN. Informe de las Medidas de Confianza Mutua Ejecutadas Año 2005. Santiago, s/d.

1155. O primeiro exercício foi realizado em setembro de 1997 na região de Passo Fundo/RS.

Andes entre as cidades de Bariloche e Puerto Mont, denominado SAR Andes. Esse exercício combinado de planejamento e execução de operações de busca e resgate na região andina teve o objetivo de otimizar as coordenações necessárias entre as Forças Aéreas e os organismos participantes nessas atividades, de modo a verificar e corrigir os procedimentos operacionais das organizações que atuam no caso de acidentes aéreos.[1156] Foi o primeiro exercício conjunto realizado entre as forças aéreas dos dois países em toda a sua história. A partir dele, houve o intercâmbio e tripulações aéreas e atividades aeromédicas combinadas naquela mesma região.

Em 2001, as forças aéreas brasileira e argentina decidiram iniciar as operações denominadas Prata, na região abrangida pelas bases aéreas de Canoas e Santa Maria, no Brasil, e de Posadas e Resistência, na Argentina. Em dezembro do ano seguinte, firmaram em Buenos Aires um acordo de cooperação com o objetivo de consolidar os procedimentos coordenados no combate ao tráfego ilícito de aeronaves. O acordo passou a vigorar em 25 de julho de 2006.[1157] Em março de 2005, foram instituídas as Normas Binacionais de Defesa Aeroespacial (NBDA 01 BR/AR), estabelecendo um sistema permanente de coordenação e cooperação para o controle das atividades aéreas ilegais na zona fronteiriça entre os dois países. A partir do acordo, as operações Prata incluíram como objetivos estabelecer uma coordenação binacional efetiva de combate ao ilícito, por meio da criação de procedimentos aplicáveis às estruturas de defesa aérea existentes nos dois países e aperfeiçoar os sistemas de controle de tráfego aéreo desconhecido.[1158]

A partir de 2004, as operações passaram a ter a periodicidade anual com o intercâmbio de informações sobre tráficos ilícitos e o emprego de meios de detecção (radares) e interceptação (aeronaves). A Operação Prata IV, em 2006, teve a presença de oficiais da Força Aérea do Uruguai como observadores.

Em 1998, por iniciativa dos EUA, foi realizada a Operação Águila com a Força Aérea Argentina, com uma segunda edição em 2001. Em outubro de 2003, o Congresso argentino se recusou a aprovar imunidades jurídicas solicitadas pelos Estados Unidos aos militares norte-americanos quando em território argentino.

1156. OEA. CSH. Documento OEA/Ser. G CP/CSH-384/01 Rev 1. Inventario de las Medidas de Fomento de la Confianza y de la Seguridad Aplicadas por los Estados Miembros de la Organización de los Estados Americanos Washington, 5 fev. 2002, p. 21.

1157. BRASIL. PR. Decreto n. 5.933. Promulga o Acordo de Cooperação entre os Governos da República Federativa do Brasil e da República Argentina para o Combate ao Tráfego de Aeronaves Supostamente Envolvidas em Atividades Ilícitas Internacionais. Brasília, 13 out. 2006.

1158. BRASIL. FAB. Operação Prata V. Disponível em: http://www.fab.mil.br/fab/operacaoaerea/prata5/noticias/1106_posadas.htm. Acesso em: 20 nov. 2007.

Em consequência, o ministro da Defesa, José Pampuro, cancelou o exercício Águila III[1159], que foi transferido para o Chile com o nome de Operação Salitre e se realizou no ano seguinte, na região de Iquique, com a presença das forças aéreas da Argentina, Brasil, Chile e Estados Unidos.

Com o Uruguai, a Força Aérea Argentina realizou a Operação Tanque, exercício combinado para a prática de procedimentos de reabastecimento de combustível em voo. [1160]

Entre 29 de abril e 10 de maio de 2002, as Forças Aéreas do Brasil, Argentina, Chile e França realizaram a Operação Cruzeiro do Sul – CRUZEX, na região sul do Brasil, com a finalidade de treinar procedimentos para o trabalho em conjunto numa força de coalizão. Foi a primeira vez que as quatro forças trabalharam em conjunto utilizando procedimentos padronizados pela Organização do Tratado do Atlântico Norte (OTAN). A Força Aérea do Uruguai participou como observadora, o mesmo ocorrendo em 2004, na Cruzex II, realizada em Natal, no nordeste do Brasil. Já a Cruzex III, realizada em Anápolis, também no Brasil, teve a participação de elementos das forças aéreas da Argentina, Brasil, Chile, França, Uruguai, Peru e Venezuela e abrangeu as áreas dos Estados de Goiás, Mato Grosso, Minas Gerais e o Distrito Federal. [1161]

Em 2005, as forças aéreas do Brasil e do Paraguai iniciaram a Operação Parbra I com o objetivo de estabelecer procedimentos para uma maior eficácia no combate a tráfegos aéreos irregulares, por meio de coordenação dos meios de defesa aérea dos dois países, definir procedimentos comuns para a vigilância e o controle do espaço aéreo além de instruir pilotos e controladores de voo paraguaios em missões de defesa aérea. O foco da operação foi o treinamento e a coordenação de meios entre os dois países para se contraporem a uma ameaça como narcotráfico ou contrabando na fronteira comum. O centro das operações se localizou na base aérea paraguaia de Concepción e abrangeu toda a região do pantanal sul-matogrossense. [1162]

1159. Pampuro anunció oficialmente que el ejercicio Águila III está suspendido. *Página 12*. Buenos Aires, 11 out. 2003. Disponível em: http://www.pagina12.com.ar/diario/elpais/1-26608-2003-10-11.html. Acesso em: 23 fev. 2007.

1160. OEA. JID. Res Ag/Res 2246 / XXXVI-O/06). Actualización del Inventario de las Medidas de Fomento de la Confianza y La Seguridad (MFCS) Aplicadas Durante el Año 2005 Por: "Estados Del Hemisferio Americano" y en "Otras Regiones Del Mundo". Washington, 31 out. 2006, p. 105.

1161. Na Operação Cruzex III, houve a participação de 37 aeronaves brasileiras, 67 estrangeiras, 850 militares da FAB e 920 estrangeiros. BRASIL. FAB. Operação Cruzex III. Disponível em: http://www.fab.mil.br/fab/operacaoaerea/cruzex_2006/concepcao.htm e http://www.fab.mil.br/fab/operacaoaerea/cruzex_2006/noticias/ 0109_encerramento.htm. Acesso em: 20 out. 2007.

1162. BRASIL. FAB. Operação Parbra I. Disponível em: http://www.fab.mil.br/fab/operacaoaerea/parbra1/noticias/0106_ brasil_paraguai.htm. Acesso em: 20 nov. 2007.

Em 2007, foi realizada a Operação Ñandu, em Mendoza, na Argentina, um exercício virtual com a participação das Forças Aéreas de Argentina, Bolívia, Brasil, Chile, Paraguai, Peru, Uruguai e Venezuela. Baseou-se na conformação de uma Força Aérea Combinada para atuar num cenário de conflito de média intensidade sob mandato das Nações Unidas e compreendeu tarefas de planejamento, execução e supervisão de operações aéreas necessárias para dar uma solução militar a um problema imposto. Os objetivos foram de incrementar a interoperabilidade entre as Forças Aéreas, compartilhar experiências que conduzissem a uma doutrina aérea regional, além de adestrar os Estados-Maiores de Comandos Aéreos Operacionais intervenientes no planejamento de operações aéreas combinadas entre países aliados, o pessoal no desenvolvimento de atividades de comando e controle e de inteligência aérea operacional nos moldes da OTAN. Buscou, também, treinar as assessorias jurídicas na redação e cumprimento das regras de engajamento e o pessoal de informação pública nas tarefas e interação entre as forças militares e o meio civil, minimizando com suas ações os efeitos negativos do uso da força por parte da coalizão. [1163]

Na operação Ñandu, foi possível aplicar e melhorar o Regulamento Aeronáutico do Comando do Componente Aéreo para Ação Militar Combinada, editado em 2006, e fruto da experiência nessa série de exercícios conjuntos realizados. [1164]

Entre a Argentina e o Chile foi estabelecido um sistema de comunicação permanente entre as Forças Aéreas baseadas em Punta Arenas (Chile) e Rio Galegos (Argentina), implementandos procedimentos de coordenação de redes de comunicação e controle de tráfego aéreo.

Além da grande quantidade de exercícios conjuntos concebidos por cada uma das forças, a Argentina e o Chile deram um passo adiante. A partir do Acordo de Cooperação em Matéria de Catástrofes assinado em 1997, planejaram o exercício Solidariedad com a participação das três forças armadas dos dois países num quadro de assistência humanitária. Iniciado em 2001 com planejamento na carta, em 2004 teve o emprego de meios navais, terrestres e aéreos em ações humanitárias, abastecimento por terra e ar e evacuação de pessoas feridas por transportes militares. [1165]

1163. Entrevista com Cel. Alberto M. Zanelli. Diretor da Escola de Estado-Maior Aéreo da Força Aérea do Uruguai. Montevidéu, 5 dez. 2007.

1164. Ibidem.

1165. CHILE. Tercera Zona Naval. Departamento de Relaciones Publicas. Ejercicio Solidaridad 2004 entre Chile y Argentina. 12 out 2004. Disponível em: http://www.armada.cl/p4armada/site/artic/20041014/pags/20041014101806 .html e En terreno continúan maniobras de Solidaridad 2006. 05 out. 2006. Disponível em: http://www.armada.cl/p4_armada/site/artic/20061006/pags/20061006095338.html. Acesso em: 28 ago. 2007.

Dos entendimentos firmados nos diversos foros, resultaram atividades militares das mais diversas. Na área da educação, deram origem a planos de cursos desde o nível de doutorados até os de pequena duração como de operações psicológicas e de inteligência, estágios, visitas, intercâmbios, etc. No caso de Brasil e Argentina, permitiram a introdução dos idiomas português e espanhol nas escolas militares de ambos os países, a permanência de oficiais concludentes do Curso de Comando e Estado-Maior como instrutores da Escola de Comando e Estado-Maior do Exército do Brasil e na Escola Superior de Guerra na Argentina.

A considerável quantidade de atividades pode ser avaliada tomando por base a Marinha. Em 1993, o ministro ordenou que se intensificassem o relacionamento da marinha com a Armada Argentina e a marinha dos EUA. [1166] Em 1998, foram realizados 203 eventos de intercâmbio nas áreas operativa, ciência e tecnologia, instrução e logística entre a Marinha do Brasil e congêneres estrangeiras, incluindo todas as do Cone Sul. [1167] No ano seguinte, os eventos cresceram para 228. O Exército Brasileiro, em 2005, previu 60 atividades para seus oficiais no exterior através do Plano de Cursos e Estágios em Nações Amigas (PCENA). De forma recíproca, ofereceu cerca de 95 atividades para militares estrangeiros no Brasil. O Plano de Visitas e Outras Atividades em Nações Amigas (PVANA) previu 120 atividades entre conferências, comissões, seminários, reuniões, intercâmbios, visitas, viagens de estudo, competições esportivas, etc. [1168]

A Força Aérea Brasileira realizou intercâmbios de instrutores de aviões Tucano, de tripulações de aeronaves C-130 Hércules, de tripulantes de aviões de busca e salvamento, e disponibilizou o simulador do avião Tucano para adestramento de pilotos argentinos. Os argentinos ofereceram intercâmbio de tripulações, de sistemas de armas IA 58 Pucará e uma série de programas como cursos de Estados-Maiores Aéreos Combinados, de missão de comandante, de sobrevivência para tripulações aéreas e reabastecimento aéreo para a Força Aérea Uruguaia. [1169]

Os mecanismos militares levaram à troca de informações nas áreas de interesse comum, por intermédio dos próprios Estados-Maiores, das unidades de fronteira ou dos adidos militares. [1170]

1166. BRASIL. SDM. Relatório Anual da Marinha (Conf.). Rio de Janeiro, dez. 1993.

1167. BRASIL. SDM. Relatório Anual da Marinha (Conf.). Rio de Janeiro, dez. 1998. Entre 1985 e 2006 35 oficiais superiores da MB realizaram cursos de Magister e de Estado-Maior Naval na Escola de Defesa Nacional da Argentina. Informação prestada ao autor pelo comando da EGN.

1168. Revista Verde Oliva, Brasília, a. XXXII, n. 187, jan./mar. 2006, p. 38-41.

1169. Entrevista com Cel. Alberto M. Zanelli Diretor da Escola de Estado-Maior Aéreo da Força Aérea do Uruguai. Montevidéu, 5 dez. 2007.

1170. Nesse campo houve, inclusive, a participação de representante do Ministério de Defesa argentino em Congresso de Inteligência Estratégica realizado pelo governo brasileiro em 2003. ARGENTINA. MD. *Memoria Anual Detallada del estado de la Nación 2005*. Documentos Anexos. Buenos Aires, 2006, p. 83.

Uma outra área beneficiada pelos entendimentos foi a de operações de paz com a participação conjunta de militares. A partir de 1995, um oficial e um graduado brasileiros passaram a integrar a força tarefa argentina em Chipre e por reciprocidade de um oficial argentino foi designado para a tropa brasileira em Angola. Posteriormente, um contingente chileno valor pelotão foi desdobrado junto à mesma força tarefa e, em 2003, 32 militares paraguaios. [1171]

Numa evolução desse tipo de entendimento, ocorreu a coordenação para a participação na missão de paz da ONU no Haiti. A partir da decisão sobre o desdobramento de tropas dos países do Cone Sul, uma série de reuniões entre funcionários dos governos passou a ser realizada tratando de temas das missões das forças empregadas na MINUSTAH. [1172]

Uma outra área beneficiada foram as da logística e do desenvolvimento de ciência e tecnologia. O Brasil estabeleceu um intercâmbio de tecnologia naval com a Argentina e o Chile. [1173] Em 1997, as marinhas do Brasil e da Argentina assinaram um Termo de Compromisso para a manutenção de turbinas Tyne de fragatas brasileiras. Com base nesse termo, no ano seguinte, o Arsenal Aeronaval Comandante Espora da Argentina realizou a revisão de turbinas das fragatas brasileiras classe Greenhalgh. Por outro lado, no ano seguinte, o arsenal da marinha no Rio de Janeiro passou a realizar reparos nos submarinos argentinos. [1174]

Nesse caso específico, as marinhas assinaram, em 18 de junho de 1999, o Documento de Empreendimento Conjunto para a Execução do Reparo Meia Vida (RMV) do Submarino Santa Cruz que previa a execução dos reparos num período de 18 meses. Em consequência, o submarino atracou no Rio de Janeiro em 21 de setembro de 1999 e no dia 1° de outubro foi docado no dique flutuante almirante Schieck para início dos trabalhos de reparo, que, pela complexidade de seus sistemas e por se tratar de um submarino de outra marinha, receberam um tratamento especial para garantir o sucesso da operação. Foi realizado o corte do casco, o que permitiu manutenção ou a substituição de diversos equipamentos, tendo sido concluída a união das seções em novembro de 2000. A desdocagem aconteceu

1171. ARGENTINA. MD. *Memoria Anual Detallada del estado de la Nación 2003*. Documentos Anexos. Buenos Aires, 2004, p. 67.

1172. Missão das Nações Unidas para a Estabilização no Haiti, criada em 2004 pelo Conselho de Segurança da ONU.

1173. A marinhas do Brasil e da Argentina mantêm intercâmbio, através da Diretoria de Sistemas de Armas (DSAM) e o Instituto de Pesquisas da Marinha nas áreas de manutenção de equipamentos eletrônicos, de mísseis e armas submarinas, de armas de superfície e de desenvolvimento de simuladores táticos. BRASIL. SDM. Relatório Anual da Marinha (Conf.). Brasília, dez. 1997.

1174. BRASIL. SDM. Relatório Anual da Marinha (Conf.) de 1997 a 1999.

em 20 de fevereiro de 2001, sendo realizados os testes de cais e de mar até abril quando o submarino foi devolvido a ARA. [1175]

Em 2000, o estaleiro chileno Talcahuano realizou um processo de modernização do destróier Herculo da Armada Argentina [1176] e um memorando de entendimento foi assinado com o Chile, em 21 de julho de 2001, para manutenção de turbinas de navios chilenos no Arsenal Aeronaval Comandante Espora. [1177] Em contrapartida, o estaleiro chileno Asmar executou reparos num destróier da Armada Argentina.

No caso dos exércitos, a partir do Acordo de Cooperação Científica e Tecnológica que havia sido firmado em maio de 1980 entre os governo de Brasil e Argentina [1178], foi desenvolvido um projeto conjunto pelo Centro Tecnológico do Exército Brasileiro (CTEx) e a *Dirección de Investigación, Desarrollo y Produción* do exército argentino de uma viatura para atender tropas aerotransportadas, ou seja, que pudesse ser transportada em aviões Hércules que os dois países possuem. O resultado se consumou na fabricação da viatura denominada Gaúcho com especificações para emprego em "missões de suprimento, transporte de material, evacuação de feridos, lançamentos de fios, reconhecimento, comando e controle e operações especiais". [1179]

A cooperação se estendeu a análises de possibilidades de implementação de uma logística conjunta. Na VII reunião Interconsulta Chileno-Argentino, um dos temas tratou das experiências dos dois países nessa área e na IX Reunião foi incluído o tema manutenção integrada de helicópteros. [1180]

Os países do Cone Sul iniciaram também entendimentos, a partir de uma reunião em Assunção, em 2003, sobre a possibilidade da criação de um mecanismo de coordenação para incentivar a cooperação ambiental do setor de defesa. [1181]

1175. BRASIL. MB. NOMAR, Brasília, a. XXXVII, n. 707, 05 mar. 2001, p. 7.

1176. KENNY, Alejandro. *Seguridad en el Atlantico Sur. In el Estado de la Seguridad y la Seguridad del Estado en América Latina.* CARI. Colección Documentos de Trabajo, n. 76. Buenos Aires, 2003, p. 53-59 (58).

1177. ARGENTINA. MD. *Memoria Anual Detallada del estado de la Nación 2005.* Documentos Anexos. Buenos Aires, 2006, p. 48.

1178. O Acordo sofreu um ajuste complementar em novembro de 2005. Na mesma ocasião, os dois governos assinaram o Acordo Marco para a Cooperação no Âmbito da Defesa. ARGENTINA. Ibidem, p. 7.

1179. Viatura Leve de Emprego Geral Aerotransportável Gaúcho. *Revista Verde Oliva*, Brasília, a. XXXIII, n. 188, 2006, p. 39.

1180. ARGENTINA. MD. *Memoria Anual Detallada del estado de la Nación 2003*, p. 63 e *Memoria Anual Detallada del estado de la Nación 2005*, p. 83.

1181. ARGENTINA. MD. *Memoria Anual Detallada del estado de la Nación 2003.* Documentos Anexos. Buenos Aires, 2004, p. 13.

## XIV - Mercosul e a Segurança Multidimensional

Paralelo aos mecanismos que foram sendo criados na sub-região, o avanço da integração econômica e as influências das organizações internacionais resultaram numa série de decisões aprovadas no âmbito do Mercosul com a intenção de coordenar políticas e ações relacionadas com a segurança do bloco ligadas a concepções que, posteriormente, foram definidas como aspectos multidimensionais da segurança.

A adoção de medidas de caráter multilateral no âmbito do bloco foi possível por ter havido a incorporação do entendimento comum que: 1) houve a multiplicação de ameaças não convencionais e, principalmente, de atores não estatais; 2) que esses atores não balizam suas ações pela lógica do poder, mas a própria assimetria acaba sendo a causa de seu comportamento, gerando insegurança; 3) que essas novas ameaças e atores não podem ser tratados apenas em termos militares ou de segurança pública, nem conseguem ser solucionadas pela ação individual do Estado, tornando-se parte importante do diálogo coletivo sobre segurança.

Com os atentados terroristas nos Estados Unidos, em 11 de setembro de 2001, o tema da insegurança causada por grupos transnacionais ganhou prioridade. No entanto, no âmbito do Mercosul, os entendimentos relacionados com a adoção de medidas contra as novas ameaças tiveram início antes mesmo dos atentados e da aprovação do conceito multidimensional da segurança pela OEA e foram consubstanciadas por decisões do Conselho do Mercado Comum (CMC). A adoção dessas medidas logo após a conformação do Mercosul pode ter ligação com os atentados terroristas contra a Embaixada de Israel em Buenos Aires em 1992, e contra a sede da Associação Mutual Israelita Argentina (AMIA) em 1994.

Já em agosto de 1991, durante visita do presidente Menem ao Brasil, foram assinados vários acordos sobre o tema, entre eles o Acordo para a Criação de Grupo de Cooperação Brasil-Argentina sobre Assuntos Fronteiriços criou um grupo permanente destinado a facilitar o trânsito na região, bem como promover soluções práticas para superar dificuldades conjunturais.[1182] O acordo bilateral permitiu a aprovação da Decisão 05/93 do CMC que aplicou os mesmos controles em todos os membros do bloco.[1183]

Em março de 1996, o Programa de Ação Nacional Antidrogas do Brasil foi encaminhado ao Presidente da República com uma exposição de motivos propondo a designação como adidos às embaixadas em Buenos Aires, Bogotá e Assunção de três delegados da Polícia Federal com o objetivo de aprimorar os contatos das

1182. BRASIL. MRE. *Resenha de Política Exterior do Brasil*, n. 69, Brasília, 2º semestre de 1991, p. 88-90.

1183. MERCOSUL. CMC. Decisão n. 5/93. Acordo para a Aplicação dos Controles Integrados em Fronteira entre os Países do Mercosul.

missões diplomáticas com ampla gama de autoridades judiciais e policiais, sobretudo no que tange ao combate ao narcotráfico. Tinha por finalidade, também, agilizar a implementação dos Acordos Bilaterais de combate ao tráfico ilícito que o Brasil assinou com esses países. [1184]

A partir de 1996, foi criada a Reunião de Ministros do Interior com o objetivo de "avançar na elaboração de mecanismos comuns, para aprofundar a cooperação nas de áreas de sua competência". [1185]

O Plano de Cooperação e Assistência Recíproca para a Segurança Regional no Mercosul, aprovado em 1998, apresentou uma série de medidas para fazer frente às ameaças e para otimizar os meios dos organismos vinculados com segurança. A partir dele, Argentina, Brasil e Paraguai estabeleceram o Comando Tripartite para a região da Tríplice Fronteira, congregando órgãos dos três países responsáveis pela segurança pública. [1186]

Em dezembro de 2002, já como resultante dos atentados de 11 de setembro e das pressões norte-americanas em relação à possibilidade da região da Tríplice Fronteira abrigar terroristas, os três países do Comando Tripartite convidaram os Estado Unidos para se juntar ao mecanismo consultivo, criando o Mecanismo 3+1 sobre a Problemática da Tríplice Fronteira com a finalidade de discutir os problemas da região no campo dos ilícitos transnacionais e sua possível vinculação com o terror e seu financiamento.

No bojo do Mecanismo 3+1, foram realizadas ainda reuniões de unidades de inteligência financeira (UIFs) encarregadas, dentre outras coisas, de examinar dados disponíveis e verificar a hipótese de fluxo de operações financeiras para organizações terroristas no Oriente Médio a partir da Tríplice Fronteira, hipótese essa que continuou sendo descartada pelo governo brasileiro por ausência de provas. Fazem parte das atividades realizadas pelos Estados Unidos, ainda, a realização de seminários, treinamentos sobre atividades suspeitas nos sistemas bancários, e assistência técnica e consultiva aos órgãos de inteligência financeira pelo *U.S. Financial Crimes Enforcement Network* (FinCEN). [1187]

1184. A aditância foi ativada em 1999.

1185. No caso do Brasil, participa o ministro da Justiça. MERCOSUL. CMC. Decisão n. 7/96. Reunião de Ministros do Interior. XI CMC. Fortaleza, 17 dez. 1996.

1186. O mecanismo foi criado em 1998.

1187. A Lei n. 9.613, de 3 de março de 1998, dispôs sobre as medidas legais necessárias, a definição do crime de lavagem de dinheiro, as medidas preventivas, o sistema de comunicação de operação suspeita e criou a Unidade de Inteligência Financeira (UIF). BRASIL. Lei n. 9.613 Dispõe sobre os crimes de "lavagem" ou ocultação de bens, direitos e valores; a prevenção da utilização do sistema financeiro para os ilícitos previstos nesta Lei; cria o Conselho de Controle de Atividades Financeiras - COAF, e dá outras providências. Brasília, 3 mar. 1998.

Na sequência, em 25 de setembro de 2001, o governo norte-americano recebeu a autorização brasileira para instalar um escritório de representação do Tesouro norte-americano junto ao Consulado-Geral dos Estados Unidos em São Paulo para combater operações de lavagem e circulação de dinheiro procedente de fontes ilícitas, trabalhando em parceria com o Banco Central, a Polícia Federal e o Conselho de Atividades Financeiras (COAF). Anteriormente, o Brasil havia instalado aditâncias da Receita Federal nas embaixadas brasileiras de Buenos Aires e Washington. [1188]

A Decisão 07/98 tratou do registro de armas, explosivos e munições e previu um mecanismo conjunto de registro integrado pelas bases de dados e outros arquivos dos órgãos competentes dos Estados-membros, cujas ações para concretizar seu funcionamento estariam a cargo de um grupo especializado de Informática e Comunicações. [1189]

Já o Acordo sobre Extradição firmado em 1998 enquadrou, em seu capítulo III, o terrorismo como não sendo crime político e, portanto, passível de extradição, além de enumerar diversos delitos considerados terroristas e prever a possibilidade de extradição também pela tentativa de execução desses atos. [1190]

Os Estados-membros e os associados acordaram, também, com a criação de um Centro de Coordenação de Capacitação Policial que deveria, dentre outras medidas, propiciar o intercâmbio de experiências na área da segurança pública e o desenvolvimento de planos e programas de capacitação de instituições policiais. [1191]

O Plano Geral de Cooperação e Coordenação Recíprocas para a Segurança Regional deveria maximizar os níveis de segurança na região através do intercâmbio de informações entre os órgãos de controle e as forças de segurança e/ou policiais; cooperação e coordenação para o desenvolvimento de atividades simultâneas operacionais e de controle; estabelecimento de sistemas de informática e de comunicações necessários para o exercício da ação policial; aperfeiçoamento da capacitação dos recursos humanos disponíveis dos diferentes

1188. A solicitação oficial foi feita pela Embaixada dos EUA em 13 de julho de 2001 com base em consultas iniciadas em janeiro daquele ano, ou seja, sem relação com os atentados terroristas de 11 de setembro. BRASIL. Câmara dos Deputados. CREDN. Audiência Pública n. 001079/01. Depoimento do Ministro de Relações Exteriores Celso Lafer. Brasília, 4 out. 2001.

1189. Criado pelas Decisões n. 20 e 21 de 2000, que complementaram o Plano de Segurança Regional. Foram criados também grupos especializados de trabalho nas áreas: Delitual; Migratória; Ilícitos ambientais; Tráfico Ilícito de Material Nuclear e/ou Radioativo e Capacitação.

1190. MERCOSUL. CMC. Decisão n. 14/98 Acordo sobre Extradição entre os Estados Partes do Mercosul. Rio de Janeiro, 10 dez. 1998.

1191. MERCOSUL. CMC. Decisões n. 16 e 17/00. Centro de Coordenação de Capacitação Policial entre os Estados Partes do Mercosul. XVIII CMC. Buenos Aires, 29 jul. 2000.

órgãos de controle e forças de segurança e/ou policiais, de modo a obter sua utilização racional. [1192]

O Plano previu, também, ações contra o terrorismo como: criação de um foro especializado de intercâmbio de informações no âmbito da Reunião de Ministros do Interior, com reuniões semestrais entre os representantes dos Órgãos Especializados e/ou de Inteligência de cada um dos Estados-Partes e Associados; elaboração de informes bimestrais; criação de um sistema de consultas rápidas, integrado ao Sistema de Intercâmbio de Informações de Segurança do Mercosul (SISME) para agilizar pedidos de antecedentes relacionados com o terrorismo; coordenação de procedimentos que permitissem uma rápida colaboração entre os órgãos responsáveis dos Estados; intercâmbio de experiências e capacitação de técnicos e especialistas. [1193]

As diversas decisões que complementaram o referido Plano previram uma maior integração dos órgãos responsáveis por diversas áreas delituais dos Estados-membros, o intercâmbio de informações através do SISME, o estabelecimento de sistema de alerta e de comunicações permanente entre os órgãos responsáveis pelo controle de transporte de cargas e a criação de um banco de dados. [1194]

O Programa de Ação do Mercosul de Combate a Ilícitos no Comércio Internacional previu medidas necessárias para a comunicação e a transmissão de dados entre os Sistemas Informatizados de Gestão Aduaneira; registro das operações de comércio exterior; intercâmbio de operações aduaneiras entre os Estados de mercadorias intra e extrazona; intercâmbio de técnicas de inteligência aduaneira fiscal; investimento em tecnologia como radares e satélites, dentre outros, para vigilância e controle nas fronteiras; estabelecimento de medidas para ação conjunta das aduanas e outros organismos dos Estados-membros; harmonização de legislação relativa a penalidades impostas a empresas e pessoas envolvidas em contrabando, falsificação e outros delitos; e recomendou a criação de um foro público composto de órgãos de segurança, justiça, empresas seguradoras e aduanas. [1195]

1192. O Plano substituiu o Plano de Cooperação e Assistência Recíproca para a Segurança Regional, aprovado pela decisão Nr 05/98 e o Plano de Segurança para a Tríplice Fronteira. MERCOSUL. CMC. Decisão n. 22 e 23/99. Plano Geral de Cooperação e Coordenação Recíproca para a Segurança Regional. XVII CMC. Montevidéu, 7 dez. 1999.

1193. MERCOSUL. CMC. Decisão Nr 22/99 Plano Geral de Cooperação e Coordenação Recíproca para a Segurança Regional. Disponível em: http://www.mercosur.org.uy/portugues/snor/normativa/decisiones/dec2299.htm. Acesso em: 22 nov. 99.

1194. MERCOSUL. CMC. Decisões n. 7 e 8/00, 13 e 14/01 e 9 e 10/02 trataram da Complementação e Adequação do Plano Geral de Cooperação e Coordenação Recíproca para a Segurança Regional, entre os Estados Partes do Mercosul e entre os Mercosul, Bolívia e Chile.

1195. MERCOSUL. CMC. Decisão n. 3/01 Programa de Ação do Mercosul de Combate aos Ilícitos no Comércio Internacional.

Em junho de 2000, Brasil e Argentina ingressaram simultaneamente no Grupo de Ação Financeira Internacional contra a Lavagem de Dinheiro (GAFI), um organismo internacional que procura coordenar esforços e garantir a cooperação internacional na luta contra a lavagem de dinheiro. Em dezembro do mesmo ano, por iniciativa de ambos foi constituído o GAFI Sul-Americano. Ainda em 2000, foi conformada a chamada Comissão RED (Reunião Especializada de Autoridades de Aplicação em Matéria de Drogas, Prevenção de seu Uso Indevido e Reabilitação de Dependentes do Mercosul) para tratar de temas ligados ao comércio ilegal de substâncias químicas, a lavagem de dinheiro fruto do comércio de drogas e a harmonização das legislações relativas ao assunto. [1196]

Foi criado, no âmbito da Reunião de Ministros do Interior, um Grupo de Trabalho Especializado sobre Terrorismo. Em 28 de setembro de 2001, logo após os atentados nos Estados Unidos, os ministros do Interior da Argentina, Paraguai e Uruguai e da Justiça do Brasil declararam o repúdio aos atos terroristas e à decisão de criar um Grupo de Trabalho Permanente no Mercosul que deveria avaliar ações conjuntas e coordenadas contra o terrorismo, o aumento de troca de informações sobre a questão, além de estudar ações a serem inseridas no Plano de Segurança Regional. [1197] Do trabalho desses grupos, foi possível chegar a acordos sobre a operação conjunta de serviços de inteligência das polícias do Mercosul, cooperação contra o tráfico aéreo ilegal conexos com atividades criminosas transfronteiriças e contra a corrupção nas fronteiras.

Em dezembro daquele mesmo ano, a Decisão 26/01 criou uma série de ações práticas em relação a operações de controle e fiscalização especialmente destinadas à detecção de indivíduos ou organizações dedicadas ao tráfico ilícito de drogas, precursores e substâncias químicas controladas; tráfico de pessoas, especialmente mulheres e crianças, e tráfico de migrantes ilegais, contrabando, roubo/furto de automóveis, crime organizado e delitos econômicos e financeiros.

1196. MERCOSUL. XV Cumbre de Presidentes del MERCOSUR. Comunicado Conjunto dos Presidentes dos Paises do Mercosul. Rio de Janeiro, 10 dez. 1998. Disponível em: http://www.mercosur-comisec.gub.uy/documentos/dec_pres/ DeclPresidenciales/XVcumbrePteMdic98/declaracion%20presidentes%20dic.html. Acesso em: 16 nov. 2007. MERCOSUL. GMC. Resolução GMC n. 76/98 Reunião Especializada de Autoridades de Aplicação em Matéria de Drogas, Prevenção de seu uso indevido e Recuperação de Drogadependentes (RED). MERCOSUL. CMC. Decisão n. 59/00 Reestruturação dos Órgãos Dependentes do Grupo Mercado Comum e da Comissão de Comércio do Mercosul. XIX CMC. Florianópolis, 14 dez. 2000.

1197. BRASIL. Ministério da Justiça. Declaração do Mercosul sobre o Terrorismo. Disponível em: http://www.mj.gov.br/acs/releases/2001/setembro/RLS%20260901%20declaracao.htm. Acesso em: 15 nov. 2001. O grupo passou a se reunir quinzenalmente desde 2001 para trocar e analisar informações relativas a possível atuação terrorista na sub-região.

Em abril de 2002, foi lançada a Rede Internacional de Inteligência de Segurança Pública (RESINF), um banco de dados sobre criminosos e terroristas utilizado pelo Mercosul. A posição brasileira era a de que a Rede não se constituiria apenas num instrumento de consulta, mas um elo entre as forças policiais e de inteligência.[1198] Em reunião realizada em Porto Alegre, em agosto de 2002, como preparação para a Reunião de Ministros do Interior e da Justiça do bloco, discutiu-se, inclusive, a adoção de uma legislação única para responsabilizar legalmente os envolvidos com o terrorismo.[1199]

Durante a XIII Reunião de Ministros do Interior e Justiça do Mercosul, foram aprovadas complementações ao Plano Geral de Segurança Regional em matéria de contrabando e tráfico ilícito de produtos derivados do tabaco, de roubo de mercadorias em trânsito, de pirataria, para evitar o tráfico ilegal de gado e implementos agrícolas e a conformação de uma rede de comunicações. Foram previstas reuniões locais de intercâmbio de informações de periodicidade mensal e rotativa, entre as Forças de Segurança e/ou Policiais de cada um dos Estados. A atividade de patrulhamento foi contemplada com a concretização de "pontos de contato" nas passagens ilegais ou zonas de risco na linha de fronteira.[1200]

Em relação ao roubo de mercadorias, previu a criação no âmbito interno de cada Estado-Parte de uma base de dados (mapa do delito) sobre ocorrências de fatos delitivos em matéria de roubo de mercadorias em trânsito que seriam intercambiados através das respectivas Seções Nacionais da Reunião de Ministros do Interior. Encomendaram, ainda, ao Grupo Especializado de Trabalho de Informática e Comunicações,

> estudos de viabilidade e posterior instrumentalização de uma rede de comunicações entre as Forças de Segurança e/ou Policiais, a partir de pelo menos um canal compatível e/ou disponível para comunicações de emergência, intercâmbio de informação e/ou coordenação de ações, em ambos os lados de cada fronteira, sem limitações e sem necessidade de recorrer a outros meios.[1201]

Foi prevista a conformação de um foro especializado de intercâmbio e análise de informação sobre terrorismo no âmbito da Reunião de Ministros do Interior; a

1198. Mercosul decide reforçar segurança. *Zero Hora*. Porto Alegre, 29 ago. 2002, p. 34.

1199. Mercosul prepara operação conjunta contra o terror. *Zero Hora*. Porto Alegre, 31 ago. 2002, p. 28.

1200. MERCOSUL. CMC. Decisões 05 e 06/03 Acordos Emanados da XXIII Reunião de Ministros do Interior do Mercosul. XXIV CMC. Assunção, 17 jun. 2003.

1201. Ibidem.

criação de um Sistema Integrado de Intercâmbio de Informação com dados sobre pessoas, organizações que em forma real ou potencial possam apoiar ou executar ações terroristas, laboratórios ou indústrias que produzam insumos e tecnologias que possam ser utilizadas na elaboração de armas químicas, além do intercâmbio de experiências ou informação preventiva para responder aos efeitos de diferentes tipos de doenças que possam ser propagadas; implementação de cursos de atualização sobre luta contra o terrorismo que permitam obter, através do intercâmbio regional e extrarregional, melhorias nos níveis de treinamento do pessoal dos Organismos de Controle. [1202]

O Brasil propôs, também, a criação de um grupo bilateral para identificar e desenvolver as capacidades disponíveis para combater os ilícitos. Em setembro de 2003, foi realizada a I Reunião Bilateral sobre o Tráfico de Armas, ocasião em que, por proposta Argentina, foi aprovado o Memorando de Entendimento para o Estabelecimento de um Mecanismo Permanente de Intercâmbio de Informação sobre a Circulação e o Tráfico Ilícito de Armas de Fogo, Munições, Explosivos e outros Materiais Relacionados, concluído durante a visita do presidente brasileiro à Argentina em outubro de 2003. O Grupo de Trabalho sobre Armas de Fogo e Munições concluiu projeto do Convênio para Cooperação Relativa ao Intercâmbio de Dados sobre a Fabricação, Exportação, Importação e Demais Aspectos Jurídicos que Envolvam Armas de Fogo, Munições, Explosivos e outros Materiais Relacionados, aprovado em 4 de julho de 2004. [1203]

Naquele mesmo ano, a Decisão 36/04 aprovou uma nova estrutura do SISME com o objetivo de colocar em funcionamento e manter o Sistema para que, através dele, possam ser desenvolvidos os procedimentos administrativos e de segurança, apoiados em meios informáticos e de comunicações de última tecnologia, que permitam organizar, controlar e dinamizar as atividades operacionais dos organismos relacionados com a problemática de segurança de cada Estado-Parte. Deveria permitir o processamento da informação referida a acontecimentos operacionais policiais, pessoas, veículos e outros elementos que sejam determinados através dos meios tecnológicos que para tal fim sejam estabelecidos. [1204]

1202. MERCOSUL. CMC. Decisão n. 09/02. Adequação do Plano Geral de Cooperação e Coordenação Recíproca para a Segurança Regional, entre os Estados-Partes do Mercosul. XXII CMC. Buenos Aires, 5 jul. 2002.

1203. MERCOSUL. CMC. Decisão n. 15/04 de 07 jul. 2004. Memorando de Entendimento para o Intercâmbio de Informação sobre a Fabricação e o Tráfico Ilícitos de Armas de Fogo, Munições, Explosivos e Outros Materiais Relacionados entre os Estados Partes do Mercosul. XXVI CMC. Puerto Iguazú, 07 jul. 2004.

1204. MERCOSUL. CMC. Decisão n. 36/04 Sistema de Intercâmbio de Informação de Segurança do Mercosul (SISME). XXVII CMC. Belo Horizonte, 16 dez. 2004.

Em 2006, pela Decisão 16/06, foi aprovado o Acordo-Quadro entre os membros do bloco e seus associados sobre cooperação em matéria de segurança com o objetivo de

> otimizar os níveis de segurança da região, promovendo a mais ampla cooperação e assistência recíproca na prevenção e repressão das atividades ilícitas, especialmente, as transnacionais, tais como: o tráfico ilícito de entorpecentes e substâncias psicotrópicas, o terrorismo internacional, a lavagem de dinheiro, o tráfico ilícito de armas de fogo, munições e explosivos, o tráfico ilícito de pessoas, o contrabando de veículos e os danos ambientais. [1205]

Dever-se-ía dar com o intercâmbio de informação, de análise e de apreciações; a realização de atividades operacionais coordenadas, simultâneas e/ou complementares; a capacitação e a geração de mecanismos e instâncias para materializar esforços comuns no campo da segurança pública e a segurança das pessoas e seus bens.

Tabela 7 – Decisões do Mercosul com Implicações na Área de Segurança [1213]

| | |
|---|---|
| Decisão n. 05/93 | Acordo para a Aplicação dos Controles Integrados em Fronteiras entre os Países do Mercosul. |
| Decisão n. 01/97 | Convênio de Cooperação e Assistência Recíproca entre as Administrações de Alfândegas do Mercosul relativo à Prevenção e Luta Contra as Ilegalidades Aduaneiras. |
| Decisões n. 05 e 06/98 | Plano de Cooperação e Assistência Recíproca para a Segurança Regional no Mercosul e entre o Mercosul, Bolívia e Chile. |
| Acordo n. 07/98 | Mecanismo Conjunto de Registro de Compradores e Vendedores de Armas de Fogo, Munições, Explosivos e outros Materiais Correlatos para o Mercosul. |
| Decisão n. 14/98 | Acordo Sobre Extradição entre os Estados Partes do Mercosul. |
| Decisão n. 18/98 | Criou o Foro de Consulta e Concertação Política. |

1205. MERCOSUL. Decisão n. 16/06. Acordo-Quadro sobre Cooperação em Matéria de Segurança Regional entre os Estados Partes do Mercosul, a República da Bolívia, a República do Chile, a República da Colômbia, a República do Equador, a República do Peru e a República Bolivariana da Venezuela. XXX CMC. Córdoba, 20 jul. 2006.

1206. Decisões do CMC disponíveis em http://www.mercosur.org.uy/portugues/sdyd/actas/LISTACMC.htm. Acesso em: 02 jun. 07.

| | |
|---|---|
| Decisão n. 13/99 | Regimento Internos da Subcomissão de Seguimento e Controle da Comissão de Administração do Sistema de Intercâmbio de Informação do Mercosul, Bolívia e Chile. |
| Decisões n. 22 e 23/99 | Plano Geral de Coordenação Recíproca para a Segurança Regional no Mercosul, Bolívia e Chile. |
| Decisão n. 24/99 | Regulamento Interno da Subcomissão de Acompanhamento e Controle e da Comissão de Administração do Sistema de Intercâmbio de Informação. |
| Decisões n. 25 e 26/99 | Regulamento de Organização e Funcionamento do Sistema de Intercâmbio de Informação de Segurança do Mercosul e do Mercosul, Bolívia e Chile. |
| Decisões n. 06 a 13/00 | Complementação do Plano Geral de Cooperação e Coordenação Recíproca para a Segurança Regional em matéria de tráfico de menores, delitos econômicos e financeiros, ilícitos ambientais e ilícitos de material nuclear e radioativo entre os Estados-membros do Mercosul e associados. |
| Decisão n. 14/00 | Regulamentação do Regime de Trânsito Vicinal Fronteiriço entre os Estados-Partes do Mercosul. |
| Decisões n. 16 e 17/00 | Centro de Coordenação de Capacitação Policial entre os Estados-Partes do Mercosul e entre o Mercosul, Bolívia e Chile. |
| Decisões n. 18 e 19/00 | Complementação da Definição e Configuração do Sistema de Intercâmbio de Informação de Segurança entre os Estados-Partes do Mercosul e entre o Mercosul, Bolívia e Chile. |
| Decisões n. 20 e 21/00 | Conformação do Grupo Especializado de Trabalho "Capacitação", Complementação do Plano de Segurança Regional entre os Estados-Partes do Mercosul e entre o Mercosul, Bolívia e Chile. |
| Decisões n. 42 e 43/00 | Regimento Interno do Centro de Coordenação de Capacitação Policial no Mercosul, Bolívia e Chile. |
| Decisão n. 03/01 | Programa de Ação do Mercosul de Combate aos Ilícitos no Comércio Internacional. |
| Decisões n. 13/01, 14/01 e 26/01 | Complementação e adequação do Plano Geral de Cooperação e Coordenação Recíproca para a Segurança Regional. |
| Decisão n. 05/02 | Criou Grupo Ad Hoc sobre Integração Fronteiriça. |
| Decisão n. 09/02 | Adequação do Plano Geral de Cooperação e Coordenação Recíproca para a Segurança Regional. |

| | |
|---|---|
| Decisão n. 09/02 | Adequação do Plano Geral de Cooperação e Coordenação Recíproca para a Segurança Regional. |
| Decisão n. 10/02 | Aprovou os acordos relacionados na Decisão 09/02 entre os Estados-Partes do Mercosul, a Bolívia e o Chile. |
| Decisão n. 28/02 | Aprovou os acordos 11 e 12/02 – Regularização Migratória Interna de Cidadãos do Mercosul, 13 e 14/02 – Residência para Nacionais dos Estados-Partes do Mercosul. |
| Decisão n. 29/02 | Aprovou os acordos 15 e 16/02 sobre Cooperação para Combater as Atividades Ilícitas Transnacionais Derivadas do Tráfego Ilegal de Aeronaves, 17 e 18/02 sobre Combate à Corrupção nas Fronteiras, 19 e 20/02 sobre Ampliação das Ações Referentes aos Ilícitos Ambientais Constantes do Plano Geral de Cooperação e Coordenação Recíproca para a Segurança Regional, 21 e 22 /02 sobre Elevação do *Status* da Comissão Especial de Segurança Cidadã a Grupo de Trabalho Especializado da Subcomissão de Acompanhamento e Controle da Reunião de Ministros do Interior, 23 e 24/02 sobre Cooperação em Operações Combinadas de Inteligência Policial sobre Terrorismo e Delitos Conexos entre os Estados-Partes do Mercosul, Bolívia e Chile. |
| Decisões n. 05 e 06/03 | Aprovou a Complementação do Plano Geral de Segurança Regional em Matéria de Contrabando e Tráfico Ilícito de Produtos Derivados do Tabaco, a Complementação do Plano Geral de Segurança Regional em Matéria de Roubo de Mercadorias em Trânsito, a Complementação do Plano Geral de Segurança Regional em Matéria de Pirataria, os Procedimentos para Evitar o Tráfico Ilegal de Gado e Implementos Agrícolas e a Conformação de uma Rede de Comunicações entre os Estados-Partes do Mercosul. |
| Decisão n. 15/04 | Memorando de Entendimento para o Intercâmbio de Informação sobre a Fabricação e o Tráfico Ilícitos de Armas de Fogo, Munições, Explosivos e Materiais Relacionados. |
| Decisão n. 35/04 | Projetos de Acordos Quadro sobre Cooperação em Matéria de Segurança Regional. |
| Decisão n. 36/04 | Sistema de Intercâmbio de informação de Segurança do Mercosul (SISME). |
| Decisão n. 37/04 | Projetos de Acordos contra o Tráfico Ilícito de Migrantes. |
| Decisão n. 16/06 | Acordo-Quadro sobre Cooperação em Matéria de Segurança Regional entre o Mercosul, Bolívia, Chile, Colômbia, Equador, Peru e Venezuela. |

## XV - A Rede de Segurança no Cone Sul

O sistema internacional do pós-Guerra Fria caracterizou-se pela existência de um poder militar que se sobressaía em termos de capacidade a qualquer outra força. Pode-se afirmar que, a partir daí, apenas os Estados Unidos têm uma capacidade de intervenção em nível global. No entanto, os norte-americanos demonstraram logo após a queda da União Soviética que não poderiam nem tinham a intenção de atuar em todos os conflitos do globo, deixando espaços vagos que puderam ser ocupados. Além disso, com o fim da Guerra Fria acabou também a noção de unidade americana que só existiu por conta da ameaça do expansionismo soviético. Como os arranjos daquele período acabaram ultrapassados, nos espaços vagos os países da sub-região passaram a discutir, de maneira coletiva, a possibilidade de arranjos próprios.

Mas, se a segurança foi conduzida na direção da cooperação, percebeu-se que a defesa permaneceu como prerrogativa dos Estados que, apesar de se submeterem às regras globais, regionais ou sub-regionais que foram criadas, desenvolveram e administraram regras próprias de autopreservação no sistema. As políticas de defesa indicaram que o poder militar continuou sendo importante na imposição da vontade dos Estados e a percepção de que os conflitos não deixariam de existir, mas poderiam ser controlados. Permaneceu o entendimento na sub-região que o aparato de defesa seria necessário para prevenir ou resolver conflitos e a decisão de mantê-lo estaria ligada à obrigação de cada Estado de garantir sua paz no sistema anárquico.

Daí derivou a necessidade dos Estados continuarem identificando possíveis ameaças, a possibilidade de sua ocorrência, para determinar como enfrentá-las. As instituições ligadas à segurança e defesa continuaram levantando as hipóteses de emprego e suas prioridades decorrentes de uma série de indicadores que determinariam o grau de possibilidade daquelas hipóteses se confirmarem e transformarem um cenário hipotético em real. Dessa análise resultou o dispositivo adotado pelas forças armadas nos seus territórios nacionais. Esse dispositivo e as hipóteses de emprego das forças sofreram modificações na medida em que se conformou a rede de cooperação e aumentaram as medidas de confiança na sub-região.

A estruturação da rede de cooperação em segurança deu-se paulatinamente a partir da aproximação ocorrida durante os governos militares, período em que medidas de cooperação que haviam sido criadas mantiveram-se ativas mesmo nos momentos de maior divergência entre os países. Com a redemocratização, a modificação das visões que um tinha do outro, especialmente entre Argentina, Brasil e Chile, auxiliou na transição do quadro de relações baseadas em posturas egoístas para as baseadas na cooperação.

O convite, fora da agenda prevista, do presidente argentino para o presidente Sarney visitar instalações atômicas na Argentina em 1987, foi baseado na visão de que o conhecimento mútuo permite dissolver as desconfianças, colaborando para futuros esforços integradores. Alfonsín sabia que tal convite causaria impacto, tanto na comitiva brasileira como na mídia e teria efeito positivo para o desenvolvimento da confiança.[1207] Mas a atitude foi resultado de uma avaliação racional de que tal ação era a que melhor se apresentava para o país naquela ocasião. Os passos que se seguiram com a retribuição do convite para que Alfonsín visitasse instalações brasileiras auxiliaram no avanço da aproximação. A questão da não-proliferação de armas em destruição em massa trabalhada pelos sucessivos governos resultou, também, na diminuição da ameaça da utilização de armamento convencional.

Além da mudança das visões, a falta de recursos favoreceu a cooperação. Mas, se, num primeiro momento, os baixos orçamentos se conformaram como fator positivo na direção da cooperação militar, mais tarde atuou como elemento dificultador do seu avanço. Tanto Brasil como Argentina não tinham condições de utilizar recursos orçamentários expressivos em favor das políticas de cooperação em segurança e defesa. Em 1998, todo o planejamento da Operação Cruzeiro do Sul se deu com base na participação de grande quantidade de tropas dos quatro países do Mercosul, especialmente, do Brasil e da Argentina. Após terem sido realizados os reconhecimentos e o planejamento já estar em fase adiantada, os exércitos dos países envolvidos chegaram à conclusão que não haveria recursos suficientes em razão de contingenciamentos feitos pelos governos nos orçamentos militares. A solução foi realizar um exercício de quadros, com pequenos efetivos a custo bem mais baixo.

A Operação Laço Forte previa a realização de uma 3ª fase com emprego de tropa que acabou sendo cancelada a pedido dos militares argentinos por questões orçamentárias.[1208] Os dois exércitos decidiram então realizar a Operação Laço Forte II no biênio 2003/2004 onde novamente foi previsto o emprego de tropas blindadas na sua última fase.[1209]

Tomando por base as informações prestadas à Junta Interamerican de Defesa em 2005 sobre as medidas de confiança mútua, verifica-se que a maioria das medidas realizadas por Argentina, Brasil e Chile estiveram relacionadas com a capacitação e a educação, o intercâmbio de pessoal e de informação que são de

1207. A visita foi anunciada de surpresa um dia antes da chegada de Sarney. A chave do segredo. *Veja*. São Paulo, 22 jul. 1987, p. 34-36 (34).

1208. BRASIL. EB. COTER. Ofício n. 2.298-1ª SCh/IM2.1. Brasília, 31 out. 2002.

1209. BRASIL. EB. COTER. Relatório de Acompanhamento do Exercício Conjunto Laço Forte I. Brasília, 12 nov. 2002.

menores custos em detrimento dos exercícios com desdobramento de tropas que, por serem mais caras, esbarravam na questão orçamentária. [1210]

Tabela 8 – Medidas de Confiança Mútua Aplicadas em 2005

| Medidas | Argentina | Brasil | Chile |
|---|---|---|---|
| Diplomáticas e políticas | 9 | 0 | 0 |
| Educativas e Culturais | 0 | 17 | 22 |
| Desdobramento de tropas | 15 | 2 | 2 |
| Intercâmbio de informação | 54 | 55 | 9 |
| Intercâmbio de pessoal | 53 | 59 | 71 |
| Relacionadas com comunicações | 0 | 0 | 0 |
| Relacionadas com os contatos | 13 | 4 | 5 |
| Relacionadas com capacitação e educação | 186 | 290 | 128 |
| Verificação | 9 | 0 | 0 |
| Total | 339 | 564 | 232 |

Por vezes, a participação de militares do Uruguai, Paraguai e Bolívia em exercícios conjuntos depende do auxílio em recursos e equipamentos fornecidos pelo Brasil e a Argentina, prática que os baixos orçamentários, por vezes, não permitem.

Nas declarações do então ministro da Defesa do Uruguai prestadas na Comissão de Defesa Nacional em 2002, por ocasião das discussões em torno da participação uruguaia na operação Unitas, um dos assessores do ministro, o Capitão de Navio Debali, explicou aos senadores que:

> Lamentavelmente, senhor Senador, não tem disponibilidade de levar um helicóptero embarcado. É uma aspiração da Armada poder contar com uma fragata que o tenha, e o senhor me perguntará por quê. Porque o helicóptero embarcado é um apêndice dos sensores do navio. Na UNITAS temos tido a possibilidade do Brasil nos fornecer os consoles táticos, ou seja, computadores que nos permitem manter um enlace eletrônico com todas as unidades participantes e

1210. OEA. JID. Res AG/RES 2246 / XXXVI-O/06). Actualización del Inventario de las Medidas de Fomento de la Confianza y La Seguridad (MFCS) Aplicadas Durante el Año 2005 por: "Estados del Hemisferio Americano" y En "Otras Regiones del Mundo". Washington, 31 out. 2006, p. 45-47.

> poder ter uma visão clara de como os navios, as forças-tarefas, estão localizadas, e também informações sobre os sensores. Por exemplo, se eu estou engajado taticamente num sistema de Data-link - "link", por enlace e "data", por informação - com os navios da força, minha embarcação localizada em uma determinada posição pode estar recebendo a informação do sensor de outro que talvez possa ser avançado. Reitero que a última Operação UNITAS que organizamos em 2001 isso foi possível com equipamento brasileiro. [1211]

O mesmo assessor explicou a importância de realizar exercícios com os Estados Unidos

> Porque esse país é quem põe, de certa maneira, elementos que nenhuma das três Forças possui, devido a sua capacidade econômica. Eles são quem lançam os aviões por controle remoto para que se faça o fogo antiaéreo, são quem custeiam todas as reuniões de planejamento que fazem esses três países, incluindo as passagens e a administração das mesmas. Em definitivo, eles têm a Força Naval de maior tecnologia e desenvolvimento. Dessa forma, diria que as três Armadas utilizam essa capacidade dos Estados Unidos em proveito próprio. O sistema empregado na Operação UNITAS é de um comando composto de multiameaça, rotativo entre as Forças participantes. O comando tático da Força é exercido por um Almirante uruguaio, argentino ou brasileiro, de forma rotativa, a cada três anos. [1212]

1211. "*Lamentablemente, señor Senador, no tiene disponibilidad de llevar un helicóptero embarcado. Es una aspiración de la Armada poder contar con una fragata que lo tenga, y usted me preguntará por qué. Porque el helicóptero embarcado es un apéndice de los sensores del barcc. En base a las UNITAS hemos tenido la posibilidad de que Brasil nos facilitara las consolas tácticas, es decir, computadoras que nos permiten mantener un enlace electrónico con todas las unidades participantes y poder tener una visión clara de cómo están ubicados los barcos, las fuerzas de tarea y, también, información sobre los sensores. Por ejemplo, si yo estoy enganchado tácticamente en un sistema de Data-link -"link", por enganche y "data", por información- con los buques de la fuerza, mi buque ubicado en una determinada posición puede estar recibiendo la información del sensor de otro que tal vez esté en avanzada. Reitero que la última Operación UNITAS que organizamos en 2001 nos permitió esto en base a equipamiento brasileño*". URUGUAI. Camara de Senadores. Comisión de Defensa Nacional. Versión Taquigráfica n. 1866. Operaciones UNITAS. Visita del Señor Ministro de Defensa Nacional Profesor Yamandu Fau. Sesión del día 4 de noviembre de 2002. Montevidéu, 5 nov. 2002, tradução nossa.

1212. "*Porque ese país es quien pone, en cierta medida, elementos que ninguna de las tres Fuerzas posee, debido a su capacidad económica. Ellos son quienes lanzan los aviones a control remoto para hacer el fuego antiaéreo, son quienes costean todas las reuniones de planificación que hacen estos tres países, todo lo cual incluye los pasajes y la administración de las mismas. En definitiva, ellos tienen la Fuerza Naval de mayor tecnología y desarrollo. De manera que diría que las tres Armadas utilizan esa capacidad de Estados Unidos en provecho propio. El sistema que se emplea*

A possibilidade de operar com meios inexistentes nas forças, mas também, o financiamento dessa participação, por vezes, leva os países a procurarem participar dos exercícios patrocinados pelos norte-americanos. Um dos motivos levou a Argentina a solicitar o encerramento do ciclo das operações Cruzeiro do Sul foi a participação nas operações Cabañas e Forças Unidas que se davam também num quadro de operações de manutenção da paz, mas com a vantagem de serem patrocinadas pelos norte-americanos.

Ou seja, o fator econômico continuou influenciando nas relações militares. Da mesma forma que, no campo do comércio, alguns países se sentem impelidos a formular acordos bilaterais com os Estados Unidos, como foi o caso do Chile[1213], no campo militar, os países são tentados a uma maior aproximação com a potência pela contrapartida de poderem adestrar suas tropas com recursos externos.

Alguns Estados, também, quando têm posições diferentes acerca das ferramentas mais apropriadas para promover a segurança, usam a possibilidade de uma maior aproximação ou até do estabelecimento de uma relação preferencial ou uma "aliança estratégica" com os Estados Unidos como alternativa para fazer frente às divergências sub-regionais ou como pressão para tentar fazer valer seus interesses, mesmo que em campos diferentes da segurança.[1214] Um dos motivos para essas posturas foi que as decisões e ações permaneceram quase que exclusivamente na esfera dos governos o que não permitiu a institucionalização de mecanismos de segurança no Cone Sul.

O conceito funcionalista sugeriu que a consolidação dos processos de integração dependeria também da participação de atores sociais. A motivação para a participação desses atores depende de interesses e valores, expectativas e percepções que na sub-região são múltiplos, decorrentes da própria multiplicidade social interna dos Estados. Em 1950, Gabriel Almond, ao analisar o povo norte-americano e a política externa dos Estados Unidos, utilizou um modelo onde os

*en la Operación UNITAS es de un comando compuesto de multiamenaza, rotativo entre las Fuerzas participantes. El comando táctico de la Fuerza es ejercido por un Almirante uruguayo, argentino o brasileño, en forma rotativa, cada tres años*". Ibidem.

1213. O Acordo de Livre Comércio EUA-Chile foi assinado em 6 de junho de 2003, como resultado de negociações que se iniciaram em dezembro de 2000 e incluíram 14 rodadas de negociações. Foi o primeiro acordo desse tipo celebrado pelos EUA com um país da América do Sul. EUA. Embaixada no Brasil. *EUA e Chile Assinam Acordo de Livre Comércio dia 6 de Junho em Miami*. Rio de Janeiro, 27 maio 2003. Disponível em: http://embaixada-americana.org.br/index.php?action=materia&id=1578&submenu=press.inc.php&itemmenu=21. Acesso em: 22 jan. 2007.

1214. Em 2006, quando foi anunciada a intenção do governo americano em instalar bases militares no Paraguai, a partir de uma aprovação do Senado daquele país que permitia a presença de militares dos EUA para realizarem treinamentos conjuntos na região da Tríplice Fronteira, resultaram numa certa inquietação dos demais governos do Mercosul e em protestos de uma série de movimentos sociais, especialmente no Brasil e na Bolívia.

grupos sociais foram divididos em: uma liderança que ocuparia o círculo central; as elites diretamente envolvidas, ocupando o círculo seguinte; num círculo mais afastado, o público interessado e informado; e no último círculo, o público alheio. [1215]

Utilizando o modelo de Almond, em termos de segurança, o círculo central seria ocupado pela liderança civil responsável por estabelecer a política e criar os diversos mecanismos coletivos de cooperação e de segurança ou defesa coletiva. No grupo das elites diretamente envolvidas estariam os militares, políticos, especialmente os membros das comissões parlamentares ligadas a matéria, os acadêmicos que trabalham com as questões de segurança e outros membros da sociedade. Esse seria o grupo mais importante, pois não se limita a respeitar os acordos feitos pela liderança e, por conta de seus interesses, procuram intervir e participar das negociações, influenciar na política, dinamizando o processo.

O público interessado e informado seria aquele sem ligação direta com o assunto, mas que se mantém informado através das notícias veiculadas pela mídia. O grupo alheio não entende, não conhece, nem sabe o que se tem noticiado a respeito. Só participa da questão em casos esporádicos quando alguma coisa relacionada com a segurança ganha destaque na mídia.

A pequena participação social no Cone Sul fez com que houvesse pouca influência de outros atores sobre as ações da liderança que obteve total autonomia para tratar dos assuntos de segurança. Essa autonomia só foi restringida em alguns casos, pelos dispositivos legais que exigiam a participação do legislativo no processo, que também foi restrita.

Utilizando o exemplo brasileiro, a ocasião que atrai políticos para discussão de temas militares se dá quando da votação do Orçamento da União oportunidade em que as comissões do Congresso que tratam da defesa nacional se interessam por alguns programas da área militar. Poucas vezes um ou outro tópico é discutido e quando isso acontece, normalmente o debate gira em torno do aspecto econômico. [1216]

No Cone Sul, a sociedade se manteve alheia à formulação, implementação e supervisão das políticas de defesa. Os congressos ficaram aquém do importante papel de participar do processo de tomada de decisão da política. Mesmo nos casos da Argentina, Chile e Uruguai, onde, diferente de Brasil, Bolívia e Paraguai, houve a participação de políticos, acadêmicos e militares nas discussões sobre a formulação de suas políticas, essa pode ser considerada ainda pequena.

Apropriando-se da afirmação de Oliveira sobre o Brasil, entendendo que se aplica aos demais países do Cone Sul, o descaso com as políticas de segurança e

1215. ALMOND, Gabriel A. *The American People and Foreign Policy*. Nova Iorque: Harcourt, Brace and Company, 1950.

1216. MENEZES, Delano Teixeira. *O Militar e o Diplomata*. Rio de Janeiro: Bibliex, 1997, p. 99.

defesa nacionais foi oriundo de quatro causas: a) ao superar o passado autoritário, uma parte articulada da sociedade rejeitou as forças armadas; b) os governantes e legisladores pareciam acreditar que não havia problemas de defesa e segurança; c) vigorou uma forte competição temática pelo interesse dos partidos e da sociedade civil; e d) as carências sociais gritantes impediram que as prioridades acolhessem a defesa nacional. [1217]

A pequena participação de atores sociais e a apatia dos legislativos seriam motivos para a pequena institucionalização da área de segurança, fazendo com que prevalecessem os regimes ou os arranjos informais, mantendo-se a relutância em atingir níveis mais elevados de integração e a predominância de visão realista por parte das lideranças e das elites.

Apesar de, por vezes não fazer parte dos discursos, essa visão, que pode ser considerada como sendo comum aos países do Cone Sul, conduziu ao entendimento de que: havia uma capacidade militar aquém da necessária para realmente prover segurança nos Estados que se refletiu na, ou foi consequência da, posição relativa de cada um no sistema internacional; a possibilidade de qualquer arranjo de segurança autônomo na sub-região dependia do papel dos norte-americanos; e o cálculo custo/benefício conduzia a uma maior cooperação com os vizinhos.

Mas havia o entendimento também comum que a prioridade para o direcionamento dos recursos do Estado deveria ser para o desenvolvimento social. Assim, o dilema clássico da segurança entre Estados passou a ser também um dilema interno. Não se discutia a necessidade do aparato militar para a garantia da soberania e da segurança do Estado nem a necessidade de desenvolver os países. Entendia-se, ainda, que desenvolvimento e segurança se interligavam. No entanto, com os gastos com segurança cada vez mais elevados por conta da alta tecnologia que envolve o equipamento bélico e sem recursos suficientes, a questão que se apresentou foi como equacionar o dilema.

O Exército Brasileiro buscou uma saída nas chamadas ilhas de excelência, caminho seguido também pela Argentina. Verificando que dificilmente os orçamentos acompanhariam as necessidades das Forças Armadas, os recursos disponíveis foram direcionados para a manutenção de uma força mínima dotada da devida capacidade operacional e para as escolas militares e centros de ensino, como formadoras de recursos humanos. As demais tropas passaram a receber apenas o suficiente para sua manutenção como unidade militar, com um mínimo de adestramento, dentro da chamada estratégia da presença.

1217. OLIVEIRA, Eliézer Rizzo de. Considerações políticas sobre a Defesa Nacional. *Com Ciência*, Campinas, n. 75, 10 abr. 2006. Disponível em: http://www.comciencia.br/comciencia/handler.php?section=8&edicao=12& id=101. Acesso em: 30 jul. 2007.

Nessa ótica, a pequena capacidade militar, a falta de recursos suficientes para torná-la maior e a necessidade de desenvolvimento social resultaram no entendimento e a um estado de estabilidade jamais verificada anteriormente na história do Cone Sul. O desenvolvimento da cooperação sub-regional foi uma forma de diminuir a possibilidade de conflito e as assimetrias que dificilmente seriam resolvidas por conta de uma concepção de balanço de poder.

Os governos entenderam que melhorar as relações com os vizinhos seria preferível a posturas unilaterais baseadas em concepções geopolíticas, e se apresentavam como a melhor opção para o Cone Sul lidar com as repercussões, na sub-região, dos problemas globais.

Como o sistema não é estático mas dinâmico e adaptável, os principais atores no Cone Sul, ao se inter-relacionarem, acabaram por influenciar os demais. As medidas e os mecanismos que foram sendo criados, mesmo sendo informais e sem o efeito do cumprimento obrigatório, levaram os Estados a perceberem que, nos cálculos de custos e benefícios, só haveria ganho com o seu cumprimento, permitindo que os mecanismos, não só continuassem existindo como fossem aperfeiçoados.

Assim, o conceito de segurança cooperativa aplicado na sub-região teve um caráter preventivo, permitindo a modificação das percepções de ameaças entre os vizinhos, a demonstração de intenções pacíficas de seus aparatos de defesa e a disposição de solucionar os conflitos por meio da negociação.

A redução das ameaças e o relacionamento cooperativo diminuíram a possibilidade de uma confrontação direta com os vizinhos e permitiram a modificação da prioridade dos planejamentos militares.

No Brasil, a prioridade estratégica do Prata foi então substituída pela da Amazônia.[1218] Em 1985, durante o governo de José Sarney foi criado o Projeto Calha Norte para contribuir com a integração da região Amazônica brasileira, com uma faixa de fronteira de 6.700 km e correspondente a 14% do território nacional e

1218. O deslocamento do foco para a Amazônia não era uma visão estritamente militar. Entre 2000 e 2001, uma pesquisa patrocinada pelo CEBRI, realizada com 149 pessoas dos poderes executivo e legislativo, empresários, sindicalistas, membros de ONGs, acadêmicos e jornalistas sobre a comunidade brasileira de política externa apresentou como resultado que, dentre uma lista de 15 possíveis ameaças submetidas a apreciação dos entrevistados as quatro consideradas como mais críticas foram o protecionismo comercial dos países ricos (75%), a desigualdade econômica e tecnológica (64%), o tráfico internacional de drogas (52%) e a internacionalização da Amazônia (49%). No tópico que tratou da agenda regional de segurança as discussões se deram em relação às novas ameaças e ao conceito multidimensional da segurança abordando, principalmente, a questão da narco-guerrilha colombiana e a proteção das fronteiras norte do país. SOUZA, Amaury de. *A Agenda Internacional do Brasil: um estudo sobre a comunidade brasileira de política externa.* Rio de Janeiro: CEBRI, 2001.

incluía projetos civis e militares.[1219] Na área da defesa foram construídos aquartelamentos para as três forças, especialmente para novos pelotões de fronteira, e desenvolvido o programa multidisciplinar de proteção daquela região chamado Sistema de Proteção da Amazônia (SIPAM). Dentro desse programa, o governo implantou o Sistema de Vigilância da Amazônia (SIVAM), que compreendeu a infraestrutura de vigilância e análise capaz de coletar, processar, produzir, integrar, avaliar e difundir dados e informações de interesse das demais organizações integrantes do Sistema.[1220]

Já em 1983, percebe-se o direcionamento das atenções para a Amazônia. Naquele ano a Marinha, tradicionalmente vocacionada para o Atlântico Sul, iniciou o exercício conjunto com a marinha venezuelana denominado Venbrás e, em 1988, a operação Cobra com a marinha colombiana.

A mudança da prioridade para a defesa daquela região resultou na desativação de unidades militares nas regiões Sul e Sudeste e a criação de outras na área do Comando Militar da Amazônia, sem a redução do efetivo total do Exército.[1221] Em 1991, a 1ª Brigada de Infantaria Motorizada de Petrópolis (RJ) foi transferida para Boa Vista (RR), funcionou a partir de 1º jan. 1992, com a denominação de 1ª Brigada de Infantaria de Selva. Em 1993, foi desativada uma Brigada de Infantaria em Santo Ângelo (RS) e transferida para Tefé (AM) com a denominação de 16ª Brigada de Infantaria de Selva. Ao mesmo tempo, foram transferidos de Cruz Alta para Tefé (AM) o 17º Batalhão de Infantaria de Selva, e de Santo Ângelo para Cruzeiro do Sul (AC) o 61º BIS e criado o 4º Batalhão de Infantaria de Selva em Rio Branco (AC). No mesmo ano foi criado o 4º Esquadrão de Aviação com sede em Manaus. Em 2007, a 2ª Brigada de Infantaria sediada em Niterói (RJ) foi transferida para São Gabriel da Cachoeira (AM) com a denominação de 2ª Brigada de Infantaria de Selva. Também foi instalada a 3ª Companhia de Forças Especiais em Manaus

1219. BRASIL. PR. *Mensagem ao Congresso Nacional: abertura da 4ª Sessão Legislativa Ordinária da 51ª Legislatura.* Brasília: Secretaria de Comunicação de Governo, 2002, p. 544.

1220. BRASIL. Comando da Aeronáutica. Comissão Coordenadora do Sivam. *O Sistema de vigilância da Amazônia.* Disponível em: http://www.sivam.gov.br. BRASIL. Comando da Aeronáutica. Centro Gestor e Operacional do Sistema de Proteção da Amazônia. *O Sistema de Proteção da Amazônia.* Disponível em: http://www.sipam.gov.br. Acesso em: 20 nov. 2006. A implantação foi iniciada em 1997 e a operação em 2002. BRASIL. PR. *Mensagem ao Congresso Nacional: abertura da 4ª Sessão Legislativa Ordinária da 51ª Legislatura.* Brasília: Secretaria de Comunicação de Governo, 2002, p. 544.

1221. A postura adotada pelo Brasil se refere ao impacto do Mercosul no equilíbrio geopolítico continental e ao reforço da presença brasileira no cenário geopolítico amazônico, o que fazem do país um ator chave na conformação dos arranjos hemisféricos em matéria de segurança. SENNES, Ricardo U. ONUKI, Janina. OLIVEIRA, Amâncio Jorge de. *La política exterior brasileña y la seguridad hemisférica.* Santiago: Research and Education in Defense and Security Studies, 2003.

A Marinha, após alterações realizadas na década de 1990, em 2005 estabeleceu o 4º e o 9º Distritos Navais em Belém e Manaus respectivamente.[1222] O 4º DN incorporou como grande comando operacional o Comando do Grupamento Naval do Norte com uma série de navios, especialmente patrulhas para realizar suas missões em ambiente marítimo e fluvial e o 9º DN, o Comando da Flotilha do Amazonas, com navios patrulha e de assistência hospitalar além de um Batalhão de Operações Ribeirinhas e um Esquadrão de Helicópteros de Emprego Geral para executar suas tarefas votadas para operações ribeirinhas.

A Força Aérea instalou nas bases de Boa Vista (RR) e Porto Velho (RO) esquadrões com aeronaves A-29 batizadas de Super Tucano preparadas para atuar na área de selva como parte do SIPAM.

A Argentina reestruturou suas forças, incluindo a transferência de uma brigada de Buenos Aires para La Pampa, a dissolução de uma Brigada na Mesopotâmia em cujas instalações foram estabelecidas escolas de oficiais e praças. Mas, diferente do Brasil, teve que reduzir efetivos que se tornaram insustentáveis com os orçamentos assignados.

No Chile, em 1992, o Exército iniciou a implementação do Plano Alcazar que tinha o objetivo de racionalizar e otimizar os meios humanos e materiais por meio de reformulações do sistema educacional, a reorganização das unidades logísticas e a execução de projetos de defesa adequados com a realidade orçamentária. O Plano previu uma redução de 27% das unidades até 2002 e de 46% para 2010. [1223]

Uma outra consequência da redução orçamentária e das políticas de defesa foi o incremento da participação em operações de paz dos organismos internacionais, como parte de uma estratégia das instituições militares dos países do Cone Sul para manter o adestramento de efetivos, uma vez que os recursos necessários para estas operações provinham de crédito suplementar ao orçamento regular das Forças Armadas. Esse tema apresentou também uma diferença. Enquanto para o Brasil e o Chile essas operações tinham o caráter subsidiário, para a Argentina e o Uruguai elas assumiram um papel central.

O aumento da presença de forças do Cone Sul nas missões de paz resultou na criação de uma série de organismos específicos destinados ao planejamento, preparação de efetivos, apoio logístico, acompanhamento, desmobilização, avaliação, pesquisa de doutrina, etc. como os centros de treinamento na Argentina

1222. BRASIL. PR. Decreto n. 5.349. Altera dispositivos do Decreto n. 2.153, de 20 de fevereiro de 1997, que estabelece e organiza as Forças Navais, Aeronavais e de Fuzileiros Navais da Marinha, dispõe sobre as áreas de jurisdição dos Comandos de Distritos Navais e dá outras providências. Brasília, 20 jan. 2005.

1223. CAFFARENA, Ricado Izurieta. Ejército de Chile: Exposición del Comandante en Jefe del Ejército. *Fuerzas Armadas y Sociedad*, Santiago, a. 16, n. 3 e 4, jul./dez. 20001, p. 61-67 (62 e 63).

(CAECOPAZ), no Chile (CECOPAC) e no Brasil (Centro de Instrução de Operações de Paz – CIOPaz), além de diversas seções em departamentos das instituições militares e de defesa voltados para as operações de paz. [1224]

No caso da crise no Haiti, aconteceram várias reuniões entre os governos do Brasil, Chile, Argentina e Uruguai, que levaram à decisão de obter maior peso na operação, dando uma forma de concertação sub-regional ao esforço para resolver um problema num país do continente. Posteriormente, os governos desses quatro países estabeleceram um foro de discussões, materializado em reuniões realizadas com a presença de diplomatas e funcionários dos respectivos ministérios da defesa com o objetivo de coordenar suas atividades naquele país. [1225]

O entendimento alcançado pelos países do Cone Sul resultou em alguns acordos bilaterais, através de memorandos de entendimentos, que definiram a presença conjunta de militares em contingentes de paz. Em 1995, Brasil e Argentina firmaram acordo que permitiu a participação de dois militares brasileiros no contingente argentino em Chipre. Em contrapartida, militares argentinos fizeram parte das tropas brasileiras em Angola e no Timor-Leste. Ainda em Chipre, militares do Chile, Peru, Bolívia, Paraguai e Uruguai integraram o Batalhão Argentino. Na MINUSTAH, militares paraguaios e bolivianos atuaram com o contingente brasileiro e militares equatorianos integraram a companhia de engenharia chilena. [1226] Apesar da ONU não estimular e até colocar dificuldades para a implementação de tal cooperação, em razão de problemas de comando e controle que podem acontecer, o Brasil argumentou que a cooperação ajuda a atrair novos *troop contributing countries* para as operações de paz. A Bolívia, através de um acordo bilateral, participou do Estado-Maior da tropa brasileira com dois oficiais, o que permitiu, posteriormente, o desdobramento de Companhia com 218 homens com sua própria "bandeira" na operação. [1227]

---

1224. A partir do estabelecimento desses centros iniciou-se um intercâmbio entre as instituições militares dos países do Cone Sul. O CECOPAC, por exemplo, entre 2000 e 2007 recebeu 24 militares brasileiros, 23 argentinos, 6 paraguaios, 5 uruguaios e 4 bolivianos em seus cursos. Informação prestada pelo Comandante do Centro para o autor.

1225. Posteriormente, Equador, Guatemala e Peru aderiram ao foro. O envolvimento regional é uma tendência. Casos semelhantes aconteceram recentemente na África com a presença maciça de tropas do ECOWAS na Libéria e de países da Oceania durante a crise que abalou o Timor-Leste em 2006.

1226. A iniciativa não é inédita. Em 1998, os ministros de defesa dos países nórdicos decidiram aumentar a cooperação entre eles em relação às operações de paz estabelecendo formalmente o *Nordic Coordinated Arrangement for Military Peace Support (NORDCAPS)* que possibilitou a participação de unidades militares multinacionais inicialmente constituída por tropas desses países e, posteriormente, em parceria com outros países não nórdicos. É um instrumento de coordenação que não substitui o processo de decisão nacional dos países integrantes.

1227. O Equador e o Chile assinaram, em 17 de outubro de 2004, um memorando de entendimentos pelo qual o primeiro se comprometeu a participar da companhia de engenharia chilena no Haiti, com

Dessa forma, as relações estabelecidas pelos governos militares do Cone Sul sofreram as influências das modificações do sistema internacional ocorridas no pós-Guerra Fria. No campo interno, a partir do retorno dos governos civis na década de 1980 a democracia estabelecida nos países foi o elemento que orientou as ações coletivas que permitiu a consolidação de uma rede de inter-relações em diferentes níveis.

Os entendimentos entre os governos, inicialmente do Brasil e Argentina e, posteriormente da Argentina e do Chile, provocaram alterações no relacionamento intra-Cone Sul, do bloco com o exterior e dos países individualmente com os demais Estados do sistema. O resultado da mudança da imagem que um tinha do outro permitiu a construção de mecanismos de entendimento, consulta e fiscalização no campo da defesa que abriu caminho para a construção de mecanismos sub-regionais e a adesão aos tratados regionais ou de nível mundial. A opção pelo entendimento e a submissão aos diversos tratados e regimes de segurança não colidiram com a tão propalada soberania do Estado. Como salientou Waltz, ser soberano e dependente não são situações contraditórias. Quando um Estado decide por si só que a melhor forma de enfrentar seus problemas externos e internos inclui a busca de ajuda de outros, o que, ao fazê-lo, limita sua liberdade, o faz exercitando seu poder soberano. [1228]

As relações em termos de segurança e defesa no Cone Sul se basearam na opção por uma arquitetura flexível mais apta a lidar com os problemas da sub-região tanto em relação às ameaças tradicionais como as novas ameaças, composta de acordos bilaterais e sub-regionais ligados, de alguma maneira, a acordos regionais e globais. Com base em amplos acordos políticos, que produziram a convergência de interesses entre os distintos atores, é que se estruturaram as relações militares e diplomáticas e seus mecanismos e medidas de confiança próprias, também flexíveis e dinâmicas entre os Ministérios da Defesa, das Relações Exteriores e as Forças Armadas. Os acordos políticos aumentaram os níveis de transparência e de confiança mútua e conduziram a medidas concretas estabelecidas nos meios militares como reuniões, intercâmbios, exercícios conjuntos, etc.

Estabeleceu-se, então, uma rede na área de segurança e defesa materializada pelos instrumentos de caráter universal, regional e arranjos sub-regionais e bilaterais sem um caráter excludentes, mas sim, um influenciando de maneira positiva os demais. Ou seja, os foros, mecanismos e medidas adotadas bilateralmente ou no âmbito da sub-região sofreram as influências dos instrumentos regionais e globais

um efetivo de 66 engenheiros, mais equipamentos que realiza trabalhos de reconstrução da infra-estrutura básica naquele país.

1228. Ver WALTZ, Kenneth. *Teoria das Relações Internacionais*. Lisboa: Gradiva, 2002.

e colaboraram para aprimorá-los ou estendê-los a outros Estados. As discussões realizadas num determinado nível permitiram a evolução dos entendimentos nos demais.

Essa rede foi composta de mecanismos de âmbito global, os tratados e regimes de não proliferação de armas de destruição em massa (nuclear, químicas e biológicas), de limitação de minas e mísseis, de combate ao terrorismo e suas fontes de financiamento, de controle de armas convencionais, discutidos e aprovados na ONU. No âmbito regional, a Carta da OEA, o Tratado Interamericano de Assistência Recíproca, o tratado de Tlatelolco, as resoluções e declarações aprovadas na OEA, em reuniões de cúpula como a Declaração de Ayacucho [1229] e o Compromisso de Mendoza de 1991, e em foros de segurança como as Reuniões de Ministros de Defesa, Conferência dos Exércitos Americanos, Conferência Naval Interamericana e Sistema de Cooperação das Forças Aéreas Americanas. Esses mecanismos globais e regionais se entrelaçaram com uma série de acordos sub-regionais e bilaterais, e com mecanismos estabelecidos numa relação direta entre as instituições militares.

Segundo Fontana, o processo de segurança é um conjunto de ações entre os Estados que, por meio de intercâmbios entre instituições (públicas e não governamentais, militares e civis) e o diálogo político de alto nível dá lugar para mudanças nas percepções, os enfoques e as práticas institucionais em relação às ameaças tradicionais à segurança. Para ele, as ferramentas fundamentais para dirigir o processo das medidas de confiança mútua são reconhecidas em três níveis: 1) características simbólicas, não obrigatórias, sem mecanismo de controle e de escassa significação militar; 2) obrigatórias, com importância militar e mecanismos de verificação; e 3) intercâmbio de informações, instrumentos de prevenção de crises, aumento progressivo de mecanismos de verificação, desenvolvimentos de sistemas de informação relacionados com a transparência, crescente regulação recíproca de atividades militares, desenvolvimento de capacidades entre os Estados para administração da crise, desenvolvimento das capacidades militares integradas e contribuições conjuntas para as operações de manutenção da paz. [1230]

1229. Estabelecida em 1974 por Argentina, Bolívia, Chile, Colômbia, Equador, Peru, Venezuela e Panamá, expressando o compromisso de criar condições para a limitação de armas, deter a aquisição de armas ofensivas e condenar o uso da energia nuclear para fins não pacíficos.

1230. FONTANA, Andrés. *Segurança Cooperativa, tendências globais e o continente americano*. Documento de Trabalho n. 16. Buenos Aires: ISEN, maio de 1996, p. 7.

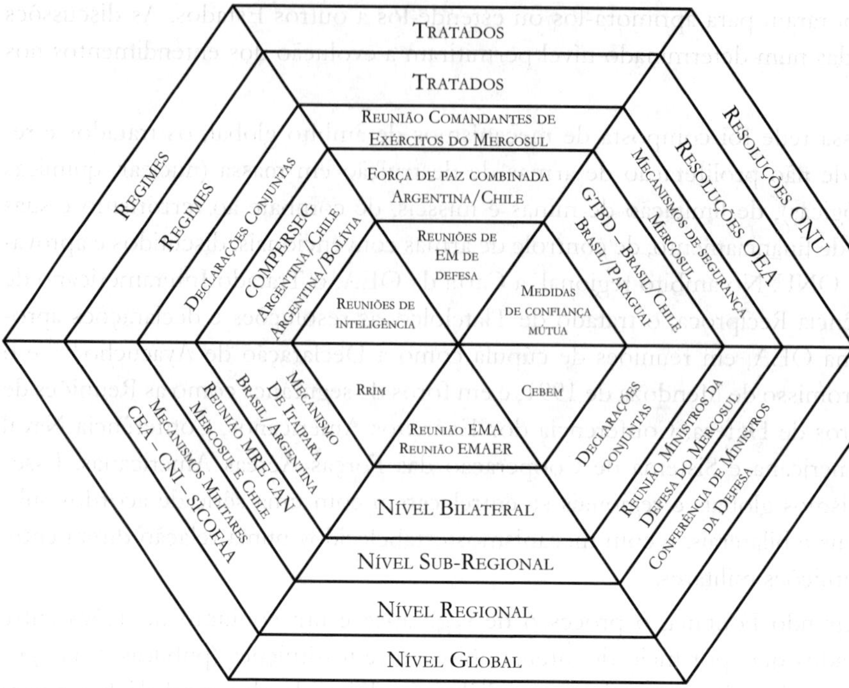


Verificou-se a aceitação plena de medidas no primeiro nível. Nesse aspecto, os países do Cone Sul foram os que, no continente, mais desenvolveram tais medidas. No entanto, com poucas exceções, não se consumou a aceitação de medidas obrigatórias de inspeção ou a restrição de suas atividades militares.

As medidas de confiança mútua não foram criação do pós-Guerra Fria, uma vez que alguns mecanismos e foros já existiam anteriormente. Mas o incentivo para a adoção dessas medidas paralelo às modificações do sistema internacional de segurança e às transformações políticas internas nos países permitiu sua considerável evolução. Assim, apesar do entendimento que as medidas de confiança não resolvem conflitos, sua implementação colaborou para a diminuição da probabilidade de ocorrerem na medida em que a transparência e o conhecimento mútuo diminuem a possibilidade de erros na avaliação das intenções do vizinho.

Na política internacional, além do poder material, os Estados observam as intenções dos demais. Em termos de segurança importam não apenas as armas que determinado país possui mas também o que ele pretende fazer com elas. A consolidação da rede de inter-relações em diferentes áreas, econômica, política e, principalmente militar, e em diferentes níveis com o desenvolvimento das medidas de confiança permitiu, também, que a aquisição de determinado tipo de armamento por um Estado não resultasse na percepção de ameaças aos seus vizinhos. Primeiro, porque, apesar desse tipo de notícia ser veiculada com destaque na mídia, os gastos com armas nas últimas décadas não foram elevados. Fatores econômicos já apresentados impediram que qualquer país da sub-região aumentasse exageradamente seus gastos com material de emprego militar a ponto de ameaçar o equilíbrio na região. Segundo, porque a transparência das intenções defensivas expressa nas políticas de defesa colaborou para a superação do dilema da segurança. Desaparecendo a possibilidade da confrontação total, os países do Cone Sul optaram por manter uma capacidade de defesa dissuasiva de modo a evitar surpresas e impedir que crises resultassem na escalada do conflito.

Mas os interesses individuais continuaram balizando as condutas externas dos Estados que, em suas relações, por vezes se contrapõem. Apesar das crises deverem ser resolvidas de modo pacífico, a opção pela solução militar continua presente. No entanto, a rede de inter-relações, baseadas na democracia, no processo de integração econômica e nas relações de cooperação em segurança que se formaram, fizeram com que prevalecesse a opção da negociação.

# Considerações Finais

As relações militares estabelecidas no Cone Sul a partir da década de 1960 estiveram relacionadas com os diversos níveis de segurança. No plano global, essas relações se deram no contexto da Guerra Fria, período em que as ameaças externas diziam respeito a uma possível ação militar liderada pela então União Soviética. Nesse período, a segurança internacional apoiou-se nos mecanismos de segurança coletiva das Nações Unidas e na dissuasão, principalmente nuclear, das grandes potências. No plano regional, a ameaça de uma guerra convencional contra o bloco comunista, embora de pequena probabilidade, foi responsável pelo estabelecimento de sistemas de defesa coletiva (TIAR) e de segurança coletiva (OEA), numa concepção clássica da segurança, na qual a tarefa principal de defesa do continente recaiu sobre os Estados Unidos, ficando os demais países com a missão de integrar uma possível força hemisférica em caso de necessidade.

No nível nacional, a ameaça do movimento comunista internacional que tentava, por meio do apoio aos movimentos de esquerda, estabelecer o modelo soviético nos países do continente, serviu de justificativa para a implantação de regimes militares, apoiados pelos Estados Unidos. Esses regimes estabeleceram a necessidade da segurança do Estado como base para seu desenvolvimento. Os militares chamaram para si a responsabilidade pela modernização do Estado, estabelecendo um modelo centralizado de industrialização por substituição de importações e proteção da economia de acordo com suas concepções de segurança nacional.

As condicionantes internas dos Estados, nos campos político, econômico, diplomático, psicossocial e científico-tecnológico foram analisadas sobre esses prismas e a doutrina de segurança nacional respaldou o combate aos movimentos de esquerda com reflexos na formação, estruturação, preparação e emprego das instituições militares para o combate a esses movimentos. Havia, portanto, uma lógica de segurança nacional ligada ao contexto da bipolaridade, em que a principal ameaça era o comunismo. Nesse caso, baseada num ideário nacionalista, a segurança interna se confundiu com segurança externa e com a própria manutenção do regime. Por outro lado, as divergências nos entornos dos Estados conduziram ao estabelecimento das chamadas hipóteses de guerra com os países vizinhos.

Nesse contexto, o planejamento militar foi conduzido pelas ameaças aos objetivos nacionais vindo de forças apoiadas pela União Soviética, China e, posteriormente, por Cuba.

Se, no nível regional, a segurança dos Estados contra uma ameaça externa estava ligada diretamente à capacidade dos Estados Unidos fazerem frente a uma agressão vinda da "cortina de ferro", no nível nacional, relacionou-se com a capacidade de cada Estado enfrentar os movimentos internos de esquerda ou uma guerra com algum de seus vizinhos ou uma associação de países limítrofes.

As questões de segurança no nível sub-regional interagiram com a defesa tradicional da América contra uma agressão externa e com a defesa contra a subversão interna, e foram fatores de convergência entre os governos militares, favorecendo certo grau de aproximação.

Mas a ideologia dos Estados do Cone Sul, utilizando o conceito da Escola Superior de Guerra como sendo um conjunto articulado de ideias, fins e propósitos que orientavam os membros do sistema político no sentido de interpretar o passado, explicar o presente e oferecer uma visão de futuro, levava também em consideração fatores dissociativos como a herança histórica de desconfiança e a existência de condicionantes internos, especialmente a necessidade de desenvolvimento, que limitavam certas aproximações.

Como o ambiente não era estático, os governos examinavam constantemente as alterações das condicionantes externas e internas e suas políticas de modo a alterá-las ou adaptá-las. As intenções agressivas ou cooperativas, mais que o poder, desempenharam um papel chave no comportamento que todas as partes adotaram. Assim, comportamentos anteriores e percepções alteraram atitudes e deram dinamismo às relações entre os Estados do Cone Sul e entre eles e os demais membros do sistema internacional. Se nas relações bilaterais, por vezes, as divergências geraram comportamentos agressivos, essas mesmas relações quando diziam respeito às ameaças internas ou externas vindas, ou influenciadas pelo bloco soviético, conduziram a aproximações.

Dessa maneira, os governos militares participaram de foros instituídos pelos Estados Unidos como a Conferência dos Exércitos Americanos, Conferência Naval Interamericana e o Sistema de Cooperação das Forças Aéreas Americanas nos quais eram debatidos assuntos de interesse comum para a segurança hemisférica, e instituíram mecanismos próprios como o intercâmbio de informações e de operações de inteligência para o combate aos grupos de esquerda, os intercâmbios e cursos relacionados com o combate a esses movimentos, e exercícios conjuntos no quadro de proteção do Cone Sul contra a uma agressão externa. Ou seja, apesar das divergências, as relações militares de cooperação se deram pela necessidade de somar esforços para a preservação dos regimes. Mesmo no auge das crises em relação a fronteiras (Argentina-Chile) ou Itaipu-Corpus (Argentina-Brasil), permaneceram os intercâmbios, os foros de discussões, a entrega de condecorações, e outras medidas de aproximação.

As relações militares se deram, então, nesse ambiente que podemos chamar de "lógica da Guerra Fria", na qual a segurança internacional ficou centrada no conflito leste-oeste e, mesmo alinhando-se com o bloco ocidental, os países do Cone Sul procuravam transitar com alguma liberdade dentro dos limites permitidos pelas potências. Foi nessa área entre as duas superpotências que se negociaram equipamentos militares, se estabeleceram alguns vínculos de cooperação e se obtiveram determinadas tecnologias, por exemplo, as que permitiram o avanço dos projetos nucleares, espaciais e de material de emprego militar.

A busca por maior autonomia em alguns setores foi, também, uma tentativa desses Estados colocarem-se contra a assimetria, criticada pelos países do Cone Sul, que existia em áreas consideradas prioritárias, resultando no desenvolvimento espacial, nuclear e de armamento e a não submissão aos diversos regimes restritivos da época, procurando desenvolver tecnologia própria de modo a diminuir a dependência das potências nesses setores. Assim, além da posse de tecnologia trazer vantagens comerciais (dentro do sistema internacional) e estratégicas (em relação aos vizinhos), serviria, também, para alterar a posição relativa do Estado no sistema.

Os militares consideravam a ciência e a tecnologia como sinônimos de poder. A capacidade tecnológica no campo militar sempre foi fator determinante para a vitória de exércitos e para modificações de estratégias, táticas e de correlação de forças entre rivais. Por isso, as chamadas tecnologias duais, como a nuclear e a espacial, recebiam maiores restrições de repasse de conhecimento pelos seus detentores, fazendo com que se aumentassem os cuidados com a segurança do conhecimento obtido, necessitando de elevado grau de sigilo, o que colaborou para a pouca participação da sociedade na matéria. Essas áreas foram consideradas estratégicas para o Brasil e a Argentina e, assim sendo, o seu tratamento se deu sob intervenção estatal, dominada pelos militares.

Mas, num sistema anárquico, os Estados posicionando-se de acordo com suas capacidades de influenciar o sistema, as potências procuravam manter seu *status*, o que significava, também, impedir ou dificultar que outros Estados pudessem adquirir a mesma capacidade. Os regimes internacionais, tratados, ações nas organizações internacionais e pressões políticas foram formas utilizadas para manter essa posição. Da mesma forma, foram utilizadas as sanções econômicas, militares e até as intervenções dos Estados Unidos contra os países latino-americanos sob a forma de embargo mantido contra países como Brasil, Argentina e Chile.

Se havia incertezas quanto as reais intenções dos governos militares argentino e brasileiro no desenvolvimento dessas tecnologias, sem dúvida, havia também a intenção de negar o acesso à tecnologia fundamental para manutenção do poder por parte dos Estados Unidos.

Se, mesmo seguindo fielmente a cartilha de segurança dos norte-americanos, era-lhes negada a possibilidade de desenvolver-se num campo onde um seleto número de Estados pretendia congelar o poder, os governos militares buscaram alternativas, como foi o caso do acordo nuclear Brasil-Alemanha e, posteriormente, da aproximação Brasil-Argentina.

As políticas externa, econômica e de defesa desenvolveram-se num marco de coerência e a busca pela aquisição de tecnologia em setores considerados vitais esteve de acordo com os projetos de desenvolvimento, de busca de uma liderança no sub-continente e com a estratégia de inserção internacional sob o prisma realista da Guerra Fria.

Mas a situação econômica que os países passaram a viver não permitiu a continuidade dos programas. Na década de 1970, tanto o Brasil como a Argentina tiveram que desacelerar as obras e atrasar as encomendas de equipamentos. As dificuldades financeiras para manter os programas e as pressões externas favoreceram a aproximação entre os dois países. A primeira etapa iniciou-se ainda nos governos militares, entre Argentina e Brasil por meio da negociação sobre Itaipu-Corpus, seguida do acordo na área nuclear e o apoio brasileiro durante a Guerra das Falkland/Malvinas, em 1982, que contribuiu para a modificação de comportamento entre os dois países. No caso da Argentina e Chile, os acordos econômicos da década de 1980 e a assinatura do Tratado de Amizade em 1984 criaram as bases necessárias para outras experiências cooperativas.

A construção da confiança, com o estabelecimento de ações sistemáticas que estruturaram um novo padrão de relação, teve seu primeiro impulso nos governos de Sarney e Alfonsín, com a assinatura de diversos acordos em áreas sensíveis e com a criação do Mercosul.

Com o fim da Guerra Fria, as transformações que ocorreram no cenário interno, regional e internacional favoreceram o incremento das relações militares no sentido da cooperação. Assim, pode-se dizer que não houve o efeito de transbordamento (*spillover*) da integração comercial para os assuntos de segurança e defesa. A solução das divergências favoreceu maior entendimento no campo comercial e a aproximação no campo da segurança. Na sequência, a convivência no âmbito do bloco comercial facilitou o aprofundamento da confiança e o estabelecimento de diversos mecanismos na área militar, permitindo, inclusive, o surgimento de algumas ideias para a conformação de uma força militar regional ou uma integração militar no Mercosul.

O aprofundamento da confiança mútua contribuiu para a diminuição da distância proveniente de antecedentes históricos. A publicação de políticas de defesa, a transparência dos gastos com as forças armadas e a participação conjunta em missões internacionais de paz foram instrumentos efetivos que permitiram o conhecimento mútuo e diminuíram a percepção de ameaças.

Mas, o aprofundamento da cooperação em segurança no Cone Sul teve estreita relação com as transformações do pós-Guerra Fria e com as mudanças de prioridades da política de segurança dos Estados Unidos, decorrentes da alteração do eixo de ameaças para o hemisfério Sul. Os países mais desenvolvidos do Norte passaram a ver no Sul o foco de insegurança do sistema, seja pelos inúmeros conflitos, pela falta de controle dos armamentos, por serem potenciais abrigos para grupos terroristas ou por transferirem tecnologias sensíveis indiscriminadamente a outros países.

Manteve-se o campo gravitacional de atração econômica e militar entre os Estados Unidos e os países do Cone Sul que restringia a capacidade de conduzir suas políticas de defesa e segurança de forma independente. As tentativas de reduzir a influência dos norte-americanos, ou seja, de alterar o grau de assimetria com a potência, corresponderam a uma reação dos Estados Unidos por meio de acordos bilaterais econômicos, de transferência de recursos financeiros e militares, de pressões para os países rebaixarem o *status* de suas Forças Armadas ao papel policial de combate ao narcotráfico e do terrorismo.

No campo interno, com o retorno dos governos civis, a segurança manteve-se como elemento necessário ao desenvolvimento e a estabilidade democrática, mas incorporou critérios para o controle dos militares, e o poder político passou a definir a agenda. Mas, inicialmente, esses governos civis mantiveram o entendimento das vantagens da obtenção de tecnologia sensível, ou seja, sobre essa matéria, não houve diferença de pensamento entre as elites militares e civis. Houve a tentativa de manutenção dos programas de produção de armamento e de aquisição de tecnologia nuclear e espacial, bem como dos gastos militares.

O fim da bipolaridade excluiu a ameaça externa ao continente e permitiu progressos nas ações em prol dos regimes de não proliferação e desarmamento. Levou, também, ao aumento da demanda de atuação dos instrumentos das Nações Unidas, com uma maior participação dos países do Cone Sul nas operações de manutenção de paz, o que favoreceu a cooperação.

Resoluções adotadas nos organismos internacionais influenciaram a construção de uma noção de sócio em lugar de rival. A resolução dos principais diferendos ainda nos regimes militares favoreceu a integração econômica com base no Mercosul. Da mesma forma, o progresso no campo da integração econômica refletiu na mudança de percepções que incentivaram a cooperação em segurança e defesa.

Mas, se a diminuição das ameaças militares de larga escala permearam as discussões em torno do sistema interamericano de segurança, havia o entendimento de que aumentaram as formas de insegurança por conta de ameaças geradas dentro dos próprios Estados por novos atores e temas transnacionais como narcotráfico, tráfico ilícito de armas, crime organizado, migrações sem controle, terrorismo, degradação do meio ambiente, corrupção, não-governabilidade e os movimentos sociais, dentre outros, que por suas características, demandavam esforços coletivos para seu combate.

Essas novas ameaças podem ser mais desestabilizadoras que um conflito clássico passando do terreno da defesa para o da segurança quando superam as dimensões da capacidade policial. Com os ataques terroristas de 11 de setembro nos Estados Unidos, enfatizaram o conceito multidimensional de segurança e a necessidade de se estruturarem mecanismos de prevenção e combate às novas ameaças.

As transformações sistêmicas ocorridas demonstraram, também, limitações no sistema interamericano e provocaram o debate pelo redesenho dos instrumentos existentes, conduzindo ao estabelecimento de uma rede de cooperação flexível que melhor se adaptava aos novos tempos. Embora os interesses norte-americanos procurassem conduzir as mudanças sob a ótica da segurança dos Estados Unidos, os países do continente, ao mesmo tempo em que aceitaram a concepção multidimensional, mantiveram a tendência de não utilizar as Forças Armadas no combate às novas ameaças que permaneceram na esfera da segurança pública.

Os atentados terroristas determinaram que a prioridade de segurança dos EUA fosse direcionada para regiões onde o estabelecimento desses grupos poderia resultar em atos contra os norte-americanos. Na lógica da segurança pós-11 de setembro, houve espaço para o desenho de soluções sub-regionais e conformação de uma rede de segurança sub-regional constituída por mecanismos formais e informais que se interagiram com estruturas pré-existentes ou recém-construídas regionais e globais.

Assim, as mudanças globais, os regimes políticos democráticos, com vontade ou disposição para a cooperação, associados a percepções comuns de segurança, associação ou integração, adotando comportamentos pela convivência pacífica e a solução negociada das divergências, permitiram a criação de instâncias bilaterais e multilaterais, o fomento de medidas de confiança mútua, a aceitação ou a construção de normas comuns, visando à discussão, à articulação de propostas e a ações em prol de interesses comuns.

O aumento das relações no campo militar deu-se em mão dupla, levando à necessidade de criar canais institucionais para ordenar e priorizar as demandas por meio de intenções (declarações) e instrumentos formais (acordos, tratados), que resultaram em ações. As relações diretas entre as forças armadas que existiam desde a Guerra Fria passaram a ser conduzidas pelas instituições políticas por conta do controle civil estabelecido sobre as instituições militares.

Assim, as questões de segurança e defesa no Cone Sul foram conduzidas de acordo com as lógicas de três períodos definidos por fatos históricos marcantes presentes na história contemporânea da sub-região: a 2ª Guerra Mundial e o início da Guerra Fria; a queda do Muro de Berlim e o pós-Guerra Fria; e os atentados terroristas de 11 de setembro de 2001 e a mutidimensionalidade da segurança.

No período da Guerra Fria as grandes potências interferiram ou criaram conflitos em todo o mundo para preservar sua esfera de influência, competindo por poder numa escala global. No pós-Guerra Fria, os Estados Unidos, a potência remanescente do período anterior passou a intervir de maneira seletiva escolhendo onde, quando e como atuar de acordo com seus interesses e procurando, num primeiro momento, reduzir a capacidade das estruturas militares dos Estados menores. No período pós-11 de setembro, direcionou o emprego militar para o combate aos crimes transnacionais, especialmente o terrorismo. Independente do período pode-se perceber que as situações eleitas como desestabilizadoras da paz e da segurança internacionais, na realidade, sempre foram as que comprometiam a segurança das grandes potências. Assim, relações militares se deram no contexto de cada período e foram por eles influenciadas. Os países do Cone Sul, estando inseridos no continente americano, conduziram suas relações de segurança de acordo com as prioridades ditadas pelos Estados Unidos. Durante a Guerra Fria, os regimes militares e suas concepções geopolíticas resultaram momentos de divergências e conflito. Mas a percepção comum de ameaças e as concepções de segurança dos Estados Unidos para o continente levaram a uma série de mecanismos de cooperação no campo militar. No período pós-Guerra Fria, a cooperação em segurança entre governos democráticos apresentou-se como a melhor forma de adaptação dos Estados do Cone Sul às situações que se apresentavam como o fim do inimigo comum, problemas econômicos, a tendência ao regionalismo como caminho para melhor inserção no sistema. Paralela às alterações sistêmicas, houve a influência da mudança de prioridades de segurança dos EUA e das organizações internacionais. Mas o fator principal da opção pela cooperação em segurança foi a impossibilidade dos Estados manterem os orçamentos militares necessários dentro de um sistema de balanço de poder. A cooperação foi, então, o melhor caminho para diminuir as assimetrias de poder militar na sub-região que se configuraram no final do período anterior, ao mesmo tempo em que, mostrando ser uma área de pouca conflitividade, os Estados do Cone Sul se resguardavam contra ingerências externas.

No período que se seguiu aos atentados de 11 de setembro de 2001 e a priorização dos esforços norte-americanos ao combate ao terrorismo internacional, resultaram na aceitação do conceito multidimensional de segurança pelos Estados do continente e no aumento dos esforços para a implementação de medidas coletivas de combate às novas ameaças. Mas, apesar da aceitação desse conceito, os países do Cone Sul mantiveram o entendimento de que a maior parte das ações para fazer frente às ameaças transnacionais permaneceu no campo da segurança pública, afeta a forças policiais e não às suas forças armadas.

Dessa forma, os mecanismos de cooperação criados durante os regimes militares do Cone Sul no contexto da Guerra Fria formaram a base para a construção da segurança cooperativa do período posterior. A conjugação de modificações sistêmicas e internas resultou na conformação de uma rede de cooperação em segurança que diminuiu os reflexos da carência de meios militares dos Estados da sub-região, colaborou para fortalecer suas atuações no sistema internacional, reduziu a percepção de ameaças e aumentou a capacidade de prevenir e lidar com possíveis crises.

# REFERÊNCIAS

## BIBLIOGRAFIA


ACUÑA, Carlos H. SMITH, Willian C. A política da "economia militar" no Cone Sul: análise comparativa da democracia e da produção de armas na Argentina, no Brasil e no Chile. *Contexto Internacional*, Rio de Janeiro, v. 16, n.1, jan./jun. 1994.

ALBERDI, Juan Bautista. *Historia de la Guerra del Paraguay*. Buenos Aires: Patria Grande, 1968.

ALBERTANI, Luciane Jardim. *Regime Político e Política Externa: a Trajetória das Relações Brasil-Argentina (1966 – 1989)*. Dissertação de Mestrado. Rio de Janeiro: PUC, 1998.

ALMEIDA, *Paulo Renan de. Perón – Vargas – Ibañez Pacto ABC Raízes do Mercosul.* Porto Alegre: EDIPUCRS, 1998.

ALMEIDA, Paulo Roberto de. Relações internacionais e política externa do Brasil: história e sociologia da diplomacia brasileira. In: ALMEIDA, Paulo Roberto de. *Relações internacionais e política externa do Brasil: dos descobrimentos à globalização.* 2. ed. Porto Alegre: UFRGS, 2004.

ALMOND, Gabriel A. *The American People and Foreign Policy.* Nova Iorque: Harcourt, Brace and Company, 1950.

ALSINA Jr, João Paulo Soares. *A síntese imperfeita: articulação entre política externa e política de defesa na era Cardoso (1995 – 2002).* Dissertação de Mestrado. Brasília: UnB, 2002.

ALVES, Maria Cristina Ferraz. *Analise cognitiva da diplomacia nuclear brasileira no Cone Sul.* Dissertação de Mestrado. Rio de Janeiro: PUC, 1996.

AMARAL, Paulo Sergio Augusto do. *A conferência dos exércitos americanos e as atuais posições do exército brasileiro, no contexto das relações internacionais.* TCC. CPEAEx. Rio de Janeiro: ECEME, 2004.

AMARANTE, J. A. Indústria Brasileira de Defesa: Uma Questão de Soberania e de Autodeterminação. In: PINTO, J. R de Almeida. ROCHA, A. J. Ramalho da. SILVA, R. Doring Pinho da (Orgs). *Pensamento Brasileiro sobre Defesa e Segurança:* O Brasil no cenário internacional de defesa e segurança. Brasília: Ministério da Defesa, 2004, p. 23-56.

AMORIM, Celso. *Política externa. Democracia. Desenvolvimento.* Brasília: FUNAG, 1995.

ANDREAS, Peter. Redrawing the Line. *Internactional Security.* Cambridge, v. 28, n. 2, 2003.

ARAVENA, Francisco Rojas. Factores de cambio en el sistema hemisférico de seguridad. *Fuerzas Armadas y Sociedad*, Santiago, a. 17, n. 3, jul.-set. 2002, p 11-20.

________. Las medidas de confianza mutua y de seguridad: perspectivas desde Chile. In: *Fuerzas Armadas y Sociedad*. Santiago, a. 17, n. 1, jan/jun. 2002, p. 32-43.

ART, Robert J. A Defensible Defense: America's Grand Strategy after the Cold War. *International Security*. Cambridge, v. 15, n. 4, 1991.

ASTRADA, Armando A. *Argentina – Chile controvérsia y mediación*. Buenos Aires: Ediciones Ghersi, 1980.

AYOOB, Mohammed. *The Third World Security Predicament*. Boulder, C.O: Lynne Reinner Publishers, 1995.

BANDEIRA, Luiz Alberto Moniz. A Guerra do Chaco. *RBPI*, Brasília, n. 41, v. 1, 1998, p. 161-199.

________. *Conflito e Integração na América Latina. Brasil, Argentina e Estados Unidos (Da Tríplice Aliança ao Mercosul) 1870 – 2003*. 2. ed. Rio de Janeiro: Revan, 2003.

________. *Estado Nacional e Política Internacional na América Latina: o Continente nas Relações Argentina – Brasil (1930 – 1992)*. São Paulo: Ensaio, 1993.

________. *O Eixo Argentina – Brasil. O Processo de Integração da América Latina*. Brasília: UnB, 1987.

________. O Brasil e o Continente. In: CERVO, Amado Luiz (Org). *O Desafio Internacional*. Brasília: UnB, 1994, p. 145-207.

BARBOZA, Mario Gibson. *Na Diplomacia, o Traço Todo da Vida*. Rio de Janeiro: Record, 1992.

BATISTA, Paulo Nogueira. Acordo Nuclear Brasil-República Federal da Alemanha. In: ALBUQUERQUE, José Augusto Guilhon (Org.). *Sessenta Anos de Política Externa Brasileira (1930 – 1990):* Prioridades, Atores e Políticas. São Paulo: Annablume/NUPRI/USP, 2000, p. 19-64.

BÉLTRAN, Virgílio R. *El instrumento militar de la Defensa*. Buenos Aires: SER en el 2000, 1996.

BRADSHAW, Roy. GÓMEZ, Rosalba L. Fronteras: una visión teórica en el período contemporáneo. *Revista Aldea Mundo*, Caracas, a. 4, n. 7, may-oct 1999, p. 14-19.

BRANDT, Willy. *North-South: a programme for survival*. Londres: Pan Books, 1980.

BRIANO, Justo P. *Geopolítica y Geoestratégia Americana*. Buenos Aires: Pleamar, 1966.

BRIGAGÃO, Clóvis. FONROUGE, Marcelo Velle. Argentina y Brasil: Modelo regional de confianza mutua. *Estudios Internacionales*, Santiago, a. XXXII, n. 125, jan./abr. 1999, p. 3-19.

BRUNDTLAND, Gro Harlem. *Our common future*. Londres: Oxford University Press, 1987.

BUENO, Clodoaldo. Passado e Presente nas Relações Brasil-Argentina. *Coleção Documentos. Série Assuntos Internacionais*, São Paulo, n. 51, set. 1997.

________. *Política Externa da Primeira República:* os anos de apogeu *(1902 a 1918)*. São Paulo: Paz e Terra, 2003.

BUZAN, Barry. *People, States and Fear: an Agenda for International Security Studies in the Post-Cold War Era.* 2a Ed. Colorado: Lynne Rienner Publishers, 1991.

CABRERA, José Miguel Piuzzi. La Relación Cívico-Militar en los Nuevos Escenarios de Seguridad y Defensa Hemisférica: su Impacto en la Relación Peruano-Chilena. *Revista de Ciência Política*, v. XXIV, n. 2, Santiago, 2004, p. 204-211.

CACERES, Gustavo. SCHEELTZ, Thomas (Org). *Defensa no Provocativa:* una propuesta de reforma militar para la Argentina. Buenos Aires: Ed. Buenos Aires, 1995.

CAFFARENA, Ricado Izurieta. Ejército de Chile: Exposición del Comandante en Jefe del Ejército. *Fuerzas Armadas y Sociedad*, Santiago, a. 16, n. 3 e 4, jul./dez. 20001, p. 61-67.

CAMARGO, Sonia de. Caminhos que se juntam e se separam: Brasil e Argentina, uma visão comparativa. *Política e Estratégia*, São Paulo, v. IV, n. 3, jul./set. 1986, p. 372-404.

CAMILION, Oscar. As relações entre o Brasil e a Argentina no mundo atual. *RBPI*, Brasília, n. 45-46, mar./jun. 1969, p. 42-43.

CANANI, Ney Artur Gonçalves. *Política externa no governo Itamar Franco (1992 – 1994): continuidade e renovação de paradigma nos anos 90.* Porto Alegre: UFRGS, 2004.

CARDOSO, Mario Jorge Menezes. *As Operações Aeronavais Conjuntas entre as Marinhas do Brasil e da Argentina e sua Importância para a Segurança e Defesa Regional no Atlântico Sul.* Trabalho Curricular. Rio de Janeiro: EGN, 2004.

CARPES, Mariana Montez. *A política nuclear brasileira no contexto das relações internacionais contemporâneas:* domínio tecnológico como estratégia de inserção internacional. Dissertação de Mestrado. Rio de Janeiro, PUC, 2006.

CARTER, Ashton B. STEINBRUNER, John D. PERRY, William J. *A New Concept of Cooperative Security.* Washington: Brookings Institution Press, 1992.

CARVALHO, Thiago Bonfada de. *Geopolítica brasileira e política externa nos anos 50.* O pensamento do General Golbery do Couto e Silva e seu contexto. Dissertação de Mestrado. Brasília: Instituto Rio Branco, 2005.

CASTRO, Ricardo Medeiros de. *Reinterpretando a cooperação nuclear entre Brasil e Argentina:* as diversas nuances e perspectivas deste relacionamento no contexto mundial. Dissertação de Mestrado. Porto Alegre: UFRGS, 2006.

CAVAGNARI FILHO, Geraldo Lesbat. Estratégia e Defesa (1960 – 1990). *Premissas*, Campinas, n. 7, ago. 1994, p. 26-68.

CERVO, Amado Luiz. *Política externa brasileira 1822-1985.* São Paulo: Ática, 1986.

________. BUENO, Clodoaldo. História da Política Exterior do Brasil. 2. ed. Brasília: UnB, 2002.

________. *O desafio internacional:* a política exterior do Brasil de 1930 a nossos dias. Brasilia: UnB, 1994.

CHILD, John. América Latina: conceitos de estratégia militar. *A Defesa Nacional*, Rio de Janeiro, a. 65, n. 677, mai./jun. 1978, p. 27-46.

________. Pensamento geopolítico latino-americano. A Defesa Nacional, Rio de Janeiro, a. 67, n. 690, jul./ago. 1980, p. 55-79.

CHOMSKY, Noam. *Novas e velhas ordens internacionais*. São Paulo: Scritta, 1996.

CIMADAMORE, Alberto. La integración regional In: LAREDO, Íris (Org). *Estado, Mercado y Sociedad en el Mercosur – pautas para su viabilización*. Rosario: Universidad Nacional de Rosario, 1998.

CIRIGLIANO, Gustavo. *La Argentina Triangular*. Buenos Aires: Publicaciones Humanitas, 1975.

CISNEROS, Andrés. ESCUDÉ, Carlos. *Historia General de las Relaciones Exteriores de la República Argentina*. Bueno Aires: Grupo Editor Latinoamericano, s/d.

CLAVEL, Roberto Arancibia. *¿Es Posible una Salida al Mar para Bolivia?. Academia de Guerra del Ejército de Chile*. Documentos e Investigaciones Académicas. Trabajo n. 6. Santiago, abril, 2005.

COIMBRA, Moacyr Teixeira. Colégio Interamericano de Defesa. *A Defesa Nacional* Rio de Janeiro, a. L, n. 596, jul./ago. 1964, p. 19-29.

*Collins Cobuild English Dictionary*. University of Birmingham: HaperCollins Publishers, 1995

COMBLIN, Joseph. *A Ideologia da Segurança Nacional:* o poder militar na América Latina. Rio de Janeiro: Civilização Brasileira, 1978.

CONCA, Ken. O Brasil na Economia Global de Armamentos. In: PROENÇA Jr. Domício (Org.). *Uma avaliação da indústria bélica brasileira:* defesa, indústria e tecnologia. Rio de Janeiro: GEE/Fórum de Ciência e Cultura da UFRJ, 1993.

CONDURO, Guilherme Frazão. Uma tentativa de aproximação política no início do século: os projetos do Tratado ABC (1907-1915). In: BRANCATO, Sandra M. L. (Org). *III Simpósio Internacional: Estados Americanos:* Relações Continentais e Intercontinentais – 500 anos de História. Porto Alegre: EDIPUCRS, 2000, p. 243-254.

Cooperação Militar Brasileira no Paraguai (CMBP). *Revista Verde-Oliva* Brasília, a. XXXIII, n. 189, jul.-set. 2006, p. 8-9.

COQUI, Martha Bárcena. La reconceptualización de la seguridad: el debate contemporáneo. Tlatelolco. *Revista Mexicana de Política E*xterior, México, n. 59, fev. 2000. p. 9-31.

COUTO, Laura. CISTERNAS, Rodolfo. *La cooperación al servicio de la inteligencia*. CARI. Documento de Trabajo. Buenos Aires, s/d.

D'ARAUJO, Maria Celina. CASTRO, Celso. *Ernesto Geisel.* 5. ed. Rio de Janeiro: FGV, 1998.

DAGNINO, Renato. De volta aos quartéis ou para os laboratórios? a pesquisa tecnológica militar e a política externa brasileira. In: ALBUQUERQUE, José Augusto Guilhon (Org.). *Sessenta anos de política externa brasileira (1930 – 1990)*, v. 4. São Paulo: Cultura Editores Associados, 2000, p. 149-171.

DAVEREDE, Alberto Luis. *Prioridades de la politica exterior argentina ante el actual contexto internacional.* Escuela de Defensa Nacional. Boletín de Difusión Académica, n. 9/97. Buenos Aires, 1997.

DEBERT, Guita Grin. *A Política do Significado no Início dos Anos 60:* Nacionalismo no Instituto Superior de Estudos Brasileiros (ISEB) e na Escola Superior de Guerra (ESG). Tese de Doutorado. São Paulo: USP, 1986.

DIAMINT, Rut. Câmbios en la política de seguridad. Argentina en busca de um perfil no conflictivo. *Fuerzas Armadas y Sociedad*, Santiago, a. VII, n. 1, jan./fev. 1992, p. 1-16.

DOCAMPO, César. Lançadores espaciais e "missilística" na Argentina: O Condor II. *Contexto Internacional*, Rio de Janeiro, v. 14, n. 1, 1992, p. 109-126.

DOMINGUEZ, Jorge I. *International Security & Democracy. Latin America and the Caribbean in the post-Cold War Era.* Pittsburgh: University of Pittsburgh Press, 1998.

DONADIO, Marcela. La construcción de una nueva política de defensa argentina. *Fuerzas Armadas y Sociedad*, Santiago, a. 11, n. 2, abr.-jun. 1996, p. 3-8.

ELIZONDO, José Rodriguez. La Gran Viraje Militar en América Latina. *Nueva Sociedad*, Caracas, n. 45, nov./dez. 1979, p. 152-166.

ESCADA, Paulo Augusto Sobral. *Origem, institucionalização e desenvolvimento das atividades espaciais brasileiras (1940 – 1980).* Dissertação de Mestrado. UNICAMP, 2005.

ESCOLA SUPERIOR DE GUERRA. *Manual Básico. Elementos Doutrinários.* Rio de Janeiro: ESG, 2006.

________. *Manual Básico.* Rio de Janeiro: Bibliex, 1955.

ESCUDÉ, Carlos. *El Realismo de los Estados Débiles.* Buenos Aires: Grupo Editor Latinoamericano, 1995.

________. *El realismo Periférico. Fundamentos para la nueva política exterior Argentina.* Buenos Aires: Planeta, 1992.

________. FONTANA, Andrés. *Divergencias estratégicas en el Cono Sur:* las políticas de seguridad de la Argentina frente a las del Chile y Brasil. Working Paper n. 20. Buenos Aires: Universidad Torcuato di Tella, 1995.

ESTENSSORO, Victor Paz. *La Revolución Boliviana.* La Paz: Dirección Nacional de Informaciones, 1964.

ETCHEPAREBORDA, Roberto. *História de las Relaciones Internacionales Argentina*. Buenos Aires: Pleamar, 1978.

__________. *Zeballos y la Política Exterior Argentina*. Buenos Aires: Pleamar, 1982.

FARIAS, Fábio Moreira. *Argentina: da rivalidade à parceria estratégica. A mudança na percepção brasileira*. Dissertação de Mestrado. Brasília: Instituto Rio Branco, 2005.

FAUSTO, Boris. DEVOTO, Fernando J. *Brasil e Argentina:* um ensaio de história comparada (1850 – 2002). São Paulo: Editora 34, 2004.

FAWCETT, Louise. Regionalism in Historical Perspective. In: FAWCETT, Louise. HURRELL, Andrew. *Regionalism in World Politics. Regional Organization and International Order*. Nova Iorque: OUP, 2000, p. 18-29.

FERREIRA, Aurélio Buarque de Holanda. *Novo Dicionário da Língua Portuguesa*. 2. ed. Rio de Janeiro: Nova Fronteira, 1986.

FERREIRA, Jorge Ricardo Áureo. *Integração militar do Mercosul:* o exemplo europeu. Trabalho de Conclusão de Curso (CPEAEx). Rio de Janeiro: ECEME, 2004.

FLACSO. Preparación del Libro de Defensa Nacional en Chile. *Fuerzas Armadas y Sociedad*, Santiago, a. 11, n. 4, 1996, p. 25-31.

FONROUGE, Marcelo Felipe Valle. *A convergência nuclear Brasileiro-Argentina: agente da integração e fator de estabilidade regional*. Dissertação de Mestrado. Rio de Janeiro: PUC, 1995.

FONTANA, Andrés. *Segurança Cooperativa, tendências globais e o continente americano*. ISEN. Documento de Trabalho n. 16. Buenos Aires, maio de 1996.

FRAGA, Rosendo. *Repensando la cuestión militar*. Buenos Aires: Editorial Centro de Estudios Unión para la Nueva Mayoria, 1995.

__________. La política de defensa Argentina a veinte años del último golpe. *Fuerzas Armadas y Sociedad*, Santiago, a. 11, n. 2, abr.-jun. 1996, p. 15-18.

FROTA, Luciara Silveira de Aragão e. *Brasil-Argentina:* divergências e convergências. 2. ed. Brasil: Centro Gráfico do Senado Federal, 1991.

FUCHS, Ruth. *Hacia una comunidad regional de seguridad? Las Fuerzas Armadas y la percepción de las elites parlamentarias en Argentina, Chile, Brasil, Uruguay y Paraguay*. Working Paper n. 5. Hamburgo: German Overseas Institut, 2005.

FUENTES, Claudio Interdependencia y seguridad en el Cono Sur. *Fuerzas Armadas y Sociedad*, Santiago, a. 12, n. 1, enero-marzo 1997, p. 3-16.

FUNAG. Grupo do Rio: *Documentos do Mecanismo Permanente de Consulta e Concertação Política*. Brasília: FUNAG, 1995.

GARCIA, Eugênio Vargas. Questões estratégicas e de segurança internacional: a marca do tempo e a força histórica da mudança. *RBPI*, Brasília, a. 41 n. especial, 1998, p. 99-120.

GARRÉ, Nilda. Los problemas de la defensa nacional en la Argentina actual. In: GUYER, Julián González (Comp.). *Debate Nacional sobre Defensa. Aportes Internacionales.* Montevidéu: PNUD/MDN, 2006, p. 65-71.

GIL, Aldo Duran. *Estado Militar e Instabilidade Política na Bolívia (1971 – 1978).* Tese de Doutorado. Campinas: UNICAMP, 2003.

GIROTTI, C. A. *O Estado Nuclear no Brasil.* São Paulo: Brasiliense, 1984.

GONÇALVES, José Botafogo. LYRIO, Mauricio Carvalho. Aliança Estratégica entre Brasil e Argentina: Antecedentes, Estado Atual e Perspectivas. *CEBRI Dossiê*, Rio de Janeiro, a. 2, v. 2, 2003.

GONZALEZ, Fabio Ruperto Martinetti. *As Forças Armadas Nacionais e suas Perspectivas de Integração no Mercado Comum do Sul (Mercosul).* Monografia. Rio de Janeiro: ECEME, 1998.

GRABENDORFF, Wolf. De país aislado a aliado preferido: las relaciones entre Argentina y los Estados Unidos 1976 – 1981. In: WALDMANN, Peter. VALDÉS, Ernesto G. (Orgs.). *El poder militar en la Argentina.* Buenos Aires: Editorial Galerna, 1983.

________ (Ed). *La seguridade en las Americas: enfoques criticos y conceptos alternatives.* Bogotá: CEREC, 2003.

GRAEL, Dickson Melges. *Aventura, Corrupção e Terrorismo.* 3. ed. Rio de Janeiro: Vozes, 1885.

GRANDI, Jorge. Relaciones Internacionales de América Latina. *América Latina Internacional*, Buenos Aires, v. 3, n. 10, out./dez. 1986, p. 70-75.

GUGLIALMELLI, Juan. Corpus-Itaipu. Tres batallas perdidas por la Argentina y, ahora peligrosas perspectivas: el papel de sócio menor del Brasil. *Estrategia*, Buenos Aires, n. 61-62, nov. 1979 a fev. 1980, p. 7-29.

GUILHERME, Olympio. *O Brasil na Era Atômica.* 2. ed. Rio de Janeiro: Vitória, 1957.

GUYER, Julián González (Comp.). *Debate Nacional sobre Defensa. Aportes Internacionales.* Uruguay: PNUD/MDN, 2006.

________. *La Política Exterior del Uruguay en el Ámbito de la Defensa.* Tesis de Maestria. Universidad de la República. Montevidéu, 2002.

HASENCLEVER, Andreas. MAYER, Peter. RITTBERGER, Volker. *Theories of International Regimes.* Cambridge: Cambridge University Press, 1997.

HETTNE, Bjorg. Globalization and the New Regionalism: The Second Great Transformation. In: HETTNE, Bjorg. INOTAI, András. SUNKEL, Osvaldo. (Eds.). *Globalism and the New Regionalism.* Basingstoke: Macmillan, 1999, p. 1-24.

HIRST, Monica. Política Externa em 2 Tempos. *RBPI*, Brasília, v. 38, n. 1, 1995, p. 7.

HOUAISS, Antonio. VILLAR, Mauro de Salles. *Dicionário Houaiss da Língua Portuguesa.* Rio de Janeiro: Objetiva, 2001.

HUNTINGTON, Samuel P. *O Choque de Civilizações e a Recomposição da Ordem Mundial.* Trad. M. H. C. Cortês. São Paulo: Objetiva, 1977.

INTERNATIONAL INSTITUTE for STRATEGIC STUDIES. *Military Balance.* Londres. Edições de 1979 a 2004.

JANES'S WEAPONS SYSTEMS. *Yearbook.* Londres: Jane's Publishing Co, 1987.

JERVIS, Robert. *The logic of images in International Relations.* 2. ed. Nova Iorque: Columbia University Press, 1989.

JOSÉ, Emiliano. *Carlos Marighella.* São Paulo: Casa Amarela, 1997.

KACOWICZ, Arie. *La larga paz sudamericana*: 1883 – 1995. Série Documentos e Informes de Investigación n. 203. Jerusalén: Universidade Hebraica, 1996.

KAPLAN, Morton A. *System and Process in International Politics.* Nova Iorque: John Wiley & Sons, 1957.

KAPSTEIN, Jonathan et all. The scary scramble to built nuclear missiles in the Third World. *Business Week.* 11 jan. 1988.

KAUFMANN, William. STEINBRUNER, John. *Decisions for Defense:* Prospects for a New Order. Washington: Brookings Institution, 1991.

KENNEDY, Paul. *Ascensão e queda das grandes potências:* transformação econômica e conflito militar de 1500 a 2000. Rio de Janeiro: Campus, 1989.

________. *Face ao século XXI.* Trad. Waltensir Dutra. 2. ed. Rio de Janeiro: Campus, 1995.

KENNY, Alejandro. Seguridad en el Atlantico Sur. In: *El Estado de la Seguridad y la Seguridad del Estado en América Latina.* CARI. Colección Documentos de Trabajo, n. 76. Buenos Aires, 2003.

KEOHANE, Robert. NYE, Joseph S. *Poder e interdependencia:* la política mundial en transición. Buenos Aires: Grupo Editor Latinoamericano, 1988.

________. NYE, Joseph S. Realism and Complex Interdependence. In LECHNER, Frank J. BOLI, John (Ed.). *The Globalization Reader.* Oxford: Blackwell Publishers, 2000.

KOUTOUDJIAN, Adolfo. La defensa regional – posibilidad de una alianza regional en el siglo XXI. *Revista de la Escuela Nacional de Inteligencia Buenos Aires*, v. 5, n. 4, 4° trimestre de 1996, p. 79-92.

KRASNER, Stephen. *International Regimes.* Ithaca: Cornell University, 1982.

LA PORTA, Marco Antonio de Mattos. Missão Militar Brasileira: 50 anos de amizade. *Revista do Exército Brasileiro*, Rio de Janeiro, v. 129, n. 3, jul/set. 1992, p. 7-8.

LACOUTURE, Jean. A história imediata. In: LE GOFF, Jacques. CHARTIER, Roger. REVEL, Jacques. *A História Nova.* São Paulo: Martins Fontes, 1988, p. 215-240.

LAFER, Celso. *A identidade internacional do Brasil e a política externa brasileira:* passado, presente e futuro. São Paulo: Perspectiva, 2001.

________. FONSECA Jr, Nelson. Questões para a Diplomacia no Contexto Internacional das Polaridades Indefinidas (Notas Analíticas e Algumas Sugestões). In: FONSECA JÚNIOR, Gelson. CASTRO, Sergio Henrique Nabuco (Orgs.) *Temas de Política Externa Brasileira II.* São Paulo: IPRI/FUNAG/Paz e Terra, 1997, p. 49-77.

________. PEÑA, Félix. *Argentina e Brasil no Sistema das Relações Internacionais.* São Paulo: Duas Cidades, 1973.

LAMAZIÈRE, Georges. O impacto dos processos de integração regional nas políticas de defesa e segurança: o Brasil e a cooperação político–militar na América do Sul. *Política Externa*, São Paulo, v. 9, n. 4, 2001, p. 42-48.

LANÚS, J. Archibaldo. *De Chapultepec al Beagle.* Buenos Aires: Emecé Editores, 1984.

LARSON, Eric V. ORLETSKY, David T. LEUSCHNER, Kristin. *Defense Planning in a Decade of Change. Lessons from the Base Fore, Bottom-Up Review and Quadrennial Defense Review.* EUA: Paperback.

LEONEL, Benedito Onofre Bezerra. Segurança e Defesa no Século XXI. *Revista da Escola Superior de Guerra*, Rio de Janeiro, a. 12, n. 32, 1996, p. 7-26.

LOBO, Antonio. *A nacionalização do sistema de armas.* Monografia. Rio de Janeiro: EGN, 1987.

LOPEZ, Ernesto. *La agenda de seguridad humana: el caso del Mercosul.* In: Seminário Internacional sobre Paz, Seguridad Humana y Prevención de Conflictos en América Latina y el Caribe. Santiago: FLACSO, 26-27 nov. 2001.

LOZADA, Jorge Gallardo. *De Torres a Banzer.* Buenos Aires: Periferia, 1972.

LUNA, Félix. *Argentina: de Perón a Lanusse (1943 – 1973).* Rio de Janeiro: Civilização Brasileira, 1974.

LUPO, G. R. *Diplomacia Secreta y Redención Incondicional.* Buenos Aires: Legasa, 1984.

MADERO, Carlos Castro. TAKACS, Esteban. *La Política Nuclear Argentina ¿Avance o retroceso?.* Buenos Aires: Instituto de Publicaciones Navales, 1991.

MANSFIELD, Edward D. MILNER, Helen. The New Wave of Regionalism. *International Organization*, San Diego, v. 53, n. 3, summer 1999, p. 589-627.

MARTINS FILHO, João R. As Forças Armadas Brasileiras no Pós-Guerra Fria. *Tensões Mundiais*, v.2 n.3. Fortaleza: Observatório das Nacionalidades, jul./dez. 2006, p. 78-109.

________. ZIRKER, Daniel. Nationalism, National Security and Amazônia: perceptions and attitudes in contemporary Brazil. *Armed Forces and Society*, v. 27, n. 1. Texas: Texas State University, 2000, p. 105-129.

MATTOS, Carlos de Meira. *Brasil Geopolítica e Destino.* Rio de Janeiro: José Olympio, 1975.

________. *Geopolítica e as Projeções do Poder.* Rio de Janeiro: Bibliex, 1977.

________. *Geopolítica e Modernidade.* Rio de Janeiro: Bibliex, 2002.

________. *Geopolítica e Trópicos.* Rio de Janeiro: Bibliex, 1984.

________. *Projeção Mundial do Brasil.* São Paulo: Gráfica Leal, 1959.

MAYER, Hernán Patiño. Conferencia Pronunciada en Panamá por el Representante Permanente de la Republica Argentina ante la OEA. *Fuerzas Armadas y Sociedad*, Santiago, a. IX, n. 3, jul./set. 1994, p. 8-18.

McSHERRY, J. Patrice. *Incomplete Transition:* Military Power and Democracy in Argentina. Nova Iorque: St, Martin's Press, 1997.

________. *Operation Condor and Covert War in Latin America.* Nova Iorque: Roman & Littlefield Publishers, 2005.

MEIRELLES, Carlos. *Antologia Geopolítica de Autores Militares Chilenos.* Santiago: Centro de Estúdios e Investigaciones Militares, 2000.

MENEZES, Delano Teixeira. *O Militar e o Diplomata.* Rio de Janeiro: Bibliex, 1997.

MILET, Paz V. Chile – Bolivia: cien años después. *Fuerzas Armadas y Sociedad*, Santiago, a. 18, n. 1-2, jan./jun. 2004, p. 37-49.

MILIA, Fernando A. *La Atlantártida: un Espacio Geopolítico.* Buenos Aires: Pleamar, 1978.

MILLER, Carina J. *Influencia sin poder.* Buenos Aires: Grupo Editor Latinoamericano, 2000.

MIRGONE, Julio Alberto. *Apuntes sobre la política exterior y política de defensa de Brasil y Chile. CARI. La Seguridad y el MERCOSUR.* Documentos de Trabajo. Buenos Aires, s/d.

MIYAMOTO, Shiguenoli. *Geopolítica e poder no Brasil.* Campinas: Papirus, 1995.

MORALES, Waltraud Queiser. Bolivian Foreign Policy: the struggle for sovereignty. In: LINCOLN, Jennie K. FERRIS, Elisabeth G. *The Dynamics of Latin American Foreign Policies: challenges for the 1980s.* Boulder CO: Westview Press, 1984, p. 189-191.

NASSER, Reginaldo Mattar. *O lugar do hemisfério na ordem mundial:* percepções norte-americanas. Tese de Doutoramento. São Paulo: PUC, 2005.

OELSNER, Andréa. *International Relations in Latin América: peace and security in the Southern Cone.* Londres: Routledge, 2005.

OHMAE, Keinichi. *O fim do Estado-nação.* Rio de Janeiro: Campus, 1999.

OLIVEIRA, Amâncio Jorge de. ONUKI, Janina. Liderança hegemônica e integração regional: o Brasil na visão das elites do Cone Sul. *Cena Internacional*, Brasília, v. 2, 2000, p. 57-74.

OLIVEIRA, Eliezer Rizzo. *De Geisel a Collor. Forças Armadas, transição e democracia.* Campinas: Papirus, 1994.

OLIVEIRA, Odete Maria de. A Integração bilateral Brasil-Argentina: tecnologia nuclear e Mercosul. *RBPI*, Brasília, a. 41, n. 1, 1998, p. 5-23.

________. *Os descaminhos do Brasil nuclear.* Ijuí: Unijuí, 1999.

ONU. Commission on Human Security. *Human Security Now.* Nova Iorque: CHS, 2003.

ONU. PNUD. Relatório do PNUD. *Nuevas dimensiones de la seguridad humana.* Nova Iorque, 1994.

ORNSTEIN, Roberto Mario (Coord.). *Argentina as an Exporter of Nuclear Technology. Past, Present and Future.* Buenos Aires: Cari, 2001.

ORREGO, Francisco. *Política Antártica de Chile.* Santiago: Instituto de Estudios Internacionales de Chile, 1984.

PAGOLA, C. TERESO, J. (Eds.). *Operación CEIBO: Ejercicio Combinado de Operaciones de Mantenimiento de la Paz entre Uruguay y Argentina.* Nova Iorque: United Nations, maio de 1997.

PALMA, Hugo. Medidas de Confianza Recíproca. In: *Seminário Internacional de Seguridad Democrática Regional: una concepción alternativa de seguridad.* Documento de Trabajo. Santiago: Comisión Sudamericana de Paz. Santiago, 1988.

PALME, Olf. *Common Security.* Nova Iorque: Simon and Schuster, 1992.

PARADISO, José. A política externa em tempos de transformação e o caso argentino. In: *Política externa na América do Sul.* São Paulo: Fundação Konrad Adenauer, 2000, p. 9-43.

________. *Um lugar no mundo:* a Argentina e a busca de identidade internacional. Trad. Sergio Bath. Rio de Janeiro: Civilização Brasileira, 2005.

PAVESE, Carolina Boniatti. *A União Econômica e Monetária e a Dinâmica da Integração Européia:* Uma Abordagem das Relações Internacionais. Dissertação de Mestrado. Pós-Graduação em Relações Internacionais UNESP/UnicampPUC. São Paulo, 2007.

PEREIRA, Analúcia Danilevicz. *A política externa do governo Sarney:* a nova república diante do reordenamento internacional (1985 – 1990). Porto Alegre: UFRGS, 2003.

PINOCHET UGARTE. Augusto. *Geopolítica.* 3. ed. Santiago: Editorial Andrés Bello, 1977.

PONS, Luis A. *Efectos estratégicos de la integración Chile - Argentina.* Escuela de Defensa Nacional. Boletín de Difusión Académica, n. 2/98. Buenos Aires, 1998.

POTASH, Robert. *El Ejército y la Política en la Argentina (1962 – 1973).* Buenos Aires: Editorial Sudamericana, 1994.

Preparación del Libro de Defensa Nacional en Chile. *Fuerzas Armadas y Sociedad*, Santiago, a. 11, n. 4, 1996, p. 25-31.

PROENÇA Jr, Domício. *Breve Histórico-Bibliográfico dos Estudos da Indústria Bélica Brasileira.* Rio de Janeiro: COPPE/UFRJ. 1991.

________. DINIZ, Eugênio. *Política de defesa no Brasil*: uma análise crítica. Brasília: UnB, 1998.

PUIG, Rafael Guillermo. *El Cono Sur y el Caso Haiti ¿Integración político-estratégica o disputa por el liderazgo?*. VII Encuentro Nacional de Estudios Estratégicos. Escuela de Defensa Nacional. Buenos Aires, 2 a 4 nov. 2004.

QUINTANA, Juan R. Las relaciones civiles-militares en Bolivia: una agenda pendiente. *Fuerzas Armadas y Sociedad*, Santiago, a. 13, n.1, jan./mar. 1998, p. 22-46.

________. La seguridad del Mercosur en el contexto hemisférico: una mirada desde Bolivia. *Fuerzas Armadas y Sociedad*, Santiago, a. 16, n. 2, abr.-jun. 2001, p. 15-24.

QUIROGA, Antonio Araníbar. *Bolivia, Chile y Peru:* hacia un futuro compartido. La Paz: Editores Plural, 1999.

RAIMOND, Carlos. *La ciência, la tecnologia y la produción para la defensa, en la Argentina*. Escuela de Defensa Nacional. Boletín de Difusión Académica, n. 20/96. Buenos Aires, 1996.

RAPOPORT, Mario. La guerra de las Malvinas y la Política Exterior Argentina: La visión de los protagonistas, In: RAPOPORT, Mario. *El laberinto argentino. Política internacional en un mundo conflictivo*. Buenos Aires: Eudeba, 1997.

REHREN, Alfredo. Medidas de Confianza Mutua entre Chile y Perú. *Revista de Ciencia Política*, Santiago, v. XXIV, n. 2, 2004, p. 200-203.

Relações Internacionais: dois séculos de história. Brasília: FUNAG, 2001.

Relações Internacionais: visões do Brasil e da América Latina. Brasília: IBRI, 2003.

RIVERO, Paula. *La Cooperación en el Cono Sur: Derivaciones para la Argentina*. Dissertação de Mestrado. Buenos Aires: FLACSO, 1999.

ROMERO, Luis Alberto. *História Contemporânea da Argentina*. Rio de Janeiro: Jorge Zahar, 2006.

ROSENAU, James N. Pré-theories and Theories of Foreign Policy. In: FARRELL, R. Barry (Ed.) *Approches to comparative and international politics*. Northwestern University Press, Evanston, 1966, p. 27-92.

________. *Turbulence in world politics:* a theory of change and continuity. Nova Iorque: Harvester Wheatsheaf, 1990.

ROSENCRANCE, Richard. *The Rise of the Tradding State:* Commerce and Conquest in the Modern World. Nova Iorque: Basic Books, 1986.

ROUQUIÉ, Alain. *O Estado militar na América Latina*. São Paulo: Alfa Ômega, 1984.

RUDIZT, Gunter. A evolução teórica em segurança e seus reflexos econômicos: a correlação que o Brasil precisa aprender. *Revista de Economia & Relações Internacionais*, São Paulo, v. 4 (5), jul. 2004.

RUNZA, Ricardo. Integración y defensa. Desafios y experiências en el Mercosur: uma visión desde la perspectiva Argentina. In GUYER, Julián González (Comp.). *Debate Nacional sobre Defensa. Aportes Internacionales*. Montevidéu: PNUD/MDN, 2006, p. 258 -271.

SAAVEDRA, Cláudio Fuentes. *Chile-Argentina:* el proceso de construir confianza. Working Paper n. 30. Buenos Aires: Universidad Torcuato di Tella, 1996.

SAÍN, Marcelo Fabián Saín, A política militar durante o governo de Carlos Menem (1989 – 1994). *Premissas*, Campinas, n. 9, abr. 1993, p. 19-41.

SAINT-PIERRE, Abbé de. *Projeto para tornar perpétua a Paz na Europa*. Trad. Sérgio Duarte. Brasília: UnB, 2003.

SAINT-PIERRE, Héctor Luis. Reconceitualizando "novas ameaças": da subjetividade da percepção à segurança cooperativa. In: MATHIAS, Suzeley Kalil. SOARES, Samuel Alves (Org.). *Novas Ameaças: dimensões e perspectivas* – desafios para a cooperação em defesa entre Brasil e Argentina. São Paulo: Sicurezza, 2003, p. 23-58.

SANCHEZ, Ramirez. *Brasil en Bolívia* – lecciones de un golpe militar. Santiago: Letras, 1972.

SANTOS, Lucila. *La Seguridad es lo que los Estados hacen de ella* – El dilema de seguridad en el Cono Sur. Monografía. Buenos Aires: Universidad Torcuato di Tella, 2004.

SANTOS, Maria Helena de Castro. A nova missão das FFAA latino-americanas no mundo pós-GF: o caso do Brasil. *RBCS*, v. 19, n. 54, fev. 2004, p. 115-129.

SANTOS, Reginaldo dos. O Programa Nacional de Atividades Espaciais Frente aos Embargos Tecnológicos. *Parcerias Estratégicas*, Brasília, n. 7, out. 1999, p. 117-130.

SARAIVA, José Flavio Sombra (Org.). *Relações Internacionais:* dois séculos de história: entre a ordem bipolar e o policentrismo (de 1947 a nossos dias). Brasília: IBRI, 2001.

SCHIMITTER, P. Three neo-functions hypotheses about european integration. *International Organization*, San Diego, v. 23, n. 1, 1969, p. 161-166.

SEITENFUS, Ricardo A. S. *O Brasil de Getúlio Vargas e a formação dos blocos: 1930 – 1942*. São Paulo: Companhia Editora Nacional, 1985.

SEITENFUS, Vera Maria P. DE BONI, Luis A. (Coord.). *Temas de Integração Latino-Americana*. Porto Alegre: Vozes/ UFRGS, 1990.

SENNES, Ricardo U. *As mudanças da política externa brasileira nos anos 80:* uma potência média recém industrializada. Porto Alegre: UFRGS, 2003.

________. ONUKI, Janina. OLIVEIRA, Amâncio Jorge de. *La política exterior brasileña y la seguridad hemisférica*. Santiago: Research and Education in Defense and Security Studies, 2003.

________. *As mudanças na política externa brasileira na década de 1980:* uma potência média recém-industrializada. Dissertação de Mestrado. São Paulo: USP, 1996.

SHOULTZ, Lars, SMITH, William C. VARAS, Augusto (Eds.). *Security, Democracy, and Development in U.S.-Latin American Relations*. Boulder, CO: Rienner Publishers, 1994.

SILVA E LUNA, Joaquim. *Uma Concepção do Exército Brasileiro para a CEA do Século XXI*. Monografia. Rio de Janeiro: ECEME, 1998.

SILVA, André Luiz Reis da. *A diplomacia brasileira entre a segurança e o desenvolvimento:* a política externa do governo Castelo Branco (1964-1967). Porto Alegre: UFRGS, 2004.

SILVA, Golbery do Couto e. *Conjuntura Política Nacional:* o poder executivo e a geopolítica. 3. ed. Rio de Janeiro: José Olympio, 1981.

________. *Geopolítica do Brasil*. Rio de Janeiro: José Olympio, 1967.

________. *Planejamento Estratégico*. Rio de Janeiro: Bibliex, 1955.

SIPRI. *Yearbook 2001: Armaments, Disarmament and International Security*, v. 2001. Suécia: Solma, 2001.

SNYDER, Craig A. *Contemporary Security Strategy*. Londres: Macmillian Press, 1999.

SOARES, Samuel Alves. MATHIAS, Zuzeley Kalil. Forças Armadas, Orçamento e Autonomia Militar. *Perspectivas*, São Paulo, n. 24-25, 2001-2002, p. 85-113.

SOUTO, Cintia Vieira. *A diplomacia do interesse nacional:* a política externa do governo Médici. Porto Alegre: UFRGS, 2003.

SOUZA, Amaury de. *A Agenda Internacional do Brasil:* um estudo sobre a comunidade brasileira de política externa. Rio de Janeiro: CEBRI, 2001.

STUART, Ana Maria. Regionalismo e Democracia: uma construção possível. *CEBRI Tese*. Rio de Janeiro, s/d.

SUBERCASEAUX, Beinjamin. *Chile o una Loca Geográfica*. Santiago: Ercilla, 1940.

________. *Tierra de Oceano*. Santiago: Ercilla, 1951.

TAMBS, Lewis A. Como o Brasil joga o xadrez geopolítico. *A Defesa Nacional*, Rio de Janeiro, a. 66, n. 686, nov./dez. 1979.

________. Fatores geopolíticos na América Latina. *A Defesa Nacional*, Rio de Janeiro, a. 65, n. 679, set./out. 1978.

TANNO, Grace. *A Contribuição da Escola de Copenhague aos Estudos de Segurança Internacional*. Dissertação de Mestrado. Rio de Janeiro: PUC, 2002.

TEIXEIRA, Ivana Pedroso. *Universalismo diante da possibilidade européia a política externa do governo Figueiredo (1979 – 1985)*. Itajaí: Univali, 2002.

TELES, Pedro Carlos da Silva. *História da Construção Naval no Brasil*. RJ: LAMN FEMAR, 2001.

*The Oxford Dictionary of Thesaurus*. Nova Iorque: Oxford University Press, 1996.

TIBILETTI, Luis. DONADIO, Marcela. El equilibrio cooperativo. *Archivos del Presente*. Buenos Aires, a. 4, n. 14, out./dez./1998, p.157-171.

TILLY, Charles. *Coercion, Capital and European States*. Cambridge: Mass Blackwell, 1992.

TOFFLER, Alvin. TOFFLER, Heidi. *Guerra e Antiguerra:* Sobrevivência na Aurora do Terceiro Milênio. Trad. Luis Carlos do Nascimento Silva. Rio de Janeiro: Bibliex, 1995.

TRAVASSOS, Mario. *Projeção Continental do Brasil.* São Paulo: Companhia Editora Nacional, 1935.

TULCHIN, Joseph S. ARAVENA, Francisco R. ESPACH, Ralph H. (Ed.) *Strategic Balance and Confidence Building Measures in the Americas*. Stanford: Stanford University Press, 1998.

URIBURU, Eduardo J. El plan Europa, el ejército y su contribución a la estrategia del desarrollo. *Estrategia*. Buenos Aires, jul.-ago. 1969, p. 15-22.

VERDUGO, P. *Chile, 1973: Como os EUA derrubaram Allende.* Rio de Janeiro: Revan, 2003.

Viatura Leve de Emprego Geral Aerotransportável Gaúcho. *Revista Verde Oliva*, Brasília, a. XXXIII, n. 188, 2006, p. 39.

VIDIGAL, Armando Amorim Ferreira. Segurança Coletiva do Continente. Possibilidades de Conflitos Externos. In: MARQUES, Joaquim Campelo (Org.). *O Livro da Profecia*. Brasília: Senado Federal, 1997, p. 57-72.

VIGEVANI, Tullo. DUPAS, Gilberto (Orgs). *O Brasil e as Novas Dimensões da Segurança Internacional.* São Paulo: Alfa-Omega, 1999.

VILLANUEVA, Miriam. *Narcotráfico y seguridad hemisférica: el proceso de negociación del proyecto del Centro Multilateral Antidrogas*. México: Instituto Matías Romero, 1999.

VIZENTINI, Paulo Gilberto Fagundes. O Brasil e as noções de soberania e não-intervenção. In*: Segurança e soberania.* São Paulo: Konrad Adenauer Stiftung, 2001.

WALT, Stephen M. The Progressive Power of Realism. *American Political Science Review*. v. 91, n. 4, p. 931-935, dez. 1997.

_________. *The Origin of Alliances*. Nova Iorque: Cornell University Press, 1987.

WALTZ, Kenneth. *Teoria das Relações Internacionais*. Lisboa: Gradiva, 2002.

WEAVER, Ole (Org.). *On Security*. Nova Iorque: Columbia University Press, 1995.

_________. BUZAN, Barry. WILDE, Jaap de. *Security: a New Framework for Analysis*. Londres: Lynne Rienner Publishers, 1998.

WINAD, Érica. SAINT-PIERRE, Héctor Luis. O Legado da Transição na Agenda Democrática para a Defesa: os casos brasileiro e argentino. In: SAINT-PIERRE, Héctor Luis (Org.). *Controle Civil sobre os Militares e Política de Defesa na Argentina, no Brasil, no Chile e no Uruguai*. São Paulo: UNESP/Programa San Tiago Dantas, 2007, p. 33-72.

WROBEL, Paulo. A Política Nuclear Brasileira. In: ALBUQUERQUE, José Augusto Guilhon (Org.). *Sessenta Anos de Política Externa Brasileira (1930-1990):* Prioridades, Atores e Políticas. São Paulo: Annablume/NUPRI/USP, 2000, p. 65-86.

YAHN FILHO, Armando Gallo. *Conflito e Cooperação na Bacia do Prata em relação aos cursos d'água internacionais (1966 – 1992).* Dissertação de Mestrado. Programa de Pós Graduação em Relações Internacionais UNESP/UNICAMP/PUC. São Paulo, 2005.

YOROMS, Gani Joses. A Era Pós-Guerra Fria e as Configurações de Poder no Sistema Internacional: Revisitando o Consenso das Potências Médias. *Contexto Internacional*, Rio de Janeiro, v. 18, n. 1, jan./jul. 1996, p. 7-25.

ZAGORSKI, Paul W. *Democracy vs. National Security. Civil-Military Relations in Latin America.* Boulder, C.O.: Lynne Rienner Publishers, 1992.

## FONTES MANUSCRITAS E IMPRESSAS

### Argentina

*ARCHIVO DEL CONGRESO DE LA NACIÓN* (ACN)

Diários de Sessões e Ordens do Dia da Câmara dos Deputados, Boletins Oficiais e Coletânea de leis e anais da Legislação Argentina.

ARMADA ARGENTINA

Departamento de Estudios Históricos Navales. Apuntes sobre los Buques de la Armada Argentina 1810 – 1970 e Buques de la Armada Argentina 1970 – 1996 – sus comandos y operaciones, Boletins Informativos da Armada e do Instituto de Seguridad Internacional y Asuntos Estratégicos.

COMISSÃO NACIONAL DE ENERGIA ATÔMICA (CNEA)

Memoria y Balance Año 2005. Buenos Aires: Ministerio de Planificación Federal, Inversión Publica y Servicios, 2006.

COMISSÃO NACIONAL DE ATIVIDADES ESPACIAIS (CONAE)

Plan Espacial Nacional Argentina en el Espacio 2004 – 2015.

MINISTERIO DA DEFESA (MD)

Libro Blanco de la Defensa Nacional, edições de 1999 e 2001, Publicações dos Simpósios de Estudos Estratégicos (1988, 1989, 1990, 1991, 1992 e 1998) e Memoria Anual Detallada del Estado de la Nación. Edições de 2003 e 2005.

MINISTÉRIO DAS RELAÇÕES EXTERIORES, COMÉRCIO E CULTO (MRECC)

Boletins Informativos.

*ARCHIVO DEL MINISTERIO DE RELACIONES EXTERIORES COMERCIO INTERNACIONAL Y CULTO* (AMRECyC)

Correspondência diplomática de Assunção, Brasília, Santiago, La Paz e Montevidéu.

**Brasil**

ARQUIVO DA CÂMARA DOS DEPUTADOS (ACD)

Versões taquigrafadas das sessões da Comissão de Relações Exteriores e Defesa Nacional.

ARQUIVO DO MINISTÉRIO DAS RELAÇÕES EXTERIORES (AMRE)

Correspondência diplomática de Buenos Aires, Montevidéu, Santiago, La Paz e Assunção entre 1964 e 2007.

ARQUIVO HISTÓRICO DO EXÉRCITO (AHE)

Boletins do Exército e Almanaque de Oficiais do Exército entre 1964 e 2000.

ARQUIVO NACIONAL (AN) – Brasília

Documentos dos poderes Executivo e Legislativo e dos órgãos de inteligência dos ministérios militares, MRE, MME e MCT entre 1964 e 1988.

BIBLIOTECA DA CÂMARA DOS DEPUTADOS (BCD)

Anais do Congresso Nacional, coletânea de leis e decretos, atas das sessões e de audiências públicas da Comissão de Relações Exteriores e Defesa Nacional, mensagens ao Congresso Nacional.

BIBLIOTECA DO MINISTÉRIO DAS RELAÇÕS EXTERIORES

Documentos de Política Externa, Resenha de Política Exterior do Brasil e Textos e Declarações sobre Política Externa.

BIBLIOTECA NACIONAL (BN) – Rio de Janeiro

Edições dos jornais Folha de São Paulo (edições de 1986, 1990 e 2001), Jornal do Brasil (edições de 1985 e 1990), O Estado de São Paulo (edições de 2001), O Globo (edições de 1990) e revistas Isto É/Senhor (edições de 1990) e Tecnologia e Defesa (edições de 1983 e 1986).

CENTRO DE DOCUMENTAÇÃO E APOIO (CEDAP) – UNESP – ASSIS/SP

Revista Veja publicada entre 1964 e 2007

CPDOC/FGV

Arquivos PNB 174.07.01 pn/a, PNB 1968.06.15 pn/a, PNB 178.04.20 pn/a, I–7, PNB 178.04.20 pn/a, I–7, PNB 1973.05.18 pn/a.

EXÉRCITO BRASILEIRO (EB)

Documentos do Estado-Maior do Exército (EME) e do Comando de Operações Terrestres (COTER) sobre a Conferência dos Exércitos Americanos, exercícios conjuntos realizados no Cone Sul, informações sobre as Conferências Bilaterais de Estado-Maior e Reuniões Regionais de Intercâmbio Militar.

MINISTÉRIO DA DEFESA (MD)

Documentos das reuniões presidenciais sul-americanas, conferências de Ministros de Defesa das Américas, do Mecanismo de Consulta e Coordenação Bilateral na Área de Defesa e Segurança Internacional, das conferências de Ministros de Defesa da Comunidade Sul-Americana de Nações e das reuniões bilaterais de defesa e Política de Defesa Nacional, edições de 1996 e 2005.

SERVIÇO DE DOCUMENTAÇÃO DA MARINHA (SDM)

Relatórios anuais da Marinha entre 1964 e 2000.

### Bolívia

MINISTÉRIO DAS RELAÇÕES EXTERIORES E CULTO (MREyC)

El Libro Azul: La Demanda Marítima Boliviana, 2004 e Memoria Institucional Octubre 2003 – Agosto 2004

### CHILE

MINISTÉRIO DA DEFESA.

Libro de Defensa Nacional de Chile. Edições de 1997 e 2002 e Coletânea da legislação chilena

### EUA

FUNDO MONERÁRIO INTERNACIONAL (FMI)

*Government Finance Statistics Yearbook*. Edições de 1972 a 2003.

JUNTA INTERAMERICANA DE DEFESA (JID)

Documentos, informes, coletânea de estudos e resoluções da Comissão de Segurança Hemisférica.

*NATIONAL SECURITY ARCHIVE.*

Documentos do Departamento de Estado e da Central de Inteligência Americana e Estratégias de Segurança Nacional.

MERCOSUL

Decisões do Conselho do Mercado Comum (CMC).

ORGANIZAÇÃO DOS ESTADOS AMERICANOS (OEA)

Coletânea de resoluções, declarações, documentos da Assembleia Geral, Conselho Permanente e Comissão de Segurança Hemisférica, e convenções aprovadas.

ORGANIZAÇÃO DAS NAÇÕES UNIDAS (ONU)

Coletânea de resoluções da AG, documentos de estudos, dados do Departamento de Operações de Manutenção da Paz (DPKO).

### PARAGUAI

*CENTRO DE DOCUMENTACIÓN Y ARCHIVO* (CDyA)

Documentos do regime militar paraguaio.

**Uruguai**

*ARCHIVO HISTÓRICO DIPLOMÁTICO* (AHD)

Correspondencia diplomática de Buenos Aires, Brasilia, Santiago, La Paz e Assunção, Pastas de visitas presidenciais (diversas), Investigación Histórica sobre Detenidos Desaparecidos. Montevideo: Dirección Nacional de Impresiones y Publicaciones Oficiales, 2007.

*BIBLIOTECA DEL PODER LEGISLATIVO* (BPL)

Coletânea de leis e resoluções do Poder Executivo e Versões taquigrafadas das sessões da Comissão de Defesa Nacional.

## JORNAIS E REVISTAS

**Argentina**

*Ámbito Financeiro.* Edições de 11 dez. 1990 e 12 mar. 1991.

*Clarín.* Edições de 1965, 1967, 1976, 1984, 1993, 1996, 1999 e 2005.

*Confirmado.* Edições de 1965 e 1970.

*Convicción.* Edição de 8 jun. 1979.

*Correo de la Semana.* Edição de 30 abr. 1979.

*Cuestionário.* Edição de junho de 1976.

*El Cronista.* Edição de 9 jan. 1976.

*El Economista.* Edição de 5 jan. 1979.

*Jornada.* Edição de 19 jan. 1971.

*La Capital.* Edição de 18 nov. 1975.

*La Nación.* Edições de 1964, 1965, 1968, 1994 e 2006.

*La Nueva Provincia.* Edições de 1979.

*La Opinión.* Edições de 1976, 1977 e 1979.

*La Prensa.* Edição de 11 fev. 1941.

*Mayoria.* Edições de 4 jan. 1976.

*Mercado.* Edição de 4 nov. 1976.

*Página 12.* Edições de 1991 e 1996.

*Panorama.* Edições de 1971 e 1976.

*Primera Plana.* Edições de 1964.

*Siete Dias*. Edição de 9 maio 1977.

*Ultima Clave*. Edições de 1979.

*Ultima Hora*. Edições de 1976.

**BRASIL**

*Folha de São Paulo*. Edições de 1986, 1990, 2001, 2005 e 2007.

*Isto É/Senhor*. Edição de 19 set. 1990.

*Jornal do Brasil*. Edições de 1985 e 1990.

*O Estado de São Paulo*. Edição de 17 set. 2001.

*O Globo*. Edição de 15 nov. 1990.

*Tecnologia e Defesa*. Edições de 1983 e 1986.

*Veja*. Edições de 1969, 1970 a 1974, 1980, 1982, 1985, 1986, 1987 e 1997.

*Zero Hora*. Edições de 2001 e 2002.

**BOLÍVIA**

*El Diário*. Edições de 1970 e 1971.

*Hoy*. Edições de 1970.

*Jornada*. Edição de 18 jan. 1971.

*Presencia*. Edições de 1970, 1971 e 1972.

*Ultima Hora*. Edição de 14 fev. 1970.

**CHILE**

*La Nación*. Edições de 1972.

**EUA**

*Washington Post*. Edição de 16 out. 1978.

**URUGUAI**

*El País*. Edições de 2007.

## INTERNET


ABAAC. Disponível em: http://www.abacc.org

ARGENTINA. Armada Argentina. Disponível em: http://www.ara.mil.ar.

ARGENTINA. Biblioteca del Congreso de la Nación. Disponível em: http://www.bcn-bib.gov.ar.

ARGENTINA. Exército. Disponível em: http://www.ejercito.mil.ar.

ARGENTINA. Ministério da Defesa. Disponível em: http://www.mindef.gov.ar.

ARGENTINA. Ministério de Relações Exteriores. Disponível em: http://www.mrecic.gov.ar.

ARGENTINA. Secretaria de Gestão Pública. Disponível em: http://www.sgp.gov.ar.

BRASIL. Câmara dos Deputados. Disponível em: http://www.camara.gov.br/

BRASIL. Ministério da Ciência e Tecnologia. Disponível em: http://www.mct.gov.br.

BRASIL. Centro Gestor e Operacional do Sistema de Proteção da Amazônia. Disponível em: http://www.sipam.gov.br.

BRASIL. Comissão Coordenadora do Sivam. Disponível em: http://www.sivam.gov.br.

BRASIL. Comando da Aeronáutica. Disponível em: http://www.fab.mil.br.

BRASIL. Marinha do Brasil. Disponível em: http://www.mar.mil.br.

BRASIL. Ministério da Justiça. Disponível em: http://www.mj.gov.br.

BRASIL. Ministério de Relações Exteriores. Departamento de Assuntos Internacionais. Disponível em: http://www2.mre.gov.br.

Centre for International Policy. Disponível em: http://www.ciponline.org.

Centro de Estudios Estrategicos de Relaciones Internacionales. Disponível em: http://www.ceeri.org.ar.

CHILE. Academia de Guerra Naval. Disponível em: http://www.apolinav.cl.

CHILE. Armada do Chile. Disponível em: http://www.armada.cl.

CHILE. Dirección Nacional de Fronteras y Límites del Estado. Disponível em: http://www.difrol.cl.

Comunidade Andina das Nações. Disponível em: http://www.comunidadeandina.org.

Cúpula das Américas. Disponível em: http://www.summit-americas.org.

Defesanet. Disponível em: http://www.defesanet.com.br.

Desarrollo Sostenible. Disponível em: http://www.dsostenible.com.ar.

Diário Rio Negro. Disponível em: http://www. patagoniaargentina.com.

El Comércio. Disponível em: http://www.elcomercio.com.

El País. Disponível em: http://www.elpais.com.uy.

EMBRAER. Disponível em: http://www.embraer.com.br.

ESTÉVEZ, Eduardo E. *La Reformulación de la Inteligencia Estratégica: Estado del Debate y Proyectos Legislativos.* Buenos Aires, set. 1997. Disponível em: http://www.fas.org/irp/ world/ argentina/eduardo-97.htm.

EUA. Freedom of Information Act (FOIA). Disponível em: http://www.foia.state.gov.

EUA. Departamento de Estado. http://www.state.gov.

EUA. Embaixada no Brasil. Disponível em: http://embaixada-americana.org.br.

EUA. National Security Archive. Disponível em: http://gwu.edu.

EUA. USIA. *Revista Eletrônica da USIA.* Disponível em: http://usinfo.state.gov.

Federation of American Scientists. Disponível em: http://www.fas.org.

Folha de São Paulo. Disponível em: http://www1.folha.uol.com.br.

Inforel. Disponível em: http://www.inforel.org.

Universidade de Lisboa. Instituto Superior de Ciências Sociais e Políticas. Disponível em: http://www2. iscsp.utl.pt.

JB Online. Disponível em: http://jbonline.terra.com.br.

Jornal da Ciência. Disponível em: http://www.jornaldaciencia.org.br.

La Nación. Buenos Aires. Disponível em: http://www.lanacion.com.ar.

La Nación. Santiago. Disponível em: http://www.lanacion.cl.

La República. Montevidéu. Disponível em: http://www.larepublica.com.uy.

MERCOSUL. Disponível em: http://www.mercosur.org.uy.

NICARAGUA. MRE. Disponível em: http//www.cancilleria.gov.ni.

OEA. Disponível em: http://www.oas.org.

*Com Ciência.* Unicamp. Disponível em: http://www.comciencia.br.

ONU. Departamento de Operações de Manutenção de Paz. Disponível em: http://www.un.org/Depts/dpko.

ONU. Desarmamento. Disponível em: http://disarmament.un.org.

ONU. Programa de Desenvolvimento. Disponível em: www.undp.org.

Página 12. Disponível em: http://www.pagina12.com.ar.

PARAGUAI. http://www2.paraguaygobierno.gov.py.

RAZOU, Pierre. La guerra de las Malvinas. http://www.istor.cide.edu/archivos/num_8/ dossier1.pdf.

REINO UNIDO. House of Commons Library. Disponível em: http://www.falklands.info/history.

Revista Isto é Dinheiro. Disponível em: http://www.terra.com.br/istoedinheiro.

ROLLEMBERG, Denise. O apoio de Cuba à luta armada no Brasil: o treinamento guerrilheiro. UFF. Disponível em: http://www.historia.uff.br/artigos/rollemberg_apoio.pdf.

Scripta Nova. Revista Electrónica de Geografía y Ciencias Sociales. Universidade de Barcelona. Disponível em: http://www.ub.es/geocrit.

SICOFAA. Disponível em: http://www.sicofaa.org.

Sociedade Astronômica Brasileira. Boletim SAB. Disponível em: http://www.sab-astro.org.br.

Universidade da Califórnia. *The American Presidency Project.* Disponível em: http://www.presidency.ucsb.edu.

Universidade de Yale. The Avalon Project. Disponível em: http://www.yale.edu.

The New York Times. Disponível em: http://www.nytimes.com

USP. NAIPPE. Disponível em: http://www.usp.br/naippe.

## ENTREVISTAS

Coronel Alberto M. Zanelli. Diretor da Escola de Estado-Maior Aéreo da Força Aérea do Uruguai.

Licenciado Daniel Rodrigues. Ministério da Defesa da Argentina.

Coronel Hector Flores. Estado Maior Conjunto das Forças Armadas Argentinas.

Coronel Pritz. Comandante da Escola Superior de Guerra da Argentina.

## LISTA DE TABELAS

## LISTA DAS PRINCIPAIS ABREVIATURAS

ACD – Arquivo da Câmara dos Deputados

AHA – Arquivo Histórico da Armada

AHD – Arquivo Histórico-Diplomático do MRE

AHE – Arquivo Histórico do Exército

AHMRECC – Arquivo Histórico do Ministério das Relações Exteriores, Comércio e Culto

AMRE – Arquivo do Ministério das Relações Exteriores

AN – Arquivo Nacional

BCN – Biblioteca do Congresso Nacional

BE – Boletim do Exército

BN – Biblioteca Nacional

BPL – Biblioteca del Poder Legislativo

CDyA – Centro de Documentación y Archivo para la Defensa de los Derechos Humanos

CEDAP – Centro de Documentação e Apoio a Pesquisa

CEDEP – Centro Brasileiro de Documentação e Estudos da Bacia do Prata

CMC – Conselho do Mercado Comum

CPDOC – Centro de Pesquisa e Documentação

EUA – Estados Unidos

*FOIA* – U.S. Department of State *Freedom of Information Act*

JID – Junta Interamericana de Defesa

OEA – Organização dos Estados Americanos

ONU – Organização das Nações Unidas

SDM – Serviço de Documentação da Marinha

Porto de Idéias EDITORA

www.portodeideias.com.br